TRABALHO E DESGASTE MENTAL

o direito de ser dono de si mesmo

Dados Internacionais de Catalogação na Publicação (CIP)
(Câmara Brasileira do Livro, SP, Brasil)

Silva, Edith Seligmann
Trabalho e desgaste mental : o direito de ser dono de si mesmo / Edith Seligmann Silva. — São Paulo : Cortez, 2011.

Bibliografia.
ISBN 978-85-249-1756-1

1. Ambiente de trabalho 2. Acidentes de trabalho 3. Doenças profissionais 4. Trabalho e classes trabalhadoras — Desgaste mental I. Título.

11-05653 CDD-363.11

Índices para catálogo sistemático:

1. Saúde mental no trabalho : Bem-estar social 363.11

Edith Seligmann-Silva

TRABALHO E DESGASTE MENTAL

o direito de ser dono de si mesmo

1ª edição

1ª reimpressão

CORTEZ EDITORA

TRABALHO E DESGASTE MENTAL: o direito de ser dono de si mesmo
Edith Seligmann-Silva

Capa: DAC
Preparação de originais: Carmen Teresa da Costa; Solange Martins
Revisão: Maria de Lourdes de Almeida; Liege Marucci; Ana Maria Barbosa
Composição: Linea Editora Ltda.
Assessoria editorial: Elisabete Borgianni
Secretaria editorial: Priscila F. Augusto
Coordenação editorial: Danilo A. Q. Morales

Direitos para esta edição
CORTEZ EDITORA
Rua Monte Alegre, 1074 — Perdizes
05014-001 — São Paulo-SP
Tel.: (11) 3864-0111 Fax: (11) 3864-4290
e-mail: cortez@cortezeditora.com.br
www.cortezeditora.com.br

Impresso no Brasil — maio de 2012

Ao Orlando,
com amor e gratidão.

SUMÁRIO

PARTE II

AS TRANSFORMAÇÕES DO TRABALHO

PARTE III
O TRABALHO DOMINADO

PARTE IV
A CONSTITUIÇÃO E AS MANIFESTAÇÕES DO DESGASTE MENTAL LABORAL

PARTE V

A INTERFACE FAMÍLIA-TRABALHO

PARTE VI

VISÕES E PERCEPÇÕES

PARTE VII
DEFESAS PSICOLÓGICAS, SUPORTES E RESISTÊNCIAS

PARTE VIII
METAMORFOSES ARTICULADAS: SOFRIMENTO SOCIAL, TRABALHO E DESGASTE MENTAL

APRESENTAÇÃO

Há 17 anos — em 1994 — publicamos um conjunto de estudos num livro que teve por título *Desgaste mental no trabalho dominado.* No tempo decorrido desde então, prosseguimos a mesma linha de estudos. Durante o período houve imensa ampliação dos conhecimentos da temática referente à Saúde Mental em suas relações com trabalho e desemprego. As pesquisas e descobertas se desdobraram, articulando novas disciplinas ao campo onde estes conhecimentos continuam a ser desenvolvidos. Ao mesmo tempo, o mundo do trabalho passou por profundas transformações que se estenderam internacionalmente e que trouxeram consigo novos desafios à pesquisa e à ação na temática.

Por conseguinte, cresceram em paralelo os desafios à formação de profissionais que, em várias inserções — nos ambientes de trabalho e fora deles; no setor público e no privado —, possam adquirir capacitação para a prevenção e o enfrentamento dos novos problemas — de ordem social, da saúde, jurídica e outros.

A escalada da *globalização assimétrica* prosseguiu refletida em todos os níveis — do macro ao microssocial, e em todos os âmbitos — político, econômico, cultural e social —, atingindo aqueles que vivem do próprio trabalho e suas famílias. Pois nessa escalada os vínculos da solidariedade social se fragilizaram simultaneamente ao desmonte das instâncias destinadas a garantir os direitos sociais. Ocorreu, assim, a intensificação das pressões, temores e incertezas, que já incidiam no mundo do trabalho no início dos anos 1990, originando os desgastes humanos descritos no livro anterior. Foi o que nos motivou a escrever este outro livro, no qual, ao lado das novas descobertas e reflexões, incorporamos a parte ainda válida dos estudos anteriormente publicados. Mas as transformações ocorridas no mundo do trabalho e na sociedade foram profundas e possuem implicações de cuja diversidade e gravidade certamente será impossível dar conta nessa nova publicação. Tentamos, entretanto, identificar nas diferentes faces da imensa problemática do desgaste mental relacionado à vida laboral, algumas de maior interesse para o público brasileiro no atual momento histórico.

Metamorfoses simultâneas tiveram lugar em todos os níveis — sofisticando, obscurecendo e tornando ao mesmo tempo mais poderosas as formas de dominação vinculadas ao trabalho e à falta ou precarização deste. Expandiu-se assim o sofrimento social, desfavorecendo os assalariados através de uma nova correlação de forças capital/trabalho. Nessas metamorfoses interarticuladas — que compreendem a dominação, a produção do desgaste humano e as expressões clínicas deste desgaste —, a questão da saúde mental tornou-se extraordinariamente presente e premente. Pois os processos de produção do desgaste mental e do sofrimento psíquico se transformaram e as configurações dos agravos desafiam as políticas sociais e, de modo especial, os profissionais de saúde e todos os envolvidos em ações voltadas ao desenvolvimento social. Desta forma, a saúde mental passou também a ser alvo do interesse de muitos cientistas sociais e, de forma especial, dos que atuam na área de Serviço Social.

O reconhecimento da natureza laboral de agravos mentais e os mecanismos pelos quais eles são *fabricados* nos contextos de trabalho são também cada vez mais objeto da preocupação e do interesse dos integrantes das áreas jurídicas dedicadas às questões do Direito do Trabalho.

Ao mesmo tempo, retrocessos das políticas públicas de proteção social se estendem a todos os continentes — de forma mais explícita ou mais subterrânea, o que torna o tema obrigatório para a reflexão daqueles que atuam na elaboração e implementação destas políticas.

A publicação deste livro poderá — assim esperamos — ir ao encontro do interesse daqueles que buscam preparar-se para o enfrentamento dos novos desafios constituídos pela precarização da saúde mental, que acompanha a precarização social, do trabalho e do meio ambiente. Desafios que são múltiplos, demandam reflexão e disposição para compreensão de processos complexos e que precisam ser entendidos, para que se possa enfrentar e redirecionar as forças que produzem o sofrimento social. Mesmo reconhecendo que o desafio maior é de ordem ética e política, acreditamos que possa incluir também o desenvolvimento de reflexões e de estratégias que, entre outros direcionamentos, atuem no âmbito da saúde e da mobilização social e aí potencializem a perspectiva de revitalização dos trabalhadores e trabalhadoras que foram envolvidos pelos processos de desgaste.

Os conteúdos que faziam parte do livro publicado em 1994 podem ser identificados através do que foi magnificamente resenhado para aquela obra no prefácio então escrito por Maurício Tragtenberg — prefácio que é inserido como Anexo ao final do presente livro.

Assim, a primeira parte do livro foi escrita para apresentar o Campo Ampliado da Saúde Mental Relacionada ao Trabalho (SMRT). Várias disciplinas que contribuem para o campo foram aí elencadas e tivemos a preocupação de destacar referências dos autores e estudos que, em cada disciplina, oferecem subsídios importantes à SMRT. Nesta, como em outras partes do livro, tivemos a preocupação de tentar assim atender o interesse do leitor que busca uma primeira aproximação e, simultaneamente, oferecer uma visão geral deste campo de conhecimento ao pesquisador que pretende formular um plano preliminar de leituras para desenvolver um projeto de pesquisa. Deste modo, nem todos os textos referidos receberam exame detalhado, mas acreditamos que as menções feitas e as referências bibliográficas possam servir à finalidade de oferecer subsídios aos que desejam empreender estudos voltados à área. Essa preocupação nos levou também a inscrever na bibliografia — quando obtivemos a informação a respeito — as traduções em português de obras citadas a partir de originais publicados em outros países, assim como fornecer ao leitor os endereços eletrônicos encontrados na internet — nos casos em que conseguimos acessá-los. Esta primeira parte também apresenta um capítulo que focaliza as principais visões teóricas da temática e outro que fixa os vários espaços da multiterritorialidade abrangida.

A segunda parte — As Transformações do Trabalho — faz um breve apanhado histórico para deter-se em seguida nas Políticas e práticas gerenciais, onde novos modelos e tecnologias administrativas, voltadas à intensificação do controle, são examinadas.

O Trabalho Dominado — terceira parte do livro — foi desenvolvido em quatro capítulos, nos quais procuramos contextualizar e analisar a trajetória das *metamorfoses* da dominação, da alienação e do submetimento nas situações de trabalho sob a hegemonia do pensamento neoliberal. O exame das resistências dos trabalhadores discriminados mereceu ampliação. No último item do quarto capítulo, essa parte do livro mostra a confluência entre as mutações sociais, do trabalho e da vida mental.

A quarta parte mantém como foco *a constituição e as manifestações do desgaste mental laboral* e, em seu primeiro capítulo, apresenta o estudo que realizamos nos anos 1980 sobre as repercussões do trabalho sobre a saúde mental de trabalhadores de indústrias de base. Um segundo capítulo foi acrescentado visando examinar os acidentes de trabalho em seus impactos subjetivos, centrando a atenção principalmente na vulnerabilização psíquica condicionada pelo acidente e na questão do reconhecimento do nexo causal das sequelas psíquicas dos acidentes. A dimensão psicossocial da prevenção dos acidentes também recebe atenção no capítulo, assim como a importância do atendimento psicológico aos acidentados.

A Interface Família-Trabalho ocupa a quinta parte do livro, em dois capítulos, onde são destacados alguns estudos significativos para as questões de saúde mental nas situações vivenciadas por mulheres trabalhadoras. A repercussão familiar dos acidentes e dos adoecimentos dos trabalhadores é colocada como demanda especial às políticas públicas e à ação do Serviço Social.

A sexta parte do livro, sobre as visões e percepções do trabalho pelo trabalhador, é contemplada no capítulo: "Imagens e representações do trabalho e do desgaste".

A temática dedicada às defesas psicológicas e resistências, na sétima parte, incorporou uma análise onde são discutidos e valorizados os suportes sociais e afetivos na proteção à saúde mental.

A oitava parte do livro tem como título — *Metamorfoses articuladas: sofrimento social, trabalho e desgaste mental* —, mas poderia ser também ser denominada *metamorfoses do desgaste humano na engrenagem neoliberal*, pois este é o tema central nos três capítulos que compõem esta parte: o primeiro trata da Psicopatologia do trabalho nas situações de recessão e no desemprego; a segunda focaliza a precarização da saúde mental no contexto da precarização social e do trabalho; e o terceiro focaliza as *expressões clínicas* do desgaste mental no trabalho contemporâneo — destacando uma psicopatologia engendrada pela precarização e pela violência. Na origem do surgimento e das transfigurações dos quadros clínicos que revelam o desgaste mental laboral, é ressaltado o papel de um gerenciamento também transfigurado — o *gerencialismo* —, em que a arte de administrar é degradada pelo economicismo. Mas não nos restringimos a contemplar apenas as forças que moldam o desgaste e as expressões clínicas do mesmo. Nesta última parte do livro, e em algumas outras, procuramos também examinar resistências que têm sido colocadas à degradação do trabalho e da saúde, bem como algumas perspectivas para o desenvolvimento de práticas voltadas a uma *Clínica contextualizada de Trabalho*.

O livro finaliza com o capítulo cujo título expressa o que nele desejamos comunicar: *Reflexões finais — em busca de caminhos.*

Esperamos que ele possa proporcionar a você, leitor ou leitora, uma leitura interessante e proveitosa!

NOTAS INTRODUTÓRIAS

ESCLARECIMENTOS AOS LEITORES E PEQUENO INFORME SOBRE AS PESQUISAS DE CAMPO REALIZADAS PELA AUTORA — FONTE DE PARTE DO MATERIAL UTILIZADO NO LIVRO.

Para alguns, poderá de início parecer estranha a opção pela temática da dominação ao se tratar de apreciar as conexões entre trabalho e processos de desgaste humano. Esse enfoque resulta da sedimentação das percepções que se fizeram presentes para nós, cada vez mais vivamente, ao longo da experiência clínica e das observações realizadas em estudos de campo. A dominação no trabalho foi, assim, identificada como aspecto nuclear na constituição do desgaste, pois a dominação que ataca a dignidade e fere a autonomia da individualidade é a mesma que produz rupturas no mundo mental e psicossocial, atingindo a estabilidade psicossomática. Foi possível verificar que os fios que tecem a dominação fabricam, ao mesmo tempo, o sofrimento, na medida em que a dominação esmaga a identidade e aprisiona a alma no medo.

A exploração produz a exaustão e a exaustão obscurece a consciência, abrindo caminho à alienação. Os meandros dessa dinâmica, para serem desvendados, necessitam da abordagem interdisciplinar, que ainda se constitui em desafio teórico-metodológico, dentro do novo campo da Saúde Mental Relacionada ao Trabalho.

Justamente para dar conta da interdisciplinaridade e, ao mesmo tempo, da própria percepção daqueles que executam e vivenciam o trabalho no cotidiano, vários estudos de campo, que serão mencionados, configuram-se como resultado de um trabalho coletivo.

Cabe, portanto, uma informação inicial sobre as pesquisas de campo desenvolvidas junto a diferentes grupos profissionais e que serão objeto de comentários neste livro.

Em 1980, formulamos um projeto de pesquisa para estudo da repercussão das condições laborais e de vida sobre a saúde mental de trabalhadores industriais. O projeto mereceu apoio do CNPq e desenvolveu-se, a partir de 1981, junto a trabalhadores da cidade de Cubatão e de uma siderúrgica da cidade de São Paulo. Mediante entrevistas gravadas em visitas domiciliares aos entrevistados, a autora, juntamente com a psicóloga Rosa Maria Gouveia e com a socióloga Agda Aparecida Delía, procedeu a realização de estudos de casos. Em Cubatão, tratava-se de trabalhadores que haviam sido afastados do trabalho por problemas de saúde rotulados como "nervosos". Em São Paulo, as entrevistas se realizaram sem qualquer seleção prévia entre "nervosos" e "não nervosos". Deste modo, foram realizados 40 estudos de casos individuais. A pesquisa exploratória permitiu identificar algumas características relacionadas à constituição do desgaste mental e às defesas e resistências desenvolvidas pelos trabalhadores e por suas famílias, que, quando possível, também tiveram alguns de seus membros entrevistados. A pesquisa se desenvolveu até fins do ano de 1983, o que permitiu o acompanhamento de vários trabalhadores ao longo do período. Foi assim possível perceber a repercussão da crise econômica do início dos anos 1980, e da recessão que a acompanhou, na incrementação da sobrecarga de trabalho e nos aumentos de tensão e de fadiga dos nossos entrevistados. O sofrimento mental, ampliado pelo temor ao desemprego, pôde ser então analisado (Seligmann-Silva, 19981/1983). Este primeiro estudo foi basicamente qualitativo em sua abordagem.

Dois outros estudos de Saúde Mental Relacionada ao Trabalho foram realizados na cidade de São Paulo nos anos de 1984-1986. O primeiro estava voltado para a categoria dos trabalhadores bancários e o segundo, para funcionários da área operativa do Metrô de São Paulo. Nestas duas investigações, um aspecto, muito significativo, deve ser assinalado: ambas foram realizadas a partir de iniciativas dos próprios trabalhadores, isto é, das respectivas entidades sindicais. A execução das investigações ficou a cargo do DIESAT (Departamento Intersindical de Estudos e Pesquisas da Saúde e dos Ambientes de Trabalho), que organizou uma equipe de pesquisadores para, ao lado de representantes das entidades sindicais interessadas, desenvolverem os projetos e a operacionalização dos mesmos.

Nas duas pesquisas, trabalhamos novamente ao lado de Agda Aparecida Delía, socióloga, e também de Leny Sato, psicóloga, e contamos, sempre que necessário, com a colaboração de especialistas em Medicina e Segurança do Trabalho da equipe técnica do DIESAT (SELIGMANN-SILVA, DELÍA e SATO, 1985 e 1986).

Contribuem também para o material utilizado na presente publicação, duas outras pesquisas que realizamos, mediante apoio recebido do CNPq a projetos por nós elaborados. No primeiro, fizemos uma revisão das modalidades de abordagem teórico-metodológica utilizadas, por diferentes autores, nas investigações sobre a temática do desgaste mental conectado ao trabalho (SELIGMANN-SILVA, 1984/1985). O outro estudo se refere à saúde psicossocial no trabalho em tecnologias ditas avançadas e utilizou material de estudos de caso feitos com digitadores e operadores de console em processos computadorizados (SELIGMANN-SILVA, 1986/1987).

Ao final desta introdução, cabem ainda algumas palavras de justo reconhecimento às pessoas já mencionadas que conosco desenvolveram as pesquisas de campo e cujas observações e análises em muito contribuíram para fixar o desenvolvimento de nossas próprias reflexões teóricas, bem como ao CNPq e ao DIESAT. Os integrantes do Movimento Contra a Poluição da Água Funda prestaram uma colaboração decisiva para a viabilização das entrevistas com os trabalhadores da Siderúrgica F. A. e seus familiares, e também para nos permitir compreender as imensas possibilidades de articular ações ecológicas com a busca de humanização das situações de trabalho. Por isso, queremos incluí-los neste agradecimento, fazendo uma menção especial de agradecimento dirigida à d. Sônia Fráguas de Souza, então líder comunitária e coordenadora do Movimento contra a Poluição da Água Funda. A análise dela se deu no apoio à pesquisa dos anos 1980 junto aos trabalhadores siderúrgicos da Água Funda, e, mais tarde, na disponibilização de seu arquivo pessoal sobre esse movimento social.

Os trabalhadores entrevistados, individual e grupalmente, são os principais autores deste livro. Os trabalhadores que participaram nas pesquisas, quer como colaboradores nos estudos realizados através do DIESAT, quer como entrevistados, nos transmitiram, por assim dizer, o *substrato vivo* deste livro, que estimulou nossas reflexões e nosso próprio trabalho. Sabemos que muitos deles não terão oportunidade de tomar conhecimento disto, mas queremos expressar a nossa gratidão pelo que com eles aprendemos e tentamos agora retransmitir.

In memoriam

O preparo deste livro, quando de sua 1ª edição, iniciou-se a partir de um estímulo que partiu do dr. João Ferreira da Silva Filho, docente do Departamento de Psiquiatria da Universidade Federal do Rio de Janeiro (UFRJ), no final dos anos 1980, para que elaborássemos um livro brasileiro sobre o tema da Psicopatologia no Trabalho. Esse convite foi o incentivo generoso que nos levou a reunir os estudos e relatos de pesquisas que compuseram a 1ª edição do livro, agora ampliado.

O dr. João Ferreira da Silva foi um importante pioneiro e grande estimulador das pesquisas brasileiras voltadas à temática das relações entre o trabalho e a saúde mental dos trabalhadores. Preocupou-se também com a formação de profissionais de saúde para atuar no novo campo interdisciplinar, e assim criou na UFRJ o primeiro programa brasileiro de pós-graduação voltado a essa finalidade. No ano de 2008, a perda súbita do professor João — como era chamado por amigos e discípulos — foi imensamente sentida por todos os que compartilhamos com ele as reflexões, sonhos e iniciativas para criar, no Brasil, bases ao ensino, pesquisa e políticas públicas focalizadas para a interface Trabalho/Saúde Mental. Esperamos que essa nova edição possa também honrar a memória desse saudoso mestre e amigo a cujo incentivo mantemos nossa gratidão.

Existe mais alguém, também muito presente neste livro agora reeditado, que desejo lembrar e homenagear.

O professor Mauricio Tragtenberg, autor do Prefácio da 1ª edição — que está mantido na presente —, também faz enorme falta a todos os que continuávamos aprendendo com ele a desvendar os mistérios das forças que dominam o mundo do trabalho, na esperança de um dia ajudar a torná-lo mais livre e justo. Jamais esquecerei do que disse quando, após entregar-me o Prefácio, viu minha surpresa diante da extensão deste e de que praticamente havia feito um resumo do livro. Indaguei por que havia decidido fazê-lo desse modo e tão trabalhosamente. A resposta foi: "*Porque acho que os trabalhadores deveriam conhecer seu livro. Mas, jamais poderão lê-lo. Então, decidi escrever um Prefácio assim. Não lerão seu livro, mas lerão o meu Prefácio*". Achei genial. E hoje sei que ele tinha razão. Escrever tantas páginas para um Prefácio foi mais uma das tarefas assumidas pelo mesmo intelectual generoso que durante anos escreveu, em jornal, uma coluna destinada à leitura dos trabalhadores, que precisavam ser informados de assuntos relacionados aos seus direitos e interesses.

AGRADECIMENTOS

Este livro não poderia ter sido elaborado sem a cooperação de Agda Aparecida Delía, companheira de jornada há trinta anos nas veredas destas pesquisas e reflexões. A leitura atenta e a "ação ordenadora" de Agda permitiram não só a organização dos arquivos como também a finalização de um texto cuja conclusão, nas mãos da autora, se mostrava difícil, ainda três anos após ter iniciado o trabalho de atualização. Dificuldade explicada pela ânsia de captar os rapidíssimos e continuados desdobramentos que envolvem o mundo do trabalho e as análises e descobertas de outros pesquisadores, no Brasil e no exterior, sobre a temática. A pretensão era transmitir tudo aos leitores em potencial — leitoras e leitores que a autora imaginava imersos em suas batalhas nas trincheiras de Ceres e outros serviços de Saúde, Escolas e organizações por este Brasil afora. Lugares onde, sabemos, existem pessoas sensibilizadas para a importância das questões aqui tratadas, algumas delas, na situação de profissionais, premidas pelo desejo de também oferecer respostas às demandas, e outras, talvez, vivenciando a angústia de obstáculos estranhos aos seus desejos interpostos à realização do trabalho digno e significativo para o qual se sentem capacitadas.

Não poderia deixar de estender meus agradecimentos às várias pessoas que, ao longo dos três últimos anos, me ajudaram a "garimpar" novos textos e informações ou de proporcionar oportunidades de debates estimulantes, com outros pesquisadores e também com trabalhadores engajados pelo respeito à dignidade e à saúde nos ambientes de trabalho. Na impossibilidade de mencionar todos, destaco o apoio e enorme estímulo que recebi da pesquisadora Maria Maeno e a oportunidade de, a partir de um convite feito por Lys Esther Rocha, ter podido realizar por três anos um trabalho clínico que me permitiu a escuta de trabalhadores cujas situações de trabalho os haviam levado ao desgaste mental e a enfrentamentos muitas vezes penosos para obter reconhecimento da origem laboral de seus adoecimentos e para evitar o desamparo de suas famílias. A eles, também, devo agradecer muito do que aprendi nessa nova etapa. Assim como aos colegas com quem partilhei essa experiência como médica voluntária no ambulatório de um hospital público.

Desejo salientar também a colaboração muito especial concedida por Sônia Fráguas de Souza, líder comunitária e coordenadora do Movimento Contra a Poluição da Água Funda. A sua colaboração se deu tanto durante as pesquisas dos anos 1980 quanto na análise retrospectiva desse movimento popular, por nós realizada em 1998 e para a qual uma entrevista e a documentação por ela disponibilizada foram essenciais para fornecer novos elementos à atualização do Capítulo que relata aquelas pesquisas...

Quero agradecer ainda todos os livros emprestados por Márcio e todos os trazidos de longe por José Jorge — meus filhos. E a paciência de Orlando, a quem dedico este livro agora renovado.

Quase finalizando, preciso dizer que sem a extraordinária e compreensiva paciência do editor Danilo Morales e da Cortez Editora diante dos renovados adiamentos para entrega dos originais, o livro não estaria chegando às mãos dos leitores.

Finalmente, agradeço a você, leitora ou leitor, que está interessado nas questões que têm me mobilizado nos últimos trinta anos, as quais me possibilitaram conhecer muitos daqueles que compartilham o mesmo interesse de fazer com que a dominação que promove o sofrimento social possa ser melhor entendida para também vir a ser mais esclarecidamente enfrentada. Espero que, se já não é, venha a ser mais um deles!

PARTE I

O Campo da Saúde Mental Relacionada ao Trabalho (SMRT)

CAPÍTULO 1

DELINEAMENTOS PRELIMINARES

1. ITINERÁRIOS HUMANOS ENTRE SAÚDE E DOENÇA E A PRODUÇÃO SOCIAL DOS DISTÚRBIOS MENTAIS

O chamado *continuum* dos fenômenos saúde-doença constitui tema central dos estudos das Ciências da Saúde e interessa, concomitantemente, à Clínica e ao campo da Saúde Coletiva-Saúde Pública. Temos aqui o encadeamento de múltiplos fenômenos, em processos que podem ser propiciadores de maior vitalidade ou de maior fragilização da saúde ao longo da vida dos indivíduos inseridos em diferentes realidades sociais. O conceito de processo saúde-doença permite entender as determinantes e condicionantes das formas individuais e coletivas de adoecer e morrer. Grande parte dessas determinações e condições decorre direta ou indiretamente da desigualdade socioeconômica e de direitos. Desenham-se, então, os caminhos que vão de uma saúde ideal à configuração dos quadros clínicos das diferentes patologias (doenças).

Existe um processo social continuado que envolve os indivíduos e interage em sua complexidade psicossomática. A ideia de uma contraposição permanente entre forças de vida e de morte — presente em tantas etapas da construção do conhecimento humano — pode ser aqui lembrada. Deixando claro que, em cada momento da história, as forças políticas e sociais envolvidas nesses processos podem favorecer ou fragilizar a saúde dos seres humanos de acordo com as situações que estes vivenciam em contextos macrossociais e situações específicas de vida e trabalho. A fragilização corresponde aqui à ideia de *vulnerabilização*.

Sem essa visão, teremos uma perspectiva incompleta, tanto dos processos saúde-doença de modo geral quanto daqueles que atingem a saúde mental dos trabalhadores.

Duas outras noções se tornam valiosas para a compreensão das determinações sociais dos processos saúde-doença relacionados ao trabalho — a noção de sofrimento social e a de divisão internacional do trabalho.

O *sofrimento social* gerado em macrocontextos está geralmente associado a formas poderosas de dominação que se estendem através de outras instâncias sociais até atingir famílias, locais de trabalho e indivíduos. Dessa forma, dominação e sofrimento, conjuntamente, alcançam também a esfera psíquica de cada um (Renault, 2008).

Os contextos de trabalho podem atuar como fonte de saúde ou de adoecimento tanto com respeito à saúde geral quanto à saúde mental. Para entender o que ocorre e locais específicos de trabalho (microcontextos), é preciso não perder de vista o macrocontexto onde se tece a divisão internacional do trabalho, mediada por forças políticas e econômicas (Gorz, 1980).

Os estudos voltados para a produção social dos distúrbios psíquicos se concentravam, tradicionalmente, em duas linhas preferenciais de investigação: a primeira, desenvolvida a partir da vertente macrossocial, e a segunda, voltada para o exame das esferas microssociais.

No primeiro grupo, temos os estudos que procuraram correlacionar aspectos — como classe social, sistema político, desenvolvimento social; estrutura educacional; migração, industrialização e etnias — a processos de adoecimento mental e a variações na distribuição dos distúrbios psíquicos nas populações. Guerras e crises econômicas atingem várias estruturas e espaços sociais. Por conseguinte, alcançam famílias e pessoas — que sofrem privações, vivenciam conflitos, medos e incertezas.

Alguns estudos de saúde mental foram historicamente contextualizados e examinaram os reflexos psíquicos de tais situações. O sofrimento de soldados sobreviventes da Primeira Guerra Mundial permitiu a Freud descobrir a existência de uma neurose que eclodia na sequência de traumas recentes da vida adulta — sem terem raízes na infância, como antes ele havia identificado nas outras neuroses.

O impacto catastrófico do genocídio de Ruanda provocou graves traumas psíquicos em mulheres e crianças, mobilizou ações de saúde mental e também gerou conhecimentos importantes sobre processos políticos e sociais associados à psicopatologia da violência e a forma de organizar a atenção psicossocial para atendimento das vítimas (Doray, 2006). Estes e outros estudos trouxeram subsídios para o entendimento do sofrimento social e mental nas situações de violência verificadas em contextos de trabalho. Adiante veremos como pesquisas realizadas durante a Grande Depressão dos anos 1930 lançam luz, na atualidade, para entendimento do sofrimento e desgaste mental dos desempregados.

No segundo grupo de pesquisas — o voltado ao âmbito microssocial — encontramos investigações centradas principalmente na família, cuja dinâmica foi perscrutada sob diferentes perspectivas. Ao longo das últimas décadas, multiplicaram-se os estudos referentes ao papel da *família* como lócus gerador de distúrbios da saúde mental. É preciso lembrar, entretanto, que as famílias vivem em contextos socioeconômicos e culturais, sujeitas às forças que os atravessam em cada momento histórico. Dinâmicas importantes conectam os âmbitos macro e microssocial. As interações que atravessam diferentes patamares sociais irrompem na esfera microssocial atingindo a família e a escola. Tem sido bastante estudada a forma pela qual ambas — a família e a escola — tanto podem *espelhar* como *reproduzir*, ou ainda *transformar*, aspectos do contexto societário.

Há, porém, uma outra instância social que, na atualidade, passou a ser examinada com maior atenção quanto a seu papel no processo saúde-transtorno mental.

Essa instância é o *trabalho*, que, em diferentes circunstâncias, preside à constituição de formas de desgaste mental e mal-estar, cujo estudo sistematizado configura, por sua complexidade, um território especial de pesquisas.

O trabalho, conforme a situação, tanto poderá fortalecer a saúde mental quanto vulnerabilizá-la e mesmo gerar *distúrbios* que se expressarão *coletivamente* e no plano individual.

Para o estudo da saúde mental em sua relação ao trabalho, adotamos alguns conceitos, a partir de Canguilhem (1990). Assim, as premissas aqui adotadas para entendimento da saúde e do adoecimento consideram:

a) Saúde como um estado ideal em que as forças vitais predominem na harmonização da variabilidade biopsicossocial — própria dos processos psico-orgânicos humanos, imersos no percurso existencial e na vida social.

b) Adoecimento como um *processo* que se desenvolve em um *continuum* que é concebido como um eixo temporal ao longo do qual se estabelecem os confrontos entre forças vitais e forças desestabilizadoras. Como já mencionado acima, trata-se do processo de interação continuada, que é o *processo saúde-doença.*

c) Saúde Mental é uma *dimensão indissociável* desse processo, necessariamente visto em seu todo. Não existe *adoecimento mental* que se constitua isoladamente do corpo e das inter-relações humanas.

d) Saúde Mental não pode ser confundida com *adaptação.* Lembrando que "*se as sociedades são conjuntos mal unificados de meios de ação, podemos negar-lhes o direito de definir a normalidade pela atitude de subordinação que elas valorizam sob o nome de adaptação*" (Canguilhem, 1990, p. 257 — grifos nossos).

2. RESUMO HISTÓRICO

O primeiro estudo publicado a respeito dos aspectos psicológicos do trabalho, intitulado *Psychology and industrial efficiency*, teve por autor Munsterberg. O livro surgiu no ano de 1913, em Cambridge, na Inglaterra, e logo no ano seguinte foi editado em Leipzig, na Alemanha. Como o título bem indica, tratava-se de uma obra basicamente voltada para as aplicações da psicologia com fins de eficiência da produção industrial. Munsterberg, conforme citado por Leplat e Cuny (1977), estabeleceu da seguinte forma a finalidade do estudo: "Como encontrar o melhor trabalhador possível, como produzir o melhor trabalho possível, como chegar aos melhores resultados possíveis" (Munsterberg, 1913, p. 31).

McLean, num estudo de revisão, verificou que o *American Journal of Psychiatry* publica, desde 1927, material sobre o tema, em textos que geralmente o rotulam como "Psiquiatria Ocupacional". Na mesma revisão, são encontrados, entretanto, alguns estudos que mencionam "Saúde Mental Ocupacional" como uma nova disciplina e outros que falam de "Psiquiatria Industrial" (McQueen; Siegrist, 1982).

As investigações de Elton Mayo durante os anos 1920, realizadas na indústria têxtil e na Western Eletric Company de Chicago, deram origem à chamada Escola de Relações Humanas e às práticas destinadas a prevenir e superar as desadaptações humanas à organização do trabalho. O livro de Mayo, *Problemas humanos de uma civilização industrial*, foi publicado pela primeira vez em 1933 e teve grande impacto (Mayo, 1959).

Assim, é possível reconhecer a importância que os conteúdos psicológicos das formulações de Mayo tiveram na instauração de estratégias e técnicas de gestão do trabalho voltadas para elevar a motivação dos assalariados.

Formalizando propostas em aparência muito distintas, o taylorismo, o fordismo e a "Escola de Relações Humanas" passaram a atuar complementarmente para atender aos objetivos econômicos das empresas. Enquanto o taylorismo traça o caminho da disciplinação planejada, a psicossociologia, que se apoia nas ideias de Mayo e de seus seguidores, procura garantir a suavização e a dissimulação das coerções embutidas nas formas de gerenciar e estruturar a organização do trabalho — tanto em suas estruturas hierárquicas quanto nas estruturas de tempo, nas divisões de tarefas e nos critérios de promoção. Desse modo, a penosidade de certos tipos de trabalho pode ser atenuada e tornada suportável, pelo menos de modo a garantir o rendimento máximo de um determinado grupo de assalariados, dentro do planejamento estabelecido pela empresa para determinados prazos.

Nesta altura de nossa exposição, vale lembrar que Frederick Winslow Taylor havia publicado seu livro *Princípios de administração científica*, em 1911, nos Estados Unidos, e que esse livro rapidamente se havia tornado uma espécie de Bíblia entre os dirigentes de empresas. Na "ciência" de Taylor, está totalmente ausente qualquer consideração sobre as variações psicológicas e fisiológicas humanas correlacionadas à vida social, não sendo considerados, tampouco, os fenômenos de acumulação da fadiga. Taylor também havia manifestado especial desprezo pela "participação mental" dos trabalhadores naquelas tarefas que considerava totalmente manuais e passíveis de parcelamento, isto é, reduzidas a movimentos em tempos rigorosamente prescritos (Taylor, 1978; Thiollent, 1983).

Quando as ideias de Taylor foram absorvidas nas linhas de montagem instauradas pelo fordismo, o grau de intensificação dos ritmos de trabalho e o nível de parcelamento das tarefas atingiu pontos extremamente elevados. Mas, apesar dos imensos lucros resultantes do novo sistema, os dirigentes de empresas começaram a se sentir incomodados por dois tipos de inconvenientes: a) as reações dos trabalhadores e de suas organizações; b) a verificação de que nem sempre tudo corria bem com os "fatores humanos" da produção, uma vez que muitas peças produzidas apresentavam defeitos irrecuperáveis.

Foi nessa situação que a "oportuna" introdução das ideias de Mayo teve lugar, oferecendo, entre outras, as seguintes soluções: atender às necessidades afetivas de reconhecimento e de espaços para catarse e, simultaneamente, através de instrumentação de técnicas psicológicas e de Serviço Social, estimular a motivação para o trabalho e o amor à empresa, apagando, ao mesmo tempo, as "disfunções" potencialmente capazes de prejudicar o rendimento dos indivíduos e das equipes.

Torna-se nítido, assim, que o desenvolvimento de novas *teorias* e, especialmente, de novas *práticas* de conteúdo psicológico vieram à cena no rastro de interesses, fundamentalmente econômicos, situados nas esferas de poder dominantes nas empresas. Assim, técnicas psicológicas de controle laboral e estudos de psicologia aplicada *precederam* o desenvolvimento de investigações dirigidas para a compreensão dos fenômenos que, na conexão trabalho-esfera mental, apresentam significado para a dinâmica saúde-doença. Pois o interesse primordial e mais poderoso fora conduzido para uma outra finalidade — a da busca de eficiência e eficácia máximas do trabalho, em que a dimensão mental do "fator humano" funcionasse de modo otimizado em direção a esses objetivos. Assim, a importância da promoção de saúde mental poderia ser reconhecida apenas na medida em que pudesse ser reconhecida como parte dos insumos necessários ao sucesso da produção e da lucratividade. A perspectiva, otimista e formalmente revestida de objetivos humanísticos, era a de harmonizar o bem-estar psíquico dos assalariados aos planos econômicos das empresas. Os estudos sobre a promoção de melhor motivação e satisfação ocuparam assim psicólogos e outros profissionais, durante as décadas que se seguiram às formulações de Mayo.

A tendência principal nos estudos sobre transtornos mentais, surgidos em empregados dos vários setores, foi a de procurar causas individuais associadas a eventos *externos* ao trabalho, a fatores hereditários e a experiências da fase infantil e da vida familiar.

Embora no interior das empresas, de modo geral, tais tendências ainda persistam, surgiram também transformações importantes — político-sociais, científicas e tecnológicas —, conduzindo a novas perspectivas de estudo.

Após a Segunda Guerra Mundial, as observações realizadas por diferentes profissionais da área de saúde nas situações ansiogênicas do confronto bélico contribuíram para que surgisse um interesse maior dirigido à identificação de causas coletivas, relacionadas à própria situação de trabalho, capazes de conduzir a quadros psicopatológicos. Delineava-se, cada vez mais, o interesse em discernir os pontos de referência de um enfoque voltado para a psicopatologia do trabalho. Entretanto, até os anos 1970, a maioria dos primeiros estudos nessa temática apenas reconhecia o fator desencadeante do trabalho — que agiria como um "gatilho", disparando a eclosão de distúrbios mentais pré-definidos pelas "estruturas de personalidade", em que já existiria, antes, a neurose latente (Collins, 1969; Bugard; Crocq, 1980). Como exceções, podem ser apontados alguns estudos pioneiros dos quais iremos falar neste livro.

À medida que se expandiu a implantação da automação, dos processos computadorizados e de *tecnologias de ponta*, de modo geral, novos problemas e novas necessidades foram sendo identificadas tanto porque tais tecnologias demandam outras modalidades de "participação mental" no trabalho, quanto porque as correlações de poder capital-trabalho têm evoluído de modo desfavorável para os assalariados. Assim, paralelamente ao desenvolvimento técnico e ao crescimento econômico de muitos países, começa a surgir também o questionamento do que vem acontecendo nos contextos de trabalho e em relação ao meio ambiente: a dominância de princípios e lógicas econômicas que contrariam prioridades de ordem ética como o respeito à dignidade e à saúde humana.

3. SAÚDE MENTAL RELACIONADA AO TRABALHO: UM CAMPO MULTIDISCIPLINAR.

3.1 As disciplinas que confluem para o campo da Saúde Mental Relacionada ao Trabalho (SMRT)

O objeto e o desafio multidisciplinar

O estudo das conexões saúde mental e trabalho, como vimos acima, não é novo. Entretanto, os desenvolvimentos teóricos e metodológicos sobre o tema, bem como a nitidez cada vez maior dos seus significados políticos, econômicos e socioculturais, assumem tal intensidade e abrangência, que se tornou possível identificar o surgimento de um campo de estudo no qual se produzem novos conhecimentos. Tal campo é marcado especialmente pela interdisciplinaridade, mas também recebe contribuições de conhecimentos construídos em disciplinas não interconectadas. Trata-se, portanto, de um campo *multidisciplinar*. Nesse campo, passam a ser examinados os processos saúde-doença vinculados, em suas determinações ou desenvolvimentos, à vida laboral, através de uma ótica profundamente distinta das anteriormente adotadas pela antiga Psiquiatria Ocupacional, tanto pelo enriquecimento dos eixos de análise quanto pela fixação de uma perspectiva em que as finalidades das investigações assumem diretrizes éticas. O significado disso é que os princípios adotados ultrapassam a busca de produtividade e os estudos se voltam para identificar *todos* os aspectos— os que promovem a saúde e todos os que se revelam potencialmente adoecedores, inclusive aqueles que possam estar servindo simultaneamente a interesses mais imediatos da produção.

A relação entre saúde mental e trabalho constitui o objeto dos estudos da Saúde Mental Relacionada ao Trabalho (SMRT), campo em que situamos este livro. Considerando a unicidade corpo-mente, que torna saúde geral e mental indissociáveis, podemos dizer que esse objeto é a inter-relação entre o trabalho e os processos saúde-doença cuja dinâmica se inscreve *mais marcadamente* nos fenômenos mentais, mesmo quando sua natureza seja eminentemente social. Uma precisão ainda maior exige que seja incluído nesse objeto não apenas o trabalho, mas também a *falta de trabalho.*

O campo da *Filosofia* — que oferece um imenso referencial para os estudos de Saúde — também produziu o desenvolvimento das reflexões embasadoras da *Ética* que se estendem à esfera do trabalho e aos significados deste para os seres humanos. Não pode deixar de ser enfatizada a importância dos fundamentos oferecidos pela *Ética* para a SMRT. A abordagem direta de temas de SMRT por vários filósofos do nosso tempo merece ser lembrada, valendo assinalar que alguns desses autores têm se detido na análise do quanto os ataques à *dignidade* dos trabalhadores consubstanciam atentados à Ética que perturbam a estabilidade mental. Por outro lado, a Filosofia também abriga o campo da Epistemologia, que nos ajuda a mapear os conhecimentos que tecem os territórios da SMRT bem como a entender os obstáculos que têm retardado o desenvolvimento desse campo. [1]

No campo da SMRT torna-se indispensável o entendimento das forças emanadas de instâncias que presidem às determinações que incidem, simultaneamente, sobre a economia e os seres humanos que fazem parte do *mundo do trabalho*. Assinalamos que também participam de tal *mundo* os desempregados e os que estão em situações ambíguas quanto ao trabalho — como "viver de bicos", frequente intermitência entre emprego e desemprego, afastamento prolongado do trabalho por doença e outras.

A Psicopatologia no Trabalho e a Psicopatologia no Desemprego emergem dos estudos de SMRT e estão intimamente inter-relacionadas.

A SMRT representa, na atualidade, um *desafio latente* numa realidade ainda mal iluminada das situações de trabalho ou de *desinserção laboral* em que se produz a escalada da transformação de *normalidades discutíveis* em *adoecimentos dos assalariados* e fracassos empresariais. Tal desafio — por ora ainda não suficientemente reconhecido — se apresenta aos que planejam políticas públicas e também aos responsáveis pelas políticas empresariais. Entre as políticas públicas, merecem atenção especial aquelas que dizem respeito à Saúde, ao Trabalho e à Previdência Social, mas precisarão, sempre, ser visualizadas em suas interarticulações, assim como nos vínculos que mantêm com outras políticas sociais e econômicas.

---

1. A vasta obra do filósofo Gastón Bachelard oferece a visão dos vários tipos de obstáculos que se opõem à renovação do conhecimento humano, apontando a necessidade de superação das concepções cristalizadas no senso comum – depositário das crenças, dos preconceitos e das ideologias que deformam o conhecimento e impedem a expansão, o desenvolvimento e a transformação do saber já elaborado (Bachelard, 1996).

O edifício teórico-metodológico que se assenta no terreno multidisciplinar da SMRT ainda se encontra em plena fase de construção. O desafio é tanto maior por se tratar de uma tarefa integradora de óticas distintas, de pesquisadores inseridos antes em áreas tradicionalmente distanciadas entre si — Ciências Biológicas, Ciências Humanas e Ciências Exatas. Enquanto algumas tarefas conjuntas já se desenvolvem nas atividades de pesquisa, o encontro de uma linguagem comum que possa conduzir a uma *intercompreensão* mais efetiva ainda é meta a ser alcançada.

Quando estudamos as repercussões do trabalho sobre a mente humana, verificamos que, ao longo do desenvolvimento de diferentes áreas do conhecimento, esse tema tem sido considerado e pesquisado, tanto por disciplinas que estudam a saúde humana quanto por um grupo de disciplinas que, não estando voltadas para o estudo da saúde, têm, ao abordar temáticas vinculadas ao trabalho, enfocado aspectos que dizem respeito à constituição do desgaste mental e à construção de resistências diante das *transformações interconectadas do trabalho e dos fenômenos de dominação.*

No *primeiro grupo* de disciplinas considerado — isto é, o das disciplinas que têm objetivado o estudo da saúde humana em suas várias perspectivas —, dois subgrupos ou conjuntos podem ser distinguidos, a partir dos quais se identificam contribuições para o estudo da Saúde Mental Relacionada ao Trabalho (SMRT). O primeiro é constituído pelas disciplinas que centralizam seus estudos nos processos mentais e/ou na dinâmica saúde-doença do ser humano submetido a diferentes condições de trabalho: Medicina do Trabalho, Psicologia do Trabalho, Psicopatologia do Trabalho, Toxicologia e Ergonomia. O segundo subgrupo é formado por disciplinas que fundamentam as do primeiro conjunto, incluindo disciplinas básicas das Ciências da Saúde e da Psicologia — como a Fisiologia através de algumas de suas vertentes: Psicofisiologia, Neurofisiologia, Neuroendocrinologia e os novos estudos da Neurologia Integrativa. Fazem parte do mesmo subgrupo as disciplinas do âmbito clínico, como a Neurologia, a Psiquiatria e a Psicossomática. Ocupando um lugar especial junto a esse primeiro grupo de disciplinas, encontramos também a Psicanálise.

Num *segundo grupo*, encontramos aquelas disciplinas que se ocupam direta ou indiretamente do trabalho humano, sem que a saúde tenha sido formalmente proposta como objeto. Fazem parte do campo das Ciências

Humanas, desdobrando-se nas Ciências Sociais. Encontramos, aí, as disciplinas que estudam as determinações sócio-históricas, políticas, econômicas e culturais que, a partir do âmbito macrossocial, se refletem nos *processos e situações humanas* de trabalho no interior das empresas. As raízes dessas disciplinas estão fincadas na Filosofia. A partir do campo da Filosofia, foram realizadas indagações e formulações essenciais sobre a natureza humana. Ainda, foi no campo filosófico que se deu o desenvolvimento das reflexões embasadoras da *Ética* que se estendem à esfera do trabalho e aos significados deste para os seres humanos. A abordagem direta de temas de SMRT por vários filósofos do nosso tempo torna-se essencial para iluminar a reflexão sobre os impactos humanos envolvidos pelas metamorfoses contemporâneas em curso. Metamorfoses essas que mobilizam e são mobilizadas pelas correlações de forças presentes no mundo multifacetado do trabalho.

As ciências humanas e sociais recobrem vários territórios. No âmbito macrossocial, os estudos de Economia Política que analisam, sob uma perspectiva histórica, as relações sociais de produção e as transformações técnicas e organizacionais do trabalho.

Voltados para o território da empresa, temos a considerar todas as disciplinas que convergem para a Organização do Trabalho.

Vale, também, assinalar a importância para a SMRT dos resultados de pesquisas empíricas empreendidas por cientistas sociais — em diferentes países, inclusive no Brasil — junto a trabalhadores de vários setores.

No campo do Direito — e especialmente no dos Direitos Humanos —, a questão da ética tem presença marcante na conexão com a *dignidade humana*. Na atualidade, a abordagem dos Direitos Humanos vem considerando, cada vez mais, a questão da saúde — com derivações para a saúde dos trabalhadores e saúde mental. Na impossibilidade de desenvolver uma categorização e análise desses aportes filosóficos e jurídicos, nos limitaremos a assinalar alguns deles em passagens deste livro.

Da mesma forma, não penetraremos no campo das Ciências Exatas e de seus aportes à Engenharia de Segurança e à Ergonomia.

Evidentemente, um dos primeiros desafios que se coloca aos que desejam desenvolver atividades de pesquisa no campo da SMRT é justamente o de selecionar e delimitar os conhecimentos e as perspectivas de análise, a partir de tantas disciplinas diferentes. O critério principal para essa seleção deverá ser, naturalmente, o de considerar aqueles estudos em que sejam identificados aspectos e fenômenos que potencialmente terão repercussões mentais para os executantes do trabalho. A enorme abrangência desses fenômenos e dessas modalidades de repercussões mentais constituiu a principal dificuldade a ser vencida numa tentativa de delimitação. Em todo caso, ter em vista esse critério poderá evitar que estudos que inicialmente objetivem temáticas de SMRT terminem por se dispersar em questões demasiado distanciadas.

Tentaremos, a seguir, de forma sucinta, localizar pontos de interesse e contribuições de algumas disciplinas para os estudos da Saúde Mental Relacionada ao Trabalho. O que faremos, evidentemente, sem a pretensão nem a possibilidade prática de esgotar o quadro de referências em que se insere o campo da SMRT — em verdade, um quadro ainda em processo de consolidação.

a) Psicopatologia Geral e Psiquiatria Clínica

Historicamente, nos primórdios da psiquiatria, predominaram teorias organicistas e teorias morais para explicar as doenças mentais, além de formulações que identificavam tipos especiais de constituição predisponente a modalidades diferentes de doenças mentais. Não cabe aqui rever o enorme acervo de estudos sobre o itinerário da Psicopatologia Geral — o campo de conhecimentos em que é estudada a gênese, a caracterização (segundo diferentes tipologias), bem como a evolução de distintos quadros das "doenças mentais", hoje denominadas oficialmente como transtornos mentais ou distúrbios psíquicos, conforme a *Classificação Internacional de Doenças e Causas de Morte (CID-10).*

No final do século XIX e na primeira metade do século XX, alguns dos autores clássicos que fundaram os alicerces da Psicopatologia Geral e, portanto, que refletiram sobre a patogenia das doenças mentais, apontaram o trabalho como um território que merecia atenção. Assim, Karl Jaspers — filósofo existencialista e autor de um dos mais clássicos tratados de Psicopatologia do século XX — provocou inflexão em uma psiquiatria até então fixada em princípios científicos centrados na perspectiva orgânica. Esse autor inclui o trabalho como terreno existencial em que poderiam ser desencadeadas experiências afetivas adoecedoras. Dois outros "psicopatologistas fundadores" — Kretschmer e Bleuler — coincidiram, em obras independentes, ao identificar que a humilhação infligida em certas situações de trabalho era determinante na origem de patologias mentais. Kretschmer apontou esse aspecto no adoecimento mental das governantas e das professoras primárias (Le Guillant et al., 1956) Outros autores notáveis do campo da psicopatologia geral também focalizaram a questão do trabalho na psicopatogenia. Na presente síntese, entretanto, consideramos dever nos concentrar no psiquiatra que construiu a ponte mais significativa entre a Psiquiatria e a Psicopatologia no Trabalho: Louis Le Guillant.

Louis Le Guillant, psiquiatra francês, realizou um percurso notável, caminhando da Ergoterapia à Psicopatologia no Trabalho (PPT), num período que vai dos anos 1940 aos anos 1960. Suas observações sobre o papel do trabalho na reestruturação psíquica e reintegração social dos pacientes psiquiátricos hospitalizados foi ponto de partida para reflexões que mais tarde lhe permitiram descobertas sobre o potencial patogênico de determinadas situações laborais. O trabalho que reconstrói vitalidade, sentido e laços de inserção social não é o mesmo que degrada a identidade e a saúde. Em sua extensa produção sobre Psicopatologia no Trabalho, destacamos dois estudos que proporcionaram constatações fundamentais para o conhecimento e a compreensão dos processos psíquicos e psicossociais: 1) A pesquisa realizada sobre telefonistas e mecanógrafos, conjuntamente com J. Begoin, que escreveu tese baseada na mesma pesquisa e que foi prefaciada por Le Guillant; 2) Uma extensa investigação sobre empregadas domésticas.

O estudo sobre *telefonistas* proporciona, de modo pioneiro, evidências sobre a nocividade, para a saúde, da intensificação dos ritmos de trabalho e das formas de controle e avaliação adotadas pelo poder hierárquico. Dessa forma, o autor instaura pilares importantes para os estudos críticos sobre o papel da *organização do trabalho* na constituição de constrangimentos (pressões ou imposições) capazes de desorganizar o equilíbrio psicofisiológico e/ou mental. As condições que marcaram a história de vida e trabalho mostraram-se indissociáveis dos processos de adoecimento.

Louis Le Guillant fez, no mesmo estudo, uma descrição da fadiga permanente que invade todas as horas do cotidiano e da sintomatologia que a acompanha. Designou esse quadro de "síndrome subjetiva comum da fadiga nervosa". A descrição parece corresponder ao que atualmente é designado como *fadiga crônica* ou *fadiga patológica* e, possivelmente, em alguns casos, ao esgotamento profissional (*burnout*), dos quais trataremos em outras partes deste livro. O autor estudou também a evolução dessa síndrome e concluiu que, ao longo do tempo, o "esgotamento nervoso" passa a ser irreversível e assume as características de uma verdadeira neurose. Concluiu, ainda, que a síndrome não é específica das telefonistas, podendo se fazer presente "em todos os empregos que exigem, com ou sem fadiga muscular, um ritmo excessivamente rápido de operações, assim como condições de trabalho, do ponto de vista objetivo e subjetivo, penosas: mecanização dos gestos e monotonia, controle rígido, alterações das relações humanas na empresa, etc." (Le Guillant et al., 1956, p. 187).

O trecho acima citado demonstra bem que Le Guillant não se restringiu a estudar os quadros clínicos. Visualizou também as características organizacionais e relacionais do contexto de trabalho e suas ressonâncias subjetivas. Um aspecto que o autor definiu como potencialmente patogênico vem se tornando uma preocupação crescente entre os que estudam as transformações culturais e organizacionais contemporâneas: uma *competição individual* que é acirrada simultaneamente por determinadas formas de *avaliação* e pelo *temor da perda de emprego*.

O autor, além de detectar a importância fundamental dos aspectos organizacionais para a patogenia e evolução dos transtornos psíquicos vinculados ao trabalho, identificou no estudo das telefonistas dois outros objetos de estudo essenciais:

a) uma instância coletiva que modulava sentimentos e condutas individuais;

b) a interface entre a vida familiar e a vida no trabalho como contendo uma dinâmica importante para os fenômenos que poderiam influir na saúde mental. Desse modo, o autor fundamentou perspectivas que assumiram grande desenvolvimento nos estudos de PPT dos anos 1980 e seguintes.

A pesquisa sobre *empregadas domésticas*, publicada em 1963, tomou por base estudos que revelaram elevados percentuais de empregadas domésticas entre pacientes psiquiátricas (internadas ou não), várias bases de dados estatísticos sociodemográficos — incluindo migração — tanto referentes a pacientes de serviços psiquiátricos quanto a registros de outras instituições (como um Centro de Reciclagem Profissional). Realizou ainda numerosos estudos de casos. Foi nestes últimos que Le Guillant, além de relacionar a caracterização sociocultural das empregadas com a dinâmica envolvida no processo de adoecimento, identificou algumas síndromes bastante peculiares.

No plano da dinâmica dos sentimentos, ressalta um aspecto apontado por Le Guillant no estudo sobre as empregadas domésticas: a emergência e intensificação do *ressentimento* e o papel assumido por este no processo psicopatogênico. As fontes desse ressentimento e do ódio reprimido nas constatações do autor são múltiplas. Mas, sobressaem nessa gênese as humilhações sofridas e a falta de reconhecimento por uma dedicação que, frequentemente, havia sido de muitos anos. O autor examinou ainda o papel representado pelo preconceito existente contra essas mulheres por causa da origem em comunidades pobres e distantes de Paris (cidade onde o estudo foi realizado) (Le Guillant, 1963). O psiquiatra francês identificou ainda muitos outros aspectos da mobilização dos sentimentos e da dinâmica psicossocial, envolvidos na "neurotização" das empregadas domésticas. Essas constatações ofereceram base de enorme importância para o desenvolvimento ulterior da PPT e da SMRT.

O estudo sobre os desdobramentos psíquicos da fadiga, da servidão e da humilhação são *precursores* notáveis das atuais constatações sobre esgotamento profissional (*burnout*), depressões e suicídios decorrentes de pressões organizacionais e do assédio moral. A potencialmente patogênica condição de *sujeição* — caracterizada muitas vezes como verdadeira *servidão* — encontrada pelo autor em empregadas parisienses do início dos anos 1960 provavelmente tem grande semelhança com condições vivenciadas ainda hoje por parte significativa das empregadas domésticas brasileiras.

Le Guillant, mesmo tendo sido grande estudioso das origens sociais do adoecimento mental e tendo procurado encontrar uma resposta para a psicopatogenia nas vivências individuais acumuladas ao longo dos percursos existenciais individuais (itinerários *vivenciados* de vida e trabalho), não deixou de pontuar a extensão do mistério que até hoje desafia a Psicopatologia — tanto a psicopatologia geral como a PPT —, ao reiterar frequentemente que "o problema central e mais difícil de nossa disciplina encontra-se na passagem de uma situação vivida, seja ela qual for, para um distúrbio mental" (Le Guillant, 1984, apud Clot, 2006, p. 17).

O mesmo autor fixou também diretrizes metodológicas. Para o método de investigação do adoecimento vinculado ao trabalho, adotou e preconizou a utilização, sempre, da *anamnese biográfica*. Nessa abordagem, deveria ser incluída, integradamente, a trajetória de vida e de trabalho — com detalhamento sobre as condições de trabalho e, com especial atenção, para as exigências de rendimento (produção). Também deveriam ser investigados os modos pelos quais o controle é exercido sobre o trabalhador e seu desempenho e ainda *como* esse controle é vivenciado subjetivamente por cada trabalhador. A anamnese biográfica, já na época preconizada para estudos de Psiquiatria e Psicossomática, mais a sistematização do exame de aspectos atinentes ao trabalho, foi um acréscimo essencial.

Frantz Fannon, psiquiatra nascido na Martinica e que se engajou nas lutas contra o colonialismo, desvendou processos psicossociais e aspectos psicopatológicos vinculados à opressão e à discriminação vivenciadas pelos algerianos e outros povos dominados, na primeira metade do século XX. Esses estudos assumem grande atualidade quando se trata de examinar a dinâmica em que se originam hoje os transtornos mentais relacionados ao trabalho dominado e cada vez mais desregulamentado. O trabalho de Fannon é pioneiro também na interdisciplinaridade, ao unir visão política, antropológica, psiquiátrica, sociológica, de psicologia social e linguística em suas abordagens. Fannon foi ainda quem iniciou o estudo dos danos psíquicos provocados pela tortura. Outro foco de suas pesquisas foi a dimensão psicocultural do racismo, tendo analisado como o racismo permeia os processos de subjetivação e a formação das representações. Assim, oferece subsídios valiosos para que, no Brasil, possamos estudar: a) quais os resíduos do colonialismo que podem ser identificados nas práticas de gestão e situações concretas de trabalho, e que se evidenciam, por exemplo, através de algumas formas de discriminação velada ou explícita; b) a situação do negro e do índio na sociedade brasileira atual e no mercado de trabalho; c) como se constitui e como se desdobra (em termos psicopatológicos) o sofrimento mental presente nas vivências dos trabalhadores negros e indígenas e de seus descendentes (Fannon, 1979).

Em uma fase mais recente, na Itália das décadas de 1960 e 1970, os estudos e as atividades clínicas do psiquiatra e psicanalista Giovani Jervis junto aos trabalhadores também ofereceram importantes contribuições para alicerçar conhecimentos de psicopatologia do trabalho, como veremos mais adiante (Jervis, 1979 e 1973). Na Alemanha, o desenvolvimento da Psiquiatria Social contemporânea encontra nos estudos de Klaus Dörner importantes subsídios para pensar questões atuais em SMRT — quando esse autor, a partir de diferentes contextos históricos e institucionais, analisa, integrando a perspectiva ética e a psiquiátrica, a degradação da condição humana em seus desdobramentos psicopatológicos. Dörner, que também elabora profunda e aguçada crítica à medicalização e psiquiatrização de problemas sociais, oferece reflexões e advertências que podem e devem ser aplicadas às questões de adoecimento mental pelo trabalho. O mesmo autor, nos últimos anos, tem feito estudos sobre repercussões mentais e existenciais das políticas desencadeadas pelo domínio da ideologia neoliberal. Assim examinou, de um lado, os jovens colocados diante do estreitamento atual das perspectivas de inserção laboral, e do outro, o grupo heterogêneo formado pelos descartados do mercado de trabalho — por estarem incapacitados, por terem idade avançada ou não corresponderem, por diferentes razões, às exigências "de excelência" da empresa hipermoderna. Dessa forma, Dörner abre caminhos para que, também na realidade latino-americana, possamos pensar mais claramente a psicopatologia do desemprego e, ainda, alguns desafios especiais que se colocam, no presente, às políticas públicas e de empresa, tanto para atuar preventivamente, quanto para possibilitar reabilitação dos vitimados pelos acidentes e adoecimentos relacionados ao trabalho (Dörner, 1993).

b) Psicologia do Trabalho

Durante muito tempo, a Psicologia do Trabalho se concentrou principalmente na temática da seleção de pessoal. Mas, ao longo de sua evolução, a disciplina foi integrando conhecimentos e abordagens de outras disciplinas, dentro de objetivos mais amplos, compreendendo, além da seleção, também a *formação* de pessoas para diferentes atividades, outros aspectos da *gestão* e do ambiente e organização do trabalho, incluída, aí, a adequação das demandas ao trabalhador de acordo com suas possibilidades e necessidades psicológicas. A preocupação voltada para a prevenção da fadiga é assinalada, em 1930, por Lahy, que preconizou, já nesse ano, o estudo de modificações técnicas a serem introduzidas na construção das máquinas de escrever, com base na "psicologia dos gestos voluntários automatizados", investigada em mecanógrafas (Lahy, 1978). A participação de psicólogos no planejamento das carreiras, levando em conta expectativas e outros aspectos psicológicos, passou a ter importantes implicações para a SMRT.

Por outro lado, existe um importante conjunto de pesquisas que examinam as representações e o significado do trabalho para trabalhadores de diferentes categorias. Tais estudos podem oferecer elementos para entendimento da dinâmica subjetiva relacionada aos processos saúde-doença em que se fortalece a saúde ou em que se constituem as formas de desgaste que culminam em doenças psicossomáticas ou em transtornos mentais. Na atualidade, oferecem bastante interesse os estudos que examinam comparativamente representações e significados do trabalho em trabalhadores de diferentes gerações, investigando correlações referentes às mudanças em curso no mundo do trabalho (Nardi, 2006).

Muitos estudos relacionados aos aspectos psicológicos do trabalho humano ocupam um terreno interdisciplinar, pois também se inserem no campo mais amplo da Psicologia Social e penetram na área da Sociologia do Trabalho. Da mesma forma, são interdisciplinares os territórios em que vêm ocorrendo pesquisas e debates teóricos sobre a centralidade do trabalho na constituição e dinâmica da identidade e da subjetividade. O tema da *centralidade do trabalho* se tornou essencial pelo interesse que apresenta para entendimento da dimensão psíquica nos processos saúde-doença relacionados ao trabalho e à falta de trabalho, bem como para análise de temas correlacionados.

É possível distinguir diferentes vertentes na Psicologia do Trabalho originalmente constituída. A Psicologia do Trabalho centrada nos aspectos cognitivos precedeu àquela que estuda a dinâmica dos sentimentos (dinâmica psicoafetiva) mobilizados nas situações de trabalho. A convergência dessas duas linhas ocorreu posteriormente. Mais tarde emergiu outra perspectiva: aquela em que se analisa a função psicológica do trabalho para o desenvolvimento do sujeito — isto é, para a subjetivação e a constituição da identidade.

O desenvolvimento da Psicologia do Trabalho se fez expandindo e aprofundando tanto o estudo da dimensão cognitiva quanto o da psicoafetiva, penetrando no exame da intersubjetividade e, mais recentemente, dos fenômenos microssociais e micropolíticos.

A Psicologia Organizacional se vincula à Psicologia do Trabalho, ao incluir em seu objeto de estudo as políticas e as práticas das empresas no âmbito da administração-gestão das pessoas. Assinalamos ainda que não existem fronteiras e sim uma convergência e muitas vezes fusões importantes da Psicologia do Trabalho em relação a outras disciplinas, destacando principalmente: Psicologia Social, Sociologia do Trabalho, Ergonomia, Ergologia, Antropologia do Trabalho e Psicodinâmica do Trabalho e, em certos estudos, Psicanálise.

Em suma, desdobramentos e vinculações interdisciplinares derivam para metamorfoses da Psicologia do Trabalho, ao mesmo tempo que podem ser identificadas atualmente verdadeiras superposições dos enfoques e objetos de estudo, a partir da leitura de relatórios de pesquisa e outros textos publicados.

Alguns conceitos básicos em SMRT foram elaborados na área de Psicologia do Trabalho. Um modelo conceitual importante é o que sistematiza as condições e as exigências do trabalho, analisando o processo, os desempenhos humanos e as cargas que resultam para os executores das tarefas.

A Psicologia do Trabalho adotou uma importante metodologia para a realização de análises e diagnósticos de situações decorrentes das interações entre condições de trabalho, de um lado, e características e condutas do trabalhador, de outro (Leplat; Cuny, 1977) A Ergonomia, mais tarde, assumiu e desenvolveu consideravelmente essa metodologia, bem como os seus aspectos conceituais.

O advento da corrente criada e designada pelo filósofo e psicólogo francês Yves Clot como *Clínica da Atividade* merece ser destacado como especialmente promissor. Essa corrente que parte do princípio de que há uma íntima vinculação entre atividade e subjetividade originalmente foi direcionada a "desenvolver a capacidade dos trabalhadores de agir sobre eles mesmos e sobre o campo profissional". Surgiu voltada a fundamentar o estudo dos aspectos vitalizadores da atividade de trabalho, isto é, das condições em que o trabalho assume sentido e mobiliza a subjetividade e os potenciais humanos de modo a representar assim uma fonte de *vitalização* e, portanto, de saúde. Mais que isso, pelo que se infere de uma entrevista do pesquisador Yves Clot, a Clínica da Atividade nasceu como uma espécie de pesquisa-ação, pois tinha o objetivo de que trabalhadores desenvolvessem sua própria *capacidade de agir* nas situações de trabalho, o que estaria associado a uma mobilização subjetiva (Clot, 2006a). Tal mobilização possui conotação criativa e ao mesmo tempo saudável. Um ponto que merece a atenção dos que estudam a SMRT é o seguinte: para o autor citado e outros da mesma corrente, o conceito de *atividade* transcende as atividades de trabalho que são objeto de estudo da ergonomia francesa. A atividade diz respeito a todos os engajamentos e ações da vida do sujeito. Isto é, todas as *atividades* são objeto de subjetivação — alimentam a subjetividade.

Por outro lado, a *Clínica da Atividade* aparece no cenário da Psicologia do Trabalho contemporânea como um dos desenvolvimentos mais significativos para a compreensão do envolvimento da subjetividade por certas situações de trabalho e da forma pela qual esse envolvimento contribui para a patogenia de transtornos psíquicos. Afirma Clot: "A subjetivação na ação é constituinte. São os fracassos que deixam a subjetividade sedimentada em si mesma, e ela, 'imobilizada', torna-se então ineficiente e necrosada. É na atrofia atual da ação, que a subjetividade pode perder seus poderes passados. A libertação da ação, ao contrário, os conserva. Mas trata-se de um processo aberto aos inesperados do curso da atividade" (2006b, p. 183). O autor analisa o que, na atualidade, se opõe aos *potenciais vitalizantes* da atividade de trabalho. Entre os aspectos que impactam negativamente na subjetividade, o autor estuda como a dinâmica decorrente do *medo do desemprego* permeia numerosas situações, impedindo uma atividade favorecedora da subjetividade. Examina também criticamente o paradigma da *flexibilização* e o impacto paralisante das situações de trabalho em que os indivíduos sofrem a injunção de se tornarem "responsáveis" pelo alcance de metas impossíveis e pelo sucesso de suas empresas. O potencial psicopatogênico desses aspectos do trabalho contemporâneo pode ser inferido a partir de vários estudos realizados dentro da perspectiva da Clínica da Atividade que delineiam dinâmicas em que emergem diferentes transtornos psíquicos, além de contribuir para a Psicopatologia do Desemprego, ao identificar *como* se constituem as depressões vinculadas à inatividade forçada (Clot, 2006a, 2008 e 2010).

Mais recentemente, vários pesquisadores franceses ampliaram essa terceira perspectiva, possibilitando uma visão na qual a dinâmica das transformações sociais e as diferentes esferas e experiências da vida dos trabalhadores são incorporadas. Aplica-se assim ao trabalho o que diz

Malrieu citado por Clot (2006a, p. 56): "o comportamento num domínio da vida é regulado pela significação que o sujeito lhe atribui a partir de outros domínios da vida". Nessa formulação temos a ideia central que fundamenta essa perspectiva integradora, desenvolvida por Curie, Hajjar e Baugion-Broye, entre outros citados por Yves Clot em seu estudo sobre a função psicológica do trabalho (Clot, 2006a). Trata-se de um enfoque socialmente ampliado e que também integra a dimensão cultural, proporcionando ainda uma visível aproximação em relação à abordagem da Psicopatologia do Trabalho, tal como esta era assumida por Le Guillant nos anos 1960, em seu estudo sobre a psicopatologia das empregadas domésticas (Le Guillant, 1963). Coincidentemente, sem conhecermos ainda na época os estudos de Le Guillant, também adotamos esse enfoque, em nossos estudos sobre o processo de adoecimento mental (psicopatogênese) em trabalhadores industriais no início dos anos 1980, o que nos permitiu examinar as repercussões da situação de pobreza, do contexto socioeconômico de recessão e de situações que agrediam certos valores culturais (Seligmann-Silva, 1986).

Contemporaneamente, a desestruturação do mercado de trabalho passou a ser uma fonte acionadora de pressões sociais e psicológicas, originando fenômenos coletivos e individuais que passaram a ser objeto privilegiado de estudo no novo território ampliado, designado por alguns como Psicologia Social do Trabalho e das Organizações.

Portanto, o campo da Psicologia do Trabalho passou por expansão e, nos últimos anos, apresentou confluências com outros campos de conhecimento. Desse modo, parece-nos bastante apropriado reconhecer uma área de estudos designada como *Psicologia Social do Trabalho e das Organizações*, tal como foi constituída na Universidade de Toulouse.

A leitura do plano de atividades de pesquisa desta área, no ano de 2007, mostra que o mesmo se volta para analisar "estas novas transformações estruturais dos assalariados que colocam em questão os comportamentos individuais e coletivos relativos à manutenção ou à ruptura dos vínculos dos trabalhadores com seu trabalho e com suas organizações". No mesmo plano, podemos ler, a propósito da situação contemporânea: "As novas formas de organização do trabalho expõem os sujeitos às pressões acrescentadas no exercício de suas atividades profissionais e também a uma pressão dada pela incerteza (quanto ao futuro)". Para o desenvolvimento desse programa foi proposto o foco direcionado a uma *dupla incerteza* — quanto ao futuro próximo e quanto ao futuro da existência —, isto é, à perspectiva da trajetória de vida e trabalho:

1) Na relação de emprego (presente) pela precariedade e pela insegurança das condições de trabalho, rupturas de contratos de trabalho, exigências de polivalência e flexibilidade na organização, intensificação das tarefas, insatisfação e sofrimento no trabalho.

2) Nas trajetórias profissionais: pela *alternância de períodos de desemprego e de emprego*, pelas injunções à mobilidade interorganizacional, pela desinstitucionalização e pela individualização do fim da carreira. No final, é afirmado o seguinte. "A organização do trabalho pode ser assim considerada como o lugar por excelência onde os sujeitos são confrontados às transições psicossociais, isto é (...), a mudanças de ordem maior em seu espaço de vida, que possuem efeitos duráveis e que afetam de maneira determinante suas representações de si e do mundo" (Universidade de Toulouse, 2007).

c) Psicanálise

Os conceitos psicanalíticos têm sido importantes na construção de suportes teóricos da SMRT. Vêm contribuindo também para formulações e o desenvolvimento de métodos, técnicas e instrumentos destinados à análise dos processos psíquicos envolvidos na gênese do desgaste mental relacionado ao trabalho e em seus desdobramentos psicopatológicos. Assim, a psicanálise, ao lado de outros referenciais teórico-metodológicos, tem permitido o desenvolvimento de *pesquisas* e descobertas valiosas.

Noções como sofrimento mental e prazer conectado ao trabalho, utilizadas em Psicodinâmica do Trabalho (PDT), são relacionadas, respectivamente, à angústia e ao desejo, estudados pela Psicanálise. Como veremos adiante, também foram incorporados pela PDT outros conceitos psicanalíticos voltados para compreensão dos processos subjetivos e intersubjetivos relacionados ao trabalho, com destaque para os mecanismos psicológicos de defesa.

A contribuição do pensamento freudiano à SMRT inclui muitos outros conceitos e elaborações teóricas dos quais poderemos apenas pontuar alguns dos que apresentam notável fecundidade para analisar a SMRT no panorama social contemporâneo.

Os conceitos de *ego ideal* e *ideal de ego* permitem o entendimento de muitos dos fenômenos que, nas vivências do cotidiano de trabalho, possuem considerável importância para análise do *desgaste da autoimagem*. Esse tipo de desgaste constitui fase importante, na psicopatogênese das depressões e de outros transtornos psíquicos. Na medida em que o indivíduo percebe a frustração de suas aspirações de desenvolvimento e realização pessoal e profissional e/ou de expectativas salariais, crescem sentimentos de decepção que podem dar lugar a autodesvalorização profunda. O que enseja, não raro, um *ressentimento* que poderá se expandir e refletir negativamente na vida afetiva, nos relacionamentos em geral e no desempenho.

As experiências de *desrespeito* vivenciadas no trabalho poderão dar origem a processos adoecedores. Em tais casos, a *ofensa* e a *humilhação*, ao ferir os ideais do ego, podem, ainda, suscitar um sentimento de *vergonha* que intensificará o processo de ataque à identidade. Nessa dinâmica, quando o trabalhador desrespeitado apresenta tendência a desenvolver sentimentos de culpa, poderá atribuir-se erros e acusar a si mesmo pelo acontecido, o que irá acentuar a queda de autoconfiança e a degradação da autoimagem (Axel Honneth, 2003).

Por outro lado, também uma importante conexão entre o trabalho concreto e o inconsciente se faz através das *representações*, que podem ser estudadas, entre outras possibilidades, a partir da perspectiva psicanalítica. O estudo dos sonhos em relatos de trabalhadores nas entrevistas qualitativas, por exemplo, nos permite um acesso valioso ao inconsciente. Na Inglaterra, tanto o referencial teórico da psicanalista Melanie Klein quanto o desenvolvimento mais recente de uma visão interdisciplinar, que integra Psicanálise, Filosofia e Ciências Sociais, vêm permitindo o desenvolvimento de novos conhecimentos e novas práticas preventivas e intervenções reparadoras.

O pensamento de Freud, e em especial o que colocou nos escritos que foram considerados como seus grandes textos sociais, a partir de *Totem e tabu* (1905) e sobretudo em *O mal-estar na cultura*[2] de 1930, constitui fonte de reflexão obrigatória para o estudo da SMRT no contexto contemporâneo.

2. Tradução do título original alemão, *Das Unbehagen in der Kulltur*, conforme a recente tradução do livro realizada por Renato Zwick (Porto Alegre: L&PM Pocket, 2010). Anteriormente, o livro havia sido traduzido no Brasil sob o título *O mal-estar na civilização*.

Por exemplo, o que Freud escreveu sobre o anseio por uma proteção total — "uterina"[3] — diante do mundo ameaçador permite talvez interpretar esse anseio como uma raiz poderosa da *servidão voluntária*. Proteção que evitaria o temido desamparo do trabalhador ante as forças de uma *globalização* fantasiada como *colossal* e *inexorável*. No mesmo ensaio, Freud também nos abre perspectiva para refletir sobre os avatares nos quais pode se desdobrar a existência inquestionável de uma parte destrutiva presente na alma humana, na psique profunda. Aponta-nos, assim, que se em determinadas circunstâncias essa força (pulsão) destrutiva pode explicar níveis extremos de crueldade nos quais ocorreram matanças selvagens e genocídios monstruosos, ela também pode se revelar na *exploração*: "(...) o próximo não é apenas um possível ajudante e um possível objeto sexual, mas também uma tentação para se satisfazer nele a agressão, explorar sua força de trabalho sem recompensá-lo, usá-lo sexualmente sem o seu consentimento, apropriar-se de seus bens, humilhá-lo, causar-lhe dor, torturá-lo e matá-lo" (Freud, 1930/2010, p. 123-124).

É ainda no mesmo ensaio que Freud enfatiza a importância de tudo o que, na cultura, pode cercear as expressões do *mal* e ao mesmo tempo incrementar os afetos propícios a construir a união e o desenvolvimento da vida comunitária. A partir da leitura contemporânea dos aspectos apontados, podemos nos dar conta de que as configurações culturais são agora distintas. As condições para o fortalecimento dos laços primordiais de afeto e confiança que Freud descreve na vida familiar e comunitária têm sido fragilizadas ou, em certos contextos de trabalho, praticamente desapareceram.

"Se o indivíduo perde o amor do outro, do qual depende, também perde a proteção contra muitos perigos, e se expõe, sobretudo, ao risco de que esse outro prepotente lhe mostre sua superioridade em forma de punição" (Freud, 1930/2010, p. 146). Do medo da perda do amor, pela criança, ao medo do adulto que quebra as regras da cultura, o conteúdo é o mesmo: o perigo de ser descoberto. Freud indica que, no avançar da história da humanidade, isso foi em certa época superado, para o mundo dos adultos, com o advento da *consciência moral*. Que, aparentemente, *esmaece* numa contemporaneidade da qual vêm desaparecendo os *modelos*

3. Como a do feto dentro do útero protetor.

formadores — essenciais para a consolidação de uma ética de *respeito ao outros* —, modelos dos quais Freud também nos fala nesse texto[4]. É bem possível que estejam bem distantes dessa função formadora de consciência moral os astros e estrelas da mídia que empolgam a juventude ou os CEOs[5] apresentados como grandes vencedores do mundo dos negócios que empolgam jovens gerentes. Muitos parecem sentir-se estimulados a identificar-se com eles, fazer parte de um universo sedutor que compartilhem simbolicamente através de um elemento significativo — seja pela "roupa de marca", pelo tênis, pelo *laptop* ou por um novo dispositivo eletrônico — o brilho que confere uma aparente segurança, afugentando o risco de mergulhar na multidão de perdedores e desamparados.

Embora já em seu texto Freud tivesse afirmado, em 1930, que, apesar dos esforços da cultura para coibir o mal, "a lei não alcança as expressões mais cautelosas e sutis da agressão humana" (p. 125). Algumas dessas agressões, como veremos adiante, estão sendo *produzidas* de forma cada vez mais sofisticada, *em nome da excelência*, nas propostas de *inovação* do gerenciamento.

Interessante ainda assinalar que, no mesmo ensaio, Freud levantou um tema que está no centro da violência que se desencadeou no mundo do trabalho — o de uma *competição* que, caso fosse demasiado estimulada, poderia incrementar o *mal*, ao apagar a sensibilidade em relação ao *outro*, ao fazer esmaecer a consciência moral.

A *submissão* dos assalariados às imposições que ferem a dignidade e dilapidam a saúde tem sido associada à ideia da expansão de uma *servidão voluntária*. O que explicaria o alastramento dessa submissão e essa aparência de consentimento por parte dos dominados? Essa questão tem estado presente nas discussões contemporâneas sobre a dimensão psicos-

---

4. "O supereu de uma época da cultura tem uma origem semelhante à do supereu do indivíduo: ele repousa sobre a impressão deixada por grandes líderes, homens de avassaladora força de espírito ou nos quais uma das aspirações humanas encontrou o seu desenvolvimento mais forte e mais puro" (Freud, 1930/2010, p. 177). Freud prossegue, mais adiante: "Outro ponto de concordância é o fato de o supereu cultural, exatamente do mesmo modo que o supereu do indivíduo, estabelecer rigorosas exigências ideais, cuja inobservância é punida com o medo da 'consciência moral'" (p. 177-178).

5. CEO — sigla que corresponde a *chief executive officer* e designa, em geral, a pessoa com maior autoridade em uma grande organização. Pode ser o presidente do Conselho de Administração ou o diretor executivo.

social do trabalho precarizado. A questão da servidão, bastante examinada pela psicologia social, também tem sido estudada pela psicanálise. Inclusive no Brasil.

Assim, a psicanalista Doris Rinaldi aponta, em um de seus textos, que La Boétie, o jovem filósofo que já no século XVI perscrutou o mistério da servidão voluntária, ao falar da *natureza* afirmou: "ela não queria tanto fazer-nos todos unidos mas todos *uns*" (cada ser humano deveria ser livre e singular). La Boétie demonstra que os humanos preferiram *a servidão ao UM* que era o senhor (objeto de *anseios*/desejos). Rinaldi analisa que os homens também depositaram no senhor o próprio *ideal de eu*. E extrai do conceito de servidão voluntária importantes observações sobre subjetividade e alienação na contemporaneidade. O texto deixa bastante claras as implicações dessa análise para o entendimento da *dominação consentida* em situações de trabalho (Rinaldi, 2000).

Donald Winnicott, ao longo de sua obra, estabeleceu algumas referências fundamentais para o campo da SMRT. Assim, discerniu que os potenciais inatos de cada ser humano são processados de modo singular no contato mantido pelo indivíduo com a cultura que o envolve. Evidentemente, parte importante desses desenvolvimentos, ao longo de cada trajetória de vida, se dará dentro de contextos de trabalho. E os potenciais criativos serão mais ou menos estimulados de acordo com as dimensões da liberdade que os indivíduos tenham em seus espaços mentais e em seus espaços literais (reais) de ação. O bem-estar derivado do exercício da criatividade é valiosa fonte de fortalecimento da vitalidade e da saúde mental. O que recebe acréscimos quando existe *reconhecimento* dos demais pelo que foi criado.

Melanie Klein estudou a dinâmica subjetiva de diferentes sentimentos humanos sob perspectiva psicanalítica em sua extensa obra. Analisou a emergência desses sentimentos a partir de fases precoces do desenvolvimento infantil. Ao perscrutar a dinâmica psíquica que os mobiliza, a autora desvelou os fundamentos infantis de importantes processos de adoecimento mental desencadeados na vida adulta — e, portanto, sob os impactos das experiências vivenciadas ao longo das trajetórias de vida e trabalho. A ideia de que as experiências laborais podem *reatualizar vivências de ansiedade persecutória ou de depressão* — estudadas por Klein na vida infantil — oferece forte interesse para o campo da SMRT.

A autora descobriu que, nos bebês, a frustração relacionada à figura materna é vivenciada como ataque e *perseguição*. Constatou que se o sentimento de frustração ressurge na vida adulta, pode ensejar a mesma vivência persecutória, especialmente quando uma dependência forte existir em relação ao agente dessa frustração. Nos tempos presentes, a demonstração de reconhecimento e a avaliação positiva passaram a ser percebidas pelos assalariados como "indicadores" vitais para aferição da garantia de manutenção dos empregos. Assim, quando o assalariado não percebe reconhecimento e/ou é avaliado negativamente, em geral a frustração surge e se associa a um medo do futuro que pode assumir o caráter de *vivência persecutória* (Klein, 1971).

A mesma psicanalista, ao perscrutar os mecanismos psicodinâmicos associados às vivências da solidão, oferece elementos para a compreensão da solidão contemporânea gerada em muitos ambientes de trabalho e em certas situações de desemprego prolongado. Solidão que pode ser exemplificada também nos empregados atingidos por assédio moral (Klein, 1971).

Riscos mentais importantes ocorrem no tipo de gestão que exerce controle através da *exploração dos temores de perda do emprego*. No nível coletivo, em um setor da empresa ou em um grupo de trabalho onde muitas pessoas se sintam atingidas de igual forma por tal prática, a *somatória das vivências individuais favorece a criação de um ambiente de desconfiança geral que irá, por sua vez, incrementar mais ainda as ansiedades persecutórias de cada pessoa*. Assim, na dinâmica psicossocial que atravessa as relações intersubjetivas, ocorre o fortalecimento das ansiedades persecutórias de cada indivíduo. Muitas vezes, o ambiente se torna insuportável e a exacerbação do clima paranoide leva a conflitos interpessoais e/ou eclode sob forma de crises agudas que podem assumir as mais variadas formas clínicas: desde a hipertensão arterial, enfarte do miocárdio e outras expressões orgânicas, até síndromes neuróticas ou mesmo surtos psicóticos. O que Pezé (2008) denomina *paranoia situacional* é uma das expressões clínicas dessas situações de trabalho.

Wilfred Bion foi um psicanalista que se aproximou dos conceitos de Melanie Klein para estudar fenômenos inconscientes nos grupos e instituições.

A linhagem inglesa dos estudos de psicanálise aplicada a grupos aproxima-se de modo mais explícito da psicopatologia do trabalho com os estudos realizados por Eliot Jaques em fábricas inglesas, nos anos 1950, e, pouco depois, com a investigação de Isabel Menzies Lyth sobre enfermeiras, que foi editada inicialmente em 1959 e republicada no ano seguinte. Como veremos na Parte VII, esses dois psicanalistas desvendaram originalmente as defesas psicológicas inconscientes e socialmente articuladas. Menzies, nos anos que se seguiram a essas descobertas, prosseguiu estudando aspectos psicodinâmicos e processos psicossociais vinculados ao trabalho (Menzies, 1960; Menzies Lyth, 1981 e 1988).

Atualmente, o referencial bioniano vem sendo utilizado por psicanalistas que são consultores de organizações inglesas para analisar processos psicossociais considerados essenciais para o desenvolvimento e sobrevivência das mesmas no ambiente competitivo que se acirrou ao longo das últimas duas décadas. Interessante a constatação de que essas aplicações da psicanálise vêm sendo realizadas de modo a beneficiar, simultaneamente, as empresas e a saúde mental de seus empregados. Esses estudos detectaram, por exemplo, como aspectos psicodinâmicos que bloqueiam a criatividade são originados por diretrizes organizacionais e como essas diretrizes têm raízes no plano macro da economia internacional. A leitura de seus textos deixa evidente que esses psicanalistas identificaram fontes de desgaste mental que muito claramente derivam dos paradigmas neoliberais adotados pelas empresas. Os pesquisadores descobriram que profundas *regressões psicológicas* estão sendo acionadas pelas práticas de gestão adotadas. A deformação do psiquismo foi constatada tanto nos subordinados quanto nos próprios gestores (Armstrong; Lawrence; Young, 1997).

A revelação do surgimento de uma *enorme onipotência* nos quadros dirigentes foi um aspecto central para a explicação da gênese de um clima geral de desconfiança e medo que afetava negativamente a criatividade e outros aspectos importantes para a tão almejada competitividade da organização. Essa onipotência foi originada, conforme um dos estudos realizados nesta abordagem, pela injunção de sobreviver à ameaça representada pela concorrência, na competição instaurada no mercado global: "Existe, assim, uma pressão sobre os gerentes, direcionada a que as organizações ofereçam certezas — uma segurança que, no plano imaginário, será capaz de resistir à incerteza do ambiente e banir as ansiedades psicóticas". Essa constatação é feita por Lawrence (1997) ao analisar organizações que, nos atuais tempos de incerteza, criam mecanismos onipotentes e práticas totalitárias. Mais adiante, o autor esclarece, baseado em Bion, algo que nos parece especialmente importante para o entendimento do que ocorre na atualidade dentro das organizações e das mentes de muitos de seus dirigentes:

Aqueles que se encontram no topo das hierarquias organizacionais, tendem a ter que carregar o peso do medo, ou recebem em suas mentes a projeção deste medo feita a partir de outros membros da instituição, de modo tal que o controle está sempre em perigo de ser perdido na instituição, com resultantes caóticas. Deste modo, uma parte do papel do dirigente se torna assegurar a manutenção da submissão e da obediência. (Lawrence, 1997; tradução livre pela autora)

Lawrence interpretou que *a impotência de controlar o entorno global e imprevisível* levou os dirigentes a maximizar o controle no ambiente *interno* das grandes empresas. Como se a impotência em face do mundo externo pudesse ser neutralizada pela onipotência em todo o âmbito de uma grande organização. A onipotência pode se expressar, nos dirigentes, sob forma de uma extrema arrogância e uma espantosa insensibilidade. O autor também esclarece de que modo o *totalitarismo* gerado pelo medo irá disseminar outros medos em toda a organização. Mas o medo vem acompanhado pela submissão e pela inibição do pensamento. Nessa perspectiva, o autor aponta a produção de uma *paralisia mental* que anula não apenas o pensamento, mas também a *criatividade*, ao mesmo tempo que apaga o *sentido* do trabalho e às vezes o da própria vida. Mostra o que acontece com os empregados submissos e intimidados e também com os gestores a quem a onipotência torna cegos, impedindo que possam discernir as consequências desastrosas de suas decisões imediatistas (Lawrence, 1997).

Na América Latina é possível destacar estudos de enfoque psicanalítico realizados por Miguel Matrajt no México e vários ensaios e pesquisas brasileiras.

Matrajt desenvolve estudos sobre SMRT e apresenta uma perspectiva que viabiliza a compatibilização da abordagem psicanalítica à análise sócio-histórica nos processos estudados em SMRT (Matrajt, 1994, 2000 e 2005).

Fundamentando sua visão contextualizada dos processos psíquicos relacionados ao trabalho, Matrajt propõe uma corrente da psicanálise que interpreta como capaz de trazer efetiva possibilidade para entendimento da dinâmica psíquica atravessada pelas vivências do trabalho: a que foi desenvolvida por Deleuze e Guattari. Ele explica que "as correntes convencionais da psicanálise" (fundamentadas nos pensamentos de FREUD, LACAN e MELANIE KLEIN, entre outras).

> propõem um inconsciente a-histórico, associal universal e quase eterno. Todas essas correntes da psicanálise confundem conceitualmente o "social" com a existência de um "outro", ou ao conjunto de um grupo restrito, com o que se apaga, de um golpe, o papel da organização e os determinantes do contexto social. Deste modo, o conceito de realidade se restringe à realidade psíquica, com o que o fantasma individual exime o investigador do esclarecimento do que dá origem a este fantasma. (MATRAJT, 2005, p. 37)

Mais adiante, o autor assinala um dos pontos que esclarecem sua adesão ao pensamento de Deleuze e Guattari para o estudo da relação subjetividade-trabalho: a afirmação que esses autores fazem de que "a subjetividade está, em grande medida, socialmente determinada, e que o inconsciente se vai desestruturando e reestruturando ao longo da vida" (MATRAJT, 2005, p. 38).

Os estudos da psicanalista Joyce McDougall, ao analisar a psicodinâmica da alexitimia e das *normopatias*, oferecem embasamento importante para o estudo da atenção clínica aos portadores desses transtornos, que também são constatados em Psicopatologia do Trabalho, conforme será discutido em outro tópico. A *insensibilidade* que se manifesta atualmente no mundo do trabalho também pode receber melhor entendimento se recorrermos às fundamentações psicanalíticas desenvolvidas por Joyce MacDougall (1987 e 1991), que se articulam a perspectivas de autores que estudaram as *transformações da sociabilidade* no mundo contemporâneo (SELIGMANN-SILVA, 2004 e 1995).

A contribuição da psicanálise para a compreensão da patogenia de afecções psicossomáticas, por sua vez, também esclarece a gênese de distúrbios psicossomáticos relacionados ao trabalho. É o que se poderá ver adiante, quando forem abordadas as contribuições de Pierre Marty.

Existem processos e fenômenos de natureza primordialmente política que têm se refletido no mundo do trabalho ao longo da história. No caso, temos a *dominação* e a *servidão*, que apresentam grande interesse para o entendimento da gênese do desgaste mental laboral. Essas questões possuem também uma *dimensão cultural* que tem sido estudada por alguns autores à luz da psicanálise. Especialmente os estudos sobre inconsciente coletivo, memória e transmissão psíquica entre gerações vêm se tornando relevantes para a SMRT e a PPT. René Kaes (2001) desenvolveu uma importante visão sobre processos intersubjetivos e transmissão psíquica intergeracional, a partir de um conjunto de textos do próprio Freud, que incluem, desde o clássico estudo da histeria realizado através do *caso Dora*, até textos mais voltados ao entendimento da sociedade e da cultura, como *Totem e tabu*, *Além do princípio do prazer* e *Moisés e o monoteísmo*. Essas ideias constituem importante embasamento para a análise de aspectos históricos que se apresentam como explicativos de algumas características da dominação e da servidão presentes ainda hoje em contextos de trabalho de vários países.

Na realidade do Brasil contemporâneo, os estudos de Kaes forneceram a Durand (2005 e 2010) alguns dos fundamentos para o desenvolvimento de uma rica análise sobre um tema instigante: a produção do medo e os vestígios do colonialismo e da escravidão, tanto nas práticas de controle vigentes em diferentes situações de trabalho quanto na subjetividade dos trabalhadores.

Menezes (2010) aproxima-se do mesmo enfoque examinando as raízes históricas da forma pela qual se dá a emergência da servidão, no contexto brasileiro atual, quando as relações sociais e as condições de trabalho são marcadas pela precariedade.

No Brasil, pesquisas empíricas, estudos e práticas terapêuticas de enfoque psicanalítico vêm sendo realizados em SMRT (Azevedo, 2003; Durand, 2000, 2005 e 2010; Menezes, 2008 e 2010; Martins, 2009).

d) Psicodinâmica do Trabalho

As investigações e desenvolvimentos teóricos realizados por Christophe Dejours em Psicopatologia do Trabalho levaram esse psicanalista francês e o grupo com que compartilha suas reflexões a propor, em 1992, uma nova disciplina por eles denominada Psicodinâmica do Trabalho (PDT). Desde a primeira fase em que esses pesquisadores se voltavam para estudos de Psicopatologia do Trabalho, eles adotaram uma perspectiva teórica própria, distinguindo-se de outros autores que buscavam estudar articuladamente a patogenia e a caracterização dos transtornos psíquicos vinculados às situações de trabalho, como vimos nos estudos de Le Guillant. O *objeto* definido pela perspectiva dessa escola, em sua primeira fase, era bastante preciso: "a análise dinâmica dos processos psíquicos mobilizados pelo confronto do sujeito com a realidade do trabalho" (Dejours; Adbouchelli, 1990, p. 127). Dejours esclarecia ainda:

> Dinâmica significa que a investigação toma como centro de gravidade os conflitos que surgem do encontro entre um sujeito, portador de uma história singular preexistente, e uma situação de trabalho cujas características são, em grande parte, fixadas de forma independente da vontade do sujeito. Isto implica que em psicopatologia do trabalho partamos de uma subjetividade já constituída que será exposta, num período geneticamente ulterior, à realidade do trabalho. O que significa que o sujeito corre de fato o risco de não ser o mesmo que era antes do início do conflito, por um lado, e que a realidade do trabalho corre o risco de ser transformada sob o efeito de uma suplementação de subjetividade, por outro lado. (Dejours; Adboucheli, 1990, p. 127)

A abordagem que confere caracterização marcante à PDT e que teve desenvolvimento nesta primeira etapa foi o estudo dos mecanismos psicológicos de defesa socialmente articulados. Tais mecanismos, acionados em reação aos constrangimentos (pressões) do trabalho, configuravam estratégias defensivas, e Dejours considerou que em muitas situações chegavam a constituir uma verdadeira *ideologia defensiva*. A exploração dessas defesas e do próprio sofrimento pelos que determinam a organização do trabalho é uma das vertentes mais fecundas das colocações de Dejours para a SMRT. Essa perspectiva será examinada na Parte VII deste livro.

A análise do papel fundamental da *organização do trabalho* (OT) na determinação do sofrimento psíquico é outra questão que recebe atenção especial de Dejours. Assim, na formulação apresentada pelo autor em 1980, alguns pontos de destaque seriam: por diferentes vias, a organização do trabalho ocasiona insatisfação, quer pelo esvaziamento de sentido, quer pela violentação de uma "economia psicossomática" que seria singular para cada trabalhador. Pois a OT, associada ou não às condições do ambiente físico, químico e biológico do trabalho, muitas vezes desrespeita as necessidades do corpo — em sua fisiologia e em sua integração psicossomática. As imposições organizacionais que ferem o amor-próprio também degradam a autoimagem e, dentro da visão psicanalítica, acarretam uma ferida narcísica. Essas seriam, segundo Dejours, as diferentes vias que levam ao sofrimento mental e também, pela via psicossomática, ao adoecimento do corpo (Dejours, 1980).

A partir da definição psicanalítica de *sublimação*, Dejours considera que, quando o trabalho assume sentido, passa a ter função sublimatória e favorece a saúde mental. O trabalho que permite a sublimação é também fonte de prazer e enriquece a identidade. Ocorreria o oposto no trabalho submetido a imposições que, restringindo a liberdade, bloqueiam a sublimação ao se tornarem inibidores da criatividade.

O trabalho, como instância de caráter social, dá origem a fenômenos também de caráter *coletivo* no nível microssocial, ao mesmo tempo que interage com a *subjetividade*. Essas interações entre trabalho e subjetividade se fazem diretamente ou mediadas pela intersubjetividade e pela subcultura gerada no coletivo de trabalho, conforme Cottereau (1988) e Pharo (1988). Como exemplo de relação direta temos aquela que pode se constituir quando a situação de trabalho, através de aspectos de algum modo assemelhados a uma experiência do passado, desperta emoções vinculadas ao passado individual, atualizadas na situação de trabalho. Ocorre, assim, uma *revivescência*. Segundo Dejours, alicerçado na teoria psicanalítica, haveria aí uma *ressonância simbólica* — que remeteria o indivíduo a experiências infantis de importante impacto psíquico. Experiências que seriam revividas atualizando o sofrimento psíquico.

A forma pela qual o *reconhecimento* da criatividade individual pelo coletivo de trabalho atua, enriquecendo a identidade, é um aspecto importante a favor da vitalidade e da saúde, a partir da visão de Le Guillant e, posteriormente, também a PDT assinala esse papel essencial do reconhecimento. A solidariedade e o compromisso de ordem ética que se estabelecem nos coletivos microssociais de trabalho desempenham também um papel fundamental nessa dinâmica, fortalecendo igualmente a vertente da saúde. Na abordagem do reconhecimento, a PDT se aproxima e em grande parte coincide com as observações de autores do campo da filosofia e das ciências sociais, que anteriormente haviam tratado da questão do trabalho como mediador do reconhecimento e de transformações da identidade, como Sainsaulieu (1988), entre outros.

A revisão do importante tema do reconhecimento está presente na obra de Axel Honneth. Esse autor desvela a maneira pela qual o *ressentimento* se desenvolve, quando existe ausência de *reconhecimento*, tornando-se propulsor, no plano individual, de isolamento social e adoecimento psíquico, e no plano coletivo, de dilaceração do tecido social e de violência coletiva em geral. Honneth abre, assim, o entendimento para a transformação do ressentimento coletivo em força política subjacente aos conflitos políticos e étnicos do mundo atual (Honneth, 2003).

A PDT, desde sua primeira fase, tem se voltado para analisar a constituição do sofrimento mental a partir da percepção dos próprios trabalhadores, sem se deter, porém, no estudo das configurações assumidas pelas patologias a que o sofrimento poderia dar lugar. A disciplina se concentrava no estudo das vinculações entre esse sofrimento e a organização do trabalho, examinando também as dinâmicas pelas quais se constroem sistemas coletivos de defesa e de compromisso ético — instâncias diferenciadas entre si — nos locais de trabalho. Dedicou-se, ainda, como já assinalado, ao estudo das formas de exploração do sofrimento mental e das próprias defesas psicológicas individuais e coletivas. O referencial psicanalítico era e continua sendo por ela utilizado para a análise dos fenômenos subjetivos. Entretanto, conforme enfatizado por Doppler e Dejours (1985), esse referencial é aqui utilizado de modo totalmente distinto, se comparado a uma corrente da psicossociologia que, nos Estados Unidos, adotou um enfoque psicanalítico reducionista, sem considerar a organização do trabalho e muitas vezes interpretando as dificuldades psicológicas dos trabalhadores como sendo problemas edipianos mal resolvidos.

Ao mesmo tempo, a PDT coloca um desafio para a psicanálise: a reavaliação do estatuto da realidade social na gênese da psicopatologia, gênese essa que, para a psicanálise ortodoxa, se restringe ao espaço intrapsíquico e às experiências infantis (Dejours; Adboucheli, 1990). O sofrimento mental é concebido pela PDT em sua dupla potencialidade: poderá conduzir à doença ou à criatividade.

Dejours nega a existência de "qualquer doença mental caracterizada" decorrente do trabalho, diferentemente de outros autores. O trabalho poderia apenas *favorecer* o surgimento de uma descompensação, isto é, o desencadeamento de um transtorno mental. Admite unicamente o surgimento do que o autor designa *síndromes subjetivas pós-traumáticas* em trabalhadores que sofreram acidentes ou outras lesões físicas ocasionadas pelo trabalho e que continuam, mesmo depois de curada a lesão, a apresentar queixas de dor ou de mal-estar físico (Dejours, 1987a). Deve ser esclarecido que essas síndromes, na descrição apresentada pelo autor, não correspondem ao transtorno do estresse pós-traumático considerado na atual Classificação Internacional de Doenças (CID-10). Desse modo, deixando fora de seu campo as expressões clínicas das várias formas de psicopatologia, a PDT tornava visível uma fronteira com aqueles estudos de SMRT que analisam a origem laboral desses transtornos mentais.

O surgimento de ansiedade e sentimentos como raiva, medo e ressentimento são analisados pela PDT, desde a fase inicial da disciplina, no contexto das situações de trabalho e correlacionados às exigências e formas de controle instauradas, bem como aos outros aspectos da organização do trabalho. Diferentemente da visão ortodoxa da psicanálise tradicional, que poderia, por exemplo, encarar o sentimento de revolta contra a figura do chefe simplesmente como manifestação de "inveja do pênis paterno" ou deslocamentos de uma antiga hostilidade inconsciente contra a figura paterna.

Uma das mais férteis contribuições da PDT às ações preventivas em SMRT — tanto no que diz respeito à saúde mental quanto no plano mais geral da saúde dos trabalhadores, incluída aí a prevenção de acidentes — reside na busca de superação da distância que existe entre o *trabalho prescrito* e o *trabalho real*. Nessa abordagem, existe uma nítida complementaridade entre a PDT e a ergonomia *situada*. Os procedimentos formalmente previstos nas determinações da empresa (trabalho prescrito) não correspondem à realidade das possibilidades humanas de execução, o que resulta em que o *trabalho real* — as atividades concretas dos trabalhadores — seja em geral diferente do *trabalho prescrito*. Entre as numerosas perspectivas pelas quais a PDT examina essa instigante questão está aquela em que focaliza as *transgressões* aos procedimentos previstos, através do uso de soluções engenhosas — ações diversas, técnicas inventadas, manobras, ou mesmo dispositivos materiais —, criadas pelos próprios trabalhadores. São os *segredos do ofício* — conhecidos entre nós como *gambiarras, jeitinhos, truques.* Aquilo que os trabalhadores assim designam geralmente facilita a execução do serviço, mas algumas vezes representa sérios riscos à segurança. No caso dos maquinistas de trem que estudamos, os mesmos adotavam o termo *gambiarra* para o dispositivo que usavam para desativar um alarme sonoro extremamente incômodo por causa da estridência do som emitido, próximo às orelhas dos condutores. O fato de que a transgressão é um *segredo* do coletivo de trabalhadores faz com que o problema que a motiva não tenha oportunidade de ser discutido com os superiores, acabando por inviabilizar as possibilidades de solucioná-lo. Por outro lado, apenas quando há gestões abertas às observações críticas e sugestões dos trabalhadores existe possibilidade de resolução dos problemas que originaram as transgressões.

Numa *segunda etapa,* quando o grupo vinculado a Dejours deixa de identificar-se como escola de Psicopatologia do Trabalho e instaura a PDT, assume uma mudança de enfoque, conforme podemos verificar na edição aumentada do livro de C. Dejours, *Travail: usure mentale,* publicada em 1993. Nesse texto, o autor oferece importante explicação para a denominação agora adotada, esclarecendo que o estudo dinâmico das *situações de trabalho* é o objeto central dessa área, que transcende os processos anteriormente referidos à Psicopatologia do Trabalho, *ao inseri-los em um quadro mais amplo, no qual uma dinâmica mais complexa é analisada: aquela que estuda a mobilização subjetiva e intersubjetiva simultaneamente à interatividade que se processa nas situações concretas de trabalho.* O autor afirmou, de modo categórico, que na passagem da Psicopatologia do Trabalho para a Psicodinâmica do Trabalho ocorria um deslocamento em que o objeto de estudo mudava, deixando claro que abandonava o domínio da psicopatologia para passar a analisar a psicodinâmica em que se gerava o *enigma da normalidade* (Dejours, 1993).

Em suma, naquele momento, a PDT não se propunha mais a estudar os desdobramentos do sofrimento mental *dos trabalhadores,* mas sim a "realizar a análise psicodinâmica das *situações de trabalho*". Por outro lado, referências à ruptura da estabilidade psíquica individual continuaram a ser feitas. Permanecendo fiel à concepção psicanalítica, Dejours reafirmou em um texto de 1995: "Quando o sujeito entra em descompensação, os sintomas que sofre revestem-se de uma forma mais relacionada com a sua história infantil do que com as circunstâncias que originaram a descompensação" (DEJOURS, 1995, p. 210).

Entre as abordagens desenvolvidas nessa segunda fase da PDT, podemos destacar:

- A Psicodinâmica do Trabalho se situa no *âmbito microssocial* do trabalho e examina a dinâmica que aí se processa.
- O trabalho visto como "lócus" dinâmico no qual a identidade se constrói e se transforma continuadamente.
- O exame das conexões existentes entre a dimensão ética e a dimensão psicoafetiva na construção das instâncias coletivas e na promoção de criatividade (DEJOURS, 1993).
- Estudos voltados para comunicação e linguagem.
- Expansão das análises anteriores sobre peculiaridades referentes ao trabalho das *mulheres*, sob a perspectiva de uma PDT voltada para as "relações sociais de sexo" (que outros autores preferem chamar relações sociais de gênero).
- Aprofundamento de uma visão epistemológica dos aspectos humanos relativos às situações de trabalho, como esclarecemos a seguir.

Em 1995, uma nova contribuição epistemológica de Dejours surgiu em um livro que analisou o reducionismo que a adoção do termo "*fator humano*" sempre imprimiu às políticas e práticas em administração de pessoal. No novo livro, o autor enfatizou como a história política e a ética predeterminam e atuam no desenvolvimento da organização real do trabalho e nos processos de comunicação — tão essenciais à preservação da saúde, da segurança e da qualidade da produção. Demonstrou de que forma a conceituação equivocada de "fator humano" levou ao menosprezo da complexidade humana e a situações de graves ameaças à saúde dos assalariados. O desafio referente à integração de conhecimentos que dizem respeito à complexidade foi então colocado por Dejours no âmbito responsável pela *formação* — especialmente daqueles que irão planejar as atividades, assim como definir e implementar treinamentos, coordenação, controle e supervisão dos executantes do trabalho. Em suma, a gestão do trabalho é colocada em pauta (Dejours, 1995 e 1997).

Consoante nossa leitura desse texto, cuja tradução brasileira aparece em 1997, nele os *administradores* são desafiados a encarar o assunto e a assumir responsabilidades em relação à saúde dos assalariados. Algo que, na atualidade em que se expandem os transtornos mentais relacionados à organização do trabalho, assim como os custos que daí decorrem, vem merecendo bastante atenção em países desenvolvidos.

A PDT, por outro lado, continuava a contribuir para o campo da SMRT, ao abrir caminho à compreensão da dinâmica que levava ao adoecimento, proporcionando, assim, *pistas* importantes para a prevenção deste — um dos objetos de estudo e objetivos sociais da SMRT. Esses subsídios são oferecidos, numa perspectiva que merece assinalamento especial, através de uma série de análises que tomaram por objeto a *alienação* (social, cultural e mental) produzida nos contextos de trabalho e, ainda, nos que estudaram a *dinâmica do reconhecimento* e aspectos muito especiais da comunicação nos contextos da empresa e do coletivo de trabalho (Dejours, 1995).

Em 1998, com a publicação do livro que no Brasil teve o título *Banalização da injustiça social*, identificamos o surgimento de uma nova inflexão da PDT. Dejours, ao escrever essa obra, avançou um passo significativo ao examinar alguns aspectos de grande relevância que começavam a ser desvelados como reflexos da mudança de paradigmas organizacionais — mudança que era associada à "inexorabilidade da globalização". O autor buscou a compreensão dos processos pelos quais a *indiferença* se espalhou e o senso moral de uma maioria passou a ser submetido a uma impressionante atrofia. Ao buscar uma resposta para o poder do neoliberalismo, o autor comparou-o ao totalitarismo tal como este foi percebido pela ótica de Hannah Arendt (1990). Vale assinalar aqui que, já anteriormente, análises feitas sob perspectivas distintas haviam identificado aspectos micropolíticos e psicológicos que produziam a *servidão consentida* disseminada sob dominação liberal. O autor que trouxe tais estudos para o contexto contemporâneo foi o psicólogo social francês Jean-Léon Beauvois (Beauvois, 1994).

Dejours concentrou sua análise nos detalhes da dinâmica psicossocial, para investigar uma questão enigmática. Essa questão pode ser resumida na seguinte indagação: *o que* aciona atualmente transformações nas *sensibilidades* e, ao mesmo tempo, atinge tão duramente a *ética*, mais especialmente no mundo do trabalho, porém também avança mais além deste, atravessando do cotidiano de toda a vida social (Dejours, 1999b).

O autor examinou, no mesmo livro, o cinismo, o *culto à virilidade* (machismo) e a expansão da mentira. A contribuição ao tema da injustiça social feita por Dejours consiste, acreditamos, na forma admiravelmente clara e pertinente com que integra a dimensão intersubjetiva à elucidação da escalada da insensibilidade. Arendt analisou a desumanização constituída pelo que foi a banalização do mal durante o nazismo, olhando o que aconteceu em vários espaços da Alemanha nazista e focando os carrascos — *executores obedientes* de ordens superiores. Dejours procurou transpor a análise da filósofa para o neoliberalismo, sendo que o espaço que privilegiou foi o interior da grande empresa e os atores que examinou foram *os colaboradores* da hierarquia administrativa, *que incorporam* acriticamente metas de *enxugamento* (*humano*) e competitividade. Essa incorporação seria na verdade uma *"introjeção mental"*, que passa a pautar as condutas e, ao mesmo tempo, a reverter valores e sentimentos relacionados ao respeito humano.

A injustiça e o sofrimento no trabalho dominado nada têm de novo. A novidade que assusta é a de que esteja se disseminando rapidamente a banalização do mal, isto é, a *tolerância* em relação à injustiça e ao sofrimento. Dejours apontou, no esclarecimento dessa constatação, para a íntima associação que existe entre processos de natureza política e processos de ordem psicológica.

A dinâmica política foi examinada pelo autor, que comparou totalitarismo e neoliberalismo, fazendo o paralelo entre objetivos, processos e meios empregados, respectivamente, no contexto nazista e no contexto das empresas que observou. Dejours encontra, assim, pontos em comum na esfera psicológica:

- As inteligências inteiramente colocadas a serviço de racionalizações instrumentais, voltadas para eficácias desvinculadas da ética.
- A negação do sofrimento ético e a insensibilidade: A *negação do sofrimento ético* seria uma defesa especial que explicaria a gênese

da insensibilidade nas duas situações. Essa defesa estaria bastante disseminada na atualidade. A forma pela qual se manifesta seria o que o autor denomina *"insensibilidade ética"*. Tal defesa, assumindo o feitio de "defesa socialmente articulada", estaria generalizando-se em certos escalões gerenciais que recebem "missões" para atingir "metas de enxugamento", abstraindo a dimensão humana do que isto significa. Essa insensibilidade explicaria a indiferença e a naturalidade com que a própria escalada do desemprego passou a ser interpretada em vários ambientes. O autor advertiu para a gravidade que poderão assumir os futuros desdobramentos sociais dessa questão.[6]

- A instrumentação do medo também seria comum às duas situações. Nas empresas, a instrumentação era principalmente a que assumia feitio de manipulação do medo à demissão. Tal instrumentação era uma expressão da insensibilidade ética que impedia, também, que surgisse nos gerentes, imersos na estratégia defensiva, uma consciência crítica capaz de levar a questionamentos da injustiça subjacente à euforia com que atingiam "recordes" na efetuação de cortes de pessoal.

Assim, com esse livro, Dejours mostrou que o trabalho humano está no coração da imensa complexidade dos fenômenos que acionam mudanças profundas nas mentalidades contemporâneas. A partir de reflexões levantadas pela leitura dessa obra é possível dar partida e — integrando também contribuições de outros autores — caminhar para o entendimen-

6. Ao constatar a *insensibilidade ética*, Dejours se aproxima bastante da identificação desta nas situações de trabalho, como tema já anteriormente abordado em publicações de autores de vários países e também no Brasil, conforme revisado em outros tópicos deste livro. A originalidade da contribuição do autor reside na interpretação de que a insensibilidade ética é produto das estratégias defensivas que se desenvolvem nos contextos totalitários e, atualmente, nos impregnados pelo neoliberalismo. O medo, como se verá adiante, é o elemento gerador que aciona defesas inconscientes — individuais ou socialmente articuladas. Portanto, ao identificar o crescimento dessa insensibilidade, o pensamento de Dejours se aproxima do de Sennett, Bauman e, uma vez mais, do de Beauvois, mas sua interpretação (psicodinâmica) é de ordem psicológica e microssocial, enquanto a desses autores é essencialmente de ordem política e social — e, no caso de Beauvois, de uma psicologia social integrada à visão das correlações de forças políticas e de interesses econômicos que se articulam para obter submissão através da provocação de um *engajamento manipulado*.

to da expansão atual da insensibilidade e da violência, inclusive para bem além do mundo do trabalho. Por outro lado, esse enfoque também possui implicações para a SMRT em outros âmbitos que ainda serão abordados neste livro.

Outros colóquios e publicações desse grupo têm contribuído para lançar luz sobre temas importantes da SMRT, apresentando experiências e pesquisas desenvolvidas por um significativo número de pesquisadores. Este é o caso do dossiê sobre *hiperatividade*, publicado em 2004, que examina aspectos psicodinâmicos e éticos relacionados às exigências cada vez maiores de aceleração das atividades dos assalariados (DOSSIER l'hyperactivité, 2004).

Em 2004, a realização do IV Colóquio Internacional de Psicopatologia e Psicodinâmica do Trabalho, em Paris, que teve como tema central *Servidão e Suicídio*, dá continuidade a essa terceira fase da Psicodinâmica do Trabalho cuja configuração foi delineada a partir dos estudos que levaram à elaboração da obra *A banalização da injustiça social*, que, conforme o título original da publicação — *Souffrance en France* —, havia examinado os fenômenos descritos centrando o foco na França. Essa fase nos parece marcada, primeiro, pela análise crítica do neoliberalismo quanto aos seus impactos nas relações intersubjetivas e na própria subjetividade. Uma segunda marca é a do papel relevante que agora a *dimensão ética* passa a assumir nos processos analisados pela PDT. O Colóquio de 2004 permite identificar outras marcas, ampliando a caracterização dos enfoques que passaram a ser assumidos pela PDT.

Primeiro, é possível destacar como alvo das exposições e dos debates do Colóquio citado *os novos e poderosos dispositivos organizacionais de dominação* adotados na atualidade. Esses dispositivos foram analisados a partir de estudos de casos que explicitaram seu impressionante poder de *deformação* das personalidades. Dejours diagnosticou a existência de uma *radicalização da dominação*, o que foi esclarecido a partir da análise do suicídio de uma executiva. Nessa análise, o expositor apontou a sequência de fatos na qual, *em nome da competitividade* e de vários "paradigmas de excelência", numa reestruturação organizacional foram tomadas decisões de deslocamento funcional, entre outras que, de forma sistemática, ao longo de um período de poucos anos, desqualificaram, humilharam e isolaram uma executiva, vindo a abalar sua estabilidade psíquica. Tratava-se de uma profissional da área de recursos humanos, que havia alcançado, anteriormente, posição hierárquica elevada, ao longo de uma carreira em que haviam sido reconhecidas suas grandes qualidades intelectuais e humanas, em uma grande organização sediada na França. No processo de desqualificação, imposições da organização levaram a executiva a uma posição degradada, na qual ficou desprovida de qualquer autonomia ou possibilidade de pôr em prática suas capacidades e experiência. Ao final, ocorreram a depressão, o desespero e o suicídio (Dejours, 2005).

O Colóquio de 2004 também examinou a expansão da passividade e da submissão, analisando a conexão desses dois fenômenos com os novos dispositivos de controle instaurados nas organizações. Isso foi bem ilustrado por um estudo de "novas técnicas educativas" adotadas num centro de *telemarketing*. José Calderon, o autor do estudo, mostrou a contribuição de determinadas formas de treinamento e de *coaching* na padronização/deformação de personalidades e da comunicação e, mais do que isso, na produção de uma evidente *desumanização* das *teleconselheiras* que estudou. Na mesma pesquisa, o autor evidenciou um elevado grau de absenteísmo (40%) e grande número de adoecimentos, que não chegou a caracterizar do ponto de vista nosológico (Calderon, 2005).

Em suma, nesse Colóquio, se examinarmos conjuntamente: 1) a análise de Dejours sobre o aumento do número de *suicídios efetivados nos locais de trabalho* — constatação que, mesmo sem que exista ainda um estudo epidemiológico a respeito, expressa certamente uma escalada dos agravos psicopatológicos; e 2) os conteúdos de algumas das outras exposições ali realizadas, que também apontam para a multiplicidade de *adoecimentos mentais*, poderemos perceber que surge a identificação de novos objetos de análise nessa outra inflexão ou fase da PDT. Por um lado, dispositivos organizacionais específicos — dotados de especial potencial na maximização da dominação — passam a ser analisados, como, por exemplo, o *coaching* e algumas práticas específicas de *avaliação* dos desempenhos. Por outro lado, a PDT agora lança o olhar também para os adoecidos e para os casos de suicídio. Certamente, diante da escalada dos adoecimentos, no bojo das transformações organizacionais em curso, os pesquisadores engajados nessa disciplina, sem perder seu enfoque central nos aspectos psicodinâmicos, realizaram inclusão desses adoecimentos em seu objeto de estudo.

Não poderia deixar de ser diferente, acreditamos, no curso atual dos acontecimentos. Pois, na ausência dos primados éticos e das possibilidades de reconhecimento e também — como será visto adiante — ante a fragilização dos suportes sociais e afetivos, o sofrimento mental perde a oportunidade de transformar-se em sofrimento criativo e libertador. Sem outra saída, o sofrimento, no atual momento histórico, é assim pressionado a tomar o caminho do adoecimento. Desse modo, realiza-se também uma integração maior da PDT no campo das disciplinas voltadas à SMRT, pois, além dos objetivos de prevenção para os quais a PDT já contribuía de maneira notável, o estudo de vários processos de adoecimento mental relacionados ao trabalho contemporâneo passa a consolidar essa integração.

No presente desenvolvimento do campo da PDT, também a dinâmica em que se gera a *servidão* ocupa um novo espaço, apontando para um grave retrocesso da própria civilização. Na discussão europeia a questão tem sido colocada em termos de *servidão voluntária*, já levantada anteriormente em textos de psicologia social[7] e de sociologia,[8] nos quais tem sido evocado um jovem filósofo do século XVI, Étienne de la Boétie, autor do *Discurso sobre a servidão voluntária*, cujas considerações, para elucidar, no contexto medieval, o enigma dessa modalidade de servidão, são comparadas com a situação atual no mundo do trabalho.[9]

Desse modo, a PDT se aproximou, igualmente, da perspectiva que alguns filósofos e cientistas sociais já haviam assumido na análise crítica

---

7. Jean-Léon Beauvois, em *Traité de la servitude libérale — analyse de la soumission*. Paris: Dunod, 1994, examina a questão sob perspectiva, na qual analisa e questiona aspectos ideológicos que têm ferido a ética das pesquisas de psicologia social voltadas ao estudo do controle e avaliação de pessoas em diferentes sistemas sociais — inclusive nas organizações. O autor não é ligado à corrente da PDT, mas algumas de suas críticas à avaliação nos contextos de trabalho coincidem com as que vieram a ser realizadas, posteriormente, nos anos 2000 pelos autores dessa disciplina. Beauvois realiza uma crítica acurada sobre o papel da ideologia liberal na instilação do que identificou como mutação contemporânea do *vírus da servidão voluntária* (p. 4) e na configuração de *totalitarismos locais* presentes nas instituições e espaços de trabalho nos quais as prescrições conduzem os atores do trabalho a *visões moleculares* e *comportamentos moleculares*, dissociados dos contextos (p. 216-220).

8. Como, por exemplo, no livro de Jean Pierre Durand, La *chaine invisible*. Paris: Seuil, 2004.

9. O tema abre uma instigante discussão de teor ao mesmo tempo filosófico, político e social, com importantes reflexos no campo da PDT e da própria SMRT, sendo que em países pós-coloniais reabre o debate sobre *o colonialismo* pós-colonial e, no caso brasileiro, o que diz respeito aos vestígios e metamorfoses da escravidão no trabalho contemporâneo.

da expansão do neoliberalismo. A exemplo de Habermas, Bauman, Hobsbawm, Richard Sennett, entre outros, como veremos em outras partes deste livro.

Vale ainda assinalar o quanto vários estudos da PDT contribuem para a melhor compreensão de certos processos que conduzem a algumas formas de *alienação*, uma das vias que a subjetividade sufocada poderá assumir a partir do sofrimento e da integração no coletivo defensivo. A alienação cultural, a alienação social e a alienação mental são diferenciadas em uma elaboração teórica apresentada por Dejours, que tomou por base uma formulação de Sigaut. Já a alienação considerada na perspectiva dialética analisada por Marx não é examinada pelo autor.

A contribuição da PDT para a *Clínica do Trabalho* é significativa no âmbito terapêutico. A abordagem psicoterápica e o atendimento social voltado aos psiquicamente adoecidos pelo trabalhos têm sido desenvolvidos de forma notável, conforme podemos verificar, por exemplo, na obra de Marie Pezé (Pezé, 2008).

PDT e SMRT — Examinar como os sentimentos, as defesas psicológicas individuais e as defesas coletivas são exploradas constituiu-se, desde a primeira fase da PDT, uma importante vertente para as pesquisas comparativas da SMRT entre diferentes contextos políticos e socioeconômicos. Pois essas formas de exploração certamente se diferenciam de acordo com determinantes contextuais.

Uma outra passagem interdisciplinar que se presta a estudos necessários no presente é a que se faz entre a ótica da PDT e a de uma Antropologia que estuda a dimensão psicocultural no interior das empresas.

PDT no Brasil — É bastante amplo o número de pesquisadores que, seguindo as visões teóricas da PDT, têm desenvolvido reflexões teóricas, realizado pesquisas de campo e publicado textos relevantes, tanto na França como no Canadá e em alguns outros países, inclusive na América Latina. Nas universidades brasileiras, há mais de vinte anos, têm sido produzidas dissertações e teses que usam o referencial da PDT. Chama a atenção que uma das abordagens dessa nova disciplina que mais se expandiu no Brasil seja a que examina as conjunções de *prazer* e *sofrimento* nas situações de trabalho, em perspectivas que, geralmente, têm sido acompanhadas pela identificação de estratégias defensivas coletivas e, algumas vezes, pelo exame das ações de resistência configuradas nos coletivos de trabalho.

Essa produção brasileira tem se concentrado principalmente na área de Psicologia Social e do Trabalho. Entretanto, existem também, em outras áreas, investigações e produção acadêmica, estudos adotando o mesmo referencial. As iniciativas voltadas a incorporar as contribuições da PDT têm se tornado frequentes em vários Estados do país, também no treinamento e nas práticas em Saúde do Trabalhador. É nessa área, assim como na psiquiatria clínica, que alguns estudiosos da temática mais se ressentem da delimitação do campo da PDT, que, ao se concentrar no plano microssocial dos coletivos, aborda a intersubjetividade e a mobilização subjetiva e estuda o sofrimento psíquico, porém, *sem se deter no exame da variedade dos quadros clínicos correspondentes às configurações psicopatológicas que podem emergir desse sofrimento*. Tais estudos, voltados ao adoecimento que culmina na constituição de determinados transtornos psíquicos, articuladamente a certas situações de trabalho e a certas outras patologias próprias do trabalho, continuam sendo objeto de investigação de uma *Psicopatologia do Trabalho* desenvolvida no âmbito da SMRT, em que recebe importantes aportes conceituais elaborados na PDT. A extensão no desenvolvimento teórico desses estudos e os limites da nossa exposição impedem que se faça menção a outros tópicos estudados e a outros trabalhos publicados pelos pesquisadores vinculados à PDT, tanto na França quanto no Brasil e em alguns outros países nos quais essa disciplina se expandiu.

A aproximação entre teoria e realidade das situações concretas observadas em pesquisas de campo é um dos grandes desafios em PDT. Pois são imensas as variações (de situações e de modos de subjetivação) determinadas pelos processos históricos que moldam e diferenciam contextos socioeconômicos e culturais. Nesses contextos, forças sociais distintas atravessam as situações de trabalho e o universo mental dos trabalhadores. Dominique Dessors, uma das figuras mais atuantes no desenvolvimento da metodologia e das pesquisas de campo da PDT, sempre levantou com grande ênfase esta questão bastante perturbadora: a necessidade de se dar conta das distâncias entre teoria e realidade quando a realidade do trabalho está em uma permanente transformação que não deriva apenas dos *donos do poder organizacional*, mas também das forças da reação criativa dos trabalhadores, que muitas vezes assume feições inesperadas. Pois, como afirma Pascale Molinier (2009) apoiando os pontos de vista de Dessors, não podem ser depreciados "os achados [das observações e pesquisas de campo] que vêm desestabilizar o corpo teórico, aquilo que se acreditava estabelecido". Pois "a discussão clínica está no centro da teoria da PDT e não faz sentido opor teóricos e clínicos" (Molinier, 2009, p. 6).[10]

Dominique Dessors sempre trabalhou — tanto do ponto de vista teórico quanto em suas pesquisas de campo — a complementaridade entre PDT e Ergonomia. Por outro lado, nas pesquisas que realizou vinculada ao Laboratório de Psicologia do Trabalho do CNAM, Dessors alertou para as dificuldades de desvendar e elucidar processos psicodinâmicos dos trabalhadores que eram ocultados dos olhos dos pesquisadores pelas defesas múltiplas e interarticuladas dos trabalhadores entrevistados (Molinier, 2009).

Anne Flotte, descrevendo uma experiência em que acompanhou Dessors durante uma pesquisa, manifesta que existe enorme dificuldade na aplicação das técnicas propostas pelo método de *enquête* em PDT — que, nas pesquisas, devem objetivar ao mesmo tempo produzir uma clínica do trabalho e um atendimento às demandas dos trabalhadores. Observa que a prática de utilização dessas técnicas exige a "inventividade de astúcias capazes de fazer face ao imprevisto das defesas que emergem e acompanhar a elaboração das mesmas". Flotte conclui pela existência de uma "dificuldade persistente da PDT em transmitir essas especificidades da metodologia" (Flotte , 2009, p. 122).

A PDT trouxe, ainda, subsídios a diferentes estudos que mostram de que forma a aparente normalidade é um manto de conformidade tecido conjuntamente por duas forças engendradas na empresa moderna e contidas nas mensagens ambíguas que esta lança aos empregados para obter sua cooptação: a *sedução* e a *intimidação*. Dupla mensagem que é lançada ao empregado desde a fase de admissão e treinamento, e depois repetida de modo continuado. Pode ser resumida na frase que ouvimos de um trabalhador: "Ali é assim: te prometem o céu se você vestir a camisa da empresa. Mas se não aguentar e se falhar, te jogam no inferno. E você sabe disso, mas *finge pra você mesmo* que não sabe".

Levantamento recente da produção brasileira de artigos e teses no âmbito da PDT foi realizado por Merlo e Mendes (2009). É possível obser-

---

10. Tradução livre do francês pela autora, como as demais citações traduzidas dos textos em idioma estrangeiro que se encontram referidos na bibliografia.

var que os estudos realizados nessa perspectiva têm enriquecido muito o conhecimento, mas se desenvolvido entre nós muito mais no âmbito universitário.

No SUS, algumas vezes os conteúdos referentes à PDT são incluídos no treinamento dos profissionais da área de Saúde do Trabalhador (RENAST/CERESTs). O mesmo ainda não acontece com relação às equipes de Saúde Mental do SUS. O que se constata nas empresas é que, embora muitos profissionais das áreas de recursos humanos tenham conhecimento das PDT e de outras abordagens apropriadas a fundamentar prevenção e intervenções para promoção e proteção da saúde mental, em geral não têm o poder de implantar transformações amplas das situações reais de trabalho.

e) Psicossomática

Os distúrbios psicossomáticos ocupam um importante lugar nos processos saúde-doença verificados entre os assalariados. A correlação desses processos com as situações de trabalho pode muitas vezes ser estabelecida.

Dentre as várias escolas de pensamento psicossomático, a de Paris, organizada em torno das teorias e investigações de Pierre Marty, aparece atualmente como a que tem mais subsídios a oferecer aos estudos de Saúde Mental do Trabalho, em íntima integração com a nova Psicopatologia do Trabalho, uma vez que também se apoia no referencial psicanalítico.

Pierre Marty (1976 e1980) formula e consolida uma teoria que tem por base a concepção de *economia psicossomática*, cujo núcleo está na ideia da inter-relação entre o instinto de vida e o instinto de morte. Esta inter-relação se efetiva, ao longo da vida de cada indivíduo, através de processos marcados por estágios que o autor denomina como *de organização, de desorganização progressiva* e *de reorganização regressiva* e que dizem respeito às funções biopsíquicas.

Nesse processo, verifica-se, em certas circunstâncias, uma desorganização progressiva no funcionamento psicossomático estabelecido, seguida de uma reorganização em que há um regresso ao funcionamento existente em fases anteriores ao desenvolvimento do indivíduo. Um exemplo é a expressão maciça das emoções através de modificações funcionais viscerais, como a aceleração do peristaltismo intestinal em situações de medo, em vez da utilização de elaborações psíquicas próprias de uma etapa mais avançada e aperfeiçoada da organização do conjunto psicossomático. Para que os fenômenos de desorganização progressiva se instalem, rompendo o equilíbrio do sistema funcional psicossomático, inúmeras formas e fontes de pressão desagregadora podem interagir. O ambiente social, incluídas aí as situações de trabalho, funciona frequentemente nesse processo perturbador.

Evidentemente, não cabe aqui expor, em todo o seu complexo detalhamento, o quadro teórico de Marty. Porém, talvez seja válido atentar para alguns aspectos, importantes para a SMRT, que se tornam mais claros ao nosso entendimento, quando iluminados pelas ideias desse autor.

Dejours aplica as concepções de Marty aos estudos de Psicopatologia do Trabalho. Faz notar, assim, que existem consideráveis diferenças entre as pessoas, quanto ao tipo de trabalho que lhes proporciona "satisfação psicossomática" (Dejours, 1987).

Para alguns, o bem-estar se estabelece num trabalho protegido por um ambiente tranquilo, onde há poucos estímulos sonoros ou visuais e possibilidade de uma atividade mental concentrada. Outras pessoas sentem necessidade de realizar movimentos, deslocando-se frequentemente, ouvindo sons, captando impressões visuais e comunicando-se intensivamente com os demais. Existe, para muitos, um prazer em aplicar os músculos e em usar o corpo de modo a perceber o próprio vigor, do mesmo modo que, para outros, pode predominar uma satisfação em sentir-se ágil ou em ser habilidoso nas tarefas manuais que exigem destreza. Todas essas modalidades de trabalho, que assim se harmonizem com as peculiaridades da economia psicossomática individual, atuam favoravelmente e pode-se dizer que "promovem saúde". O contrário acontece quando o indivíduo está submetido a exigências de tarefas que contrariam os modos singulares da sua organização funcional.

Embora o próprio tipo de atividade e a natureza das tarefas importem muito, as pessoas conseguem, em geral, estabelecer um "modo de trabalhar" harmonizado com a própria economia psicossomática, sempre que haja a perspectiva de variações na maneira de executar as tarefas, o que torna assim possível essa congruência. Para que o trabalho não assuma um papel "desorganizador", torna-se, portanto, indispensável que haja uma flexibilidade através da qual a prescrição e o controle das tarefas possam abrir o espaço de liberdade para atender às necessidades do conjunto psicossomático. Em síntese, a partir dos estudos de Marty, podemos verificar que as variações humanas contraindicam uma normatização rígida, tanto para os movimentos quanto para as atividades sensoriais e mentais que compõem os desempenhos no trabalho, sempre que haja o desejo de proteger ou promover a saúde dos trabalhadores. Desse modo, os estudos de Marty não só abrem perspectivas importantes para a compreensão da dinâmica causal dos distúrbios psicossomáticos em sua correlação à instância trabalho, como também permitem traçar formulações preventivas.

Cabe chamar a atenção para a aproximação existente entre a concepção de Marty com respeito à economia psicossomática e as ideias formuladas pelo médico e filósofo Georges Canguilhem já nos anos 1940, sobre *a variabilidade* dos seres humanos e seus ritmos de vida e trabalho, enfatizando o imprescindível respeito a essa variabilidade na busca de equilíbrio e favorecimento à saúde. Esse ponto de vista ganhou força com a publicação, pelo mesmo autor, de *O normal e o patológico.* Esse livro, desde sua formulação nos anos 1940, contribuiu imensamente para avanços teóricos da Medicina Social e Preventiva. A conjugação das contribuições de Marty e de Canguilhem passou a assumir notável importância diante de um mundo do trabalho onde os princípios tayloristas se tornaram dominantes (CANGUILHEM, 1990).

Incluindo os processos relativos à constituição da identidade, esse quadro conceitual possibilita a compreensão da dinâmica de certos desgastes que acompanham as mudanças técnico-organizacionais, na qual são eliminadas as atividades motoras e sensoriais — como na automação industrial, quando o trabalhador perde o contato direto com as transformações concretas que seu trabalho produtivo opera. É aquilo de que Zuboff (1988) nos fala ao relatar as queixas dos que passam a atuar no chamado "trabalho invisível", em que deixam de visualizar, tocar ou ter qualquer outro acesso sensorial direto com aquilo que produzem. Ao mesmo tempo que experimentam com inquietação a impressão de terem perdido o controle sobre o próprio trabalho, sentem-se como que muitas vezes insuportavelmente dependentes de um sofisticado sistema em que o elemento humano é apenas mais uma peça.

Nessa situação, emerge uma outra dinâmica que também os estudos de Marty permitem compreender com maior clareza: aquela em que a perda dos significados do trabalho pode atingir a identidade social, aniquilar o interesse e extinguir o prazer, fazendo com que se processe uma impressionante clivagem entre uma vida laboral, reduzida a execuções do que está prescrito, e o mundo afetivo, que passa a ser amputado da vida mental consciente. É o que Marty denomina "vida operativa" (*vie operatoire*), na qual o existir se resume a um pensamento e a um comportamento também restrito ao nível operativo (*pensée operatoire* e *condute operatoire*). Nessa situação, o todo psicossomático mantém uma reorganização regressiva, em que a dependência, o embotamento afetivo e o empobrecimento da interação social significativa são os aspectos mais impressionantes. Marty já descrevera, em 1968, uma depressão peculiar que corresponde a esse estado, a qual havia denominado depressão essencial (Marty, 1968), marcada pelo desaparecimento da expressão de quaisquer emoções. O indivíduo fica revestido, por assim dizer, de um manto de indiferença em sua vida cotidiana, inclusive no trabalho. Nessa situação, o trabalho continua sendo desempenhado de modo formalmente correto, embora assumindo um caráter mecânico, com total ausência de prazer. Mas, como adverte o autor, a reorganização regressiva costuma ser frágil e precária, dando lugar, dentro de algum tempo, a rupturas que se expressam eclodindo somaticamente de diferentes modos, conforme a estrutura e as vulnerabilidades específicas dadas pelo histórico pessoal e pela filogênese (Marty, 1968, 1976 e 1980). Desse modo, mais uma vez, temos o contraste de doenças que se estabelecem segundo padrões individuais, em situações socialmente determinadas.

É possível encontrar convergência entre a *depressão essencial* identificada por Marty com a *alexitimia* descrita por McDougall (1987 e 1991), dentro de um quadro mais geral que podemos denominar como o das *síndromes de insensibilidade* (Seligmann-Silva, 2004).

Numa outra vertente, encontramos na área psicossomática outra visão: a dos estudos realizados na perspectiva teórica do *estresse*, a partir da qual muitos pesquisadores identificaram como estressores diferentes fatores que podem perturbar o equilíbrio psico-orgânico, ao incidir nos indivíduos a partir do ambiente físico e social do trabalho. O prolongamento do estresse conduziria, assim, a diferentes distúrbios funcionais psicofisiológicos e, mais adiante, inclusive a danos estruturais nos diferentes sistemas e órgãos viscerais, além de causar, em outros casos, danos musculoesquelético.

f) Ergonomia

A Ergonomia, segundo Wisner (1987), "é o conjunto de conhecimentos científicos relativos ao homem e necessários para a concepção de ferramentas, máquinas e dispositivos que possam ser utilizados com o máximo conforto, segurança e eficácia".

Nas definições e conceituações de Ergonomia, encontramos não raro uma objetivação que se dirige concomitantemente às necessidades humanas — especialmente às de segurança e saúde — e aos interesses da produção. Laville (1976), Wisner (1987) e Leplat e Cuny (1977) assinalam essa dualidade e suas implicações para a ética da prática ergonômica.

A Ergonomia mais tradicional, quando adota conceitos e abordagens práticas de outras disciplinas de alcance basicamente técnico , mas que não consideram em geral a saúde humana em sua amplitude biopsicossocial, corre sérios riscos deontológicos, conforme gravemente alertam alguns dos mais importantes cientistas da área (Laville, 1981; Wyon; Andersen; Lunquist, 1979).

Sem qualquer dúvida, porém, os desenvolvimentos teóricos e as pesquisas ergonômicas têm uma grande contribuição a oferecer à Psicopatologia no Trabalho e, portanto, ao campo da Saúde Mental no Trabalho.

Uma importante convergência entre a Psicopatologia no Trabalho e a Ergonomia pôde ser reconhecida, de longa data, na França. Assim, Veil, em 1985, afirmou que "os ergonomistas encontraram a psicopatologia e foram bastante clarividentes para não negá-la, como faziam seus antecessores, se assim pudermos considerar os organizadores do trabalho" (Veil, 1985).

Dessors e Laville, em 1985, levantaram a ideia da existência de uma complementaridade, realizando os seguintes assinalamentos:

1) A Ergonomia considerava a saúde dos trabalhadores por um enfoque abrangente, voltado essencialmente para o corpo e o seu funcionamen-

to muscular, cognitivo e sensorial, verificando como as variações naturais desse funcionamento precisam encontrar correspondência na adequação dos equipamentos e numa flexibilização do processo de trabalho. A Ergonomia examinava, assim, o trabalho concreto e as necessidades para que este fosse adaptado ao homem sem afetar a sua saúde e o seu desempenho.

2) Já a Psicopatologia no Trabalho procurava conhecer o que o trabalho representa para o trabalhador, isto é, qual o seu significado em face dos valores, expectativas e trajetória existencial de cada um. Quase três décadas depois dessa análise, uma aproximação maior entre as duas disciplinas modificou essa perspectiva, conforme podemos ver a seguir.

A Ergonomia, embora tenha se mantido por muito tempo circunscrita a uma psicofisiologia e a uma neurofisiologia de raízes dominantemente positivistas e intimamente vinculada à corrente behaviorista da Psicologia do Trabalho, passou por transformações notáveis, especialmente nos países onde as correlações de forças entre empregadores e assalariados favoreceram a efetiva participação destes últimos nas investigações ergonômicas e na proposição de soluções às inadequações constatadas. Passou-se a ter como objeto o estudo do trabalhador em atividade no contexto de uma *situação de trabalho*. É o que tem sido denominada como *ergonomia situada*. Nessa abordagem, vem se abrindo, cada vez mais, espaço para que sejam considerados os aspectos subjetivos do trabalhador — excluídos geralmente das abordagens tradicionais.

Uma visão ergonômica que, ao considerar o corpo, leva em conta também a dimensão social, assim como a subjetividade e o significado do trabalho para quem o executa, vem ocupando um espaço cada vez mais relevante.

A seguinte afirmativa bem expressa essa mudança:

> Trabalhar não é somente "ganhar a vida", é também, e antes de tudo, preencher um papel. Deste ponto de vista, não ter trabalho é um drama, porém, ter um trabalho dentro do qual a possibilidade de investimento pessoal é estreita, não deixa de ter decorrências graves.

Os autores acrescentam uma injunção aos ergonomistas:

> Ter interesse pelas atividades de trabalho é saber discernir, em seus resultados, este esforço permanente do trabalhador para dar significação a sua

> tarefa, para além do sistema psicossocial de reconhecimento social. (Guérin et al., 1991, p. 48)

A ergonomia situada absorve a valorização das chamadas "habilidades de prudência", também estudadas pela PDT e analisadas como prática solidária dos coletivos, que objetivam proteção contra acidentes e exaustão (Cru, 1986; Dejours, 1999).

O conceito de *carga de trabalho*, já abordado em estudos de Psicologia do Trabalho (Leplat; Cuny, 1977), foi retomado e desenvolvido pela Ergonomia.

Carga de trabalho representa o conjunto de esforços desenvolvido para atender às exigências das tarefas. Esse conceito abrange os esforços físicos e os mentais, que por sua vez compreendem os cognitivos e os psicoafetivos (mobilização de sentimentos, controle emocional). Estes últimos constituem a carga psíquica. A ergonomia de postura mais tradicional analisava apenas os componentes cognitivos da carga mental (atenção, memória, raciocínio matemático etc.) a partir de uma abordagem quantitativa, na qual eram realizadas mensurações das cargas. A concepção de estresse, em que estressores são identificados e avaliados, é estreitamente vinculada a essa visão mais tradicional de ergonomia em que se procurava também *medir* a carga *mental* de trabalho — que, nessa perspectiva, era reduzida à carga cognitiva (intelectual), abrangendo, por exemplo, funções como memória, atenção e raciocínio.

As análises do trabalho realizadas pelos ergonomistas objetivam compatibilizar as cargas de trabalho à condição humana. Numa perspectiva ética, *essa* compatibilização deve respeitar as características e as necessidades fisiológicas, psicológicas e sociais do trabalhador. Como a carga de trabalho implica *intensidade* e, portanto, quantificação, um imenso desafio é colocado aos ergonomistas quando se trata da dimensão subjetiva em que são mobilizados os sentimentos. Em verdade, ainda subsistem escolas de Ergonomia que abstraem a carga psíquica e que se restringem aos aspectos anatômicos e fisiológicos, mantendo a consideração da carga mental reduzida à análise dos componentes cognitivos. Já a denominada *ergonomia situada* analisa a atividade humana em sua inter-relação com a *situação de trabalho* em toda a sua complexidade.

Na interface PDT/Ergonomia, Dejours, já em 1980, contribuiu para elucidar no que consiste a *carga psíquica* de trabalho, deixando claro o caráter qualitativo, dinâmico e não mensurável dessa carga, a qual estaria inscrita na subjetividade, mas seria real, constituindo-se como uma *vivência* articulada às exigências ou pressões do trabalho prescrito (Dejours, 1994).

Os componentes da *carga psíquica* variam conforme o tipo de atividade e características da *situação* de trabalho. Podem ser constituídos pelos mais variados sentimentos — medo, repugnância, raiva, vergonha e outros. Podem resultar, no caso do medo, de um trabalho perigoso. Em outras situações, são as consequências da violentação de valores e da vivência de um ataque à própria identidade. Ou resultam ainda do sentimento de impotência e/ou fracasso na realização das próprias expectativas de desempenho. O sentimento de responsabilidade — principalmente quando a atividade envolve vidas humanas — é um tipo de carga psíquica presente, em geral, nos que atuam na prestação direta de cuidados de saúde e nos condutores dos diferentes tipos de transporte. O sentimento de responsabilidade aparece, frequentemente, mesclado ao medo nas vivências da carga psíquica de funcionários que têm a missão de lidar com transferência e transporte de grandes quantidades de dinheiro. A lista dos conteúdos da carga psíquica é bem mais extensa, mas como esses conteúdos ocupam lugar central nos processos de adoecimento — mental e psicossomático —, eles serão mais bem estudados, dentro da dinâmica em que se fazem notar, em outras partes deste livro.

A análise da *carga psíquica* é extremamente desafiante e exige que o ergonomista possua conhecimentos sobre a dinâmica subjetiva e intersubjetiva. Idealmente, para identificar de que modo determinadas injunções mobilizam a subjetividade e constituem potencial risco à saúde mental, as investigações precisam contar com equipes em que exista um profissional com formação em psicopatologia. As empresas que contratam ergonomistas estão interessadas sobretudo em criar condições que garantam suas metas de produtividade. Preocupam-se em evitar o absenteísmo, as falhas e interrupções no fluxo produtivo, de modo que se faz cada vez mais premente alertar os dirigentes e os executivos responsáveis a respeito da indissociabilidade existente entre "produção" de riscos à saúde mental e criação de riscos à qualidade e à produtividade, além, obviamente, dos riscos à segurança no trabalho. A análise do trabalho, tal como foi proposta por Wisner (1970), considera também os aspectos psíquicos da carga, tornando-se o método que possibilita ultrapassar a análise tradicional. Procurando uma visão integrada na qual as interações são consideradas, ultrapassa também a perspectiva positivista em que fatores isolados eram mensurados para aferir a carga de trabalho. Numa aproximação com a Psicodinâmica do Trabalho e com a Psicopatologia do Trabalho, a *ergonomia situada* também *escuta* e *registra* as falas dos trabalhadores. Essa abordagem tem propiciado uma importante parceria com a Linguística (Faita, 2002; Daniellou; Garrigou, 1995).

Assim como a Ergonomia não pode prescindir da dimensão psíquica, também não pode ignorar a *dimensão social*. Por exemplo, o cansaço de longos trajetos de ida e volta do trabalho se acrescenta à fadiga decorrente do trabalho. Quando o ergonomista tem acesso aos registros sobre absenteísmo e sobre as causas de afastamento dos trabalhadores em licenças médicas ou auxílio-doença, poderá esclarecer, em ação conjunta com o médico do trabalho, o psiquiatra, o psicólogo do SESMT (Serviço de Saúde e Medicina do Trabalho), a vinculação entre os achados do estudo ergonômico e a morbidade registrada.[11] Mas o entendimento dos processos que levaram ao adoecimento, mesmo quando as condições ergonômicas pareciam corresponder a padrões anatômicos e fisiológicos considerados compatíveis com as atividades de trabalho demandadas, necessitava, ainda, considerar uma outra dimensão. A participação do assistente social poderá contribuir de modo importante, em muitas situações, para esclarecer os ingredientes sociais, presentes nos adoecimentos de um determinado grupo de empregados, bem como os mais especificamente psicopatogênicos e também no esclarecimento dos aspectos sociais envolvidos nos processos individuais de acidente ou adoecimento.

Na Suécia, tanto a visão social foi incluída nos estudos ergonômicos, quanto foi formulado um amplo quadro de *fatores psicossociais*, como veremos adiante.

Uma outra concepção de carga de trabalho é encontrada na Alemanha. A expressão "carga vivenciada" é aí utilizada para enfatizar a *carga subjetivamente percebida*. Elkeles relaciona essa noção com a de "sobrecarga vivenciada" e com o "estresse vivenciado". Esse pesquisador, apoiado

---

11. Evidentemente, tal estudo será facilitado sempre que a empresa disponha de bases de dados obtidas a partir da adoção de um dos programas informatizados existentes para o *estudo epidemiológico* — isto é, o controle da distribuição dos agravos à saúde na população de assalariados da empresa.

no referencial de outros especialistas alemães, adota uma categorização que considera *carga biomecânica* de trabalho e *carga psicossocial* (que inclui vários fatores, entre eles os derivados da organização do trabalho), sendo a "carga vivenciada" aquela que expressa a *vivência* do conjunto das outras cargas. Essa concepção possui forte conteúdo antropológico. Pois uma importante mediação entre as cargas objetivas e a "*carga vivenciada*" seria modulada pelos valores e crenças presentes na cultura de vida e trabalho, nos quais os trabalhadores estão imersos em seu cotidiano. Assim, além dos elementos próprios da cultura prevalecente no ambiente de trabalho (fortemente marcada pela *subcultura de ofício*), a *carga vivenciada* também se constitui em relação às demais exigências a que o trabalhador responde, isto é, às *obrigações* culturalmente fixadas no meio do qual ele faz parte e pelas quais pode ser explicitamente *cobrado* em sua vida familiar e social. As exigências se reportam, portanto, também ao que a família e a comunidade esperam desse trabalhador. Quando a fadiga ou a irritabilidade impedem, por exemplo, que o operário brinque com os filhos pequenos, essa limitação faz parte da *carga vivenciada*, da mesma forma que quando se percebe *cobrado* quando o cansaço limita sua atividade sexual (Elkeles, 1990; Elkeles et al., 2000, p. 205-233).

Quanto à *aferição das cargas de trabalho*, tanto para fins de análise das situações de trabalho quanto para fundamentar as perspectivas de transformação deste, várias questões — que também interessam à SMRT — precisam ser consideradas. Podem ser destacadas as seguintes:

a) os três tipos de carga estão profundamente inter-relacionados e a sobrecarga em qualquer área poderá refletir-se em manifestações de sobrecarga nas outras duas (Wisner, 1970 e 1976-1981);

b) existem variações não mensuráveis para uma aferição quantitativa de carga. Por exemplo, no trabalho cognitivo de quem tem como atividade a análise de processos ou relatórios, não será simplesmente o número ou dimensão do total destes que irá importar, pois haverá *variação* nas dificuldades de realização dessas análises (Guérin et al., 1991);

c) deverá sempre ser avaliada a *relação* entre a atividade propriamente dita, condições do meio ambiente de trabalho e as injunções sociais (exigências e restrições colocadas pela gestão, fixação de metas de produção, insegurança no emprego, mercado de trabalho) para exercício dessa atividade submetida à análise ergonômica. Essas injunções sociais em geral irão configurar acréscimos à carga psíquica (Guérin et al., 1991);

d) a perspectiva em que na atualidade é necessário relacionar a existência dos riscos sociais (desemprego e desamparo social) e, simultaneamente, a gestão dos riscos do trabalho propriamente dito, com a avaliação "tradicional" de carga (Benchekroun; Bourgeois; Hubault, 2002).

Na Suécia, houve uma integração importante entre a abordagem da Psicofisiologia e da Psicologia Social, a partir dos anos 1970, com a publicação de uma série de estudos e investigações realizadas por Bertil Gardell e Marianne Frankenhaeuser, além de outros pesquisadores, no Instituto Karolinska, de Estocolmo. Esses estudos são estreitamente vinculados às concepções psicofisiológicas de *estresse* que explicitaremos adiante.

Consideram aspectos qualitativos e quantitativos na carga de trabalho. A carga *quantitativa* diz respeito ao volume de trabalho mental exigido dentro de determinada unidade de tempo; a carga *qualitativa* refere-se ao nível de complexidade do trabalho e à possibilidade de aplicação a esse trabalho dos interesses significativos, da experiência, da capacidade e dos potenciais do trabalhador. Surge, pois, a distinção entre *sobrecarga mental quantitativa* e *sobrecarga mental qualitativa* (Frankenhaeuser, 1981). Num mesmo posto de trabalho, a pessoa pode estar simultaneamente submetida a exigências que determinam diferentes combinações. Por exemplo, *sobrecarga quantitativa* — numa atividade que exige atenção concentrada e contínua — associada à *subcarga qualitativa* — se as tarefas são fragmentadas e repetitivas. Tanto as sobrecargas quanto as subcargas são indesejáveis do ponto de vista ergonômico. A abordagem psicossocial assumida por esses pesquisadores suecos não recorre ao exame da dinâmica intrapsíquica (aspectos afetivos) dentro de uma visão psicanalítica. Assim, vem abrir uma outra linha de pesquisa para os estudos sobre fadiga, inserindo-se na vertente teórica que adota o conceito de estresse laboral (*work-stress*), integrando na análise os *fatores psicossociais* vinculados ao trabalho.

Para reconhecer esse avanço, vale mencionar que, dentro da perspectiva psicossocial, Frankenhaeuser e Gardell (1976) destacam como necessidades a serem atendidas nas situações de trabalho:

a) a necessidade humana de exercer um *controle pessoal* sobre o próprio trabalho;

b) a necessidade humana de *interação pessoal*;

c) a necessidade de assegurar a existência de um *sentido* em suas tarefas pessoais, dentro de uma relação com um todo significativo.

Ao formular essa terceira necessidade que coloca ênfase no *sentido*, podemos verificar uma *coincidência* entre a abordagem sueca, a da Psicologia do Trabalho, que adota a Clínica da Atividade, e a da PDT.

Acreditamos que também precisariam ser acrescentadas ao elenco de necessidades a que diz respeito ao *reconhecimento social* pelo trabalho realizado, além de outras ligadas ao contexto socioeconômico e cultural. Na realidade socioeconômica de países de economia dependente, especialmente em situações de recessão econômica e na atual fase de estreitamento do mercado de trabalho, torna-se, para a grande maioria, prioritária *a necessidade de manter o emprego* para suprir a necessidade fundamental, que é a de *sobrevivência*.

Finalmente, nesta síntese, deve ser apresentada ainda a *abordagem ergológica*. Trata-se de uma metodologia que vem proporcionando notável enriquecimento à ergonomia situada, através de pesquisas que já conduziram a muitas descobertas. Essa abordagem se constituiu em consonância com as ideias de Canguilhem e teve seu desenvolvimento norteado por uma visão filosófica centrada na *ética* e em princípios de *epistemologia*. O filosofo francês Yves Schwartz, da Universidade de Provence, foi o principal teórico a articular essa proposta metodológica. A partir do grupo de estudos constituído em Provence, a abordagem ergológica foi transmitida a outros grupos que pesquisam e desenvolvem ações em Ergonomia e em Psicologia do Trabalho na linha da Clínica da Atividade.

A Clínica da Atividade oferece uma abordagem profundamente inovadora na análise das situações de trabalho. Está fundamentada em sólidos princípios epistemológicos e éticos. Linha de pesquisa e, ao mesmo tempo, de ação transformadora que vem tendo notável desenvolvimento teórico principalmente através da obra de Yves Clot, consolidada ao longo de numerosas publicações e, ao mesmo tempo, levada a práticas voltadas à transformação de situações de trabalho concretas. Clot analisa em profundidade os impedimentos à mobilização psíquica que redundam em desvitalização e servidão. Seu pensamento desenvolve uma releitura dos ensinamentos de Vygotsky à luz dos cenários contemporâneos, ao mesmo tempo que cria novas perspectivas para uma Clínica do Trabalho restauradora da vitalidade e da criatividade (Clot, 1995, 2006a, 2006b, 2008 e 2010a, 2010b).

Ergologia — A perspectiva adotada pela Ergologia é a de realizar pesquisas *multidisciplinares* e *participativas*, e a *interlocução* é uma de suas bases. A interlocução se faz entre os diferentes especialistas e inclui os trabalhadores. O objetivo é sempre uma elucidação do que ocorre nas situações de trabalho dentro da perspectiva de transformações do trabalho em que o *sentido* e a *vitalidade* sejam resgatados ou incrementados. Os aspectos que dizem respeito à comunicação — especialmente (mas não só) à linguagem falada — são enfatizados nesses estudos (Athayde et al., 2010).

O desenvolvimento da Ergonomia tem dado origem a estudos voltados para segmentos especiais da população, existindo, por exemplo, investigações voltadas para o trabalho das *mulheres* e para a compatibilização do trabalho às várias faixas de idade.

Assim, Jussara Brito realizou estudos na perspectiva das relações de gênero, em trabalhadoras da produção de uma indústria química, adotando abordagem da ergonomia situada e incorporando a visão de Schwartz sobre a experiência e os saberes construídos pelos trabalhadores, integrando essa abordagem à consideração de aspectos referentes ao trabalho doméstico não remunerado e à inserção social das pesquisadas (Brito, 1999).

Nos países escandinavos desenvolveu-se com notável impulso, especialmente a partir do início dos anos 1990, uma abordagem ergonômica voltada para o *processo de envelhecimento* dos trabalhadores e trabalhadoras, com vistas a estudar a compatibilização das situações de trabalho com as limitações e as potencialidades humanas dos idosos que se mantêm em atividade laboral. Tais estudos têm sido efetivados a partir de um referencial teórico fundamentado na Ergonomia e no processo biológico do envelhecimento, dentro de uma perspectiva que analisa quantitativamente os fatores ergonômicos objetiváveis. Examinando o instrumento adotado para essa investigação, foi possível notar que aquele, apesar de acurada sistematização em relação aos fatores biológicos relacionados ao envelhecimento, não proporciona análise da dinâmica subjetiva nem da intersubjetiva (Ilmarinen, 1995).

No Brasil, pesquisadores que vêm aplicando a metodologia formulada por Ilmarinen estudaram ergonomicamente a correlação entre condições de trabalho e o envelhecimento funcional com o pessoal de enfermagem e em servidores forenses, nos quais foram examinadas, entre outros problemas de saúde, as manifestações de estresse (Fischer et al., 2002).

A aproximação entre a Ergonomia e outras disciplinas que possuem articulação com as questões de SMRT assumiu maior evidência ao longo dos últimos anos, quando, no bojo da "globalização", *todas essas disciplinas foram colocadas, conjuntamente, diante do desafio imposto pela rapidez das mudanças tecnológicas e organizacionais.* Assim, ergonomistas que reconhecem o imenso valor preventivo dos "saberes de prudência" desenvolvidos coletivamente pelos trabalhadores têm feito propostas importantes para *um gerenciamento da prevenção que seja integrado ao gerenciamento das mudanças organizacionais e técnicas.*

A ergonomia atual incorpora de maneira cada vez mais ampla os conhecimentos sobre a importância da dimensão psicoafetiva nas atividades de trabalho. Ergonomistas brasileiros também assumem e desenvolvem essa perspectiva, aplicando-a à análise e intervenções em situações de trabalho (Assunção; Lima, 2010).

Na Alemanha e nos países escandinavos, investigações e propostas, dentro dessa perspectiva, vêm sendo desenvolvidas há mais de uma década em instituições de pesquisa que estudam viabilização de novas *políticas públicas* vinculadas aos desafios de proporcionar um trabalho saudável à população trabalhadora.[12]

A capacitação de administradores para utilizar métodos que deem conta de tal tipo de gerenciamento inclui, com grande destaque, a consideração às estratégias e práticas protetoras criadas pelos trabalhadores. Assim, os gerentes precisariam saber identificar esses recursos e integrá-los aos processos de trabalho, zelando, ao mesmo tempo, para que as sucessivas mudanças não prejudicassem a efetivação prática dos "saberes de prudência" preexistentes nem dos que fossem sendo criados diante das novas situações de trabalho (Benchekroun; Bourgeois; Hubault, 2002).

A *rapidez* das mudanças organizacionais e técnicas têm estado associadas à alta rotatividade de pessoal que vem acompanhando as *reestru-*

12. É o que pode ser conferido, por exemplo, no site www.wzb.de, do WZB (Centro de Pesquisas de Berlim), visualizando a lista de publicações dos últimos anos sobre o assunto.

turações. Surgem então as situações instáveis: a) em que se desfazem rapidamente coletivos de trabalhadores que haviam desenvolvido seus saberes de prudência e suas formas de colaboração tácita na prevenção de acidentes e falhas de produção; b) em que essa rapidez também não oferece o tempo necessário à formação de novos coletivos atuantes na criação conjunta desses saberes e práticas solidárias. Aumenta assim, simultaneamente, os riscos de "disfunções" de todo tipo — falhas, atrasos e paradas na produção; tensões, distúrbios de comunicação e acidentes, tudo isso geralmente acompanhado por uma exacerbação da fadiga e do nervosismo de todos, como os gerentes, os supervisores e os operadores. A proposta de Benchekroun, Bourgeois e Hubault, no texto acima citado, é de que os administradores superem a forma tradicional de lidar com a identificação de riscos.

Nas práticas tradicionais, que predominaram por muito tempo — e que ainda marcam a realidade em muitas organizações —, as análises das situações de trabalho não são feitas preventivamente, e sim, análises de riscos só são feitas a partir de acidentes ou incidentes. Costuma ocorrer aí uma concentração de esforços dos especialistas para buscar a *causa* que frequentemente é categorizada como "falhas" imputadas a alguém. Essa ótica *culpabilizadora* tem sido objeto de análise crítica e parece estar profundamente ligada a um distanciamento sociocultural recheado de preconceitos. Distanciamento e preconceitos que têm sido observados principalmente quando as investigações são efetuadas por grupos de especialistas da própria empresa que estão inseridos em escalões hierárquicos superiores aos dos operadores. Essas observações da nova ergonomia sobre uma visão que menospreza e desqualifica os trabalhadores operacionais possui também conotação de ataque à dignidade e, portanto, à subjetividade, constituindo assim aspecto de grande relevância para a SMRT. Pois, como veremos adiante, o ataque à dignidade está no âmago de muitos processos de adoecimento mental.

Na ergonomia contemporânea, passa a ser levada em conta, ainda, a expansão da flexibilização/desregulamentação, com precarização dos vínculos de trabalho em vários países, inclusive no contexto brasileiro. Em tal conjuntura, deve ser considerado, ainda na análise ergonômica, o peso que a ameaça de desproteção social assume na *carga psíquica*, contribuindo também para a maximização de esforços físicos e cognitivos. Tal contingência atinge, provavelmente de forma mais direta, aqueles que se sentem "empregados descartáveis" e todos os que trabalham em situação de informalidade, mas, na atualidade, a todos os que estão sob as injunções das reestruturações sucessivas. O sofrimento psíquico que é revelado por estudos ergonômicos em tais situações, além de alertar planejadores do trabalho — engenheiros de produção e administradores, entre outros —, também interessa aos que analisam a PDT e aos que desenvolvem ações no campo da SMRT, inclusive no atendimento dos trabalhadores que já apresentam transtornos psíquicos relacionados ao trabalho.

Abordagens de psicologia cognitiva têm sido amplamente utilizadas para estudo ergonômico de sistemas complexos. Esses sistemas representam também outra importante interface entre Ergonomia e SMRT.

g) Organização do Trabalho

Os estudos de *Organização do Trabalho*, nos quais os olhares do psicólogo organizacional, do sociólogo do trabalho, do engenheiro de produção e do administrador frequentemente convergem para a análise das situações concretas, têm acrescentado imensos subsídios para a Psicodinâmica do Trabalho e, portanto, também para a SMRT. Existe certamente um importante território comum a ser explorado pela Organização do Trabalho e pela SMRT. A diferença fundamental reside nos objetivos de seus estudos: no caso da Organização do Trabalho, o desígnio é a produção; no caso da SMRT, é a saúde. A inter-relação entre Organização do Trabalho e Saúde Mental do Trabalho se impõe pelo seguinte:

a) a inexistência de fronteiras definidas entre estado de saúde e estado de doença;

b) o fato de que os processos de desgaste mental dos atores do trabalho podem acarretar malogros à eficácia organizacional — como é verificado atualmente na escalada do *presenteísmo*[13] —, ocorrendo o contrário nas situações em que os potenciais psíquicos são favorecidos;

---

13. Designação para o fenômeno pelo qual os empregados que apresentam sintomas de fadiga intensa ou manifestações adoecimento ocultam seu mal-estar e não procuram ajuda médica ou em quaisquer serviços de saúde. Esta questão será examinada no Capítulo 2 da Parte VIII deste livro.

c) a necessidade imperativa, do ponto de vista ético, de se considerar a dimensão da saúde mental nas propostas organizacionais, a partir do conhecimento dos riscos mentais decorrentes de aspectos de organização. Assim sendo, quanto mais comprometidos estiverem com os princípios da ética, mais conectados ao campo da SMRT estarão os pesquisadores e formuladores de transformações organizacionais.

A escola sociotécnica da Organização do Trabalho, ao utilizar o referencial psicanalítico, representou, nesse aspecto, um importante passo em termos de integração dos novos conhecimentos sobre a subjetividade e a intersubjetividade, além de oferecer uma abordagem humanizadora das situações de trabalho (Ortsman, 1991).

Um aspecto de suma importância na fixação de diretrizes organizacionais pelas empresas é o que diz respeito ao "modelo de ser humano" adotado na concepção empresarial. Em outras palavras, trata-se da "imagem" dos assalariados que a empresa adota para:

1) fundamentar decisões sobre normatizações concernentes à organização das atividades produtivas — sejam as de produção material ou de serviços;

2) fixar princípios norteadores de sua política de pessoal.

Gareth Morgan publicou em 1986 o livro *Images of Organization*. Nele descreve uma interessante tipologia das organizações, segundo a qual existe uma correspondência entre diferentes imagens (metáforas) e a forma pela qual os dirigentes percebem e tratam os empregados de cada um desses tipos de organização. Haveria, assim, diferentes concepções ou "modelizações" dos seres humanos que realizam as atividades na organização. O autor faz uma crítica extremamente lúcida das várias metáforas que presidem às tipologias consideradas. Aponto o reducionismo advindo daquelas que não consideram a complexidade da dimensão humana — como é o caso da visão em que a empresa aparece como *máquina* e os seres humanos como *peças* de um conjunto mecânico; ou quando a organização é percebida sob a metáfora de um *organismo* no qual não são considerados os aspectos que dizem respeito tanto aos conflitos de interesses quanto às lutas pelo poder. A perspectiva em que a organização é administrada como uma *cultura*, na qual diretrizes fixadas por seus dirigentes podem atuar sobre as mentes e comportamentos dos empregados através da promoção de determinados valores, hábitos e crenças, também é analisada criticamente pelo autor. Morgan examina os "pontos fortes" e os "pontos fracos" de cada uma dessas metáforas. Analisa ainda as decorrências das várias metáforas para os processos decisórios que derivam para a mudança organizacional implementados no contexto "global" atual. Morgan, ao perscrutar os reflexos humanos dessas diferentes metáforas, identifica aqueles que se fazem produzindo manifestações de psicopatologia. O autor também demonstra a artificialidade em que as metáforas são assumidas como realidades, fundamentando políticas e práticas de dominação que são articuladas por formas perversas de manipulação psicológica.

Convém lembrar, ainda, que a Organização do Trabalho é sempre penetrada pela *cultura* historicamente moldada e própria aos vários contextos regionais e nacionais. A distância cultural e os preconceitos que separam diferentes classes sociais, etnias ou segmentos de uma dada população se refletem no cotidiano do trabalho, nos relacionamentos, nas trajetórias (carreiras) individuais e em outros aspectos articulados às situações de trabalho. Assim, a cultura permeia a Organização do Trabalho, repercutindo em especial nas relações de poder concretamente instituídas. Da mesma forma, as visões prevalecentes na cultura são determinantes quanto ao modo real pelo qual será instituído o respeito à dignidade e à saúde dos trabalhadores. A consideração efetiva às necessidades da condição humana será também delineada a partir dessa cultura dominante. As teorias em que muitos administradores se fixam para adotar suas práticas frequentemente acabam por determinar uma visão alienada, na qual a realidade sócio-histórica é ignorada — como se os trabalhadores fossem seres germinados no solo da empresa e não em um outro contexto humano.

No Brasil, Roberto Heloani elaborou um estudo histórico das práticas organizacionais, correlacionando a trajetória das transformações da Organização do Trabalho e suas decorrências sociais e psicológicas. Apresenta os impactos que atingiram a sociabilidade e a subjetividade dos trabalhadores. Partindo do patamar internacional, Heloani examinou criticamente a reestruturação produtiva — presente no bojo da *globalização* — e as práticas *inovadoras* de gestão que acompanharam mudanças tecnológicas. Assim, o autor pôde identificar especificidades perversas das inovações *modernizantes em sua introdução* nos países de economia periférica, introdução essa que, no caso do *transplante* de técnicas de gestão do pós-fordismo japonês para o Brasil, desconsiderou absurdamente as diferenças psicoculturais existentes entre trabalhadores dos dois países. Nos casos brasileiros expostos, é evidenciada uma *manipulação psicológica* que Heloani demonstrou ser muitas vezes desestabilizadora, tanto do ponto de vista psicológico quanto social (HELOANI, 2003).

Salerno desenvolveu vários estudos críticos referentes aos paradigmas organizacionais adotados e a práticas como o Kanban e CCQ, mostrando o aspecto ilusório das vantagens apregoadas em nome de uma pretensa adequação da Organização do Trabalho à modernidade (SALERNO, 1985, 1991 e 2004).

O exame das *mudanças organizacionais* que se expandiram durante os anos 1990 também foi efetuado sob perspectiva sociológica. Esses estudos desvelaram como a adoção de novos paradigmas organizacionais e de certas práticas de controle e avaliação de desempenho está produzindo o estilhaçamento da solidariedade operária e a generalização do individualismo e da solidão afetiva. A identificação de fenômenos sociais regressivos, como o aparecimento de formas peculiares de servidão no *mundo do trabalho flexibilizado e enxuto*, foi analisada por Jean Pierre Durand (2004 e 2007) no contexto de organizações hipermodernas. Trata-se de aspectos organizacionais contemporâneos da Organização do Trabalho que a análise sociológica revela serem significativos na quebra de valores éticos, na ruptura dos laços interpessoais significativos e no ataque à dignidade e, portanto, potencialmente capazes de representar dano para a saúde mental.

h) Psicologia Social

Certamente, o espaço dessa apresentação será insuficiente para que possamos resgatar as principais contribuições da Psicologia Social e dos psicólogos sociais para a construção do campo da SMRT, pelo que realizaremos apenas alguns destaques.

Estas contribuições são de ordem teórica e tornam-se também de grande importância para que práticas organizacionais mais saudáveis possam ser adotadas.

A Psicologia Social tem elaborado conceitos de grande alcance para a SMRT. Pesquisas de campo, realizadas sob coordenação de psicólogos sociais, vêm possibilitando um considerável crescimento dos conhecimentos referidos aos aspectos psicossociais que constituem um dos principais focos de análise da SMRT.

Na impossibilidade de rever todos os estudos pioneiros de períodos anteriores, acreditamos que cabe assinalar, a partir dos anos 1970, as contribuições teóricas e as pesquisas de campo realizadas pelo setor de Psicologia Social do Trabalho da Universidade de Estocolmo, sob coordenação de Bertil Gardell. Os estudos de Gardell constituíram um marco também para a consolidação da Psicologia Social do Trabalho, pois se voltaram para, entre outros objetivos, o desenvolvimento de métodos destinados a identificar e a descrever os aspectos psicossociais vinculados às situações de trabalho e que caracterizassem riscos para a saúde. A detecção precoce de tais riscos e a aplicação dos novos conhecimentos para a formulação de medidas preventivas foram outros objetivos relevantes nessa sequência de investigações. O estudo dos impactos psicossociais relacionados com a utilização de tecnologias avançadas, especialmente com as formas de produção automatizadas, foi empreendido em várias dessas pesquisas. As investigações desenvolvidas utilizaram geralmente um enfoque interdisciplinar, contando com a participação de fisiologistas e de outros especialistas, o que permitiu importante integração (Frankenhaeuser; Gardell, 1976; Frankenhaeuser, 1981; Garfield, 1983).

No Brasil, alguns psicólogos sociais também têm realizado estudos que dizem respeito à temática, como veremos adiante.

Os estudos de Bosi, sobre a vida e a obra de Simone Weil, assumiram no Brasil grande importância para a formação dos primeiros pesquisadores que vieram a se dedicar a pesquisas dirigidas à SMRT no país (Bosi, 1979).

Dentre as diversas construções teóricas desenvolvidas pela Psicologia Social, atualmente utilizada no campo da SMRT, certamente aquelas que se referem à *identidade social* ocupam uma importância central para a compreensão tanto dos "fenômenos adoecedores" conectados à sujeição quanto das dinâmicas psicológicas e sociais referidas à resistência dos trabalhadores na luta contra a dominação e a superexploração.

A compreensão da dialética entre a dimensão individual e a social na construção da identidade e dos níveis coletivos em que se constituem os processos psicossociais configura fundamento essencial para a interpretação das dinâmicas reveladas nos estudos de SMRT. Pois é possível afirmar que o grande desafio colocado pela SMRT aos pesquisadores é o de identificar as *interações* complexas que presidem aos fenômenos aí investigados. Para iluminar esses fenômenos, a Psicologia Social possui, sem dúvida, ferramentas importantes. O território da empresa, onde se dá o embate entre a cultura organizacional planejada para oferecer "felicidade programada" e a cultura própria dos coletivos de trabalho, necessita ainda encontrar formas mais acuradas de leitura, para as quais acreditamos que a Psicologia Social, juntamente com a Sociologia do Trabalho e outras disciplinas do campo das Ciências Sociais, tem oferecido muitos subsídios à SMRT (Castel, 1987; Sainsaulieu, 1988).

Partindo das formulações que dão conta da forma como a instância *ideológica* é instrumentadora de motivações e "adaptações" no interior das empresas, criando, inclusive, mecanismo capaz de *abstrair* os riscos mentais, torna-se necessário encontrar referenciais para a análise dos aspectos psicológicos da ideologia (Pagès et al., 1987). Uma fonte valiosa para isso são os estudos ligados à construção psicossocial da ideologia, especialmente os que a enxergam como um processo ocultador utilizado pela *dominação*, mas que, ao mesmo tempo, procuram identificar meios de resistência capazes de desvelar e superar os mecanismos que bloqueiam as ações emancipatórias. Tais enfoques oferecem importante aplicação a estudos realizados no mundo do trabalho. Do mesmo modo, entendemos que as formulações da Psicologia da Libertação e da Psicologia Política, conforme têm sido desenvolvidas na América Latina, enriquecem em muito a análise dos processos de dominação e resistência examinados no campo da SMRT (Montero, 1987 e 1990).

A função de quebra de identidade das *situações de dependência*, tal como analisada por Montero (1987), pode ser estudada em suas expressões individuais e em coletivos de trabalho nos países latino-americanos.

Max Pagès (1977) formulou em 1975 uma proposta para uma psicossociologia da mudança social, que assume grande relevância para a SMRT. O autor partiu de uma aguda crítica das limitações da psicossociologia então dominante, que se restringia a analisar e mobilizar as dinâmicas afetivas presentes nas relações interpessoais dentro de contextos grupais. Na concepção de Pagès, o grupo é apenas uma situação transitória para os indivíduos, que estão vinculados a dois outros polos desconsiderados nas abordagens psicossociológicas das empresas:

a) um contexto *externo*, complexo, do qual não podem ser artificialmente isolados, uma vez que fazem parte também do "mundo de fora da empresa", no qual se desenvolvem lutas políticas, conflitos de classe;

b) o nível pulsional individual, com seus aspectos biológicos e psíquicos. Na época, as formulações da corrente de psicologia bioenergética eram adotadas em muitas práticas psicológicas e Jaques já havia desenvolvido o conceito de sistemas sociais de defesa, a partir do estudo que efetivou em operários de fábrica.

Pagès coloca restrições importantes a essas duas visões:

> é preciso alargar os conceitos e as práticas da psicossociologia, ao mesmo tempo *sociologizando-os* e *biologizando-os*, pois que é preciso ter em conta os impulsos inconscientes das pulsões e dos conflitos sociais nos seus aspectos políticos, econômicos e ideológicos (...) É preciso reformular o conceito de sistema de defesa nela incluindo todos os aspectos dos conflitos do indivíduo num meio social (...) Mas observa-se que o alargamento de um dos lados se obtém à custa de um retraimento e de um esmagamento do outro, que a libertação bioenergética eclipsa o sociopolítico, que a análise institucional eclipsa o pulsional e o individual. (Pagès, 1977, p. 190)

O autor, não obstante as dialéticas múltiplas que assinala, admite a ideia de que não é possível negar uma relativa autonomia dos espaços intermediários (grupos, instituições em geral e empresas) e que estes podem se constituir "lugares de elaboração de respostas sintéticas a contradições múltiplas" (Pagès, 1977, p. 92).

Assim, Pagès, que enfatiza o poder alienante das práticas de psicossociologia prevalecentes nas organizações, lembra que nenhum conflito é puramente externo nem puramente interno e propõe que a psicossociologia estabeleça uma dialética do interno e do externo, do psicológico e do social, realizando uma análise multidimensional das contradições, que, nos grupos e nas organizações, poderia conduzir a mudanças. A exposição do autor permite concluir que tais mudanças poderiam ser muito promissoras tanto para os indivíduos e grupos quanto para as organizações e para a sociedade (Pagès, 1977). Por outro lado, é importante repensar essas colocações de Pagès na atualidade dos anos 2010, quando muitas organizações absorvem o tempo, o pensamento, as energias e desejos dos empregados a tal ponto que se tornam, por inteiro, reféns da organização (empresa). Isto é, os objetivos da empresa e o desejo de ser *reconhecido* e *mantido* no seio desta passam a ser o *motor* da mobilização subjetiva e, às vezes, da própria existência, sobrepondo-se a valores, afetos e pertencimentos anteriores. Sem que exista ainda conhecimento suficiente sobre a *extensão desse novo poder* na desarticulação dos laços e valores que constituíam o mundo interno de cada um, é ainda impossível responder às inquietantes questões que o desvelamento desse poder coloca ao futuro do trabalho e da própria humanidade — já que a ganância sem limites não é apenas insensível, mas também cega, como bem mostraram Armstrong, Lawrence e Young (1997). Sem catastrofismo. Pois uma prova consistente da extensão desse poder de dominação parece ser os suicídios daqueles executivos que percebem não estar mais conseguindo cumprir as metas, mesmo quando isso não signifique ameaça de desamparo econômico. Na verdade o que se torna insuportável não é o temor do empobrecimento financeiro, e sim o medo de perder o que se tornou centro de suas vidas — pertencimento à organização e esperança de que um dia esta o reconheça ou volte a reconhecê-lo, conforme o caso. De todo modo, as contribuições de Pagès e dos que estudam os mecanismos e intensidades em que a servidão voluntária se estabelece já oferecem subsídios para a clínica do trabalho e também para que dirigentes repensem as atuais formas de gestão dos sentimentos. Neste tema, vale evocar a tradução do título expressivo de um livro no qual outro psicólogo social, Jean-Léon Beauvois, analisou a intensidade da submissão: *Tratado da servidão liberal*. Nele é demonstrada que a intensificação da submissão veio acompanhando a exacerbação de algumas características do liberalismo que culminaram no que hoje é denominado neoliberalismo (Beauvois, 1994).

Evidentemente, o que foi comentado acima não desautoriza o conhecimento da força assumida pelo medo do desemprego na construção dos consensos e da submissão — no que diz respeito à grande maioria dos trabalhadores, para os quais o salário constitui base de subsistência pessoal e familiar, conforme será visto aqui em detalhe no Capítulo 1 da Parte VIII, onde abordamos a psicopatologia do desemprego.

Na América Latina, já nos anos 1980 Martín-Baró (1987) demonstrou claramente a forma pela qual o conformismo e a submissão se conectam ao fatalismo dos grupos dominados, favorecendo, assim, a manutenção e o fortalecimento da opressão. A manipulação ideológica do fatalismo pode ser reconhecida em um plano social amplo, mas também nas situações de trabalho em que as condições perigosas não são contestadas pelos assalariados. Estudar melhor como essa manipulação se faz nos países de economia dependente se tornou cada vez mais necessário nos anos 1980, quando ficou mais evidente que o trabalho perigoso e insalubre era "exportado" para países de economia dependente e de maior pobreza. Trata-se, a partir das colocações de Martín-Baró, de tentar desvelar também a articulação existente entre dois processos poderosos que convergem para a dominação — por um lado, aquele pelo qual a identidade é esvaziada e desvalorizada e, pelo outro, o que atua mantendo e incrementando o *fatalismo* e a *passividade*. Ambos os processos são perversamente eficazes para minar resistências e obstaculizar as ações preventivas do âmbito da Saúde do Trabalho e da Saúde Mental. Atualmente, a disseminação de várias formas de *medo* veio associar-se a essa dinâmica. O estudo dos fenômenos que geram e alimentam esses medos também tem sido objeto de estudo na Psicologia Social.

Reflexos da divisão de classe social no mundo do trabalho e decorrências para a saúde geral e para a saúde mental constituem uma temática já antiga. Novos direcionamentos das pesquisas em Psicologia Social focalizaram outras questões: as relações de gênero, o racismo ocultado e outros temas referentes a processos de discriminação e de exclusão social. Tais estudos passaram a se desenvolver também no âmbito dos "espaços" do trabalho — empresas e serviço público, e, ainda, voltando o olhar para o mercado de trabalho. Desse modo foi alcançado esclarecimento de vários processos que, envolvendo mediações através das relações sociais de trabalho e das de poder, se refletem na sociabilidade e na intersubjetividade, terminando por incidir sobre a subjetividade dos trabalhadores. É assim que, mediadas pelas diferenças de sexo e de etnia, se constituem divisões, desigualdades e conflitos cuja concretude tem sido desvelada pelas pesquisas realizadas. As diferenças se expressam: a) quanto aos *lugares ocupados* nos escalões hierárquicos; b) nas *oportunidades* de desenvolvimento profissional e de carreira; c) nos *graus de coação e sujeição sofridos*, com desvantagem, por exemplo, para mulheres, para negros e para indígenas, como analisado em estudos brasileiros; d) em clivagens que segmentam os conjuntos (coletivos) de trabalhadores, configurando distanciamentos e conflitos (Carone; Bento, 2002).

Do solo dessas diferenças brotam condições adoecedoras mais intensas para aqueles que ficam em desvantagem, tanto num sentido mais amplo, quanto em relação à psicopatogenia.

Cabe ainda mencionar a riqueza das descobertas e ações que o instrumental teórico e metodológico da Psicologia Social tem proporcionado a muitas pesquisas e análises interdisciplinares voltadas à SMRT. Nas investigações levadas a efeito em algumas universidades brasileiras, essa abordagem tem trazido frutos valiosos.

i) Sociologia e Antropologia do Trabalho

As transformações contemporâneas, refletidas no mundo do trabalho, vêm sendo analisadas, muitas vezes, sob um olhar que busca integrar as perspectivas política, sociológica, econômica e cultural. Desejamos destacar a contribuição da Sociologia e da Antropologia do Trabalho a essas análises, pela importância que elas apresentam para a SMRT. Apresentamos as duas disciplinas conjuntamente, embora no Brasil tenham se desenvolvido principalmente estudos em Sociologia do Trabalho. Mas a ótica antropológica tem sido assumida por cientistas sociais brasileiros que adotaram, entre outras, a perspectiva etnográfica para a investigação do trabalho humano em diferentes contextos, em estudos que revelaram a dimensão cultural de processos psicossociais e subjetivos. Por outro lado, em várias pesquisas do âmbito internacional e brasileiras existem simultaneidade e convergência entre as perspectivas sociológica e antropológica, articulando procedimentos/técnicas de investigação para, ao final, obterem resultados que podem ser compreendidos de uma forma que abrange e integra os significados antropológicos e sociológicos, tornados inseparáveis em um entendimento pleno.

Nos estudos voltados ao desemprego, essa conexão entre perspectiva sociológica e antropológica tem incluído também o enfoque da psicologia social (Jahoda; Lazarsfeld; Zeisel, 1975; Jahoda, 1982 e 1988; Santos, 2000).

Pelo grande número de textos e pesquisas que remetem à temática aqui enfocada, apenas será possível pontuar alguns dos muitos autores e vertentes de estudos a ela conectados.

Alguns estudos de cientistas sociais brasileiros nos quais a perspectiva antropológica assume grande importância serão examinados aqui na Parte III, quando estudarmos o trabalho dominado.

A Sociologia do Trabalho fornece estudos de contextos e processos intimamente relacionados com a gênese do desgaste e dos distúrbios mentais vinculados ao trabalho. Muitas investigações desenvolvidas nessa área descrevem e analisam *formas de dominação, condições de trabalho, impactos sociais e psicológicos resultantes da introdução de novos dispositivos técnicos e outras metamorfoses do trabalho*. Estudos que analisam — algumas vezes em interface com a Economia do Trabalho — as transformações da estrutura do mercado de trabalho e das relações sociais de trabalho apresentam grande interesse para os estudos de SMRT. Assim, a Sociologia do Trabalho oferece referenciais que permitem um melhor entendimento das tensões e conflitos decorrentes dos temores de perda do emprego — uma problemática cujas derivações para o sofrimento social e o desgaste mental se tornaram centrais na atualidade.

Elaborações teóricas e estudos empíricos de pesquisadores vinculados às duas disciplinas aqui consideradas tornaram-se essenciais também para duas outras vertentes em expansão na SMRT — as que analisam a *psicopatologia do desemprego (PPD)* e a psicopatologia associada à *precarização das relações sociais de trabalho* e, de modo mais amplo, a outros aspectos da *precarização social associada ao capitalismo contemporâneo*. Alguns desses estudos serão apreciados nos dois primeiros capítulos da Parte VIII deste livro.

No que diz respeito à precarização, Appay (2005), ao elaborar o conceito de *autonomia controlada*, proporcionou importante avanço à compreensão da dimensão psicológica do processo adoecedor conectado ao paradigma organizacional atualmente dominante. Eis como Beatrice Appay esclarece o alcance desse conceito:

A autonomia controlada corresponde às duas faces de Janus: a face positiva, com estímulo da autonomia, da mobilidade (rotatividade) e da responsabilidade; de outro, a face negativa, com a instauração de poderosos sistemas de pressão e de controles centralizados. Resultado: uma injunção contraditória à qual os indivíduos passam a ser submetidos e que consiste em um constrangimento que funciona à maneira do "duplo vínculo" de Bateson,[14] que provoca a perda de sentido e conduz à loucura. (...) É, entretanto, um sistema racional o que gera esta tensão, tanto na esfera econômica quanto na esfera política. Como? Pela instauração de um novo modelo de produção. Sob influência da nova concorrência internacional, ele estimula o envolvimento individual e coletivo no trabalho ao mesmo tempo que instaura a precarização como elemento central. Hoje existem todos os recursos técnicos para que esta autonomia funcione, pois é possível captar um número crescente de informações locais e pontuais bem como tratar estas informações centralizada e instantaneamente. Por exemplo: o computador central do McDonald's é capaz de contabilizar em fluxo contínuo o número de hambúrgueres atirados de hora em hora sobre o planeta, uma vez que, localmente, cada McDonald vê sua autonomia estimulada pelo "franchising" [15]Consequência: um acréscimo de competitividade para não ser eliminado (Appay, 2005 — Tradução nossa).

Tais estudos proporcionam, ainda, subsídios para a análise das perspectivas de *reinserção laboral* daqueles trabalhadores que foram afastados devido aos impactos do trabalho sobre sua saúde geral ou, mais visivelmente, sobre sua saúde mental. Oferecendo, portanto, fundamentos para a formulação de políticas públicas voltadas à reabilitação profissional e mesmo à própria reabilitação psicossocial, que precisa preceder à profissional em muitos casos.

Nessa área, encontramos numerosas análises críticas referentes à *flexibilização do trabalho*, algumas vezes elaboradas conjuntamente com economistas do trabalho. Tais análises trazem muitas observações que oferecem à SMRT e à PPD valioso suporte para uma compreensão contextualizada dos adoecimentos. Em geral essas análises conectam a flexibilização à reestruturação produtiva e aos princípios fixados a partir da ideologia neoliberal.

---

14. *Duplo vínculo* é um conceito elaborado pelo psicanalista inglês James Bateson, que identificou a ação patogênica das mensagens contraditórias em crianças que recebiam orientações contraditórias dos pais.

15. Prática organizacional que, através da comparação continuada, atribui vantagens aos agentes que desenvolvem práticas mais eficazes.

O estudo das resistências dos trabalhadores às situações de dominação autoritária e outras situações potencialmente agressivas à estabilidade psíquica ocupou numerosos pesquisadores vinculados à Sociologia do Trabalho. Isto poderá ser visto ao longo deste livro.

Dentre os sociólogos que, com base em observações e pesquisas das questões contemporâneas voltadas para o mundo do trabalho, chegaram a conclusões merecedoras de especial atenção, destacamos Pierre Bourdieu. Em diferentes estudos, textos e pronunciamentos, esse grande humanista e sociólogo francês se dedicou, principalmente nos últimos anos de sua vida, à análise, à crítica incisiva e à denúncia das tendências desumanizadoras que as transformações organizacionais passaram a assumir. Bourdieu analisou a violência estrutural imposta pelo neoliberalismo: "violência estrutural da inatividade, da precariedade e da ameaça de demissão" e que é imposta também sobre os contratos de trabalho (Bourdieu, 1998b). Um conjunto de estudos de casos, realizado por ele e outros autores, compõe o livro que publicou em 1993 e que no Brasil tem como título *A miséria do mundo*. O sociólogo identificou a expansão do *sofrimento social* no mundo do trabalho — sofrimento cujas expressões individuais (e psíquicas) são evidenciadas em vários dos casos estudados neste livro.

Em outro livro, o autor reuniu estudos críticos que revelam que a "globalização" não passa de um mito, ao lado de análises que examinam as resistências e as organizações de desempregados europeus diante do avanço da precarização e do desemprego (Bourdieu, 1998c e 1999).

Na *América Latina*, os impactos humanos da reestruturação produtiva têm sido analisados em conjunção com duas outras questões: a questão da desigualdade e o caráter dependente das economias dos países que fazem parte da América Latina. Torna-se difícil resumir, neste espaço, a amplitude da produção sociológica e econômica referente a este tema.

Desejamos apenas assinalar que muitos estudos de Sociologia do Trabalho, articulados ou não às análises realizadas por economistas, carregam observações relevantes para a SMRT. Bialakowsky, na Argentina, é exemplo de um sociólogo do trabalho que estuda a dinâmica social das situações de insegurança associadas à precarização do trabalho, integrando nessa análise também as repercussões subjetivas. O mesmo autor realizou estudos especiais voltados para o trabalho em hospitais psiquiátricos e os reflexos das situações de trabalho para a saúde mental dos profissionais que ali atuam (Bialakowsky; Hermo; Lusnich, 2003).

No *Brasil*, podemos destacar:

- Estudos voltados para identificar as resistências dos trabalhadores às práticas de dominação e exploração que atingem sua saúde e sua identidade.
- Pesquisas que examinam as mudanças culturais que acompanham transformações do trabalho e da dominação, impactando simultaneamente sobre a sociabilidade e sobre sentimentos, valores e expectativas. Realizadas em vários contextos de trabalho, algumas serão mencionadas na Parte VI, em que estudaremos imagens e representações do trabalho e do desgaste. Vale mencionar uma especificidade brasileira: os primeiros estudos pioneiros voltados aos trabalhadores dos chamados "grandes projetos", cuja implantação vem transformando a vida, os valores e a sociabilidade de populações e trabalhadores em regiões distanciadas dos centros urbanos. Projetos como os que foram introduzidos na Amazônia e absorveram trabalhadores locais, ao mesmo tempo que trouxeram os de outras regiões. São ainda poucos os estudos a respeito. Diana Antonaz (1995), em estudo pioneiro, desvendou as vivências e expectativas dos assalariados de vários níveis hierárquicos em diferentes fases de um desses projetos, assim como as simbologias e representações mentais geradas por formas e condições de trabalho estranhas à experiência anterior de trabalhadores rurais subitamente transformados em operários de uma grande indústria de alumínio no interior do Estado do Pará (Antonaz, 1995).
- Estudos críticos sobre a reestruturação produtiva, seus impactos sobre o mercado de trabalho e sobre a vida dos trabalhadores — que, implicitamente, revelam impactos para a sociabilidade e para a saúde mental. Essas análises podem ser subdivididas de acordo com os diferentes objetos que elas enfocam. Nesse conjunto, podemos assim distinguir:

1) O esvaziamento do *sentido* do trabalho para aqueles que o realizam, que acompanham as transformações em que o trabalho se torna cada vez mais *abstrato* e menos humano. Os que analisam as formas

pelas quais, regida pela ideologia neoliberal, a dominância da lógica economicista esvaziou o trabalho do *sentido* que assumia anteriormente para aqueles que realizam as atividades. A predominância cada vez maior do trabalho abstrato sob o trabalho concreto, em tais circunstâncias, tem sido bem explicitada também no Brasil (ANTUNES, 1999 e 2007; ANTUNES; BRAGA, 2009). Selma Venco (2009) lançou um olhar especial sobre as situações de trabalho dominado vivenciadas pelas operadoras de telemarketing, analisando os aspectos organizacionais críticos e expressões do desgaste mental. A autora discute os aspectos de precarização desse trabalho e, assim, aproxima seu pensamento da socióloga inglesa Ursula Huws (2003) — que menciona um "cybertrariado" — e discute a configuração, nesse trabalho, de um novo proletariado não mais constituído por operários. Da mesma forma como Antunes e Braga (2009) se referem aos "infoproletários".

2) Outros autores se dedicam a realizar a análise crítica da *ideologia expressa em discursos empresariais* e práticas de *gestão* supostamente implementadas em nome da excelência, que redundam em aumento da exploração e da vulnerabilização da saúde dos assalariados, como será visto com algum detalhamento em outros tópicos deste livro.

3) Estudos que fazem a análise dos impactos sociais decorrentes da reestruturação produtiva, com destaque para os que analisam a *precarização* do trabalho e, de modo especial, a *terceirização*. Vários desses estudos introduzem o enfoque da degradação da sociabilidade e de reflexos negativos que atingem a saúde e a vida dos trabalhadores, em diferentes ramos da produção (FRANCO, 2003; DRUCK; FRANCO, 2007). Trataremos de alguns desses estudos na parte do livro destinada a analisar os reflexos da precarização para a SMRT.

4) *Trajetórias de vida no trabalho e/ou no desemprego intermitente*: temática de enorme interesse atual para a SMRT. Dentre os destaques na produção de sociólogos brasileiros, temos o livro em que Nadya Guimarães relata pesquisas sobre as trajetórias de trabalhadores da área petroquímica, dialogando com a economia política e, em alguns momentos, analisando aspectos que são significativos para a psicopatologia do trabalho (GUIMARÃES, 2004). Adalberto Moreira Cardoso desenvolveu também importante pesquisa sobre essas trajetórias (CARDOSO, 2000).

Nadya Guimarães e Helena Hirata organizaram obra mais recente, na qual vários autores analisam trajetórias de trabalhadores que perderam seus vínculos de trabalho formal, no Brasil e em outros países, apresentando alguns estudos comparativos em perspectiva internacional. A metodologia adotada por várias dessas pesquisas permitiu analisar as interações entre as transformações do mercado de trabalho, percursos individuais de vida e trabalho e, em vários desses estudos, também repercussões para a identidade e os processos subjetivos (Guimarães; Hirata, 2009).

5) Estudos de cientistas sociais que tomam como foco o trabalho feminino e outros direcionados ao trabalho infantil tornaram-se numerosos nas últimas três décadas em muitos países. Os voltados ao trabalho das mulheres devem merecer atenção especial em outras partes deste livro, como quando for abordada a interface família-trabalho (Parte V). O trabalho infantil é tema de Direitos Humanos, envolve em geral ilegalidade e configura grave desafio social. Porém, por sua abrangência e complexidade não poderá ser apreciado neste livro. Limitamo-nos, assim, a assinalar que as altas probabilidades de danos psíquicos não podem ser ignoradas quando repetidos informes oficiais reiteram a associação entre trabalho infantil e exposição a perigos, que vão de agrotóxicos à violência sexual, e informam que no Brasil, em 2009, trabalhavam 2 milhões e 300 mil menores (Portal Direitos da Criança, 2010). O assunto ainda é desafio em aberto aos pesquisadores brasileiros que estudam a SMRT e que, para compreensão mais ampla, precisarão vincular o tema ao da violência infantil. Muitos subsídios para uma visão integrada das duas questões — violência contra crianças e trabalho infantil — estão presentes no *Relatório mundial sobre a violência contra a criança*, que o cientista social brasileiro Paulo Sérgio Pinheiro elaborou por solicitação da Organização das Nações Unidas (ONU) (Moura, 2006).

6) Os estudos voltados para os *trabalhadores rurais*. A pobreza e a instabilidade que marcam as condições de vida e trabalho desses trabalhadores e vulnerabilizam sua saúde foram objeto de pesquisas no passado e voltam a merecer atenção no presente, quando a expansão do agronegócio, associada a outras mudanças, veio agravar essa vulnerabilidade. Intensificação do trabalho, persistência de situações de trabalho escravo, exposição a agrotóxicos e outras situações potencialmente desestabilizadoras para a saúde mental têm sido examinadas por sociólogos e antropólogos. O trabalho nas plantações de cana-de-açúcar e, de modo

mais amplo, na indústria agrocanavieira foi analisado por alguns desses pesquisadores. Destacamos, nesta temática, por sua grande contribuição para a SMRT, as pesquisas de Maria Aparecida de Moraes Silva, que, além de profundas análises sobre a precariedade vinculada ao desenraizamento forçado e ao deslocamento continuado — a *errância* — dos trabalhadores rurais, denunciou mortes súbitas de cortadores de cana por excesso de trabalho, desvelando assim o *Karochi* brasileiro. A mesma pesquisadora também participou de pesquisas que detectaram as articulações entre degradação do trabalho e do meio ambiente. (Silva, 1999; Silva; Martins, 2000). O uso do *crack* como forma de *aguentar* o trabalho e *dar produção* é outra grave questão que tem suscitado estudo (Andrade, 2003).

Ao estudar O Trabalho Dominado, na Parte III deste livro, detalharemos algumas das contribuições dos cientistas sociais à SMRT.

j) Saúde do Trabalhador e Outras Abordagens das Patologias Relacionadas ao Trabalho

Medicina do Trabalho, *Saúde Ocupacional* e *Saúde do Trabalhador* são mais do que três disciplinas voltadas para um mesmo objeto: constituem três *abordagens* distintas. Historicamente, o consenso tradicional aponta que surgiu primeiro a *Medicina do Trabalho* e que a mesma abrigou a análise das causas e danos referentes aos acidentes de trabalho, a investigação de agentes etiológicos de patologias laborais e a implementação de medidas de proteção aos trabalhadores. Nos Estados Unidos, o *Instituto Nacional para Segurança Ocupacional e Saúde* (NIOSH), denominação que implicitamente incorpora a noção de Saúde Ocupacional, também em suas publicações explicita frequentemente a vinculação a essa abordagem. O NIOSH descreve sua missão como sendo a de "conduzir pesquisa para prevenção de danos relacionados ao trabalho, o que diz respeito a acidentes, doenças e mortes" (Waissmann, 2000).

A denominação *Saúde Ocupacional* é utilizada predominantemente nas empresas e geralmente é adotada segundo uma lógica positivista voltada à linearidades do tipo causa-efeito, sem considerar a complexidade que a dimensão social e a dimensão subjetiva introduzem nas questões da saúde.

A designação do campo da Saúde que diz respeito à saúde em sua relação com o trabalho varia internacionalmente e de acordo com distintas visões de ordem política e ideológica. No Brasil, o Sistema Único de Saúde (SUS) incorporou a designação *Saúde do Trabalhador* a partir da ideia de que essa denominação corresponde ao objetivo essencial dessa área.

Os riscos de doenças profissionais e de acidentes de trabalho marcam fortemente a subjetividade dos trabalhadores, assim como a vivência de tais eventos e de suas decorrências, inclusive eventuais sequelas e limitações.

Os fatores ambientais que agridem o organismo do trabalhador — especialmente o ruído, o calor, as vibrações e a presença de substâncias neurotóxicas — atacam também o psiquismo.

Por outro lado, certamente muitos estudos epidemiológicos levados a efeito em Saúde Ocupacional devem ser considerados nos estudos de SMRT. Por exemplo, os que estudam incidência de acidentes de trabalho com traumatismo cranioencefálico e os que analisam exposição a substâncias neurotóxicas.

A ampliação do estudo de aspectos psíquicos envolvidos tanto na origem como nas decorrências de acidentes de trabalho exige uma explanação um pouco mais ampla do que a possível neste tópico, pelo que o assunto será abordado de modo mais específico no Capítulo 2 da Parte IV.

A análise de causas médicas para faltas ao trabalho (absenteísmo), registradas habitualmente nos Serviços Especializados em Segurança e Medicina do Trabalho (SESMTs),[16] pode servir às investigações de SMRT,

16. O Serviço Especializado em Engenharia de Segurança e Medicina do Trabalho (SESMT) foi estabelecido inicialmente no artigo 162 da Consolidação das Leis do Trabalho e regulamentado pela Norma Regulamentadora 04, fixada originalmente pela Portaria n. 3.237, de 27/6/1972, voltada à proteção da *integridade* do trabalhador. Essa regulamentação passou posteriormente por várias alterações. E com a edição da Portaria n. 3.214/78, a matéria abordada pela 3.237/72 passou a ser assunto específico da NR4, com estabelecimento dos *Serviços Especializados em Segurança e Medicina do Trabalho (SESMT)* (BRASIL/MTE, 2008). Posteriormente, em 1983 e 2007 ocorreram novas alterações. Porém, de 1972 a 2007, a ênfase na proteção à integridade *física* do trabalhador permanece implícita nos vários dispositivos fixados. A única exceção diz respeito à introdução de item referente à NR17 (norma ergonômica), mas sem qualquer dispositivo especificamente direcionado à proteção da *saúde mental* dos assalariados. Outro assinalamento diz respeito à equipe multidisciplinar – os componentes previstos nesta normatização para a equipe multidisciplinar dos SESMTs permaneceram os mesmos: o engenheiro de segurança, o médico do trabalho, a enfermeira do trabalho, o técnico em segurança do trabalho e a auxiliar de enfermagem do trabalho. O fato de psicólogo e assistente social *não* constarem nas equipes mínimas fixadas exige certamente

quando integrada a outros procedimentos de pesquisa que favoreçam a interpretação desses dados, correlacionando-os às diferentes ocupações e posições ocupadas pelos adoecidos nas várias *situações de trabalho* existentes na empresa. Cada situação de trabalho, como veremos adiante, corresponde a um conjunto específico de condições ambientais, ergonômicas e organizacionais, o que inclui relações de poder e as características das comunicações.

As teorias e as práticas da Saúde Ocupacional e da Medicina do Trabalho distanciam-se em geral do campo da SMRT em suas interpretações de alterações do comportamento e transtornos psíquicos dos trabalhadores. As duas disciplinas, tradicionalmente, não examinam *processos* subjetivos nem psicossociais — embora considerem *fatores* psicossociais — dentro da ótica voltada aos estudos do estresse. Em nossa opinião, passa a ser desafio aos pesquisadores e profissionais vinculados às abordagens da SMRT — em estudos e práticas de atendimento aos trabalhadores — difundir os conhecimentos construídos de modo a ultrapassar as barreiras que têm mantido a SMRT ainda fora da maioria das empresas em nosso país. Mesmo sendo evidente que tais barreiras, muito mais do que da ordem do conhecimento, são de ordem ideológica. Acreditamos que tal difusão, além de ser de grande interesse social, também corresponda aos reais interesses econômicos do país, como veremos mais adiante.

Diante da reestruturação produtiva e da escalada do desemprego e da desregulamentação do trabalho, vários países passaram a repensar suas políticas públicas de saúde, bem como as referentes à Medicina e Segurança no Trabalho. No caso da Alemanha, vêm merecendo atenção pesquisas, propostas e implementação de tais políticas, como atestam publicações do WZB de Berlim, produzidas sobre o assunto desde princípios dos anos 1990 até datas recentes. Alguns desses estudos têm se detido em problemas de saúde especiais. Um exemplo é o conjunto de pesquisas sobre a expansão das lombalgias, epidemiologicamente constatada, cujas causas organizacionais são examinadas juntamente com

uma urgente discussão na atualidade. Merece também atenção a necessidade de que psiquiatras com formação em psicopatologia do trabalho venham a integrar essas equipes, independentemente da importância da participação de outros profissionais, como a imprescindível presença de *fisioterapeuta* nas empresas onde existam situações de trabalho em que sejam elevadas as probabilidades da constituição de quadros de LER/DORT; faz-se ainda necessária a presença de fonoaudiólogos, essenciais para o atendimento das necessidades impostas pela estreita vinculação que as questões vocais mantêm com a atividade mental — como no caso das professoras.

aspectos psicossomáticos e análise do *work-stress* envolvido na patogenia dessas afecções (Elkeles et al., 2000; Lenhardt; Rosenbrock, 2006).

k) Epidemiologia

Ao mesmo tempo que se desenvolveram novos conhecimentos sobre a *psicobiologia*, a *toxicologia* e a dinâmica saúde-doença, em seus processos individuais e coletivos, a *epidemiologia* — estudando as determinações da distribuição das doenças nas populações — é desafiada pela diversidade das situações do trabalho humano na determinação de diferentes agravos à saúde psicossocial. Os estudos longitudinais, numa epidemiologia inserida na perspectiva social, oferecem, de modo particular, novas revelações à SMRT, conforme estudos já desenvolvidos por alguns pesquisadores dentro do enfoque psicossomático e na abordagem do estresse relacionado ao trabalho. Nessa perspectiva, destacam-se as pesquisas do grupo vinculado a Siegrist, na Alemanha, e os estudos escandinavos que têm examinado as doenças cardiovasculares em perspectivas que abrangem a instância laboral e as tensões nela desencadeadas (Siegrist et al., 1979; Siegrist, 1988; Karasek; Theorell, 1990). Pesquisas epidemiológicas referentes a suicídios relacionados ao trabalho e ao desemprego foram realizadas em vários países e serão comentadas neste livro.

No *Brasil*, ainda são poucos os estudos epidemiológicos voltados para relacionar ocupação e situação no mercado de trabalho à morbidade psiquiátrica. Dados quantitativos sobre suicídios relacionados ao trabalho e às reestruturações organizacionais existem em alguns sindicatos, porém oferecem dados brutos, não são estudos epidemiológicos. O mesmo acontece quanto à violência no trabalho — existem, por exemplo, nos órgãos de Segurança Pública, registros sobre o número de assaltos a bancos, mas nem o sistema de Saúde nem o de Previdência possui a correlação desses eventos com decorrências psicopatológicas, por exemplo, frequência de casos de transtorno de estresse pós-traumático em bancários.

Existem alguns estudos em grandes organizações, correlacionando setor da empresa e/ou ocupação com afastamentos por distúrbios psíquicos. Mas, em geral, os dados são mantidos sob sigilo, eventualmente usados, internamente, para prevenção.

O avanço do desemprego e da desregulamentação das relações sociais de trabalho suscitou, entretanto, alguns estudos pioneiros em alguns municípios do país. Esses estudos, em sua maioria, foram direcionados a correlacionar trabalho informal ou desemprego com ocorrência de transtornos mentais. Em 1997, Vilma Santana e colaboradores haviam publicado estudo epidemiológico realizado na cidade de Salvador, resultando que empregos informais configuraram riscos para a saúde mental de mulheres pesquisadas (Santana et al., 1997). Ana Bernarda Ludemir, em pesquisa realizada na cidade de Olinda, em 1993, constatou que em trabalhadoras informais havia maior prevalência de transtornos mentais comuns (TMC),[17] comparativamente a trabalhadoras formalmente inseridas no mercado de trabalho. Na mesma pesquisa, foi verificado que trabalhadoras e trabalhadores *desempregados* também apresentavam taxas maiores dos mesmos distúrbios. Em 2002, Ludemir relata estudo que realizou juntamente com Djalma Melo Filho, objetivando analisar como condições de vida e inserção ocupacional se relacionam com saúde mental, tendo constatado as desvantagens dos trabalhadores informais, que apresentavam maior incidência de distúrbios mentais comuns. Em outro estudo, Ludemir obteve resultados que indicavam que nas mulheres havia maior associação entre informalidade e TMC do que no caso dos homens. Portanto, houve indícios de que as mulheres eram mais afetadas psiquicamente do que os homens pela situação de informalidade. Em todas as pesquisas citadas, o instrumento para avaliar presença de TMC foi o SRQ-20 (*Self Reporting Questionnaire*) (Ludemir, 2000 e 2005; Ludemir; Melo Filho, 2002; Santana et al., 1997).

l) Neurologia Clínica e Neurociência

A Neurologia Clínica, em conexão com a Toxicologia, tem realizado importantes estudos sobre as formas pelas quais diferentes substâncias químicas, presentes nos ambientes de trabalho, atingem as estruturas do

17. Também conhecidos como *transtornos mentais menores*, indicam uma desestabilização psíquica ou manifestações de um estado de estresse continuado. De acordo com Ludemir (2000): "Transtornos mentais comuns (TMC) — expressão criada por Goldberg e Huxley (1982:7-8) para descrever transtornos comumente encontrados na população e que sinalizam uma interrupção do funcionamento normal".

sistema nervoso, gerando distúrbios neurológicos. As manifestações psiquiátricas desses distúrbios têm merecido detalhadas investigações nos últimos anos, bem como as alterações psicofisiológicas decorrentes de diferentes efeitos neurotóxicos (Waissmann, 2003).

Torna-se importante reconhecer que nem todos os distúrbios mentais que emergem em tais situações se devem diretamente aos efeitos tóxicos. Pois tem sido possível revelar importantes repercussões psíquicas, psicossomáticas e psicossociais da neurotoxicidade (Maschewsky, 1988; Waissmann, 2003; Camargo; Caetano; Guimarães, 2004).

Na análise dessas repercussões, duas mediações são mais evidentes:

a) a *percepção* dos agravos e das perdas decorrentes da intoxicação. Inclui-se aí a perda de *capacidades* relacionadas com as funções atingidas. Por exemplo, no caso de intoxicação por *mercúrio*, especialmente perdas referidas à memória, ao autocontrole emocional e à destreza manual. A irreversibilidade dos agravos psíquicos e orgânicos, em vários tipos de intoxicação, ameaça todo o futuro. A percepção das limitações impostas à reabilitação determina reações depressivas ou outras expressões clínicas do sofrimento. No caso das mulheres, cabe assinalar, do ponto de vista do desgaste psíquico, o temor de danos à capacidade reprodutiva e de intoxicações que prejudiquem o feto — temor que, em muitas situações, é bem fundamentado;

b) o *contexto institucional* em que ocorrem as intoxicações, considerando, em especial, a estrutura e a legislação trabalhista e previdenciária. Pois, quanto menos protegido se sentir o trabalhador intoxicado, maior a ansiedade que o invadirá perante as perspectivas de seu futuro profissional e do suporte econômico necessário à sua família.

Mais recentemente, a *neurociência* vem oferecendo novos conhecimentos para a compreensão das vias biológicas que articulam a esfera afetiva e os fenômenos psicopatológicos engendrados pelos constrangimentos sociais, conforme será visto quando abordarmos alguns aportes teóricos da teoria do estresse à SMRT, no Capítulo 3 desta primeira parte do livro.

CAPÍTULO 2

OS DESAFIOS DA MULTITERRITORIALIDADE

A divisão internacional da riqueza e do poder sobredetermina a divisão internacional do trabalho. As condições concretas de vida e trabalho, existentes nos países de economia dependente como os da América Latina, estão assim poderosamente marcadas por essas determinações que se delineiam no plano internacional.

Na América Latina, vários estudos têm examinado como as determinações de natureza política, macrossocial e macroeconômica atuam no interior dos processos de desgaste humano dos assalariados, direta ou indiretamente.

Localizamos, assim, num *patamar internacional*, uma primeira fonte de determinações para os fenômenos que dizem respeito ao campo interdisciplinar da SMRT.

Um *segundo patamar*, ou plano de análise, corresponde aos *contextos nacionais*, em que poderão ser examinadas as determinações de natureza estrutural e conjuntural que, mediadas pelas opções do pensamento político dominante, definirão as políticas concernentes à economia e ao desenvolvimento social, assim como as relações sociais do trabalho. Estarão aí compreendidas, portanto, as políticas industrial, tecnológica, salarial, de saúde e educacional. Outrossim, o exame dos sistemas e legislações de previdência social e direitos dos assalariados assume grande importância. Estão aí incluídos, de modo especial, a proteção à saúde e ao emprego, os dispositivos relacionados à promoção de qualificação profissional, assim como as garantias de apoio social aos adoecidos e aos desempregados. Um enfoque adequado para qualquer estudo precisará também ser crítico e abranger, necessariamente, as *práticas reais*, verificando se coincidem ou se se afastam do cumprimento da legislação.

Para a análise dessas determinações que se tecem a partir de governos e sociedades nacionais, é fundamental identificar a lógica das estratégias adotadas e os seus reais propósitos e prioridades. Tendo claro que o *grau de cidadania* (e, sobretudo, de *consciência ativa* dessa cidadania) alcançado pelo povo de cada país, nos distintos segmentos sociais, será essencial para o entendimento dos sucessos e das insuficiências no asseguramento de ações efetivas e cotidianas voltadas à saúde coletiva, esfera na qual se integra a Saúde Mental Relacionada ao trabalho (SMRT).

Os graus de desenvolvimento político e social de cada contexto, delineados a partir de suas trajetórias históricas, estarão, obviamente, atuando vigorosamente em determinações fundamentais para a organização dos assalariados e para a existência de canais de negociação capital/trabalho, capazes de conduzir a transformações positivas da qualidade de vida no trabalho.

As *condições gerais de vida*, tais como se apresentam no cotidiano concreto e em suas articulações com a vida laboral, evidentemente necessitam ser examinadas para que se alcance a compreensão de como as questões de moradia, saneamento básico, alimentação e transporte, entre outras, elevam o cansaço e o desgaste. Na dinâmica estudada pela Saúde Mental do Trabalho, as interfaces do trabalho com os espaços do cotidiano extralaboral terão que ser perscrutadas sempre.

Num *terceiro patamar*, temos as *empresas*, configurando um território que, embora articulado às determinações do contexto, tem a responsabilidade de definir parâmetros éticos para as relações de trabalho, as políticas voltadas à gestão de pessoas (RH) e processos decisórios voltados às opções de inovação e introdução de mudanças organizacionais e novas tecnologias. Nesse patamar, por conseguinte, são tecidas as definições para o tipo de gestão em que se dará o controle sobre os assalariados, assim como a instituição de respeito à dignidade e à saúde destes. Essas definições e as implementações que delas resultarem de fato terão enorme influência para a configuração de situações de trabalho mais ou menos propícias a um trabalho vitalizante, isto é, saudável. Experiências analisadas em muitos estudos de caso revelam que, na medida em que mudanças nos ambientes e modos de trabalhar são introduzidas a partir de discussões e processos decisórios que sejam *de fato*[1] participativos, são enormes as vantagens para a saúde geral e mental. O mesmo também tem sido comprovado no que diz respeito aos trabalhadores do setor público, isto é, aos servidores públicos da União, dos Estados e dos Municípios.

Um *quarto patamar* a ser considerado é o do *espaço microssocial do local de trabalho*. Nas pequenas empresas, ele pode se confundir com o território mencionado no terceiro patamar. Este é o território mais pesquisado, tanto pela Ergonomia como pela Psicologia do Trabalho e pela Psicodinâmica do Trabalho, no qual se definem os aspectos coletivos e as dinâmicas intersubjetivas.

No *Quadro 1*, procuramos oferecer uma visão dos principais aspectos que, nos estudos da SMRT, precisam ser considerados em três diferentes *territórios* ou patamares. Tentamos sintetizar, esquematicamente, os itens a examinar nos três âmbitos, para estudos de casos em empresas. Evidentemente, para estudo de caso em um serviço público, será necessário adequar alguns itens, sobretudo no que se refere ao segundo patamar (parte B).

O "território" da *individualidade*, último patamar dos estudos de Saúde Mental Relacionada ao Trabalho, é aquele onde o complexo psico-orgânico singular, em sua trajetória histórica pessoal, se confronta ativamente com as forças emanadas dos demais territórios examinados e penetra nas malhas de suas interações. No local de trabalho a dinâmica intersubjetiva e os laços interpessoais se estabelecem e abrem caminho a novas transformações — nas interações permanentes que formulam um eterno devir.

As dinâmicas culturais terão que ser examinadas, em todos esses patamares, no que dizem respeito à preservação ou transformação de

1. A expressão *de fato* é usada para distinguir uma participação verdadeira do chamado *participacionismo* – *falsa* participação – tão bem questionada e denunciada por Maurício Tragtenberg (1980).

QUADRO 1
Passos na pesquisa em SMRT

PROCESSO DE PRODUÇÃO DO DESGASTE MENTAL EM TRÊS PATAMARES — ASPECTOS A EXAMINAR EM CADA PATAMAR

A. No local de trabalho (*worksite*)

Todos os aspectos e inter-relações presentes, destacando:

1) aspectos do ambiente físico, químico e biológico;
2) aspectos da organização do trabalho e aspectos ergonômicos. Ênfase em aspectos temporais (dimensionamento de jornadas, pausas, ritmos) e formas de controle em suas duas faces: controle sofrido pelo trabalhador/espaço de autonomia;
3) relações interpessoais no grupo de trabalho. Comunicação e linguagem;
4) sistemas sociais ("coletivo de defesa" e "coletivo de regra").

B. Na empresa

1) Posição no mercado e situação atual da empresa.
   - Posição que ocupa no setor em que se insere.
   - Características principais (privada/estatal — nacional/multinacional)
   - Dados gerais sobre a situação atual (retração ou expansão; êxitos/declínio).
2) Caracterização do *paradigma organizacional* e, portanto, da *cultura* organizacional. Essa definição poderá ser feita segundo a tipologia de Morgan ou outra, em análise preliminar baseada no discurso empresarial e em documentos acessíveis. A identificação dos valores centrais na cultura organizacional também oferece elementos para a caracterização. (Nem sempre, entretanto, é possível realizá-la na fase inicial de uma pesquisa.)
3) Política de pessoal.
   - *Identificação e análise das formas de contratação que adota*. Registrando e examinando: práticas como terceirização, outras formas de subcontratação; contratos de trabalho temporário; contrato de trabalho em domicílio; outras práticas desregulamentadoras/precarizadoras das relações sociais de trabalho. Flexibilização e polivalência.
   - *Formas pelas quais promove valorização ou desvalorização dos empregados*. Planos de carreira e como estes são percebidos pelos empregados. Participação nos lucros para os empregados, adotada ou não.
   - *Diálogo inter-hierárquico;* canais de comunicação e qualidade da comunicação (clareza, confiança, transparência). Negociação ou imobilismo em relação a reivindicações salariais, planos de carreira, critérios de avaliação e de promoção e de transformação das situações inadequadas de trabalho.
   - *Políticas e práticas em relação à saúde*: quais as diretrizes doutrinárias/princípios adotados quanto às questões de saúde — promoção, preservação (prevenção primária), tratamento e reabilitação dos empregados. Existem interesse e efetivação de avaliação epidemiológica continuada, perscrutando os adoecimentos relacionados ao trabalho? (Caso existam os registros, analisá-los.) Quais as práticas em relação aos casos de transtorno psíquico? Quais as definições em relação à participação dos empregados junto a programas e atividades do SESMT e o apoio efetivo à CIPA? Analisar se e como ocorreram experiências de transformação que responderam às questões e sugestões formuladas pelos trabalhadores. Qualidade do relacionamento entre profissionais de saúde da empresa (médicos, enfermeiras, psicólogos e outros), considerando especialmente o nível de confiança recíproca estabelecido. Diagnosticá-lo, em relação aos assistentes sociais em seu contato com os empregados.

4) Posição da empresa em relação à forma de introdução de novas tecnologias: no que diz respeito ao favorecimento ou não de requalificação e realocação de seus empregados, adoção ou não de práticas demissionais socialmente responsáveis, como preparo psicológico e ação social com vistas à reinserção profissional; *outplacement* ou outras. Se adotam programas de demissão voluntária, análise dos critérios adotados e da dimensão ética desses critérios. Na prática demissional, portanto, analisar essa dimensão, que inclui, entre outros pontos, consideração à idade, situação sociofamiliar e situação de saúde dos empregados. Especialmente, analisar o tratamento justo ou não em caso de portadores de sequelas de acidentes do trabalho e de patologias vinculadas ao trabalho.

C. No contexto regional/nacional e considerando as relações assumidas por forças políticas, econômicas e sociais na esfera internacional.

1) Conjuntura socioeconômica.
2) Políticas econômica e conexas: política industrial e tecnológica.
3) Políticas sociais e intersetorialidade, focando especialmente Políticas e:
   - política de Saúde;
   - política de Educação;
   - política de Previdência Social;
   - política de Trabalho e Emprego. Incluindo:
     a. políticas de emprego;
     b. ações voltadas ao mercado de trabalho;
     c. *controle/fiscalização* das condições e demais aspectos da situação de trabalho e do cumprimento das responsabilidades trabalhistas;
   - política de Promoção Social.
4) Outras políticas vinculadas às condições de vida e trabalho da população.

D. Exame das interações entre determinações oriundas dos vários "territórios".

valores, crenças, representações e atitudes referentes à instância *trabalho*. A perspectiva antropológica tem enriquecido sobremaneira as pesquisas voltadas aos trabalhadores e ao trabalho em diferentes contextos — destacando-se em especial a contribuição da abordagem etnográfica, baseada em observações de situações que são acompanhadas por formas de registro sistemático.[2]

As pontes entre o âmbito do *individual* e do *coletivo* constituem foco especial de atenção nesses estudos. Pois os *processos interpessoais* assumem importância tão marcante que, muito embora a análise dos aspectos *cole-*

2. As primeiras pesquisas voltadas à psicopatologia do desemprego, realizadas durante a grande depressão, utilizaram essa abordagem; a metodologia continua sendo valiosa e recebendo aperfeiçoamentos na atualidade (Burawoy, 2009).

tivos esteja colocada na definição da SM, o desafio de analisar tais pontes obriga a que o estudo leve em conta as dinâmicas que se desenrolam no território heterogêneo das individualidades humanas e da intersubjetividade.

Um desafio para os pesquisadores do campo da SMRT é, portanto, o de integrar, de forma compreensiva, as contribuições dos autores que têm se preocupado em analisar as instâncias *macro* às daqueles que têm estudado fenômenos microssociais nas equipes e nos/dos locais de trabalho, e, ainda, às dos que detectam a complexidade da dinâmica intrapsíquica decorrente da vida e da experiência laboral. Sem esquecer, evidentemente, as contribuições dos que estudam os aspectos biológicos — em especial os que dizem respeito à neuroquímica e às variações da psicofisiologia.

A dimensão coletiva e a individual dos *fenômenos de ordem psicológica* conectados ao trabalho não podem ser compreendidas se as isolarmos entre si, uma vez que mantêm estreitas reciprocidades. As pesquisas de campo e as construções teóricas convergem em direção a uma melhor compreensão dessas dinâmicas. Vários aspectos importantes foram identificados. Não obstante, muito ainda resta a ser elaborado e entendido.

No lócus onde se estabelece a instância microssocial dos coletivos de trabalho, especialmente, a simultaneidade de fenômenos e as possibilidades de utilizar diferentes óticas para seu estudo lançam outro considerável desafio.

Este é o panorama das perspectivas de investigação que conseguimos perceber como sendo as oferecidas pelo estado atual dos conhecimentos existentes. Entretanto, para que os frutos possam ser colhidos e saboreados, em termos de um trabalho mais significativo e saudável, haverá de vencer barreiras de outra ordem — as de natureza ideológica e política. Assunto que logo merecerá nossa atenção.

CAPÍTULO 3

REFERENCIAIS TEÓRICOS E MODELOS

Uma vez fixado o desafio interdisciplinar, quais, então, as possibilidades de se eleger referenciais teóricos para o estudo da Saúde Mental Relacionada ao Trabalho? Seria possível, ainda, também definir paradigmas para esse mesmo estudo? Tentemos responder a essas questões.

Muito embora não exista uma unicidade de enfoques, já que, muito antes da constituição do campo da SMRT, diferentes disciplinas vinham estudando fenômenos como fadiga, estresse, "neuroses do trabalho", alienação e dominação nos ambientes de trabalho, utilizando referenciais teóricos e mesmo alguns modelos que lhes eram próprios, o fato é que alguns desses referenciais passaram a ser utilizados em estudos voltados para a investigação da relação entre aspectos laborais e a constituição de distúrbios mentais em geral e, especialmente, dos psicossomáticos e psicossociais. Esses estudos foram vinculados a diferentes correntes de pensamento científico. Podemos então distinguir:

1) *As abordagens que têm suas raízes na teoria do estresse.* A teoria do estresse foi formulada nos anos 1930 pelo endocrinologista canadense Selye. O referencial básico vinculado a esse modelo provém da Fisiologia, estando coerente com a perspectiva positivista dominante nos estudos da Medicina e com a visão behaviorista. Diversos desenvolvimentos origi-

naram modelos mais complexos do que o inicialmente formulado dentro dessa corrente. É o modelo que mais se presta à construção de bases de dados para estudos quantitativos e tem sido utilizado em estudos epidemiológicos que procuram identificar os fatores de risco (estressores) em diferentes setores da economia e ocupações. O modelo também é aplicado à prevenção, buscando diminuir ou eliminar os fatores de risco constatados no trabalho. Diferentes técnicas de terapia comportamental têm sido desenvolvidas para tratamento dos trabalhadores que apresentam patologias que essa corrente interpreta como decorrentes do *workstress*.

2) *A corrente voltada para a utilização do referencial psicanalítico*. Essa corrente se concentra nos processos subjetivos ou intrapsíquicos, mas também examina os intersubjetivos e, por conseguinte, as relações interpessoais, e na abordagem feita pela Psicodinâmica do Trabalho avança para o exame dos fenômenos de caráter coletivo que têm por cenário os locais e situações de trabalho. Já na abordagem psicanalítica inglesa, o contexto macroeconômico também vem sendo considerado nas ações desenvolvidas junto às organizações (Armstrong; Lawrence; Young, 1997). A psicanálise tem fundamentado importantes pesquisas qualitativas. Por outro lado, inserida nas práticas de serviços voltados ao atendimento de trabalhadores adoecidos, tem também proporcionado ações terapêuticas valiosas simultaneamente com novas descobertas em Psicopatologia e Psicodinâmica do Trabalho (Pezé, 2002 e 2008).

3) *O modelo que adota o conceito de desgaste*. Esse modelo se vincula à abordagem em que a *noção de desgaste* emerge dos estudos dos *processos de trabalho. A concepção de desgaste está vinculada à ideia de consumo do substrato e das energias vitais do trabalhador.* Adotou originalmente como fundamento teórico o *materialismo dialético e a perspectiva histórica* (Laurell, 1983; Laurell; Noriega, 1989).

Esse referencial teórico tem tido inúmeros desenvolvimentos à medida que integra contribuições da Psicologia Social, de outras Ciências Sociais e da Psicanálise. Uma perspectiva de análise fundamental no estudo da produção do desgaste mental no trabalho é o que focaliza a *dominação* — sempre de modo contextualizado. Os estudos sócio-históricos, ligados à mesma base teórica e que estudam as transformações do trabalho humano — quer em seus aspectos técnicos, quer nos organizacionais e nos que dizem respeito às relações sociais de produção —, oferecem um outro referencial de suma importância para os estudos em SMRT.

Sem considerar algumas outras abordagens por enquanto menos desenvolvidas, apresentaremos, a seguir, alguns detalhamentos sobre os três enfoques teóricos acima considerados.

1. A TEORIA DO ESTRESSE

A teoria do estresse, bastante conhecida, não será aqui revista. Iremos nos restringir, inicialmente, a apresentar, de forma sintética, o referencial que diz respeito ao *conceito de estresse* em sua aplicação a situações humanas no trabalho.

Na atualidade, o conceito de estresse apresenta-se como hegemônico, presidindo as formulações adotadas pelos especialistas responsáveis por elaborar a categorização e as rubricas referentes a um amplo conjunto de distúrbios mentais, relacionados ao trabalho, no capítulo V(F) — que trata dos transtornos psíquicos — na Classificação Internacional das Doenças (ICD-10) da Organização Mundial de Saúde. As numerosas rubricas que contêm a palavra "estresse" revelam essa opção conceitual. A ICD-10 utilizou também amplamente o critério descritivo (descrição do conjunto de sintomas e sinais de cada distúrbio), afastando-se dos critérios que distinguiram neuroses e psicoses na Classificação Internacional anterior (ICD-9). As *determinações sociais* dos distúrbios não são refletidas nas rubricas diagnósticas, que em geral invisibilizam a relação entre adoecimento mental e trabalho. Existe a possibilidade de assinalar fatores sociais que influenciam o estado de saúde, adicionando à indicação do diagnóstico as rubricas que correspondem aos "fatores que influenciam o estado de saúde" selecionados a partir do capítulo XXI da mesma CID-10, em que constam rubricas Z-00 a Z-99 para tal finalidade. Tal assinalamento, na prática brasileira, tem obtido êxito ainda bastante limitado com vistas ao reconhecimento do nexo causal junto às instâncias previdenciárias.

Não obstante, como a teoria do estresse facilita os estudos epidemiológicos, sua adoção nas estatísticas oficiais permitiu que a OMS constatasse a gravidade e a magnitude representadas atualmente pelo *estresse ocupacional*, num relatório de 2007 (OMS, 2007).

Selye desenvolveu estudos experimentais em laboratório, onde examinou os fenômenos fisiológicos relacionados com as reações do organismo diante de situações agudas de ameaça ou de agressão, analisando como o sistema neuroendócrino e outros setores (cardiocirculatório; musculatura estriada; aparelho digestivo, entre outros) modificavam seu funcionamento nas fases que se seguiam à agressão. Na fase imediata, que recebeu o nome de "reação de alarme", o fenômeno mais característico é uma súbita descarga de adrenalina na circulação sanguínea, que dá origem a uma série de rápidas modificações circulatórias e de tônus muscular, já correlacionadas por Cannon a uma "reação de luta ou fuga", por corresponderem às respostas em face do perigo. Sucede-se uma segunda fase, de adaptação à situação estressante. Caso essa fase se prolongue muito, sobrevirá o desequilíbrio (esgotamento).

Mais tarde, passaram a ser estudadas situações não agudas geradoras de mal-estar. Nesses casos, vários fatores (*estressores*) atuavam de modo *estressante ao longo do tempo. Os distúrbios funcionais do tipo neurovegetativo eram os mais frequentes*. Os estudos direcionados a situações de trabalho verificaram, igualmente, estressores que levavam à ruptura do equilíbrio e à doença no decurso de períodos mais ou menos prolongados (Karasek; Theorell, 1990). Os distúrbios funcionais poderão conduzir, inclusive, a danos estruturais do organismo. Isto é, o prolongamento dos transtornos psicofisiológicos pode culminar em lesões orgânicas.

Centrados inicialmente numa estrita visão fisiológica, os pesquisadores filiados a essa corrente de estudo partiram em várias direções. Alguns passaram a investigar com maior atenção os aspectos cognitivos, especialmente as possibilidades de que, através da aprendizagem, os indivíduos pudessem desenvolver formas de lidar com os estressores, logrando modos de adaptação e, portanto, de prevenção dos distúrbios da saúde. Outros desenvolveram estudos sobre a importância dos fatores sociais, tanto em sua ação estressante quanto em suas possibilidades preventivas. No caso especial dos estudos de estresse vinculados ao trabalho (*work-stress*), as pesquisas procuraram identificar fatores laborais que assumiam o papel de estressores e consideraram o *apoio social* como principal aspecto protetor. A identificação de fatores estressantes e os elementos situacionais configuradores de apoio social têm sido objeto de numerosas investigações.

Realizando uma revisão da literatura a respeito do assunto, Kalimo (1987) formou uma lista dos estressores já estudados e os dividiu em nove categorias:

1) Estressores relacionados às exigências para a realização das tarefas. Essa categoria compreende os vários aspectos que determinam a sobrecarga quantitativa e qualitativa, bem como a subcarga qualitativa do trabalho repetitivo e fragmentado e a subcarga quantitativa das atividades em que há escassas tarefas a desempenhar — como, por exemplo, o trabalho dos vigias.

2) Organização e gerenciamento. Assinala nesse elenco: falta de possibilidade de tomar decisões, burocracia, autoritarismo e gerência "inadequada".

3) *Work-Role* (Papéis desempenhados): ambiguidade e conflito de papéis.

4) Problemática referente à carreira: falta de perspectivas quanto ao progresso, desinformação quanto a perspectivas, critérios de promoção obscuros.

5) Horários de trabalho inconvenientes. Destaque para o regime de trabalho em turnos alternados (turnos de revezamento).

6) Limitação dos contatos interpessoais.

7) Pouca segurança no emprego.

8) Riscos físicos e químicos.

9) Problemas na interface trabalho/lar.

Kalimo considera ainda que, além da análise desses estressores, é indispensável estabelecer correlações com indicadores de ordem psicológica, fisiológica, comportamental e clínica para caracterizar os riscos psicossociais do trabalho na mensuração de seus efeitos sobre a saúde.

Risco, de acordo com o ponto de vista da Epidemiologia, é definido aqui como a probabilidade de que pessoas expostas a determinado fator ou elenco de fatores sofram danos em sua saúde. Podemos, portanto, ter situações de trabalho que configurem alto ou baixo risco para a saúde mental. Nessa abordagem é geralmente adotada a expressão *fator de risco*.

A partir dos anos 1980, um considerável conjunto de estudos desenvolvidos dentro dessa corrente tem utilizado como referência o chamado *modelo tridimensional do ambiente psicossocial de trabalho* proposto pelo pesquisador sueco Robert Karasek, em fins dos anos 1970. Os três eixos básicos considerados são: 1) as exigências do trabalho; 2) os níveis de apoio social ao executante das tarefas e 3) os níveis de controle do trabalhador sobre seu próprio desempenho. Este último eixo, que o autor também considera como correspondente à "latitude de decisão" do trabalhador, representa um importante avanço teórico, na medida em que abre uma perspectiva valiosa para o desenvolvimento de pesquisas sobre as determinações macrossociais e organizacionais que delimitam a liberdade de decisão. Predominam ainda, entretanto, os estudos que, a partir desse modelo, têm examinado as formas pelas quais a aprendizagem possibilita ao empregado o desenvolvimento de habilidades que o capacitam a ampliar essa "latitude de decisão" (Karasek; Theorell, 1990) em resposta às exigências do trabalho. Tem sido dada muita atenção, ainda, às formas de enfrentamento das situações *estressantes*, e o termo inglês *coping* tem designado, genericamente, as estratégias e modos que as pessoas desenvolvem para *lidar* com tais situações.

Crescem nos últimos tempos, também, as pesquisas que, com base nessa corrente teórica, se voltam para o estudo das diferentes formas de apoio social e de seu valor preventivo — em especial com referência à doença coronariana e à hipertensão arterial. Diferentes outros modelos têm sido propostos, dentro da corrente teórica do estresse, incorporando vários elencos de fatores neurofisiológicos e psicossociais, porém nenhum deles alcançou tão extensa utilização quanto o modelo demanda/controle.

A corrente teórica voltada ao estresse pesquisou durante as quatro últimas décadas correlações entre o *work-stress* e uma série de patologias estudadas sob enfoque psicossomático. Dentre as que foram alvo dessas investigações podem ser mencionadas: hipertensão arterial; doença coronariana, inclusive enfarto do miocárdio, alterações do ritmo cardíaco; distúrbios funcionais do aparelho digestivo, gastrite nervosa; asma e outros distúrbios. Não obstante, a teoria do estresse é insuficiente para explicar a psicopatogênese de diferentes categorias de transtornos mentais que têm sido relacionados ao trabalho e que serão abordados em outras partes deste livro.

Aplicações à prevenção

Alguns conceitos desenvolvidos dentro da corrente teórica do estresse têm se revelado valiosos para as práticas de prevenção e tratamento em Saúde Mental Relacionada ao Trabalho. É o caso do conceito de *enfrentamento*, que foi desenvolvido por Lazarus (1966), autor que inicialmente apontou a necessidade de analisar o nexo existente entre as características de um *estressor* e as alternativas do ser humano para o enfrentamento desse mesmo estressor em diferentes situações sociais. Posteriormente esse autor analisou o enfrentamento realizado através da *mobilização de apoio social e afetivo*. Isto é, de que modo os indivíduos acionam esses apoios ou de que forma os apoios podem ser mobilizados, com objetivos preventivos, pelas instituições. A partir desses estudos, outros pesquisadores têm procurado investigar especialmente os tipos de *apoio social* que apresentam eficácia para reduzir mal-estar psicológico e adoecimento (mental ou psicossomático) nas situações de trabalho. A questão da aplicação da ótica do estresse à prevenção recebe grande atenção também no Brasil (Glina; Rocha, 2000 e 2010).

Tanto os produtos neurotóxicos e fatores cronobiológicos quanto fatores psicossociais têm sido analisados nesses processos de alterações funcionais e metabólicas que estão relacionados, também, ao surgimento de ansiedade e alterações do humor. Especialmente as descobertas sobre ações patogênicas de diferentes substâncias químicas têm sido esclarecidas, explicando quadros depressivos relacionados com a exposição laboral (Waismann, 2000 e 2003).

Mais recentemente, têm sido desenvolvidos novos estudos voltados ao entendimento da causalidade das depressões a partir de uma perspectiva psicofisiológica que envolve o estresse como mediador. Não existe dúvida de que o estresse laboral prolongado vulnerabiliza o indivíduo, *facilitando* a eclosão de diferentes distúrbios orgânicos e psíquicos, inclusive das depressões. Davezies (2004) esclarece de forma muito compreensível esse complexo processo de conexão entre situação de trabalho, corpo e psiquismo, ao explicitar o duplo e imbricado caminho — psicossocial e fisiopatológico — que vai do assédio moral às depressões.

As investigações referentes ao estresse, não obstante muitos avanços, mostram-se ainda insuficientes para explicar a grande parte das categorias de diagnóstico psiquiátrico que têm sido correlacionadas ao trabalho através de observações e pesquisas implementadas internacionalmente.

É na aplicação de práticas preventivas e também no tratamento de transtornos psíquicos relacionados ao trabalho que um grande número de profissionais de saúde tem utilizado mais amplamente os conceitos referentes ao estresse. As *terapias cognitivas*, fundamentadas nessa linha teórica, buscam desenvolver conscientização e conhecimento dos mecanismos do estresse para que o próprio paciente aprenda a evitar fatores estressantes ou comportamentos que "disparem" ou que "alimentem" seus sintomas. Múltiplas técnicas têm sido desenvolvidas nessas abordagens terapêuticas voltadas a transformar comportamentos e reações psicofisiológicas a partir do conhecimento dos próprios mecanismos favorecedores do estresse. David Barlow e outros psicoterapeutas conceituados divulgam resultados de suas experiências no desenvolvimento e aplicação de diferentes métodos e técnicas terapêuticas. Esse grupo criou, além de um protocolo unificado, diferentes protocolos especiais direcionados de acordo com o quadro clínico. Pelas dificuldades que as várias linhas terapêuticas encontram em obter remissão definitiva dos sintomas presentes no transtorno de estresse pós-traumático (TEPT), têm merecido grande interesse os protocolos destinados ao tratamento desse distúrbio. Depressões e transtornos de ansiedade também recebem variadas formas especiais de atenção (Barlow et al., 2009; Rezik; Monson; Rizvi, 2009).

Aspectos críticos

As críticas ao modelo do estresse partem de vários autores. Uma das críticas mais importantes questiona os limites da formulação que atribui as alterações do equilíbrio psicofisiológico a fatores (estressores) de diferentes ordens sem estudar as interações. Assim, o modelo não permite analisar a complexidade das *interações* que se verificam *entre os estressores vinculados à situação de trabalho*. Por outro lado, os *processos sociais* relacionados ao adoecimento também não poderiam ser reduzidos a *fatores* de estresse sem que se estudasse a dinâmica em que interagem e se desdobram. Em suma, o modelo não ofereceria base para analisar nem as interações entre fatores estressantes nem os *processos* psíquicos presentes na psicopatogênese (o que acontece na mente dos trabalhadores submetidos aos estressores do trabalho). Pois seria fundamental, para aceitar o modelo explicativo, que este deixasse claro como leva às mudanças subjetivas presentes na gênese dos diferentes transtornos mentais que têm sido correlacionados ao trabalho.

A análise crítica dos estudos realizados em adesão ao conceito de estresse se reporta ainda a dois aspectos essenciais que se vinculam ao *reducionismo* que a perspectiva positivista tem imprimido a essas investigações. Maschewsky (1982a e 1982b) examina especialmente o *reducionismo*, com prejuízo para importantes dinâmicas e aspectos *sociais*, em que têm incorrido diferentes linhas de investigação conectadas à corrente do estresse. O autor detalha as limitações teórico-metodológicas dessa abordagem. Chanlat (1990), em outra revisão, procurou comparar as perspectivas do estresse e as da Psicopatologia do Trabalho nos termos em que esta havia sido teorizada por Dejours (antes do advento da linha teórica designada como PDT) e considerou que os diferentes modelos que utilizam o conceito de estresse estão essencialmente dirigidos a uma *objetivação* de fatores sem considerar as *vivências subjetivas*. Chanlat tece interessantes considerações nesse estudo comparativo, concluindo que há uma diferença essencial entre as duas correntes quanto aos *modos* de visualizar o ser humano. Afirma, então, que: "se delineia, a partir das numerosas pesquisas sobre o estresse laboral, o modelo que faz aparecer o ser humano como uma 'máquina' biopsicossocial, abstrata, submetida à normalidade estatística". E acrescenta: "Mais psicológico do que sociológico este modelo busca, antes de tudo, que cada um possa encontrar seu equilíbrio e possa se adaptar a seu ambiente de trabalho" (p. 124). Outra diferença importante seria a de que, nos estudos referidos ao estresse, o enfoque individual predomina, sem que se investigue, entretanto, a dinâmica dos sentimentos. A *vida mental*, nessa perspectiva, estaria sendo reduzida a fatores, do mesmo modo que uma máquina é analisada em termos de seus componentes mecânicos e de peças.

No entanto, as análises críticas de Maschewsky e de Chanlat apontam para a esperança de novos desenvolvimentos em que os reducionismos possam ser superados. Maschewsky examina a esse propósito o "*conceito integrado de estresse*" que, muito embora necessite maior elaboração teórico-metodológica, se proporia a analisar toda a complexidade das situações de trabalho, sincrônica e diacronicamente, em sua inter-relação com o psiquismo dos executantes (Maschewsky, 1982a).

Chanlat, por seu lado, considera que existem grandes dificuldades para uma aproximação entre as duas abordagens, devido à diferença profunda dos pressupostos sobre a dimensão humana. Mas acrescenta que, se houvesse oportunidades para tal diálogo, ambas se beneficiariam futuramente.

Os resultados dos tratamentos realizados sob perspectiva do estresse, mesmo alcançando resultados positivos, levam à crítica de que essa abordagem induz os trabalhadores a responsabilizar a si próprios pelo adoecimento, a *não perceber a dimensão coletiva* deste, bloqueando assim o despertar de uma consciência crítica e as mobilizações do pensamento e da ação que poderiam ser canalizadas para o plano coletivo, objetivando transformar e humanizar o ambiente e a organização do trabalho.

As transformações mais recentes do mundo do trabalho conduziram a novas observações sobre os limites da perspectiva teórica do estresse, mesmo considerando o que já foi um de seus mais exitosos modelos.

Em quase trinta anos, foi realizado um número imenso de investigações a partir do modelo de Karasek tanto na Europa quanto nas Américas. Nos últimos anos, entretanto, o peso da imprevisibilidade quanto ao aumento da insegurança no emprego, ao lado de outros aspectos novos, levou à declaração, pelo próprio Karasek, da necessidade de outras avaliações que se acrescentem às realizadas, mediante o modelo por ele formulado. Afirmou o autor:

> Grupos populacionais em situações de emprego inseguro, que possuem os mais altos níveis de estresse, têm que ser cobertos por novos tipos de desenhos de pesquisa — especialmente relevantes na medida em que a economia global modifica a natureza das relações de trabalho. Como estamos mais expostos às tensões da economia global, novas medidas (mensurações) em nível macro são necessárias para testar a perda de controle local e a intensidade aumentada da atividade de trabalho. (Karasek, 2007)

Em estudos direcionados a avaliar exacerbações de estresse que levam à exaustão na síndrome denominada *burnout*, o modelo demanda/controle também foi considerado insuficiente em uma investigação referente a *cuidadores* (*human service workers*) e em outro focalizado em enfermeiras, nos quais os pesquisadores constataram que o suporte social não moderou o impacto de altas exigências e outros aspectos estressantes (Rafferty; Friend; Landsbergis, 2001, p. 73-85; Koniarek; Dudek, 1996, p. 99-106).

2. PERSPECTIVAS PSICANALÍTICAS

A abordagem psicanalítica, sempre que contextualizada, tem permitido importantes entendimentos e ampliação dos conhecimentos da dinâmica intrapsíquica e intersubjetiva em SMRT.

Em diferentes países europeus ocorreram desenvolvimentos distintos dessa corrente. Giovanni Jervis, na Itália, associou a perspectiva psicanalítica ao materialismo dialético nas atividades que desenvolveu junto a operários industriais durante os anos 1970. Na Alemanha, Volmerg e seus colegas do Departamento de Psicologia Social da Universidade de Bremen estudaram as transformações organizacionais em curso na reestruturação produtiva dos anos 1980 utilizando o referencial freudiano, juntamente com conhecimentos de psicologia social e a visão de filósofos da Escola de Frankfurt. Identificaram, já então, repercussões negativas sobre a vida psíquica e o cotidiano dos empregados que apresentavam várias formas de mal-estar no decorrer das mudanças organizacionais (Jervis, 1979; Volmerg; Senghaas-Knobloch; Leithäuser, 1986).

Na Grã-Bretanha, o referencial psicanalítico tem originado textos valiosos e intervenções organizacionais,[1] conforme os trabalhos de Armstrong, Lawrence e Young (1997), já mencionados na síntese sobre contribuições da psicanálise à SMRT. Esses estudos e atividades se fundamentam principalmente em conceitos desenvolvidos por Melanie Klein e outros psicanalistas ingleses como Wilfred Bion, Elliot Jaques, Isabel Menzies e Donald Winnicott. Bion havia identificado o que denominou *pressupostos básicos* do funcionamento (dinâmica) dos grupos humanos. Jaques e Menzies, nos anos 1950, como já foi dito, estudaram os *mecanismos psicológicos de defesa socialmente articulados*. Winnicott, conhecido por sua imensa contribuição à compreensão do psiquismo infantil, também realizou outras descobertas sobre a repercussão de experiências sociais na esfera subjetiva e na construção da confiança. Ao mostrar de que modo a confiança se torna fundamental, tanto para a constituição dos laços afetivos quanto para a mobilização da inteligência criativa na aprendizagem e no trabalho, Winnicott ofereceu, assim, embasamento às observa-

1. Os psicanalistas ingleses citados, que no passado e na atualidade têm se dedicado a estudos de grupos e organizações, tiveram ou possuem vínculos com o Tavistock Institute of Human Relations de Londres, a mais conhecida instituição psicanalítica da Grã-Bretanha.

ções que atualmente vêm sendo efetivadas em empresas do país pelos pesquisadores de que falaremos a seguir.

Como já foi exposto, o referencial desenvolvido por Klein e Bion foi utilizado pela abordagem psicanalítica de consultores de organizações inglesas e tornou possível obter resultados que esclareceram a dinâmica psíquica deflagrada pela instabilidade da economia global. Esses pesquisadores também estudaram outros processos psicossociais que ocorrem ao longo das transformações em curso e que envolvem todos os escalões hierárquicos das organizações. Em vários casos foi confirmado que a dinâmica psíquica que bloqueia a criatividade tem sua fonte em diretrizes organizacionais voltadas a um controle coercitivo. Ao mesmo tempo, os estudos revelaram fontes de desgaste mental derivadas dos "paradigmas de excelência" adotados pelas empresas. Descobriram, assim, que profundas *regressões psicológicas* estão sendo acionadas nos assalariados pelas práticas de gestão adotada. Assim, *infantilização* e *dependência* puderam ser assinaladas em muitas situações. Aspectos perversos que penetram na gestão de pessoas foram igualmente revelados. A deformação do psiquismo foi constatada tanto nos subordinados quanto nos próprios gestores (Armstrong; Lawrence; Young, 1997).

Uma nova linha de estudos em SMRT começa a se esboçar a partir de estudos que integram Psicologia Social e Psicanálise para analisar a dinâmica em que o *ressentimento* se inscreve e se desdobra nas subjetividades, nas relações interpessoais e no âmbito coletivo. Dessa forma, a atenção vem sendo chamada, por filósofos e cientistas também articulados à perspectiva psicanalítica, para o potencial psicopatogênico do ressentimento individual e o potencial de revolta e *explosividade política* do *ressentimento acumulado*, no primeiro caso em pessoas, e no segundo em populações ou segmentos sociais longamente submetidos a desrespeito e/ou exploração. Na área de estudos psicossomáticos, igualmente, o ressentimento tem sido alvo de estudos. Como já foi dito, o psiquiatra Louis Le Guillant — que não era psicanalista — foi pioneiro na identificação da importância desse aspecto na origem de adoecimentos e mesmo de conflitos graves — como os que podem resultar em assassinato (Le Guillant, 1963).

O *ressentimento*, assim como todos os sentimentos considerados "negativos" —raiva, ódio, cobiça e inveja —, parecem despertar certa ojeriza aos estudiosos. O filósofo Pierre Ansard, em um famoso ensaio no qual relaciona o ressentimento à memória e à História, reconhece essa resistência, mas chama a atenção para a necessidade de empreender esse estudo, quando nos diz que:

> É preciso considerar os rancores, as invejas, os desejos de vingança e os fantasmas da morte, pois são exatamente estes os sentimentos e representações designados pelo termo ressentimento. Vamos, portanto, evocar a parte sombria, inquietante e frequentemente terrificante da história. Enquanto nos dirigimos espontaneamente às dimensões positivas das relações humanas, esquivamo-nos dos ódios, dos fantasmas, da morte e das hostilidades ocultas que fazem parte da história. Entretanto, devemos nos esforçar para compreendê-los e, se possível, explicá-los. (Ansard, 2001, p. 15-16)

Certamente, apenas entendendo como se origina o ressentimento é que poderemos buscar meios de preveni-lo. Algo fundamental, pois o ressentimento não se restringe ao mundo do trabalho — tem rompido os diques que o continham e explodido em conflitos de toda ordem no cenário contemporâneo.

No caso do ressentimento que nasce e se intensifica em certas situações de trabalho, vinculado às dimensões individuais e coletivas estudadas em SMRT, importa conhecer melhor a questão, para assim poder evitar que ocorra e se alastre, dizimando a vitalidade dos indivíduos e os laços significativos que foram historicamente tecidos entre seres humanos nos ambientes de trabalho e em outras esferas da vida social. E, como tem sido estudado também por Axel Honneth, o *conhecer a face inconsciente desse ressentimento é essencial*. Honneth explica, à luz das Ciências Sociais e da Psicanálise, como a *vergonha silenciosa* engendrada pelo menosprezo e pela falta de reconhecimento podem ser mediadoras na germinação de um ressentimento profundo (Honneth, 2003).

Conforme assinalamos no item dedicado às disciplinas do campo da SMRT, vários psicanalistas brasileiros têm contribuído para construir conhecimento sobre caracterização de aspectos subjetivos mobilizados nas situações de trabalho em nosso contexto.

Vinculado em grande parte à Psicanálise, destaca-se o quadro teórico construído pela *Psicodinâmica do Trabalho* (PDT) para a análise dos fenômenos psíquicos e intersubjetivos que se conectam no âmbito microssocial da situação de trabalho. Esse quadro vem sendo adotado em pesquisas qualitativas. Os conhecimentos desenvolvidos pela PDT, já resumidos ao abordarmos essa disciplina, possuem notável potencial preventivo e também oferecem ingredientes importantes à psicoterapia dinâmica (de embasamento psicanalítico). O potencial preventivo, entretanto, vem sendo seriamente limitado na prática de grande parte das empresas, pela dominância do ideário neoliberal fixado na busca de maximização de lucros no curto prazo e *coisificação* (reificação) da dimensão humana — reduzida a mero *insumo* do processo produtivo, insumo cujos *custos* os donos do capital buscam reduzir ao máximo de forma imediatista.

3. DESGASTE: ABORDAGEM INTEGRADORA

O conceito de *desgaste* permite formular outra abordagem, a partir de outro modelo. Neste, o *desgaste* é visualizado como produto de uma correlação desigual de poderes impostos sobre o trabalho e sobre o trabalhador, acionando forças que incidem no processo biopsicossocial saúde-doença. Ou melhor, uma correlação de poderes e forças em que o executante do trabalho se torna *perdedor.*

A médica e socióloga Asa Cristina Laurell, nos anos 1980, foi a formuladora do quadro teórico em que o conceito de desgaste se tornou central para o entendimento do adoecimento estudado na perspectiva da Saúde do Trabalhador. O conceito foi construído tendo por base o materialismo dialético. Os textos dessa autora fixaram uma perspectiva geral para entendimento desse conceito, oferecendo uma visão abrangente dos impactos do trabalho dominado sobre a saúde dos trabalhadores.

Laurell e Noriega (1989) afirmam que *desgaste* designaria algo "*entendido como perda de capacidade potencial e/ou efetiva, corporal e psíquica*" (p. 110, grifos nossos). Ainda, de acordo com esses mesmos autores, que, como Doray, adotam o referencial teórico do materialismo histórico, há, no trabalho alienado, uma utilização *deformada* e *deformante* das potencialidades psíquicas, assim como do próprio corpo.

A ideia de *deformação* implica uma transformação negativa, com a perda de um estado anterior mais satisfatório e valorizado. Pois, como dizem os autores citados: "O trabalho converte-se numa atividade cujo componente desgastante é muito maior que o da reposição e desenvolvimento das capacidades" (p. 116).

Aspectos específicos da dimensão mental desse desgaste, entretanto, não chegaram a ser estudados por Laurell nas publicações daquela década. Indagada por nós a respeito, em uma de suas vindas ao Brasil nos anos 1980, disse acreditar que tal elaboração teórica deveria ficar a cargo dos especialistas da área "psi" que estudam a Saúde Mental no Trabalho.

Quando Christophe Dejours publicou na França, em 1980, o livro que fixa os primeiros embasamentos do que viria a ser a Psicodinâmica do Trabalho, o título da obra foi *Travail: usure mentale*, que em tradução literal corresponde a *Trabalho: desgaste mental*. Nesse livro, porém, surpreendentemente, o autor não formula qualquer conceituação para um quadro teórico referente ao termo *usure* (*desgaste*) presente no título. No Brasil, o livro foi traduzido sob o título *A loucura do trabalho*. Vale acrescentar que a reedição ampliada da obra em francês, em 1993, manteve em 1993 o título de 1980, assim como as edições subsequentes, até a de 2008 (Dejours, 1980/1987, 1993 e 2008).

A formulação que propomos adota um embasamento inicial na proposta teórica de Laurell como ponto de partida para analisar o *desgaste mental no trabalho*. Como expomos a seguir:

Nas interseções entre processo de trabalho e processo saúde-doença, determinações de ordem sociopolítica e econômica passam a atuar. Nas situações de trabalho dominado, a desvantagem que faz com que o corpo e os potenciais psíquicos do trabalhador sejam consumidos pelo processo de trabalho e por constrangimentos a ele vinculados se configura como *desgaste*.

Sob a noção de potenciais psíquicos podemos considerar todos os potenciais que dizem respeito à inteligência e aos sentimentos — que costumam se efetivar interativamente.

Consideramos importante assinalar que o *desgaste* humano no trabalho, em sentido amplo, tenderá a ser mais grave em situações de maior *vulnerabilidade* humana. Essa vulnerabilidade é tanto mais intensa: a) quanto maior seja a precariedade das condições de vida; b) quanto menos estabelecido estiver, no contexto nacional examinado, o respeito aos direitos humanos fundamentais e à cidadania. Tratando-se do desgaste mental, essas condições assumirão conotações muito específicas para ocasionar a sujeição e o desamparo.

A ideia de *corrosão* também corresponde a desgaste e foi adotada por Richard Sennett (1999) quando escreveu o livro que em português recebeu o título *A corrosão do caráter*. O autor estudou esse processo em pessoas de uma grande multinacional que se deixaram envolver pela apologia que valoriza a *transitoriedade permanente* e *sem compromisso*. Nas observações de Sennett, o caráter dessas pessoas passa por uma corrosão que o deforma e que dissolve antigos laços de companheirismo e solidariedade.

No conceito de *desgaste mental* é possível integrar a ideia de um *desgaste concreto* processado no plano orgânico — como aquele provocado por certas substâncias neurotóxicas — e o entendimento de um desgaste que diz respeito ao que Mendel (1985) explicitou com "mutilação da personalidade psicossocial historicamente possível". O modo pelo qual a percepção do *desgaste da esperança* em relação ao próprio projeto de vida caminha em paralelo à *deterioração da autoimagem e da autoestima* tem sido estudado por diferentes teóricos a partir de pesquisas de campo realizadas em diferentes contextos de trabalho (Matrajt, 1994; Seligmann-Silva, 1986 e 1981-1983).

O modelo centrado no conceito de *desgaste mental* pode ser também tomado como um *paradigma integrador* se contemplado em face dos outros modelos teóricos antes considerados, pois permite compreender as interações entre: a) os "fatores" ambientais e psicossociais objetivados pelos estudos do *work-stress*; b) o mundo subjetivo e a identidade[2] permanentemente envolvidos nas transformações de seu micro e macrocontextos e nas elaborações de *sentido* vinculadas às transformações — aproximando-se assim também da PDT; c) as diferentes esferas da vida social onde se desenvolvem *relações de poder* — que, quando desvantajosas para a integridade e estabilidade mental do trabalhador, acarretarão o *desgaste*.

O poder não deve ser caracterizado meramente como fonte ou exercício de ação repressiva e, no caso dos ambientes de trabalho, trata-se do

---

2. Adotamos aqui os conceitos de subjetividade e identidade sob a perspectiva dinâmica da psicologia social, que considera subjetividade e identidade como *processos* em permanente transformação, dotados de *historicidade* e mobilizados em múltiplas interações que podem ter caráter estruturante, desestruturante e reestruturante.

poder de exercer um *controle* humano cujo objetivo é duplo — econômico e político. Econômico, ao garantir o *uso máximo* dos potenciais e capacidades dos trabalhadores. Político, ao tornar os trabalhadores dóceis, obtendo sua sujeição (Foucault, 1977 e 1979).

As relações de poder estão difundidas por todo o tecido social e em múltiplos patamares. Conforme bem analisado por Foucault, as relações de poder se processam em diferentes âmbitos microssociais — que incluem a família e o local de trabalho. Ao mesmo tempo, atravessam níveis intermediários — a empresa e a comunidade. Sem esquecer que as esferas macrossociais — hoje quase sempre apontadas como *globais* — definem desde a divisão internacional do trabalho às políticas industrial, tecnológica e salarial de cada país, balizando as relações sociais de trabalho. Ao mesmo tempo, a cultura e suas escalas de valores passam por metamorfoses importantes no bojo da transformação geral na qual podemos reconhecer, pela desigualdade e assimetria em que envolve uma imensa fonte de injustiça e de *sofrimento social* (Renault, 2008).

Assim, o *desgaste mental* relacionado ao trabalho, quando pesquisado em casos clínicos concretos, no nível individual e de forma contextualizada, revelará *o modo* como esse desgaste foi tecido, com a participação do mesmo trabalhador, pelo entrecruzamento de determinações sociais originadas em diferentes instâncias (Aubert, 1993).

Processos de desgaste orgânico têm sido bem estudados em sua correlação com situações de trabalho. Mas, quando se trata de enfocar a vida mental, será que é possível compreender também, em termos de desgaste, os fenômenos que ocorrem na interação trabalho-esfera mental? A ideia de "corpo consumido" pode ser transferida para a de "mente consumida"? Será possível reconhecer um desgaste das capacidades mentais (cognitivas e psicoafetivas) determinado pelo trabalho, de forma independente da ocorrência de "desgaste" ou da destruição de estruturas do sistema nervoso central? Essa é a questão que cabe examinar e tentaremos fazê-lo com respeito a alguns pontos essenciais.

Antes de passarmos adiante, vale ponderar alguns outros fenômenos associados ao desgaste.

A expropriação. Jervis (1979) mostra que as pessoas e as relações interpessoais, inseridas no sistema de produção capitalista, são *reificadas* dentro dos processos em que emergem a alienação e a fetichização. Reificação quer dizer *coisificação*, e que, reduzidas a "objetos" introduzidos no processo de produção, as pessoas são despojadas de sua essência humana. Temos, assim, uma outra vertente de análise, quando consideramos a forma pela qual a situação de trabalho dominado/explorado atua poderosamente sobre o trabalhador enquanto pessoa dotada de subjetividade, que modula relações e usos pessoais do tempo, do espaço, dos próprios gestos e pensamentos. Este seria o "trabalhador por inteiro", que estaria exposto a ser *expropriado* de componentes importantes de sua subjetividade, no interior daquelas situações em que a sujeição é intensa — o que costuma ocorrer em conjunturas nas quais a correlação de forças capital-trabalho desfavorece particularmente este último. No trabalho em linhas de montagem, essa fenomenologia da "expropriação da subjetividade" foi bem analisada por Bernard Doray (1981). Essa perspectiva de análise poderia, talvez, abrir caminho para que o conceito de desgaste pudesse ser utilizado em tais situações, desde que a ideia de *perda* estivesse no núcleo do conceito, já que no da "expropriação" temos a ideia de perda por subtração ou roubo.

É viável a definição de uma perspectiva bastante próxima a essa possibilidade teórica, se considerarmos a conceituação de Laurell e Noriega (1989) sobre desgaste como *perda* ou *deformação*, já resumida acima.

No Quadro 2 procuramos apresentar uma visão dos três níveis em que o desgaste mental relacionado ao trabalho pode ser caracterizado.

QUADRO 2

DESGASTE MENTAL — TRÊS NÍVEIS
I — Quadros Clínicos que correspondem ao desgaste literal: desgaste orgânico. Exemplo: dano cerebral pela ação de substâncias neurotóxicas.
II — Variações do "mal-estar": fadiga mental e física — Alterações psicológicas e fisiológicas transitórias ou cumulativas.
III — Desgastes que afetam a subjetividade, atingindo a identidade do trabalhador através do ataque à dignidade e/ou da corrosão dos valores e do caráter (Sennett, 1999).

3.1 O Desgaste Literal ou Orgânico

Num *primeiro momento*, deve ser lembrado que os danos decorrentes de situações de trabalho podem efetivamente atingir o *substrato orgânico da mente*. Isto pode acontecer, seja em acidentes de trabalho, seja pela ação de produtos tóxicos que exerçam ação destrutiva ou prejudiquem os processos bioquímicos do sistema nervoso, assim ocasionando déficits intelectuais ou transtornos de ordem psicoafetiva. Como exemplos, temos as atividades em que os trabalhadores estão expostos ao chumbo, ao mercúrio ou a outros metais pesados; ao estireno, ao tolueno e a outros solventes; e ao metanol ou a outros produtos, cujas ações neurotóxicas são, há muito tempo, conhecidas. Parece-nos que vale a pena assinalar que os distúrbios mentais vinculados aos efeitos de vários produtos químicos foram estudados de modo detalhado, verificando-se, inclusive, que, para a identificação precoce das intoxicações, a avaliação psicológica é de grande valor — especialmente quando inclui o estudo neurocomportamental realizado mediante a aplicação de baterias especiais de testes (Haenninen, 1978; Lindstrom; Harkonen; Hernberg, 1976; Mikkelsen et al., 1988). A gravidade e a irrecuperabilidade dos danos neuropsíquicos produzidos em muitas dessas intoxicações precisam ser consideradas. Agentes biológicos e físicos, igualmente, poderão agredir o sistema nervoso.

3.2 O Desgaste Funcional e as Variações do Mal-estar. A Fadiga

Num *segundo* momento da reflexão conceitual, cabe verificar se um dos transtornos mais estudados por psicólogos do trabalho, ergonomistas e psicofisiologistas — a *fadiga* — é passível de ser entendido como desgaste, e, nesse caso, que desgaste seria esse?

A fadiga mental é indissociável da fadiga física. Por esse motivo, é adotada atualmente a expressão "cansaço geral", por mais que, conforme a situação de trabalho, possa tratar-se de uma fadiga predominantemente física ou mental. Nos casos em que o cansaço se acumula ao longo do tempo, surgem os quadros que têm sido designados como "fadiga crônica" ou *fadiga patológica* (Brenner, 1987), marcada não apenas pelo cansaço que não cede ao sono diário, mas também pelos distúrbios do sono, pela irritabilidade, pelo desânimo e, às vezes, por dores diversas e perda de apetite. Este cansaço, passando então também pela dimensão corpórea, se faz desgaste aferível em termos de danos orgânicos, além de conter o sofrimento mental de inúmeras perdas. Ao mesmo tempo, constata-se aí uma *deformação* que afeta, entre outros aspectos, o humor e a sociabilidade.

Certamente, o desgaste produzido através de fadiga não poderá ser dissociado, em seus processos, dos demais aspectos que estamos examinando aqui. Laurell e Márquez (1983) já haviam visualizado o estresse dentro do processo de desgaste: "Um elemento importante para entender o desgaste ou a lenta destruição do trabalhador no processo de produção é o estresse ou tensão nervosa" (p. 104). E, mais adiante, no mesmo livro:

> A reação de estresse pode ser vista como um elemento particular do processo de desgaste vinculado especialmente à organização do trabalho em fase de submissão real do trabalho ao capital. É, assim, um dos efeitos do que se denominou subcarga qualitativa/sobrecarga quantitativa de trabalho, típica dos processos de trabalho taylorista-fordista e automáticos, que origina uma forma específica de consumir a força de trabalho e desgastar o produtor desse trabalho. (p. 106; tradução pela autora)

Aubert e Gaulejac identificaram, ao longo dos anos que marcaram o início da estruturação produtiva, como a retórica que impunha de modo imperativo a excelência havia gerado um novo tipo de neurose nos empregados — a neurose de excelência. Uma neurose para cuja instalação contribuíam simultaneamente o estresse resultante da intensificação do trabalho e do "medo de não ser avaliado como excelente" articulado a dinâmicas subjetivas que degradavam (desgastavam) a autoimagem e a autoconfiança (Aubert; Gaulejac. 1991).

Foi observado, em pesquisas de campo realizadas com trabalhadores industriais não qualificados, que quanto maior o cansaço, menor a possibilidade de *lazer ativo significativo e de participação social em geral*, inclusive de participação política. Desse modo, o cansaço se faz ponte importante para a intensificação de uma *sujeição* que, muitas vezes, se constitui paralelamente a um processo de alienação (SELIGMANN-SILVA, 1981-1983 e 1986).

Essas observações remetem a filósofos e historiadores que há vários séculos já examinaram a *servidão* e consideraram as determinações desta para as maneiras de pensar e de agir, assim como para a própria convivência e ação (ou inércia) política. Um precursor de textos mais atuais sobre esse tema é o que trata da "servidão voluntária" no período medieval, escrito por um jovem pensador do século XVI — Étienne de la Boétie — que procurou decifrar o mistério da submissão voluntária à tirania, e, nessa tentativa, conseguiu abrir veredas ao entendimento dos mistérios que envolvem a servidão em que o servo se deixa *consumir* nas chamas que devem aquecer e confortar o tirano (La Boétie, 1997).

Já bastante antes da hegemonia do pensamento neoliberal, o médico e filósofo Norbert Elias apontava para os *fenômenos desgastantes* que atingiam os seres humanos, no conflito estabelecido entre instâncias poderosas da sociedade e as singularidades individuais (ELIAS, 1993)

Não pode ser esquecido, também, que várias pesquisas e análises nos dão informação da existência de formas de desgaste global que se expressam em envelhecimento precoce, associadas com determinadas situações de fadiga. É o que acontece, por exemplo, no trabalho em turnos de revezamento. A uma vida dentro desse regime de trabalho corresponde um envelhecimento suplementar de sete anos, segundo estudo realizado por Pépin (1987). Certamente, o desgaste produzido através de fadiga não poderá ser dissociado, em seus processos, dos demais aspectos que estamos examinando aqui. Em muitas ocupações, a deterioração da autoimagem se faz a partir da percepção do desgaste físico e do próprio processo de envelhecimento.

Várias *mediações* podem ser identificadas nos processos coletivos e individuais que conduzem ao desgaste mental vinculado ao trabalho. As mais importantes são de natureza micropolítica, cultural e psicossocial (na qual incluímos a intersubjetiva). A privação dos meios de subsistência ou a ameaça premente de que esta se instale é uma mediação socioeconômica de forte potencial desestabilizador para o psiquismo.

Portanto, o desgaste pode *ser* entendido a partir de experiências que se constroem diacronicamente, ao longo das experiências de vida dos indivíduos — no trabalho e nos espaços fora dele.

3.3 Desgaste da Subjetividade. Quando a identidade é afetada

É possível reconhecer, nas trajetórias humanas de vida e trabalho, muitas vezes, um outro consumo: aquele que *corrói a identidade, ao atingir valores e crenças*, podendo inclusive *ferir a dignidade e a esperança*. Richard Sennett apontou uma *corrosão do caráter* ao investigar mudanças contemporâneas nos modos de ser e nos relacionamentos de empregados de uma grande empresa. Seria essa corrosão uma *deformação*? Deveria ser entendida como a marca de um *consumo* apenas passível de *ser* considerado metaforicamente? Caberia, caso positivo, utilizar a expressão *desgast*e para valorizar esse sentido que, embora figurado, se faz profundamente eloquente e expressivo para a compreensão dos fenômenos em causa?

É necessário reconhecer que, na etapa atual do conhecimento científico, torna-se impossível responder satisfatoriamente a essas questões. Certamente, o desenvolvimento da abordagem psicossomática permite afirmar que essa *corrosão* não é apenas algo que se restrinja a um sentido figurado. Tanto para Marty (1976), numa perspectiva psicanalítica dos fenômenos psicossomáticos, quanto para Christian (1989), na apresentação de sua visão da "estrutura biocibernética do estresse", a vida afetiva tem sempre uma *correspondência* somática. Para esse psicossomaticista alemão, "afetos e emoções são *vivenciados* e *corporalmente experienciados*" (p. 31).

Os estudos realizados sobre doença coronariana em suas correlações ao trabalho merecem especial atenção e abrem importantes perspectivas para o esclarecimento da questão teórica aqui colocada (Sales, 1969; Siegrist et al., 1979; Siegrist, 1988; Christian, 1989).[3]

As ideias desenvolvidas por Yves Clot (2008) na perspectiva da Clínica da Atividade vieram fortalecer a integração entre a concepção de desgaste e a de sofrimento. Clot pensa o sofrimento psíquico como resultante de um *impedimento de agir* em consonância com o próprio *ser*. Impossibilidade cuja continuidade leva a uma *desvitalização da atividade* que corresponde a uma *impossibilidade de ser*. Centrando a atenção na impor-

3. A importância destes e de outros numerosos estudos que demonstram nítidas vinculações entre trabalho, psiquismo e doenças do aparelho cardiocirculatório (como a coronariana e a hipertensão arterial) não é apenas de interesse teórico: deveria merecer maior atenção nas práticas de prevenção e no atendimento realizados nos Serviços Básicos de Saúde, incluindo naqueles que se destinam aos trabalhadores.

tância do *poder de agir*, o autor mostra que quando o trabalhador tem possibilidade de exercer seu poder de *recriação*, poderá reconhecer a si mesmo no exercício e no fruto de sua atividade. E, assim, conferirá *sentido* ao que faz em seu trabalho, ao mesmo tempo que promove sua eficiência e uma eficácia que não se restringe a alcançar objetivos pré-traçados, mas também atinge a descoberta *criativa* de novos objetivos (p. 13).

Podemos inferir a partir da análise feita por Clot: *A história de trabalho de cada homem ou mulher* representa *experiência acumulada* que marca a unidade biopsíquica e contribui como suporte e como memória à *atividade significativa* ao longo da trajetória de vida laboral. Em outras palavras, em cada nova fase da vida de trabalho, *respeitar* e tomar em conta essa história é garantir *desenvolvimento continuado e transformador de experiências adquiridas* e ao mesmo tempo é *fonte de vitalidade* — em suma, representa o *trabalho saudável* (Clot, 2008).

A contrapartida, como veremos, ocorre sob diversas formas na atualidade, como quando a direção da empresa opta por paradigmas que resultam em rotatividade e polivalência, bloqueando assim o processo acima resumido.

Para definir o sofrimento mental, Clot evoca o filósofo Paul Ricoeur. Assim, afirma que:

> (...) pensando como Ricoeur, sofrimento não pode ser definido apenas pela dor psíquica ou mental, mas sim, "pela diminuição, e até pela destruição da capacidade de agir, do poder fazer, percebidas como ataque à integridade de si mesmo" (Ricoeur, 1990, p. 223). O sofrimento para ele é uma impossibilidade de dizer, de fazer, de relatar e de estimar a si próprio. É um impedimento. (Clot, 2008, p. 100)

As situações de trabalho, associadas a sucessivas frustrações em que ao longo dos anos se acumulam experiências de sofrimento social,[4] vão minando a autoimagem e também estreitam progressivamente as pers-

4. De acordo com Emmanuel Renault, as fontes de sofrimento social são múltiplas, pois ele é tecido principalmente pelas desigualdades sociais, injustiças, desrespeito aos direitos humanos e de cidadania e diferentes situações de precarização social, exclusão, preconceito e conflito (Renault, 2008).

pectivas quanto ao futuro. Tais experiências, além do desgaste metafórico da identidade e do projeto de vida, correspondem ainda, em diferentes investigações, a quadros de adoecimento em que pode ser destacada a doença coronariana com ocorrência de infarto do miocárdio.

Essa terceira ordem de formas de desgaste, portanto, se por um lado é inseparável do sofrimento social, pelo outro, no âmbito do trabalho, se articula principalmente com as vivências conectadas à gestão e à organização deste. A falta de percepção de um reconhecimento social pelo desempenho, bem como as decepções com respeito à ascensão funcional, fazem parte das determinações que têm sido identificadas nesse processo.

Ao mesmo tempo, encontramos, tanto nas ideias de Jervis quanto nas de Laurell e Noriega, acima mencionadas, fundamentos para, aqui também, considerar adequado e justificado o emprego do termo desgaste.

O modo como as organizações podem influir nas transformações da personalidade é dissecado através de uma obra publicada originalmente em 1983, na França. Nesta, Eugène Enriquez fala das estruturas sociais do nosso tempo — incluídas aí empresas e outras organizações — em que são incrementados desenvolvimentos perversos ou paranoicos. Essas estruturas, entre as quais se destacam os Estados modernos e as organizações industriais e administrativas, favorecem o desenvolvimento de características paranoicas ou perversas nos indivíduos nelas inseridos, em situações que Enriquez distingue bem. Ele chama atenção, também, para o fato de que, na história da humanidade, nos encontramos pela primeira vez numa fase em que existem condições técnicas e saberes organizacionais que permitem que o sonho paranoico da homogeneidade e da conformidade deixe de ser uma ilusão para se tornar uma espantosa realidade. Ainda examinando o que denomina *modelo paranoico*, Enriquez mostra que um dos traços das organizações marcadas pelo ideal onipotente e messiânico, que corresponde à posição paranoica, é o que transparece no *discurso da perfeição* (Enriquez, 1991).

Como os princípios e prescrições de conduta dessas organizações são expressões da perfeição, as "outras" organizações tornam-se o negativo da perfeição. E todos aqueles que, em seu interior, se atrevem a um comportamento desviante são considerados ameaças à "boa ordem" e merecedores de exclusão. Mostrando que tudo será feito para detectar antes mesmo que possam agir esses "maus elementos", o autor menciona os testes de seleção de pessoal, o aconselhamento psicológico e a utilização de espiões e de vigilância armada, como partes de um arsenal destinado a garantir tanto a preservação da perfeição produtiva quanto o segredo da mesma em face dos eventuais concorrentes. E alerta para o fato de que, quanto maior for a rigidez de tais estruturas organizacionais, maior será a facilidade para que contribuam na construção de personalidades paranoicas entre seus membros (Enriquez, 1991, p. 298).

Desenvolvendo sua argumentação sobre o outro modelo para o qual aponta — o *modelo perverso* —, Enriquez nos diz:

> (...) podemos afirmar que a criação das grandes organizações (que precisam de uma divisão de trabalho impulsionada e de uma coordenação exata do tempo), que a generalização das ciências e das técnicas (dando a sensação de que é possível se chegar a verdades científicas, se conhecerem as leis causais e se dominar o mundo) e que a transformação progressiva, em nossa sociedade, de relações sociais em relações de dinheiro e mercadorias, foram criadoras de indivíduos que se situam numa posição perversa, ou permitiram a tais sujeitos encontrar na estrutura social conteúdo com o qual satisfazer suas *pulsões* (*impulsos*). (1991, p. 302-303)

Mostrando a relação que existe entre a posição e o discurso perverso e os componentes da tecnoburocracia, o autor nos ajuda a identificar por que a racionalidade tende a eliminar a ética e os sentimentos nos contextos em que o "poder perverso" institui a economia "como única realidade vital", *reificando* os aspectos humanos — transformando-os, portanto, em "coisas" desprovidas da devida essência humana. Essa reificação é sempre efetivada em bases *quantificáveis*, em que "a obsessão estatística considera tudo em termos de estoque e de variações de estoque, e faz dos seres humanos 'material humano', transformando o trabalho vivo em trabalho morto" (nota à p. 392). Temos aqui, portanto, o desgaste psíquico entendido como *deformação*.

O NÍVEL DO DESGASTE SUBJETIVO: CONCEITOS FUNDAMENTADORES
1. Identidade em processo — Berger e Luckmann
2. Economia psicossomática — Pierre Marty
3. Corrosão do caráter — Richard Sennett

O que precisa ainda ser enfatizado, entretanto, é que nem os conceitos nem as experiências de desgaste e sofrimento se excluem reciprocamente. Muito pelo contrário. No segundo nível dos fenômenos do desgaste por nós considerado, é possível constatar que os processos psicofisiológicos estudados na teoria do estresse são compatíveis e geralmente associados aos estudados na fadiga. (Este é um aspecto muito bem exposto em numerosas publicações já consagradas, pelo que não entraremos aqui em detalhes.) Por outro lado, a ideia de desgaste se torna capaz de incorporar as contribuições da Psicodinâmica do Trabalho, e mesmo de outras concepções psicanalíticas, como as de Guattari e Deleuze, bem como as de Kaes — que estuda vínculos intersubjetivos. Examinamos essas concepções em outros tópicos deste livro. Isto, no nível intrassubjetivo e no intersubjetivo e dos coletivos de trabalho. Mas o entendimento dos *processos de desgaste mental* — indissociável do desgaste geral (biopsicossocial) da saúde — exige a compreensão das determinações sociais originadas nos patamares "macro" e intermediários, conforme resumido anteriormente. O que exige, por sua vez, o estudo dos poderes que se estabelecem como dominantes nos embates movidos por interesses políticos e econômicos. Nos serviços públicos, o poder da burocracia instaura derivações especiais que precisariam ser mais bem estudadas em SMRT, seguindo talvez trilhas apontadas na ampla abordagem crítica que Maurício Tragtenberg desenvolveu, em vários de seus escritos, sobre o poder burocrático *em si mesmo* e *a serviço de outros poderes*.

O modelo teórico de desgaste mental, fundamentado no conceito geral de desgaste estabelecido por Laurell e Noriega, e a partir dessa proposição, aqui formulada, de uma visualização em três níveis, integra um conjunto de contribuições elaboradas por diferentes autores, conforme veremos a seguir.

Assim, para consolidar as bases deste quadro teórico fundamentado na ideia de *desgaste,* cabe considerar outros conceitos e o que representam para o estudo da correlação entre o processo de desgaste mental e a instância trabalho. Assim, devem receber atenção o conceito de *identidade em processo*, o de *economia psicossomática* e o de *corrosão do caráter*. O primeiro foi firmado especialmente pelos psicólogos Berger e Luckmann (1987); o segundo, o consideramos do modo já exposto, tal como é colocado pelo médico Pierre Marty (1976 e 1980); e o terceiro e mais recente foi formulado em livro publicado no ano de 1998 pelo sociólogo Richard Sennett.

Sainsaulieu (1988) desenvolveu de modo especial os estudos sobre a identidade no âmbito do trabalho. Dejours, ao longo de uma sucessão de estudos, examinou as derivações que a formulação teórica de Marty traz para a Psicopatologia do Trabalho.

A noção de identidade em processo permite o entendimento das suas transformações da identidade mediadas pelas experiências do trabalho que se efetivam ao longo da vida. Essas transformações podem ser *positivas,* isto é, fazer-se no sentido do enriquecimento da identidade ao máximo de seus potenciais, o que teria uma conotação de vitalização, ou seja, de acréscimos igualmente positivos à saúde.

Mas, conforme nos demonstra Sainsaulieu (1988), as vivências laborais podem conduzir também ao sentido contrário: às perdas que se fazem no nível da identidade e que correspondem *a empobrecimentos* de personalidade e, em consequência, também da sociabilidade. Empobrecimento significa, aqui, perda de uma plenitude ou de um grau de desenvolvimento que já havia sido alcançado na trajetória pessoal (Marty, 1968 e 1976).

Dejours, em diferentes textos, demonstrou como a economia psicossomática, tal como colocada por Marty, é alterada nas situações em que não é respeitada pela organização do trabalho.

Consideramos que a integração dessas duas perspectivas teóricas — a que diz respeito ao conceito de identidade em processo e a visão de Marty da economia psicossomática — oferece fundamentos para a construção de um quadro teórico novo, em que os estudos de Saúde Mental Relacionada ao Trabalho (SMRT) poderão se desenvolver. A ideia de desgaste, tal como tentamos examiná-la, coloca-se numa posição central nesse quadro, pois permite entender que os processos coletivos e os processos psicossomáticos (individuais) interagem e se integram em um único processo de alta complexidade, porém, realmente uno.

Podemos resumir os modos pelos quais, concretamente, se efetiva esse processo unificado, quando este se direciona ao desgaste, da seguinte forma:

- Em primeiro lugar, existe um desgaste da identidade que atinge a personalidade e a vida mental e, por conseguinte, também a economia psicossomática — pela densa integração entre os processos mentais e orgânicos.

- Em segundo lugar, vemos, então, que a estabilidade desta economia — essencial para a preservação da saúde — pode ser rompida pela experiência social, quer de forma *traumática*, quer de modo *cumulativo* ao longo do tempo. Nos estudos de campo referidos à SMRT, as pesquisas mostram que tanto as experiências traumáticas — como acidentes de trabalho — quanto aquelas que se desenvolvem ao longo de largos períodos, originam processos em que o transtorno do conjunto psicossomático tem lugar, podendo provocar distúrbios que se expressem ora notadamente em nível mental, ora principalmente em nível corporal.

As diferentes disciplinas da clínica e a genética oferecem observações e conhecimentos que permitem, em parte, entender as determinações que definem a forma como, nesses processos, será assumida pelas expressões clínicas — quadros psiquiátricos (neuróticos ou psicóticos) ou dominantemente somáticos. Não caberá aqui analisar esse imenso acervo que reúne constatações já cientificamente validadas e hipóteses ainda sob investigação.

É necessário prever, ainda, muita pesquisa para que se venha a conhecer os modos pelos quais se faz o intercâmbio entre o indivíduo e o coletivo, no cotidiano laboral. Atualmente, diversas investigações se desenvolvem para aprofundar o esclarecimento sobre as duas interfaces pelas quais se faz essa articulação: a da intersubjetividade e a que diz respeito às dinâmicas que se desencadeiam a partir da percepção, pelo indivíduo, das configurações e demandas do coletivo de trabalho, no qual está inserido.

4. PONTOS DE CONVERGÊNCIA

Ao afirmarmos que o conceito de desgaste mental e o modelo a partir dele desenvolvido aparecem como integradores, queremos dizer que se apresentam como capazes de articular e mesmo integrar contribuições dos outros dois modelos — estresse e PDT —, as duas importantes perspectivas teóricas que até aqui vêm fundamentando grande parte das pesquisas e práticas clínicas voltadas à SMRT.

Entre os *pontos de convergência* mais nitidamente evidenciáveis entre as correntes estudadas, mencionaremos primeiramente dois tópicos que vêm merecendo atenção nos estudos teóricos e nas observações realizadas em estudos de campo: a questão do *reconhecimento* e o fenômeno que, marcado pelo *embotamento afetivo*, até o momento foi estudado sob diferentes denominações no interior das três correntes teóricas destacadas neste capítulo.

A consideração do *reconhecimento*, como questão relevante no campo da SMRT, desenvolveu-se a partir de uma aproximação anterior que se fez entre estudos efetivados em áreas distintas — Psicologia Social e Psicanálise. Esse tópico é atualmente alvo de atenção por parte da PDT, numa convergência já bastante evidente com a "corrente do desgaste". Os estudos que ampliam o enfoque psicossocial do estresse também se voltam para apreciar a importância da questão, desde as pesquisas alemãs que identificaram esse aspecto na dinâmica causal de doença coronariana e infarto de miocárdio relacionados ao trabalho, em especial as realizadas nos anos 1970 e 1980 por Johanes Siegrist e seu grupo de trabalho. A questão do reconhecimento, como já vimos, está intimamente associada à dinâmica da identidade em processo ao longo da vida laboral e, em um modelo teórico formulado por esse pesquisador, as vivências desencadeadas pela ausência de reconhecimento podem ocupar lugar central nos processos psicossomáticos que atingem o sistema cardiocirculatório na hipertensão arterial e na doença coronariana, inclusive no infarto do miocárdio.

O segundo aspecto que identificamos como tópico de convergência das três correntes — o *embotamento afetivo* — também diz respeito à identidade, mas tem sido abordado principalmente como aspecto de transformação da *personalidade*, ao mesmo tempo que vem sendo examinado por suas implicações nos processos saúde-doença. Por outro lado, os reflexos sociais da extensão do fenômeno "embotamento afetivo" vêm levantando, entre diferentes estudiosos, graves preocupações.

É preciso enfatizar que estamos utilizando a expressão *embotamento afetivo* por ser a que, a nosso ver, representa de forma mais clara a essência do fenômeno em causa, em sua dimensão psicológica. Marianne

Frankenhauser, estudando o *work-stress*, adotou essa denominação para designar o apagamento das manifestações de ordem afetiva, que constatou nos indivíduos submetidos a situações laborais de controle rígido, nas quais a autonomia era sufocada (Frankenhaeuser, 1981). Karasek e Theorell (1990), da corrente comportamental vinculada ao estresse, adotam o termo *alexitimia* — denominação usada para a incapacidade de entrar em contato com os próprios sentimentos —, correlacionando-o a fortes mecanismos de negação psicológica. Esses autores mencionam *o risco de suprimir emoções* entre os fatores associados à doença coronariana e à hipertensão arterial.

Já a psicanalista Joyce McDougall correlaciona a alexitimia, analisada em vários de seus textos, ao que reporta como *desafetação* e que examina no quadro das normopatias. *Normopatas,* conforme define McDougall (1991), são pessoas infelizes que escondem de si mesmas o sofrimento psíquico, tentando evitar tomada de consciência de suas próprias vivências afetivas dolorosas, através de um modo peculiar de viver "tentando encontrar refúgio por trás de um muro de pseudonormalidade" (p. 103). Tais pessoas estariam marcadas pelo fenômeno da desafetação, e a sua vida "encontra seu equilíbrio graças a uma economia psíquica em que os vínculos afetivos estão ausentes" (p. 105). Muito embora os estudos de McDougall não tenham sido realizados dentro da área da Psicopatologia do Trabalho, sua elaboração teórica nos parece de enorme valor para a compreensão do embotamento afetivo que emerge em certas situações de trabalho dominado. A autora também analisa como diferentes formas de alexitimia aumentam a vulnerabilidade psicossomática. McDougall nos recorda que "a emoção é essencialmente psicossomática" e quando sua vertente psíquica é suprimida, resta só à fisiologia expressar essa emoção — que, na ausência de elaboração mental, se expressará somaticamente, adotando os padrões de uma linguagem corporal ancorada na primeira infância (McDougall, 1987). A autora nos conduz diretamente às questões psicodinâmicas relacionadas à saúde mental em situações de trabalho, quando analisa as descargas de tensão que se fazem através da *ação*, como forma de defesa contra a dor mental. Se pensarmos no desempenho laboral como modalidade de ação, estará feita a conexão. Em especial, se levarmos em conta um outro aspecto dinâmico enfocado por McDougall: o de que a atividade pode assumir conotação de verdadeira adição, isto é, o indivíduo busca aderir intensamente à ação, o que poderia corresponder ao trabalho, em nossa temática. Manter-se em *atividade frenética* é a forma que muitos trabalhadores adotam para conter outras expressões da raiva suscitada pela humilhação. Como veremos na Parte IV deste livro; é o que realizam enfermeiras em unidades de queimados, para escapar ao sofrimento psíquico determinado pelos gemidos dos pacientes. A mesma derivação para a atividade de trabalho se encontra também descrita nos estudos sobre os "viciados em trabalho" (*workaholics*), que nos anos 1970 foram objeto de pesquisas nos Estados Unidos (Machlowitz, 1978; Seligmann-Silva, 1992).

A abordagem psicanalítica da alexitimia — ou desafetação, como prefere McDougall — tem grande interesse para o estudo do que denominamos *síndromes da insensibilidade* (Seligmann-Silva, 1995 e 2004).

Encontramos uma aproximação importante entre a análise dos fenômenos de alienação no trabalho, examinados por vários dos estudos desenvolvidos na PDT, e a questão do embotamento afetivo tal como é descrita e examinada por Frankenhaeuser na perspectiva do estresse. Mas a análise dessa alienação, do modo como é realizada por alguns psicanalistas, permite aproximar a visão psicanalítica da compreensão dos fenômenos de desgaste humano, tais como entendidos pela perspectiva do materialismo dialético que interpreta a alienação como *deformação* da consciência. Pois, como vimos, a ideia de desgaste inclui a possibilidade de *deformação*.

É possível reconhecer que um dos primeiros pesquisadores a expressar claramente a concepção de desgaste mental no trabalho foi o psiquiatra e psicanalista Bernard Doray (1981). A partir do referencial do materialismo dialético, Doray nos fala de uma "expropriação da subjetividade", cuja descrição, conforme empreendida pelo autor com respeito a trabalhadores de linha de montagem, encara fenômenos em tudo similares àqueles que pesquisadores das outras correntes estudaram sob a designação de alexitimia ou embotamento afetivo. Um trabalho anterior, do mesmo autor, em 1972, já demonstrara o início dessa reflexão teórica (Doray, 1972 e 1981).

Shoshana Zuboff (1988), ao pesquisar o trabalho em empresas que implantaram processos computadorizados e automatizados, realizou importantes verificações sobre aspectos psicológicos, individuais e coletivos, examinados correlacionadamente a diferentes formas de gestão e de organização do trabalho. A autora, que integra uma perspectiva sócio-histórica a uma abordagem de psicologia social na qual se detém simultaneamente nos aspectos cognitivos e afetivos, também identificou fenômenos marcados pelo estreitamento da vida afetiva e das relações interpessoais (Zuboff, 1988)

Rebecchi (1990), estudando a dimensão psicoafetiva e a psicossocial no trabalho em tecnologias avançadas, integra a abordagem psicanalítica à do materialismo dialético, apontando para fenômenos de embotamento afetivo. Deve ser aqui esclarecido que Rebecchi é um pesquisador italiano que desenvolveu suas análises sem qualquer articulação com a Psicodinâmica do Trabalho.

Vários outros pontos de convergência poderiam ser apontados com relação às correntes teóricas que aqui examinamos. Especialmente no estudo referido ao trabalho em processos computadorizados e automatizados, diferentes fenômenos estão merecendo atenção de pesquisadores inseridos nas distintas correntes. A automatização ou "maquinização humana"; a antropomorfização do computador (isto é, quando este é visto como "pessoa"); e, sobretudo, o incremento da insegurança e das vivências de vulnerabilidade, desamparo e dependência diante dos sistemas altamente sofisticados vêm emergindo nos estudos de pesquisadores de todas as correntes que aqui foram consideradas. Em tais estudos, as constatações de impactos *deformantes* do trabalho sobre a identidade (*desgaste*) muitas vezes estão bastante associadas à revelação de sofrimento mental (PDT) e à verificação de alterações psicofisiológicas que originam doenças psicossomáticas a partir de um *estresse* continuado.

Em algumas das pesquisas realizadas na ótica voltada para analisar os reflexos humanos da adoção de novos processos de produção, as análises permitiram verificar que a *intensificação das atividades cognitivas* se dá a ponto de acarretar prejuízos para a área afetiva e dos relacionamentos interpessoais, como tem sido analisado por Linhart (1997) e de acordo com revisão que fizemos em 2003, na qual encontramos vários autores apontando para esses reflexos negativos (Seligmann-Silva, 2003; Linhart, 1997).

No Brasil, uma das obras pioneiras no exame dos impactos subjetivos das transformações contemporâneas do trabalho foi escrita pela socióloga Márcia de Paula Leite (1994).

Interessante mencionar que, também em pesquisas contemporâneas de Sociologia do Trabalho destinadas a avaliar os mesmos impactos das transformações tecnológicas e organizacionais, o *desgaste* mental emergiu. Aspectos especiais foram relatados na inserção da mão de obra feminina no novo ambiente tecnológico (Huws, 2003). O mesmo pode ser visto nos textos em que sociólogos do trabalho estudaram, no Brasil, as atividades de teleatendimento e outras vinculadas às TI (tecnologias de informação), conforme apontado em outros tópicos deste livro.

Em uma pesquisa desenvolvida em São Paulo, Paparelli (2009) adotou essa perspectiva teórica para analisar os componentes, mediações e fenômenos envolvidos no processo de desgaste de um grupo de professoras de uma escola pública. Essa investigação se desenvolveu ao longo de vários anos e permitiu a visualização de diferentes facetas do desgaste, além de ensejar a revelação das resistências das professoras na preservação do sentido de seu trabalho de educadoras (Paparelli, 2009).

5. TENDÊNCIAS E PERSPECTIVAS

Existem, portanto, possibilidades de que, no prosseguimento das pesquisas e dos debates entre os investigadores das correntes examinadas, venham a surgir novas convergências. Não obstante, é preciso reconhecer, de acordo com Chanlat e com Maschewsky, que as dificuldades não são unicamente de natureza teórica. Deveremos voltar ao assunto.

Considerando que um modelo ou paradigma constitui, tão somente, "uma forma de pensar que conduz à construção de um sistema teórico" (Garcia, 1971) e não uma teoria acabada, cabe a tentativa de compatibilizar e, se possível, integrar, no terreno interdisciplinar, alguns referenciais teóricos e, mesmo, alguns modelos. Este será um caminho para escapar aos reducionismos e é uma tendência que já pode ser identificada, como vimos nos estudos mais recentes da SMRT.

A diversidade de perspectivas teóricas criou dificuldades de diálogo entre os pesquisadores das diferentes correntes teóricas, o que, evidentemente, levou a prejuízos na formulação de embasamentos para iniciativas de ordem preventiva, quer no âmbito das políticas públicas, quer no das políticas de empresa. Por outro lado, o desafio metodológico para as investigações em situações concretas de trabalho ainda não foi totalmente superado, não obstante as perspectivas animadoras estabelecidas a partir de experiências recentes. A confluência parece possível, prevendo-se que esta poderá permitir tanto um enriquecimento da compreensão do que já foi estudado pelas três correntes quanto a realização de novas análises em que abordagens distintas também possam convergir para revelar novos aspectos.

PARTE II

As Transformações do Trabalho

CAPÍTULO 1

O TRABALHO ATRAVÉS DA HISTÓRIA

Para um estudo completo de como se verificou o desenvolvimento histórico de diferentes formas de dominação no mundo do trabalho seria necessário examinar, integradamente, três transformações: 1) a das relações sociais de trabalho; 2) a da tecnologia dos processos de produção; e 3) a da organização do trabalho e da gestão aí embutida. Ao mesmo tempo, seria preciso buscar a compreensão de como foi sendo alterada, ao longo do tempo e em diferentes contextos políticos, econômicos e socioculturais, a relação entre esses três conjuntos, isto é, sob diferentes correlações de forças capital/trabalho. Apenas com um estudo desse tipo, feito em extensão e profundidade, seria possível esgotar aquilo que, dentro do alcance deste texto, precisará ser formulado em termos bastante sintéticos quanto às correspondências existentes entre a construção da dominação laboral e as suas repercussões na mente e na vida dos assalariados.

Quanto às transformações tecnológicas da atualidade, existem numerosas obras que tratam do assunto e não haverá espaço para examiná-las neste texto. Mais adiante, veremos como o modo pelo qual o desenvolvimento científico e técnico foi aplicado em contextos laborais possibilitou metamorfoses da dominação. Lembrando que a palavra metamorfose significa mudança de forma e nada tem a ver com transformação de conteúdo ou essência. Portanto, como veremos, mesmo quando ocorrem transformações inovadoras dos processos e equipamentos aplicados à produção e à gestão das pessoas que trabalham, a dominação pode permanecer e inclusive se tornar mais poderosa.

1. A EVOLUÇÃO DO PROCESSO DE TRABALHO

Braverman (1974), ao analisar a evolução do processo de trabalho em diferentes fases do desenvolvimento tecnológico, mostra como a separação entre a concepção (planejamento) do trabalho e a sua execução foi sendo aprofundada ao longo do tempo. Não por culpa das tecnologias em si, mas, sim, pela maneira como se foram acoplando formas de gerenciamento cada vez mais acuradas no estabelecimento dessa separação. Marx (1890) já havia assinalado que, na passagem da manufatura para a produção mecanizada, para que a atividade das máquinas proporcionasse lucro, era necessário aumentar o consumo da força de trabalho, aumentando a duração das jornadas e, logo adiante, intensificando cada vez mais o trabalho humano. Concomitantemente, pela substituição de trabalhadores pela maquinaria, surge "uma população trabalhadora excedente, compelida a submeter-se à lei do capital" (p. 465). Quando a reação social contra as jornadas excessivas levou à fixação de leis que delimitavam as horas de trabalho, a resposta dos proprietários dos meios de produção foi o incremento ainda maior da intensificação do trabalho, onde cada unidade de tempo passa a conter mais trabalho. Isso ocorreu em 1832, quando na Inglaterra a jornada foi reduzida para 13 horas. Em 1847, quando nova redução fez a jornada ser fixada em 10 horas, a velocidade dos fusos das máquinas de fiar foi aumentada de quinhentas para mil rotações, conforme o tipo de máquina, com a consequente densificação do trabalho humano acoplado ao processo (p. 473). Pois, como bem explica Marx, uma das principais diferenças entre o processo de trabalho na manufatura e o trabalho mecanizado é a seguinte: "Na manufatura, os trabalhadores são *membros* de um *mecanismo vivo*. Na fábrica, eles se tornam *complementos vivos* de um *mecanismo morto* que existe independente deles" (p. 483; grifos nossos). Em outras palavras, deixam de ser donos de seus corpos, movimentos e, mais do que isso, das próprias ações (atividades) realizadas no trabalho.

A desqualificação do trabalhador e do seu trabalho surge, assim, em decorrência, primeiro, do aumento de assalariados despedidos após o advento da mecanização, e, segundo, pelo esvaziamento de suas experiências profissionais.

Braverman (1974), estudando conjuntamente a evolução do capitalismo monopolista e dos processos de trabalho, produziu um dos mais importantes estudos sobre o quadro em que se insere o desgaste psicofísico e social dos assalariados. Ofereceu-nos, ao mesmo tempo, o entendimento das motivações e dinâmicas que presidem à constituição das estratégias e das técnicas de dominação utilizadas. Para estabelecer considerações preliminares a esse entendimento, vale recorrer ao próprio texto de Braverman:

> O que o trabalhador vende e o que o capitalista compra não é uma quantidade contratada de trabalho, mas a força para trabalhar por um período contratado de tempo. (p. 56)

Assim, para conferir à força de trabalho o máximo de desempenho, os seus compradores da mesma precisam desenvolver modos especiais de aplicação/utilização dessa força e, ao mesmo tempo, modos de controle que garantam sua maximização e evitem seu "desperdício".

> O que (o capitalista) compra é infinito em potencial, mas limitado em sua concretização pelo estado subjetivo dos trabalhadores, por sua história passada, por suas condições sociais gerais — sob as quais trabalham —, assim como pelas condições próprias da empresa e condições técnicas do seu trabalho. O trabalho realmente executado será afetado por esses e muitos outros fatores, inclusive a organização do processo e as formas de supervisão dele, no caso de existirem. (p. 58)

Uma característica essencial do trabalho humano — que o distingue inclusive daquele executado por animais — é que, desde a Antiguidade e em todas as ocupações artesanais, sempre foi pensado e planejado por aqueles que o executavam (Braverman, 1974, p. 12). Mas para que a força de trabalho comprada pudesse produzir o máximo em termos de lucro, uma divisão essencial foi implantada. Essa divisão executou o corte e amputou a concepção do trabalho da atividade do trabalhador. O significado desse corte para a identidade é um dos mais importantes temas nos estudos de saúde psicossocial do trabalho. Pois, como esclarece Braverman, o que para o capitalista se apresenta como o problema da gerência, para os trabalhadores vem representando, na história, a alienação progressiva em relação aos processos de produção. Assim, o trabalho passou a se tornar estranho aos desejos e aos interesses de uma imensa parte das pessoas que o executam.

Além da separação entre concepção e execução, outras formas de divisão do trabalho foram sendo implantadas, originando atividades laborais cada vez mais segmentadas. Essa fragmentação do trabalho, como veremos adiante, serviu simultaneamente para intensificar o ritmo das atividades e para favorecer um considerável aumento do controle exercido sobre os desempenhos dos trabalhadores. Concluímos, assim, que o planejamento do trabalho e de sua organização, nesse aspecto como em outros, se transforma conjuntamente nas formas de controle que lhe estão intimamente associadas. A organização do trabalho e a sua gestão (ou controle) mantêm, nos diferentes processos de trabalho, um profundo imbricamento, e a dominação se exercerá a partir de ambos, por mais que o responsabilizado costume ser o processo tecnológico em si. Quanto às relações sociais de trabalho, quanto mais frágeis e instáveis forem, maior será a dominação — conforme será visto adiante e ao longo deste livro.

2. RELAÇÕES SOCIAIS DE PRODUÇÃO: REPERCUSSÕES PSICOSSOCIAIS

O histórico das transformações nas relações sociais de produção foi estudado por vários especialistas e não teremos a pretensão de revê-lo aqui.

Numerosas situações examinadas com referência à dominação em suas ligações com o desgaste mental expressam aspectos das relações sociais de produção, que também sofreram transformações históricas, da escravidão aos nossos dias. Mas a coexistência de diferentes modalidades é marcante. Situações que propiciam maior exploração, por escaparem a qualquer instância legal protetora — como vem sendo, ainda com frequência, a atividade dos trabalhadores rurais volantes no Brasil e em novas situações de trabalho precarizado —, também representam maior vulnerabilidade, no que diz respeito à esfera psíquica, assim como à saúde geral.

O trabalho pago mediante peças (trabalho por produção) há muito tempo é estudado e identificado como causador de altos níveis de fadiga e ansiedade e, também, correlacionado à produção de distúrbios cardiocirculatórios (Timio, 1980). Há exemplos brasileiros de pesquisas dos anos 1980 sobre o assunto, na indústria alimentícia e na de confecções (Beltrão, 1982; Coulliraux, 1983), assinalando a superexploração. As observações realizadas por Faria (1987) e nossas próprias pesquisas evidenciam naquela década o quanto o trabalho subcontratado, em empreiteiras e subempreiteiras de mão de obra, se conecta a uma superexploração que incrementa a fadiga e os agravos à saúde. Mais recentemente, outros pesquisadores verificaram o mesmo, como será visto adiante em situações nas quais a insegurança quanto à permanência no emprego é o elemento psicológico explorado.

Estamos, portanto, diante de uma questão que vem merecendo muitas investigações, conforme será visto nos capítulos da Parte VIII deste livro. Pois o subemprego e a instabilidade do trabalho assalariado — atualmente entendidos em termos de precarização — atingem extensos contingentes de trabalhadores no Brasil e em muitos outros paises.

Acrescente-se a esse quadro, no Brasil, o histórico dos sucessivos impactos sociais provocados pelos chamados grandes projetos — Itaipu, Carajás, Tucuruí e vários outros — que, atraindo enormes contingentes de trabalhadores, os absorvem por períodos limitados, sem que haja, em geral, qualquer planejamento para a reabsorção posterior, em outros locais, dessa mão de obra migrante. No caso de Tucuruí, por exemplo, 30 mil trabalhadores ficaram em situação de desemprego ao fim das grandes obras que lhes haviam proporcionado um trabalho apenas temporário. Como detalharemos no Capítulo 1 da Parte VIII, o desemprego, para muitos, significa desespero e desamparo e, portanto, elevado risco mental.

3. ORGANIZAÇÃO DO TRABALHO E OS DISFARCES DO MAL-ESTAR. TECNOLOGIAS PARA O BEM E PARA O MAL

A organização do trabalho pode ser definida preliminarmente como a forma de conceber os conteúdos das atividades de trabalho, bem como a sua divisão entre os trabalhadores.

A forma pela qual se articulam o processo de trabalho e a sua administração é fundamental, não apenas para a produção, mas também para a saúde dos assalariados. Para estudar tais articulações, o olhar do pesquisador necessariamente deverá pousar sobre a organização do trabalho.

A hierarquização e a divisão das atividades de trabalho (tradicionalmente denominadas tarefas) constituem, assim, aspectos essenciais na organização do trabalho. Do ponto de vista dos interesses do capital, deverão funcionar de modo a garantir, simultaneamente, a máxima eficácia do processo de produção, o menor custo relativo do trabalho e a máxima sujeição possível dos assalariados. Estão aí integrados, portanto, objetivos econômicos e objetivos políticos. Mas as formas de pressionar os trabalhadores para a maximização de seus esforços no cotidiano laboral, além de econômicas, são em grande parte viabilizadas e instrumentadas por dispositivos e processos psicológicos e psicossociais (Pagès; Bonetti; Gaulejac; Descendre, 1987).

Segundo Laville (1981), a organização do trabalho surge como uma disciplina na qual "o homem é apenas um dos elementos levados em conta, sendo sua atividade diretamente subordinada à eficácia do sistema de produção considerado em sua totalidade".

Os objetivos da Escola de Relações Humanas sempre foram formalmente afirmados como humanísticos e emanados de uma visão crítica do taylorismo. Entretanto, na prática, conforme reconhecido pelos que analisaram criticamente a aplicação das ideias de Mayo, os adeptos da Escola de Relações Humanas têm estado empenhados, mais frequentemente, em garantir que a aplicação do taylorismo não seja perturbada pelas manifestações de "insatisfação" e de "inadaptação" dos assalariados.

Ao realizar uma análise crítica do participacionismo, adotado por muitas empresas sob a denominação de cogestão, Tragtenberg (1980) indica como se desdobraram e se sofisticaram as estratégias organizacionais de dominação fundamentadas na Escola de Relações Humanas.

A manutenção dos poderes hierárquicos, tão ou mais solidamente estruturados que nos sistemas tradicionais, é evidenciada tanto na análise em que Tragtenberg denuncia a falsidade de certas formas de cogestão, quanto nos estudos referidos a formas de organização do trabalho em que ocorreria o enriquecimento de tarefas (Fleury; Vargas, 1983).

Novas tecnologias: para o bem e para o mal. O advento das novas tecnologias embutidas nos equipamentos utilizados na produção moderna diminuíram as cargas do trabalho físico em muitos tipos de produção. Ao mesmo tempo, novos dispositivos voltados a garantir segurança e proteção aos trabalhadores foram criados. Assim, o progresso tecnológico permitiu aumentar fantasticamente a produtividade e, em tese, deveria também diminuir acidentes e adoecimentos determinados pelo trabalho. Por outro lado, as chamadas tecnologias de ponta foram também muitas vezes consideradas as responsáveis pelo acúmulo de prejuízos que atingem a classe trabalhadora — tanto no que diz respeito ao estreitamento do mercado de trabalho quanto em termos de intensificação do trabalho e, ainda, de danos de diferente tipo ao organismo — alguns ainda incompletamente conhecidos e em estudo, como no caso da nanotecnologia.

Durante algum tempo, especialmente nos anos 1960 e ainda nos 70, houve uma visão apologética das inovações tecnológicas — elas poderiam libertar os trabalhadores do trabalho pesado e do trabalho perigoso. Mas essa visão logo se desfez, na medida em que as novas descobertas científicas que permitiram imensos ganhos de produtividade foram também adotadas para intensificar o controle e a vigilância exercidos sobre os trabalhadores, assim como para promover uma intensificação e aceleração das atividades físicas e mentais, com múltiplos reflexos danosos à saúde, conforme será visto. Vale lembrar que Henrique Rattner (1980), há mais de 30 anos, apresentou um alerta para as contradições contidas na questão das transferências de tecnologia dos países de economia central para os países em desenvolvimento, focalizando o caso brasileiro. Em estudos posteriores, o mesmo sociólogo e economista, situando o caso do Brasil a partir de uma perspectiva internacional, analisou criticamente os interesses das empresas multinacionais detentoras do "saber técnico" e a possibilidade de impactos sociais negativos em decorrência das transferências tecnológicas, referentes à informática e à automação. Alertou, inclusive, para o perigo de repercussões negativas na saúde dos trabalhadores (Rattner, 1985 e 1988).

Mais tarde, em uma série de pesquisas levadas a efeito em indústrias brasileiras, Salerno realizou análises que confirmaram as preocupações de Rattner e mostraram de que modo estava sendo processada a modernização conservadora — sob gestão preservadora do poder patronal, em que técnicas e métodos presumidos como "libertadores" e saudáveis para os trabalhadores, na prática, aumentaram a dominação (Salerno, 1985, 1991 e 2004).

Conforme dissemos no início desta parte do livro, não temos a pretensão de aprofundar o tema das tecnologias que, juntamente com a descoberta de novas matérias-primas e evolução da microeletrônica, inovaram processos de produção e assim aumentaram a lucratividade, a acumulação de capital e o poder dos detentores desse capital. Pois os leitores encontrarão em uma extensa literatura especializada muitas análises atuais sobre a trajetória brasileira dessas inovações tecnológicas e de como, pela maneira como foram articuladas às formas neoliberais de gestão, favoreceram a dominação e a superexploração (Heloani, 2003). Veremos, adiante, que a aparente aceitação dessas mudanças foi fabricada de modo bastante complexo, em processos para os quais concorreu também a perpetração de uma fragilização da subjetividade dos trabalhadores. Mas, além dos aspectos subjetivos que deveremos examinar, não podem ser desconsideradas as influências de peculiaridades políticas e sócio-históricas que, no Brasil, vêm contribuindo para minar as resistências coletivas à dominação (Alves, 2010).

A formação dos consensos que levaram à submissão e fragilizaram as resistências coletivas em diferentes âmbitos do trabalho no Brasil foi bem esclarecida no livro organizado por Mota (2010), em textos que convergem para a análise do obstáculo constituído por um espraiado consenso conformista que desafia as ações sociais voltadas à desmercantilização da força de trabalho. Esses textos também apontam para a quebra de direitos sociais efetivada por essas transformações em curso (Mota, 2010).

4. POLÍTICAS E PRÁTICAS DO PODER ORGANIZACIONAL

4.1 As Disciplinas na Tecnologia do Controle

As definições políticas das empresas presidem os modos de articulação da administração ao processo de trabalho. O gerenciamento e, por conseguinte, o controle da força de trabalho poderão, assim, assumir diferentes estilos. Nas chamadas empresas modernas, as formas de inserção das instâncias político-administrativas no processo de trabalho tornam muitas vezes invisível a disciplinação e os seus mecanismos.

Entretanto, a disciplina constitui-se em tecnologia muito especial. Revelando-se em práticas multiformes, ela se apresenta como uma modalidade de exercício do poder que adota procedimentos, instrumentos e técnicas, em diferentes níveis de aplicação, conforme bem o explicita Foucault (1977). Esse autor identifica três critérios nas táticas de poder em que as disciplinas atuam para ordenar as multiplicidades humanas:

1) Tornar o exercício do poder o menos custoso possível (economicamente, pela parca despesa que acarreta; e politicamente, por sua discrição, sua fraca exteriorização, sua relativa invisibilidade, o pouco de resistência que suscita);

2) fazer com que os efeitos desse poder social sejam levados a seu máximo de intensidade e estendidos tão longe quanto possível, sem fracasso, nem lacuna;

3) ligar, enfim, esse crescimento "econômico" do poder e o rendimento dos aparelhos no interior dos quais se exerce (como sejam os aparelhos pedagógicos, militares, industriais ou médicos), em suma, fazer crescer ao mesmo tempo a docilidade e a utilidade de todos os elementos do sistema (p. 191).

A generalização das disciplinas, ocorrida no século XVIII, incluiu também o aparelho de produção, ao mesmo tempo que refinou seus procedimentos nas prisões, quartéis, escolas, hospícios e hospitais.

Mas, afinal, como se revelam as disciplinas dentro dos processos de trabalho? Será possível estudá-las e entender como interagem na vida psíquica e social daqueles que executam o trabalho? Tentaremos, neste tópico, considerar essas indagações, dentro das possibilidades que se nos oferecem para delinear aspectos gerais e algumas particularidades de uma problemática que permanece como foco de atenção dos pesquisadores.

Para um entendimento inicial, vale afirmar que as disciplinas se inscrevem nos processos de trabalho a partir da forma como é prescrita e controlada a divisão das atividades e daqueles que as executam, dentro dos espaços e dos horários. Portanto, a disciplina se insere na organização do trabalho. A análise das inadequações existentes entre as diferentes formas e características da organização do trabalho, de um lado, e da natureza e forma de funcionamento da mente humana, pelo outro, ofereceu as primeiras bases para os estudos dirigidos ao entendimento dos impactos subjetivos do trabalho que conduzem a sofrimento psíquico.

As instrumentações de dominação que se fazem através da desinformação, da utilização de sentimentos e da estimulação do orgulho pelo trabalho bem-feito são algumas das técnicas adotadas pelo poder que recebem fortalecimento considerável da disciplinação, favorecendo a sua eficácia, preparando o terreno para garantir a aceitação das exigências disciplinares. Dessa forma, assegura-se também que os "corpos dóceis", de que nos fala Foucault, se tornem mais dóceis ainda.

A institucionalização das disciplinas ocorre por meio de regulamentos e normas internas, de práticas administrativas diversas, inseridas ao longo das linhas hierárquicas, da fixação de procedimentos de serviço detalhados e de regras de comportamento. Pois mesmo os procedimentos aparentemente destinados a tornar mais eficiente e eficaz a produção voltam-se, simultânea e, em geral, disfarçadamente, para o objetivo ordenador-disciplinador. Quanto mais minuciosos forem esses corpos de regras e quanto maior for o aparato destinado a controlar o seu rigoroso cumprimento, mais fortemente estabelecida estará a disciplina e menor será a liberdade. E a liberdade — que geralmente é mencionada como autonomia nos textos referentes à administração e ao tema organização do trabalho — é um ingrediente essencial quando se trata de saúde mental e mesmo da preservação da própria vitalidade humana (Canguilhem, 1990).

4.2 O Controle Sofisticado

Alguns estudos se detiveram no exame das formas pelas quais as grandes empresas do capitalismo moderno desenvolveram estratégias para conquistar a alma de seus executivos. Assim, Pagès et al. (1987), a partir do estudo de uma empresa multinacional, analisaram como as políticas e as práticas de recursos humanos conduzem à concretização dos princípios e das crenças derivados da ideologia empresarial. A íntima coerência, que se estabelece entre a ideologia e os dispositivos operacionais adotados, mostra-se eficaz no objetivo de interiorizar, em cada funcionário, os princípios, as crenças e as atitudes ditadas pela ideologia da empresa.

No estudo de Pagès et al. (1987), o poder é identificado como um sistema inserido sobre quatro eixos básicos de distinta natureza, mas intimamente conectados. As coordenadas desse sistema seriam as seguintes: 1) ideológica; 2) política; 3) econômica; 4) psicológica. Os autores procuram demonstrar que a instância econômica se tornou hegemônica no sistema de poder existente no interior das modernas organizações transnacionais, pois os objetivos visados são, também, fundamentalmente, de natureza econômica.

No nível psicológico, ainda conforme Pagès et al., as políticas de recursos humanos realizam uma verdadeira gestão dos afetos, conduzindo a investimento maciço dos sentimentos na organização, pela via inconsciente, e possibilitando, desse modo, a dominação da organização sobre o aparelho psíquico. Assim, as políticas de recursos humanos ocasionam, simultaneamente, a incorporação de crenças fabricadas pela organização e também garantem o respeito às regras fixadas em consonância com essas crenças.

Pignon e Querzola (1973) realizaram um acurado estudo sobre as formas assumidas pela dominação e as mudanças de estratégias efetivadas por seus executores ao longo do tempo e em reação às resistências desenvolvidas pelos trabalhadores. Do bojo dessa análise sócio-histórica, emergem diversos aspectos relacionados à produção do sofrimento mental vinculado à organização do trabalho. Em face do taylorismo, os autores identificam que o absenteísmo e a busca de novos empregos foram resistências assumidas pelos trabalhadores insatisfeitos, juntamente com ações sutis voltadas para o boicote dos "enquadramentos" realizados pelos ritmos e regras impostos a partir da "organização científica do trabalho". Tais resistências afetaram a produtividade e levaram à seguinte conclusão: em resposta a essas resistências "a escola tayloriana e pós-tayloriana não pôde opor senão a repressão, a intimidação, a resistência física" (p. 108). Essas formas de respostas, que constituem ainda o regime vigente em muitas empresas, sob denominações as mais diversas — corpo de supervisores, brigada volante, guarda patrimonial etc. —, não conduziram, entretanto, aos resultados esperados pelas direções das empresas: eliminar resistências e obter submissão e produtividade máxima. Respondendo aos interesses patronais, surge então uma nova política empresarial, entre os anos 1945 e 1950, apoiada na ideia de que, se as resistências que se opunham à maximização dos esforços produtivos decorriam de oposição e luta contra o patrão, será preciso "fazer desaparecer essa luta por processos de integração econômica e ideológica" (p. 109).

O toyotismo

A partir das análises críticas de Pignon e Querzola sobre as formas aparentemente avançadas e democratizantes de organização do trabalho, podemos identificar aspectos potencialmente tensiógenos nas novas formas de controle, exercidas por caminhos cada vez menos explícitos após o advento do sistema de produção que foi denominado toyotismo e que permitiu a concretização do que Harvey (1989) analisou como a nova cara do capitalismo — a acumulação flexível. Nessas novas situações de trabalho, o mal-estar e as tensões já não decorrem do autoritarismo e da intimidação claramente expressos pelas chefias, mas, sim, de um conjunto de aspectos vinculados à "nova" organização do trabalho.

Tudo o que já havia sido detectado pioneiramente por Pignon e Querzola sofreu forte incremento a partir do final dos anos 1970, com o advento da reestruturação produtiva que se desenvolveu sob os paradigmas da acumulação flexível. Para melhor esclarecimento, vale fazer breves considerações a respeito dessa poderosa inflexão.

David Harvey (1989) examina a transição do fordismo para o que foi denominado acumulação flexível. O autor realiza uma notável contextualização ao explicar como um novo modelo de racionalizar a produção e a organização do trabalho — o toyotismo — veio se harmonizar ao cenário de um capitalismo pressionado por ideias libertárias e "insubmissão" dos trabalhadores no final dos anos 1960. Harvey identifica as transformações de ordem cultural que nos anos 1970 imprimiram ênfase na transitoriedade e na fragmentação como marcas de um novo tempo em que alguns passaram a preferir as belas aparências à ética. O autor exemplifica isso dizendo que em simulacros de plena democracia participativa, na qual todos podem fazer ouvir suas vozes, é possível mesmo que a autenticidade destas seja reconhecida, mas "o pensamento pós-moderno veda imediatamente a essas vozes o acesso a fontes mais universais de poder, circunscrevendo-as num gueto de alteridade opaca, de um ou outro jogo de linguagem. Por conseguinte, ele priva de poder essas vozes (de mulheres, de minorias étnicas e raciais, de povos colonizados, de desempregados, de jovens etc. num mundo de relações sociais assimétricas" (p. 112). Uma falsa liberdade é, portanto, a política dessa cultura. Como também se verificou quando os "novos valores da cultura" passaram a vigorar no mundo do trabalho. Pois as regras básicas do modo capitalista de produção — voltadas a garantir lucro permanente e crescimento do capital — deveriam sobreviver, mesmo sob aparências mais amenas. Foi nesse contexto que o toyotismo emergiu no Japão, vindo depois a expandir-se internacionalmente. Mas, em sua expansão internacional, o toyotismo foi sempre remodelado pelas mentalidades dominantes nas culturas de cada contexto. Em muitas áreas onde o colonialismo deixou marcas profundas, ainda permaneciam fortes o autoritarismo, a dependência e a pobreza. Para substituir a rigidez do taylorismo-fordismo — muito bem analisada por Harvey (1989) em suas múltiplas faces —, o novo modelo se difundiu apoiado no discurso da qualidade total, da flexibilidade e da incorporação da inteligência e experiência dos próprios trabalhadores aos processos produtivos. Essa mudança era divulgada como o "salto" organizacional que se consubstanciava imprimindo nova feição ao capitalismo e nova liberdade aos trabalhadores, que escapariam, sob o novo modelo toyotista, à hierarquia piramidal do taylorismo-fordismo (Harvey, 1989).

O toyotismo se espraiou internacionalmente. Mas, nessa expansão, foi sempre remodelado pelas mentalidades dominantes nas culturas de cada contexto. E naquelas áreas onde o colonialismo deixou marcas profundas, nas quais o autoritarismo, a dependência e a pobreza ainda permaneciam fortes, os ganhos de autonomia e a apregoada participação ficaram muito distantes das formulações. Este foi, também, o caso do "toyotismo à brasileira", em que, em geral, só ocorreu um simulacro de libertação, conforme pesquisa de campo realizada por um sociólogo inglês (Humphrey, 1993).

Lojkine (1995) mostras a falácia da afirmativa de que nas novas empresas informatizadas e sob o "modelo toyotista" prevaleceria uma horizontalidade democrática, identificando que ocorre de fato uma descentralização operacional, mas que em contrapartida existe uma forte centralização das decisões estratégicas — como as que dizem respeito aos investimentos novos, às compras e às contratações de empregados. Lojkine identifica, ainda, "uma lógica econômica cuja finalidade é, muito nitidamente, a da economia de mão de obra e da intensificação do trabalho — trata-se de intensificar o tempo de ocupação de cada operário" (p. 253). Citando as declarações de um dos promotores do kanban na Toyota, Lojkine pontua criticamente que aquele afirmou o seguinte: "a prioridade é conferida à redução do tempo de espera e cada operador, mesmo que diminua a taxa de utilização das máquinas, porque máquinas e equipamentos uma vez amortizados tornam-se gratuitos" (Lojkine, 1995, p. 253).

A palavra flexibilidade era utilizada de modo a evocar a ideia de liberdade e sugeria uma promessa: a de que a rigidez e o controle autoritário contidos no taylorismo-fordismo seriam deixados no passado e que começava agora uma era de liberdade no mundo do trabalho.

Faziam parte das diretrizes vinculadas à produção flexível implementada com ajuda do toyotismo: a polivalência (todos deveriam ser capazes de fazer tudo) e a eliminação de desperdícios — de tempo, de materiais e de insumos humanos. Um dos conceitos que se colocaram no centro da inovação do processo de trabalho: o de *just in time*, a produção estritamente ajustada às demandas do mercado, efetivada de modo a não gerar desperdícios nem de espaço, nem materiais, nem humanos, nem de tempo. Um método no qual não havia despesas com estocagem nem risco de que materiais estocados deteriorassem. A caracterização do modelo e a falácia de que seria portador da "libertação" dos trabalhadores são examinadas de modo crítico por vários cientistas sociais (Harvey, 1989; Antunes, 1995 e 1999; Heloani, 2003; Linhart, 2007; Druck; Franco, 2007; Alves, 2010).

Lojkine (1995) analisou de que forma a revolução informacional, cujo potencial realmente poderia ter levado a uma socialização dos conhecimentos, continuou a manter centralizado o poder, preservado através de "estruturas tecnoburocráticas intocadas" (p. 330). Na verdade, é possível afirmar que essas estruturas tecnoburocráticas na verdade não ficaram inteiramente intocadas, já que, mesmo mantendo seus objetivos centrais de controle dos assalariados, elaboraram métodos e técnicas que simultaneamente intensificavam e disfarçavam esse controle — e, ao mesmo tempo, aumentava a dominação e a superexploração, que logo se estendeu à subjetividade. Dessa forma, as empresas passaram a *maximizar* a extração das energias, saberes e potenciais (físicos e mentais) dos trabalhadores, ao mesmo tempo que *diminuíam* os custos. Os impactos humanos dessas transformações do trabalho, estudados por profissionais de saúde e assistentes sociais, serão vistos na Parte VIII do livro.

A transformação do conteúdo do trabalho ocorre associada à transformação das formas de autoridade adotadas, através de estratégias de dominação e de exploração que se fazem, frequentemente, sutis. O poder não se localiza mais numa multidão de chefias, como na forma original do taylorismo. Os trabalhadores passam a ter, inclusive, o direito de expressar suas ideias, fazendo sugestões para melhora da produtividade em *Círculos de Controle de Qualidade*. Algumas das formas assumidas por esses novos tipos de controle exercidos sobre os trabalhadores foram precocemente captadas pela análise de Pignon e Querzola (1980), que observaram serem elas efetivadas mediante deslocamento, para o exterior da empresa, da "fonte" de exigências percebidas.

Aumentaram também as responsabilidades e as exigências. Como esclarece a socióloga Daniele Linhart (2007), ao mostrar as ambiguidades da modernização a partir dos casos de empresas nas quais pesquisou, entre outros aspectos, as decorrências do método de produção *just in time*, comandado pela imprevisível demanda dos clientes externos que precisa ser atendida com rapidez e eficácia:

> A urgência e o imperativo de qualidade que ela envolve são gerenciados (...) por meio de uma radicalização da racionalização, do planejamento do trabalho, assim como mais responsabilidade para os assalariados... (p. 133)

Tal urgência também se transmite e contamina a vida cotidiana do trabalhador, tornando-se uma importante fonte de ansiedade e sofrimento psíquico.

Essa dominação sutil sofreu forte incremento a partir do final dos anos 1970, com o advento da reestruturação produtiva que se desenvolveu sob a ideologia que formulou a todos as injunções colocadas pela imagem de um fantasma implacável: a globalização inexorável. Era afirmado pelos donos do poder econômico e seus arautos que esse fantasma ameaçador exigia maximizar a competitividade para as organizações que desejassem sobreviver. Os paradigmas da acumulação flexível seriam a salvação, acoplados a uma nova retórica, que era centrada em outro imperativo — o da excelência. Colocado como injunção inescapável às organizações que desejassem sobreviver e a seus assalariados de todos os níveis hierárquicos, esse imperativo passou a configurar, no mundo do trabalho, uma outra ideologia. Na Parte VIII deste livro os leitores encontram maiores detalhes a respeito, inclusive sobre os desdobramentos pelos quais essa imposição de excelência tem menosprezado os limites da condição humana, o que tem levado a danos e custos de todo tipo — econômicos, ambientais e humanos —, incluindo uma escalada do desgaste e do sofrimento mental.

Sistematizando a escalada das pressões

Permanece valiosa a descrição das formas de controle identificadas por Pignon e Querzola (1980), cuja sistematização apresentamos a seguir, ao mesmo tempo que pontuaremos alguns desenvolvimentos mais recentes delas:

1) No setor de serviços, em que, muitas vezes, os aumentos de produtividade decorrem de uma intensificação de ritmo, que passa a ser imposta pelas pressões exercidas a partir da própria clientela. Exemplos seriam os serviços telefônicos e o trabalho bancário. Na atualidade, as formas de avaliação da satisfação do cliente, realizadas por muitas empresas, concorrem para o aumento dessas pressões.

2) Em todos os setores em que as novas formas de organização determinam que a dominação seja internalizada — isto é, passe a fazer parte do sujeito, na esfera de seus sentimentos, valores e desejos. Os desígnios da empresa serão assim confundidos pelo sujeito com seus próprios desejos. Cada um passa a exigir de si mesmo esse máximo de produtividade que poderá assumir mil e uma significações, mas que representa basicamente um imenso desejo de reconhecimento. Além disso, atender às injunções e cumprir metas geralmente correspondem à autovalorização; prestígio; esperanças de ascensão na carreira; vitória na disputa interna por cargos, prêmios e outras "glórias" pelas quais a própria organização estabelece e administra competições entre equipes e entre pessoas.

Esse aspecto da análise de Pignon e Querzola foi retomado posteriormente por outros autores, que aprofundaram o exame da dinâmica e da expansão dessa forma de introjeção do poder — também não demorou muito para que se tornasse visível a contradição entre uma dominação internalizada na própria subjetividade e a retórica que exaltava a autonomia, anunciando a "libertação" dos trabalhadores da submissão aos ritmos impostos pelas linhas de montagem e a obtenção dessa situação em que a dominação passava a ter como agente o próprio empregado passou a ser um objetivo gerencial. Assim, em muitos setores de administração de "recursos humanos" passaram a ser buscados os conhecimentos de psicologia e o desenvolvimento de estratégias e técnicas capazes de intensificar esse "outro lado" do toyotismo, sempre em nome de uma flexibilidade que evocava a ideia de liberdade.

Yves Schwartz (1997), em vários textos, aprofunda essa questão, mostrando que os indivíduos passam a subordinar a própria subjetividade à empresa. Pois a infiltração subjetiva da dominação se faz de modo que os próprios "usos de si mesmo" não sejam mais os de cada sujeito. O autor examina como a própria escala de valores norteadores da existência é transtornada nessa dinâmica (Schwartz, 1997).

Gláucia Medeiros (1995) discutiu a grave dimensão ética da questão consubstanciada no que denominou desconstrução da subjetividade total do sujeito. Essa desconstrução, constata a autora, ocorre ao longo de um processo sutil, "quando de modo manipulativo desenvolve-se uma hiperfocalização na autoestima e no poder de competir para sobreviver no mercado, em detrimento de outras dimensões da subjetividade mais interativas e agregadoras de valor para o desenvolvimento humano" (p. 20).

A sedução é uma prática adotada, e seu sucesso reside basicamente no fato de satisfazer e estimular o narcisismo — característica subjacente em muitas personalidades, conforme bem estudado por Eugéne Enriquez (1991) e, no Brasil, por Maria Elizabeth Lima (1996). Mais do que prática, a sedução é uma técnica de gestão que apresenta muitas nuances, podendo assumir sutileza ou apresentar-se de forma explícita, acenando com fantásticas vantagens futuras a quem opte pela dedicação total.

3) As próprias leis do mercado, que passam a fazer parte dos mecanismos coercitivos que indiretamente acabam por atingir os trabalhadores da empresa que precisam enfrentar a competição de suas concorrentes.

Se a empresa fracassar e fechar, o emprego estará perdido. Ao mesmo tempo, é realizado um trabalho de ideologização pelo qual se cria uma identificação do trabalhador com a própria empresa (a vitória da empresa é a vitória do trabalhador). Vemos aqui a conexão que se estabelece entre condicionantes distintas — leis do mercado e a manipulação psicológica adotada em práticas empresariais direcionadas aos "recursos humanos", convergindo para o aumento da produtividade, em circunstâncias que, frequentemente, significam uma maximização de esforços e de tensões. Heloani (2003) apresenta exemplos recentes de tais situações.

4) Na sofisticação tecnológica, que chega a embutir modelos muito precisos de controle através de equipamentos que registram, de forma contínua, os horários em que ocorrem diminuição ou aumento de ritmo, paradas para descanso do trabalho ou outras modificações. Podemos exemplificar com o trabalho de entrada de dados realizado pelos digitadores. Também para essa observação de Pignon e Querzola existem constatações bastante recentes. Ursula Huws (2003) identificou a minuciosidade e rigor crescente desse controle, tanto na área de informática quanto nas atividades de atendimento a distância mediado por telefonia — isto é, no teleatendimento. Ao controle interno (pela empresa) soma-se o controle externo (pelo cliente). E o controle empresarial é duplo no caso das empresas terceirizadas: exercido pela empresa contratante e pela "empreiteira de mão de obra" (subcontratada). Com o passar do tempo, a vigilância externa é interiorizada e uma polícia interna passa a exercer autocontrole e a bloquear a vida subjetiva. Dessa forma, desaparece o espaço do pensamento e da fantasia de cada um — com graves riscos para a saúde mental (Huws, 2003).

As práticas de telemarketing expõem os operadores a agressões verbais e humilhações cotidianas, exacerbando a fadiga e a tensão a extremos insuportáveis. O que se torna mais preocupante pelo imenso e crescente contingente de trabalhadores que encontra nesse tipo de trabalho a única alternativa de emprego (Venco, 2009; Huws, 2003; Antunes; Braga, 2009).

5) Nas novas sutilezas dos procedimentos administrativos, acoplados a formas ditas mais "avançadas" de organização do trabalho, mascaradas geralmente sob a designação de "participativas", tais como o enriquecimento de tarefas. Iniciativas como os círculos de controle de qualidade

também se incluiriam entre essas formas modernas de aumentar os esforços e a produção coletiva. Controle recíproco e maior introjeção da dominação seriam decorrências de importante peso para a vida psíquica dos trabalhadores, quer em termos de cansaço mental e de tensão, quer no efeito alienante. Este quinto aspecto, já identificado por Pignon e Querzola nos anos 1970, foi extremamente potencializado pelas sofisticadas técnicas de controle implantadas a partir de diretrizes voltadas para a acumulação flexível que o toyotismo permitiu nas décadas seguintes (Heloani, 2003).

Trata-se de técnicas gerenciais que funcionam, simultaneamente, para a incrementação do controle e para a intensificação do trabalho. Cabe destacar, entre outras, as modalidades de avaliação destinadas a indivíduos, equipes, setores de uma empresa ou grupos ainda mais amplos (lojas de uma mesma rede; agências de uma mesma instituição financeira, por exemplo). Promovendo competição em todos os níveis, do individual ao coletivo, não só são geradas tensões individuais como tensões interpessoais e conflitos. O potencial estressante de muitas dessas situações tem sido amplamente estudado. E a frequência de operadores cujo estresse continuado leva a afecções psicossomáticas tem sido expressiva.

6) Na institucionalização, pelas empresas, de setores de "Relações Humanas", destinados a amortecer os conflitos e a garantir que os sentimentos, aspirações e valores dos trabalhadores sejam harmonizados com os objetivos de produção. Setores de assistência médica e social frequentemente passam a funcionar subordinados aos mesmos princípios. Quando existe atendimento psicológico, este se torna importante instrumento de atenuação não só dos sintomas, mas também dos conflitos laborais que passam a ser "psicologizados", isto é, reduzidos a aspectos psicológicos individuais, com apagamento de suas causas sociolaborais. Tais serviços desempenham importante papel na gênese e no fortalecimento de sentimentos de identificação trabalhador-empresa, de idealização, de gratidão e de lealdade, ao mesmo tempo que atuam na anulação de uma visão crítica e de desejos de autonomia pessoal.

Doray (1981), numa abordagem crítica da psicossociologia, chega a colocações muito próximas às formuladas por Pignon e Querzola. A expropriação da subjetividade é o aspecto crucial apontado pioneiramente por Doray a partir de estudos em que observou e colheu depoimentos de trabalhadores que atuavam em linhas de montagem. Mais tarde, o itinerário histórico das investigações direcionadas ao aperfeiçoamento de técnicas de dominação da subjetividade foi reconstituído por Jean-Léon Beauvois, no livro em que esse eminente psicólogo social analisa os interesses e imposições de poder que permearam o desenvolvimento de experimentos e conhecimentos voltados ao assunto. O autor denuncia que os estudos experimentais se realizam muitas vezes sem qualquer respeito à ética. Beauvois descreve, assim, estratégias, métodos, técnicas e instrumentos que avançaram direcionados a fabricar a submissão total (Beauvois, 1994)

Além das implicações atinentes ao mundo do trabalho, o autor aponta as graves implicações políticas derivadas do poder de aplicar à sociedade em geral esse novo arsenal de técnicas de dominação(Beauvois, 1994)

Uma minuciosa trajetória do toyotismo no Brasil é desenhada por Alves (2010), que examina também os processos políticos e as tecnologias (administrativas e microeletrônicas) no percurso em que identifica uma inflexão ocorrida no governo Collor. Alves diferencia a "captura da subjetividade dos trabalhadores" ao longo dos anos 1980 da "captura" que verifica nos anos 1990 — década em que o autor reconhece, ao lado da dominação subjetiva, um apaziguamento das resistências sindicais à reestruturação produtiva (Alves, 2010).

4.3 Monetarização dos Riscos e dos Agravos à Saúde

A ocultação do desgaste aos próprios olhos dos trabalhadores é uma permanente preocupação. É provável que exista sempre o temor — por parte dos detentores do poder econômico — de que, percebendo a extensão dos perigos e das agressões à saúde, ocorra o desestímulo da mão de obra ou, quiçá, sua evasão. Assim, surge, para o capital, a necessidade de utilizar mecanismos capazes de abstrair os riscos. É exatamente o termo abstração que Pagès et al. (1987) adotam para expressar o processo pelo qual o código monetário passa a presidir as relações sociais, mediante a instauração de uma lógica que se torna modelo dominante para a vida mental, para as atitudes e para as produções das pessoas que trabalham na empresa. Nessa lógica, os indivíduos e as suas ações passam a ser valorizados como "entidades contábeis" e como que reduzidos a valores de troca. Simultaneamente, atividades e objetivos, tudo o que exista ou ocorra no interior da empresa, torna-se igualmente quantificado em termos monetários. Essa abstração "monetariza" os próprios trabalhadores, o seu tempo e as suas ações. Como afirmam os autores: para o trabalho, o que conta não é mais o que se faz, o esforço dispendido e a inventividade, mas, tão somente, os resultados em termos de dinheiro. Essa análise pode ser estendida, a nosso ver, quando entram em questão a saúde e a integridade física e mental do trabalhador, que, impregnado pela ação do aparelho ideológico da empresa, é levado a aceitar que as condições de insalubridade, os riscos de vida (periculosidade) e a própria penosidade do trabalho sejam pagos em dinheiro, em vez de exigir a transformação das condições de trabalho. A monetarização do risco, desse modo, se articula aos mecanismos psicológicos e psicossociais de negação do próprio risco, favorecendo mais ainda o êxito da dominação. Essa monetarização assume, assim, o caráter de fetichização, aspecto cuja análise é aprofundada por outros autores, como Enriquez (1991), e que é examinado no contexto brasileiro por Leite Lopes (1988). Em suma: nessa fetichização, o dinheiro passa a ser o alvo do desejo, substituindo e obscurecendo o valor da saúde e da própria vida.

Ao longo da experiência dos trabalhadores brasileiros, ainda outro fator se acrescentou para esse êxito da monetarização dos riscos: os baixos salários, que, apesar da elevação do salário mínimo nos anos 2010, ainda fazem com que os adicionais de insalubridade, ou de periculosidade, e os ganhos por horas extras sejam extremamente bem aceitos e desejados por muitas categorias de assalariados. Em muitos contextos de trabalho, ainda hoje, sem esses adicionais, o dinheiro se tornaria insuficiente para a sobrevivência.

PARTE III

O Trabalho Dominado

"O ajudante geral é aquele que não tem profissão, todo o serviço que mandam fazer, ele tem que fazer. Vai trabalhar na boca do forno, ou vai carregar as coisas, pega alavanca, marreta, faz tudo." (Ajudante do setor siderúrgico, Cubatão, 1981)

Trata-se aqui da dominação dos seres humanos que trabalham. Dominação que em geral ultrapassa as fronteiras do trabalho propriamente dito e atinge os próprios seres, em seu cotidiano, sua saúde e perspectiva existencial.

A transformação dos modos de dominação se fez acompanhar pelas mutações das expressões do sofrimento social e mental.

O assunto inclui, necessariamente, o entrelaçamento de temas múltiplos que articulam dominação e saúde mental. Ou melhor, o estudo das formas de exercício do poder que atravessam várias esferas do social, alcançando os assalariados e apresentando ressonância em sua vida psíquica. Trata-se, portanto, de entender determinações cujos fluxos e inflexões se transformam ao longo das mediações de diferentes instâncias e através de interações múltiplas.

CAPÍTULO 1

ESTUDOS SOBRE DOMINAÇÃO E SUBMISSÃO NO TRABALHO

1. ESTUDOS PIONEIROS

As articulações entre dominação, processos mentais e comportamentos humanos têm sido contempladas a partir de diferentes patamares e em âmbitos distintos. Esses olhares tornaram-se cada vez mais interdisciplinares, associando perspectivas de Ciência Política, Sociologia, Antropologia e Psicologia.

As condições de vida e de trabalho têm sido objeto de estudo por parte de historiadores, sociólogos, cientistas políticos e antropólogos, no campo das pesquisas sociais. Os estudos de Saúde Pública e Saúde Coletiva que se vincularam à perspectiva social encontraram nessas pesquisas material valioso para a análise dos processos em que os seres humanos e as coletividades percorrem seus caminhos entre a saúde, a doença e a morte.

Os estudos direcionados a analisar a dominação e exploração dos trabalhadores, por outro lado, ofereceram descobertas valiosas a propósito da conjunção existente entre produção da submissão, da fadiga e da desvitalização desses trabalhadores. Simultaneamente, abriram portas ao entendimento da produção de formas de desgaste mental relacionadas ao trabalho.

As observações e análises dos cientistas sociais revelaram aspectos pertinentes à saúde mental relacionados ao trabalho que até recentemente haviam sido muito pouco estudados no âmbito da Saúde e da própria Psiquiatria Social.

Numa revisão preliminar sobre o tema, encontramos uma série de publicações em que o mal-estar, adoecimentos e *mudanças de comportamento* são relatados e analisados dentro da perspectiva das Ciências Sociais. Esse material constitui um precioso conjunto de informações a ser mais bem aproveitado pelos psiquiatras, médicos do trabalho, psicólogos, assistentes sociais, ergonomistas e demais profissionais do campo da Saúde Mental e da Saúde do Trabalhador, e muito especialmente pelos que agora se dedicam à SMRT.

Já mencionamos, na primeira parte deste livro, algumas contribuições da Psicologia Social e da Sociologia do Trabalho à SMRT. Procuraremos, agora, resumidamente, mencionar alguns estudos desenvolvidos em outras disciplinas das Ciências Sociais e que foram especialmente significativos para desvelar de que modo diferentes formas de dominação desestabilizam a saúde mental dos trabalhadores.

Destacam-se aí estudos históricos em que as repercussões das transformações sobre o cotidiano de vida e trabalho são consideradas. Evidentemente, existe uma infinidade de estudos nos quais as mudanças políticas e socioeconômicas são examinadas. Interessam-nos aqueles que focam o modo como os poderes hegemônicos e as conjunturas transformam situações de trabalho de modo a ocasionar ameaças e danos à saúde dos trabalhadores, inclusive à saúde mental. No período mais recente, tais estudos apresentam um foco muito relevante para o tema da SMRT: a análise da *globalização desigual* em seus impactos sobre o mundo do trabalho, como já mencionado.

Dentro da abordagem sócio-histórica, são tantos os estudos valiosos para a temática, que apenas é possível salientar, de modo genérico, a importância que uma releitura de muitos desses textos, dentro da perspectiva da SMRT, poderá assumir, quer diga respeito aos clássicos europeus — passando por Engels e vindo até Hobsbawm e Thompson, entre outros —, quer se detenha nos sociólogos e historiadores que estudaram o trabalho e os trabalhadores nas Américas. No Brasil, particularmente, há uma copiosa bibliografia a ser resgatada para os estudos de SMRT, incluindo desde o trabalho escravo até as visões da atual realidade do trabalho.

Na impossibilidade de examinar todas essas contribuições dos cientistas sociais, optamos por nos deter um pouco no resgate de estudos especialmente significativos historicamente e no modo através do qual penetraram no cotidiano dos trabalhadores.

Iniciamos evocando dois pesquisadores que escolheram viver pessoalmente a experiência de situações de trabalho a serem estudadas. O que representa, metodologicamente, a escolha da observação participante como caminho. Em primeiro lugar, torna-se imprescindível mencionar Simone Weil e suas observações pioneiras.

Os pontos de encontro entre o cansaço físico e o mental, assim como os caminhos que vão da fadiga até a angústia, o medo e a depressão, encontram-se magnificamente descritos por Weil (1979). Em 1936 — portanto muitos anos antes que os fisiologistas e psicólogos viessem a descrever e conceituar a fadiga patológica — ela já escrevia o seguinte:

> O cansaço. O cansaço deprimente, amargo, por vezes doloroso a tal ponto que se deseja a morte. Todo mundo, em todas as situações, sabe o que é estar cansado, mas este cansaço precisaria de um nome à parte.

Filósofa de formação, Simone Weil foi uma extraordinária pesquisadora social que viveu uma intensa observação participante como operária, na agitada Europa dos anos 1930. As repercussões mentais e existenciais vinculadas à condição operária são expressas pela autora em textos reveladores da sensibilidade com que captou a dinâmica complexa na qual se imbricam a vida psíquica e os fatos sociais do cotidiano operário. Como se pode notar, por outro trecho da obra já citada:

> O medo. São raros os momentos do dia em que o coração não está um pouco comprimido por alguma angústia. De manhã, a angústia do dia a se viver. Nos ramais do metrô que levam para Billancourt, entre 6 e 06h30min da manhã, a maioria dos rostos vai contraído por essa angústia. Quem saiu em cima da hora, tem o medo do relógio de ponto. No trabalho, o medo de não estar na velocidade boa, para os que têm dificuldade de atingi-la. O medo de "matar" peças forçando a cadência, porque a velocidade produz

> uma espécie de embriaguez que anula a atenção. O medo de todos os pequenos acidentes que podem ser causa de peças estragadas ou de ferramenta quebrada. De uma forma geral, o medo das broncas. Muitos sofrimentos são aceitos só para evitar uma bronca. A menor delas é uma humilhação dura, porque não se ousa responder. (p. 103-104)

Como se vê, Simone Weil retrata, sucinta e claramente, aspectos da psicodinâmica da autorrepressão e, ao mesmo tempo, evidencia como essa autorrepressão se vincula ao medo e à insegurança gerados pelo controle e pela repressão externos, que passam a ser internalizados pelo trabalhador.

Em *Greve na fábrica*, Robert Linhart (1988) mostra o que observou e vivenciou trabalhando numa fábrica de automóveis, a Citroen, na França. Assim, atuando como operário de linha de montagem, Linhart sente pessoalmente, através da observação participante, os efeitos da fadiga e dos mais variados tipos de tensão laboral. Ao mesmo tempo, mantém-se atento para esses efeitos e para as formas através das quais se revelam em seus companheiros de trabalho. É desse modo que identifica a instrumentação do medo, o ataque à dignidade e a manipulação de valores e de expectativas como estratégias do poder empregadas a serviço da dominação e da superexploração. O autor analisa ainda como o psiquismo é atingido, relatando casos concretos.

Linhart observa a maneira pela qual surgem as conexões entre o esforço físico despendido no trabalho e as repercussões físicas e mentais, assinalando o imbricamento de múltiplas causas:

> Volto para casa esfalfado e ansioso. Por que doem todos os meus membros? Por que as costas me incomodam, e as coxas? Afinal de contas, o maçarico e a espátula não eram tão pesados assim... Sem dúvida, a repetição de movimentos idênticos. E a tensão para dominar a falta de jeito. E por ter ficado em pé tanto tempo: dez horas.

O autor, além de observar e de escutar seus companheiros, analisa suas próprias percepções, reações emocionais e fisiológicas e os reflexos do trabalho sobre sua comunicação e participação social. Descobre, assim, aspectos essenciais do fio condutor que leva os trabalhadores da linha de montagem à amputação da própria vontade, à "economia de desejos", ao entorpecimento e à alienação. Ao mesmo tempo, revela as defesas dos trabalhadores na luta individual para não sucumbir ao cansaço, e as resistências expressas nas ações empreendidas solidariamente para o enfrentamento da superexploração.

A importância do ritmo de trabalho no processo de exaurimento-alienação é explicitada em vários trechos, alguns dos quais extremamente expressivos:

> O inconveniente nesse posto é que o ritmo dos meus movimentos depende estritamente do sistema mecânico de circulação dos ganchos de suspensão — a velocidade da linha comanda sem concessões. No começo, essa mutilação do que me restava de livre-arbítrio acabrunhou-me. (Linhart, 1988, p. 42)

As múltiplas e eficazes formas de controle adotadas pela empresa são visualizadas também a partir das repercussões emocionais nos trabalhadores, sendo a exacerbação do medo um aspecto marcante. O surgimento de vivências de aprisionamento e de perseguição é relatado em detalhes. Afirma o autor: "O medo faz parte da fábrica, dela constituindo uma engrenagem vital" (p. 55).

Outras dimensões, referidas também às horas do não trabalho invadidas pelo cansaço, são igualmente examinadas por Linhart:

> (...) no mais das vezes, o fim de semana só lhes traz chateação e a contagem das horas que faltam para recomeçar na 2ª-feira. A maior parte dos operários, sobretudo os imigrantes, entram numa espécie de letargia: andar lento, conversa arrastada, longas esperas no café. Os músculos e os nervos procuram se reconstruir durante esse abatimento provisório. (p. 55)

Linhart desvenda acuradamente as relações profundas existentes entre um movimento coletivo e organizado de resistência — preparo e eclosão de uma greve — e o resgate da dignidade, do alento e da vitalidade dos trabalhadores. A evolução dos fatos e das atitudes dos trabalhadores reflete um intenso processo de *revitalização*, de retomada dos próprios potenciais psíquicos — planejamento, reflexão, decisão —, até então submetidos e inibidos pela dominação exercida através da organização do trabalho. No que concerne a tais aspectos, o autor examina, simultaneamente, a transformação que ocorre em nível individual e a que se efetiva através da solidariedade do grupo de trabalhadores. E, também, a forma pela qual, nessa fase de preparação e luta, desaparece a depressão na medida em que há um esforço coletivo para restabelecer esperanças de vencer a opressão. Nesse relato, Linhart torna bem evidentes as íntimas conexões existentes entre dignidade, esperança de libertação e fortalecimento da saúde psicossocial.

No conjunto das contribuições internacionais pioneiras, foi fundamental o estudo crítico das linhas de montagem levado a efeito por Georges Friedmann (1972), que estudou, em *O trabalho em migalhas*, as repercussões psicossociais e psicossomáticas do trabalho fragmentado e os fenômenos implicados na instalação da alienação. Esta, aos olhos do autor, representa essencialmente uma forma de defesa contra a angústia e a depressão provocadas pelo parcelamento das atividades.

Renaud Sainsaulieu (1988), nos anos 1960, realizou também, durante seis meses, uma observação participante, ao trabalhar numa linha de montagem recém-instalada numa fábrica francesa. Ele objetivou principalmente estudar como essa forma de trabalho repercutia na vida mental e na identidade. Essa experiência resultou em importantíssimos desenvolvimentos teóricos elaborados posteriormente pelo autor.

Ao longo deste livro, teremos ocasião, ainda, de reportar contribuições de outros pesquisadores de diferentes países. Cabe agora examinar o que, especialmente no panorama brasileiro das Ciências Sociais, tem convergido para a temática da SMRT.

2. ESTUDOS SOBRE DOMINAÇÃO E RESISTÊNCIA NO BRASIL

2.1 A Escravidão

Para uma revisão sintética da dominação no trabalho dentro do histórico brasileiro, torna-se necessário evocar a escravidão. Escravidão que foi dupla, a do negro africano e a do indígena autóctone, embora a primeira tenha sido mais extensa e a segunda, às vezes, tenha sido negada.

A escravidão é a forma de dominação humana mais absoluta, exercida pela instauração da propriedade de um ser humano por um outro ser humano. Dominação completa sobre o corpo e que se exerce também sobre a mente, através da repressão máxima sobre todas as manifestações espontâneas da vontade, dos sentimentos e do pensamento. Situação em que o trabalho é imposto, quando necessário pela força, e sem respeito a quaisquer limites à exploração. Situação em que o indivíduo é despojado de quaisquer direitos — não sendo considerado cidadão, inexiste para ele os direitos de cidadania. O próprio direito à vida foi frequentemente menosprezado, desde a Antiguidade, na situação de escravidão em que tantos foram mortos a mando de seus senhores.

Deve ser lembrado que houve uma fase histórica na qual o trabalho indígena se caracterizou como trabalho escravo. A escravidão dos negros africanos não foi a única, pois, ao contrário do que se tornou voz corrente, também houve escravidão de índios no Brasil (Silva, 2000).

Para a história da dominação no Brasil é a escravidão dos africanos aquela da qual existe maior conhecimento, fundamentado em numerosos estudos, que não poderemos lembrar neste breve resumo sobre o assunto.

Antes da descoberta do Brasil, a escravidão de africanos já havia se instalado em Portugal. Durante o século XV, a partir de 1441, os portugueses haviam incrementado a "caça aos escravos" nos territórios africanos. A população de Portugal havia diminuído, por vários motivos — devido à guerra com Castela, às epidemias e a uma maciça migração para as colônias portuguesas. Faltavam braços para o trabalho. E as expedições que inicialmente iam às costas africanas para espoliá-las de diferentes riquezas, entre as quais também figuravam seres humanos, passaram a ser organizadas apenas para esta última finalidade.

Quando ocorreu a descoberta do Brasil, Portugal já possuía um expressivo comércio de escravos, que eram sequestrados na África e, além de serem explorados em Portugal, eram também "exportados" para a Espanha e a Itália. Posteriormente, os escravos também foram trazidos para o Brasil, primeiro em pequeno número, mas, na medida em que a economia da nova colônia crescia, em levas cada vez maiores. A escravidão foi o grande "meio de produção" que mobilizou a agricultura brasileira, primeiro na produção do açúcar e mais tarde na do café, desde o período colonial e avançando até fins do século XIX. O trabalho escravo também foi utilizado em outras atividades produtivas e, fartamente, nas atividades domésticas. Por outro lado, a captura e o tráfico de escravos havia se tornado um negócio rendoso para diferentes grupos, envolvendo inclusive agentes africanos que "providenciavam" as incursões que capturavam habitantes em comunidades do interior de diferentes regiões e povos africanos. Jaime Pinsky (1993) assinala a importância dessa diversidade: pertencendo a povos de culturas diferentes, e, portanto, tendo costumes e línguas também diversas, tornava-se quase impossível uma união dessas pessoas para organizar formas de resistência eficaz ou mesmo uma revolta. O mesmo autor aponta, ainda, como um dos aspectos perversos dos intercâmbios entre Brasil e África: a aguardente e outras mercadorias produzidas pela mão de obra escrava eram enviadas à África e muitas vezes trocadas por novos contingentes de africanos capturados. Assim, numa terrível ironia, os já escravizados contribuíam com seu trabalho para que mais gente de sua terra fosse forçada a vir tornar-se escrava no Brasil.

Os interesses dos que realizavam o tráfico propriamente dito, pelo transporte nos chamados navios negreiros, constituíram força poderosa, do ponto de vista político e econômico, tendo garantido a expansão e, depois, a manutenção da escravidão — mesmo durante bastante tempo após surgirem pressões pelo término do tráfico e da escravidão, originadas do meio internacional e das lutas abolicionistas brasileiras.

A partir deste breve resumo é possível tentar identificar alguns componentes do processo de dominação que possivelmente se tornaram cruciais na origem do sofrimento mental dos trabalhadores escravizados. A violência é a característica marcante desse processo. Essa violência foi muitas vezes física, porém foi também moral e psicológica. São conhecidas as práticas de violência física, o uso do chicote e dos instrumentos de tortura nas áreas onde havia trabalho escravo. A violência moral e psicológica mais extrema consubstanciava-se na própria condição de escravo e em seu significado de total perda da liberdade. Entretanto, é possível afirmar que o dilaceramento dos laços de origem e pertencimento, a humilhação e a intimidação foram as principais formas assumidas pela violência moral e psicológica. Além dos aspectos perversos que marcavam muitas vezes a dominação e a exploração. No caso das mulheres escravizadas, muitas vezes a violência foi sexual, envolvendo assim, concomitantemente, componentes de ordem física, moral e psicológica. Ocorria inclusive uma naturalização no terreno das relações sexuais entre proprietário e escrava, sob alegação de um direito do dono à posse física e sexual da escrava.

O modo brutal pelo qual os africanos eram caçados e arrebatados de suas famílias e comunidades constituía o primeiro movimento do dilaceramento dos laços de origem e pertencimento. A continuidade desse dilaceramento ocorria de muitas maneiras: pela imposição de comportamentos e crença religiosa alheios à cultura de origem; pelo modo como o escravo se via forçado a adotar uma língua que não era a sua; pelo menosprezo e interdição impostos às práticas e ritos de sua cultura de pertencimento; pela proibição de qualquer comunicação com sua terra de origem, e, finalmente, também pela imposição de atividades de trabalho muitas vezes totalmente estranhas à do ofício que fora o seu na terra de origem.

A humilhação apresentava tantas faces que se torna, em princípio, impossível uma descrição completa. A dignidade era sistematicamente esmagada: por um lado, o escravo era visto como mero objeto, instrumento usado para extrair alimentos ou minerais da natureza, produzir bens e serviços, e, no caso da mulher, eventualmente proporcionar gozo; por outro, como precisava ser alimentado e ter um lugar para dormir, era encarado como um ser inferior, um animal. Portanto, na percepção dos seus proprietários e dos prepostos destes, os escravos eram colocados entre a coisificação e a condição de animais. O olhar dos senhores despojava o escravo e a escrava de sua essência humana. O tratamento dispensado aos escravos, as formas de comunicação utilizadas para dar-lhes ordens e incitá-los ao trabalho expressavam essa visão, pelas palavras duras e pelas injúrias que veiculavam.

A repressão dos sentimentos e das queixas leva ao silêncio dos oprimidos. Panoramas de artificial placidez podem ser então delineados, revestindo de cores românticas um período histórico marcado pela crueldade. Foi o que aconteceu na época — mesmo que as aparências falseadoras tenham sido várias vezes desmentidas por fugas e rebeliões sufocadas.

Maria Sylvia de Carvalho Franco, ao publicar em 1969 o livro *Homens livres na ordem escravocrata*, permite avançar para a fase que se seguiu ao fim da escravidão — o entendimento das raízes históricas da dominação nos contextos brasileiros do trabalho. A autora também nos permite ver de que modo a violência continuou a fazer parte dessa dominação. Franco baseia-se em farta documentação para comprovar e analisar esses aspectos e mostrar também o desrespeito e a desqualificação dos trabalhadores livres, assim como a forma pela qual os pobres continuaram a ser aproximados dos ex-escravos pela maneira como eram tratados. A historiadora comenta que a "completa ausência de reconhecimento social do homem pobre vai mesmo à sua afirmação de sua insuficiência para o exercício dos mais elementares direitos do cidadão, como o recurso à justiça" (Franco, 2003, p. 104).

2.2 Fábricas, Minas e Outras Áreas de Trabalho

A partir dos anos 1960, várias pesquisas brasileiras focalizaram o cotidiano dos trabalhadores e as formas concretas assumidas pelo controle a que se encontravam submetidos nos ambientes de trabalho e, muitas vezes, mesmo nas horas da vida extralaboral. Estudos sociais desenvolvidos nos anos 1980 examinaram, também, a resistência dos trabalhadores à dominação e ao arrocho salarial. A focalização de aspectos psicológicos foi realizada por alguns desses estudos e conduziu a algumas descobertas.

Um foco primordial de análise nas pesquisas brasileiras tem sido o exame das formas de exploração feitas em favor da maximização da produção. Trata-se da exploração dos sentimentos, das expectativas, das crenças e dos valores, bem como de todo o amplo conjunto de representações imersas no mundo mental dos trabalhadores.

Em pesquisa realizada junto a trabalhadores siderúrgicos, Brandão Lopes (1964), deparando-se principalmente com pessoas de origem rural, examinou como os padrões e os valores tradicionais referentes ao trabalho influenciavam sobre os desempenhos e as atitudes que observou. O autor afirma:

> Embora seja difícil aquilatar a importância da permanência de valores tradicionais que sirvam para explicar a produtividade dessa mão de obra de origem rural, a ocorrência em si do fato é clara. Transparece, por exemplo, quando se referem ao seu trabalho usando os termos: "cumprir a obrigação", querendo com isso indicar não as funções explicitamente estabelecidas como

> inerentes ao emprego, mas sim o que é tradicionalmente subentendido como deveres de empregado; transparece também na valorização do "homem trabalhador", "pé de boi", e na desvalorização do largado. (p. 70)

O autor, utilizando, além de entrevistas, também a observação direta, identificou que havia diferenças de ritmo de trabalho entre os operadores das máquinas, e que essas diferenças eram assumidas por força tanto de interesses individuais diversos quanto a partir de aspectos culturais bem caracterizados, tais como os de valores tradicionais referentes ao trabalho.

Sérgio Leite Lopes (1988), estudando operários de uma usina de açúcar do estado de Pernambuco, analisa como importantes aspectos culturais presidem a subjetividade dos trabalhadores e são estimulados pelas estratégias patronais. Assim, numa visão de mundo em que a natureza e a ordem social aparecem como investidas de "vontades malignas", floresce um fatalismo pessimista que em tudo favorece a implantação da dominação sobre esses trabalhadores. Nesse contexto, as identidades e dignidades são feridas por múltiplas formas, ao mesmo tempo que a insegurança quanto à manutenção do emprego é vivenciada como ameaça constante. A maneira como a desqualificação atua paralelamente a extremados prolongamentos das jornadas, manifestando-se inclusive sob a forma de acidentes e doenças do trabalho, é ressaltada pelo autor. É bastante impressionante que atualmente, trinta anos depois, no contexto de uma expansão na produção do etanol como biocombustível, novas levas de trabalhadores, nas plantações de cana-de-açúcar e agora em usinas de outro tipo, persistam originariamente vinculados a um contexto cultural similar e sujeitados a um tipo de instabilidade também semelhante ao do passado.

Arakcy Martins Rodrigues (1978), na análise realizada sobre o universo mental das operárias paulistas entrevistadas, assinalou que, ao mesmo tempo que as condições de trabalho determinam que a trabalhadora não apreenda a lógica de sua tarefa, também dificultam a constituição de um pensamento crítico em que desenvolva seus próprios potenciais ideativos.

Yvone de Souza Grossi (1981), a partir de suas observações e entrevistas entre os mineiros de Morro Velho, esclarece a forma pela qual a manipulação de valores e sentimentos é adotada pelas chefias para aumentar a produtividade, tal como revela um dos entrevistados, ao dizer:

> E o feitor chamava a gente de mariquinhas. Provocado pelo capataz, o homem com raiva produzia mais. Todos queriam ser "cunhudos". Nesta onda de ser homem outros iam trabalhando além dos limites e pensando estar fazendo muita coisa.

Grossi interpreta com perspicácia que, na situação descrita, "o sentimento de impotência" em sustar uma situação adrede autoritária" era canalizado em forma de compulsão para "encher os carros, cumprir a tarefa e sair da mina" (p. 61-62). A autora mostra ainda como, a partir do reconhecimento da força do machismo, o escárnio e o desprezo dos companheiros podem se tornar armas especialmente poderosas, manipuladas a serviço da intensificação da produtividade.

Tais armas fazem com que o trabalhador procure dar sempre o máximo de si no esforço de realizar a tarefa exigida. Características muito marcantes foram analisadas por Grossi, na situação estudada em Morro Velho:

> O calor intenso do interior da mina costuma provocar crises de câimbras intensas, por mecanismos fisiologicamente bem estudados. Por outro lado, o trabalho exaustivo e outras condições extremamente desgastantes deixam, muitas vezes, trabalhadores mais franzinos, atordoados e sem possibilidade de concluir as tarefas.

Esses elementos "mais fracos" exacerbavam ao máximo seus esforços, pois, do contrário, seriam cruelmente vitimados, como explica Grossi, que assume uma perspectiva antropológica em seu estudo:

> Essa manifestação de câimbras era própria dos homens de musculatura vigorosa, os "machos", "cunhudos". Nos de constituição menos rija, o fenômeno se apresentava nos seus músculos doloridos e a falta de ar os fazia andar desequilibradamente, de um para o outro lado, cuscando no ar, sem conseguirem mais trabalhar naquele local. Recebiam o nome de "sambados". Sambar, no dizer dos mineiros, era não levar o trabalho até o fim da jornada, ser inferior, "não dar no couro", "não escorar o muro". Quem sambou

não poderia conviver com um "cunhudo", isto é, com os que suportavam a violência do forno e só o abandonavam "numa maca" (nas crises de câimbras). Os que sambavam recebiam dos próprios colegas apelidos desqualificadores de sua condição de homens: iô-iô, sá-Maria, maricas. Ouviam também a expressão ferina dos feitores: "Por que sua mãe não te comeu no ninho, quando te pariu tão mole assim?".

Adiante, a autora mostra primeiro como tais fatos contribuíam para aguçar a divisão entre os operários, dificultando a emergência de atuações solidárias, e, em segundo lugar, como ocorria paralelamente o fortalecimento do próprio machismo, estimulado para a obtenção, a partir de "cunhudos" e de "sambados", de uma maximização da produção.

Vera Candido Pereira (1979) é outra autora que perscruta a produção do desgaste nas situações de dominação, quando nos explica, em *O coração da fábrica*:

> O tecelão e os operários da fiação acrescentam, à tensão nervosa provocada pela pressão conjunta de "fazer o pano perfeito" ou o "fio perfeito" e "dar produção", o desgaste de energias provocado pelo barulho intenso dos motores e das batidas da lançadeira, o calor de um ambiente fechado e superaquecido pelas máquinas em funcionamento, o ar pesado devido ao "banzo" (que espalha umidade na sala para dar o grau devido de engomação de fio) e à poeira do algodão. Essas condições tornam a sala da tecelagem e da fiação ambientes extremamente tensos, quentes e enfumaçados. (p. 87)

A autora diz, no mesmo livro:

> Entre fazer o serviço e "dar produção", duas obrigações contraditórias nas suas condições de trabalho, mas igualmente exigidas pela Administração, o tecelão se esgota, e na esperança de cumprir equitativamente com ambas, aumenta a intensidade do seu trabalho. (p. 86)

José Rainho (1980), em *Os peões do Grande ABC*, também introduz, em vários momentos, a questão da saúde mental, assim como as suas vinculações com o trabalho. Rainho deixa claro, ainda, o papel que o lazer assume na defesa de seus entrevistados contra o acúmulo de tensões.

As influências do ritmo da atividade e do trabalho em turnos alternados também emergem em outras passagens do mesmo livro, havendo entrevistas que tratam do modo pelo qual o convívio familiar é transtornado pelo sistema de revezamento:

> O ritmo de trabalho, por exemplo, afeta muito a família. Eu, por exemplo, acho que sou calmo, tranquilo. Todo mundo diz. Mais eu num tô mais calmo, tranquilo de jeito nenhum. Eu percebo que qualquer coisinha me irrita e é o serviço. Também trabalhar à noite é muito ruim... isso faz a gente ficar nervoso. Outra coisa é que nunca tem a mesma disposição do que de dia. (p. 209)

A seguir, o entrevistado relata a forma pela qual as crianças vão dormir com a mãe quando ele trabalha à noite e como isto altera a vida familiar.

Rainho mostra, ainda, uma interessante sistematização que realizou, com base em suas observações e entrevistas, a respeito das estratégias de resistência à fadiga desenvolvidas pelos trabalhadores.

Quem também trata do assunto — num *continuum* que vai da resistência ao sobretrabalho à resistência assumida em seu caráter de pleno significado político — é Amnéris Maroni (1982), no livro *A estratégia da recusa*.

Celso Frederico (1979), em *A vanguarda operária*, estudando a organização, a resistência e a luta de trabalhadores, aponta como há um caminho que vai da reação emocional individual e, passando, entre outros pontos, pelo conflito com a chefia e por situações de tensão diversas, chega à organização e à conscientização de classe. O autor analisa também a forma como os sentimentos são manipulados na luta que se trava entre o poder da direção fabril, incorporado pelas chefias, e o operário que desenvolve estratégias de resistência e luta (operação-tartaruga, no caso examinado). Este último atinge, muitas vezes, um descontrole emocional em verdade estimulado propositadamente pelo poder:

> Quando o chefe percebe (a lentidão das tarefas), ele usa uma tática suja: joga o cara nos piores serviços. Eles fazem com que o cara vai perdendo a calma. Eles fazem uma agressão moral, xingam, humilham o cara, pra ele

> se irritar. Quando ele revida, o chefe faz um relatório dizendo que foi agredido e manda embora por justa causa. (p. 94, trecho de entrevista registrada pelo autor)

Celso Frederico, no mesmo trabalho, relata várias entrevistas em que é ressaltado como as condições de opressão no trabalho conduziram operários ao desespero e a graves crises, nas quais a extensão dos conflitos levou a extremos como o assassinato.

Jane Beltrão (1982), em estudo sobre as trabalhadoras das fábricas de beneficiamento de castanha, em Belém do Pará, examina a condição existencial dentro daquilo que propõe como "um estudo sobre o trabalho e o corpo", integrando observações de importante alcance do ponto de vista da saúde mental.

A autora consegue deixar claro que quebrar a castanha não "quebra" apenas o corpo, mas também a identidade social e os valores anteriormente incorporados. O que tem intenso significado em termos de agravo à Saúde Psicossocial.

Cecília Minayo (1986) captou e descreveu importantes repercussões da situação de trabalhadores em minas de extração de ferro sobre a saúde, detendo-se particularmente sobre o que focalizou como "clima de insatisfação" e relacionando-o às manifestações do estresse.

Laís Abramo (1986), nas entrevistas que realizou com operários da indústria automobilística da cidade de São Bernardo, encontra referências a crises mentais agudas, associadas pelos companheiros daqueles que "enlouqueceram" a situações de sobretrabalho por excesso de horas extras. A vigilância permanente e a exposição excessiva a ruído também foram percebidas, pelos entrevistados, como importantes causas das perturbações mentais.

O poder organizacional é alvo de uma acurada análise feita por Liliana Segnini (1988), em estudo realizado na poderosa organização Bradesco. A autora consegue demonstrar a forma pela qual as estratégias e os instrumentos de dominação transformam as individualidades e criam uma "cultura" em que os valores e desejos são apagados ou transformados em ferramentas para atingir os objetivos da direção. A construção de toda uma mística voltada para garantir a submissão e a dedicação dos empregados é revelada por Segnini.

Em suma, podemos constatar, a partir desse conjunto de estudos, quão vasta e variada tem sido, no Brasil, a exploração da *vida mental* dos trabalhadores e dos sentimentos e valores que habitam suas mentalidades.

2.3 O Ataque à Dignidade

A dominação instituída a partir do ataque à dignidade do trabalhador foi igualmente revelada e analisada por diferentes cientistas sociais brasileiros.

As entrevistas e observações feitas sobre o assunto focalizam, por exemplo, situações em que os trabalhadores manifestam o sentimento de serem tratados como escravos ou animais. Grossi (1981), em seu estudo sobre os mineiros de Morro Velho, constata: "Deve-se notar que, no fundo da mina, carreiros e burros convivem estreitamente, e devido ao ambiente rude de trabalho, os homens se comparavam às bestas, como animais de duas patas" (p. 65). E, em outro trecho:"A saída da mina é comparada pelos mineiros à de uma tropa de animais..." (p. 67).

Laís Abramo (1986) coloca a questão da dignidade como tema central do estudo que realizou sobre a greve dos metalúrgicos de São Bernardo em 1978. A autora — numa época em que ainda não se conceituara o assédio moral — verificou como a dignidade é atingida pelo desrespeito à condição humana contido no excesso de trabalho, na exposição do corpo e da intimidade familiar e na desconsideração com que são tratados pelas chefias. Examinando as condições de trabalho e as humilhações referidas por seus entrevistados, Abramo estabelece vínculos entre a dominação, o ataque à dignidade e a produção de agravos à saúde. O desrespeito à privacidade e ao próprio corpo do trabalhador ocorre a partir de práticas de dominação pautadas em formas extremadas de vigilância:

> Nem o espaço do banheiro era preservado. O olhar sempre vigilante da chefia não hesitava em invadi-lo, humilhando o trabalhador, destruindo qualquer possibilidade de defesa contra o cansaço, assim como qualquer limite de privacidade: (...) na porta do banheiro tinha um buraco grande onde o chefe ia olhar o cidadão se ele estava ou não fazendo as suas neces-

sidades fisiológicas. (depoimento à autora citada, de trabalhador de indústria automobilística, p. 109)

A mesma prática constrangedora parece ter sido adotada já há bastante tempo, uma vez que Maurício Tragtenberg (1980) também encontrou denúncia idêntica, num jornal de 1974, contra a mesma empresa (p. 165).

O desrespeito ao corpo, às necessidades fisiológicas básicas e aos sentimentos também emergiu de vários outros estudos em que, ao buscar as origens e o processo de constituição da consciência política dos trabalhadores, os cientistas sociais se depararam com as vivências da dignidade agredida.

A humilhação contida nas revistas, em que os trabalhadores são obrigados a se despir diante de fiscais das empresas, por ocasião da saída do trabalho, também foi apontada e reiteradamente denunciada pela imprensa em relação a uma grande indústria de roupas íntimas (lingerie) femininas (Abramo, 1986; Tragtenberg, 1980).

O ataque à dignidade é utilizado para, a partir da humilhação, "quebrar o orgulho", "dobrar" e obter a sujeição do assalariado. Com a submissão, estariam garantidas a vitória e a plenitude da dominação.

Nem sempre, entretanto, o ataque à dignidade resulta em sujeição dos assalariados. Tanto em estudos revisados quanto a partir de nossas entrevistas com os trabalhadores, verifica-se que o resultado muitas vezes é o oposto. Pois, a partir da dor que nasce da dignidade ferida, brota uma revolta que tanto pode fazer-se cega quanto dar origem a um processo de conscientização que se faz coletivo. Abramo (1986) identifica, no cerne do movimento operário que conduziu à greve de 1978 em São Bernardo, no estado de São Paulo, um conjunto de forças dirigidas, basicamente, para o resgate da dignidade atingida ao longo de anos de repressão. Grossi (1981), do mesmo modo, constata, nas minas de Morro Velho, que "a situação gerada pelo trabalho que degrada o homem negando-lhe direitos, será convertida no ponto de partida para a constituição de um movimento operário" (p. 82).

André Laino (1991) traz uma contribuição valiosa aos estudos de Saúde Mental do Trabalho, no contexto brasileiro, ao realizar uma pesquisa em que, voltando-se para o exame da memória de operários metalúrgicos, desvenda as dinâmicas do desgaste e da resistência que se articulam à trajetória de vida e de trabalho desses trabalhadores. Esse estudo aponta como as experiências de adoecimento, busca de ajuda médica e vivências de mal-estar claramente relacionadas ao cotidiano de trabalho construíram, entre os operários entrevistados, uma visão especial do processo saúde-doença. As representações e imagens das instituições de saúde recebem uma abordagem que revela a descrença dos trabalhadores diante da Medicina oficial. As formas assumidas pelo controle fabril, em outra pesquisa, também foram alvo das investigações do autor, em outro estudo pioneiro no Brasil, sobre o assunto (Laino, 1983).

Os impactos da transformação tecnológica e organizacional sobre o desgaste dos trabalhadores brasileiros foram examinados por Laino (1991). Essa questão tem estado presente, em estudos sociais, desde os fins dos anos 1970 até mais recentemente. Em vários desses estudos também foi realizada a análise das resistências coletivas (Rocha, 1989; Candido Pereira, 1979; Chanlat, 1990). No decurso dos anos 1990 e 2000 essas resistências coletivas têm se revelado de modo geral bastante fragilizadas em todo o mundo.

Anos 1990 e 2000

No Brasil dos anos 1990, a expansão da reestruturação produtiva correspondeu também a uma fase intensa de privatizações que foram acompanhadas por significativos cortes de pessoal. Simultaneamente, as injunções neoliberais estavam sendo absorvidas pelo "mercado", de modo que fusões e incorporações de empresas concentravam cada vez mais o capital, na medida em que firmas menores viam-se forçadas a fechar. Resultou a rarefação dos empregos.

As mudanças culturais deliberadamente "implantadas" em muitas organizações impactaram sobre a identidade e a sociabilidade dos empregados. Essa temática foi objeto de alguns estudos que examinaram peculiaridades como a transformação do paternalismo remanescente em muitas organizações e que representa "herança" do colonialismo (Moreira, 2005).

Os olhares dos economistas e os de outros cientistas sociais confluíram várias vezes no período, desvendando as brutais repercussões que a hegemonia do pensamento neoliberal impôs à população trabalhadora da América Latina. E as mudanças não incidiam apenas nas taxas de desemprego. Pois, ao longo dos anos 1990, diferentes reformas de cunho neoliberal foram sendo introduzidas nos vários países, em ritmos diferenciados, porém sempre de modo a limitar o alcance das políticas sociais e das instituições públicas que as implementavam. Dessa forma, a proteção social à população trabalhadora tornou-se mais frágil em grande parte desses países — especialmente quando reformas previdenciárias e da legislação do trabalho foram impostas (Kon et al., 2000).

Essa fragilização foi agravada pela imposição da ideologia neoliberal através das mídias e sua penetração nas estruturas voltadas à formação dos profissionais de todas as áreas. No Brasil, as ações sociais em saúde, assim como o próprio trabalho profissional dos(as) assistentes sociais e de outros profissionais da área social, foram igualmente prejudicados (Mota et al., 2009). Muito embora, conforme Netto (2010), a categoria dos assistentes sociais tenha renovado seus potenciais e capacidades para a análise e enfrentamento dos óbices impostos pela *modernização conservadora*.

Outros estudos, realizados sobre a intensificação da dominação exercida sobre os trabalhadores ao longo dos anos 1990 e durante a primeira década dos anos 2000, serão mencionados nos capítulos da Parte VIII.

CAPÍTULO 2

O TRABALHO DESQUALIFICADO

1. DOMINAÇÃO NO TRABALHO DESQUALIFICADO E A QUESTÃO DO RECONHECIMENTO — UM CASO ILUSTRATIVO

> *"O ajudante geral é aquele que não tem profissão, todo o serviço que mandam fazer, ele tem que fazer. Vai trabalhar na boca do forno, ou vai carregar as coisas, pega alavanca, marreta, faz tudo."* (Ajudante, setor siderúrgico, 1981)

De modo geral, a expressão "trabalho desqualificado" tem sido utilizada, no Brasil, com o mesmo sentido de "trabalho não qualificado" na obra de Marx (1890), onde podemos ler, em nota de rodapé do capítulo que trata do "Processo de Trabalho e Processo de Produzir Mais-valia":

> A diferença entre trabalho superior e simples, entre trabalho qualificado e não qualificado decorre, em parte, de meras ilusões, ou pelo menos de distinções que cessaram de ser reais, mas sobrevivem convencionalmente, por tradição; em parte, se origina também da situação precária de certas camadas da classe trabalhadora, situação que as impede, mais que as outras, de reivindicarem e obterem o valor de sua força de trabalho. Circunstâncias fortuitas desempenham no caso papel tão importante que esses dois gêneros de trabalho chegam a trocar de posição... . (Marx, s/d.)

Trabalho não qualificado seria, então, aquele que, por determinações que se fazem especialmente a partir das correlações de poder, não é reconhecido como qualificado. É o que, historicamente, aconteceu e ainda acontece em relação ao trabalho feminino, para dar um exemplo que será explicitado em outro momento mas que, num aspecto central, se resume ao seguinte: em sociedades onde as relações de poder no âmbito das diferenças de gênero sempre favoreceram os homens, o reconhecimento — e os salários — masculinos são em geral maiores que os que correspondem a iguais funções no trabalho feminino.

Frequentemente a expressão "trabalho desqualificado" é utilizada como sinônimo de trabalho não qualificado. Cremos, entretanto, que o termo "desqualificado" se refere mais precisamente "àquele que perdeu as qualidades que o recomendavam à consideração pública".[1] Estariam, assim, nessa situação de desqualificação especialmente aqueles cujos conhecimentos e experiências profissionais passaram a ser desvalorizados e descartados em decorrência do advento de novos saberes e de novas tecnologias. Não obstante, é possível discutir a questão, pois também pode ocorrer uma negação, deliberadamente imposta, de qualidades do empregado, que persistem existindo e sendo exploradas no processo de produção, embora não reconhecidas formalmente. O aprofundamento desta discussão, entretanto, não cabe aqui, pois nosso objetivo central é discutir a questão da subjetividade e da dinâmica saúde-doença nas situações de trabalho desqualificado ou não qualificado. Vale assinalar que, certamente, uma diferença importante é previsível, no plano subjetivo, naquelas situações específicas em que foi perdido um reconhecimento social anteriormente existente — como no exemplo do contador de agência bancária que perdeu *status* profissional com o advento da computação, ou no do operário especializado que percebeu ter sido substituído por um equipamento automatizado.

Entretanto, mesmo para quem nunca exerceu um trabalho socialmente considerado como qualificado, a questão da necessidade de reconhecimento é fundamental em termos psicossociais e, como procuraremos

1. Cf. Aurélio Buarque de Holanda, *Novo Dicionário da Língua Portuguesa*. 2. ed. Rio de Janeiro: Nova Fronteira, 1986. p. 575.

esclarecer, também no que diz respeito ao âmbito dos processos saúde-doença.

A questão do reconhecimento se impõe por sua importância, a ponto de ser considerada relevante tanto pelas correntes psicanalíticas da Psicopatologia do Trabalho quanto pelos pesquisadores que estudam o *work-stress* em perspectiva fisiológica e cognitiva harmonizadas à corrente positivista (Karasek, 1990).

A dinâmica do reconhecimento e a que diz respeito à sublimação estão profundamente inter-relacionadas no processo pelo qual a subjetividade se articula ao mundo social. Veremos, adiante, como a sublimação integra esse processo.

O conceito de identidade apresenta um valor especial ao incluir a instância subjetiva, que elabora, de modo contínuo, respostas ao sistema social.

Sainsaulieu (1988), ao afirmar que "o conceito de identidade designa simultaneamente a permanência dos meios sociais do reconhecimento e a capacidade para que o sujeito confira um sentido durável à sua experiência", demonstra a pertinência de um esquema teórico no qual os arranjos e as formulações da organização do trabalho de fato desempenhem um papel significativo nos processos que dizem respeito à identidade. E, se a identidade é atingida, consequentemente, também a saúde, em sua vertente psicossocial, o será. O autor avança nessa análise, ao apontar para a importância das circunstâncias que definem o peso da dominação e as possibilidades e os meios de suportar mal-estar ou de levantar resistências.

As considerações de Sainsaulieu despertam para a necessidade da busca, nos contextos em que as estruturas sociais de dominação se apresentam fortes e os espaços de liberdade se minimizam, da identificação dos fenômenos que se desenvolvem no plano psicossocial e, em especial, nas dinâmicas interpessoal e intrapsíquica. Esta última é o lócus privilegiado em que se desenvolverá, por outro lado, a psicopatologia. Pois sempre vale lembrar que, se é no espaço coletivo que as determinações sociais se delineiam e interagem, é no plano individual que a doença terá lugar. Determinações coletivas, por um lado. Por outro, o adoecer também coletivo, mas em modos individualizados. O autor reconhece a riqueza das contribuições do modelo hegeliano ao estudo da questão da relação entre o desejo e a razão:

> O sujeito não é efetivamente capaz de atingir o estado de pleno uso da razão a não ser que ele possa ser reconhecido como detentor de um desejo dentro da ordem das relações afetivas. Uma dupla dialética paralela, dentro da ordem do desejo e dentro da ordem da razão, constitui a completude do sujeito. (1988, p. 321)

Apontar o conflito como essencial ao processo do reconhecimento de si mesmo — a partir da afirmação da própria singularidade perante um outro — é outra contribuição fundamental do modelo de Hegel, que, no entanto, desperta o questionamento de Sainsaulieu:

> O processo no interior do encontro dos desejos (do senhor e do escravo) será sempre do conflito? Não deveremos admitir igualmente que múltiplos fenômenos de identificação vêm modificar profundamente a hipótese um tanto abstrata de uma oposição total entre desejos? É nos interrogando sobre estes dois tipos de prolongamento do esquema hegeliano que podemos esperar a colocação de uma problemática nova com respeito às relações entre a experiência do trabalho e a da identidade. (p. 323)

Sainsaulieu mostra os pontos de divergência de Marx em relação a Hegel. Ressalta o fato de Hegel não haver considerado a força do dispositivo capitalista de dominação e extração da mais-valia como poder que se sobrepunha e impedia o processo "natural" de superação da alienação.

O autor, no entanto, também encontra em Marx uma falta: a de uma abordagem da questão das relações interpessoais no trabalho. Marx assinala que, sem dúvida, as relações de poder existem e que a exploração efetivada pelo capital é indiscutível. Porém, o *modo* como esse poder se exerce a partir da gestão e das interações humanas, tanto no processo de trabalho como nos processos interpessoais, mereceria também uma atenção especial.

Dos processos interpessoais emergem, alternativamente, nas situações de trabalho: o reconhecimento — com o consequente fortalecimento da identidade — ou a alienação, favorecendo a dominação. Isto escapou a Marx e conduz a novas abordagens, conforme a reflexão de Sainsaulieu.

A questão do *reconhecimento* parece situar-se na convergência de diferentes processos individuais e coletivos. Assim, tem sido estudada por psicanalistas, como Winnicott, Erikson, Betelheim e Laing, por inúmeros psicólogos sociais e sociólogos. Sainsaulieu (1988) realiza uma interessante revisão desses estudos antes de direcionar o olhar para as formas pelas quais as dinâmicas do reconhecimento têm lugar no universo do trabalho.

O autor enfatiza que o acesso à identidade surge como "resultado de um processo conjunto de identificação e de diferenciação que se inscreve no jogo das relações entre dois registros associados — aquele da aproximação afetiva e aquele do poder social de se destacar impondo uma singularidade" (p. 332). Porém, quando o indivíduo se confronta no mundo do trabalho com poderes que impedem qualquer manifestação de autonomia, esse acesso é perdido no lócus do trabalho. Assim, o indivíduo poderá mergulhar na alienação. Mas, caso ele possua outros espaços onde seu poder possa se exercer e sua identidade, portanto, florescer, a situação será diferente. Sainsaulieu acentua como as operárias que têm, paralelamente ao trabalho, um espaço denso de trocas afetivas e de poderes especiais no âmbito doméstico escapam ao processo de alienação. Especialmente o relacionamento com os filhos, e também com outras pessoas do mundo familiar, no caso feminino mais do que no masculino, parece conferir uma proteção contra a alienação. Possivelmente, nesse aspecto, o que se passa na França possa ser comparado ao exemplo brasileiro. Alguns estudos sobre o trabalho feminino no Brasil revelam, ao lado de injustas desigualdades em relação aos homens, uma maior integração na vida extralaboral; onde as mulheres reencontram o sentido existencial que lhes é vedado na experiência do trabalho dominado e desqualificado.

Em síntese: Sainsaulieu (1988) nos recorda que a experiência afetiva das relações humanas e a experiência cognitiva da descoberta de um sentido do mundo e das coisas estão profundamente vinculadas. Analisando, a partir de Hegel, a ideia de que a personalidade do indivíduo pode ser entendida como um sistema de relações entre o desejo e a razão, o autor fixa uma premissa importante para a incorporação da vertente social. *O reconhecimento promove a articulação entre os processos de constituição da identidade e os sociais.* Seria preciso considerar, portanto, que a personalidade se transforma através de interatuações que se fazem em distintas circunscrições, a partir de níveis mais abrangentes como o da classe social, passando pelos microssociais da família

> porque o crescimento e a variabilidade dos fenômenos de organização dentro das sociedades urbanas e industriais de nossa época, criando complexas relações de poder em torno de regulamentos muito depressa ultrapassados, impulsionam os indivíduos a uma busca permanente de suportes de sua racionalidade dentro de um contexto que os ultrapassa. (p. 343)

Pois, perder tais suportes de reconhecimento, muitas vezes simultaneamente nos diferentes âmbitos em que o indivíduo convive — cidade, empresa em que trabalha e família —, significa, em nossos dias, a ameaça de não encontrar mais sentido no trabalho nem na própria vida. Ante a ameaça do caos, o todo psicossomático, como já vimos, responde com um outro caos — psico-orgânico. Essa desorganização é seguida por uma reorganização que se faz em moldes regressivos, mas sob o manto de uma normalidade aparentemente eficiente. Teríamos, então, as "normopatias" e a alexitimia, examinadas em outras partes deste livro, precedendo — às vezes por largos períodos de aparente "normalidade eficiente" — a ruptura que se manifesta clinicamente como doença.

Da falta de reconhecimento ao ressentimento

Os estudos que vinculam falta de reconhecimento e o advento do ressentimento são antigos nas Ciências Sociais. Reconhecimento social, que compreende também reconhecimento baseado no respeito.

> Não obstante, o dilema social representado pelo negro liga-se à violência dos que cultivaram a repetição do passado no presente. (FERNANDES, 1988)

Como nos mostrou Florestan Fernandes, "A resistência negra nas décadas de 1930, 1940 e parte de 1950 suscitou o reacionarismo das classes dominantes, que logo denunciaram o racismo negro. O mestre da sociologia brasileira evoca Marx para prosseguir:

> Marx disse que a história só se repete como farsa. A originalidade do Brasil está em repetir a farsa. (...) Como na década de 30 parcelas das elites, entre elas intelectuais conhecidos, organizam-se novamente para orquestrar uma reação branca a um suposto "racismo negro" que é o sentido dado por eles às reivindicações dos movimentos negros por inclusão social mediante políticas específicas que atuem na correção das desigualdades raciais. (Fernandes, 1988)

Não surpreende, portanto, que na área de Direitos Humanos já se tenha afirmado que na atualidade está havendo a formação de um consenso espantoso: aquele que se faz para "naturalizar" a concepção de uma desigualdade de direitos, com base em uma crença que invadiu muitas mentes: a de que algumas pessoas *são menos humanas do que outras!*

O caso ilustrativo de um operário siderúrgico

A importância do reconhecimento se evidenciou reiteradamente nos trabalhadores industriais que tivemos ocasião de entrevistar em pesquisas empíricas e também nos que foram por nós clinicamente atendidos. Constatamos, na escuta das falas dos trabalhadores, a relevância do significado desse reconhecimento na modulação dos processos saúde-doença em suas vidas. As dificuldades em elaborar frustrações pela falta de reconhecimento variaram quanto a suas expressões clínicas. O consumo excessivo de bebidas alcoólicas — e inclusive a dependência alcoólica — foi uma dessas expressões em vários dos casos estudados na pesquisa realizada em Cubatão (que será relatada na Parte IV deste livro).

Para tentar exemplificar, numa situação humana concreta, as vinculações entre a desqualificação, a carência de reconhecimento, o bloqueio ao desenvolvimento da identidade e da autoestima e a emergência de mecanismos regressivos conducentes ao alcoolismo, reproduzimos, adiante, fragmentos de entrevistas de um dos trabalhadores estudados. Mesmo sem o aprofundamento da análise do caso, acreditamos que possa ser esclarecedor o depoimento desse operário, que há 16 anos trabalhava na siderúrgica F. A., de São Paulo:

> Eu sou terceiro de fossa, meu salário é até mais ou menos. Mas isso que eu faço aqui não é uma profissão, é só nesse ramo que existe o serviço que eu faço. Eu saindo daí, dessa empresa, o que é que eu vou fazer? Ser ajudante geral, ganhando salário mínimo?

Verificamos a peculiaridade desse operário em relação à questão da qualificação e do reconhecimento profissional: ele nos diz que há certo reconhecimento, expresso pelo salário que "é até mais ou menos", mas sabe que, em termos mais amplos do mercado de trabalho, essa sua experiência profissional não será valorizada, aprofundando sua dependência em relação ao emprego, do qual não gosta por diferentes motivos explicitados ao longo da entrevista.

Em outro momento, o operário reporta:

> *Às vezes fico mais nervoso... Chego em casa, e se me contrariam* (faz gesto significativo, mostrando que nessa situação surge um conflito)... *Eu fico muito magoado, sabe? A gente trabalha num serviço duro, quer ficar tranquilo, sossegado, né? E às vezes, é daí que a gente vai num bar, esquece, toma umas pinguinhas.* (Nesta última parte, fala em voz baixa, embargada pela emoção.)

O operário, ao falar de suas vivências nas horas de trabalho, diz:

A gente sente assim que tá cansado, mas tem que fazer o serviço. Funciona aí uma porção de ideias. Na ideia, a gente pensa assim: Tô cansado, mas tem que fazer o serviço! Daí vem aquele pensamento assim: "Puxa vida, eu gostaria que a mulher tivesse aqui só pra ver, dar valor pra gente".

E, ainda, ao falar de seu relacionamento com o chefe imediato:

> A gente já ensinou serviço pra encarregado que tem aí. Agora, no fim, ele quer montar na costa da gente. Não é porque é encarregado que vai montar... Cada um tem sua responsabilidade, não precisa ficar em cima; o próprio serviço lá por fazer, logicamente que eles vêm aborrecer a gente, né! Que a coisa mais dura que tem, é numa caloria daquelas lá é o cara em cima da

> gente. Eles têm que manerar porque ninguém para aí nesse serviço, parece que não aguenta o serviço. Não sei se é o horário, mas o camarada que fica aí é aquele que tem muita necessidade, e muita responsabilidade. Agora, um rapaz solteiro não fica aí. Fico aí por causa da responsabilidade, se tiver um outro serviço podendo ganhar o mesmo, eu ia, e nem olhava pra trás. (Trabalhador siderúrgico, na F. A. de São Paulo)

O sentimento de revolta pelo não reconhecimento da sua experiência profissional é aqui desencadeado pelo controle coercitivo que passou a sofrer por parte de alguém a quem ele mesmo havia ensinado o serviço. Ao lado da percepção de sofrer injustiça está a vivência de profunda humilhação. O sentimento de revolta é reação a ambas — à injustiça e à humilhação. Mas sua revolta é impotente — não pode mudar a situação porque precisa do emprego. E o operário fala novamente da razão que o aprisiona ao emprego, esclarecendo que nele se mantém por causa da *necessidade* e da *responsabilidade* de garantir a sobrevivência da família.

O não reconhecimento de seu valor pelo encarregado atinge seu amor-próprio e ao mesmo tempo gera intensa raiva que se transforma em ressentimento. Mas é o fato de a esposa não revelar apreciação por seus esforços que se torna especialmente doloroso nesse caso. É o que gera ressentimento em relação à esposa. O casal está em permanente conflito, mergulhado em acusações recíprocas. O operário expressou seus anseios de reconhecimento ao manifestar a fantasia de que se a esposa o visse trabalhando talvez pudesse passar a reconhecê-lo e verificar que ele era digno de respeito e afeto.

Transparece, ainda, um aspecto que pode ser mais bem compreendido a partir do conjunto da entrevista: correlacionada a uma crescente utilização de bebida alcoólica, que vinha se processando nos últimos tempos já de modo descontrolado, está a mesma dupla carência de reconhecimento — por parte do encarregado e da esposa. A bebida era utilizada a um só tempo como calmante e como compensação oral e significava ainda um ataque contra a esposa, expresso na mensagem: "Veja, como você não sabe me dar apoio, eu tenho que procurar a bebida!". Significava, também, pelo que foi possível compreender, uma autoagressão — "castigo" determinado pela raiva de si mesmo, por deixar-se submeter ao encarregado que havia aprendido com ele.

O cansaço acumulado emerge várias vezes nessa mesma entrevista, como em tantas outras dos trabalhadores industriais que tinham atividades em turnos alternados. E certamente, no trabalhador aqui mencionado, essa fadiga também aumentava a dificuldade para pensar e agir em busca de saídas diferentes do recurso ao álcool.

A forma pela qual a dor psíquica advinda da falta de reconhecimento deu lugar ao *ressentimento* fica bem clara nesse caso, e constatamos aspecto psicodinâmico similar em vários dos outros estudos de caso que realizamos, tanto nos anos 1980 quanto posteriormente.

2. SUPRESSÃO DA SUBLIMAÇÃO E CONSTITUIÇÃO DA ALIENAÇÃO

O processo de reconhecimento é essencial para a consolidação da identidade. A sublimação permite ao indivíduo articular os significados do seu desejo à busca do reconhecimento social. Através da realização que passou pela sublimação, ele reconhecerá a si mesmo e, simultaneamente, será reconhecido.

A sublimação é um mecanismo *construtivo* da personalidade dentro do processo psicossocial em que, ao mesmo tempo, tem lugar a construção de uma identidade.

Mas a sublimação não tem vez no trabalho desqualificado. As consequências dessa importante constatação têm muito a ver com o sofrimento mental dos trabalhadores e também com a constituição da alienação.

A alienação e a sua vinculação com o trabalho desqualificado haviam sido identificadas por Marx e vêm sendo confirmadas pelos estudos em SMRT. Entenda-se, na perspectiva psicossocial, a alienação como o *distanciamento afetivo* em que o indivíduo se afasta tanto do seu próprio mundo interior — que passa a lhe ser alheio e estranho — como dos significados do mundo social — o que já havia sido analisado por Marx. A alienação e a supressão da fantasia funcionariam como formas de "anestesia" adotadas pelo trabalhador numa difícil encruzilhada, onde um caminho alternativo, percebido como o mais perigoso, é representado pela vivência da *espoliação sofrida em termos existenciais* — vivência tão dolorosa que se torna potencialmente capaz de conduzir ao desespero e à ruptura do funcionamento psíquico.

Nos anos 2000, depoimentos de jovens trabalhadores que tentaram suicídio reiteram essa interpretação, pois eles dizem que, submetidos a um regime de trabalho intensivo e extenuante, não viam perspectivas fora da perpetuação dessa situação, e por isso não quiseram continuar vivendo — provavelmente também o caso de mais de uma dezena de jovens trabalhadores chineses que se suicidaram na fábrica Foxconn no ano de 2010 (Times On-Line, 2010).

Os reflexos para a identidade, conectados à alienação e ao conformismo, foram examinados por Dejours (1983a). A submersão da identidade estaria "garantida" durante a jornada do trabalhador desqualificado, isto é, durante as horas em que o trabalhador está proibido de pensar seus próprios pensamentos. O autor levou em conta as observações clínicas que sugeriam na época a impossibilidade de que os processos psíquicos inconscientes suportassem situações em que, após oito horas de repressão, o reemergir da individualidade se fizesse presente. Nesse texto de 1983, considerou que o indivíduo "expulso de si mesmo" durante toda a jornada teria muita dificuldade de voltar a si nas horas do não trabalho, que explicaria a preservação da alienação dentro, por exemplo, de atividades passivas como, por exemplo, assistir à televisão.

A questão colocada era, inevitavelmente, a de saber se é possível permanecer alienado durante oito horas e recuperar sua identidade em seguida, num outro local. Numerosas observações clínicas sugerem, segundo Dejours (1983a), que isto não é factível e que essa fragmentação entra em contradição radical com os processos psíquicos inconscientes. Certas pessoas, entretanto, segundo o autor, se esforçam para recuperar sua identidade fora do trabalho', recorrendo a uma atividade privada. Porém, muitos fracassariam nessa tentativa, por causa *da fadiga* que resulta da luta travada contra seu próprio funcionamento psíquico e do apelo da própria subjetividade para manter a alienação que *evitaria* "a experiência dolorosa da ruptura" (Dejours, 1983a, p. 5).

Evidentemente, além da alienação e do distúrbio mental, existem certamente outros caminhos. No entanto, esses dois parecem representar real perigo para muitos daqueles que são submetidos ao trabalho desqualificado — especialmente considerando os que estejam inseridos em contextos políticos autoritários em que comunicações são vigiadas e a liberdade é cerceada, de modo a impossibilitar ações solidárias e constituição de resistência coletiva.

No caso brasileiro, com base nas pesquisas de campo que relataremos na Parte IV e em estudos de outros pesquisadores, podemos acrescentar que uma grande fadiga se acumula como resultado da intensificação do trabalho, e ainda, muitas vezes, de numerosas " horas extras", além de condições de trabalho desfavoráveis, às quais se acrescentam percursos extensos e penosos entre a casa e o trabalho.

A sublimação impossibilitada no trabalho desqualificado

A sublimação, ainda segundo Dejours (1983a), surge como uma via personalizada de compromisso entre o inconsciente e o campo social. Sua supressão conduz a uma importante consequência, revelada muito claramente pela análise do autor. Apoiado nos conceitos psicanalíticos, desenvolvidos pelas observações e considerações teóricas de Winnicott, referentes à formação de um falso eu (*faux-self*), Dejours afirmou, no mesmo texto, que o indivíduo mergulharia numa "identidade coletiva": "ele adota todos os atributos destas coletividades que se manifestam sempre através da exibição de poder e de força, de forma a satisfazer o ideal arcaico frustrado"[2] (p. 7). Dentro desse processo desponta, na sequência, o *conformismo*, acompanhado de rechaço às manifestações de singularidade, com a eliminação, portanto, das diferenças individuais, e o temor do ressurgimento da identidade pessoal massacrada. A consequência social mais grave é apontada a seguir: quando "a unanimidade e a eliminação das diferenças são erigidas em modelo e em regra, no horizonte do conformismo, vemos despontar o *totalitarismo*..." (p. 7; grifo nosso). E, mais adiante:

> A conformidade às regras do grupo conduz ao conformismo militante. A uniformidade conduz ao uso do uniforme. O reconhecimento aqui das formas maiores do totalitarismo não deve acarretar uma negligência em relação às formas banais e cotidianas da identidade coletiva. (DEJOURS, 1983a, p. 7)

O autor apresentou, no mesmo texto, uma advertência particularmente grave:

2. Citações de Dejours foram traduzidas do francês pela autora.

> O desenvolvimento das formas modernas de organização do trabalho não traz nenhuma boa esperança para o futuro, pois ele reduz sistematicamente o espaço propício à sublimação (...) Esta situação muito dolorosa, onde o trabalho perde pouco a pouco seu lugar natural de mediador entre o inconsciente e o campo social, deixa crescer um sofrimento e uma tensão que correm o risco de um dia se descarregarem, seja através de uma doença (física ou mental), seja através da violência individual ou coletiva. (Dejours, 1983a, p. 8)

Aqui, além de retomar o exame feito por Marty, Dejours indica outra via nas metamorfoses da identidade social — a que poderá desembocar em *violência*. A consideração merece reflexão, sem dúvida, nos dias em que vivemos atualmente. Muito embora, em interpretações mais recentes, a questão da *dominação* imposta ao trabalhador — e, portanto, uma dimensão política — tenha se acrescentado à interpretação circunscrita à psicodinâmica. É o que veremos no Capítulo 3 da Parte VIII, quando será possível estudar *como* se deram os desdobramentos dessa problemática — articuladamente às das próprias transformações do trabalho e correlações das forças capital-trabalho — durante os últimos vinte anos. Verificaremos, então, o quanto a questão se ampliou e se tornou mais complexa, e de que modo a dinâmica subjetiva, assim como os processos psicossociais da vida laboral, foram envolvidos por poderosas forças políticas e econômicas que atravessam os múltiplos patamares que fazem a mediação entre o indivíduo, as várias estruturas do âmbito microssocial em que se insere, as estruturas intermediárias e o patamar macro da economia mundializada. O referencial psicanalítico continua permitindo o entendimento do que o trabalho desqualificado representa para o indivíduo; a questão do sentido e da sublimação permanecem, mas se tornou mais instigante entendê-las diante das forças que se impuseram à própria esfera subjetiva e aí construíram outros desejos. Assim, não é possível compreender essas duas questões se as separarmos de contextos atuais e de processos mais amplos. E a trama que tece a desqualificação — de imenso número de atividades de trabalho e das pessoas que desenvolvem essas atividades — também se tornou mais complexa.

A desqualificação permanece entendida como forma de ataque à autoimagem e à própria identidade social. Já a sublimação, embora permaneça impedida *enquanto* o indivíduo tem seu tempo e vitalidade absorvidos pelo trabalho desqualificado, tem merecido novas análises. Pois as intermitências entre trabalho e inatividade, que marcam a vida de vastos contingentes humanos, têm possibilitado novas experiências suscitadoras de sublimação, em alguns países — principalmente para alguns grupos (em geral formados por pessoas jovens) que se dedicam a atividades artísticas autônomas quando estão fora dos empregos desqualificadores (Schnapper, 1994).

A desqualificação, em suas repercussões psicossociais e psicopatológicas, foi identificada inicialmente nas linhas de montagem (Doray, 1981; Friedmann, 1972), sempre que essa atividade era organizada em moldes disciplinares rígidos que, sob as exigências de produção e as pressões de tempo, não proporcionavam oportunidade à diversificação de tarefas, nem davam lugar ao pensamento criativo.

Em nossos dias, o trabalho desqualificado ameaça, cada vez mais, e em todo o mundo, categorias que até recentemente podiam extrair prazer, autorrealização e, portanto, sublimação, das atividades realizadas. A supressão da liberdade do pensamento é um aspecto central. Essa supressão se dá em várias circunstâncias, merecendo destaque:

a) as situações em que a organização do trabalho passa a embutir formas de controle que impossibilitam a criatividade;
b) processos de produção mediados por tecnologias sofisticadas que empobrecem o conteúdo das atividades humanas de trabalho — impedindo o pensamento autônomo e o exercício da imaginação criativa —, lembrando que muitos dispositivos técnicos, ao mesmo tempo que exercem controle sobre o trabalhador, *inibem e substituem* seu *pensamento*;
c) situações de trabalho em que as modificações organizacionais levam à *perda do sentido* da atividade de trabalho realizada;
d) sempre que o *medo* de sanções e do desemprego inibir o exercício de uma criatividade que poderia ser vista como infração das determinações e procedimentos previstos, isto é, configurar uma "fuga" do chamado *trabalho prescrito*.

A fragmentação das tarefas é uma determinante da desqualificação, quer quando a atividade é dominantemente física, quer numa atividade sobretudo mental. Ao mesmo tempo, a fragmentação atua, de forma radical, na supressão de qualquer possibilidade de sublimação. A repetitividade e a monotonia, do mesmo modo, são geralmente incompatíveis com a sublimação.

Veremos, no Capítulo 2 da Parte VIII, como esses impactos psíquicos negativos foram agravados pela precarização da proteção social e pela desregulamentação dos vínculos contratuais — situação que na atualidade engloba a maior parte dos que se mantêm por meio de trabalho desqualificado.

3. AS PRÁTICAS PATERNALISTAS DE DOMINAÇÃO – A DÁDIVA E A DÍVIDA

Os princípios que regem o modo paternalista de dominação se aplicam tanto nos locais onde prevalecem relações de trabalho informais — em sistemas arcaicos de produção — quanto em sofisticadas e grandes empresas. Esse modo de dominação, por si só, é determinante da desqualificação de qualquer tipo de trabalho.

Bourdieu (1980) analisou bem a essência das práticas paternalistas:

> É a existência de campos relativamente autônomos, funcionando segundo mecanismos rigorosos e capazes de impor aos agentes suas necessidades, que faz com que os detentores dos meios de administrar estes mecanismos e de se apropriar dos resultados materiais ou simbólicos, produzidos por seu funcionamento, possam fazer a economia das estratégias orientadas expressamente e diretamente para a dominação das pessoas. Trata-se por certo de uma economia, pois que as estratégias dirigidas para instaurar ou manter relações duráveis de dependência de pessoa a pessoa são, como já se viu, onerosas em extremo, o que faz com que o meio devore o fim e que as ações necessárias para assegurar a duração do poder contribuam para a sua fragilização. É necessário dispensar a força para produzir o direito e ocorre que uma grande parte da força passa a ser nele contida. (p. 226)

O paternalismo cria dívidas de gratidão e, às vezes, dívidas concretas de natureza financeira. Ambas servem à dominação. Bourdieu ilumina e sintetiza a íntima relação existente entre a dádiva paternalista e as obrigações criadas pelo endividamento simbólico, ao afirmar que:

> A dádiva que não é restituída pode se tornar uma dívida, uma obrigação durável; e o único poder reconhecido — consubstanciado. Na gratidão, na fidelidade pessoal ou no prestígio — é o poder que se assegura quem doa. Dentro de tal universo, não existem senão duas maneiras de dominar a qualquer um de forma duradoura: a dádiva ou a dívida, as obrigações morais e as vinculações afetivas que são criadas pela dádiva generosa... (p. 216)

O mesmo autor nos demonstra que o predomínio da lógica econômica sobre a lógica social costuma ser ocultado tanto pelas práticas de dominação dos sistemas pré-capitalistas quanto pelas do capitalismo contemporâneo. Assinala, também, o poder maior das formas doces de exercício da dominação, já que a repressão e a exploração brutais são mais difíceis de se manter e se fazem alvo de censura geral.

Assim, entre os constrangimentos de ordem moral que atuam na ação disciplinadora, figura com certo destaque a instrumentalização do endividamento.

3.1 Brasil: Práticas de Dominação que Exploram o Endividamento

No contexto brasileiro, ações de dominação fundamentadas nesse *endividamento* ainda são bastante comuns. Elas ocorrem tanto no meio urbano quanto no rural. Em 1994, escrevemos:

> Constata-se que a dívida para com o patrão ou para com a empresa é contraída frequentemente em circunstâncias nas quais o empréstimo vem atender a uma necessidade familiar importante ou mesmo a uma emergência — doença grave, despesas para casamento, compra ou reforma do local de moradia. Dessa forma, juntamente com a dívida, gera-se um "dever de gratidão" equivalente a um "sentimento de obrigação", que garante o acatamento das ordens. Por outro lado, surge a obrigatoriedade de saldar a dívida, o que geralmente é feito com base em descontos, parcelados ao longo de vários meses, sobre o salário do empregado. Assim, mesmo que as condições de trabalho se tornem mais duras, as exigências maiores e os sintomas de fadiga insuportáveis, é necessário permanecer no emprego. (Seligmann- Silva, 1994)

O endividamento assume características específicas nas áreas extensas e isoladas, distantes dos centros urbanos, nas quais se assentam os castanhais (castanha-do-pará) e seringais da Amazônia, bem como em muitos garimpos e fazendas. Atraídos por promessas dos "gatos" (agenciadores de trabalhadores), homens do Nordeste e de outras regiões há muito tempo são levados a contrair sucessivas dívidas, relacionadas aos custos da viagem, da alimentação, da pensão e dos instrumentos de trabalho. Ao se darem conta das reais condições de trabalho e da inexistência de possibilidade de alcançar o tão esperado "progresso de vida", sentem-se aprisionados pela dívida e pela vigilância dos "guardas" (geralmente armados).

Grande parte dos garimpos do sul do Pará pertence a proprietários particulares. Além de colocar jagunços para a vigilância sobre os garimpeiros, o dono da área proíbe a entrada no garimpo de mantimentos ou mercadorias que não sejam os vendidos, por preços muito superiores aos da praça, exclusivamente pelas cantinas de sua propriedade (CEDI, 1983). Dessa forma, um modo de dominação muito antigo na Amazônia, que marca a produção da borracha já desde a segunda metade do século XIX, passa a dominar o cenário dos garimpos de propriedade privada. Estabelecem-se, assim, relações de trabalho compulsório, bastante semelhantes às do regime de escravidão, já que, se um trabalhador tenta escapar da área do seringal, do garimpo ou da fazenda sem pagar sua dívida, será caçado pelos jagunços. Por outro lado, uma série de mecanismos, nesses locais de trabalho, garantiu por muito tempo a manutenção dessa nova modalidade de cativeiro sem escravidão declarada, ao impedir que a dívida seja saldada. A dívida cresce ou se mantém, por mais que o trabalhador perceba a forma deliberada pela qual são criadas circunstâncias para que o endividamento se prolongue indefinidamente, garantindo assim a continuidade da prestação de serviço em áreas muitas vezes isoladas e onde a mão de obra é escassa.

Santos (1991), em estudo sobre a vida e o trabalho dos catadores de um grande depósito de lixo a céu aberto, na cidade de Fortaleza, descreve também o uso do endividamento na fixação das relações de dominação.

No trabalho em grandes empresas, a dívida assume outras e variadas feições. O depoimento de uma bancária revelou a seguinte situação: funcionária havia oito anos de um importante banco privado, a entrevistada tinha conseguido, através da empresa, financiamento para adquirir o apartamento em que vivia com a família. Suas relações no ambiente de trabalho haviam sofrido intensa deterioração, passando a sentir-se cada vez mais sobrecarregada e a apresentar uma série de distúrbios psicossomáticos e emocionais. Ela queria deixar o emprego, mas não podia fazê-lo sem o risco de perder o apartamento, já que o contrato firmado com o banco garantia que as "suaves prestações" se transformariam em pagamento de toda a quantia devida no dia em que deixasse de ser funcionária (Seligmann-Silva, 1991).

Podemos identificar, portanto, diferentes elementos que se conectam dentro dessa modalidade de dominação e exploração — o trabalho escravo —, mas que podem ter lugar também em outras:

a) o estabelecimento de uma dívida financeira, geralmente produzida pelo fornecimento antecipado de alimentos ou outras mercadorias necessárias ao trabalhador;

b) um "código de honra" inscrito na cultura, mediante o qual as dívidas devem ser pagas, sob pena de desonra;

c) esforços desdobrados e sujeitos às disciplinas adotadas, como único meio de tentar saldar a dívida contraída;

d) a partir do "código de honra", a justificativa de ações violentas pelas quais os proprietários impedem a saída dos trabalhadores endividados para outras regiões (no caso do trabalho escravo).

Ações de fiscalização desenvolvidas pelo Ministério do Trabalho, especialmente durante a primeira década dos anos 2000, vêm mantendo como um de seus objetivos centrais acabar com o trabalho escravo, tanto nos garimpos quanto nas grandes fazendas em que o mesmo tem sido descoberto. A violência desses contextos chegou a expressar-se pelo assassinato de funcionários públicos que atuavam na fiscalização. As ações empreendidas têm sido eficazes e já libertaram muitos trabalhadores. Entretanto, muito resta a fazer e novos cenários se apresentam desafiando a continuidade dessas ações.

O imenso garimpo de Serra Pelada, por exemplo, deve entrar agora em uma nova fase, conforme podemos ler em um portal da internet, sob a data de 7/5/2010:

> Desativada desde 1992, a mina de ouro de Serra Pelada, no Pará, deverá retomar suas atividades de forma mecanizada. A portaria de concessão de

> lavra que permitirá o retorno da mineração no local, conhecido nos anos de 1980 como o maior garimpo a céu aberto do mundo, foi assinada na manhã desta sexta-feira (7) pelo ministro de Minas e Energia, Marcos Zimmermann, em Curionópolis. A decisão dá direito de exploração do ouro à Serra Pelada Companhia de Desenvolvimento Mineral (SPE), formada pela empresa canadense Colossus Minerals Inc, detentora de 75% da sociedade, e pela Cooperativa de Garimpeiros de Serra Pelada (Coomigasp), que terá 25% de participação no negócio e conta com 45 mil garimpeiros associados. (Globo Amazônia, 2010)

Quando se trata de trabalho na Amazônia, entretanto, os desafios são mais complexos e fica mais nítida a confluência das questões de *Saúde geral, mental e ambiental*, entrelaçadas no âmbito de disputas de poder e conflitos de interesses. A questão da utilização do *mercúrio* na extração do ouro é um exemplo que ainda traz graves preocupações, como noticiado recentemente:

> Cinco grandes balsas de garimpo de ouro estão trabalhando a todo vapor no rio Boia, afluente do rio Jutaí, no sudoeste do Amazonas. São dragas mecanizadas, operadas por pelo menos cinco funcionários cada, que puxam o cascalho do leito do rio e jogam em esteiras, criando enormes bancos de areia e desmatando suas margens. O garimpo nessas condições é crime ambiental.
>
> As balsas foram encontradas neste domingo, 20, pela expedição da Frente de Proteção Etnoambiental do Vale do Javari, realizada pela FUNAI em parceria com o Centro de Trabalho Indigenista (CEDI), e acompanhada pelo jornal *O Estado de S. Paulo.* Cerca de 30 funcionários, não identificados, estavam encapuzados dentro das balsas. O uso do mercúrio, altamente tóxico, é comum para finalizar o processo de extração do ouro. (*O Estado de S. Paulo*, 21/12/2009)

CAPÍTULO 3

DISCRIMINAÇÃO NO TRABALHO

"Justamente pelo fato de representar menores custos para o empregador, surge o interesse de caracterizar como desqualificada uma mão de obra que em realidade não o é" (Marx, 1890)

1. AS CONEXÕES ENTRE DISCRIMINAÇÃO, DESQUALIFICAÇÃO, MAL-ESTAR E RESISTÊNCIA

Temos nos referido, nesse texto, à desqualificação que emerge de formas de organização do trabalho em que há um esvaziamento do significado dos conteúdos das tarefas. Vale lembrar, no entanto, que a desqualificação é um assunto complexo que tem sido alvo de numerosas análises e estudos quanto a seus aspectos sociopolíticos e econômicos, mas que, pelo menos no Brasil, ainda necessita ser mais bem pesquisado quanto a suas implicações para a saúde psicossocial.

Do ponto de vista psicossocial, uma série de tarefas e ocupações pode apresentar significados que levem a uma discriminação e desvalorização de seus executantes, em decorrência, por exemplo, da natureza e do conteúdo de atividades em que há contato com dejetos (trabalho em esgotos e depósitos de lixo) ou cadáveres (coveiros). A forma como chefes imediatos geralmente manifestam rispidez e menosprezo no trato com esse tipo de assalariado contribui para agravar a situação. A desvalorização frequentemente é introjetada. Isto é, o trabalhador tende a se autodesvalorizar e, muitas vezes, a se identificar com os conteúdos "sujos" e "mortos" do seu trabalho. As resultantes, em termos psicossociais, podem ser várias, destacando-se o alcoolismo, frequente nessas ocupações socialmente discriminadas (Santos, 1991).

Deve ser considerado, também, que os salários mais baixos são geralmente atribuídos ao trabalho desqualificado, encarado como "o trabalho que qualquer um pode fazer" e que não necessita de treinamento ou experiência prévia. Esses seriam, em verdade, os parâmetros do critério desqualificador.

Na prática, "justamente pelo fato de representar menores custos para o empregador, surge o interesse de caracterizar como desqualificada uma mão de obra que em realidade não o é" (Marx, 1890). Essa situação, identificada por Marx há mais de um século, continua a ser persistentemente observada em diferentes contextos nacionais.

2. SOB O MANTO DA PSEUDOFILANTROPIA: DISCRIMINAÇÃO, EXPLORAÇÃO E VERGONHA.

Outra situação de discriminação pode ser reconhecida às vezes sob uma *máscara filantrópica*. Inclui, em muitos países, imigrantes em situação ilegal, minorias étnicas, deficientes físicos e outras pessoas que se encontram em desvantagem social e são muitas vezes superexploradas. Mesmo no Brasil, o trabalho infantil e de adolescentes jovens ainda hoje subsiste, embora tenha sido reduzido nos últimos anos sob a ação governamental voltada para erradicá-lo.

Grupos e pessoas que são alvo de discriminação trabalham muitas vezes na informalidade e são submetidas a exigências de desempenho excessivo, em condições precárias e potencialmente agressivas à saúde. É comum que o trabalho seja oferecido a essas pessoas sob a alegação de se tratar de ação social filantrópica, voltada a oferecer meio de subsistência aos *necessitados* que não conseguem inserção formal no mercado de trabalho.

A humilhação e mesmo a exploração se escondem muitas vezes sob o manto de uma falsa filantropia que explora simultaneamente o estado de necessidade e a vergonha dessas pessoas. A exploração pode ser de ordem política ou econômica. De ordem política, podemos lembrar a criação da grande frente alemã de trabalho em que Hitler, nos primórdios de sua ascensão, absorveu boa parte da mão de obra desempregada pela crise, construindo, entre outras obras, uma estrada que atravessou a Alemanha.

Essa questão da exploração travestida de preocupação social tem sido desmistificada por historiadores e estudos críticos e bem documentados no Brasil e no exterior (Bravo, 2008; Dörner, 1993). E, conforme uma das conclusões de Márcio Seligmann-Silva no livro em que empreendeu uma revisão do pensamento de filósofos e historiadores que examinaram o sentido e a exploração da compaixão, esta, "enquanto motor da política, tem levado a ações solidárias precárias (que perpetuam a marginalização) ou alimentam ciclos de vingança" (Seligmann-Silva, 2009, p. 104).

A questão da *vergonha* como componente do sofrimento social e psíquico em trabalhadores desempregados foi bem identificada por Santos (2000) nas pesquisas que realizou na cidade de Fortaleza. Os desdobramentos psicodinâmicos dessa vergonha também puderam ser observados no estudo qualitativo que realizamos com trabalhadores que se encontravam em situação de desemprego prolongado. Em vários desses casos, a vergonha foi componente significativo no processo psicodinâmico em que surgiram quadros depressivos (Seligmann-Silva, 1997).

No Brasil, é bastante conhecido o que ocorreu durante a maior parte do século XX em certas *frentes de trabalho* criadas pelo governo, sobretudo nas tristemente famosas e pouco eficazes obras contra as secas do Nordeste, onde milhares de pessoas trabalharam duramente, em péssimas condições, recebendo pagamentos miseráveis. Nessas circunstâncias, a vergonha e a humilhação também foram exploradas. O mesmo voltou a acontecer em anos mais recentes em algumas áreas do país, dessa vez em nome de uma falaciosa *ação social voltada aos mais carentes*. Em tais iniciativas, uma compaixão ofensiva não esconde o menosprezo com que a palavra "carente" costuma ser pronunciada. Nessas "iniciativas sociais" a condição de cidadania é profundamente desrespeitada: os indivíduos "recebem" o trabalho que lhes é ofertado como algo que se situa entre a dádiva paternalista e a esmola.

3. ALVOS DE DISCRIMINAÇÃO — ONTEM E HOJE

3.1 Imigrantes

Os imigrantes ilegais, além de sofrer exploração, repressão e humilhação nos locais em que realizam um trabalho às escondidas, vivem constantemente um estado de medo de serem flagrados, presos pelas autoridades e exilados. Esse medo faz com que sejam ainda mais explorados por aqueles que os exploram. Mesmo não sendo possível desenvolver o assunto, desejamos lembrar que o problema existe em países ricos mas também na América Latina, inclusive no Brasil. Na cidade de São Paulo, trabalhadores vindos de alguns países vizinhos — especialmente da Bolívia — trabalham escondidos por seus patrões, confinados em locais insalubres onde funcionam confecções, caracterizando um tipo de trabalho escravo peculiar que chegou à opinião pública através da imprensa.

O considerável crescente número de imigrantes que buscam trabalho vem suscitando grave aumento da xenofobia em vários continentes, com aparecimento de legislações extremamente duras e excludentes em relação aos trabalhadores estrangeiros. É o que vem ocorrendo em uma série de países europeus, e o próprio Parlamento Europeu passou a desenvolver legislação e sucessivas ações contra imigração e repressão ao trabalho de estrangeiros imigrados (Netto, 2009). Medidas similares vêm sendo tomadas no Japão e mesmo na Austrália e nos Estados Unidos, onde um sintoma expressivo dessa rejeição é constituído pela nova legislação xenófoba de 2010, no Estado do Arizona (*Folha de S.Paulo*, 17/3/2009; Murta, 2010).

O problema vem se constituindo em grave preocupação da ACNUR, a agência da ONU para refugiados (Gutierres, 2008). Dezenas de milhares de brasileiros que trabalhavam no exterior perderam seus empregos e regressaram ao país. Foi o que aconteceu no Japão (Paiva, 2009; Vialli, 2009) e nos Estados Unidos, onde uma organização denominada Coalizão para o Futuro do Trabalhador Americano (CFW) congrega grupos anti-imigração e faz campanhas pela televisão (Canzian, 2008; Murta, 2009).

Na atualidade, além do aumento daqueles que migram devido ao estreitamento do mercado de trabalho em seus países de origem, cresce o deslocamento por catástrofes ambientais: as pessoas que perderam tudo buscam trabalho em outras regiões de seus países ou fora de suas fronteiras. A forma pela qual a questão ambiental está se desdobrando deixa prever o agravamento da situação.

3.2 O Trabalho Feminino

Hirata (1986) identificara, num estudo de enfoque macrossocial, ao analisar as articulações existentes entre a divisão internacional do trabalho e a divisão sexual do trabalho, a absorção maciça, pelas multinacionais, da mão de obra "dócil" produzida nos contextos socioculturais em que a mulher, por tradição, é educada para a submissão. Em análises mais recentes, a mesma autora desenvolve a visão da intensificação da exploração do trabalho feminino ao longo da precarização que se desenvolveu articuladamente ao fortalecimento do neoliberalismo (Hirata, 2002).

No Brasil, vários estudos realizados por cientistas sociais sobre o trabalho feminino indicam a existência de discriminação, superexploração, repressão e, inclusive, humilhação e desrespeito, que, certamente, representam importantes fontes de tensão. Leite (1989) assinala diferentes formas pelas quais ocorre a discriminação de operárias metalúrgicas: menores salários, maiores dificuldades em obter promoção e controle mais repressivo, exemplificado pela proibição de fumar, o que era permitido aos homens, e pela maior restrição ao uso de banheiros, através de fichas não usadas pelos homens. Na divisão sexual das tarefas laborais, Leite observou, também, haver inferiorização — com atribuição, às mulheres, dos trabalhos considerados de importância e valor secundários, muito embora se tratasse muitas vezes de tarefas que exigiam habilidade manual, atenção concentrada e muita destreza.

Beltrão (1982), no estudo já mencionado que essa antropóloga realizou no Pará, verificou o desgaste sofrido pelas mulheres que trabalham nas usinas de beneficiamento de castanha, desvendando como o cansaço gerado pela exploração e pelas precárias condições de trabalho, conjugado a uma enorme pobreza, se reflete sobre o corpo e determina um envelhecimento e exaurimento precoces, em que a própria feminilidade é levada a estiolar-se. O resultado é uma representação do corpo muito peculiar. Afirma a autora: "Na verdade, *trabalho/corpo* não podem ser dissociados, pois no trabalho as operárias são constrangidas a usar seu corpo. Usar o corpo na castanha é transformá-lo fisicamente, ou seja, deformá-lo, passando a possuir um 'corpo cansado', 'sem condições'" (p. 92). Em vários trechos das entrevistas, Beltrão captou expressões que demonstram o quanto as trabalhadoras da castanha percebem o ataque feito, tanto a seus corpos quanto a suas mentes, pelas duras condições vivenciadas no cotidiano laboral, marcado pelo calor, pelo trabalho extenuante realizado sob a pressão de "dar a produção" (o pagamento é por produção correspondente), pelo desrespeito de que são muitas vezes alvo, pelas posições incômodas e pelos longos horários de trabalho — "Muitas operárias entram às 4 horas e saem às 18 horas e até às 20 horas" (p. 81) —, além da dupla jornada acarretada pelos afazeres domésticos. Às vezes, o cansaço ainda é agravado pela gravidez. Assim, as trabalhadoras da castanha relataram, entre outros problemas gerados pelo trabalho, a ocorrência de: "doidice de cabeça ou leseira" (loucura); abalos do "juízo" (mente, cérebro) que provocam dor de cabeça devido ao barulho, quentura, fumaça e poeira; e desmaios ou "passamento" por causa dos nervos, cabeça e/ou corpo atacados pelos "sustos" que podem ocorrer.

O fato de esse tipo de trabalho ser executado exclusivamente por mulheres aponta para uma situação sociocultural peculiar, em que as condições de trabalho descritas e especialmente os aspectos organizacionais foram criados para quem "foi feita" para suportá-los, isto é — a mulher.

Moura et al. (1986) constataram, em indústrias de Belém e de Manaus, o uso da estratégia desqualificadora em relação ao trabalho feminino e observaram também o quanto essa desqualificação favoreceu a superexploração e, por conseguinte, a elevação do desgaste das trabalhadoras estudadas. Na análise das verificações feitas, as autoras concluem que "a hierarquia ocupacional de qualificação esclarece a hierarquia sexual na representação e prática do mundo do trabalho" (p. 23). A desqualificação do trabalho feminino seria, em verdade, uma *desqualificação fabricada pelo capital*, fundamentada no interesse pela redução de custos.

A baixa remuneração obriga muitas mulheres — principalmente as que são responsáveis pelo sustento de suas famílias — a manter mais de um emprego. Esta é uma situação que encontramos em várias digitadoras e que se verifica também em outras ocupações. Desse modo, muitas mulheres têm uma tripla jornada de trabalho, já que deve ser também considerada a atividade doméstica.

Os resultados da fadiga acumulada se fazem sentir de diferentes maneiras em suas expressões clínicas — mais frequentemente psicossomáticas — ou psicossociais. Um quadro habitual, que surge em serviços de atendimento médico, é o das "crises nervosas", cujas razões laborais raramente são identificadas. Essas crises são frequentemente encaradas como algo inerente a um "nervosismo natural das mulheres", portanto, a uma "inferioridade nervosa" própria do sexo feminino. A exploração desse "nervosismo" por certas chefias pôde ser constatada na pesquisa sobre bancários realizada em São Paulo (Seligmann-Silva; Delía; Sato, 1985). A situação configurada, nessas circunstâncias, era basicamente a seguinte: as funcionárias consideradas "nervosas" recebiam maior volume de trabalho e eram alvo de maiores exigências. O rótulo do "nervosismo" isentava as chefias de culpa, quando da ocorrência de novas crises de choro. Por outro lado, o peso da rotulação psiquiátrica fazia com que essas bancárias se sentissem diminuídas e se retraíssem do convívio dos colegas, tornando-se, assim, mais expostas às "broncas" da chefia. Elas também não ousavam queixar-se do excesso de trabalho, temerosas de que isso pudesse ser interpretado como incapacidade para as tarefas e as desqualificasse mais ainda, prejudicando suas carreiras ou, mesmo, pondo em risco seus empregos.

3.3 Os "Nervosos", os Acidentados e os Adoecidos

A discriminação dos "nervosos" emerge, assim, como um outro fator de superexploração vinculado à desqualificação. Pessoas estigmatizadas como "desviantes", especialmente após hospitalizações psiquiátricas, encontram dificuldades para serem aceitas no mercado formal de trabalho e frequentemente são exploradas em subempregos ou, mesmo, em trabalhos não pagos ou sub-remunerados, prestados a familiares. Algumas empresas, ao receberem de volta empregados que passaram por hospitalização psiquiátrica, os realocam em postos de trabalho desqualificantes (Seligmann-Silva, 1981/1983).

Importantes verificações a respeito das vinculações entre desqualificação e distúrbio mental emergem da investigação, realizada por Alessi (1985), sobre aspectos sociais de pacientes de um serviço de psiquiatria. Alessi identificou que, em pessoas marginalizadas que viviam uma situação de "rotulação psiquiátrica", a desqualificação desempenhava importante papel na dinâmica social vinculada à produção de comportamentos que conduzem a essa rotulação. O diagnóstico psiquiátrico e a internação psiquiátrica contribuem para suscitar rejeição dos empregadores e aumentar a desqualificação, quando não para a total exclusão do mercado de trabalho formal. A autora estudou os processos pelos quais os que recebem rotulação psiquiátrica percorrem um itinerário de progressiva pauperização. A desqualificação prévia e o desemprego pós-alta psiquiátrica ocupam lugar importante nesse processo, ao mesmo tempo que aumentam a autodesvalorização e o isolamento social desses trabalhadores.

Situação semelhante à da "doença mental" ocorre com o *acidente de trabalho*. Trabalhadores que sofreram acidentes passam frequentemente a sofrer discriminação e desqualificação, sob alegações geralmente mal esclarecidas e de caráter depreciativo, como a de que estariam com menor capacidade laborativa, ou de que talvez fossem desatentos e "propensos a acidentes". Uma causa mais real, porém ocultada, seria possivelmente o fato de que a presença do acidentado poderia pôr em risco as defesas psicológicas de repressão e negação do medo, presentes no coletivo de trabalhadores.

Os portadores de doenças decorrentes do trabalho sofrem, em geral, a mesma discriminação. Um exemplo atual é o dos trabalhadores atingidos pelos distúrbios osteomusculares relacionados ao trabalho (DORT), com destaque para os portadores de lesões por esforços repetitivos (LER) (Maeno, 1991).

3.4 Outros Preconceitos e Situações de Desvantagem

Os preconceitos raciais ou de outro tipo podem ser, da mesma forma, favorecedores de desqualificação, fazendo, por exemplo, com que as tarefas do chamado "trabalho sujo" sejam atribuídas às pessoas discriminadas, que, por outro lado, também recebem menores salários. Os mecanismos dessa exploração passam frequentemente pela humilhação. Pode, assim, haver a criação deliberada de uma vergonha que isola o discriminado, impedindo a manifestação de solidariedade dos demais. Provocados a humilhação e o isolamento, a submissão geralmente se torna garantida, especialmente se o trabalhador não tiver alternativa de emprego e de subsistência. Evidentemente, mesmo nessas situações, podem emergir resistências. Mas isso se torna difícil quando o alvo da discriminação é alguém que se encontra sozinho, profundamente isolado e sem apoio.

4. A PERSISTÊNCIA DA DESQUALIFICAÇÃO DOS DISCRIMINADOS NA REESTRUTURAÇÃO PRODUTIVA

O discurso voltado à qualificação e ampliação da formação e capacitação dos trabalhadores, dentro do objetivo de incrementar a modernização durante a reestruturação produtiva, não se refletiu em mudanças tão significativas quanto seria de esperar no que diz respeito às históricas discriminações de gênero e etnia. Essas discriminações persistiram e, por conseguinte, em grande parte das situações concretas de trabalho continuaram dando margem à desqualificação.

Estudos desenvolvidos ao longo da reestruturação produtiva mostram que a desqualificação do trabalho feminino, mesmo que atenuada em algumas empresas, se manteve bastante nítida em muitas outras, tanto no Brasil quanto fora do país. Assimetrias referentes a gênero e etnia persistiram frequentes, entre outras baseadas em discriminações de vários tipos — não obstante os discursos empresariais que enfatizavam superação de desigualdades e da discriminação sob formas *participativas* de gestão. Foram estes os resultados, por exemplo, de uma pesquisa brasileira que estudou e analisou em profundidade cinco casos de empresas do setor químico paulista (Rizek, 1993; Rizek; Leite, 1997). Mas situações em que a desigualdade e a discriminação originam maior exploração das mulheres também têm sido estudadas em outros países (Hirata, 2002; Hochschild, 2002b ; Huws, 2003).

Numerosas organizações e pesquisadores vêm desenvolvendo estudos voltados à questão do trabalho feminino na atualidade da reestruturação neoliberal e, agora, na nova crise econômica engendrada por esta.

Quanto às desvantagens a que continuam submetidos no Brasil os trabalhadores afrodescendentes e indígenas, o assunto tem também sido objeto de grande número de estudos e movimentos sociais.

Tanto a exclusão do índio do mercado de trabalho formal quanto sua superexploração no trabalho precarizado são preocupantes e só esporadicamente chegam à opinião pública. O trabalho de índios nos canaviais, por exemplo, foi matéria no jornal *O Estado de S. Paulo.* O periódico transcreveu declarações do procurador do Trabalho do Mato Grosso do Sul, nas quais o mesmo descreveu o trabalho indígena no corte de cana como sendo um *verdadeiro trabalho escravo*: sem poder se deslocar, confinados, os trabalhadores indígenas dormiam em barracões de lona, bebiam água do rio junto com os animais. E o pagamento, além de irrisório, muitas vezes não era recebido (*O Estado de S. Paulo*, 28/7/2008). Em face do desenraizamento e degradação do sentido do trabalho produzido pela superexploração e humilhação atual dos trabalhadores indígenas, cresce a compreensão do abalo psíquico que os mesmos sofrem quando lembramos o profundo vínculo pelo qual o trabalho antes consolidava a integração à cultura (Silva, 2000). Abalo que se expressa nos suicídios de índios jovens que não conseguem manter qualquer visão alentadora sobre o próprio destino e na expansão do alcoolismo em vários grupos indígenas espoliados de suas terras e/ou impedidos de manter o trabalho culturalmente significativo.

5. DESGASTES E RESISTÊNCIAS DOS DISCRIMINADOS

Em todas essas situações de desqualificação associadas à discriminação podem ser originados profundo mal-estar e dor psíquica, como brevemente pontuado acima em relação aos índios brasileiros.

No trabalho forçado — exemplificado pelo trabalho escravo, ou semiescravo e em certas frentes de trabalho —, a fadiga acumulada e as dores musculares são acarretadas em geral pelas cargas intensas de trabalho e ocorrem muitos acidentes. — Os trabalhadores também podem ser atingidos, em certas regiões, por doenças veiculadas por artrópodes ou por outros insetos — como a malária e as arboviroses que podem afetar o sistema nervoso central, como se verifica, por exemplo, nos trabalhos desenvolvidos na mata amazônica. Mas além de todas as agressões corporais e à saúde geral, o indivíduo poderá desenvolver desânimo pela falta de alternativas, e/ou sentir-se profundamente desvalorizado e humilhado, passando a rebaixar sua autoestima, ter pensamentos de fracasso e chegar a apresentar quadros depressivos.

A frustração, o rebaixamento da autoestima e muitas vezes as autoacusações pela precariedade em que se encontra, podem levar o trabalhador explorado à revolta, ao desespero ou à procura de compensação em bebidas alcoólicas ou drogas euforizantes.

Por outro lado, quando existem vínculos sólidos entre o discriminado e o seu grupo de inserção cultural — os conterrâneos, no caso dos trabalhadores migrantes —, aquele muitas vezes desenvolve resistências importantes que neutralizam os efeitos potencialmente adoecedores da situação. Os grupos de apoio e os de confronto político, constituídos por minorias étnicas e sexuais, em vários países, têm conseguido importantes vitórias contra a discriminação, inclusive com mudanças nas legislações. Nos países de menor desenvolvimento social, entretanto, a vulnerabilidade das diversas minorias continua a ser uma grave questão ética e muitas vezes política.

A complexidade das diferentes situações referentes à exploração ou ao desemprego crônicos dos grupos e pessoas discriminados não poderá ser estudada aqui. Porém, o assunto guarda profundos vínculos com a perversidade assumida pelos desdobramentos contemporâneos da precarização gestada sob a hegemonia do pensamento neoliberal e ameaça estender-se ainda mais internacionalmente.

Os movimentos sociais resultantes dos sentimentos de indignação e revolta das populações e minorias excluídos do acesso a trabalho digno ou mesmo a qualquer tipo de trabalho remunerado já se estendem a muitos países, com visível expansão ao longo da crise econômica internacional.

CAPÍTULO 4

UMA TENTATIVA DE MAPEAMENTO DA TEMÁTICA

1. ESTUDOS SOBRE AS ARTICULAÇÕES ENTRE DOMINAÇÃO E TRABALHO — UMA TENTATIVA DE MAPEAMENTO

1.1 Assinalando os Principais Objetos de Estudos

Em uma tentativa de mapeamento das abordagens do trabalho dominado, é possível pontuar alguns objetos de estudo a partir das elaborações teóricas e investigações realizadas por cientistas sociais que estudaram o trabalho dominado e trouxeram contribuições significativas para a SMRT. Esses estudos possibilitam analisar as metamorfoses da dominação e do trabalho dominado. Destacaremos os temas que têm sido suscitados nos últimos trinta anos, ao longo da reestruturação produtiva. Em princípio, portanto, vale distinguir:

1) *Estudos que enfocam desemprego e trabalho informal e que são anteriores à escalada mais recente da mundialização da economia*. Tornam-se significativos para a SMRT pelos elementos que oferecem para compreensão da *gênese do sofrimento social*. Certamente uma periodização desses estudos ofereceria interessante análise diacrô-

nica, permitindo identificar as inflexões surgidas ao longo do *continuum* histórico.

2) *Pesquisas articuladas à atual precarização das relações sociais de trabalho* em seus impactos na sociabilidade e na saúde geral — com exame especial da saúde mental. É um enfoque que também abrange as trajetórias sociais dos desempregados — incluindo-se aí os estudos sobre a dimensão subjetiva e o adoecimento no desemprego de longa duração. Várias pesquisas e análises que assumiram o conceito de *exclusão social* — discutido e redirecionado à *precarização* por Castel (1998) — incluíram o exame do desemprego. Os temas relacionados à face perversa da globalização assimétrica foram e continuam sendo analisados por filósofos e cientistas sociais, em perspectivas que tendem, cada vez mais, a incluir os impactos na saúde e a avançar para o desvelamento da esfera subjetiva sob diferentes abordagens. Esses estudos podem apresentar grande interesse para a SMRT. Destacamos, assim, os seguintes objetos de pesquisa:
   - *A imposição de ideologias e seu contrário* — a consciência crítica e a consciência social (consciência de que cada um faz parte do todo social; alguns estudos voltados a identificar consciência de classe). Configura-se aqui um conjunto de estudos duplamente relevante para a SMRT: em primeiro lugar, para o entendimento dos processos de coerção e submissão, e em segundo, para análise das resistências e das perspectivas de *enfrentamento* delineando cenários futuros mais favoráveis ao bem comum e à viabilização de políticas e práticas da saúde coletiva que alcancem os trabalhadores e o mundo do trabalho.
   - Novas formas de dominação na *exploração* e *expropriação* da subjetividade. Importância do estudo destas para a compreensão da *confluência* entre as mutações que ocorrem em diferentes âmbitos.
   - Mutações da dominação e da exploração em diferentes áreas da economia, do serviço público e em algumas ocupações específicas. Com desdobramentos para os estudos do trabalho feminino.
   - O estudo do que vem sendo denominado *trabalho afetivo*, e que envolve várias atividades de prestação de cuidados a crianças,

idosos, deficientes e vítimas de catástrofes — os chamados *cuidadores* —, mas também outras atividades realizadas na implementação da educação, das ações de saúde, de assistência social e na área da Justiça. Diferentes análises mostram de que modo as injunções de ordem burocrática e o aumento do poder da tecnoburocracia restringem a autonomia profissional, esvaziam o sentido desse tipo de atividade e, assim, incrementam desgaste desses profissionais, como do pessoal auxiliar das áreas envolvidas em ações sociais (Paparelli, 2009; Fávero; Melão; Jorge, 2008; Santos, 2008).

- Identidade social e suas transformações na vida laboral, com repercussões na sociabilidade e no psiquismo.
- Transformações psicoculturais que se conectam, em suas origens, a relações de poder e se refletem na gênese de tensões, sofrimento social, desgaste mental e inclusive dos transtornos psíquicos relacionados ao trabalho.
- Repercussões psicossociais e subjetivas da violentação de valores éticos e morais dos trabalhadores, impostos através de políticas e práticas organizacionais.
- A revelação, em várias pesquisas empíricas, de manifestações do sofrimento social, desgaste mental e mesmo de expressões clínicas de adoecimento mental no trabalho dominado.
- As análises voltadas à precarização da proteção social, exemplificada no desmonte, em numerosos países, das estruturas e políticas públicas voltadas a essa proteção — as chamadas políticas de Bem-Estar Social (Previdência; Saúde; Educação; Emprego e geração de renda).
- Articulações entre as várias faces da precarização: precarização social, do trabalho, da saúde geral e mental e precarização das condições do meio ambiente.
- Estudos sobre expansão da *violência* na sociedade e nos ambientes de trabalho, refletindo a precarização da sociabilidade. Alguns estudos confirmam que a exultante expansão coletiva do mal-estar é terreno fértil para o desgaste mental, descrevendo expressões do que, a partir da ótica da SMRT, configu-

ra a *psicopatologia da violência* — como será explicitado no Capítulo 3 da Parte VIII deste livro.

- A expansão contemporânea do medo e da incerteza nas sociedades e nos ambientes de trabalho, em estudos que analisam uma *nova servidão*. Em um primeiro subgrupo temos os pesquisadores contemporâneos que detectaram essa expansão a partir das ciências sociais — como Baumann (2006), Sennett (2008) e Boltanski (2008), entre outros —, ou através de estudos experimentais associados a enfoques de psicologia social (Beauvois, 1994). Em outro, os relatos clínicos — principalmente de médicos, psicólogos e psicanalistas — que identificam essa servidão a partir da prática clínica, nos serviços voltados à saúde dos trabalhadores ou mesmo na clínica privada (Dossier, 2005; Pezé, 2008; Menezes, 2010).
- As resistências dos trabalhadores à dominação, assumidas individual ou coletivamente, é tema examinado no Capítulo 2 da Parte VII deste livro, tendo como foco alguns aspectos especialmente relacionados à saúde mental.
- A análise de perspectivas e previsão dos possíveis cenários futuros vem sendo empreendida, conjuntamente, por inúmeros pensadores, muitos dos quais são filósofos e cientistas sociais (Waterman, 1998 e 2001; Arantes, 2007; Alves, 2010; Antunes, 2006).

A seguir, dois dos enfoques pontuados merecem algum desenvolvimento:

a) A modulação das resistências: ideologias versus consciência crítica

Para a SMRT são ainda relevantes, no tocante à questão do trabalho dominado, os estudos sobre a *imposição de ideologias* e seu contrário — a consciência crítica e a consciência social (consciência de que cada um faz parte do todo social). Em geral, são estudos que apontam também para a importância da cultura política e das deformações que esta sofre nos regimes autoritários e mesmo em países ditos democráticos, onde vários analistas ressaltam a ação deformante exercida pelas mídias que são manipuladas por interesses hegemônicos. Como se configura aqui, existe um conjunto de estudos extremamente relevante para análise das *resistências coletivas à dominação* e, ao mesmo tempo, para os cenários futuros; tais estudos necessariamente devem interessar a quem se vincula às questões ou às práticas da saúde coletiva direcionadas ao mundo do trabalho.

Silveira (2003) procurou analisar as principais manifestações dessa resistência na esfera mais ampla da saúde do trabalhador brasileiro e analisou como a resistência acompanhou o processo da redemocratização ao longo das décadas mais recentes.

Vários autores estudam a maneira pela qual distintas formas de resistência têm se desenvolvido. Essas resistências são mediadas pela organização e pelas lutas dos trabalhadores e têm se correlacionado a diferentes estágios da consciência de classe e/ou consciência crítica da exploração sofrida. Alguns autores examinam, ainda, como as perspectivas para a transformação do processo de trabalho e para a superação das determinantes laborais do adoecimento passam a depender, em grande parte, da evolução desses estágios de conscientização. Neste livro, entretanto, não será possível e nem teremos a pretensão de rever a ampla literatura existente a respeito na área da Ciência Política e da Sociologia Política. Portanto, nos limitamos à focalização de alguns pontos especialmente pertinentes ao tema no que diz respeito ao mundo do trabalho.

Fabricação da ideologia que fabricou o consenso dominante

A produção de uma ideologia neoliberal que se tornou dominante foi foco de importantes estudos e debates que permearam a vida e a obra de Pierre Bourdieu e dos sociólogos que acompanharam seu pensamento desde os anos 1970. A forma como essa ideologia se desenvolveu e passou a prevalecer no pensamento de grande parte dos intelectuais e nas escolas que formam os dirigentes de governos e de empresas — submetendo inclusive o pensamento de muitos sociólogos — é trazida até os anos 2000 por um livro recente de Luc Boltanski (2008). Tal ideologia, ao longo dos últimos trinta anos, construiu e consolidou amplo consenso quanto à crença de que uma *nova economia* — norteada por princípios racionais, inexoráveis e incontestáveis — domina a política dos países e das empresas. Tal domínio, conforme esse consenso ideologicamente forjado visa (e consegue em boa parte), neutraliza e torna inúteis os movimentos de resistência (Boltanski, 2008)

No Brasil, ao final dos anos de regime militar, desenvolveu-se uma corrente importante de estudos e debates (nos meios acadêmicos e na esfera pública) voltados para as questões de direitos humanos e direitos de cidadania. A consciência desses direitos também tem mobilizado as resistências ao trabalho explorado, degradante e adoecedor. No campo do *Direito*, diferentes autores têm dedicado atenção à questão do Direito à Saúde e, inclusive, de modo especial, à saúde do trabalhador no âmbito dos Direitos Humanos. Os estudos jurídicos que enfocam a questão da dignidade, às vezes, têm confluído para temas pertinentes à SMRT (Silva, 2008; Dallari, 1998; Oliveira, 2010).

Embora a resistência coletiva de várias categorias de assalariados permaneça ativa, é fato que tanto a mobilização coletiva quanto a dos indivíduos vêm encontrando um poderoso obstáculo: o temor ao desemprego. Retomaremos o tema da resistência na Parte VII (Defesas Psicológicas, Suportes e Resistências) e nos capítulos da Parte VIII deste livro.

b) Confluências das mutações sociais, do trabalho e da vida mental

As novas formas de dominação na exploração e expropriação da subjetividade

A intensificação da *dominação* se estendeu através do mundo contemporâneo e atingiu a vida mental. Os caminhos contemporâneos dessa dominação atravessam o mundo do trabalho. Nessa passagem ocorrem mediações nas quais se exercem mecanismos de potencialização das forças que geram a submissão e a servidão. O medo é instrumento poderoso nesses processos, mas a sedução também se tornou ferramenta importante. O que acontece nos fluxos e processos da dominação contemporânea com os relacionamentos e com a vida mental é o objeto de estudo da SMRT em abordagem necessariamente multidisciplinar, como foi visto na primeira parte deste livro.

A maneira pela qual a reestruturação produtiva e as transformações do trabalho têm atingido a sociabilidade acarretou a ruptura de laços sociais significativos tanto no ambiente de trabalho quanto na vida familiar e na participação social. Nessa perspectiva, são muitas as configurações e circunstâncias envolvidas: os incrementos da fadiga devidos à intensificação do trabalho que esvaziam o espaço dos relacionamentos interpessoais significativos e da vida afetiva; o *teletrabalho*, que também está submetido a exigências de produtividade e invade o espaço da vida familiar; o maior número de deslocamentos — presente no trabalho sazonal de trabalhadores rurais e na multiplicação das viagens dos técnicos e executivos. No Brasil, tornou-se corriqueiro o trabalho sazonal que muitas vezes resulta em migração, com deslocamentos que periodicamente separam cônjuges e distanciam pais e filhos, mas que, não raro, culminam em rupturas definitivas. A ruptura do laço social ocasiona desdobramentos — solidão afetiva, abandono dos filhos e multiplicação de famílias monoparentais em que a mulher é a única provedora. Além de uma geral quebra de solidariedade, de empobrecimento dos relacionamentos humanos e da participação social — com consequente expansão da *indiferença* e da *desresponsabilização.* A desresponsabilização é um tema atual, mas ainda insuficientemente analisado no âmbito brasileiro — ela pertence à esfera do político e do social, mas também atinge e fere as subjetividades dos que sofrem indiferença, injustiça, abandono e mesmo desamparo.

Constata-se, portanto, uma desagregação, um dilaceramento que esgarça gravemente o tecido social.

A Sociologia do Trabalho, na atualidade, não pode ficar restrita ao mundo do trabalho e examina o modo pelo qual este é penetrado pelos fenômenos políticos, sociais e econômicos que se desdobram internacionalmente. As diferenças entre países que detêm maior poder político e econômico, os "emergentes" e os pobres (preferimos simplificar desse modo em vez de adotar outras categorizações) marcam assimetrias nas quais a *desigualdade* produz reflexos nas condições gerais de vida, nas estruturas sociais (família inclusive), na sociabilidade geral (relacionamentos humanos) e, finalmente, nas subjetividades e na produção de psicopatologia.

O modo como essas mutações atingem os trabalhadores faz parte e é, portanto, indissociável de toda essa dinâmica que, de modo permanente e interativo, transforma a esfera *macro* e as realidades nacionais, penetrando no complexo mundo do trabalho e na vida/saúde/subjetividade dos trabalhadores — inseridos ou desempregados. Assim, as perspectivas de análise em SMRT exigem um olhar abrangente. Do contrário, haverá risco de graves equívocos de interpretação. Obviamente, os pesquisadores e profissionais do campo da Saúde do Trabalhador e da Saúde Mental não podem pretender dominar o conhecimento do amplo campo das Ciências Sociais e demais áreas conectadas aos estudos da dinâmica saúde-doença relacionada às situações de trabalho e não trabalho. Mas o *diálogo permanente* com esses territórios e seus especialistas é cada vez mais indispensável nas equipes multidisciplinares dedicadas à pesquisa e à ação social. Assim, assistentes sociais e as equipes que concretizam as atividades do SUS — em especial os envolvidos na rede nacional de atenção à Saúde dos Trabalhadores —, encaram, conjuntamente, o desafio multifacetado: visualizar as múltiplas faces e ao mesmo tempo a *integralidade biopsicossocial* do trabalhador, isto é, o *trabalhador por inteiro*. E ainda, num segundo plano, as especificidades de suas situações de trabalho enquanto partes de contextos mais amplos. Os textos de alguns autores latino-americanos deixam evidente essa questão epistemológica, que fica bem elucidada, por exemplo, pela visão de sociólogos de olhar abrangente, como Bourdieu em sua *A miséria do mundo*. Na Argentina, essa perspectiva também se revela em algumas análises realizadas por Bialakowsky e colaboradores (Bialakowsky; Hermo, 1996).

Bialakowsky e colaboradores (2003), numa perspectiva abrangente — econômica e social, mas que inclui aspectos psicossociais e subjetivos —, estudando as transformações sociais conjugadas à crise econômica argentina, fazem uma análise que talvez possa ser estendida a outros contextos. Pois a hipótese dos autores é de *que os fenômenos e tendências socioeconômicos que atingem a subjetividade em um plano nacional* (Argentina, no caso) *são uma expressão do processo global*. Mesmo considerando algumas especificidades do período que vai dos anos 1970 aos 2000, nos acontecimentos políticos, econômicos e sociais do país em causa. Os autores identificam, juntamente com uma escalada na concentração do capital, formas cada vez mais coercitivas e mesmo violentas de *produzir a acumulação deste capital* — o que é paradoxal em relação à crescente necessidade de que as empresas possam contar com o envolvimento subjetivo dos trabalhadores. Nessa constatação, apontam para um conjunto de pressões direcionadas a *excluir* e mesmo, no caso argentino, a *extinguir* determinados segmentos sociais. Observam que o aumento do número de pobres e excluídos levanta a indagação sobre a existência de uma tendência à expansão continuada da pobreza e da exclusão. Registram, ainda, a existência de um processo de *guetificação* e de seccionamento social urbanos.

> No extremo residual da sociedade disciplinar, vista macroscopicamente, se produz uma modulação do biopoder populacional que regula com repressão extrema a *extinção* dos setores que são desprendidos da classe trabalhadora para passar a tramitar como pobres marginalizados e criminosos urbanos.

Adiante, Bialakowski e colaboradores (2003) relatam de que modo elaboraram sua percepção a respeito da "instauração do *vínculo violento como 'essência' do vínculo social* e a *punição da dominação* (enraizada) na superfície e nas áreas profundas da subjetividade como a matéria deste vínculo social" (tradução do espanhol e grifos nossos). Observamos que a *ideia de punição aos dominadores* remete aos potenciais destrutivos do *ressentimento* de quem não recebe reconhecimento e dos humilhados. Vimos que esses potenciais haviam sido profundamente analisados por Le Guillant em seu estudo sobre as empregadas domésticas. Le Guillant analisou a culminância desse ressentimento no famoso caso do assassinato das irmãs Papin, ocorrido nos anos 30 do século passado, em que as autoras eram também duas irmãs que por muitos anos haviam sido serviçais dessas duas senhoras da burguesia parisiense (Lima, 2006).

Bialakowsky e colaboradores (2003) mencionam, adiante, no mesmo texto, reflexões de outros autores sobre a possibilidade de que o que ocorre atualmente possa ser entendido como a sujeição real da produção da própria sociedade ao capital, e não mais somente a sujeição do trabalho e do emprego. E acrescenta a essa ponderação:

> Poderíamos perguntar "por que não?", uma vez que a sociedade avança para formas cada vez mais coativas, com perfis mais evidentes da violência e da coerção, para a *expropriação* direta, com a qual a dominação — no sentido da legitimidade que possui todo o sistema de dominação — careceria agora, especialmente para (...) as periferias sociais, das formas que revestia a hegemonia capitalista do pós-guerra até os anos oitenta.

Um ponto central nas conclusões dessa análise dos sociólogos argentinos é a percepção de uma metamorfose acionada a partir do próprio capital para supressão de laços, espaços e — o mais terrível — até de segmentos do próprio tecido social, que estariam condenados à *extinção*. O tecido seria dilacerado pelas atuais forças da economia e da administração do trabalho de cambulhada com o tecido social, dominação ou também *extinção* dos espaços sociais privados. Trata-se de um ponto de vista apocalíptico? À primeira vista espanta, mas certamente merece reflexão.

A ótica de Bialakowsky interpreta que o poder agora está também se implantando sobre os *processos sociais subjacentes à produção* — processos sociais de trabalho — e se estenderia à própria sociabilidade e subjetividade. Em suma, a *vida social* estaria imersa em uma nova servidão. Nesse aspecto, o sociólogo argentino parece aproximar-se de análises realizadas pelo psicólogo social Jean-Léon Beauvois (1994), sobre a *intensificação da submissão* nos contextos marcados pelos avanços do neoliberalismo.

Um tópico instigante do texto é aquele em que, após terem mostrado a fragilização dos vínculos sociais, os autores sugerem uma reinterpretação da alienação, pela qual agora o próprio tecido social é alienado:

> outro ponto focal consiste em reinterpretar a alienação e a cooperação em seu sentido clássico (conforme Marx). Com o trabalho alienado se trata agora não tanto do emprego-mercadoria como da ocupação, não tanto dos meios de produção como do método produtivo e reprodutivo (M. Hardt e A. Negri, 2002). Trata-se, mais do que da produção do genérico, da recriação do social em si. (Bialakowsky; Hermo; Lusnich, 2003)

Compreendemos, então, de acordo com Bialakowsky e colaboradores (2003), que

> o método de cooperação histórico é constituído pelas formas singulares de tensionar a relação social no processo produtivo e reprodutivo. Em outras palavras, temos a considerar nesta cooperação historicamente estabelecida: o desenho do processo social de trabalho e o processo de trabalho social, o social no processo de produção e o processo de trabalho para produzir o próprio social.

Da leitura desse texto infere-se que nem a pesquisa sociológica do trabalho nem a pesquisa sobre economia podem deixar de lado o estudo da dominação e de sua atuação na esfera das subjetividades: a economia como contabilidade, como registro, não resulta em outra coisa senão em fetiche, uma exibição feita para ocultar. Daí se conclui, com os autores citados, que "as análises que excluem a compreensão das formas de dominação, trocam a ciência pela contabilidade do que é objeto de intercâmbio" (Bialakowsky; Hermo; Lusnich, 2003).

Resulta, igualmente, que a análise do processo de dominação se torna essencial para o entendimento da gênese do sofrimento social, e, mais adiante, para os desdobramentos desse sofrimento social que resultem na vertente do desgaste mental que tem raízes nas experiências vivenciadas nas situações de trabalho e no desemprego. Conforme assinalado, a mesma análise pode ser promissora para iluminar caminhos que conduzam à revitalização e à libertação.

Outros autores analisaram muito bem como o poder desregulamentou as relações sociais de trabalho e apagou a própria razão social do trabalho. Como pode ser visto em Druck e Franco (2007), e nas observações extraídas de outras pesquisas realizadas principalmente no Brasil, mas também em outros países, reunidas por Antunes (2006) — todas elas evidenciando a articulação entre precarização do trabalho e precarização social.

PARTE IV

A Constituição e as Manifestações do Desgaste Mental Laboral

CAPÍTULO 1

ESTUDO REALIZADO JUNTO A TRABALHADORES INDUSTRIAIS

As pesquisas que realizamos em Cubatão, bem como o estudo de trabalhadores siderúrgicos de São Paulo, no período de 1981-1983, permitiram o exame de algumas interações que, envolvendo aspectos referidos ao trabalho, estiveram presentes na gênese do desgaste e do sofrimento mental. Esses estudos possibilitaram a identificação de vários aspectos das *conexões entre a vida laboral e as condições gerais de vida*, tendo merecido especial análise a interação família-trabalho (Seligmann-Silva, 1981/1983).

Os trabalhadores investigados em Cubatão pertenciam a diferentes áreas industriais de base — siderúrgica, petroquímica, química e de fertilizantes. Poucos dentre eles haviam atingido alguma qualificação profissional. Todos eram migrantes e haviam tido afastamentos do trabalho por distúrbios "nervosos". Foram realizados 26 estudos de caso com esses trabalhadores de Cubatão e 14 outros junto a trabalhadores de uma indústria siderúrgica de São Paulo, em relação aos quais não havíamos obtido informações prévias sobre a existência ou não de sintomatologia "nervosa".

Algumas notas sobre a forma pela qual se desenvolveu a abordagem metodológica estão incluídas no Anexo inserido na parte final deste livro.

Podemos adiantar que um roteiro especial de anamnese biográfica foi o principal instrumento de pesquisa utilizado. Todos os trabalhadores foram entrevistados em suas casas e as entrevistas foram sempre gravadas.

A maioria dos entrevistados estava há mais de dez anos na ocupação, e vários trabalhavam há mais de dez anos numa mesma empresa. Foram também entrevistados, dentre os de São Paulo, cinco trabalhadores aposentados.

1. VIDA, TRABALHO E SAÚDE

A *História de Vida* e a *História de Trabalho* foram integradas na anamnese biográfica e em muito contribuíram para o entendimento do desenvolvimento dos aspectos psicossociais e psicopatológicos identificados. Entretanto, poderemos assinalar, dentro dos limites configurados pelos objetivos gerais deste livro, somente alguns aspectos mais chamativos. Evidentemente, as experiências infantis, as relações familiares dos primeiros anos de vida, o trabalho desenvolvido na infância e na adolescência, as privações, os níveis de desestruturação ou de coesão na família de origem e a visão de mundo, que cada um foi construindo a partir de suas vivências consecutivas no interior de distintas redes de relações sociais, convergem para delinear processos singulares, únicos, que só o estudo de cada caso individual poderia desvendar em suas múltiplas interações.

Apresentaremos aqui, portanto, resumidamente, apenas itens cuja importância nos parece merecer maior destaque, quanto aos aspectos que emergiram do conjunto dos históricos de vida e de trabalho dos operários entrevistados. Nas outras partes do livro serão encontrados material e análise de aspectos especiais verificados na mesma pesquisa, como, por exemplo, a interface família-trabalho.

1.1 Condições Gerais de Vida e o Meio Ambiente

A pesquisa encontrou inúmeras inter-relações entre a fadiga e aspectos decorrentes da situação de trabalho e das condições gerais de vida. A acumulação do cansaço que conduz à fadiga patológica era facilitada por condições de *moradia* inadequadas para o sono diurno. A fadiga era agravada quando a *distância* entre local de trabalho e local de moradia era muito extensa, o que se tornava ainda mais penoso para o trabalhador, quando não existiam meios de *transporte* suficientes ou providos de um mínimo conforto. Ao cansaço do trabalho acrescentava-se, assim, a necessidade de despertar várias horas antes da entrada no horário do turno, tendo em vista a espera e o tempo de condução ou, mesmo, o tempo a ser gasto com uma longa caminhada. Por isso, o turno da manhã, com início às 6 horas em várias indústrias, prejudicava o sono noturno, na medida em que obrigava certos trabalhadores a despertar antes das 4 da madrugada. Estas foram algumas das constatações que pudemos fazer.

As dimensões adequadas da casa, a existência de um aposento onde o trabalhador pudesse repousar ou dormir durante o dia, protegido contra o ruído e a luminosidade, dependiam, certamente, de condições econômicas que a maioria dos entrevistados não possuía.

O *nível salarial* demonstrou ser uma condição crucial para a possibilidade de garantia, não apenas da necessária recuperação do cansaço, mas também de uma qualidade de vida capaz de neutralizar os impactos psicossociais negativos do trabalho em turnos alternados e, mesmo, de atividades em horário fixo diurno, mas que também se apresentavam especialmente desgastantes. Na quase totalidade dos casos estudados, os baixos salários impediam práticas de *lazer* ativo e significativo durante as folgas e férias.

Distúrbios de saúde em pessoas da família contribuíam para o aumento de tensão e cansaço. Especialmente em dois dos casos estudados, a existência de pessoas doentes na família foi, ao mesmo tempo, motivo de aumento das preocupações e de dificuldades concretas para dormir — uma vez que havia necessidade de atender aos doentes nos horários que seriam dedicados ao sono. No caso de um operário, que trabalhava na manutenção de siderúrgica de Cubatão e que tivera afastamento de uma semana por sintomatologia psiquiátrica aguda, o relato é especialmente expressivo, inserindo as doenças da família na constelação de uma situação complexa vinculada ao desencadeamento de seu "esgotamento nervoso".

O meio ambiente. Ecologia Humana como questão

O estudo da questão do meio ambiente não fez parte dos objetivos explicitados em nosso projeto de pesquisa, mas passou a se impor ao longo do processo de investigação. Não haverá espaço aqui para descrever a amplitude das observações que emergiram sobre o assunto. Apenas assinalaremos a diversidade das atitudes encontradas com relação a um tema de primordial importância para a saúde coletiva, mas que, no início dos anos 1980, era apresentado de maneira reducionista através da mídia. Ainda eram raras, então, as abordagens, no Brasil, das *conexões*, em termos de Ecologia Humana, entre o que ocorre *no interior das fábricas* — no que se refere a processos de produção — e o meio ambiente.

Na época em que realizamos a pesquisa em Cubatão, a imprensa havia passado a se ocupar, com relativa frequência, da poluição naquela cidade. Possuíamos, assim, uma expectativa de que o assunto emergisse nas entrevistas. Para nossa surpresa, vários entrevistados manifestaram desgosto pela maneira como o assunto estava sendo veiculado. Sentiam-se ofendidos pela forma como sua cidade vinha sendo referida. Adjetivos como "sujo" e "poluído" pareciam ferir a própria identidade daqueles que já se sentiam pertencendo, fazendo parte da cidade. Um trabalhador fez questão de mostrar as plantas que cultivava e os pássaros que criava, para "provar" que era injusta a campanha da imprensa. Entretanto, quando se tratava dos ambientes físico e químico do próprio trabalho, havia o reconhecimento dos aspectos negativos, embora vinculados, por muitos, à *inevitabilidade*. Os trabalhadores que atuavam como ajudantes industriais, os migrantes e os de menor escolarização supunham, geralmente, não existir meios técnicos para a melhoria das condições ambientais, de modo a diminuir a poeira, o ruído, o calor e as vibrações. Houve, entretanto, trabalhadores que demonstraram preocupação com a poluição ambiental fora da fábrica e as consequências para a saúde de suas famílias, e alguns destes teceram considerações sobre o fato de "viver sempre na poluição: dentro e fora da fábrica".

Bem distinta foi a situação encontrada entre os trabalhadores e familiares entrevistados no bairro da Água Funda. Na época da pesquisa, 12 toneladas diárias de poluentes eram liberadas pela F. A., conforme reconhecido pela Cetesb, órgão estadual paulista encarregado das questões de meio ambiente. Desde 1978, um ativo movimento popular — o *Movi-*

mento contra a Poluição da Água Funda, organizado por moradores do bairro e apoiado, na época, pela paróquia local — desenvolvia importantes atividades para a conscientização da comunidade sobre a gravidade dos riscos para a saúde, acarretados pela intensidade da poluição, e, ao mesmo tempo, realizava esforços para a implantação de filtros na indústria — objetivo alcançado alguns anos depois. Publicando e distribuindo periodicamente um *Boletim* ("Nossa Luta"), realizando passeatas, acionando a imprensa e exercendo esforços para que os poderes públicos interviessem contra a poluição, o movimento apresentava uma impressionante vitalidade. Uma interessante característica do grupo organizador era o fato de ser *constituído principalmente por mulheres*, uma vez que o rígido controle, exercido pela polícia interna da empresa, impedia os trabalhadores de tomarem parte direta nas manifestações. Testemunhamos os métodos utilizados por essa "polícia interna", quando um de seus membros penetrou em uma reunião do movimento e fotografou todos os presentes. Nas reuniões e passeatas do movimento, bem como no conteúdo dos boletins, a questão ambiental e a questão das condições de trabalho e da superexploração da mão de obra eram vistas em sua inteireza. Assim, temas como poluição sonora, doenças respiratórias no bairro e prejuízos à saúde mental dos operários foram focalizados pelo Boletim. Um advogado ambientalista e dois deputados apoiavam o movimento, e o advogado participava muitas vezes das reuniões do grupo, que eram realizadas em uma dependência da paróquia, cujo padre era uma das lideranças na luta contra a poluição.[1]

A bronquite e outras afecções respiratórias foram, nas entrevistas realizadas entre trabalhadores da F. A., também relacionadas à poluição vivenciada, simultaneamente, na situação laboral e na extralaboral.

1.2 Migração

A *origem rural* foi um ponto em comum entre quase todos os entrevistados. Descendentes de pequenos proprietários ou de empregados de

---

1. A forma pela qual a luta comunitária contra a poluição se articulou ao enfrentamento para superação de condições de trabalho adoecedoras no interior da Siderúrgica F. A. foi posteriormente analisada em uma publicação realizada pela Organização Panamericana de Saúde (OPAS) (Seligmann-Silva et al., 2000).

alguma fazenda ou sítio, alguns haviam sido arrendatários (meeiros) antes da vinda para Cubatão. Os trabalhadores da siderúrgica F. A., em grande parte, eram originários de outros Estados ou do interior do Estado de São Paulo, e alguns dos mais antigos haviam trabalhado em minas de ferro ou siderúrgicas de Minas Gerais.

A maioria desses trabalhadores havia migrado com as famílias, ainda na infância, na adolescência, ou mais tarde. Muitos dos que haviam migrado na juventude ou na vida adulta, o haviam feito sozinhos ou acompanhados por outros da mesma geração. Vários haviam sido os primeiros da família a se desgarrarem do trabalho na terra.

Alguns poucos entrevistados eram originários de pequenas cidades do interior de Minas Gerais ou do Nordeste.

Revelou-se importante a correlação entre o período da vida em que ocorreu a migração e o nível de expectativas presentes, bem como as características do processo expectativa-frustração-reação. Pesa muito, também, o fato de o migrante ter vindo com a família de origem, ou sozinho, mas com anuência dos mais velhos, ou, ainda, contrariando os conselhos dos mais velhos. Nestes últimos casos, em que a partida se deu num momento de ruptura ou quando provocou conflito, pudemos constatar que se configurou sempre numa situação de angústia e culpa e que a morte de um dos pais distantes reativa intensamente o sofrimento psíquico, conduzindo a crises mentais, em processos que são coadjuvados pela situação vivenciada no trabalho.

Quanto à *idade*, pudemos verificar que, para aqueles que migraram depois da terceira década de vida, as perdas sentidas com a mudança foram intensas e mais difíceis de enfrentar, contribuindo para uma postura existencial depressiva e uma tendência ao isolamento social, sendo estas acompanhadas por extensas rupturas no relacionamento com os filhos. Essas rupturas aconteciam por causa de um especial sofrimento e resistência dos trabalhadores mais velhos em face da adesão dos filhos aos valores e às condutas dos jovens da cidade. É o que mostra o seguinte exemplo:

Forneiro, que migrou aos 33 anos. Por ocasião da entrevista, tinha 48 anos. Apresentando manifestações neuróticas graves, não conseguira adaptar-se à nova vida. A desadaptação gerou graves consequências sobre a vida e o relacionamento familiar. Tornou-se violento com a esposa e não mantinha praticamente nenhum diálogo com os filhos. A esposa demonstrava sentir-se profundamente infeliz:

> Na roça nós nunca brigamos. [Emociona-se, chora.] Agora ele é muito nervoso demais, faz os filhos e eu sofrer. Meus filhos não podem estudar por causa do nervoso dele que passa pra todo mundo. E quando chega a noite, já viu... não compreende as coisas, a sra. sabe? [Mais tarde, explicou à entrevistadora que o marido a obrigava a manter relação sexual mesmo quando ela se recusava, e que, às vezes, a tratava com violência, quando estava muito *nervoso*. Considerava que o *nervosismo* do marido tornava-se especialmente intenso quando ele trabalhava no turno da noite.]

Mais alguns trechos da fala dessa esposa:

> O nervoso é desde que ele começou esse serviço, faz quinze anos isso, logo que a gente veio pra cá! Depois que mudamos pra aqui, aí nesse serviço ficou muito nervoso! E eu falo: pode até ganhar seis milhão, mas não paga isso aí que a gente tá sofrendo! Quando chega a noite ele não dorme, qualquer coisa começa a brigar!... E, a gente não acostumou aqui, até já voltamos uma vez pra Minas Gerais de novo, pra tentar outra vez a lavoura. Mas não tinha condição, não deu certo, e viemos outra vez pra cá, ele pro mesmo serviço...

Os poucos momentos de harmonia que subsistem para esse casal, segundo ambos relataram em outro dia de entrevista, ocorrem quando os dois se unem para cultivar uma horta num terreno vizinho.

Os dados e trechos da entrevista reunidos com referência ao caso exemplificam alguns aspectos importantes: o quanto para muitos — principalmente para os que migram mais velhos — é difícil a troca da lavoura pela indústria; a repercussão das perdas derivadas da migração no humor e no convívio *familiar*; o fato de que os trabalhadores que migraram já na quarta década da vida foram pressionados pela perda da possibilidade de manter a atividade na lavoura (ao contrário dos que vieram na juventude, motivados principalmente pelo sonho de progredir); e a confirmação de que a terra ainda mantém um significado profundo (ao contato com a pequena horta, o casal extrai suas horas de satisfação). É evidente que outros elementos também interferem: esse entrevistado é analfabeto e tem grande dificuldade em ceder ao que a esposa reiteradamente lhe pede — que mude de emprego e que saia do trabalho em turnos alternados da siderúrgica. Além disso, trabalhando como forneiro, é submetido a condições de intenso calor e ruído, de cujos "efeitos nervosos" nos fala em outros momentos.

Outro trabalhador siderúrgico, que aos 9 anos já plantava e que "aos 12 já fazia todo o trabalho da roça", refere que:

> Quando eu tinha 22 anos, vi que não dava resultado, que eu só trabalhava pros outros, não tinha Instituto [direito à Previdência Social] nem nada, naquele trabalho de colher café e carregar saca... Daí vim pra Cubatão... Me acho velho porque comecei muito novo. Tenho 42 anos, mas tenho trinta anos de trabalho. E olha que com 10 anos eu trabalhava mais que hoje, colhendo milho naquele sol quente, sentindo aquela coceira que o pelinho do milho dá na gente, quebrando o milho, pondo ele nos carroções. E depois, colhendo amendoim — serviço pesado, só não tem a poluição que tem na fábrica! Então, eu de menino trabalhava como homem. Por isso é que me acho velho. [Ri]

1.3 A Entrada no Mundo do Trabalho

As histórias de vida se fundem com as histórias de trabalho. A quase totalidade de nossos entrevistados iniciou a atividade laboral na infância e na lavoura. Vimos também que esse início se deu geralmente em época bem precoce, por volta dos 8, 7 anos, e mesmo, em um caso, aos 5 anos.

Nos primeiros anos, de modo mais frequente, o trabalho foi referido como não remunerado diretamente. Tratava-se de trabalho no cuidado de plantações e de animais, em pequena propriedade da própria família ou em terras em que o pai era empregado. Em outros casos, a família trabalhava em terras arrendadas. O regime de "meia" foi dos mais citados e recordados — isto é, haviam sido "meeiros", trabalhando em terras de terceiros e dividindo com os proprietários os resultados de seu trabalho.

> Comecei a trabalhar de menino, lá em Minas, capinando na roça, plantando milho, arroz, feijão. Era terreno de fazenda onde nós era inquilino e trabalhava de meia. Eu gostava, a vida era melhor do que agora, mais despreocupada. (Armador de empreiteira)
>
> Mas, só tenho lembrança ruim, de ser explorado e mandado desde pequeno. Desde 5 anos, eu já tinha que ajudar dirigir os burros na estrada. Depois, fui pro trabalho mais pesado. Brincar não podia. E o dinheiro ia pro bolso do meu tio. (Operário siderúrgico aposentado)

As reminiscências referentes aos primeiros anos de trabalho apresentaram-se marcadas de significados emocionais os mais diversos: nostalgia, saudades de "um tempo bom", mas também lembranças melancólicas de uma infância de privações, exploração e maus-tratos. Em alguns, transpareceu menos o lado emocional do que uma visão crítica do problema do pequeno lavrador diante do poder dos grandes fazendeiros. Todos os trechos de entrevista sobre esse tema podem deixar entrever o quanto essas experiências primeiras de trabalho deixaram marcas que certamente influenciaram no desenvolvimento geral da personalidade dos entrevistados, nas atitudes ulteriores diante do trabalho assalariado e na forma como vieram a ser posteriormente inseridos na organização das tarefas industriais.

> Comecei a trabalhar na roça com 8 anos. Plantava milho, arroz, feijão, capim. Era assim: eu tava na escola, trabalhava uns dois dias, falhava uns dias e ia pra escola, depois, trabalhava outra vez na roça. Trabalhava na terra dos outros... Ganhar? Quando eu era pequeno, só pegava os trocados dos outros! Comecei ganhando trezentos réis por dia, em criança... Nesse tempo da roça era bom, que a gente tinha saúde! Gente nova não cansa não! [A esposa intervém: "Eu também trabalhei na roça desde 7 anos. Tava na escola, mas ia pra roça. Capinava. Até meus 14 anos". O marido prossegue seu relato:] Era bom aquele tempo. Mas, depois, os fazendeiros estavam explorando demais, já não tinha terreno, só queriam fazer pasto. (Operário siderúrgico)

A experiência de condições muito penosas de trabalho na infância e na adolescência esteve por várias vezes associada à perda ou ao afastamento precoce da figura paterna. Alguns relatos foram profundamente dramáticos na revelação da exploração do trabalho infantil por parentes ou pessoas a quem os entrevistados haviam sido "entregues pra ser criados e aprender a trabalhar". Em quem teve esse tipo de experiência inicial, uma conotação negativa às vezes se desenvolveu: o trabalho passou a significar violência e exploração. Mas, ao mesmo tempo, trabalho parece significar, geralmente, um impositivo de vida e condição de sobrevivência, como teremos ocasião de verificar mais adiante.

1.4 Trabalho Subcontratado com Rotatividade Elevada

Em grande parte dos casos, o histórico dos trabalhadores entrevistados revelou que, após a migração, a experiência havia sido uma rotatividade elevada em empregos de baixa qualificação e situações de trabalho subcontratado.

Nos primeiros anos após a saída do local de origem, a precariedade dos empregos foi uma experiência comum. Algumas vezes, o trabalhador havia tido diversos empregos em regiões diferentes. Alguns haviam participado em atividades junto aos chamados grandes projetos:

> Fui candango, ajudei a construir Brasília até 1961! Depois trabalhei na Rio-Niterói... estive também em Itaipu, quase morri naquele monstro de hidrelétrica! Mas depois que resolvi casar, tive de parar! E fiquei aqui em Cubatão. Vim primeiro pra empreiteira, depois de três anos consegui ser fichado nessa indústria que estou até hoje! (Soldador, setor químico)

Trabalhar inicialmente em uma das grandes empreiteiras de mão de obra que existem em Cubatão, e somente depois de alguns anos passar a ser registrado em uma empresa industrial, foi fato bastante frequente. Sair da situação de subcontratado para a de "registrado na firma" significa ganho de prestígio e é geralmente encarado como um importante êxito pessoal.

1.5 Capacitação e Registro em Carteira

Alguns entrevistados haviam tido oportunidade de realizar cursos profissionalizantes e, desse modo, obter qualificação que lhes permitia exercer ocupações melhor remuneradas do que as de ajudante. Outros, mesmo tendo, com a prática, aprendido desempenhos mais especializados, manifestavam profunda mágoa pelo fato de não terem sido registrados de forma justa:

> O que me revolta demais é eu fazer o mesmo serviço do oficial de carpintaria e estar registrado como meio-oficial! Eles não querem dar valor, fazem essa injustiça, é uma coisa que faz mal pra minha cabeça, quando eu penso nisso! (Trabalhador em indústria de fertilizantes com sérios problemas de alcoolismo. O estudo do caso revelou importante conexão entre a situação ocupacional não reconhecida e o uso excessivo de bebidas)

1.6 A História de Saúde

Quanto ao histórico pessoal de Saúde, a maioria dos trabalhadores industriais entrevistados não referiu antecedentes importantes. Alguns haviam sofrido acidentes de trabalho, com gravidade em dois casos. Quanto aos distúrbios psíquicos, mesmo aqueles que os haviam apresentado em fase recente referiram não ter tido manifestações psiquiátricas anteriormente ao emprego atual.

As exceções foram um trabalhador, que havia sofrido convulsões na infância, e um outro, que há mais de vinte anos, na juventude, havia passado por fase de ingestão descontrolada de bebidas alcoólicas.

2. SITUAÇÃO DE TRABALHO ATUAL

A expressão *situação de trabalho* vem sendo adotada por especialistas de diferentes áreas que estudam o trabalho humano para designar o conjunto complexo que inclui as condições físicas, químicas e biológicas do ambiente de trabalho; os aspectos técnicos; a organização prescrita e a organização real das atividades de trabalho, bem como a gestão destas; a caracterização dos canais formais de comunicação e das relações interpessoais. Não pretendemos esgotar todos esses aspectos e nos limitaremos a apresentar aqueles que puderam ser captados a partir dos enfoques adotados na pesquisa aqui relatada.

2.1 Condições do Ambiente Físico e Químico de Trabalho

O local de trabalho

A "geografia" dos espaços onde se desenvolve a atividade dos nossos entrevistados variou muito. Encontramos os que trabalham em amplos galpões abertos e, também, a descrição de ambientes muito apertados, às vezes pela presença de máquinas, equipamentos, materiais e pessoas ligadas a várias funções. Outras vezes, a limitação era simplesmente porque os compartimentos destinados ao trabalho eram demasiado pequenos, pois nos deparamos com homens que trabalhavam dentro de cabinas fechadas (operador de ponte rolante, por exemplo), no fundo de escavações, no alto de fornos imensos (pedreiros refratários, por exemplo), dentro desses mesmos fornos, ou em altitudes — sobre postes, andaimes e grandes estruturas metálicas. Outros ainda — geralmente os trabalhadores das atividades de manutenção — disseram circular amplamente pelas mais diversas áreas da indústria onde seus serviços fossem necessários.

Outras condições: ruído, calor, poeira, vibrações, gases, radiações, problemas de ventilação e de luminosidade.

As condições de que trataremos neste item têm sido estudadas, quase sempre, pelos efeitos que causam sobre o organismo humano nos aspectos mais propriamente físicos. Entretanto, alguns desses fatores — ruído, vibrações, calor e gases, mais especialmente — têm merecido, nos últimos anos, pesquisas referentes a seus efeitos mentais (Kalimo, 1987; Zuboff, 1988).

A maioria dos nossos entrevistados trabalhava no setor siderúrgico, onde se encontram em associação os componentes deste tópico, em variações que decorrem de cada área específica (aciaria, laminação, alto-forno etc.). Para esses trabalhadores, o *calor* e o *ruído* foram os fatores ambientais citados com maior ênfase como perturbadores, seguindo-se a *poeira*, a *"trepidação"* (vibrações) e os *gases*. Ainda no setor siderúrgico, os soldadores foram os que mencionaram com maior destaque o quanto se sentiam prejudicados pelas *radiações* e, simultaneamente, pelos *gases*, pela *falta de iluminação* ou, ao contrário, pela *luminiscência*. O isolamento vivenciado em decorrência da utilização do próprio equipamento de proteção — o elmo que impede a comunicação — é outro aspecto a considerar no caso dos soldadores.

Para os que trabalham em indústrias químicas, os fatores de prejuízo mais mencionados são os gases, odores desagradáveis e a poeira, que se confunde em alguns relatos com "pó químico", o "pó preto".

Também conforme a ocupação e o local, outros elementos do ambiente assumiram importância preponderante na produção do mal-estar, como, por exemplo, a falta de ventilação e o "abafamento" sentidos por um mecânico que trabalhava numa sala de compressores de ar e a "luminiscência", ao mesmo tempo dolorosa para os olhos e causadora de irritação, emanada de barras incandescentes, como na situação de trabalho de um operário da laminação siderúrgica, que foi entrevistado.

A seguir, alguns expressivos fragmentos, relativos a esses aspectos:

> A *trepidação*, como eu sentia? Olhe: se hoje eu trabalhasse com o martelete, amanhã sentia o corpo todo doendo, o braço como se tivesse deslocado, o corpo parecendo que tava todo quebrado. Sentia completamente todo machucado. (Operário siderúrgico aposentado)

> O calor é direto, ali na boca do forno. E eu acho que o calor prejudicou a minha visão e o meu coração: ele muitas vezes bate mais rápido que o certo. (Forneiro de siderúrgica)

> Acho que esse ano e meio que eu trabalhei ali junto do forno atrapalhou muito. Eu chegava em casa e a cabeça ainda tava zonza do *calor*. Esse calor acho que era o pior pra me fazer cansar à toa, não conseguia nem levar a relação com a minha esposa. (Encanador industrial, setor siderúrgico)

> Trabalho no *barulho* o tempo todo. Quando tenho que fazer serviço perto de barulho muito grande, a gente trabalha porque é obrigado. Tem compressor e outras máquinas ligadas o tempo todo. *Dá um nervoso de vontade de terminar aquele barulho logo.* (Armador, trabalhando em empreiteira, na área de uma indústria de fertilizantes)

> O trabalho com solda é um dos mais perigosos que tem. Um soldador depois de uns anos aí tá com a saúde estragada. Eu e todos os que eu conheço de mais tempo têm problema de vista. A *radiação* e os *gases* ataca a vista e o sistema nervoso. (Soldador, desempregado na ocasião da entrevista)

2.2 Aspectos Temporais do Trabalho

Extensão da jornada de trabalho

Os aspectos temporais podem derivar de necessidades técnicas, porém, em sua maioria, são fixados pelos interesses voltados à produtividade daqueles que têm poder decisório na organização do trabalho. Esses aspectos são de grande importância para a "vida mental" dos assalariados. Veremos inicialmente a questão das jornadas de trabalho.

De modo geral, as jornadas variaram muito ao longo das histórias de trabalho dos entrevistados. Assim, a maior parte dos que trabalhavam havia muitos anos em uma grande empresa siderúrgica referiam ter, na época da entrevista, jornadas de oito horas. Mas, no passado, em geral, haviam atuado no trabalho industrial, ao longo de muitos anos, quase sistematicamente com prolongamento de jornada mediante horas extras e dobras mais ou menos frequentes de turno (o que significava jornada de dezesseis horas). Trabalhadores de outras empresas também referiram um número elevado de horas de jornada. Apenas em dois casos — de operários de refinaria de petróleo — a jornada era de seis horas, em turnos alternados.

Um dos operários, que relatou ser obrigado a realizar dobras de turno, mencionou que isto chega a ocorrer até duas vezes por semana no setor em que atuava quando entrevistado.

Em vários casos em que ocorreram crises mentais agudas, o desencadeamento dos sintomas verificou-se em períodos em que os trabalhadores estavam submetidos a jornadas prolongadas. Como podemos verificar nos relatos a seguir:

O meu primeiro desmaio foi durante uma *dobra*. Eu caí às 3 e meia da madrugada, da sexta para o sábado. (Ajudante de carpinteiro em indústria de fertilizantes, epiléptico)

> Essa crise mais forte que eu tive há cinco anos, foi depois de ter ficado trabalhando lá na firma 47 horas seguidas sem ir em casa. Era um conserto que eu tinha de fazer, que precisava terminar logo, porque era um problema

> que tava parando a produção. Saí de lá pro pronto-socorro e depois fiquei um ano de tratamento no psiquiatra. (Mecânico do setor siderúrgico)[2]

Principalmente nas empreiteiras e subempreiteiras de montagem e construção industrial, as jornadas ultrapassavam oito horas.

No setor siderúrgico, bem como no caso de uma indústria química de grande porte, encontramos trabalhadores que, após passar por hospitalização psiquiátrica, haviam deixado de fazer horas extras.

Trabalho em Turnos Alternados (TTA)

Este regime de trabalho, também conhecido como de turnos de revezamento, tem sido bastante estudado internacionalmente pelos agravos que acarreta para a saúde física, psíquica e social, transtornando principalmente os biorritmos naturais do sistema nervoso, da área endócrina (glandular) e do aparelho digestivo (Andlauer; Cazamian, 1977; Fisher, 1980; Guérin, 1977). Este era o regime de trabalho de 29 dos 40 entrevistados. Os turnos eram de oito horas de duração e considerados extenuantes pelos entrevistados. Essa exaustão, como já mencionado, se agravava nas situações em que ocorriam horas extras ou dobras de turno. O mal-estar geral e o estreitamento da participação social no TTA foram expressos pelos operários.

Ritmo de trabalho

Trabalhar em ritmo acelerado, "apertado", como o denomina a maioria dos entrevistados, foi o que predominou nos relatos.

> Tudo o que é feito lá é correndo... (Mecânico de manutenção, setor siderúrgico)
>
> O próprio serviço obriga a gente a trabalhar sempre às pressas... (Operário siderúrgico)

2. O estudo de caso desse operário foi publicado (Seligmann-Silva, 1994b).

De modo geral, como ressalta o último exemplo, o trabalhador considera que o próprio processo de trabalho condiciona o ritmo acelerado. Em outros casos, porém, os operários identificam o chefe imediato como responsável pela pressa. Foram poucos os que consideraram a exigência de ritmo acelerado um desígnio da direção da empresa. Mas a ansiedade relacionada às "pressões de tempo" geralmente era indissociável das tensões "por pressão de chefia".

A intensificação do ritmo de trabalho foi considerada por quase todos como um dos principais fatores na produção de cansaço e *nervosismo*.

Apenas em um dos casos estudados verificou-se o contrário: o mecânico que fazia a manutenção de uma casa de bombas d'água queixou-se da monotonia de seu trabalho de revisar as bombas e de controlar determinados registros em períodos predeterminados. Nos longos momentos em que permanecia inativo, entre os períodos de verificação dos registros, sentia profundo tédio e mal-estar.

Pausas

No que diz respeito às *paradas para descanso*, foram distintas as situações reveladas. De modo geral, os operadores de máquinas declararam que não podiam parar para qualquer pequena pausa, exceto para ir ao banheiro rapidamente. "Por mais que a gente esteja cansado, o chefe fica ali em cima, não pode parar, nem que o corpo inteiro esteja doendo" (operador de metalúrgica). Outros, atuando em tarefas que exigem um enorme esforço físico, descreveram o sistema denominado "campana" adotado no serviço, como o fez um gancheiro:

> A gente fica ali, suspendendo aqueles pesos de mais ou menos uns oitenta quilos, seguido. Não dá pra aguentar muito tempo. Por isso, é sistema de campana: a gente para quinze minutos, trabalha quinze minutos, e assim vai.

Possibilidades de descansar foram maiores entre alguns trabalhadores mais especializados das áreas de manutenção, que não trabalham em postos fixos.

Tarefas que exigem grande concentração de atenção, principalmente se marcadas por um acúmulo muito intenso de responsabilidade, ocasionam forte tensão. Mesmo quando há previsão de pausas para esse tipo de atividade — como no caso dos operadores de ponte rolante —, elas podem ser sentidas como insuficientes.

Folgas

As folgas também desempenham importante papel para o repouso físico e mental adequado. Constatamos com surpresa que, na siderúrgica F. A., de São Paulo, a folga ocorria sempre no oitavo dia, em vez de no sétimo. Isto aumentava ainda mais o cansaço dos trabalhadores, que, em sua maioria, estavam submetidos ao regime de TTA. A duração das folgas, após o ciclo de três semanas, é maior no TTA, mas é de interesse assinalar como muitos trabalhadores as consideravam insuficientes:

> Eles dizem [a firma] que são oitenta horas, mas na minha conta é sempre menos, essa folga grande. (Operário siderúrgico)

A folga semanal, para os que atuavam em TTA, costumava ser também considerada pelos entrevistados mais curta do que oficialmente divulgada.

Uma outra queixa percebida, em relação ao TTA, foi a de que só a cada sete semanas a folga coincidia com o domingo. O que constitui motivo de aborrecimento e frustração, pois, quando os operários estão de folga, os familiares e amigos estão trabalhando, impossibilitando o lazer conjunto. São necessidades psicológicas e sociais que deixam de ser atendidas. E a necessidade mais propriamente fisiológica — a de maior repouso durante a folga — era preenchida, muitas vezes, precariamente, em especial para os que sofriam de insônia.

Bastante satisfação foi demonstrada por um operário de indústria de fertilizantes que folgava semanalmente no sábado e no domingo. Outros operários, que julgavam insuficientes suas folgas, disseram que, se fosse possível descansar sábado e domingo, se sentiriam melhor, menos cansados e nervosos. Isto foi principalmente referido pelos trabalhadores de turno alternado da indústria siderúrgica de Cubatão, onde coexistiam vários tipos de jornadas e turnos, incluindo o trabalho de segunda a sexta, com folga no sábado e no domingo.

2.3 Situação de Trabalho e Restrições ao Atendimento das Necessidades Fisiológicas Básicas

Existem necessidades básicas como beber, comer, urinar e evacuar, além de respirar adequadamente e de haver pausas para descanso. Estas são necessidades fisiológicas que se manifestam durante as jornadas de trabalho, variando sua intensidade conforme as condições ambientais e a natureza da própria tarefa. Há também necessidades prementes do corpo que surgem em geral intimamente conectadas a necessidades psicológicas de descrição mais complexa. Lembremos apenas a mais simples: a necessidade de sentir que existe uma consideração, um respeito pelas exigências do corpo. Recordemos, ainda, que algum grau de conforto e bem-estar faz parte desse aspecto.

O desrespeito a essas necessidades expressava-se concretamente através de duas vertentes: a) a elevada intensidade do trabalho submetido a pressões de maximizar a produtividade; b) a precariedade e a nocividade das condições do ambiente físico e químico de trabalho.

O não atendimento às necessidades básicas foi considerado um intenso ataque contra a dignidade, em vários dos casos estudados. Os entrevistados manifestaram mágoa profunda pela maneira como essas necessidades de seus corpos eram desconsideradas. Não obstante, houve grandes variações, quanto a essas circunstâncias, entre as diferentes empresas.

Na indústria siderúrgica de São Paulo, onde o calor e a sede eram intensos, houve, por parte de vários operários, a queixa de que a água disponível para beber era sempre quente e frequentemente suja, até com resíduos de óleo. Nessa mesma indústria, não havia refeitório e não existia, também, horário para refeição, exceto em um único setor (oficina mecânica). Nos demais, "a gente engole o que traz de casa, rápido, quando dá tempo...".

Uma frase expressiva foi utilizada por um operário dessa siderúrgica: "Eles não respeitam nem o organismo da gente". Várias outras vezes a palavra *desrespeito* foi utilizada, por empregados da empresa, em referências ao mesmo assunto.

Em outras indústrias, entretanto, havia meia hora para uma refeição principal, e, em três empresas — a siderúrgica de Cubatão e duas indústrias químicas —, uma hora. Nas montadoras e empreiteiras que atuam em montagem industrial, havia bastante variação.

Depoimentos expressivos

A respeito das condições oferecidas pelas empresas para atender a necessidades de alimentação, de repouso e outras necessidades fisiológicas, são ilustrativos alguns trechos de depoimentos coletados.

Sobre refeitório e refeições:

> Não tem refeitório. A gente come é ali na beira do forno, esquenta mesmo a marmita naquele calorão. E como quando dá tempo, depressa, entre uma corrida e outra do forno. E quando não dá tempo, passa da hora, passa a vontade de comer, de tanta canseira, de tanto calor. (Forneiro do setor siderúrgico, F. A., de São Paulo)

> O pior é que não tem horário pra nada. Se você pode almoçar agora, almoça, se você não pode tem que esperar depois da corrida, do forno, almoçar fora de hora. Não tem sala de refeição. Come ali mesmo, se der. A poeira é fora do comum, o calor muito pior, e o serviço é pra ser feito! (Operário aposentado, trabalhava em alto-forno, na siderúrgica F. A., de São Paulo.

> A senhora pergunta se a empresa dá refeição? A empresa dá água porque é obrigada. (Operário do setor de laminação, na siderúrgica F. A.)

> Dão assim uns minutos pra gente comer correndo. Eu trago a marmita de casa. Pior é que eles consideram, no fim do mês, que deram a hora de almoço. (Servente geral de montadora industrial, Cubatão)

> Adoeci do estômago por causa dessa história de não ter hora de comer certa! E de perder apetite no turno da noite. Acho que aquela comida fria, de madrugada, faz mal! (Operário siderúrgico, que se refere a diagnóstico de úlcera duodenal)

Sobre banheiros:

> No meu setor tem seis banheiros pra cem homens. Mas é pra usar só três, os outros três ficam trancados. Faz um tempo, quebraram o botão de descarga de dois. Ficou só um pra todo mundo. E teve gente que ficou com raiva e entupiu ele de estopa. Acho que foi pra ver se tomavam alguma providência. A senhora imagina a fedentina! (Mecânico, atuando em oficina da siderúrgica de São Paulo (F. A.)

> Eles não querem que a pessoa demore no banheiro. Pode ir quando precisa, mas é correndo. Teve um tempo que acharam que a turma tava conversando muito no banheiro. Foi ali, um dos chefes chegou lá um dia e deu tiros dentro do banheiro. Não pegou em ninguém, mas todo mundo ficou assustado, achando um absurdo! (Pedreiro refratário da F. A.)

2.4 Exigências e Conteúdos das Atividades

A ocorrência de fadiga é resultante, por um lado, das exigências colocadas pelo poder embutido na organização do trabalho (diretrizes para produtividade, alcance de metas etc.) e, por outro, de exigências específicas decorrentes do tipo de atividade e de esforço (físico, cognitivo, psicoafetivo) voltado ao que a ergonomia designava tradicionalmente "conteúdo das tarefas". Por exemplo, é bastante previsível que o cansaço seja maior quando o trabalho requer uma concentração de atenção por períodos prolongados. Ou quando um número de cálculos matemáticos deva ser desenvolvido em períodos sucessivos, sob certa pressão de tempo. Ou, ainda, quando raciocínios e decisões precisem ser assumidos, rápida e continuamente, acompanhados por movimentos como apertar botões, acionar alavancas etc. Esta última situação, por exemplo, ocorre para os operadores de ponte rolante. Esses exemplos mostram que as injunções de ordem temporal são decisivas para que uma atividade cujo conteúdo seja de ordem cognitiva — atenção concentrada, raciocínio, memorização etc. — se torne fatigante.

Quando a função desempenhada é complexa e exige simultaneidade de focos de atenção e de atuação prática, a fadiga mental se torna perceptível em menor espaço de tempo. Encontramos relatos bastante demonstrativos da tensão acarretada por esse tipo de situação, agravada quando aspectos essenciais da produção e a proteção de muitas vidas dependiam, ao mesmo tempo, da atenção e da atuação correta do trabalhador. Essa é uma situação onde cabe, novamente, o exemplo dos operadores de ponte rolante. Mas em outros trabalhadores e em diferentes setores (siderúrgico, químico e, inclusive, de fertilizantes), verificamos um aumento da *tensão emocional*, quando, à complexidade da função exercida, se acrescentava o esforço de manter a atenção voltada para a detecção de riscos de acidente. Constatamos como, sempre que, ao mesmo tempo, forem grandes o perigo e a exigência de ritmo acelerado, a tensão acarretada atinge os limites do insuportável.

O trabalho pode também ter conteúdos de *ordem afetiva* que podem exigir esforço continuado e contribuir para a fadiga. Exemplos são os esforços de autocontrole emocional — voltados para o controle do sentimento de repugnância ao lidar com dejetos e material de cheiro desagradável.

2.5 Relações Interpessoais

Relações com as chefias imediatas

O relacionamento dos operários com suas chefias imediatas apresentava-se, no caso de ajudantes e de outros trabalhadores não tidos como qualificados, marcado geralmente pelo autoritarismo. Os problemas referidos sobre essa relação foram, por vezes, graves e envolvidos por intensa mágoa por parte dos operários: mágoa por não se sentirem reconhecidos em seus esforços; mágoa por considerarem que a chefia atuava ferindo sua dignidade por vários meios; mágoa por sentirem-se preteridos em vantagens atribuídas a outros companheiros. Outras vezes, os conflitos determinavam grande tensão pela suspeita de estarem sendo perseguidos pela chefia. Alguns relataram ocorrências concretas que demonstravam situações reais de injustiça e coação. Nesses conflitos, muitos temiam pela própria manutenção do emprego. Para outros, tais situações eram a principal razão das perturbações do sono e da tensão constante, que percebiam fora das horas de trabalho.

As relações entre companheiros

Dentro dos problemas de relações humanas, emerge uma questão especial, nos setores que adotam o incremento da produtividade através da denominada "administração por conflito", isto é, da estimulação instrumentada pela competição entre equipes de trabalho. Percebemos que o método é mais um fator causal importante para a tensão, como ficou demonstrado em vários depoimentos. Inclusive, por dois aspectos, que puderam ser bem evidenciados:

a) Ao lado da competição por produção, ocorre uma competição pela obtenção do mínimo de acidentes (a meta, na siderúrgica de Cubatão, estava dentro de uma grande campanha denominada "Acidente Zero").

Desse modo, quando um operário sofria um acidente pequeno, era pressionado pelos companheiros a não registrá-lo e a não pedir ajuda médica. Isso o levava a continuar trabalhando, embora machucado, para que a equipe "não perdesse pontos", quando, como é fácil imaginar, isso gerava sentimentos de mágoa e revolta, além de um aumento de tensão, pelo sofrimento e esforço em prosseguir o trabalho sentindo dores ou outras limitações físicas.

b) Às vezes, a competição era tida como impossível, pelas condições vantajosas dos outros contendores. Nessas situações, os que viviam a desvantagem sentiam-se injustiçados.

2.6 Limitações à Comunicação e à Participação Real

O bloqueio às comunicações entre os diferentes setores e níveis hierárquicos foi também muitas vezes citado com pesar. Surgiu, ainda, o questionamento da falsa participação, onde em nome de uma "democratização" eram formalizadas reuniões especiais:

> Dizem que é pra gente levar os problemas, mas na verdade não consideram e não resolvem o que a gente leva lá, os problemas que a gente coloca. (Mecânico do setor siderúrgico)

3. O CONTROLE QUE INSTRUMENTA SENTIMENTOS E VALORES. TÉCNICAS E INSTRUMENTOS DE CONTROLE. A REPRESSÃO EXPLÍCITA E A DOMINAÇÃO SUTIL. MANIPULAÇÃO DA DESINFORMAÇÃO

3.1 A Repressão Explícita e a Dominação Sutil

Dentre os recursos adotados para assegurar o controle dos trabalhadores, destacaremos apenas os procedimentos e os instrumentos que puderam ser identificados, a partir dos estudos de caso, como caracterizando algumas estratégias principais de dominação. A sofisticação e o dimensionamento dos sistemas de controle variaram de acordo com o porte das empresas.

Procuramos compreender principalmente as formas assumidas pela dominação com o objetivo de possibilitar a maximização da exploração do trabalhador.

Foi encontrada, já nos primeiros estudos de caso, uma dicotomia, em que pudemos distinguir duas *linhas estratégicas* principais na "fabricação" da submissão:

a) *A repressão explícita*, que chamamos de "repressão selvagem", em que o *medo* surgia como principal sentimento gerado e manipulado. Foram bastante mencionados e reconhecidos, como encarregados da ordem disciplinar, os membros da polícia interna, denominada geralmente "Setor de Segurança Patrimonial". Várias dos chefes existentes, especialmente as chefias imediatas, eram, em certas empresas, designados "feitores", expressão utilizada numa outra época para identificar aqueles que comandavam o trabalho escravo. Os trabalhadores sabiam da existência de regras e regulamentos internos, mas geralmente nunca haviam tido oportunidade de lê-los.

b) *A dominação sutil*, "civilizada", cujas máscaras variavam:

— *Paternalismo* — onde domina a manipulação de sentimentos tais como o *afeto* e a *gratidão*, em certas situações, e a provocação de sentimento de *culpa*, em outras. Existe, também, a instrumentação de sentimentos e valores muito próprios do migrante, originários do mundo rural: a *obediência* aos superiores ou aos mais velhos, a *lealdade* aos "chefes" e ao que é tido como interesse da empresa.

— *Racionalidade* — a "*máscara da justificativa tecnológica*", frequentemente, é acoplada à "*máscara da necessidade organizacional*", da "eficiência, da eficácia e da ordem". Aqui, as exigências e regras são criadas em nome de uma racionalidade apresentada como algo que se impõe por imperativos incontornáveis e essenciais à eficácia produtiva e que são vistos como sendo de natureza técnica, econômica e administrativa.

— *Máscaras de constituição mista* — em que vários elementos estão incluídos. O medo existente não é mais o da violência embutida na dominação explícita e selvagem. Os medos manipulados são outros: o de perder prestígio, poder e chances de progresso na carreira. O sentimento de insegurança quanto à manutenção do emprego, também, pode ser instrumentado. Os afetos e desejos são direcionados para o cumprimento de objetivos da empresa através de um planejamento cuidadoso, em que estratégias para a criação e o manejo de uma "cultura da Organização" merecem atenção especial.

O uso do *paternalismo*, mediado por instrumentos como Serviço Médico, Serviço Social, facilidade para obtenção de empréstimos, instalação de Vilas Operárias e possibilidade de aquisição de casa própria inclui também, em algumas das situações estudadas, formas especiais de organização em que o sentimento de dependência do trabalhador é intensificado. Nesses casos, o medo também é fabricado e manipulado, porém de forma mais sutil, através do medo de perder pontos, de ser excluído e discriminado por produzir menos, de ser "culpado" por sofrer acidente e de ser considerado elemento fraco e pouco produtivo por motivo de doença.

Alguns benefícios oferecidos pela grande empresa "moderna" realmente proporcionam, de alguma forma, resolução e alívio para determinados problemas práticos. Mas, paralelamente, podem condicionar o aumento da submissão — seja a partir da gratidão imposta ou de outros meios. A *dependência* é assim criada por um emaranhado de laços, que, cada vez mais fortemente, prendem e controlam o trabalhador, de forma permanente, mesmo durante as horas do não trabalho. A garantia de um mundo de "coisas boas" — casa subvencionada, transporte, escola, cursos e recreação organizada para o trabalhador e para sua família — faz da empresa uma "mãe boa", de grandes braços envolventes, que preside a todas as horas da vida dos trabalhadores e de suas famílias. Enfim, é ela quem domina as artes da sedução, tão bem ensinadas pela Escola de Relações Humanas.

Foi possível identificar uma ampla utilização de técnicas de instrumentação dos sentimentos. Tornam-se exemplares os casos em que no momento da reivindicação por melhoria salarial ou por modificação nas condições de trabalho era criado, no operário, sentimento de culpa.

É necessário ressaltar que as duas estratégias de dominação mencionadas — a "grosseira" e a sutil — utilizam, em graus correspondentes, uma segunda técnica importante: a *desinformação.*

Seria preciso examinar a forma pela qual se desenvolvem, nas práticas de dominação constatadas através dos depoimentos de operários, a instrumentalização destes dois grupos de técnicas — *a exploração dos sentimentos* e a *manipulação da desinformação.*

3.2 A Exploração dos Sentimentos, Valores e Crenças

A exploração dos sentimentos constitui uma das formas de dominação mais frequentemente identificadas em nossos estudos de campo. Verificamos tanto similitudes quanto diferenças em comparação a estudos relativos ao tema realizados em outros países, demonstrando como essa exploração se articula a especificidades psicoculturais e sociopolíticas de diferentes contextos. As formas de controle do trabalho não correspondem apenas ao grau de desenvolvimento organizacional e tecnológico, mas aos níveis de cidadania e padrões éticos que prevalecem em cada contexto e país, de acordo com sua trajetória histórica. O respeito à dignidade e à saúde humanas constituem parte essencial desses parâmetros éticos.

Os *sentimentos* não se apresentam de forma estanque. A dinâmica intrapsíquica, em que se movimentam, interagem, potencializam, conflitam e se associam, não pode ser examinada dentro de um reducionismo psicológico, nem simplificada em termos mecanicistas. Para fixar pontos de partida destinados a uma compreensão mais abrangente, sentimos necessidade de identificar o modo pelo qual alguns sentimentos são explorados em favor da maximização da produção e da garantia de submissão ao poder patronal. Porém, mesmo nessa categorização para fins expositivos, os sentimentos não podem ser desvinculados dos valores, representações e aspirações moldados pela trajetória de cada um dentro da sociedade e a partir da cultura original, bem como das experiências socioculturais derivadas da migração, tão frequente entre os trabalhadores industriais entrevistados nessa pesquisa. Cabe recordar que, por mais que se tente resgatar origens comuns dos sentimentos, identificando aspectos coletivos, não pode ser esquecida a singularidade de cada história de vida e de cada individualidade. Impossível, ainda, deixar de estudar aspectos profundamente vinculados entre si, como a *identidade*, a *dignidade* e a *autonomia*, e a forma pela qual são afetados pelas condições ambientais e organizacionais do trabalho.

A identidade será tema especial em outro capítulo. Mas, desde já, vale assinalar que, entre os vários elementos que a agridem, é possível distinguir, nas formas em que as condições de trabalho e a sua organização atacam o corpo de forma visível e em que, concomitantemente, as condições gerais de vidas são precárias, um aspecto especial: a deterioração da autoimagem, vinculada à percepção do *exaurimento* e da transformação do próprio corpo.

A recessão que marcou o período em que realizamos a pesquisa dos anos 1980 refletiu-se intensamente nos aspectos assinalados a seguir.

O medo de sanções e do desemprego

Identificamos, através dos entrevistados, o temor a um grupo de sanções adotadas nas empresas onde trabalhavam. Ficou evidente que a sanção mais temida por todos era a demissão.

Os tipos de punição variam e os critérios para sua utilização geralmente são obscuros, o que eleva, obviamente, o temor. Vários trabalhadores expressaram o risco de "ser mandado pra fazer os trabalhos piores", como uma espécie de castigo. Foram citados, ainda: advertência (oral ou por escrito); "gancho" (suspensão); desconto no salário; e prejuízo na carreira ("baixarem o padrão da gente" ou bloqueio de uma ascensão esperada), entre outros.

Eis aí, portanto, um elenco de punições temidas, sem que os critérios para sua determinação fiquem claramente estabelecidos num regulamento interno divulgado aos trabalhadores.

Como a maioria dos critérios é envolta em mistério, o fantasma das punições paira sempre no ar, atiçando cada trabalhador a um empenho marcado pela intensificação continuada de esforços que se liga geralmente a forte tensão. As mensagens da direção são internalizadas e se mantêm presentes dentro de cada um: "não falhar; não ser apanhado no erro; não deixar cair a produção". Ao mesmo tempo, é necessário um autocontrole sobre todos os impulsos, a irritação e as necessidades sentidas — enfim, sobretudo o que seja alheio às exigências e à disciplina da produção. Porque, do contrário, poderão vir o castigo e a ameaça ao emprego e à subsistência da família.

Constata-se, assim, mais uma vez, como os medos se imbricam e convergem para acréscimos de ansiedade, compondo um sofrimento mental que se agrava à medida que diminui a segurança no emprego. Isto será mais marcante naquelas circunstâncias em que existam poucas perspectivas de obtenção de outro trabalho a curto prazo — a exemplo dos momentos de recessão e também das áreas em que passou a existir um desemprego tecnológico já considerado estrutural por alguns autores.

A humilhação vivenciada

A humilhação se associa à exploração da virilidade, assumindo muitas vezes, concomitantemente, o caráter de uma intensa estimulação ao machismo.

Nossas observações coincidem fortemente, nesses aspectos, com os estudos realizados por Grossi nas minas de Morro Velho (Grossi, 1981). Verificamos, nas entrevistas, que conseguir aguentar o calor, os ruídos e todo o restante das duras condições de trabalhos evidenciou-se muitas vezes como algo profundamente vinculado ao amor-próprio de cada um e, às vezes, mais explicitamente, à virilidade. Nesse contexto, a percepção de um abalo na saúde emergiu, em vários casos, com uma conotação de fracasso pessoal. A negação inicial de sintomas, em alguns, pôde ser, em parte, atribuída a isso. Ocorria, também, a resistência em assumir que não havia suportado, suficientemente, o trabalho, conjugada ao receio de ser considerado "vagabundo" e simulador de doença para obter vantagens. Os chefes geralmente lhes transmitiam a insatisfação e o menosprezo com que encaravam "os que só vivem indo ao médico e arranjando atestado para não trabalhar". Evidentemente, durante a crise econômica, tanto a negação psicológica de sintomas quanto a resistência à procura de ajuda médica ou psicológica são intensificadas pelo receio, por parte dos trabalhadores, de que, sendo vistos como fracos e doentes, ou como "vagabundos", corram o risco de ser despedidos[3] (Seligmann-Silva, 1986).

Verificamos que a *dignidade* dos trabalhadores industriais foi atingida especialmente a partir de condicionantes derivadas do relacionamento com as chefias, de medidas disciplinares que impediam o atendimento de necessidades orgânicas e psico-orgânicas básicas e, finalmente, da falta de condições ambientais mínimas para o atendimento dessas necessidades. Exigências sentidas como desumanas e/ou humilhantes; expressões, utilizadas pelas chefias, que atingem a dignidade e os *valores* viris; proibições de usar o banheiro fora de horários exíguos e rigorosamente controlados; péssimas condições de higiene e número restrito de banheiros; sentir o próprio corpo desrespeitado quando proibido de distender-se ou de interromper momentaneamente a atividade para um breve repouso sentido como necessidade imperiosa — estes seriam alguns exemplos. A inexistência de refeitório, na siderúrgica F. A. da cidade de São Paulo, por exemplo, constituiu-se em queixa de vários dos seus trabalhadores, que se viam obrigados a fazer refeições em meio à poeira e aos gases dos seus postos de trabalho. Tudo isto parecia se articular para "quebrar" as resistências, violentar valores do trabalhador, humilhando, "desfibrando" e trazendo a submissão. O que nem sempre ocorreu, conforme pudemos constatar, pela sobrevivência da dignidade, apesar de todas as humilhações sofridas, em nossos entrevistados.

---

3. Trata-se, evidentemente, do que atualmente é conceituado como presenteísmo e reconhecido como problema em expansão.

Sentimentos de culpa e gratidão

As circunstâncias laborais, em situações bastante variadas, podem conduzir à constituição de sentimentos de culpa. Muitas vezes, habilmente instrumentados pelo poder patronal, tais sentimentos podem favorecer o incremento da produtividade.

Despertando sentimentos de culpa, tivemos, por exemplo, a ocorrência de acidentes de trabalho em que os entrevistados não haviam podido salvar a(s) pessoa(s) atingida(s). Outras vezes, tendo cometido uma falha de desempenho ou se acidentado, o trabalhador voltava a acusação contra si mesmo, incorporando pontos de vista patronais e deixando de considerar causas como a própria fadiga ou a inadequação dos equipamentos.

Os sentimentos de culpa eram muitas vezes mobilizados em direção ao "dever de gratidão" do trabalhador para com a empresa que lhe garante o sustento ou que lhe proporcionou assistência médica.

A raiva reprimida — o ressentimento

A raiva despertada pelas agressões à dignidade tinha que ser reprimida, pois reagir verbal ou fisicamente contra as chefias significaria risco de perder o emprego. Essa raiva reprimida ressurge, deslocada para o ambiente familiar ou através de distúrbios psicossomáticos variados, entre os quais a hipertensão arterial, que apareceu como um dos mais frequentes. Em outros casos, a raiva sufocada foi canalizada em comportamentos autoagressivos. O uso excessivo de bebidas alcoólicas também surgiu como derivação desse processo, em alguns dos casos estudados. Foi possível identificar como o temor de perder o emprego e a necessidade de garantir a sobrevivência estavam subjacentes a essas dinâmicas voltadas para a repressão e o ocultamento da raiva. Em trabalhadores mais antigos, essa raiva era muitas vezes designada pela palavra *mágoa* e apresentava-se mesclada à decepção e tristeza, configurando um profundo *ressentimento*. A origem desse ressentimento era a *percepção da falta de reconhecimento.*

O ressentimento era muitas vezes profundo e em geral havia se constituído durante um período bastante longo — nascendo aos poucos da dor de jamais ter percebido reconhecimento. Esse reconhecimento, relataram alguns, havia sido ansiado ao longo de muitos anos de trabalho e dedicação. A esperança de recebê-lo era reiteradamente adiada: "Eu esperava que um dia eles reconhecessem meu serviço"; "Eu achava que ainda iam me dar valor". Essas foram expressões que ouvimos inúmeras vezes nas entrevistas e que revelavam uma prolongada espera por algo que jamais havia acontecido. A mágoa era maior naqueles que haviam sido despedidos de forma súbita e inesperada por ocasião da crise econômica ou ao regressarem do afastamento em auxílio-doença. Em alguns (poucos) casos, os entrevistados chegaram a verbalizar desejos e fantasias de exercer vingança contra chefes pelos quais haviam se sentido desconsiderados e ofendidos.

A exploração da raiva: vários relatos deram conta de que existiam chefias que exploravam a raiva reprimida em proveito da intensificação dos ritmos de trabalho. Alguns trabalhadores percebiam essa "técnica":

> Já tivemos lá um chefe que ficava ofendendo a gente, parece que era de propósito para provocar. Só que, como ninguém ali podia perder o emprego, brigando com ele, parece que aquela raiva fazia a gente trabalhar mais depressa — a raiva ia fazer descarregar mais depressa o carvão. (Operário industrial)

3.3 A Exploração do Fatalismo

Concepções sobre a inevitabilidade de acidentes do trabalho e doenças

A desinformação também funciona para fazer crer que os riscos de acidente e de adoecimento são inerentes ao trabalho e *inevitáveis*. Assim, uma crença é fortalecida, perpetuada e manipulada.

A *crença* na inevitabilidade de acidentes e de doenças ocasionadas pelo trabalho é implantada com bastante facilidade nos grupos de trabalhadores, cuja experiência cultural anterior está marcada por uma *visão fatalista* da existência humana e do destino. O fortalecimento dessa crença, através de repetidas referências a essas concepções fatalistas por parte de certas chefias, aumenta a desinformação sobre a possibilidade de instituir medidas preventivas e de transformar a organização do trabalho.

Ocorre, portanto, uma *exploração do fatalismo*, que agrava as dificuldades para a utilização dos recursos de proteção individual existentes. Pois, se o acidente é uma fatalidade designada por Deus ou pelo destino de cada um, por que tentar evitá-lo com os equipamentos individuais de proteção (EPIs), que, além do mais, são tão incômodos?

Os fenômenos coletivos, através dos quais se expressa a negação dos riscos, constituem outro polo de análise da complexa questão da recusa à utilização dos EPIs (equipamentos de proteção pessoal), que merece considerações na Parte VII, onde iremos tratar dos mecanismos psicológicos de defesa.

A visão fatalista pode, entretanto, ser examinada quanto a seu desdobramento em dois conteúdos, que convém diferenciar:

1. A crença de que o acidente ou a morte ocorrerão quando *for definido* por forças superiores. Nessa situação, qualquer tentativa de proteção terrena será *inútil* e *impotente*. A *vontade de Deus* ou o *destino* definem *"o que tem que acontecer"* — o acidente ou a morte. É a primeira crença fatalista, que carrega consigo a ideia de que medidas preventivas são inúteis, de nada valeriam.

2. O corolário é a certeza de que *existe uma proteção poderosa* emanada de forças superiores, divina. Assim, nem o acidente nem a morte poderão atingir o indivíduo, se isso não estiver "traçado pelo destino" ou pela "vontade de Deus". Por consequência, a proteção é conferida por forças superiores, "ninguém morre antes da sua hora", levando — igualmente, como a primeira convicção fatalista, a idéia de que os equipamentos de proteção são *dispensáveis* e *supérfluos*.

Maiores considerações poderiam ser feitas para a análise da ambiguidade que marca as ações das empresas nas tentativas de, simultaneamente, evitar acidentes e garantir a dominação e os lucros — o que não cabe nos limites fixados para este texto.

Por outro lado, na questão da rejeição ao uso dos EPIs, além do fatalismo, pesam *também* fortemente, como veremos adiante, o desconforto e vários outros inconvenientes.

Em uma perspectiva antropológica, seria possível analisar vários outros aspectos reveladores de uma exploração da cultura, isto é, de valores, crenças e outros componentes da cultura originária dos trabalhadores entrevistados, inclusive de valores básicos intimamente vinculados à dignidade desses trabalhadores. Mas isto mereceria um estudo especial e mais amplo.

3.4 A Manipulação da Desinformação (confundir para explorar)

A confusão é propositalmente criada na mente do trabalhador, a partir da desinformação deliberada, para fins de controle e de maior garantia de submissão.

Para uma tentativa de sistematização do uso da desinformação junto a trabalhadores, podemos identificar quatro aspectos evidentes dentro do processo de controle exercido pelas esferas de poder:

a) Riscos

A *omissão* de informações sobre os *riscos* à saúde existentes no ambiente de trabalho industrial, como, por exemplo, relatou um operário aposentado da siderúrgica F. A., São Paulo, onde trabalhou por 25 anos:

> Eu não sabia, e ainda não sei quais os gases que eu respirava lá no meu serviço. A maioria não sabe, eles não diz. [Eles: as chefias]

A mesma desinformação ocorria com respeito a produtos químicos e substâncias potencialmente cancerígenas.

A falsa informação de que o *leite* neutralizaria quaisquer riscos de intoxicação circulava amplamente nas indústrias químicas que o distribuíam aos seus operários.

b) Direitos e deveres em face da legislação e regulamentos internos

Notamos uma segunda modalidade de *desinformação* — a existente sobre os direitos e deveres estabelecidos em lei para os empregados. Do mesmo modo, também os regulamentos internos da firma só eram "conhecidos" a partir de boatos e advertências verbais feitas pelas chefias.

Verificou-se uma extrema criatividade das chefias no que diz respeito a uma "fabricação" de deveres pretensamente legais. Por exemplo:

> Eles dizem que *é de lei* dar hora extra. Senão, a firma tem direito de mandar embora. (Trabalhador siderúrgico, São Paulo)

Essa modalidade de desinformação deliberada acionava a manipulação através de *ameaças e sanções* que criavam intimidação e medo.

Em relação às *sanções* legais ou penalidades derivadas de regulamentos internos das empresas, constatamos, por exemplo, que um fator de preocupação e de tensão, para os operários em atividade, e especialmente para os que tinham menor número de anos na siderúrgica F. A., era o medo de *ser despedido "sem direitos"*. Porque, como disse um dos trabalhadores:

> (...) aí eles dão muito jeito de mandar os operários embora, sem pagar os direitos. Acontece sempre. Porque tem uns funcionários que sempre vão prestar os depoimentos na Justiça pra favorecer a empresa, e que com isto, recebem privilégios e promoção.

Um dos motivos para este "mandar embora sem direitos" era o de haver recusa à tarefa perigosa. Mas era em relação aos *critérios* adotados pela empresa para as demissões que pairavam os mais contraditórios boatos. E, junto a diversos entrevistados, constatamos que a ameaça de inclusão do nome do operário na "próxima lista" de demissão funcionava como uma poderosa pressão para o aumento dos esforços na produção, assim como para o submetimento a condições perigosas e precárias de trabalho e à remuneração aviltante.

No autoritarismo explícito, uma das mais intensas fontes de tensão é a repressão institucionalizada. Essa repressão também se efetiva pelo uso da *desinformação*, incorporada na empresa de diferentes maneiras. Ameaças claras ou veladas, bastante utilizadas para suscitar temor e obediência, estavam apoiadas na manipulação de desinformação sobre pretensas "punições previstas", em alusão vaga a leis e regulamentos em realidade inexistentes. Essa estratégia de dominação transparece nitidamente em relatos dos operários entrevistados:

> Eu *escutei falar* que todo mundo que está fazendo tratamento médico, eles estão mandando embora. Por isto é que eu estou sentindo de novo esta dor, mas só quando eu tirar férias é que vou procurar um médico, e vai ser fora do Convênio da firma, senão eles fica sabendo lá no serviço. (Operário siderúrgico, São Paulo)

Essa fala assinala claramente uma situação bastante comum no estudo de campo: a pressão, por parte das chefias, para que os trabalhadores não se ausentem do trabalho para ir ao médico, mesmo estando doentes. A interpretação dos trabalhadores é de que, além de sua ida ao médico desagradar à chefia, o próprio fato de ter sintomas pode ser causa de discriminação ou mesmo de demissão.

Pelo que nos foi referido, existem "regras internas" da empresa nunca vistas por escrito, mas que funcionam na prática, embora se contraponham, muitas vezes, à própria legislação:

> Nessa firma aí, se tiver mais de quinze faltas por doença no mesmo ano, eles desconta o dia se a pessoa tornar a adoecer, mesmo que traga atestado. (Operário siderúrgico, São Paulo)

Notamos as estreitas articulações existentes entre a instrumentação do medo e o uso da desinformação, nas situações em que os boatos de dispensa em massa intensificavam a atividade laboral.

Os trabalhadores "novatos na firma" eram alvo privilegiado de desinformação deliberada, em várias situações identificadas nos estudos de caso. Desse modo, tornavam-se especialmente suscetíveis à superexploração.

c) Critérios para pagamento por produção

Em firmas onde havia prêmios de produção, frequentemente *os critérios*, a partir dos quais a produção era aferida, apresentavam-se nebulosos. Os trabalhadores mais experientes percebiam estar sendo enganados e explorados. Porém, temerosos de perder o emprego, não protestavam.

4. AS MANIFESTAÇÕES DO DESGASTE

4.1 A Fadiga

O cansaço e a irritabilidade

A importância do trabalho surge como algo *central,* algo que se superpõe às demais experiências do cotidiano individual e familiar, passando inclusive a reger e estruturar o tempo e outras condicionantes do convívio familiar e da participação social. A disposição para a vida fora do trabalho pode ser fortemente limitada pela *fadiga.* As vivências da fadiga são aqui apresentadas e elucidam a *centralidade do trabalho* na vida de nossos entrevistados.

Além dessa centralidade, a presença da *fadiga* foi a constatação que apareceu na maior parte dos estudos de casos individuais realizados com operários de turnos alternados. Como a palavra *cansaço* foi a que emergiu nas falas que registramos, ela será a denominação que usaremos. Intimamente vinculado ao trabalho, em todos os relatos, está presente o cansaço. A preocupação de controlá-lo é fundamental na determinação do uso do tempo livre durante a semana de trabalho e das folgas. A necessidade de repouso é, ao mesmo tempo, fisiológica e social, surgindo como consequência tanto de uma exigência do conjunto corpo-mente, atingido pelo cansaço, quanto da premência de se preparar para o retorno ao trabalho no dia seguinte. Entretanto, de modo geral, o repouso é sentido como insuficiente, conforme bem expressam vários entrevistados.

> Quando saio do serviço é com o corpo todo dolorido e a cabeça zonza. Quase sempre, o sono é pouco pro descanso que o corpo pede. Quando acordo, é sentindo ainda a canseira, pra voltar pro serviço. Mas o jeito é voltar assim mesmo. (Operário siderúrgico)

O desânimo, que se associa ao cansaço, fica evidente nessa fala.

A profunda transformação do cotidiano dos que trabalham em regime de turnos alternados, atingindo toda a família e suscitando variados distúrbios psicossociais, aparece em alguns de seus múltiplos aspectos na fala de diversos dos nossos entrevistados. Parece bastante ilustrativo o seguinte depoimento:

O. B., 43 anos, operador de ponte rolante. Trabalha em turnos alternados há dezoito anos, no setor siderúrgico de Cubatão.

> Sinto que o trabalho de turno afeta meu sistema nervoso. A irritação tem ficado cada vez maior nos últimos anos. Sei que estou ficando antissocial e isolado. Na zero hora (turno da meia-noite às seis da manhã) tenho raiva até de mim mesmo. A paciência fica pouca, não dá vontade de falar...
>
> Acho que minha falta de apetite vem também de eu dormir pouco. A preocupação de ter que dormir é o pior, chego do serviço preocupado com isso, e quanto mais preocupado, pior a dormida. Tem muitos colegas que só dormem se tomarem remédio, mas eu tenho medo, acho que esses remédios podem viciar... Quando estou no turno da zero hora, depois durante o dia, durmo umas quatro horas, acho que umas cinco horas em média, mas às vezes nem sei se durmo ou não...
>
> [A esposa acrescenta:] Às vezes ele está deitado, quieto, penso que está dormindo, mas quando olho bem, vejo que está é acordado. E eu acho que é ruim pra ele também, o turno das 6, [refere-se ao turno das 6 da manhã às 14 horas] porque acorda muito de madrugada. E eu também fico nervosa no turno da zero hora. Esse bairro é perigoso, tem muito maconheiro. Ele sai pro serviço e fico aqui só com as crianças, e tenho medo. Tem o cachorro que é nosso vigia, mas eu acordo com qualquer barulhinho, não durmo direito...

Sr. O. B.:

> Pra dormir, atrapalha muito o trânsito da Anchieta e o barulho dessa rua, durante o dia. E tem também a barulheira da criançada da rua. Os meus filhos [são três] ficam quietos, brincam com o quadro-negro, desenho, *jogos de não fazer barulho*, tinta de pintar. Tem gente que manda mulher e filhos pra casa da sogra. Ou que bate direto na turma, pra eles não fazerem barulho.

> [O filho de 11 anos (o mais velho) ao ser indagado sobre o que acha do pai trabalhar à noite:] É a coisa mais chata do mundo.

Nessa casa, as três crianças estiveram presentes durante duas das três entrevistas realizadas. Notamos que pareciam sempre muito contidas, falando em tom extremamente baixo, mesmo quando brincando num dos cantos da sala.

A tensão, no cansaço, revela-se frequentemente sob a forma de irritabilidade.

A *irritação* presente no cansaço crônico foi claramente expressa por vários trabalhadores que temiam suscitar conflitos nos momentos de descontrole:

> Às vezes tava irritado que não aguentava mais, mas tentava segurar a barra, segurei, e seguro, porque não quero afetar meu relacionamento com o pessoal. Às vezes, falava com meus ajudantes, explicava que qualquer coisa que eu ofendesse, que não me levassem a mal, pra eles me entenderem e procurar ajudar, e eles me ajudaram, lógico... Isto tudo foi quando eu tive estafa — fraqueza na cabeça, fraqueza sexual, fisicamente cansado. (Operador de painel, setor siderúrgico).

4.2 Os Distúrbios do Sono

A dificuldade de dormir durante o dia é preocupação aguda e muito presente em todos os trabalhadores de turnos alternados. Nas fases em que trabalham durante a noite, a preocupação se intensifica, acompanhando-se, geralmente, de manifestações de *nervosismo*. Observamos que uma acentuação dos distúrbios do sono costuma marcar tanto o agravamento da fadiga patológica quanto a transição entre esta e a configuração de quadros psicopatológicos típicos e, inclusive, de crises mentais agudas.

As características dos distúrbios do sono variaram bastante. Alguns se queixavam de dificuldade para conciliar o sono, porém, o mais frequente foi a referência a um sono superficial e insatisfatório, ao longo do qual o trabalhador despertava várias vezes. Em relação ao turno da manhã, os trabalhadores contaram que o temor de ultrapassar o horário de levantar e ir para o serviço fazia com que o sono da madrugada fosse perturbado ou suprimido. Nos períodos em que o trabalho era noturno, a maioria revelou não conseguir dormir mais do que cinco horas.

Constatamos, em menor número, casos em que as dificuldades relativas ao sono existiam apenas durante a semana do trabalho noturno. Porém, de modo geral, o processo se passa da seguinte maneira: inicialmente, as dificuldades para dormir ocorrem apenas na fase em que o trabalho é noturno. Depois, o cansaço e o mal-estar progridem e a insônia atinge as noites. Na gênese dessa insônia, os trabalhadores reconhecem outros fatores além do cansaço:

> (...) a gente dorme *variando*; pensando lá no serviço que eu não tinha terminado, ou que tava com problema. Eu dormia *variando*, acordava, dormia assim... dormia e acordava, parece que tava sonhando. Quer dizer: dormia e não dormia, acordava cansado a mesma coisa. Voltava cansado pro serviço. O espírito não descansava, preocupado. (Operário siderúrgico aposentado, trabalhava em turnos alternados)

A relação entre cansaço e dificuldades referidas ao sono, não obstante, foi a mais mencionada e é bem percebida por vários trabalhadores. Um forneiro explicou:

> O cansaço é tamanho que a gente perde o sono. Mesmo de noite, e no outro dia, volta pro serviço sem ter descansado, o corpo todo doendo ainda. O corpo dói muito.

Mas mesmo os que não trabalhavam em turnos alternantes referiram-se, várias vezes, a problemas relativos ao sono. Como nos exemplos seguintes:

Armador, que vinha sofrendo crises epilépticas (grande mal), responsável pela perda de vários empregos:

> Se eu não tiver nervoso, durmo bem. Se estou nervoso, só pego no sono à uma hora da manhã. Pra acordar às 5 e meia no outro dia! Pelejo pra dormir, fico pensando: agora estou trabalhando, essa obra aí dessa indústria vai durar um ano. Mas já fico pensando no depois...

Nesse caso, o que invadia o sono era a preocupação com a rotatividade de empregos e o fantasma do desemprego.

Ajudante de carpinteiro, que toma barbitúrico por sofrer de epilepsia:

> Despertador pra mim é perigoso, assusta. Mesmo antes de tomar esse remédio tive *medo de perder a hora*, sempre, toda vida tive esse medo. Mas agora é pior, porque o remédio deixa o sono mais pesado. Então, de tanto medo, às vezes eu fico pensando muito no serviço e durmo mal. Fico pensando muito no serviço, assim — medo de atrasar, de perder a hora. [A esposa acrescenta:] Ele fala bastante dormindo, e é só no serviço, fica falando em parafuso, chama pelo nome dos colegas pedindo peças.

Esses relatos nos parecem bastante reveladores de um dos aspectos que precisam ser considerados nos estudos de fadiga crônica: os problemas do sono que se vinculam ao cansaço, produzido pelas tarefas, pelas jornadas longas, pelo TTA, pelo calor e demais fatores do ambiente físico, não são os únicos. Depois de instalada a psicopatologia, novas causas de insônia surgem, inclusive a preocupação de que a medicação faça perder o horário de entrada no serviço. Encontramos vários trabalhadores com esse receio. O temor de ser demitido por causa dos próprios sintomas (crise convulsiva, num dos exemplos acima) é também fonte de inquietação e de perturbação do sono.

Uma implicação importante para o atendimento clínico é o fato de que, por desconhecerem os horários e as peculiaridades do trabalho dos operários industriais, há médicos que prescrevem calmantes e soníferos em horários em que os trabalhadores precisam estar alertas para os desempenhos e para evitar acidentes. Verificamos isto em vários dos casos estudados, em que, temendo dormir durante o serviço, cometer falhas ou se acidentar pela sonolência, os entrevistados haviam abandonado os tratamentos.

Vale ainda acrescentar que os entrevistados que estão *aposentados* apresentaram duas situações diversas quanto ao sono. Alguns passaram a dormir melhor, tanto em qualidade como em número de horas, e outros permaneceram tendo problemas de insônia, embora menos intensos do que na época em que estavam no TTA. Da mesma forma, nos casos de operários que haviam deixado de trabalhar em turnos alternados e que, por ocasião das entrevistas, trabalhavam em horários fixos diurnos, para os quais haviam sido transferidos justamente em decorrência de seus sintomas, a evolução do sono parecia manter conexão com a situação psíquica mais global. Isto é, os homens que haviam superado mais satisfatoriamente o sofrimento mental — ansiedade, depressão ou outras manifestações — também estavam dormindo melhor. O que não acontecia com aqueles que, mesmo trabalhando só durante o dia, permaneciam com quadros psiquiátricos.

4.3 Os Medos Revelados pela Pesquisa

Os vários tipos de medo conectados às condições vivenciadas

O medo foi o sentimento cuja existência mais se evidenciou, muito embora quase sempre reprimido ou negado. Muitas vezes, o "nervoso" é reconhecido, mas não o medo subjacente à ansiedade.

Em verdade, não existe um tipo único de medo revelado nas entrevistas, e sim, vários.

O medo de sofrer acidente

A percepção de riscos de acidente, muitas vezes em circunstâncias de alta periculosidade, desperta, naturalmente, medo. Entretanto, a necessidade de executar as tarefas, mesmo em situações perigosas, contrapõe-se à emergência de manifestações desse medo. Encontramos, assim, diferentes modos de lidar com ele, dos quais trataremos, adiante, em maiores detalhes. Nas situações em que o trabalho é exigido em ritmo intenso e rápido, há um considerável incremento de ansiedade, pois, principalmente à medida que o cansaço cresce, o próprio trabalhador vai percebendo a dificuldade de dividir sua atenção entre a execução da tarefa e os cuidados para evitar o acidente.

Existe também um medo vinculado ao próprio cansaço: o medo de esgotamento, de não aguentar mais e parar de trabalhar.

É evidente que o esforço para controlar o medo gera enorme tensão.

Essa tensão diz respeito também, muitas vezes, aos esforços para aguentar incômodos EPIs ou aos conflitos e riscos assumidos por recusar o seu uso. Os equipamentos de proteção individual (EPIs) — máscaras, capacetes, botas, tampões ou conchas para os ouvidos, luvas e outros — são frequentemente rejeitados pelos trabalhadores. Esta é uma causa de conflitos com os inspetores de segurança. As razões dessa rejeição são diversas. Já mencionamos o fatalismo e as defesas de negação — individuais e coletivas — que serão mais bem analisadas em outro capítulo. O incômodo ocasionado pelos EPIs inadequados é uma terceira causa. Vários trabalhadores nos falaram de: tampões de ouvido que machucam, irritando e tornando-se insuportáveis no calor; luvas grosseiras, que impedem inclusive o desempenho correto no trabalho; e máscaras que prejudicam a visão e, por conseguinte, ao invés de proteger, aumentam os riscos de acidente. As palavras de um entrevistado são explícitas:

> Naquele setor que eu trabalho é escuro, iluminação péssima e muita poeira — não dá pra enxergar as máquinas carregadeiras que vêm a toda, principalmente se a gente ficar com aquele "bico" (máscara) tampando a cara e atrapalhando a visão. (Trabalhador do setor de fertilizantes).

A existência do medo de acidentes foi, também, atestada pelas numerosas práticas de proteção, através do apelo a poderes sobrenaturais: uso de amuletos, orações protetoras em pequenos pedaços de papel levadas junto ao peito ou a outras partes do corpo, mandar "fechar o corpo", rezas e utilização de serviços diversos de benzedeiras e pais de santo. Alguns entrevistados, principalmente após terem presenciado acidentes de companheiros, relataram ter feito promessas a santos diversos, considerados especialmente inclinados a oferecer esse tipo de ajuda.

Durante as entrevistas domiciliares, ficamos sabendo que também os familiares mais próximos viviam estados de profunda apreensão, pelo conhecimento dos riscos existentes nas empresas.

> Quando ele sai, eu todo dia fico rezando pra São Jorge. Porque tem muita gente que já foi pro serviço dele e nunca mais voltou pra casa. (Esposa de armador, que monta estruturas metálicas na construção de viadutos)

O medo de adoecer, de sofrer intoxicação e medos correlatos

Esse tipo de medo vem também, geralmente, associado ao medo de *"ficar sem condições de continuar trabalhando"* ou de *"ficar fraco, dar pouca produção e ser mandado embora"*. A *desinformação* sobre os riscos acarretados pelo contato com diferentes substâncias acentua o temor na medida em que os perigos ficam vagos e inexistem diretrizes voltadas para uma proteção confiável. Para minorar esse temor e assegurar que não perturbe a produção, algumas empresas, como já mencionamos, distribuem leite — alimento assim transformado em ilusória panaceia preventiva contra todos os riscos químicos.

4.4 Transições

A fadiga crônica

Os operários que se referiram a internações psiquiátricas, a licenças por "sistema nervoso" ou a sintomas da área psíquica que os levaram a buscar ajuda de qualquer tipo, via de regra, haviam passado anteriormente por períodos extensos de fadiga.

Não encontramos, entretanto, limites nítidos entre as perturbações decorrentes do cansaço crônico e o surgimento de transtorno mental caracterizado como tal de acordo com a Classificação Internacional de Doenças (CID-10) ou de "doença mental" de descrições clássicas (psiconeuroses, organoneuroses, psicoses etc.).

Verificamos que o conjunto de sintomas caracterizadores de *fadiga crônica* (Andlauer; Cazamian, 1977), de modo geral, *precedeu* o aparecimento de quadros psiquiátricos típicos, na evolução das manifestações psicopatológicas dos entrevistados.

Nessa fronteira, tão pouco precisa nos casos estudados, chamou nossa atenção a forma pela qual três das manifestações habituais da fadiga crônica sofreram desenvolvimento especial.

As manifestações a que estamos nos referindo são:

a) a insônia;

b) a irritabilidade;

c) o desânimo.

A acentuação dessas alterações, mais marcadamente de uma delas, variando de caso para caso, nos pareceu uma observação importante.

De modo geral, o aspecto que mais constantemente encontramos exacerbado nessa passagem foi o das perturbações do sono.

Constatamos que o agravamento da insônia ocorreu, quase sempre, paralelamente à acentuação da *irritabilidade*, na evolução dos sintomas, sobretudo nos casos dos operários que sofreram surtos psicóticos. Durante as entrevistas, o aumento de irritabilidade foi recordado tanto pelos trabalhadores como pelos familiares. As companheiras, especialmente, falavam desses períodos como bastante penosos, por causa do sofrimento gerado pela extrema tensão do clima familiar. O mesmo histórico de acentuação da irritabilidade e de distúrbios do sono esteve presente nos casos de trabalhadores com os quais ocorreram outros episódios agudos — crises de ansiedade, crises conversivas (somatizações) etc. As palavras utilizadas para designar a irritabilidade eram, em geral, "nervosismo" ou "nervoso".

O *desânimo,* tão característico da fadiga crônica, foi descrito por alguns dos entrevistados como uma manifestação vinculada a um sentimento crescente de *tristeza*. Para outros, a palavra "desânimo" surgiu mais para expressar um corolário do cansaço — a falta de ânimo determinada pela própria exaustão, a *falta de disposição* para qualquer iniciativa. Com frequência, a palavra pareceu ser utilizada para manifestar, simultaneamente, a sensação de esvaziamento, de tristeza e de exaustão e a falta de disposição.

Exemplificando o que acabamos de dizer, eis alguns trechos de entrevista em que os operários se referiram ao período de transição em pauta:

a) Moldador de indústria siderúrgica, que trabalhava em regime de turnos alternados

> O trabalho estava sendo de uma média de catorze horas diárias, tinha hora extra todo dia, e às vezes dobra de turno (dezesseis horas de trabalho). Foi uma época de muito serviço, tinha que ir sábado, domingo, nas folgas. Cheguei a ficar catorze dias sem folga, pra fazer uma peça enorme. Sentia uma canseira!... Trabalhando de zero hora (turno da meia-noite) às 6, de dia com o *calor* e o *barulho* eu não conseguia dormir. Então, eu chegava no serviço e passava muito sono (sentia sono). Eu passava mal, tremia, com aquela vontade de dormir e não podia. Aquilo me deixava nervoso, voltava pra casa nervoso, brigava com a mulher, saía de novo pra não brigar mais... Até que isso de não dormir direito começou a atacar a mente, e eu

> sentia aquela zonzeira. Nunca cheguei cair. Mas a irritação era demais. Andei arrebentando coisa aí dos outros, até afundei a porta do carro dum colega. Foi preciso a polícia vir me segurar!... Nesse tempo, *um barulhozinho pequeno, pra mim era grande* — eu escutava como cão, a sra. sabe — cão escuta mais do que a gente! Aquele barulhozinho já assustava. Eu perdi o apetite — pegava um pão e parece que tinha cheiro de mofo... Depois disso começaram as vozes estranhas na minha cabeça: falava que o mundo ia acabar, que ia morrer todo mundo! Trabalhei quatro dias com as vozes.

Posteriormente, a crise se exacerbou e o trabalhador foi hospitalizado. Foi o primeiro surto psicótico desse entrevistado. O aprofundamento desse estudo de caso, com acompanhamento feito através da realização de entrevistas ulteriores, permitiu configurar o diagnóstico de uma psicose bipolar e identificar que o surgimento da sintomatologia fora desencadeado pelas condições de trabalho descritas.

No fragmento de entrevista destacado acima, fica bem marcado como várias das manifestações da fadiga crônica se exacerbam: o cansaço, a insônia, a irritabilidade e a falta de apetite. Como também sucedeu com outros operários, *essas* acentuações sintomáticas foram primeiro percebidas em relação ao turno da noite. Mais tarde, passaram a ser contínuas. O mesmo operário, em outro trecho, falando também da mesma fase, disse:

> Tinha lá uma estufa que estava com defeito. Um barulho que ficava tinindo o tempo todo! Aquilo me *irritava demais*. Pedia pra consertarem, mas ficou assim meses e me deixava num nervoso tremendo!

Essas palavras demonstram a forma específica pela qual os ruídos do ambiente de trabalho agravam a irritação. É interessante notar que, após longos períodos em que o ruído é basicamente *irritante*, chega um momento em que ele passa a causar sobressaltos ("aquele barulhozinho já assustava"), o que podemos notar novamente no discurso do outro operário, a seguir.

b) Operador de Siderúrgica, trabalhando em TTA

> Nesse tempo, eu passava noites sem dormir, amanhecia todo quebrado, andava aborrecido, perturbado. Num dia, começou a rodar tudo. Na minha

mente, a estrutura toda [da fábrica] ia cair em cima de mim. Nesse dia foi que eu comecei a ver horrores [alucinações visuais].

O mesmo entrevistado, ainda falando desse período, diz, pouco depois:

> Dias antes, eu já vinha me abalando: se eu ia passando e alguém jogava uma chapa, aquela pancada aguda me dava *sobressalto*. Se alguém dava um *grito*, ou *outro barulho que fosse*, sem eu esperar, era a mesma coisa. Eu ficava num estado de perturbação muito grande... E o pessoal via meu susto e debochava. Não tinha uma pessoa que eu pudesse conversar. Meu chefe também pouco ligava pra essas minhas reações. *Chegou um ponto que não existia lugar pra mim, eu achava que a Terra não estava mais me aceitando*. Não tinha mais condições, e eu fui sentindo aquelas vozes dizendo isso aí: "Te joga debaixo duma locomotiva aí, porque *não existe mais lugar no mundo para ti!*". [Obs.: Nessa fase, o entrevistado trabalhava em jornada de doze horas de duração, em turnos que se alternavam, uma semana à noite e uma semana durante o dia.]

Nesses dois primeiros exemplos, ao mesmo tempo que temos o aumento da problemática do sono e da irritabilidade como aspectos centrais da transição em estudo, encontramos a referência a condições de trabalho — calor, ruídos, jornadas extensas, trabalho em turnos alternados —, relacionadas pelos entrevistados ao sofrimento relatado. O *calor* foi uma condição mencionada como agressiva, também em outros momentos, por esses dois operários. Mas nos dois casos citados, o desencadeamento dos surtos psicóticos foi marcado especialmente pelo *aumento* das jornadas de trabalho.

No bojo da narrativa de outro trabalhador, a seguir, o calor se articula ao processo em que emergiu a acentuação da insônia e que culminou também num surto psicótico.

c) *Soldador em indústria química. Trabalhava só de dia, quando adoeceu.* Reporta, sobre esse período:

> Eu trabalhava num lugar muito *quente, estava cansando muito e dormindo muito mal*. Só podia trabalhar e não podia dormir... E nesse tempo eu estava

estudando, ia pra aula cansado, depois do serviço, era um esforço enorme, mas eu tava ficando desanimado, por causa da minha dificuldade de aprender... O sono ia ficando cada vez mais difícil. Quando era à noite é que eu passava algum soninho e ficava vendo aquele mesmo serviço que eu estava fazendo durante o dia. Na hora que eu deitava, ficava fazendo a mesma coisa! *Não tava dormindo nem acordado, tava trabalhando.* Eu me via: caramba, tou deitado na cama, não tou trabalhando! E quando começava a pegar no sono de novo, via que tava trabalhando outra vez! Eu queria tirar aquilo da cabeça, que eu não tava trabalhando, mas não conseguia!... E eu fui enfraquecendo, enfraquecendo, quando eu vi, eu tava já lá no Hospital... Como foi? Não sei. Sei que saí do serviço, nem sei se guardei as ferramentas e não sei se alguém me levou.

Nesse caso, de modo especial, chama nossa atenção a forma como o trabalho por assim dizer "impregnou" a própria psicopatologia, numa vivência que transformou sua insônia num "trabalhar até na cama".

Esse operário havia passado a trabalhar poucos meses antes nesse local de maior calor, onde seu cansaço se acentuou. É também um dos casos em que se ressalta a tensão adicional trazida pelo grande esforço de tentar realizar um curso noturno.

O desencadeamento de crises

Para trabalhadores que já vinham vivenciando condições de trabalho e de vida nitidamente desgastantes, o desencadeamento de episódios psicossomáticos ou psiquiátricos agudos ocorreu, em vários entrevistados, ligado a situações laborais que puderam ser bem identificadas, a partir dos estudos de caso realizados.

As seguintes situações foram caracterizadas como atuantes nesse desencadeamento:

a) *Dobra de turno* — a ocorrência de dobras de turno (trabalhar dezesseis horas seguidas), duas ou mais vezes por semana, foi percebida como elemento desencadeador no caso do primeiro surto psicótico de um operador de máquinas do setor siderúrgico de Cubatão. Outro entrevistado assim relata sua primeira crise epiléptica:

> O primeiro ataque que eu tive, foi durante uma "dobra". Foi de 6ª pra sábado, às 3 e meia da madrugada, que eu caí pela primeira vez, foi lá no serviço mesmo! (Ajudante industrial, setor químico)

b) *Intensificação do ritmo de produção* — em fases de aumento do esforço produtivo das empresas, o concomitante sobre-esforço determinou, em nossos entrevistados, repercussões de diferentes tipos. O agravamento da insônia e da irritabilidade, culminando em crises de agitação psicomotora, surgiu em dois casos. Um outro entrevistado, nas mesmas circunstâncias, sofreu uma crise hipertensiva que se acompanhou de distúrbio neurológico (paralisia facial).

c) *Prolongamento de jornada de trabalho* — um moldador siderúrgico, após trabalhar quinze horas diárias por duas semanas seguidas, ao que se acrescentou a supressão da folga semanal, apresentou pela primeira vez uma crise de agitação psicomotora. Sintomatologia semelhante eclodiu, ao final de 47 horas seguidas de atividade, em um mecânico encarregado de realizar o reparo de um equipamento essencial à produção:

> Na empresa, eu era o único que tinha feito curso pra conhecer o conserto daquele equipamento. Por isso não deixaram eu ir pra casa. Levavam sanduíche e café, pra eu não sair dali, pra terminar o serviço o quanto antes!

d) *Conflito com chefia* — o agravamento de desavenças com chefias surgiu como elemento desencadeador de diferentes manifestações agudas nos estudos de casos realizados que apresentavam quadros psicossomáticos. Crises hipertensivas foram especialmente notadas em correlação a essas situações.

Pode ser notado que três das situações observadas se referem à dimensão temporal do trabalho.

Acidente de trabalho na intersecção

A ocorrência de acidente de trabalho marcou, para alguns trabalhadores, a encruzilhada entre a fadiga patológica e a configuração de quadros psicopatológicos típicos. Num desses casos, o acidente, por assim dizer, quebrou as defesas psicológicas de negação dos altos riscos existentes no local de trabalho e deu origem a uma síndrome neurótica em que os sintomas de *medo intenso* e *evitação* estiveram presentes, entre outros, num quadro que persistia grave dois anos após a ocorrência. Assim, o acidente de trabalho funcionou como provocador de um quadro clínico de neurose pós-traumática (transtorno de estresse pós-traumático, na denominação oficial do CID-10). Vale assinalar o difícil desafio que tais situações clínicas representam para os terapeutas e os serviços de reabilitação, uma vez que os trabalhadores acidentados, tendo perdido, à custa da experiência concreta, as defesas psicológicas de negação do perigo — tanto as individuais como as vinculadas ao sistema social de defesa —, estão agora conscientes de que irão reencontrar o mesmo perigo no retorno ao trabalho. Então, sem armas para lutar contra o medo, cada trabalhador, isoladamente, permanece mergulhado e refugiado na doença, assumindo a identidade, socialmente reconhecida, de *vitimado pelo trabalho* que "está na Caixa da Previdência", conforme foi bem estudado por Rodrigues (1984).

Nos capítulo que se seguirá apresentamos maior detalhamento sobre a questão dos acidentes de trabalho na inter-relação com o desgaste mental.

4.5 Transtornos Mentais

Principais distúrbios psíquicos constatados na pesquisa

1. Consumo excessivo de bebidas alcoólicas

Embora tenhamos estudado casos de alcoolismo, vale mencionar que também trabalhadores que não apresentavam dependência de bebidas alcoólicas referiram utilizá-las em decorrência de necessidades sentidas devido ao trabalho. Assim, houve entrevistados que mencionaram recorrer à bebida como recurso para *relaxar e amenizar a tensão* vivenciada em situações de trabalho, onde estavam submetidos a pressões de chefias, grandes riscos, altas exigências de atenção e/ou de responsabilidade, entre outras circunstâncias potencialmente ansiógenas ou constrangedoras. É interessante assinalar que, em outra pesquisa, também foi este o caso de vários operadores de trem metroviário. Outras vezes, o uso da bebida pareceu ser uma *busca de satisfação compensatória* a frustrações profissionais ou à falta de prazeres acessíveis, inclusive de relacionamentos afetivos ou de oportunidades de lazer significativo.

O álcool tem sido estudado em situações em que as pessoas a ele recorrem para *anestesiar* o sofrimento psíquico. Também entre nossos entrevistados, essa função foi várias vezes identificada na motivação para o uso excessivo de bebida. Essa anestesia corresponde muitas vezes a uma verdadeira *evitação* de tomada de consciência, isto é, a uma fuga da percepção de uma realidade penosa para o sujeito.

Em situações difíceis, ameaçadoras ou que configuram riscos maiores — seja de conflitos interpessoais ou de acidentes —, o álcool pode ser buscado por outra função peculiar, culturalmente consagrada: a de *"dar coragem"*. É, portanto, *conhecido* e *procurado* o efeito desibinidor e euforizante da bebida alcoólica. Mas, na prática, a busca dessa coragem para o enfrentamento não chega a se configurar no cotidiano, pois muitos trabalhadores bebem *depois* do trabalho e nos dias de folga, e não *antes* de ir para o trabalho. Parece tratar-se, muito mais, de uma procura feita em termos simbólicos: beber para ter coragem de enfrentar a *vida difícil*, o *trabalho* cheio de perigos e não apenas o trabalho da próxima jornada.

Nas circunstâncias em que a dignidade é atingida pela humilhação infligida pelas chefias ou pelas condições de desrespeito ao trabalhador, já analisadas, desenvolve-se uma dinâmica bastante complexa que pode desembocar também no aumento da ingestão de bebidas alcoólicas. Sentimentos de impotência e autodesvalorização, bem como autoacusações pelo fracasso e aniquilamento vivenciados, participam de modo importante nessa dinâmica. Aqui, o álcool assume função concomitante de *anestésico* do sofrimento e de *autoataque*.

A bebida pode também ser utilizada como um meio de *dirigir a agressividade para o exterior*, deslocamento que frequentemente atinge a própria família. Seria um modo, indiscriminado em seu direcionamento, de se vingar das injustiças do mundo, fruto de uma raiva que se faz cega em sua impotência para atingir — ou discernir — as verdadeiras causas ou os responsáveis pela derrota vivenciada.

Não obstante essas constatações, existe todo um conjunto de investigações psiquiátricas e psicanalíticas que tem dado conta de outros aspectos envolvidos na constituição da dependência alcoólica, e que impede configurar o trabalho como instância causal isolada e única. Não se trata, aqui, de promover tal reducionismo, mas, sim, de chamar a atenção para aspectos tradicionalmente não examinados nos estudos sobre alcoolismo e nas campanhas preventivas de tantas empresas. No Quadro 2, procuramos oferecer uma visão geral desses aspectos.

Algumas expressões, utilizadas nas entrevistas, pelos trabalhadores industriais estudados, dão conta das diferentes funções que o álcool assume em nível consciente. Algumas vezes, essas expressões também são reveladoras de aspectos não claramente identificados pelos entrevistados. Seguem-se algumas das explicações para o uso excessivo de bebidas, formuladas por entrevistados:

> Bebia era porque ficava alegre com os amigos, cantava, tocava. É que fiquei seis anos aqui em Cubatão, solteiro, e naquele tempo não tinha esse problema de sofrer ataque! (Armador de empreiteira, que deixou de beber há cerca de dois anos, quando começou a sofrer crises convulsivas.)
>
> Bebia pra relaxar, pra aguentar a chefia. (Operário siderúrgico, que faz limpeza e manutenção de equipamentos.)
>
> Eu bebia mais era pra poder comer. Agora, como besteira [depois que parou de beber]. Antes, às vezes, até repetia o bandejão de comida! (Servente de indústria de fertilizantes)
>
> [Rindo] Bebo é pra tirar o pó da garganta! (Servente de empreiteira)
>
> Bebo porque é um gosto que a gente tem. (Fundidor de Siderúrgica)
>
> Aqui em São Paulo tinha que beber pra poder aguentar o frio. (Ajudante de carpinteiro em indústria de fertilizantes, pernambucano, que passou a sofrer crises epilépticas nos cinco anos anteriores à primeira entrevista. Continuava bebendo, quando o visitamos um ano após — referindo que o fazia agora em menor quantidade e frequência.)

No Quadro a seguir, procuramos sistematizar as constatações desta pesquisa que relacionaram aspectos da situação de trabalho e o uso abusivo ou dependência de bebidas alcoólicas.

QUADRO 3
Uso excessivo de bebida alcoólica e trabalho

OBJETIVO CONSCIENTE OU INCONSCIENTE	SITUAÇÃO DE TRABALHO	DINÂMICA PSICOLÓGICA / VIVÊNCIAS
diminuir tensão relaxar	trabalho perigoso exigência elevada de atenção/responsabilidade — sofrer controle excessivo	tensão alta
anestesiar o sofrimento fuga	variável (geradora de conflito/frustração/medo)	Impotência — angústia — decepção
autoagressão	insucesso no desempenho situação humilhante perda de *status* profissional! desqualificação	autoacusação autopunição dignidade ferida autodesvalorização — raiva de si mesmo
agressão a pessoas/ mundo exterior	as mesmas do item anterior	vivências de injustiça/ raiva/revolta canalizadas para fora/discernimento prejudicado
confronto	Trabalho monótono perspectiva de conflito situações novas/ confrontos/disputas situação de isolamento ou repugnantes	necessidade de buscar coragem para enfrentar e/ou aguentar/fadiga/tédio — solidão — repugnância
facilitação da comunicação/ interpessoal/ sociabilidade	atividades em que comunicação interpessoal é relevante para persuasão ou outros fins (vendas, por exemplo)	perceber-se como tímido/ inibição/temor de ser rejeitado ou fracassar
mistos	variadas/complexas	a identificar em cada caso

Os trechos das entrevistas assinalam alguns dos diferentes aspectos que merecem uma análise mais profunda, tratando-se do problema do alcoolismo. O beber como forma de relaxar, de aguentar a situação. O beber como um dos poucos prazeres possíveis, seja "pelo gosto", seja para viver os momentos de companheirismo. Entre os trabalhadores que haviam migrado sem acompanhamento da família, beber em grupo se apresentava como possibilidade de escapar da solidão nas horas do não trabalho. Ou, ainda, a bebida como fuga da situação amarga, simbolizada pela "poeira", pelo "frio", pelo "calor" ou, mais explicitamente, pelo sentir-se "tratado como animal". Ao rir, no momento em que disse beber "pra tirar o pó da garganta", o trabalhador evidenciou bem o quanto estava consciente da "racionalização" que a frase expressava.

2. Síndromes neuróticas vinculadas ao trabalho

Preferimos utilizar a expressão acima para designar os quadros clínicos verificados em vários dos estudos de caso realizados, muito embora saibamos que ela poderá ser alvo de dissensões por parte de algumas correntes mais ortodoxas. Tratando-se de psicopatologia do trabalho, pensamos, na verdade, ser necessária uma postura crítica, conforme a adotada por Jervis (1979) e por Dejours (1987b). As palavras deste último podem, seguramente, ajudar a esclarecer nosso pensamento sobre a questão:

> Na psiquiatria clássica, com efeito não se distingue senão dois estados: o estado de doença e o estado de saúde mental, distinção que sob muitos pontos de vista é demasiado radical. Pois entre saúde e doença existe todo um espaço que se caracteriza por uma luta contra a doença mental que deve ser levada em conta, notadamente no que nos diz respeito aqui, dentro da relação entre o homem e o trabalho. (p. 115)

Podemos acrescentar, a essa crítica, nossa observação da frequência de diagnósticos, em serviços previdenciários e nos registros de serviços médicos das empresas, com o rótulo "DNV" ("Distonia neurovegetativa"), que, como se sabe, representa reação emocional expressa por distintas alterações psicofisiológicas (taquicardia, tremores, ou outros sintomas), sem que jamais, via de regra, se registrem as determinações laborais dessas manifestações reativas, mesmo quando estas sejam especialmente nítidas.

Nas observações que realizamos junto aos trabalhadores industriais, as expressões do mal-estar foram diversas. As somatizações eram bastante comuns, assim como as depressões. Manifestações fóbicas estiveram presentes em alguns casos. Encontramos, também, sintomas caracteristicamente obsessivos em dois entrevistados e, em um caso, havia um quadro hipocondríaco típico. Acreditamos que essa enumeração não esclareça muito e que só o estudo detalhado de cada caso possa oferecer uma visão das articulações desses quadros clínicos — em seu desenvolvimento e dinâmica — com a vida laboral.

A caracterização do desencadeamento de quadros agudos pela situação laboral ficou especialmente nítida, mas também o processo de constituição de aspectos *predisponentes*, ao longo, muitas vezes, de dez e de até trinta anos de vivência laboral, em situações agressivas para a vida mental, pôde ser constatado e analisado.

Acreditamos que, para o entendimento da constituição de um quadro neurótico vinculado etiologicamente à experiência da vida adulta, sem deixar de lado a valorização das experiências precoces na causalidade, há que ser considerado o conceito de *identidade em processo*, no qual a personalidade é visualizada em estado dinâmico permanente (Berger; Luckmann, 1987).

3. Distúrbios psicossomáticos

Os distúrbios psicossomáticos foram bastante frequentes e diversos casos puderam ser correlacionados, em seu desenvolvimento, a situações laborais.

A úlcera péptica foi doença verificada em vários dos trabalhadores de turnos alternados. Distúrbios do tipo dispéptico e outras alterações digestivas também foram comuns e a queixa de perda de apetite durante a semana de trabalho noturno foi uma constante.

Casos de hipertensão arterial foram identificados em trabalhadores submetidos a grandes responsabilidades, riscos e esforços físicos. Um trabalhador de 28 anos, que trabalhava em local muito quente (forno siderúrgico), apresentou enfarte de miocárdio e, embora não tivéssemos acesso aos exames especializados a que se submeteu em serviço de cardiologia, seu histórico revelou uma sequência de tensões de origem laboral, além das condições físicas do trabalho, que certamente deve ter tido ação importante no desenvolvimento do quadro.

4. Epilepsia

Em três dos estudos de caso, os entrevistados apresentaram as primeiras crises convulsivas, de tipo grande mal, após ingresso no trabalho em turnos alternados. Diante dos estudos atuais sobre as influências das alterações do sono no desencadeamento de manifestações epilépticas, torna-se compreensível o aspecto neurológico do mecanismo causal (Poirel, 1982; Carvalho, 1985). Entretanto, em todos os três casos, também aspectos psicológicos, por aumentos de ansiedade correlacionados ao trabalho, surgiram com importante peso no desenvolvimento do quadro apresentado. Em todos esses trabalhadores, havia intensa ansiedade por temor de que a sintomatologia motivasse a dispensa do emprego, o que efetivamente havia ocorrido por várias vezes, para dois desses entrevistados.

FInalizando este tópico, reafirmamos que, nessa categorização dos principais distúrbios mentais observados, procuramos nos aproximar algumas vezes da classificação da nosologia oficial. Entretanto, como acreditamos já estar suficientemente esclarecido por outros autores citados neste livro, essa classificação está longe de dar conta de todas as expressões de sofrimento e do desgaste mental conectados ao trabalho. A proposição de outras categorias nosológicas, por parte de estudiosos da Psicopatologia do Trabalho, vem ocorrendo, destacando-se o desenvolvimento do conceito de *esgotamento profissional*, também conhecido como *burn out*, conforme será visto na Parte VIII deste livro. À luz dos estudos que só chegaram até nós posteriormente à pesquisa aqui relatada, é possível aproximar a caracterização da culminância do processo psicossocial de vários dos trabalhadores aqui estudados ao atual conceito de *esgotamento profissional*. O que confirma a sabedoria dos próprios trabalhadores, quando nos relatavam ter passado por uma *estafa* — palavra que pode ser entendida como tendo o mesmo sentido de *esgotamento*.

5. EXPECTATIVAS DOS TRABALHADORES INDUSTRIAIS

5.1 Significado do Trabalho

Para incluir, nos estudos de casos individuais, o exame das expectativas dos entrevistados, muito tivemos que aprender. Nossa intenção era a de tentar identificar, no processo de expectativa-realizações e/ou de expectativa-frustrações desenvolvido ao longo da vida, algo que iluminasse a gênese do sofrimento mental recente. Formulamos indagações sobre as aspirações profissionais mais antigas, assim como sobre as demais expectativas de infância, juventude e atuais. Mas, para nossa surpresa, descobrimos que pessoas que, em sua maioria, começaram a trabalhar muito cedo na infância não tiveram, muitas vezes, nem ocasião de construir sonhos. Como nos disse um deles, algo admirado da indagação feita sobre os projetos que alimentara em sua infância:

> O que eu pensava pro meu futuro? Ah, acho que nunca nem cheguei a pensar nisso. Com seis anos, tinha que ir cedo pra roça e voltava pra casa cansado.

Outro respondeu:

> Eu pensava de viver, só isso.

E mais outro:

> Pensava de trabalhar em qualquer coisa, qualquer coisa serviria, desde que me rendesse pro sustento. Porque passei muita *fome* em menino. E sempre fui um cara que aquilo que vem, faço.

Surge assim, bem evidente, a diferença entre o nosso objetivo, voltado para a perspectiva de "entender expectativas antigas e suas resultantes", e a realidade do trabalhador, que muito cedo foi obrigado a pensar só na sobrevivência, sem tempo de sonhar projetos. Houve um operário que marcou bem isto, quando nos respondeu à indagação sobre seus sonhos:

> Honestamente, essa é uma pergunta assim meio fora, porque a *minha vida* (trabalho) eu comecei bem cedo.

Interpretamos que, quando disse "minha vida", queria realmente dizer vida-trabalho, já que o trabalho é a dimensão que ocupa praticamente *tudo* na vida do operário. É, por assim dizer, a *substância* e, ao mesmo tempo, a própria *possibilidade* de vida. Assim, cabe dizer que nossa própria expectativa, quanto a esse tema, teve que ser em parte reformulada.

Dois projetos principais

A casa própria surgiu como uma das expectativas mais mencionadas nos planos de vida. Verificou-se que *obtenção da casa*, principal projeto de praticamente todos, foi concretizada por vários deles, geralmente através da construção paciente feita durante as folgas e férias, juntamente com a família ou em mutirão com outros companheiros. Houve um operário que verbalizou um significado especialmente importante referido a essa meta:

> É muito necessário ter uma casa, quando a gente trabalha numa siderúrgica. Porque nem sempre que o sujeito sai pra trabalhar, volta depois.

A seguir, esse operário contou casos de companheiros que não voltaram, mortos em acidentes de trabalho. O valor simbólico da casa ressaltou de muitas situações. A casa torna-se abrigo protetor da família e garantia mesmo em face da possibilidade de morte do operário. E, ao mesmo tempo, a casa surge como importante *realização de vida*.

O outro projeto, para alguns, havia sido *estudar*. Identificamos, aí, aspirações, tentativas, realizações e frustrações.

Refere um moldador de siderúrgica, que trabalhava em TTA antes da crise que o conduziu à hospitalização psiquiátrica:

> No horário da zero hora, quando eu ia estudar à tarde e depois ia pro trabalho, lembro bem... Já quando eu tava no horário de 15h30 (turno da tarde), se faltava uma semana (na escola), a escolinha considerava... Mas estudar e fazer turno é loucura, é o camarada caçar doença! [A seguir, conta casos de colegas que ficaram perturbados mentalmente, a seu ver pelo fato de trabalharem e estudarem paralelamente.] Inclusive teve um que teve que aposentar, ficou louco da cabeça, sem recuperação.

Um soldador, que trabalha em indústria química, reportou com grande desalento o seguinte:

> Essa fraqueza, que eu tive que ir pro hospital, teve também outra razão: é que eu queria muito estudar, e tava me esforçando demais sem ter resultado. Eu não conseguia gravar o que era ensinado e isso me deixou muito desgostoso comigo mesmo... Não sei se pela minha idade, já ter passado dos 40. Pode ser também que fosse o cansaço, porque eu ia pra escola depois daquele serviço de dia todo na caloria e no barulho. A gente esforça muito lá na caldeiraria. Mas naquela ocasião eu achei que era falta de inteligência, falta de capacidade minha, desgastei mesmo, não tinha mais prazer pra nada. E fui ficando perturbado, cada vez mais até que tiveram que me internar.

Acreditamos que as falas são, por si mesmas, suficientemente expressivas — dispensam interpretações. Mas devem suscitar nossa reflexão!

Em outro caso, a impossibilidade de prosseguir os estudos veio sob forma de conselho médico:

> Eu estava estudando e trabalhando quando adoeci da cabeça. Depois, o médico proibiu de eu continuar estudando. E segui o conselho dele, fiquei com medo de ficar louco de vez. (Pedreiro refratário)

Muitos foram os casos em que a renúncia à expectativa de obter um grau maior de escolaridade ou mesmo de obter alfabetização correu paralela ao medo de "forçar a cabeça", onde o fantasma da loucura se fazia presente. Ao longo das entrevistas, pôde ser notado que, para alguns desses homens, foi particularmente dolorosa e desalentadora essa renúncia. Nenhum operário comentou sobre a possibilidade de modificação de condições de trabalho que tornasse viável um estudo eficaz e não "perigoso". A existência de uma escola, que funcionava também em turnos, na Baixada Santista, foi referida por alguns como uma alternativa, mas apenas se o trabalho fosse menos cansativo.

Outras expectativas manifestadas foram:

- o retorno à terra de origem e à lavoura. Para alguns, uma alternativa era a de obter "um lugar pra plantar, fora da cidade";
- montar um negócio por conta própria. "Uma venda", "uma mercearia" ou "um barzinho" foram as aspirações mais frequentes. O desejo de independência financeira apareceu, aqui,

conjugado a uma aspiração por maior liberdade ("não ter chefe");

— ver os filhos conseguindo desenvolver estudos de nível técnico. Uma minoria referiu aspiração de estudos de nível universitário. Quase todos manifestaram que desejavam que os filhos tivessem destino e profissões melhores do que os seus próprios. Muitos faziam grandes sacrifícios para prover estudo aos filhos;

— passear, visitar parentes de outras regiões. Esse desejo foi expresso por diversos operários e, mais vezes ainda, por suas esposas. Geralmente, como um plano para "quando aposentar".

Frustração e culpa

O sentimento de culpa por não ter alcançado objetivos de progresso econômico ficou muito claro em algumas entrevistas, como revela o trecho seguinte, enunciado por um operário que teve duas hospitalizações por alcoolismo:

> Eu queria um negócio meu, vestir bem, uma vida melhor. Mas acabei chegando à conclusão que não tinha capacidade. Quanto mais eu trabalhava, parece que aqueles planos reduzia pra menos, né? Ficava mais reduzido, aquilo que eu tinha vontade de fazer. E por aí começou: trabalhava muito, sem parar. A gente trabalhava, trabalhava, dava até sono. [Fala com tristeza.]

Esse tipo de autoacusação encontramos em diversos dos casos em que havia dependência de bebidas alcoólicas.

Expectativas das esposas

De modo geral, acompanharam as expectativas de seus companheiros, como ilustra o seguinte trecho da entrevista com a esposa de um ajudante de indústria de fertilizantes:

Meu sonho era... achava que aqui, era melhor que lá em Pernambuco, que ia melhorar bastante, sobre ganhar a vida... Toda vida eu pensei ter uma casa, não pagar aluguel, morar no que é meu, uns três cômodos ou quatro. Não desse jeito que é, esses meninos dormindo tudo apertado. Tinha vontade de morar em Cubatão [isto é, fora da Vila Parisi], mas o aluguel de lá é caro, aqui é mais barato! Pros meus filhos? O que espero? Estudar bastante, até formar, pegar diploma bom, de profissão boa, não profissão assim de servente. Assim de mecânico, de carpinteiro, já é uma vantagem. Porque pra médico, essas coisas assim, já é mais difícil.

CAPÍTULO 2

ACIDENTES DE TRABALHO E A DIMENSÃO PSÍQUICA

1. DESGASTE MENTAL NA TRAMA CAUSAL DOS ACIDENTES DE TRABALHO (AT)

Os acidentes de trabalho, quando acontecem como decorrências da negligência dos empregadores, configuram um tipo de violência que, pela definição da OMS, deve ser reconhecido como problema de saúde pública (Dahlberg; Krug, 2006).

A complexidade da rede causal no que se refere aos acidentes de trabalho não poderá ser focalizada aqui. Entretanto, pode ser lembrado que os especialistas que analisam essa rede consideram a importância dos aspectos organizacionais no processo em que são geradas pressões psicológicas, fadiga e sentimentos de insegurança — aspectos humanos envolvidos muitas vezes na trama causal dos acidentes de trabalho, isto é, na *árvore de causas*, conforme denominada em uma das abordagens mais destacadas em análise de acidentes (Binder, 2003; Assunção, 2003).

O desgaste mental gerado nas situações de trabalho pode ter papel importante na gênese de acidentes de trabalho (AT). Pois o desgaste atinge os dois âmbitos que se entrelaçam na vida mental — o cognitivo e o psicoafetivo. Isto é, o desgaste prejudica, de modo simultâneo, a concentração da atenção, o uso da memória, o raciocínio, além de impedir rapidez necessária para tomadas de decisão em situações de emergência. Os prejuízos estendem-se à qualidade da comunicação e das interações. Diferentes situações geradoras de tensões, mal-estar, sentimentos de insegurança foram constatadas na causalidade dos acidentes.

Os aspectos *organizacionais* vinculados à determinação de acidentes de trabalho foram, por muito tempo, deliberadamente ignorados pelos empregadores, em grande parte das empresas. Na prevenção, portanto, eram desconsiderados os aspectos causais derivados de tipos de gestão autoritária e as formas de controle que impunham medo, criando assim inibições e bloqueios que prejudicavam o fluxo de comunicações importantes para a segurança no trabalho. A degradação dos relacionamentos interpessoais e a falta de confiança acarretam os mesmos tipos de prejuízo, conduzindo a acidentes.

As exigências referidas à dimensão temporal do trabalho, quando se tornam incompatíveis com a fisiologia e com as necessidades de concentração de atenção, memorização, raciocínio, autocontrole emocional, também podem contribuir para os acidentes. Apesar de todos os avanços do conhecimento da Psicologia do Trabalho, da Ergonomia e do próprio campo da SMRT (Saúde Mental Relacionada ao Trabalho), a *negação deliberada* de tal conhecimento subsiste em muitas organizações.

A precarização (fragilização) dos vínculos contratuais tem se disseminado e tornou-se importante fonte de tensão emocional e vivência de insegurança no emprego. A precarização coexiste ao lado das transformações organizacionais que impõem intensificação do trabalho, polivalência, grande rotatividade interna, insuficiência de pausas e intervalos interjornadas. O estímulo à competição excessiva tem levado à quebra dos laços de companheirismo e prejudicado a cooperação e a comunicação entre escalões hierárquicos e entre companheiros. O que aumenta os riscos, muitas vezes, em momentos críticos nos quais cooperação e comunicação são essenciais para impedir acidentes e catástrofes. Assim, entre as invectivas de maximizar o desempenho e o temor ao desemprego tem sido gerada a submissão a condições de trabalho que levam ao acúmulo da fadiga geral e mental sob injunções de velocidade no "*trabalho que não pode parar*". O medo do desamparo preside aos esforços e sustenta a escalada da desestabilização psicológica que pode facilitar o acidente de trabalho.

Sob as pressões da *ideologia de excelência*, o cansaço se torna um verdadeiro *tabu*: mencionar a fadiga pode ser perigoso para a carreira e até para a manutenção do emprego. O silenciamento de quaisquer queixas de mal-estar é assim imposto, contribuindo para a escalada do *presenteísmo* que tanto incomoda os gestores. Presenteísmo que significa que pessoas adoecidas estão trabalhando sem manifestar queixas e, em geral, sem procurar tratamento, ao mesmo tempo que seus quadros clínicos se agravam e cronificam, enquanto, inevitavelmente, o desgaste atinge também seu desempenho. À medida que ficam prejudicadas funções como a atenção e o raciocínio, entre outras, o presenteísmo pode se constituir mais um importante fator de risco no que diz respeito a acidentes de trabalho.[1]

Nas empresas que adotam a gestão pelo medo, esse sentimento interfere e perturba todas as atividades mentais, inclusive a atenção e a cautela exigidas em muitas circunstâncias do trabalho.

2. DECORRÊNCIAS E IMPACTOS DOS ACIDENTES DE TRABALHO PARA A SAÚDE MENTAL

Os acidentes, em geral — não apenas os do trabalho —, podem ter repercussões psíquicas bastante negativas e papel destacado na constituição do desgaste e do sofrimento psíquico, bem como de diferentes transtornos mentais.

2.1 Vulnerabilização e Desgaste Psíquico

Por ocasião da volta do acidentado ao trabalho deveria sempre haver, por parte dos gestores e companheiros, a consciência de que, via de regra, o acidente ocasiona um *estado* de maior vulnerabilidade psicológica, que envolve inclusive maior sensibilidade na esfera afetiva — dos sentimentos e emoções —, estado que precisa ser respeitado, para que possa vir a ser superado e não se torne uma via para transtorno psíquico.

---

1. Ao longo da presente década, várias comissões e grupos de trabalho foram instituídos na União Europeia e nos Estados Unidos para buscar soluções ante a escalada dos custos sociais e econômicos ocasionados pelo presenteísmo.

Em geral, o trabalhador tem consciência dessa vulnerabilidade, pois esta implica uma *vivência* de fragilização que envolve seu corpo e sua pessoa como um todo, acarretando perda de autoconfiança. Essa vivência configura sofrimento e desgaste psíquicos e, como veremos a seguir, envolve certa complexidade.

Para entender essa vulnerabilidade, temos a considerar:

— em primeiro lugar, as decorrências anatômicas e funcionais dos próprios danos físicos e a necessidade de "viver e conviver com um outro corpo": o que pode dizer respeito desde a eventuais limitações funcionais menos extensas (mas que podem afetar as atividades da vida diária e o desempenho no trabalho), até a necessidades de adaptação especialmente desafiantes nos casos de amputação;

— em segundo lugar, o *desgaste psíquico* advindo de outras perdas: uma deterioração referente à *autoimagem*, não apenas do ponto de vista físico, mas alcançando a identidade social, pois ocorre uma mudança na maneira pela qual a pessoa reconhece a si mesma e, muitas vezes, na forma pela qual é reconhecida/valorizada pelos demais no local de trabalho. Juntamente com a perda da confiança em si mesmo, costuma ocorrer o desmonte doloroso de uma autoimagem carregada de energia e até uma fantasia de invulnerabilidade. Na empresa, o acidentado é prova viva de que *os acidentes acontecem aqui*. Prova que perturba os demais e em geral desagrada aquelas gerências que professam uma *ideologia de excelência*, na qual *a meta do acidente zero* se torna meramente retórica, quando fixada sem que sejam consideradas as causas organizacionais nem a dimensão psicossocial e os limites humanos dos trabalhadores.

A frequente atribuição da culpa ao próprio acidentado — além de outras consequências — fortalece o preconceito e a rejeição a quem sofreu acidente. Preconceito e rejeição que serão manifestados quando a pessoa acidentada retornar ao trabalho.

As vivências de desgaste que abalaram a autoconfiança e a identidade estão intimamente articuladas a outro abalo — o que sacudiu os *mecanismos de defesa psicológicas individuais* —, como a *negação* da própria existência desses perigos ("*nunca pensei que pudesse acontecer comigo*") ou à autorrepressão do medo de ser atingido.

Ideologia defensiva — é importante notar que existem ainda outros mecanismos psicológicos de defesa, que explicam a continuidade da presença dos trabalhadores em locais perigosos: as defesas psicológicas socialmente articuladas ou coletivas. Estas também são abaladas pelo advento do acidente, o que significa que todo o conjunto de trabalhadores — isto é, o coletivo que compartilhava a crença de sua *imunidade* a acidentes — vivenciará o mal-estar da evidência de que um acidente real aconteceu.

As defesas psicológicas socialmente articuladas serão explicitadas na Parte VII deste livro. Em síntese, elas dizem respeito a mecanismos psicológicos que assumem aspecto coletivo e *ocultam os perigos*. Dejours considera que configuram estratégias defensivas, que podem assumir características de uma verdadeira *ideologia*, que passa a fazer parte da *cultura* desse grupo. A falta de segurança e mesmo os riscos mais evidentes, dessa forma, não chegam à consciência dos trabalhadores. Portanto, essas defesas constituem verdadeiras armadilhas e *prejudicam*:

a) a utilização dos equipamentos existentes para a prevenção de acidentes (uma das razões de recusa ao uso de EPIs: *se não existe perigo, por que usar esses equipamentos?*);

b) a identificação *de tudo o que, nas situações de trabalho*, potencialmente favorece acidentes — incluindo os aspectos organizacionais (características da gestão, controles instituídos, metas, os tempos exigidos, comunicação, pressões psicológicas em geral);

c) a *mobilização dos trabalhadores* para implantação de mudanças organizacionais e dispositivos para uma prevenção eficaz.

Especialmente este último aspecto pontuado acima, ao favorecer a *passividade* e a *submissão dos assalariados*, configura fator micropolítico de grande interesse para empregadores que evitam investir na segurança do trabalho. As chefias, tradicionalmente, sempre temeram que a percepção do perigo — por parte dos assalariados — pudesse tornar-se mais clara e, assim, perturbar os desempenhos ou até impedir que permanecessem no trabalho perigoso. Daí a má vontade ou mesmo o impedimento abertamente colocado à reinserção dos assalariados que sofreram acidentes.

Dejours considerou que *ideologia* defensiva cria fortes imposições — aderir a ela, abstrair riscos e "ser superior" ao perigo torna-se obrigatório para "fazer parte" do grupo. Portanto, quem sofre um acidente *deixa de pertencer*, *trai* o coletivo, pois feriu o pacto coletivo ao *desmentir* a inexistência do perigo. E, como todo *traidor*, passará a ser desprezado e, se possível, excluído (Dejours, 1987a, 1993 e 2008).

Dessa forma, pode ser entendido que, quando a ideologia defensiva se constituiu em um grupo, ao criar rejeição ao acidentado, essa ideologia pôde constituir outro elemento de vulnerabilização psíquica desse trabalhador ao manifestar-se por ocasião da tentativa de retorno à atividade laboral.

Assédio moral como elemento de vulnerabilização

Vimos, portanto, que o trabalhador acidentado, além de perder as próprias defesas psicológicas, ainda perde o pertencimento e apoio de seus companheiros. E mais, passa a ser — de modo aberto ou disfarçado — alvo de rejeição.

Hoje se constata que essa rejeição, em muitos casos, pode ser deliberada e sistemática, caracterizando um *assédio moral* similar ao que tem sido observado nos ambientes em que surgem as LER/Dort. E o assédio torna-se mediação importante na origem e/ou desencadeamento de quadros depressivos e outros transtornos psíquicos — como veremos no Capítulo 3 da Parte VIII. No caso do trabalhador que já sofreu impactos traumáticos do acidente e as diferentes perdas que foram acima sintetizadas, é alta a probabilidade de que a rejeição e/ou o assédio irão constituir uma agressão à dignidade que poderá ser decisiva no desencadeamento de uma desestabilização psíquica mais profunda — com advento de episódio depressivo ou de outro transtorno (psíquico ou psicossomático).

2.2 Transtornos Mentais

A *reação aguda ao estresse* é o distúrbio psíquico mais comum entre os que podem ter aparecimento imediato após o acidente. Num prazo maior, desenvolvem-se outros quadros de transtorno mental ao longo dos *desdobramentos* das perdas e constrangimentos resultantes do acidente. Pois devemos considerar que os acidentes — conforme sua gravidade — costumam trazer sequelas físicas, funcionais e sociais.

Os acidentes de trabalho podem atuar de forma direta ou indireta na origem de transtornos mentais. Procuraremos resumir alguns aspectos dessas duas vertentes, sem ter a possibilidade de desenvolver, em toda sua abrangência, as múltiplas formas de desdobramentos psicopatológicos que podem suceder o AT.

Em relação às *sequelas psiquiátricas de acidentes de trabalho*, podemos considerar duas categorias principais:

a) *os distúrbios decorrentes diretamente das lesões orgânicas*. Em alguns casos, quando a cabeça é atingida pelo acidente, ocorre traumatismo cranioencefálico, que pode condicionar dano cerebral e limitações funcionais diversas — com destaque para o *distúrbio cognitivo leve* (presente na CID-10 — Classificação Internacional de Doenças: F06.7). Esse diagnóstico também consta na lista de transtornos mentais relacionados ao trabalho de acordo com a portaria MS N. 1.339/1999). Problema mais grave é o das *psicoses orgânicas*, que também têm sido observadas ao longo do acompanhamento médico de pacientes que sofreram dano cerebral (Ministério da Saúde, 2001);

b) aquelas em que o *trauma psíquico* é produzido de modo a suscitar transtornos mentais no curto, no médio ou mesmo longo prazo. A *reação aguda ao estresse* e os quadros dissociativos aparecem no curto prazo; *episódios depressivos* e *transtorno de estresse pós-traumático* (TEPT) se manifestam no médio prazo, assim como estados psíquicos marcados por vivências de estar sob ameaça ou perseguição. *Quadros psicóticos não orgânicos* podem surgir no médio prazo, porém as observações fazem crer que se manifestem mais frequentemente no longo prazo, quando a falta de tratamento e de suporte social convergem para seu desencadeamento em trabalhadores que já haviam apresentado reação depressiva ou desenvolvido TEPT após o AT. Em geral, pelas mesmas razões, em outros trabalhadores observa-se uma evolução em que a busca de bebidas alcoólicas, como recurso para diminuir a ansiedade, conduz ao desenvolvimento de *dependências* — como adição a álcool e/ou drogas ilegais, ou, ainda, a tranquilizantes e outros medicamentos psicotrópicos.

A ausência ou insuficiência de suporte social (previdenciário ou de outro tipo) bem como de apoio afetivo agravam tanto os impactos orgânicos (a) quanto os traumas psíquicos (b).

3. E COMO FICA A DIMENSÃO PSICOSSOCIAL DA PREVENÇÃO NO BRASIL?

3.1 O Papel dos SESMTs e as Perspectivas para a Atuação dos Profissionais de Saúde e Segurança

No setor privado, os SESMTs[2] das empresas brasileiras ocupam uma posição geralmente distanciada dos núcleos onde são tomadas as decisões referentes aos processos de produção e ao trabalho humano. Isso significa que, em geral, profissionais de saúde têm pouca oportunidade de se manifestar sobre a gestão e as formas de controle exercidas sobre os trabalhadores. Assim, os profissionais da saúde, que ao lado dos engenheiros de segurança e ergonomistas deveriam participar nos processos decisórios referentes a transformações organizacionais e introdução de inovações — eventualmente dotadas de potencial agressivo à saúde geral e mental —, estão na maior parte da empresas distantes dessa possibilidade. Pois estão inseridos em um sistema no qual sua possibilidade de intervenção é bastante limitada ou, às vezes, inexistente.

Da mesma forma esses profissionais raramente são consultados durante os processos decisórios que definem reduções de pessoal. Igualmente, psicólogos e outros profissionais de saúde deixam de ser ouvidos pelo *management* em mudanças no processo de produção, que implicam aumento potencialmente desgastante das exigências de trabalho mental. Em suma, inexiste, em geral, a possibilidade de realmente exercerem a faculdade de analisar e alertar a administração em face de mudanças que, sendo potencialmente fontes de desgaste mental, impliquem risco à atividade mental necessária à segurança.

2. SESMT – sigla que corresponde a Serviço Especializado em Engenharia de Segurança e Medicina do Trabalho.

Vale lembrar, ainda, que a atual ênfase em reduzir custos tem diminuído não só o número de trabalhadores da produção, mas também o dimensionamento e a qualidade da atuação dos próprios SESMTs.

Sintetizando: praticamente os profissionais de Saúde e Segurança, na maioria das empresas brasileiras, têm reduzida oportunidade de debater aspectos da organização do trabalho que já foram identificados — através de pesquisas científicas reconhecidas — como fonte de inúmeros riscos, inclusive de riscos mentais que têm implicação direta na prevenção de acidentes. As consequências dessa falta têm redundado, paradoxalmente, em *custos humanos e também em custos econômicos.*

As exceções correm por conta dos casos em que estudos de *ergonomia situada* foram solicitados e realizados ensejando perspectiva para correção não apenas de ordem material — ambiente físico, layout, mobiliário etc. —, mas também dos processos e da organização do trabalho, levando em conta, inclusive, os componentes de ordem afetiva envolvidos na realização das atividades. Esses casos, sem dúvida, constituem motivo de esperança quanto à expansão futura dessas práticas (Assunção; Lima, 2010).

Sabemos que um número cada vez maior de profissionais das áreas de Saúde e Segurança, conscientes a respeito, está em busca de estratégias que possam levar a uma redução significativa das *fontes organizacionais dos acidentes de trabalho e dos transtornos mentais.*

Mas, como já foi dito, os profissionais de Saúde e Segurança, em grande parte das organizações brasileiras, ainda têm *uma oportunidade muito reduzida* de debater os aspectos da organização do trabalho e, especialmente, os do controle gerencial que, atualmente, são reconhecidos como fonte de um desgaste mental que pode facilitar e precipitar a ocorrência de acidentes do trabalho.

Entretanto, estão em aberto as perspectivas para que profissionais de Saúde e Segurança, coagidos muitas vezes à passividade pela direção das empresas, possam unir-se aos profissionais que, no âmbito dos Serviços de Saúde do Trabalhador, encontram maior liberdade para externar seu pensamento crítico, realizando encontros e debates voltados a estabelecer encontros de ideias e socialização da reflexão crítica sobre a degradação da saúde e da segurança, que se propaga atualmente por grande parte dos locais de trabalho.

Seria ingênuo, certamente, ignorar o poder exercido contra as mudanças voltadas à valorização e proteção da saúde — poder que é mobilizado pela somatória dos resquícios coloniais e do pensamento neoliberal economicista. Mas, também em outros países, tais obstáculos foram vencidos no processo de amadurecimento da cultura política.

A participação efetiva dos próprios trabalhadores no planejamento e implementação da prevenção em alguns desses países se distancia da nossa realidade. Pois, no caso brasileiro, a participação dos trabalhadores permanece muito mais presente nos discursos do que nas situações de trabalho concretas. Não obstante, essa participação é possível e pode ser muito eficaz, conforme observações e experiências que oferecem fundamentos para uma prevenção participativa. Como veremos a seguir.

3.2 Prevenção Participativa dos Acidentes de Trabalho: a Proteção Instituída pelo Coletivo de Trabalhadores

O coletivo de regra e os saberes de prudência

Damien Cru, nos anos 1980, havia estudado em cortadores de pedra como estes conseguiam se proteger dos perigos existentes nesse trabalho. Observara que, dentro do coletivo, são praticados e transmitidos "segredos do ofício" (*macetes*), que permitem proteger a saúde em um *trabalho bem-feito*, um trabalho que é fonte de orgulho para cada integrante. A *formação coletiva*, portanto, cultiva os saberes que irão fundamentar a construção de *regras*. Essas regras não são formais, não estão escritas, mas são respeitadas por todos. Constituem *as regras do ofício sedimentadas e transmitidas — muitas vezes ao longo de gerações sucessivas — com base na experiência profissional*. Por isso, Cru adotou a denominação *coletivo de regra* para esse tipo de coletivo solidário fundamentado em sólidos princípios éticos (Cru, 1987).

As regras de ofício são adotadas em outros ambientes de trabalho, consensualmente, para regular o trabalho, de modo a preservar seu *sentido*, resguardando conjuntamente a integridade de todos e a de cada um. Esse coletivo assume assim um papel valioso para proteger a saúde e a segurança, ao desenvolver saberes de prudência que se expressam em modos especiais de agir e interagir no trabalho, mediados, em geral, por formas de intercomunicação peculiares — em que há, por exemplo, uma linguagem marcada pelo uso de um jargão profissional. Nesse jargão, alguns termos encerram mensagens que são *alertas* de importância vital.

O convívio e a continuidade da comunicação e interação são essenciais tanto para a construção desse coletivo quanto para que ele se mantenha ativo. É um coletivo que origina uma *flexibilização* dos *modos de fazer*, sempre em acordo simultâneo às *regras do trabalho bem-feito* e aos *saberes de prudência* estabelecida pelo próprio coletivo. Trata-se, aqui, de uma flexibilização controlada pelos próprios trabalhadores para possibilitar o trabalho bem-feito e ao mesmo tempo seguro — respeitando os tempos humanos e a integridade dos corpos. Voltaremos a falar do assunto na Parte VII.

Cru assinalou que *mudanças organizacionais*, que desfaçam tais coletivos, quebram vínculos que representam *o modo possível de executar o bom trabalho* e, ao mesmo tempo, *o modo seguro*. Essas rupturas — instauradas por imposições organizacionais de novas administrações — intranquilizam os trabalhadores, que se percebem desprotegidos, isolados entre si e impossibilitados de enfrentar conjunta e solidariamente as dificuldades e os perigos do trabalho.

Tal quebra dos coletivos de regra aconteceu, em muitas atividades, ao longo da reestruturação produtiva. O impedimento da manutenção do respeito aos *saberes de prudência e às formas de comunicação desenvolvidas pelos coletivos trouxe* graves consequências para a segurança e a saúde dos trabalhadores. A fragmentação desses coletivos tem levado à perda dos *saberes de prudência* e das práticas solidárias que antes ofereciam bases para a proteção e a segurança. São perdas que certamente explicam, em parte, o aumento do número de acidentes em vários setores e atividades.

As resistências às mudanças organizacionais, muitas vezes, se baseiam no esforço de manter esse coletivo solidário de proteção contra os perigos. O que nem sempre é entendido pelos administradores.

Um estudo do psicólogo Helder Muniz (1993), realizado na cidade de João Pessoa e apoiado no conceito desenvolvido por Cru, oferece detalhes a respeito dos *saberes de prudência* exercidos pelos trabalhadores da construção civil no contexto brasileiro. O autor analisou a construção de saberes de prudência e os obstáculos organizacionais impostos ao *enfrentamento solidário da precariedade dos dispositivos de proteção instituídos.*

4. A ATENÇÃO PSICOLÓGICA AOS ACIDENTADOS

O trabalho terapêutico e a reabilitação: desenvolvidos por equipe multidisciplinar, têm proporcionado superação de situações pós-traumáticas, atuando no tratamento de diferentes transtornos psíquicos subsequentes aos acidentes, favorecendo a reabilitação psicossocial e profissional.

A atenção psicológica é essencial no processo terapêutico e em todas as etapas da reabilitação psicossocial e profissional. A presença de psiquiatras com formação em Psicopatologia do Trabalho torna-se necessária nos casos em que transtornos mentais que exigem cuidados médicos se apresentam.

Para tratar o quadro psíquico, as psicoterapias de base analítica tornam-se recursos valiosos. Uma notável experiência nesse tipo de abordagem é a da psicanalista francesa Marie Pezé, que atuou por mais de 25 anos, inicialmente, junto a um Serviço de cirurgia de mão, e depois em interação continuada com a equipe de um Centro de Acolhimento e de cuidados hospitalares em Nanterre, no qual são atendidos trabalhadores vitimados por acidentes de trabalho, doenças osteomusculares e outras afecções relacionadas ao trabalho.

A partir do referencial psicanalítico e de suas próprias vivências e observações na experiência clínica, Marie Pezé (2002) elabora reflexões e análises que iluminam as dinâmicas em que se entrecruzam e interagem aspectos institucionais, psicossociais e subjetivos vinculados aos acidentes de trabalho. A autora oferece contribuições essenciais para o entendimento dos processos psíquicos que se desenvolvem em sequência aos danos decorrentes dos acidentes de trabalho, bem como da ação terapêutica pela escuta e pelas formas de apoiar a elaboração do luto pelas perdas, inclusive nos casos de amputações e de outras perdas definitivas, até a redescoberta, pelo trabalhador, das próprias potencialidades de revitalização (Pezé, 2002).

No Brasil, ainda são poucos os psiquiatras com formação em Psicopatologia do Trabalho. Nos casos em que ocorre TCE (Trauma cranioencefálico), o neurologista é figura central e indispensável na equipe, estendendo sua ação inclusive à fase de reabilitação profissional — o que deverá ser lembrado quando as equipes destinadas à atuação em Saúde do Trabalhador forem redimensionadas — como se espera. Vale assinalar, também, a experiência positiva, em outros países, da participação de advogado como membro da equipe.

A implementação da prevenção de transtornos pós-traumáticos existe na rotina assistencial de vários países, onde é direcionada a trabalhadores que foram vítimas ou testemunhas de acidentes graves. Tal prática, entretanto, ainda está ausente da realidade da maior parte das nossas empresas e Serviços de Saúde.

Os danos psíquicos relacionados aos acidentes de trabalho atualmente não ocupam o espaço necessário nas políticas públicas do país — nem na estrutura das instituições voltadas para implementá-las. O número de profissionais *psi* e de Serviço Social é, em geral, insuficiente para cobrir as necessidades do atendimento na rede pública. Mesmo assim, os esforços de muitos profissionais dedicados têm contribuído para amenizar o sofrimento psíquico e possibilitar, em muitos casos, a superação de transtornos mentais relacionados ao AT.

PARTE V

A Interface Família-Trabalho

CAPÍTULO 1

UMA VIA DE MÃO DUPLA

1. MÚLTIPLOS FLUXOS

Existem numerosas ligações tecendo a interface família-trabalho. Acreditamos que se constitui, aí, um novo terreno que desafia os pesquisadores do campo da SMRT. Ainda pouco explorada, a trama complexa dessa interface, numa visão preliminar, deixa entrever uma via de mão dupla: de um lado, há o fluxo em que a subjetividade desloca experiências familiares para o mundo do trabalho; de outro, a corrente que transporta para a vida familiar determinações emanadas do trabalho. Mas os dois fluxos se entrecruzam muitas vezes, ao mesmo tempo que dão lugar a dinâmicas pelas quais se realimentam reciprocamente. Não teremos a pretensão de examinar todas as diversidades que pode apresentar essa interface nas diferentes atividades laborais, setores da economia e contextos sociopolíticos e culturais. Tentaremos, apenas, uma aproximação que permita identificar alguns componentes das duas correntes acima mencionadas. Essa aproximação se apoiará nas elaborações de vários autores e, em parte, em nossas observações de pesquisa de campo.

Talvez fosse de esperar que apresentássemos aqui aquelas conexões família-trabalho que resultam em prazer, bem-estar e incremento da saúde psicossocial. Elas existem e constituem um importantíssimo aspecto. Pais e mães que extraem prazer de um trabalho que lhes é significativo, que lhes permite exercer sua autonomia, desenvolver seus potenciais e interesses, sentindo-se socialmente reconhecidos e justamente remunerados, certamente enriquecerão afetiva e intelectualmente o convívio familiar. Infelizmente, essa não é a constatação mais frequente nas pesquisas que realizamos e nem na literatura examinada, assim como não parece ser a mais comum, especialmente na realidade social dos países onde os contingentes de pessoas pobres ainda são extensos e os níveis de educação, insatisfatórios.

2. AS MULHERES NA INTERFACE

Vale alertar para uma vertente especial de estudos, dirigida ao trabalho relacionado à condição feminina, vertente cujas extensão e complexidade impedem que dela tratemos em detalhe neste livro. Existe um conjunto de pesquisas e análises voltadas à temática que inclui derivações para a psicopatologia do trabalho. Considerando a enorme importância do assunto, decidimos, de forma resumida, lembrar alguns desses estudos e constatações.

Na vida das mulheres o trabalho é uma dimensão de tal maneira e tão profundamente entrelaçada às demais, que em muitos contextos sociais se torna praticamente impossível isolá-la e examinar o que sucede na fronteira família-trabalho. É o que podemos perceber, por exemplo, lendo o que Xinran Tsue escreve sobre as mulheres chinesas (Xinran, 2008). A interface se torna também extremamente difusa em muitas situações, como, por exemplo, no caso das mulheres que realizam trabalho remunerado no próprio domicílio (Huws, 2003).

Os estudos sobre a mulher no mundo do trabalho não podem ser separados dos estudos sobre a dominação masculina (Bourdieu, 1998c) nem dos numerosos estudos relacionados à violência contra mulheres de todas as idades em diferentes países do mundo. No panorama mundial mais recente, novos estudos sobre essa violência continuam a surgir em vários países, mostrando aspectos antes desconhecidos.

Estudos de cientistas sociais demonstram como as profundas diferenças entre as situações vividas por homens e mulheres na sociedade desde sempre se refletiram na esfera do trabalho e em geral identificaram uma evidente desvantagem para as mulheres. Foi assim que se originou uma importante linha de pesquisa em sociologia do trabalho na qual foi, posteriormente, aberto espaço para aspectos de psicopatologia.

As investigações sobre as dimensões sociais da divisão sexual do trabalho[1] — realizadas primeiro em diferentes países da Europa e da América do Norte e,posteriormente, também na América Latina — revelaram a persistência de desigualdades que até hoje desfavorecem as mulheres. Dentro da complexidade dessa temática, tem sido mais salientado que o trabalho da mulher tradicionalmente foi menos valorizado do que o do homem, o que se refletiu em menor salário que o dos homens, mesmo para desempenho de função igual; predominância de mulheres em tarefas menos valorizadas, como atividades manuais repetitivas, por exemplo, em linhas de montagem; alocação maciça nos postos mais subalternos da estrutura hierárquica e acesso mais difícil a promoções em trajetória ao topo de uma carreira. Estão também, em geral, mais expostas à coerção e à humilhação. Do mesmo modo, estão sujeitas a maior rotatividade, sendo as primeiras a perder os empregos nas crises econômicas e nos cortes de pessoal. O *desemprego* feminino sempre supera o masculino nas situações de crise. Além de que, na atualidade, grande parte das mulheres encontra-se em empregos precários (terceirizados; temporários; em tempo parcial etc.).

Ao lado dessas desvantagens existe aquela que é decorrente da *desvalorização profissional* do trabalho realizado por mulheres quando este parece pertencer à *natureza feminina* e não fruto de preparo através de estudo, capacitação e experiência profissional. Este é o caso de várias profissões e ocupações que envolvem a prestação de cuidados, o ensinar, o orientar, a escuta, a persuasão e a tranquilização de pessoas. Desse modo, surge como natural (*naturalmente* originado) o trabalho de enfermeiras,

1. Eleonora Menicucci de Oliveira (1997) esclarece que a divisão sexual de trabalho é uma divisão de caráter social. Aponta, ainda, a diferença e a aproximação existentes entre as abordagens teóricas que utilizam as expressões *relações sociais de sexo* e *relações sociais de gênero*. Explica: "O uso da categoria gênero nos estudos e pesquisas na área de saúde do trabalho contribui e alarga a compreensão do processo saúde-doença que, a partir da complexidade dos fatores intervenientes neste caso, introduz a dimensão do poder criada pela desigualdade sexual para explicar os diferentes impactos que a exposição aos mesmos riscos (...) nos locais de trabalho provocam no homem e na mulher" (p 5).

professoras, assistentes sociais, telefonistas, cuidadoras de idosos, crianças, e de outras pessoas dependentes. E, mais recentemente, também o trabalho de teleatendimento — bancário ou em *telemarketing* de qualquer tipo. O que conduz à desvalorização profissional — que se reflete inclusive nos salários — daquelas que executam profissionalmente essas atividades (Neves, 1999; Venco, 2009).

A ocorrência da *dupla jornada de trabalho dentro da própria casa*, onde as atividades femininas se dividem entre o trabalho remunerado e o trabalho doméstico, configura uma situação que, ao exigir constante divisão de atenção entre demandas de diferente natureza, condiciona constante necessidade de controle emocional e, consequentemente, elevada tensão emocional. Além de, em geral, o duplo desempenho também acarretar sobrecarga física.

Por outro lado, ao longo da história, as mulheres tiveram que enfrentar o preconceito e a resistência contra o trabalho da mulher fora do lar. Esse enfrentamento tende a elevar e exacerbar a autoexigência na mulher que, *cobrada* por todos os lados, sente a pressão da necessidade de comprovar *que pode*, sim, *conciliar família e trabalho*. E que é capaz de obter *alto desempenho* nas duas áreas. O desgaste, em cada caso, decorrerá do tamanho da autoexigência e da correlação entre o grau desta, em face das possibilidades/limites impostos, conjuntamente, pelo contexto social e pela *realidade* concreta e específica de cada situação familiar e de trabalho.

O aumento atual da *competição* dentro das empresas pressiona de modo especial o desempenho feminino. Primeiro, porque novamente é preciso, mais do que nunca, *provar que a mulher é tão capaz quanto o homem*. E segundo, por causa da associação perversa entre desregulamentação dos contratos de trabalho e o estreitamento do mercado de trabalho, que resulta em aumento do medo ao desemprego. O acirramento das competições exacerba também esse temor. Em reação a esse conjunto de pressões e ameaças, a *autoexigência* das mulheres tende a crescer mais ainda, acarretando frequentemente um duplo prejuízo: para a saúde, por um lado, e, por outro, para o relacionamento e a vida familiar.

Esquematicamente, temos abaixo os aspectos a ressaltar na dinâmica:

- *Preconceito contra trabalho feminino* + *Exigências organizacionais* + *Competição acirrada* = mulheres *aumentam autoexigência* (intensificam trabalho, aceitam extensões de jornada) → fadiga e tensão → desgaste mental.

- *Vínculo contratual precário* → insegurança no emprego/temor de demissão → maximização de desempenho → fadiga e tensão → *desgaste mental*.
- *Atividade doméstica (trabalho visível e trabalho afetivo) pressionada pela demanda familiar e pela autoexigência: prejuízo do trabalho afetivo pela fadiga e irritabilidade originadas no trabalho → frustração/insatisfação dos familiares e da trabalhadora → conflito → desgaste mental.*
- *Fontes adicionais de tensão no trabalho:* desproteção e exposição a ruído, riscos de acidente, intoxicação e outros; falta de reconhecimento; avaliações injustas; ofensas e humilhações → *desgaste físico e mental.*
- *Fontes adicionais de tensão presentes na vida familiar*: doença na família; desemprego do cônjuge ou dos filhos; dívidas; outros.
- *Fonte adicional de fadigas e tensão nas grandes cidades/áreas metropolitanas*: Tempo e extensão do trajeto no deslocamento entre trabalho e domicílio

Existem ainda outros aspectos que marcam a diferenciação e as *relações de gênero* (como preferem algumas autoras) ou, como diremos aqui, *a divisão sexual do trabalho.* Como são numerosos, será impossível abordá-los aqui e lembramos apenas alguns estudos relevantes.

Diversas pesquisas que, no âmbito internacional e no Brasil, objetivavam inicialmente o exame das peculiaridades, historicamente contextualizadas da condição feminina, depois se desdobraram no exame da interface família-trabalho e trouxeram subsídios para a SMRT.

Arlie Hochschild ocupa um lugar importante nessa vertente, analisando de modo continuado, desde os anos 1980, a exploração de alguns saberes e habilidades, considerados pelo senso comum como "atributos femininos". É o que a autora faz na sequência de investigações realizadas sobre o *trabalho afetivo ou emocional* (Hochschild, 1983). Uma das preocupações dessa pesquisadora da Universidade de Berkeley tem sido desvendar de que modo a função materna e a vida familiar das mulheres de diferentes categorias profissionais vêm sendo afetadas, nas últimas décadas, pelo trabalho exercido ao longo das mudanças de regime econômico[2] e das simultâneas transformações de ordem social e cultural.

No Reino Unido (Inglaterra), Ursula Huws realizou também uma sucessão de pesquisas em que vem acompanhando a trajetória do trabalho das mulheres durante os últimos quarenta anos, ao longo das mudanças políticas e econômicas que presidem o modo pelo qual o capital se apodera do desenvolvimento tecnológico. Um dos aspectos estudados por Huws diz respeito aos deslocamentos espaciais da exploração feminina — desde as transferências de atividades de confecção de roupas ou de trabalho computadorizado da empresa para o próprio lar, até os atuais deslocamentos internacionais das atividades financeiras e de teleatendimento no *ciberespaço*. Embora não se detenha na dinâmica psicológica, a mesma autora aponta para a fadiga, adoecimento e o estresse gerado em situações cruciais de desvantagem social, discriminação e, inclusive, assédio sexual das mulheres que ousam assumir profissões tradicionalmente consideradas masculinas. As implicações desestabilizadoras para a vida afetiva e para os relacionamentos familiares ficam geralmente implícitas nos textos de Huws (2003 e 2009).

Helena Hirata, que tem feito pesquisas no âmbito internacional sobre a divisão sexual do trabalho, realizou estudos comparativos entre as situações vivenciadas pelas mulheres trabalhadoras no Brasil, na França e no Japão, ressaltando, entre outras, as repercussões para a vida familiar. Estende sua análise para a psicopatologia do trabalho tal como se faz moldar pela reestruturação produtiva subordinada à ideologia neoliberal (Hirata, 2002).

A feminização da pobreza em todo o mundo é bem lembrada por Brito, Teiger e Messing (2001) e é uma questão muito presente na realidade brasileira. Essa questão tem muitos impactos para submissão das trabalhadoras a condições potencialmente adoecedoras e muitas vezes humilhantes, com danos simultâneos à sua saúde e à condução da vida familiar — em especial quando a mãe é a única provedora, tanto de recursos materiais, como de suporte afetivo. Lembrando que a marcante

2. Considerando regime econômico como o conjunto de características institucionais que determinam, no âmbito de um sistema econômico, a organização para o funcionamento da economia.

ampliação do número de famílias monoparentais em muitos países — e também no Brasil — é um fato.

No Brasil, o trabalho da mulher foi e continua sendo objeto de várias pesquisas. Deve ser destacado o pioneirismo dos estudos de Heleieth Safiotti (1969) que mais tarde veio também a realizar, ao longo dos anos 1990, uma série de pesquisas sobre a violência dirigida contra mulheres — assunto que não pode ser separado da psicopatologia do trabalho, tanto pela problemática do assédio sexual quanto por outros aspectos.

Entre outras pesquisas e publicações sobre o trabalho das mulheres no Brasil, mencionamos Bruschini e Rosemberg (1982); Kartchevsky-Bulport et al. (1987); Souza-Lobo (1991); Besse (1996); Oliveira e Scavone (1997) e Brito (1999).

Muitos aspectos especiais têm sido contemplados no trabalho feminino. É assim que chama a atenção, por exemplo, o caráter desgastante muitas vezes verificado nas formas de *trabalho não remunerado que se confundem com o trabalho de dona de casa*. O assunto é estudado em outros países e também no Brasil. Lucila Scavone (1997) expõe e analisa acréscimos de responsabilidades e cargas de trabalho acarretadas às mulheres que, em suas casas, cuidam de maridos adoecidos pelo trabalho e a repercussão do adoecimento no cotidiano de toda a família. Algumas questões instigantes são formuladas pela mesma autora, que investigou, através de estudo de casos, o impacto familiar do adoecimento de trabalhadores devido à exposição ao amianto: *Quais os impactos destas doenças na família? Como as relações de gênero podem contribuir para construir a invisibilidade das doenças profissionais? Como a doença administrada no espaço privado reforça a invisibilidade do trabalho das mulheres pela saúde na família?* No texto, a autora suscita a percepção de que, na situação brasileira, a insuficiência da política pública na prevenção e na assistência às vítimas do trabalho é dissimulada e invisibilizada pela dedicação de mulheres que assumem a prestação de cuidados nos próprios lares, mesmo que em condições bastante precárias.

Dentro da complexidade dessa temática, nos restringimos aqui a assinalar *quatro* aspectos:

a) As desvantagens pressionam a vida cotidiana das mulheres, exigindo cargas de trabalho excessivas, assim como a exposição a riscos e sacrifícios que se refletem frequentemente em sua saúde geral e de modo especial na saúde mental.

b) Uma parte considerável desses esforços está voltada para obter compatibilização entre atendimento das exigências patronais e das necessidades e demandas familiares de modo satisfatório para a própria mulher. Em suma, trata-se de atender também as próprias autoexigências em face de uma dupla jornada de trabalho — harmonizando trabalho doméstico e trabalho assalariado.

c) As mulheres tiveram que se empenhar, historicamente, para enfrentar o preconceito e a resistência contra o trabalho feminino fora do lar. Tal enfrentamento muitas vezes tem sido duplo: dentro do próprio lar e no ambiente de trabalho. Esses enfrentamentos obviamente impactaram e ainda impactam a vida familiar.

d) O aumento atual da *competição* interna dentro das empresas pressiona de modo especial o desempenho feminino. Por duas razões principais: primeiro, porque novamente é preciso, mais do que nunca, *provar que a mulher é tão capaz quanto o homem*. E, segundo, por causa da associação perversa entre precarização-desregulamentação dos contratos de trabalho e estreitamento do mercado de trabalho, cujo resultado é aumento do medo ao desemprego. Medo que é aprofundado pela discriminação que *vem novamente à tona*, buscando *desqualificar, marginalizar* ou *excluir* mulheres das atividades e inserções mais respeitadas, valorizadas e estáveis. As pressões assim criadas muitas vezes se apresentam através de ameaças ou mudanças efetivas que desqualificam essas assalariadas. Sob o peso conjunto dessas circunstâncias, a *autoexigência* das mulheres tende a crescer, acarretando frequentemente um duplo prejuízo: para a saúde, por um lado, e, por outro, para o relacionamento e a vida familiar.

Por outro lado, as mulheres constituíram alianças amplas, denunciando internacionalmente os preconceitos e as violências a que eram submetidas em diferentes países — em casa, na sociedade e também nos locais de trabalho. Conquistaram a solidariedade de outras mulheres, em países distantes. Lograram, assim, muitas vitórias, inclusive mudanças nas leis que, em alguns países, haviam legalizado a opressão da qual as mulheres tinham sido objeto durante séculos. As lutas femininas se internacionalizaram, penetraram em todas as mídias, e muitas mulheres de países africanos, asiáticos e latino-americanos escreveram livros, às vezes autobiográficos, às vezes assumindo o feitio de grandes reportagens ou dossiês reveladores da exploração e dos abusos de todo tipo relatados por outras mulheres. A força libertadora que essa mobilização internacional desenvolveu e as formas audazes e inteligentes assumidas pela organização e pela comunicação que unificou o movimento feminista levaram Peter Waterman — um importante cientista social e ativista político — a afirmar que, na contemporaneidade sufocada pelo neoliberalismo, a vitalidade e a eficácia desse movimento fazem que suas estratégias sejam consideradas modelares para outros movimentos voltados a enfrentar — no plano internacional — o obscurantismo que vem avançando em todos os territórios do que é humano — e, de forma espantosa, também no mundo do trabalho (Warterman, 2001).

CAPÍTULO 2

A TRANSPOSIÇÃO DOS AFETOS E A EXPLORAÇÃO DOS SENTIMENTOS

1. TRANSPOSIÇÕES DO MODELO FAMILIAR: "ESSA EMPRESA É UMA MÃE"

Alberto Jakubowicz (1985) analisa importantes aspectos referentes ao modo pelo qual a estrutura familiar suscita ressonâncias nas hierarquias do mundo do trabalho, mostrando que duas situações, em especial, marcam a aproximação entre essas instâncias: a situação de *dependência* e a situação de *crise*. Ambas atuam agravando as confusões de sentimentos que dificultam a discriminação entre as relações de trabalho e as relações afetivas familiares. O autor assinala: *Os compromissos são muito diferentes nas situações de família e de trabalho, porém as forças de apropriação favorecem a confusão de sentimentos. Também, cada vez que se emprestar uma figura paternal ou maternal à hierarquia do trabalho, não se fará senão reforçar um mito inexistente na realidade.* Entre as exemplificações fornecidas pelo autor, destacamos a das supervisoras "maternais" que alimentam a dependência em muitos locais de trabalho. Por isso, a demissão, mesmo por ocasião de crises econômicas, é vivenciada, frequentemente, como rejeição e abandono.

A análise de Jakubowicz sobre a dependência pode ser estendida a outras profissões, em que o papel maternal frequentemente é assumido pelo profissional e está incorporado nas expectativas e nas atitudes daqueles que são objeto de suas atividades. É o que ocorre nas profissões em que o conteúdo do trabalho muito se aproxima das tarefas maternais de prestação de cuidados — alimentar, vestir, proteger, ministrar atenção em situações de doença. Teríamos, nesse caso, profissões e ocupações da área de Saúde (enfermagem e atividade médica) e da área de Serviço Social, junto a creches, abrigos e outras instituições ou modalidades de assistência social. As mesmas confusões de sentimentos podem ser propiciadas no caso das atividades de professores, cuja essência, de formar e preparar os alunos para a vida, em muito evoca o papel parental.

O grau de fragilidade e desamparo das pessoas cuidadas certamente é uma variável importante na facilitação para que o papel maternal seja assumido com maior ênfase — como pode acontecer aos que cuidam de doentes, crianças pequenas, idosos dependentes ou pessoas inválidas. Nessa situação, o papel maternal assumido pelo profissional, que em grande parte das vezes é do sexo feminino e nem sempre teve filhos, pode se desenvolver fortemente. O suficiente para que a exploração desse profissional seja bastante facilitada: ele se deixará explorar por não admitir mudar de emprego e, assim, "abandonar os filhos". Em tais circunstâncias, a enfermeira ou a assistente social (ou outro profissional) estão assumindo um outro papel que advém também da "cultura maternal" — o de mãe que aceita sacrifícios pelo bem dos filhos. A sobrecarga de trabalho dessas pessoas leva, com o decorrer do tempo, a rupturas de estabilidade emocional. A síndrome resultante foi por muito tempo designada popularmente no Brasil como *esgotamento* ou *estafa* e atualmente é reconhecida em psicopatologia do trabalho como *esgotamento profissional* ou *burnout*. .

Jakubowicz lembra ainda que o trabalho nas usinas do século XIX favoreceu um tipo de família nuclear, em que as ligações entre as pessoas se fundavam sobre a responsabilidade e a culpa. Pois responsabilidade e culpa, na época, marcavam as relações recíprocas entre todos os membros de cada pequeno grupo familiar, servindo à sua coesão. A situação familiar corresponderia a uma atitude de fidelidade com relação ao trabalho, sempre que o contrato social permanecesse respeitado. O mesmo não ocorreria para os que vivessem a experiência de uma família de laços menos estáveis — a família "monoparental" que, fornecendo uma imagem de relatividade das estruturas e de finitude dos sentimentos, conduziria a apego menos intenso e a maior possibilidade de transformação, mudança e, por conseguinte, menos investimento afetivo e fidelidade para com o empregador. Liliana Segnini (1988), no Brasil, em estudo sobre a organização Bradesco, constata a aplicação de um princípio similar na seleção de pessoal realizada pela instituição, que, conforme a autora, "procura selecionar pessoas que tenham crescido vivenciando vínculos familiares, posto que entende que a aprendizagem da disciplina inicia-se na família" (p. 62). Um diretor da Fundação Bradesco, em entrevista à autora, mencionou: "Não admitimos menores abandonados. Há necessidade que nosso aluno, futuro funcionário, tenha família. Desta forma, ele já aprendeu a obedecer e a respeitar a hierarquia" (p. 62).

No decorrer da recessão do início dos anos 1980, nas entrevistas com trabalhadores industriais que haviam perdido o emprego, captamos muitas vezes sentimentos intensos de mágoa e perplexidade. Os depoimentos sobre as dispensas revelaram que, na percepção dos trabalhadores, o vínculo rompido era muito mais do que simplesmente empregatício. Algumas expressões, que transcrevemos a seguir, são particularmente ilustrativas:

> *Não tinham avisado nada, ninguém tinha me falado coisa nenhuma antes. Então, quando mandaram me chamar para me apresentar no escritório da firma, eu fui inocente de tudo. E senti como uma traição, uma verdadeira facada no coração!* (Trabalhador metalúrgico)

> *Eu trabalhava nessa firma desde o começo dela. Começou com cinco pessoas, faz vinte anos, agora tava com mais de cem empregados. Eu conheço tudo ali dentro, porque fiz parte de tudo. O primeiro dono era que nem pai pra mim, fazia de tudo, trabalhava com a gente, conversava sempre. Ali era que nem uma família da gente. Devido ao meu problema de vista, eu sei que tava produzindo menos que antes. Mas achava que eles tava me considerando por eu ser antigo, por tudo que eu sempre fiz pela firma. Então, quando mandaram embora, eu tive aquele choque.* (Operário metalúrgico, 53 anos, desempregado há três meses. No restante da entrevista, demonstrou vivências mistas de revolta e profundo desamparo. Encontrava-se, na ocasião, bastante deprimido.)

Os conflitos com chefia são outra situação potencializadora da intensificação de confusão afetiva. Jakubowicz fala do sofrimento que pode ser desencadeado por críticas ou manifestações de desconsideração por parte de chefias, que são visualizadas como figuras parentais. Nos estudos de casos individuais que realizamos, encontramos várias vezes esse aspecto. Assim, à vivência de uma opressão ou humilhação reais e ao autoritarismo factual e atual, soma-se a reatualização de vivências infantis, o que, obviamente, não costuma ser percebido de forma consciente.

A presença desse tipo de confusão afetiva merece uma compreensão adequada por parte dos pesquisadores e dos terapeutas. Entretanto, é preciso estar alerta para que tais fenômenos, uma vez reconhecidos, não conduzam à psicologização de fatos concretos e atuais, escamoteando a realidade da opressão e da injustiça presentes no cotidiano do trabalho.

Outro aspecto assinalado por Jakubowicz se refere a sentimentos de perda de poder sobre o próprio corpo *robotizado*, o que se acentua pela repetitividade das tarefas e pela aceleração dos ritmos, induzindo a um estado de fragilidade emocional. Fenômenos de despersonalização ocorrem dentro dessas situações de dominação, marcadas pela instalação de uma total dependência do corpo diante do sistema hierárquico imperante na organização do trabalho (p. 202). Passa a vigorar, assim, uma *situação que, do ponto de vista psicológico, é profundamente regressiva, e que, por outro lado, favorece a intensificação da dominação*. Em diversos casos localizou-se, nesta transposição família-trabalho, um aspecto crucial de origem ou incremento de tensões. A propósito das relações com chefias imediatas, identificamos em vários casos uma complexa inter-relação de forças psicológicas e sociais, cuja dinâmica variou em consonância a vivências anteriores, às vezes mesmo infantis ou da adolescência. Vinculações, por exemplo, com uma vida familiar na área rural, onde o respeito e a obediência aos mais velhos e aos chefes da família eram sagrados, geralmente, numa história de trabalho onde o primeiro patrão fora o próprio pai, quando não o avô ou, às vezes, um tio. Não raro, essas primeiras relações de trabalho desembocaram em rupturas conflitivas e dolorosas: a vinda para a cidade sem a "bênção" aprovadora do chefe da família; a morte do pai-patrão; os casos em que o pai abandonou a família.

As leis internas da fábrica são fortalecidas pelas "leis" do mundo interno de cada um. Leis que foram, por sua vez, forjadas ao longo da vida familiar e de toda a experiência cultural anterior, no mundo rural ou no mundo urbano. Assim, acatar as determinações e evitar reacender conflitos dolorosos foram, para alguns, a tônica desses "regulamentos do íntimo". Por isso, também, o sucesso (do ponto de vista da empresa) dos métodos de motivação comportamental, tão adotados nas indústrias "modernas", muitas vezes com o uso de prêmios. Pois ser elogiado ou premiado pode significar, para o operário, ser reconhecido, sinônimos de recuperação do afeto paterno e/ou materno tidos como perdidos. Mas também o ódio e a revolta reprimidos contra um patriarca opressor podem projetar-se, intensamente, sobre a figura de um chefe imediato, como nos foi dado analisar em detalhe especialmente num estudo de caso.

O que foi dito acima obviamente não configura modalidade única. A mesma ambivalência que encontramos em relação à figura paterna surgiu tanto em relação à chefia como à própria indústria, como veremos adiante. Às vezes, assistimos a uma aparente resolução da ambivalência, através de uma dupla projeção feita, simultaneamente, sobre a chefia e a empresa. Como expresso pelas seguintes frases: "A firma é boa, não tem igual. Quem judia da gente é aquele chefe desgraçado". Assim, a "parte boa" e mesmo o afeto e a gratidão podem ter como alvo a empresa, ao mesmo tempo que as mágoas, revoltas e raiva se dirigem para a figura do chefe. Obviamente, na medida em que as características pessoais e os comportamentos do chefe em relação ao trabalhador reforcem essas projeções, a situação pode tornar-se crucial e precipitar crises agudas, como ocorreu em trabalhadores estudados.

Os sentimentos com relação à empresa surgem muitas vezes profundamente contraditórios. Em momentos diferentes de um mesmo entrevistado, encontramos a queixa contra o esgotamento determinado pelo trabalho exigido e, pouco depois, referências elogiosas à empresa *que é uma verdadeira mãe pra gente.* A imagem da "empresa boa" mantém-se preservada, idealizada, percebida como entidade provedora que atende a todas as necessidades — a começar pela sobrevivência ("é ela que dá o pão da gente", nas palavras de um entrevistado). É interessante notar que, em dois casos em que os operários haviam sofrido abandono parental muito precoce, a empresa surgiu de forma especial, com uma imagem boa, carregada de generosidade.

Ao citar os elementos valiosos e significativos de sua vida, um dos entrevistados diz:

> ...o que vale pra mim é minha família, a Siderúrgica, meu moral e as amizades.

Quando disse "meu moral", acreditamos que fala de sua dignidade. Mas a harmonização desses aspectos mais caros ao entrevistado parece impossível. É o que esse trabalhador demonstra pouco depois, com muita mágoa, ao explicar como agora se sente "encostado" em atividades de menor importância, fora da "profissão" que havia conquistado após muitos anos de serviço e sem expectativas de progressos numa carreira dentro da indústria:

> ... Nessa firma é assim: adoeceu, não presta mais!

Ele se referia à humilhação sentida por ter sido colocado para fazer tarefas de faxina após voltar da internação psiquiátrica, já que, antes, tinha uma função especializada. A essa humilhação, somava-se a mágoa de uma rejeição, cuja vivência continha ressonâncias de um passado distante, em que os pais o haviam entregado para ser criado por outras pessoas.

Uma importante transformação das representações, referentes ao trabalho e às organizações, dentro das quais o mesmo se desenvolve, é examinada por Pages et al. (1987). Nas grandes organizações transnacionais, a figura do chefe perde sua importância, deixa de representar o poder e a imagem paterna. O chefe passa a ser um dos muitos agentes do sistema de poder da organização. "São as regras, as políticas, os dispositivos da organização e não mais as decisões do chefe que governam a vida cotidiana. Os investimentos e os conflitos inconscientes maiores não são mais vividos na relação com as chefias, mas com a organização..." "A psicanálise, enquanto ciência e prática da transferência interpessoal, perde seu interesse para o estudo do poder e deve ser substituída pela análise das relações inconscientes dos indivíduos com as instituições sociais" (p. 225). Os autores citados realizaram várias observações e entrevistas nas quais se baseiam para chegar a essa conclusão.

Situação familiar atual: reflexos no trabalho

Além da transposição para o trabalho de vivências profundas relacionadas às primeiras experiências, na família de origem, também a situação familiar do presente pode determinar reflexos para a vida laboral.

Já foi estudado como uma excessiva adesão ao trabalho pode significar uma fuga ou compensação de uma vida familiar insatisfatória, em especial se há uma relação conjugal afetivamente esvaziada ou fortemente conflitiva (Dejours, 1983; Mcdougall, 1991). Nesses casos, um investimento afetivo considerável pode se efetivar, compensatoriamente, no trabalho, ao mesmo tempo que a jornada é muitas vezes ampliada propositalmente pelo próprio assalariado.

As observações que realizamos junto aos trabalhadores industriais revelaram uma situação complexa, que passava mais marcadamente pela necessidade econômica antes de repercutir em dificuldades afetivas. Simplesmente, havia a necessidade de ganhar mais do que o salário estipulado, para atender às necessidades básicas da família. Assim, os próprios operários faziam questão de trabalhar em horas extras ou conseguir atividades adicionais ao emprego, chegando ao ponto de, às vezes, encarar desfavoravelmente ações sindicais voltadas para a supressão das horas extraordinárias de trabalho.

Como já foi referido na Parte anterior deste livro, também situações de doença na família, ao determinarem preocupações, noites mal dormidas e desgaste pela prestação de cuidados aos doentes, ocasionavam repercussões no cotidiano do trabalho — uma vez que o operário muitas vezes já chegava cansado e tenso à empresa.

A precariedade das condições gerais de vida, principalmente no que se refere à *moradia* e à *segurança*, costuma levantar inquietações que podem ser perturbadoras da concentração exigida em muitos desempenhos. Quando o trabalho é noturno, surge para alguns a preocupação com a segurança da família, sobretudo se ocorreu recentemente assalto ou outra violência na vizinhança de casa. Outros, cujos locais de moradia estão sujeitos a enchentes, revelaram ficar tomados de forte apreensão quando percebiam um temporal durante o período em que estavam no trabalho. Nos anos 2000, em face das catástrofes ambientais que têm penalizado tantas comunidades brasileiras habitadas pela população trabalhadora, certamente tais tensões se multiplicaram, embora não tenham ainda sido publicados estudos sobre os impactos psíquicos das ocorrências mais recentes.

2. REPERCUSSÕES DO TRABALHO, DO ACIDENTE E DO ADOECIMENTO DO TRABALHADOR SOBRE A VIDA FAMILIAR

O papel da organização do trabalho. Tempos do trabalho invadem o espaço da família

No exame dessa segunda via da interface família-trabalho cabe, de início, dizer que a grande diversidade de aspectos nos obriga a tentar sintetizar, de forma algo esquemática, algumas das determinações que dizem respeito às numerosas ressonâncias que a vida laboral ocasiona para o relacionamento e o cotidiano da família. As imensas variações do trabalho humano, por outro lado, fazem com que tenhamos que nos restringir a aspectos mais gerais, assinalando apenas algumas especificidades.

Comecemos pelas determinações concretas que derivam da *estrutura temporal* do trabalho. Evidentemente, quanto maior a *jornada*, menor será o tempo possível para o convívio familiar e quanto maior o cansaço, mais será afetada a *qualidade* do relacionamento do trabalhador com *seus* familiares. Pois, como já vimos, a irritabilidade e o desânimo prejudicam os contatos interpessoais. Quando o trabalho é *noturno*, a necessidade de o trabalhador dormir durante o dia e o fato de estar ausente de casa durante a noite perturbam, obviamente, o convívio. As repercussões do *trabalho em turnos alternados* (TTA) sobre a vida familiar têm merecido grande atenção e estudos especiais (Carpentier; Cazamian, 1987; Fischer, 1980; Guérin, 1977).

Algumas transcrições das entrevistas realizadas em estudos de casos — especialmente quando as esposas relataram suas experiências — ilustram claramente as alterações do cotidiano doméstico e o aumento de tensões familiares conectados ao regime de turnos alternados. A seguir, o fragmento de uma entrevista em que um trabalhador siderúrgico e sua esposa falavam sobre o assunto.

A. (entrevistadora) — E como fica, pra senhora, a rotina da casa, do serviço da casa, quando ele está no turno das 22 às 6 horas da manhã?

L. (esposa) — *A gente vai limpando aos poucos. Que nem às vezes a louça: se ele está dormindo, às vezes tem que deixar a louça sem lavar, porque por qualquer barulhinho ele dá um grito com a gente.*

F. (trabalhador) — *Eu tenho o sono leve demais!*

L. — *Os filhos ficam tudo quieto, não pode falar alto, não pode fazer muito barulho, tem que ficar tudo quietinho. A televisão tem que ser baixinha, rádio também não se liga. Quando ele tá nesse horário, não liga rádio em casa. Quando ele não tá em casa, eles põem um pouquinho mais alto.*

A. — E muda muito o humor dos meninos? Como eles ficam? [O casal possui oito filhos.]

L. — *Mudam, eles ficam mais fechados, não tem jeito de fazer as coisas, sabe? Às vezes, eles querem conversar comigo, tem que conversar baixinho, pro pai não ouvir.*

Na maior parte dos casos de trabalho em turnos, os entrevistados estabeleceram correlação entre os transtornos acarretados à vida doméstica pelo horário e certos desentendimentos. Mas em alguns casos, como no que estamos agora assinalando, a intensidade do conflito chegava a ponto de confundir a interpretação dos fatos, conduzindo a acusações recíprocas e a uma interpretação na qual o desentendimento aparecia como explicado exclusivamente por problemas do âmbito familiar — atual ou do passado. Eis o que foi dito, na sequência imediata do trecho acima transcrito:

L. — *Acho que foi pelo sistema que ele foi criado, que ele é revoltado. Eu fui criada num outro sistema.*

F. — *Eu fui criado rígido. Meu pai dizia: ordem é ordem! Não sei se é "gênio de família" que é ruim...*

Em outro momento da entrevista, é possível obter melhor compreensão da maneira pela qual o relacionamento do casal é alterado na semana em que o trabalhador está no turno da noite:

L. — *Quando está neste turno da noite, ele é nervoso! Eu também mudo, porque fico meio cismada dele — parece que ele fica meio diferente, já não conversa muito com a gente, fica fechado.*

F. — E quem não fica? Às vezes, eu chego em casa mesmo com a cara meio fechada. Aí ela pergunta: "Ué, o que foi?". E eu: "Ainda pergunta o que foi?". Trabalha a noite todinha, chega em casa quebrado, o cara tem que chegar com a cara feia, ruim. E ela ainda pergunta: o que é que foi?. Não precisa nem falar nada. Todo esse tempo [que ele trabalha em turnos], *já devia entender!!* [tom irritado]

L. — Eu pergunto, porque eu fico meio cismada. A gente não acostuma. A gente vê ele num sistema [de um determinado jeito], *depois muda, então eu acho que alguma coisa tá acontecendo pra ele ficar tão revoltado, nervoso. Ih, às vezes eu vou falar com ele, e ele grita com a gente. E aí, às vezes eu pego e saio. Saio com as crianças, deixo ele ai sozinho.*

A — Então o relacionamento que o sr. tem com seus filhos fica menor?

F. — É, fica menor.

L. — Nem conversa com eles! Não sabe nada deles! [tom de mágoa e revolta]

Essa parte da entrevista deixa entrever algo que a análise permitiu incluir nas conclusões do estudo de caso. A entrevistadora havia realizado muitas anotações sobre a forte tensão existente no relacionamento desse casal. O trabalhador ressentia-se intensamente pelo fato de que a esposa não demonstrava *reconhecer* seus esforços ao sacrificar-se pela família num trabalho penoso, extremamente cansativo, no qual as jornadas noturnas eram especialmente sofridas. Esperava que a companheira entendesse o mau humor e o cansaço. As indagações, em que ela manifestava estranheza pela "cara fechada", soavam, para a susceptibilidade do trabalhador e para seu anseio de reconhecimento, como ofensivas. Ele se sentia, portanto, desconsiderado e injustiçado. A esposa, por outro lado, percebia-se carregando sozinha os cuidados com a casa e os oito filhos, ao mesmo tempo que se sentia insegura em relação ao afeto do marido e magoada pelas palavras agressivas com que, por vezes, a tratava. Por conseguinte, também não se sentia reconhecida por parte do marido, quanto aos esforços que ela desenvolvia na esfera da casa e da família.

As modificações imprimidas às rotinas e ao convívio doméstico pelos horários de quem trabalha nesses turnos de revezamento são profundamente sentidas tanto pelo trabalhador como por seus familiares. Amplia-se a extensão das responsabilidades que têm que ser assumidas pela esposa (mais frequentemente se trata de um trabalhador do sexo masculino) e o relacionamento do casal costuma ser alterado, inclusive no que se refere à vida sexual. Ao mesmo tempo, a falta de convívio entre pai e filho, ao longo de anos de TTA, empobrece consideravelmente o relacionamento. Gradualmente, o cansaço e a falta de participação na vida familiar conduzem a um isolamento maior do trabalhador em relação ao restante da família.

Verificamos, na pesquisa que realizamos com trabalhadores industriais nos anos 1980, que, em vários casos, a exemplo do trecho transcrito acima, esse isolamento do operário é interpretado como desinteresse e rejeição, conduzindo a esposa a uma reação de mágoa, frustração ou hostilidade, o que muitas vezes predispõe a conflitos conjugais graves (Seligmann-Silva, 1990).

Ainda, no que se refere à estrutura temporal do trabalho, é necessário considerar as vicissitudes do convívio familiar no caso de trabalhadores que atuam na área de transportes de longas distâncias — marítimos, rodoviários, ferroviários e aéreos. E, também, em outras situações especiais que levam a prolongados afastamentos do lar, como as atividades nas plataformas marítimas de petróleo. No caso dos transportes aéreos, vale lembrar que aeronautas do sexo feminino passam a ter, especialmente quando trabalham em voos internacionais, um contato intermitente com filhos por vezes ainda pequenos. Isto acarreta importantes privações de contato afetivo, penosas tanto para a mãe como para as crianças, e cria responsabilidades especiais para o pai ou o membro da família que tome para si os cuidados habitualmente assumidos pela mãe (Hochschild, 1983).

Os plantões a distância e o estado de prontidão permanente. Existem, ainda, atividades nas quais o convívio familiar está sujeito a interrupções inesperadas por chamados para atendimento de emergências, para substituição de plantões em serviços essenciais e por outras circunstâncias. A tensão de ter que estar em estado de prontidão permanente prejudica, consideravelmente, a qualidade de convívio. Outras vezes, as programações de atividades familiares são prejudicadas pelo fato de as empresas só divulgarem as escalas de serviço com períodos pequenos de antecedência. Desse modo, por exemplo, passam a ser dificultadas atividades de lazer conjunto, como pequenas viagens e outras que necessitem de programação antecipada.

Algumas *exigências psicoafetivas do trabalho* conduzem, frequentemente, a repercussões bastante típicas.

Como exemplo, sempre que há fortes pressões para o autocontrole emocional dos empregados — como verificamos nas ocupações em que há atendimento ao público —, a irritação acumulada poderá ser "descarregada" em casa. Nas pesquisas realizadas no setor bancário, isto pôde ser bem evidenciado (Seligmann-Silva; Delía; Sato, 1985).

O conhecimento, pela família, da alta frequência de acidentes em determinada empresa, onde um de seus membros trabalha, acarreta fortes apreensões. Especialmente em fases quando os próprios trabalhadores trazem informações sobre as precariedades nos sistemas de proteção, ou então, após acidentes fatais, essas tensões crescem (Seligmann-Silva, 1981/1983).

Certamente, todas as modalidades de trabalho que atuem alterando a personalidade repercutem, em consequência, também sobre o relacionamento familiar, conforme examinado em outros capítulos deste livro.

Muitas vezes, o cotidiano doméstico é como que contaminado por certas regras e estereótipos da situação de trabalho, quer nas rotinas, quer na própria linguagem com que o trabalhador passa a se comunicar. Verificamos, no estudo realizado sobre o trabalho dos operadores de trem metroviário, que aspectos da "subcultura ocupacional" — como certos princípios de organização rígida e detalhada — eram transferidos para a vida doméstica, gerando muitas vezes mal-estar aos familiares (Seligmann-Silva; Delía; Sato, 1986).

À medida que o desgaste mental se instala, modificações de conduta, como o isolamento ou demonstrações de mau humor, podem ser interpretadas como desinteresse e desamor pela família. O desconhecimento, por parte dos familiares, da relação entre tais mudanças e a situação laboral provoca, desse modo, equívocos e, não raro, conflitos.

A vida familiar impactada pelo acidente de trabalho e pelo adoecimento do/a trabalhador/a. O exemplo da intoxicação mercurial

A repercussão de um acidente do trabalho ou de um afastamento do trabalho por quaisquer patologias profissionais ou relacionadas à vida laboral em geral afeta o cotidiano familiar, os relacionamentos e os projetos de vida da família. Quando a pessoa atingida foi o provedor, de acordo com a gravidade do problema de saúde, a insegurança irá corresponder ao grau dessa gravidade. As preocupações e tensões serão maiores nos casos em que as patologias do trabalho se fazem acompanhar de sintomas intensos (dores, limitações de movimentos, entre outros) ou quando tendem à cronificação ou, ainda, quando ameaçam a vida.

É ilustrativo, a respeito do que aqui apontamos, o que acontece quando se manifestam alterações mentais provocadas por exposição a produtos neurotóxicos, tais como solventes e metais pesados, conforme tivemos ocasião de verificar acompanhando, em ambulatório, durante um ano, treze trabalhadores intoxicados por mercúrio metálico na unidade eletrolítica de uma fábrica produtora de cloro, em São Paulo (grupo Solvay Inc.). Esses operários faziam parte de um grupo de 79 trabalhadores, cuja intoxicação havia sido descoberta em 1987 graças, especialmente, a ações sindicais (Diesat, 1989).

Na época, inexistiam, no Instituto Nacional de Previdência Social (INPS) do Brasil, critérios para reconhecer os agravos mentais por intoxicação mercurial. Ficava assim prejudicado o processo necessário para reconhecer o nexo causal e os direitos a benefícios por sequelas psicopatológicas próprias da intoxicação por esse metal. Nessas circunstâncias, todos os trabalhadores cujos exames laboratoriais se haviam normalizado viviam a ameaça de serem forçados a retomar o trabalho, mesmo não existindo condições mentais para isso. A alternativa pressentida pelos operários era a do desemprego. Essa situação agravava a ansiedade, a irritabilidade explosiva e o desânimo que fazem parte da sintomatologia psíquica da intoxicação mercurial. A labilidade do humor, a dificuldade de conter impulsos de violência e os prejuízos intensos da memória perturbavam o relacionamento do trabalhador com seus familiares, conduzindo em alguns casos a conflitos intensos. Por incrível que possa parecer: as famílias não haviam recebido informações de que essas manifestações estavam vinculada aos efeitos do mercúrio no sistema nervoso.

Assim, desenvolveram-se *conflitos familiares* que agravavam ainda mais a ansiedade e a confusão dos intoxicados. Simultaneamente, a ausência de suportes institucionais de uma adequada rede de apoio, juntamente com a falta de previsões quanto ao futuro, exacerbavam também a inquietação dos familiares.

A intensa irritabilidade prejudicava o relacionamento dos trabalhadores intoxicados com os filhos. Em diversos casos, esses homens se sentiam profundamente culpados por haverem perdido o controle e espancado filhos pequenos. Vários referiram que nunca, antes da intoxicação, haviam batido nas crianças. Considerando-se já desvalorizados quanto a suas capacidades profissionais, mentais e sexuais, sentindo o organismo "estragado" pelos efeitos do mercúrio, o fato de terem atuado de modo violento com as crianças fazia com que percebessem ainda mais deteriorada a autoimagem. Sentiam-se agora *estragados* — física, mental e moralmente —, isto é, *maus* em todos os aspectos. O constrangimento, nessa situação, levou várias vezes ao isolamento e a uma evitação de contatos sociais em que se tornavam mais raros os momentos de convívio e interação entre o trabalhador e sua família. Esse constrangimento, misto de vergonha e remorso, era geralmente acompanhado do receio de novos momentos de descontrole em que a violência pudesse outra vez ser desencadeada.

Um grupo de trabalho interinstitucional, com participação da Secretaria de Saúde do Estado de São Paulo, Diesat, Fundacentro e outras entidades, realizou diagnóstico dos agravos neuropsíquicos desses trabalhadores. O mesmo grupo propôs critérios para o reconhecimento previdenciário do nexo causal. O setor Saúde Ocupacional do Hospital das Clínicas de São Paulo, em atividades coordenadas pela dra. Marcília Faria, do Departamento de Medicina Preventiva da USP, realizou no final dos anos 1980 o estudo desses casos e passou a realizar o atendimento clínico desses trabalhadores intoxicados, cujo acompanhamento psiquiátrico efetivamos durante o ano de 1987. Alguns dos trabalhadores desse grupo que foram mais gravemente atingidos, e jamais tiveram condições de retornar ao trabalho, mesmo assim, até o presente, não obtiveram reconhecimento previdenciário do nexo causal existente entre suas limitações neuropsíquicas e a exposição ao mercúrio no ambiente de trabalho (Faria, 2010).

A complexidade dos processos envolvidos

Embora, para fins expositivos, se torne útil examinar cada uma das direções assumidas nessa via de mão dupla que se estabelece na interface família-trabalho, não pretendemos traçar, a partir daí, quaisquer padrões. Pois deve ser lembrado, em primeiro lugar, que a individualidade do trabalhador, assim como as características pessoais dos familiares e o tipo de relacionamento familiar previamente existente, definirão aspectos singulares do processo e, em segundo lugar, que as interações se desenvolvem de modo permanente nas duas direções.

Em terceiro lugar, ainda, deve ser assinalado que, ao longo do tempo, consideráveis transformações criam, por assim dizer, novos elementos psicológicos e culturais que passam a assumir papel importante no processo. Exemplificando: a criação de novas defesas coletivas, novos hábitos, crenças e mesmos valores. Lembremos, ainda, que se trata de um *processo* no qual, simultânea e associadamente, se produzem: a) alterações na dinâmica intrafamiliar; b) alterações na identidade, com importante degradação da autoimagem, e, portanto, também na estabilidade da economia psicossomática individual do trabalhador e, como observamos subsequentemente, nas relações familiares; c) reflexos nas relações intersubjetivas através das quais o trabalhador participa de um sistema coletivo em seu local de trabalho.

Na conclusão deste tópico gostaríamos, ainda, de enfatizar as implicações do assunto para as políticas, planos e práticas que se referem à SMRT no SUS — seja nos serviços da rede nacional de atenção à saúde do trabalhador (Renast), seja nos de saúde mental.

3. A AÇÃO DO SERVIÇO SOCIAL

Assistentes sociais têm exercido um papel especial e decisivo junto às famílias dos acidentados e adoecidos pelo trabalho. Essa atuação é essencial em diferentes fases no caso dos trabalhadores expostos ou atingidos pelos transtornos psíquicos. Na fase de reabilitação, o desafio impõe especificidades e demanda, de modo especial, as competências desenvolvidas pelos assistentes sociais quanto ao conhecimento da legislação e das instituições previdenciárias, serviços de saúde e instâncias jurídicas. Pois se faz necessária, nessa fase, uma delicada atuação interinstitucional na qual o paciente e sua família estarão necessariamente envolvidos. O que pressupõe, naturalmente, competências relacionais acuradas e trabalho integrado com os profissionais "psi" e, eventualmente, com advogados e membros da Justiça do Trabalho ou do Ministério Público do Trabalho.

O estudo social de cada caso é imprescindível, em primeiro lugar, para o diagnóstico social — que envolve necessariamente a escuta da família e análise das condições socioeconômicas e relacionais. Pois essas condições terão que corresponder ao conjunto de requisitos adequado para fazer face, por exemplo, ao acolhimento, apoio e tratamento do trabalhador intoxicado. Numa adequação que poderá receber importantes aportes a partir da ação do Serviço Social.

Assim, no caso do agravo mental por intoxicação mercurial, as dificuldades advindas da sintomatologia — especialmente a irritabilidade, explosividade e déficit de memória — frequentemente geram dificuldades e conflitos no ambiente familiar. A orientação do assistente social poderá ser valiosa para o esclarecimento da família sobre as características do quadro clínico e, por conseguinte, para superar esses mal-entendidos.

Um terceiro papel do/a assistente social será sua participação ativa na definição dos encaminhamentos a providenciar em cada caso individual. Assim, o assistente social poderá esclarecer o caminho a ser tomado para que sejam acionadas as ações voltadas ao reconhecimento da causalidade e ação indenizatória. Em outros casos, o assistente social poderá ser um mediador importante junto à empresa, levando a esta as conclusões dos estudos realizados pela equipe de saúde quanto às possibilidades de reabilitação em atividades apropriadas às capacidades do trabalhador. Pois, não obstante a gravidade de muitos quadros clínicos de intoxicação mercurial, considerável parte dos intoxicados mantém capacidades preservadas e deseja uma reinserção no trabalho. Esta terá que ser definida pela avaliação de cada caso singular pela equipe multiprofissional, com participação do/a assistente social. A ação do assistente social se tornará essencial para o adequado encaminhamento às instituições. O papel do Serviço Social torna-se fundamental para que os frequentes impasses referentes a encaminhamentos previdenciários, judiciais ou de outra ordem sejam superados. Os entendimentos entre o Serviço Social do Serviço de Saúde e o assistentes social da empresa podem, em muitas situações, ser extremamente úteis para possibilitar a reabilitação profissional nesses casos de intoxicação de origem laboral, assim como nos de muitos de trabalhadores que sofreram outros tipos de agravos nos ambientes de trabalho. O acompanhamento do processo de reabilitação também necessita da presença do assistente social, para que as medidas adequadas sejam tomadas diante das inflexões e percalços de ordem institucional a que está sempre sujeito o processo de reabilitação em sua dupla face psicossocial e profissional.

Vale mencionar a experiência positiva dos *serviços de orientação familiar* escandinavos, especificamente organizados para oferecer informação e apoio às famílias de trabalhadores vitimados por intoxicação industrial. Na equipe multiprofissional desses serviços, assistentes sociais e psicólogos, em atividade entrosada, realizam parte importante das atividades da reabilitação psicossocial, cabendo ao assistente social o papel decisivo na integração interinstitucional sempre necessária em reabilitação.

No estágio atual da organização dos serviços de Saúde no Brasil, ainda predomina a verticalidade que separa os setores de Saúde Mental dos de Saúde do Trabalhador, assim como a que separa os que realizam atenção à saúde infantil e os que atendem ao pai ou à mãe trabalhadora. Dentro dessa estrutura, urge que se criem formas de integrar as ações preventivas que englobem as questões do local de trabalho, as do trabalhador e as da saúde psicossocial da família.

PARTE VI

Visões e Percepções

CAPÍTULO 1

IMAGENS E REPRESENTAÇÕES DO TRABALHO E DO DESGASTE

1. A ABORDAGEM DO TEMA

Os estudos sobre a vida operária têm examinado, em diversos países, as imagens e representações elaboradas pelos trabalhadores, com respeito a significados e vivências do cotidiano laboral que assumem dimensão coletiva. Os processos pelos quais a autoimagem e a própria identidade do trabalhador se transformam ao longo da vida podem alcançar melhor compreensão a partir desse enfoque. Outras categorias, além da operária, têm sido também analisadas sob a mesma perspectiva.

No Brasil, a abordagem do mundo do trabalho através do exame das representações dos trabalhadores já vem sendo realizada por alguns pesquisadores. Cândido Pereira (1979), em seu amplo estudo sobre trabalhadores têxteis, analisa percepções e concepções estreitamente vinculadas a tais imagens e representações. E desvenda como os trabalhadores criam categorias e sistematizam suas visões da vida e da produção fabris, ao mesmo tempo que identificam as forças que presidem a totalidade maior que é a "ordem do mundo".

Para estudar as representações do sofrimento mental decorrente da experiência laboral, convém evitar os reducionismo e, como bem lembra

Duarte (1986), "afirmar a complexidade de que se reveste a experiência destes fenômenos aí e a qualidade simbólica muito diversa pela qual se ordena e desenrola" (p. 240). Esse mesmo autor, em minucioso estudo, mostra a partir de que instâncias se constituem o "nervoso" e suas representações e também as perturbações de identidade a estas correlacionadas. Duarte assinala que a constituição das várias esferas da identidade se faz em processos nos quais também se moldam, articuladamente, as representações referidas ao "nervoso", que surge como importante mediação físico-mental e com significados que se tecem a partir de diferentes mundos: o mundo familiar, o extrafamiliar, o da natureza e o mundo sobrenatural referente à inserção cultural das pessoas.

Desvendando, a partir da elaboração teórica das verificações que fez em pesquisas de campo, os diferentes "nódulos" em que se apoia a construção das representações, o autor identifica, no que denomina "nódulo da irritação", a existência entre os trabalhadores, e imersa na cultura operária, de uma teoria da sensibilidade nervosa. Esclarece que:

> essa tematização de uma sensibilidade periférica veicula a representação de uma relação generalizada da corporalidade com o seu exterior, o que se reduplica no plano moral através de uma "sensibilidade" de que também se reveste o espírito face aos estímulos exógenos. Mais uma vez, configura-se a qualidade físico-moral de uma representação constante do quadro desenhado, apresentando-se ao nível do concreto de forma imbricada. (Duarte, 1986, p. 166)

Para uma análise adequada das representações detectadas nos discursos dos trabalhadores que entrevistamos, caberia, em verdade, um estudo específico. Pretendemos, aqui, tão somente expor quais foram as principais representações constatadas a partir de pesquisas de campo realizadas. Entretanto, essa "teoria operária da sensibilidade", de que nos fala Duarte, se torna essencial para a compreensão da constituição de várias das representações que serão mencionadas.

Algumas representações, como veremos, englobam a percepção do trabalho e a autopercepção do entrevistado no "interior" deste trabalho.

Verificamos que alguns tipos de representação, reveladas pelas falas dos nossos entrevistados, se aproximam e chegam a coincidir com aqueles achados por outros pesquisadores em diferentes contextos e situações de trabalho, o que nos parece apontar para a importância da realização de estudos comparativos.

A seguir, passamos a examinar alguns dos aspectos levantados através das entrevistas realizadas.

2. IMAGENS E REPRESENTAÇÕES DO TRABALHO

2.1 O Trabalho como Luta e Guerra

Cândido Pereira (1979) observou que os trabalhadores da indústria têxtil encaravam seu cotidiano como uma luta permanente, em que precisavam assumir atitudes defensivas e se opor às formas de dominação instauradas na fábrica. Tratava-se de uma luta para a "preservação de sua identidade social como operário e pela manutenção de sua identidade de ser humano", bem como pela própria sobrevivência (p. 200).

A mesma ideia de luta nos parece ser desvelada pela análise de diferentes falas em nossa pesquisa com os trabalhadores industriais. É possível distinguir que, em verdade, no interior de um processo geral de luta permanente, existem muitas outras lutas. A luta pela sobrevivência se desdobra em: luta pela sobrevivência em termos econômicos, que inclui a da própria família, através da manutenção do emprego; luta pela sobrevivência física, para escapar dos perigos do ambiente de trabalho, capazes, potencialmente, de ocasionar danos irreparáveis; luta para manter o autocontrole e pela preservação da dignidade. As verificações que realizamos em trabalhadores de indústrias de base coincidem, em grande parte, com o que Cândido Pereira constatou em trabalhadores têxteis, no que diz respeito às características dessa luta permanente e múltipla.

Expressões particularmente chamativas foram aquelas em que os trabalhadores se referiram ao cansaço como uma entidade ameaçadora e ardilosa, a ser enfrentada com muita atenção e muita manha. O cansaço é um inimigo perigoso, na medida em que pode provocar desde falhas de desempenho até punições ou acidentes. Portanto, precisa ser combatido em batalhas cotidianas: "Se a gente não vencer o cansaço, o cansaço pode vencer a gente e daí pode acontecer tudo!" (trabalhador de indústria de fertilizantes).

A força desse inimigo constante pode ser, muitas vezes, maior que a do trabalhador: "Nessa luta, às vezes o cansaço me derruba" (operário siderúrgico). A palavra "derruba" revela bem a imagem violenta de uma verdadeira luta corpo a corpo.

2.2 A Fábrica como Inferno ou Monstro Misterioso

Na fala operária que destaca no limiar de seu belo e denso texto, Vera Maria Cândido Pereira resgata uma imagem profundamente expressiva: "... a fábrica é aquela boca que espera. Então o camarada entra pra ela com as energiazinhas que ele recuperou durante o sono, durante o dia que descansou e tal. Então a fábrica vai tirando o sangue dele; ele sai de lá meio moído". Essas palavras evocam um monstro sugador, uma entidade maléfica e cruel, capaz de, igual a uma sanguessuga terrível, extrair o sangue-energia do trabalhador. Também nas entrevistas realizadas por Minayo (1986), a imagem da empresa visualizada como monstro se destaca em várias falas de trabalhadores das minas de extração de ferro. Possivelmente, essa representação ocorre em diferentes contextos socioculturais, uma vez que também é referida na França, por Dejours (1987), quando cita a afirmação de um trabalhador: "A fábrica é como um animal enorme que a gente, bem ou mal, faz andar, sem saber o que se passa dentro dele, e que pode a qualquer momento ficar enfurecido, destruindo tudo o que foi construído à sua volta" (p. 68).

A concepção de que este monstro se associa à forma do próprio demônio não é rara.

A existência de algo monstruoso, no interior também misterioso de uma usina de açúcar, é indicada por um dos entrevistados de Leite Lopes (1988), quando relata, evocando a imagem do diabo, sua primeira visão da usina onde viria depois a trabalhar: "... parecia que era um lugar que o diabo trabalhava dentro. O vapor era demais". E adiante: "...a gente não via quem tava dentro, descarregando o açúcar dentro da turbina".

O lugar onde o diabo trabalha é o inferno. E a representação de inferno foi uma das mais encontradas por nós, entre os operários siderúrgicos, com referência aos locais de trabalho.

2.3 O Ataque à Dignidade

Foram muitos os depoimentos que revelaram a percepção de um doloroso ataque à dignidade. Esse ataque determinou diferentes representações, dentre as quais ressaltaram aquelas em que os trabalhadores demonstram uma identificação com escravos ou animais.

A imagem de escravo se associa simultaneamente à perda de liberdade e ao sobretrabalho.

> Ali, a gente é um verdadeiro escravo — não pode falar nada, tem que aguentar calado mesmo se tiver morrendo de cansado! (Ajudante industrial).

A expressão "ser tratado como animal" foi uma das mais utilizadas pelos trabalhadores de indústrias de base, sobre os quais pesava o registro de "ajudante", e estava correlacionada à vivência de desqualificação. Mas em relatos sobre conflitos com chefias autoritárias, mesmo por parte de trabalhadores detentores de uma profissão, ela também surgiu como uma das queixas mais revoltadas, revelando um sentimento profundo de ataque à dignidade.

Em dois casos de trabalhadores que haviam perdido o controle sobre o uso de bebidas alcoólicas, o sentir-se tratado como animal assumiu considerável relevância na dinâmica da dependência. O álcool, ao mesmo tempo que acalmava a dor da humilhação, servia para agredir — autoagressão e agressão ao mundo, indiscriminadamente — e dar vazão a uma raiva impotente, vivenciada ante a opressão.

Um trabalhador, que havia sido hospitalizado por ingestão excessiva de bebidas alcoólicas, afirmou: "eu sei que se me tratassem como gente, e não como animal, eu não beberia assim".

A desqualificação, vivenciada em determinadas atividades bancárias, origina uma imagem frequentemente evocada em algumas entrevistas — a do "macaco amestrado": "... é um trabalho tão maçante que não exige nada de você... Eu não me ligo no serviço. Se você ensinasse pro macaco seria melhor. Faria bem melhor" (N., do setor de compensação de banco estatal).

No caso dos operários industriais, a imagem mais lembrada foi a do burro de carga. O jegue, pela submissão e resistência, emergia em algumas falas como figura não só explorada, mas também plena de virtudes. Aliás, é interessante citar que essa mesma imagem é utilizada, pela grande organização Bradesco, como modelo ideal para os funcionários, conforme relata Segnini (1988).

2.4 Prisão e Aprisionamento

A imagem de prisão surge com frequência em diferentes estudos sobre o trabalho.

Entrevistados, inseridos em diferentes setores e ocupações, expressaram, em formulações variadas, representações que continham essa imagem. Bancárias mencionaram que a presença de grades nos locais de trabalho reforçava a impressão de "estar numa prisão". Uma jovem caixa referiu que a exiguidade do boxe limitava seus movimentos físicos e lhe dava a impressão de "viver engaiolada". As características de construção de várias fábricas foram comparadas, por alguns trabalhadores industriais, às prisões, por suas altas e espessas paredes e por sua falta de janelas.

Mas as sensações de aprisionamento não têm relação unicamente aos aspectos físicos dos locais de trabalho. Bem mais frequentemente, os trabalhadores se reportavam ao controle de que se sentiam objeto, muitas vezes de forma continuada. Tanto trabalhadores industriais quanto empregados do setor bancário e de transporte metroviário manifestaram sentir-se prisioneiros de procedimentos de trabalho rígida e detalhadamente prescritos, de regulamentos rigorosos e de limitações impostas pela hierarquização (Seligmann-Silva, 1981/1983; Seligmann-Silva; Delía; Sato, 1985 e 1986).

Regulamentos e controles instituídos para impedir a livre comunicação interpessoal foram muitas vezes descritos pelas pessoas que entrevistamos. Esse impedimento era percebido como importante limitação à liberdade.

Em relação aos operadores de trem do metrô, verificou-se a vivência de várias prisões simultâneas: a prisão conferida pela falta de promoção, para aqueles que permaneciam há vários anos na função, e a impossibilidade de formular críticas livremente, sob pena de agravar ainda a estagnação na função. Ao mesmo tempo, ocorria ainda a sensação de outro confinamento: a limitação aos mesmos percursos, cotidianamente, nos trajetos definidos pelas linhas para as quais estavam designados — Norte-Sul ou Leste-Oeste. Estar preso nos mesmos espaços (cabine — linha —subterrâneo) confluía com o estar também "preso" por condicionamentos temporais coercitivos, dentre os quais se destacava o regime de turnos alternados. O autocontrole, estabelecido a partir dos regulamentos e do conjunto de exigências disciplinares, interiorizando a repressão, completava a constituição dessa experiência de contenção (Seligmann-Silva; Delía; Sato, 1986).

Nas indústrias, a existência de "guardas" da Polícia Patrimonial concorria para acentuar a imagem de prisão, em especial nas empresas em que essa polícia interna era mais violenta e ameaçadora (Seligmann-Silva, 1981/1983).

É possível identificar todo um conjunto de imagens e representações em que a ideia do nervoso, nervosismo ou "sistema nervoso" se conecta às restrições sentidas, corporal ou mentalmente, na situação de trabalho. Em resumo, há uma ideia central de perda de liberdade relacionada ao sofrimento mental. A concepção de que as forças e os elementos que constringem o corpo e seus movimentos livres irritam os nervos ou a cabeça se faz notar em vários discursos. Essa verificação possivelmente se correlaciona, de algum modo, ao que Duarte estuda como "nódulo da obstrução", na constituição das representações da irritação nervosa (Duarte, 1986).

Nas atividades operativas do metrô, a imagem de constrição marca a representação da vivência laboral: "É aquela rotina, e a vontade de se desenvolver e não conseguir. Tudo isso faz a gente se sentir amarrado ali dentro, não pode ter iniciativa nenhuma, senão, 'eles' já vêm em cima!" (operador de trem metroviário).

Nos estudos de caso dos bancários, o aumento do volume de trabalho e o acúmulo de funções estiveram presentes, em muitos depoimentos, associados à vivência de sufocação, aperto e esmagamento. Os horários predeterminados para o cumprimento de diferentes tarefas contribuem para que a pressão de tempo seja um elemento poderoso na formação dessas vivências. A pressão do próprio público, frequentemente, agrava mais ainda essas sensações. A simultaneidade das solicitações contribui para aumentar a ansiedade: "Todos querem tudo agora, logo! O telefone toca... O chefe chama! É tudo ao mesmo tempo. Isso dá muita aflição!" (recepcionista de banco estatal).

Um funcionário de banco privado iniciou assim o relato de uma crise nervosa: "Foi na época de dezembro. O mês que aperta muito o serviço. E a tensão toda do serviço, aquela massa de serviço enorme e eu não estava conseguindo sair, estava sentindo que estava apertado demais...".

Aqui, a expressão "massa de serviço" materializa o trabalho, que "aperta" o funcionário e — conforme disse mais adiante — leva o sistema nervoso ao estado de "irritação".

A conversão da vivência de um trabalho "sufocante" em manifestações em que a queixa de "falta de ar" se torna o centro da crise nervosa foi verificada em alguns dos casos estudados.

Mesmo em pessoas que não cheguem a experimentar tais crises, a ansiedade não deixa de ser aguda: "Nos dias de movimento, sinceramente, não dá tempo nem de você levantar pra tomar água, respirar, porque não dá tempo da gente tomar fôlego, é um cliente atrás do outro" (caixa de banco privado).

Para uma outra entrevistada, que trabalha num banco estatal, a sufocação adquiriu características de sintomatologia. Após ser transferida para uma seção onde o volume de trabalho era muito grande e as solicitações muito intensivas e prementes, a funcionária passou a ter "crises de falta de ar". Tratava-se de uma jovem de família bastante modesta, que temia perder o emprego e que jamais reclamava. Desse modo, através das "crises de falta de ar", o corpo expressou as queixas que a bancária não ousava verbalizar.

O impedimento à livre locomoção, mesmo durante as pausas, foi também colocado como componente dessas experiências de cerceamento da liberdade. Isso foi vivenciado tanto pelos trabalhadores industriais quanto pelos bancários e operadores de trem metroviário.

> *Naquela sala de compressores o barulho era insuportável. Mas eu era obrigado a ficar lá dentro, era proibido de sair mesmo se o serviço tava feito e eu quisesse descansar a cabeça fora daquela sala. Isso me dava desespero, eu sentia revoltado mas não podia fazer nada!* (Mecânico de indústria siderúrgica, aposentado)

> *No meu setor, não pode sair nem no intervalo do café. Sou obrigada a ficar tomando o meu café lá mesmo, porque pode aparecer serviço, tem que atender o telefone.* (Recepcionista de banco privado)

> *A gente sente preso naquele subterrâneo mesmo nas pausas. Dá vontade de subir, ir comprar um jornal lá em cima, mas é proibido fazer isso.* (Operador de trem de metrô)

Temos, aqui, o aprisionamento do corpo na imobilidade forçada. Um outro aprisionamento, vivenciado por muitos, dizia respeito à imobilização forçada dentro da própria carreira. No caso, a sensação de prisão se confunde com a de estagnação profissional e existencial, acompanhada, geralmente, por forte frustração. Quanto maior o tempo decorrido num mesmo degrau da carreira, mais dolorosa essa situação que, em muitos, provoca também revolta. Outra vivência que se articula a esse tipo de experiência está associada à constatação de que não há um reconhecimento, por parte da direção, das capacidades e desempenhos. Assim, a sensação é, não apenas de aprisionamento, mas também de viver uma situação injusta.

> *Sou fichado como ajudante, mas conheço e faço o mesmo serviço de quem é considerado profissional. Eles prometem mudar o meu registro, mas o tempo vai passando, já são três anos, e eu vou ficando cada vez mais desanimado, acho que não vão mesmo nunca mudar minha carteira. Estou preso nessa situação e parece que não tem jeito*! (Trabalhador em indústria de fertilizante)

Essa situação de "registro injusto" surgiu em vários outros.

2.5 O Peso do Sono

Nos trabalhadores de turno alternado, a vivência do cansaço e da sonolência acumulados surge em imagens que revelam a concretude de um fardo pesado:

> *Eu sei que esse nervoso meu e tudo isso que sinto é carga de sono na minha cabeça!* (Operador de trem de metrô)

Em outra situação, a mesma materialização do sono é apontada:

> *Esse sono atrasado foi juntando, juntando, até o ponto que estourou com a minha saúde.* (Operário siderúrgico que trabalhara há quinze anos em regime de turnos alternados)

Esse sono se torna, portanto, algo que "ocupa" o espaço interior do trabalhador, perturbando-o profundamente. O sono pode ser percebido, não raro, também como entrave que limita o prazer e a liberdade nas horas do não trabalho.

2.6 Monotonia e Isolamento

Um operador de trem referiu que, no isolamento da cabine dentro da escuridão do túnel e com o peso da monotonia, a imagem que lhe invadia a mente, sem que ele pudesse impedir, era a de uma lembrança extremamente dolorosa: a da própria mãe, morta, no caixão:

> *Esse pensamento fica vindo na minha cabeça, por mais que queira, não posso evitar.*

A impressão de que o isolamento associado à monotonia abre caminho a pensamentos e lembranças desagradáveis, que passam a se impor inexoravelmente, foi relatada por outros entrevistados.

2.7 Saudade da Natureza

Um aspecto fortemente ressentido no trabalho subterrâneo é o da falta de contato com a natureza. Essa queixa, muitas vezes acompanhada por angústia, foi formulada também por operadores de computador de núcleo bancário de processamento.

> *Lá dentro é um negócio totalmente fechado, sem ar, sem natureza, sem nada a não ser usuário... Eu me sinto muito angustiado com isso, bastante angustiado mesmo.* (Operador de trem)

Diversos metroviários disseram que procuram compensar essa vida laboral separada da natureza através da busca de ambientes naturais — parques, locais de pesca e praias —, por ocasião das férias. Lamentaram que houvesse, poucas vezes, a possibilidade de ter essa compensação durante as folgas, uma vez que elas são usadas, basicamente, para descansar em casa. A intensidade dessa "saudade da natureza" se expressa no relato de um operador de trem que, após reclamar de que "o contato direto com o túnel, tudo artificial, tanto o túnel como o trem... se torna um negócio monótono, chega a dar aflição", fala de algumas ocasiões de lazer compensatório:

> Eu, parece que estou nascendo, toda vez que vou para o parque! Quando eu posso viajar, pegar uma estrada, eu paro de vez em quando! Esse tempo atrás, eu fui e parei umas vinte vezes na estrada. Via um boi, parava, ia lá mexer, correr atrás dele, parecia criança... Eu queria correr sem camisa, sabe, parece que eu estava livre, foram trinta dias de uma felicidade que é anual. Porque, no resto do ano, eu sou marcado no relógio, sou movido a horário.

Destaca-se, nessa fala, um conjunto de conteúdos que mostra bem a contraposição entre vida e morte, liberdade e dominação, alegria e tristeza, paralisia e movimento, onde o trabalho se associa às representações sombrias, enquanto o contato com a natureza está vinculado à ideia de vida e liberdade.

3. A PERCEPÇÃO DO DESGASTE: EXAUSTÃO E ESGOTAMENTO

3.1 O Processo de Constituição do Desgaste

Verificamos que duas linhas principais de representações emergem das falas dos entrevistados, sempre que se tratou de buscar uma compreensão a respeito do processo de desgaste. Uma é a que reúne imagens e representações ligadas a uma ideia central de exaurimento. A outra tem seu núcleo na ideia de transformação.

O exaurimento — que corresponde em geral também a esvaziamento — surgiu de modo mais marcante nos depoimentos dos trabalhadores industriais, ao passo que as menções à transformação estiveram notadamente presentes nos discursos das pessoas que trabalhavam em sistemas computadorizados e automatizados. Entretanto, os dois tipos de vivência foram relatados em todos os setores por nós pesquisados.

3. 2 O Esgotamento

O desgaste geral do conjunto corpo-mente foi mais frequentemente evocado através de expressões como "esgotamento geral", "esgotamento total" ou "sentir a saúde se acabando". No caso do desgaste psíquico, a expressão mais usada foi "sistema nervoso". Ao falarem de cansaço, os entrevistados mencionavam, conjuntamente, percepções referidas ao corpo e à mente, associando-o, também, a condições ambientais, relacionamentos com chefias e "necessidades do serviço".

A percepção simultânea de diferentes aspectos emerge da seguinte fala:

> J. — Logo que eu vim pra siderúrgica e vi aquilo, achei que devia ser o inferno e nós ali dentro... Depois, você vê, a gente vai se acostumando, porque se você entra lá, na primeira vez, fica assombrado! Mas pra mim, agora aquilo já é normal. No princípio, você entra lá dentro e pensa "eu entrei aqui e agora não tem mais saída, eu vou morrer aqui", porque qualquer parte que você vá, você pensa que vai ser engolido, que vai se esbagaçar. Então, com o tempo, a gente começa a sentir que eles estão é tirando a saúde da gente, a mocidade... sei lá, primeiro a mocidade, segundo a saúde, enfim, a paciência, e inclusive até a ideia do cara eles estão tirando.
>
> A. (entrevistadora) — Como é tirar a ideia do cara?
>
> J. — Com opressão, com humilhação, com uma série de formas que eles arrumam... Então a gente fica revoltado com os chefes. E com o salário que não presta.

Esse depoimento de um operário siderúrgico que trabalha há 22 anos na mesma empresa traz mais uma vez a imagem de inferno. Ao mesmo tempo, ao revelar que, à primeira impressão, o ambiente traz a configuração de algo capaz de engolir ou esbagaçar o homem que está a seu alcance, sugere a imagem da empresa como um monstro.

Entretanto, o monstro não engole nem estraçalha pela violência instantânea temida pelo operário em seu primeiro vislumbre assustado. A morte só é súbita para os que morrem em acidentes de trabalho. Para os demais, o processo se dá com o desgaste lento, acionado por "eles" (os chefes), através de "uma série de forma que eles arrumam". A sutileza dessa extração da saúde, da mocidade, da paciência e da "ideia" faz parte do mistério do monstro e de sua maldade. O esgotamento exaure, mas, quando é finalmente percebido, suscita um sentimento de revolta. A última frase ("E com o salário que não presta") revela que esse sentimento nasce também da percepção da exploração. Além de esgotado, o trabalhador foi mal pago.

O esvaziamento, sem dúvida, também conduz a uma transformação: do homem vigoroso em doente e do homem esperançoso em pessoa desiludida. Entretanto, algumas entrevistas se centraram mais no esgotamento, outras nas transformações vivenciadas.

3.3 Transformações. A Maquinização

Tornar-se estranho a si mesmo, perceber o corpo alterado; notar diferenças no modo de ser e de conviver com os demais; escutar observações de que "você não é mais a mesma pessoa" — estas foram experiências comuns a muitos dos entrevistados. A própria vida se faz diferente. Nesse sentido, uma das situações mais peculiares é a dos trabalhadores em turnos alternados.

Um pedreiro refratário do setor siderúrgico, aposentado, enfatiza essa simultaneidade de estranhezas e transformações que abrangem o corpo e o cotidiano de quem trabalha em turnos:

> Isso trazia na vida da gente uma diminuição de vida. Porque o horário de turno só prejudica a saúde. Não tem o corpo normal, tá sempre fora do normal, e eu acho que isso é prejudicial pra vida da gente, no meu modo de pensar é isso aí. Ele não tem vontade de sair pra parte nenhuma, fica em casa quieto. Meu modo de pensar o horário devia ser só de dia, de 7 às 4 horas... No meu modo de pensar devia ser seguido, igual (sempre o mesmo turno para cada homem). Porque se muda, a pessoa trabalhando no dia, e

passar pra noite, o corpo estranha, não sente bem. E, o da noite passar pro dia, a mesma coisa, ele sente também... Mas a indústria é que faz o horário.

A percepção da própria transformação acarreta, não raro, experiências bastante dolorosas. Ao mesmo tempo, ao perceber os níveis atingidos pelo próprio descontrole emocional, muitos trabalhadores se assustam. Existe um sofrimento particularmente intenso quando se percebem agressivos em relação às pessoas mais queridas:

> *...tem hora que eu fico assustado comigo mesmo, com as minhas reações até com a minha filha. Bato na menina às vezes sem ela merecer, sem necessidade eu exagero e bato nela... O problema é que a gente não consegue perceber, só percebe quando já cometeu o ato.* (Operador de trem metroviário)

Entre os que trabalhavam em sistemas de tecnologia mais sofisticada, no processamento de dados ou no controle operacional e na própria condução dos trens, um fenômeno especial se revestiu de grande importância: a vivência de maquinização. Alguns utilizavam o termo "robotização", outros falavam em sentir que estavam ficando "automatizados". Esse fenômeno parecia significar, ao mesmo tempo, uma transformação estranha e uma perda importante de alguns atributos essenciais da dimensão humana — mais exatamente dos que fazem parte da esfera dos sentimentos (Seligmann-Silva, 1986/1987; Seligmann-Silva; Delía; Sato, 1986).

A maquinização e o esgotamento aparecem associados, na fala de um metroviário:

> *... Minha folga era essa de pensar sobre o metrô, sobre mim virando robô! Infelizmente é isso que acontece, que está acontecendo não sei até quando. Vamos lutar pra que isso termine porque eu não quero continuar substituindo equipamento e morrer jovem na idade e velho na aparência. Porque eu estou me acabando, eu sinto!* (Operador de trem, 26 anos, há seis anos na empresa)

No caso das digitadoras, por exemplo, essa sensação foi registrada com ênfase às vezes desesperada:

> *A gente vira máquina! É uma máquina na frente da outra máquina.* (Digitadora de empresa bancária privada)

A gente deixa até de pensar, vira uma coisa, uma máquina. (Digitadora de banco privado)

Depois de trabalhar quatro anos na digitação, percebi que se não saísse logo daquele serviço ia me transformar por completo numa máquina. (Ex-digitador de empresa de processamento de dados)

De forma semelhante, os operadores de trem metroviário manifestaram que se sentiam, muitas vezes, identificados com os equipamentos técnicos. Correlacionavam essa impressão com o fato de serem tratados pela empresa como equipamentos reguláveis e controláveis para oferecer, mecanicamente, níveis máximos de eficiência.

Ao mesmo tempo que manifestavam revolta pelo tratamento recebido, tornavam evidente a ansiedade gerada pelo fenômeno de automatização que percebiam em si mesmos, como que confirmando sua transformação em equipamentos mecânicos. A impotência sentida diante de tal situação contribui, possivelmente, para que, em vez de ansiedade, ocorra o distanciamento da vivência dolorosa, em alguns trabalhadores. Desse modo, sustentada em mecanismos de negação e de autorrepressão, surge a alienação.

As mesmas expressões, que revelaram representações de maquinização, desvendaram também, mais uma vez, a ideia de que um poder muito grande, ao qual seria quase impossível resistir, estava embutido, misteriosamente, no próprio sistema automatizado da linha operativa. Esse sistema poderoso, capaz de determinar a movimentação e a parada de grandes composições formadas por tantos vagões, com sua parafernália eletrônica, certamente poderia transformar homens em máquinas. Aqui, portanto, no lugar do monstro ou diabo feroz existente na siderúrgica, a entidade associada ao sistema automatizado era outra: a de um ser sofisticado, que, em vez de se apossar simplesmente das pessoas, tem o poder de transformá-las em robôs.

Graus variados de negação podem retardar a percepção do desgaste. Mas ela geralmente acaba por ocorrer e quase sempre acompanhada de sofrimento. Essa percepção, entretanto, se faz segundo diferenças marcadas pela história pessoal, personalidade e situação presente de cada um. Em alguns, determina o sentimento de perda, a tristeza. Em outros, o sentimento de revolta é o que emerge mais agudamente, canalizada ou não, para ações de confronto. O que verificamos, mais frequentemente, foi a existência de um sentimento de impotência associado a essa revolta e à percepção das perdas. Essa vivência muitas vezes surgiu como sensação de nada poder fazer para sustar a progressão do desgaste. No caso dos trabalhadores industriais, esse sentimento se uniu geralmente ao temor de não conseguir manter a energia física e mental necessárias para a permanência no emprego, por tempo suficiente para garantir a aposentadoria integral. Esse temor configura uma importante forma de sofrimento mental, ligada a um contexto em que os direitos sociais dos trabalhadores doentes e dos desempregados recebem, na prática, suportes insuficientes do sistema de seguridade social.

Por outro lado, notamos que a ameaça de desamparo se torna mais grave para os trabalhadores cuja qualificação não facilita o encontro de empregos alternativos. Em tempo de recessão e numa fase em que os sistemas computadorizados/automatizados se implantam de modo já significativo, o sentimento de insegurança e a ansiedade de trabalhadores não qualificados, que muitas vezes sequer concluíram o primeiro grau, se tornam imensos. É o que se pode supor em relação ao atual momento do Brasil, quando as circunstâncias recessivas se fazem sombriamente presentes, mais uma vez, igualmente ao que ocorreu no período de nossos estudos.

O temor de um exaurimento impeditivo ao prosseguimento da atividade laboral é geralmente amortecido por mecanismos psicológicos, que integram a dinâmica da alienação e servem de importante sustentação para a mesma.

Tivemos ocasião de realizar observações sobre instituições e aspectos socioculturais que penetravam nos processos micropolíticos e psicossociais que se moviam entre submissão e resistência à dominação. Assim, foi possível constatar, por exemplo, como certas seitas religiosas, cuja proliferação na cidade de Cubatão víamos no início dos anos 1980, assumiam papel na intensificação do controle emocional autorrepressivo e do conformismo social.

Vimos então, ainda, como o álcool pode ser adotado, em muitos casos, individual ou coletivamente, para anestesiar o sofrimento.

Existem, entretanto, perspectivas mais positivas. Conforme nossa percepção diante das observações realizadas nos anos 1980, essas perspectivas são aquelas que têm como ponto de partida o desenvolvimento de lutas organizadas pela defesa da saúde e pela qualidade de vida no trabalho. Tais lutas, potencialmente, suscitam novas imagens e representações em que a esperança coletiva pode encontrar fontes para se realimentar.

Nota explicativa: Optamos por manter o texto "Imagens e Representações do Trabalho e do Desgaste", pela natureza de seu conteúdo, praticamente na íntegra, conforme publicado na 1ª edição deste livro, em 1994 — o que situa temporalmente as menções à fase então atravessada pela política e pela economia.

PARTE VII

Defesas Psicológicas, Suportes e Resistências

CAPÍTULO 1

DEFESAS, OBSERVAÇÕES E CONHECIMENTOS SOBRE O TEMA

1. DEFESAS E RESISTÊNCIAS NUMA ABORDAGEM DIFERENCIADA

No estudo que realizamos junto aos trabalhadores industriais durante os anos 1980, era de se esperar que, em situações de perigos particularmente evidentes, emergisse uma considerável ansiedade persecutória, em decorrência da vivência de ameaças à integridade física e à própria vida. Ou, ao menos, surgisse a manifestação de um medo intenso e explícito. Não foi isso o que verificamos. Não que o medo inexistisse. Mas ele havia sido ocultado da própria consciência dos trabalhadores por mecanismos psicológicos de defesa. Eram também mecanismos de defesa que lhes permitiam, além do convívio com o perigo, suportar outras experiências penosas. Mas de que mecanismos se trata? E qual sua efetividade para realmente proteger a integridade física e a saúde psicossocial?

Mais tarde, em outras pesquisas de campo em SMRT, voltamos a encontrar a mesma questão desafiante: o que permite suportar, às vezes, por muito tempo, situações de trabalho que desrespeitam o organismo humano e/ou violentam a dignidade e até ameaçam a própria vida?

Nesta parte do livro, tentaremos ver como essas questões conduziram a descobertas e a elaborações teóricas de suma importância para a SRMT.

Empregaremos o termo "defesa" no sentido de defesa contra o sofrimento, realizada através de mecanismos psicológicos ou de condutas. Incluem-se aí os mecanismos psicológicos de defesa inconscientes, mas também mecanismos psicológicos conscientes.

Consideramos importante distinguir os termos defesa e resistência. Utilizaremos resistência para o enfrentamento das situações ou condições determinantes do sofrimento. A diferença essencial entre defesas e resistências é que as primeiras, estando voltadas basicamente para evitar ou tornar suportável o sofrimento, em geral não propiciam transformações. O contrário ocorre com as resistências, que estão voltadas diretamente para obter a transformação das situações que originam o sofrimento. Acreditamos ser sumamente importante essa distinção por mais que, na prática, ela possa ser difícil. Inclusive, devemos reconhecer a existência de defesas que assumem, muitas vezes, simultaneamente, o caráter de resistência.

Quando o trabalhador defende a autonomia dos seus movimentos e do seu pensar, evita mal-estar e está defendendo sua identidade. Essa defesa assume o caráter de resistência.

Tanto as defesas quanto as resistências podem apresentar caráter individual e caráter coletivo. Iremos nos deter nas defesas individuais, nas defesas coletivas e mencionar as resistências coletivas, uma vez que o exame de resistências individuais, pela grande variedade de configurações que assume, só nos parece possível ser feito em estudos de casos individuais concretos.

As defesas inconscientes são as que mais se prestam à manipulação e à exploração. Elas podem se apresentar tanto individualmente como sob forma coletiva, como procuramos esclarecer a seguir.

2. DEFESAS INDIVIDUAIS CONSCIENTES E INCONSCIENTES

2.1 Os Mecanismos Psicológicos de Defesa

As defesas psicológicas surgem num *continuum* que vai do nível inconsciente ao consciente.

Como nos diz Anna Freud (1968), a palavra defesa "é a mais antiga representante do ponto de vista dinâmico, na teoria psicanalítica". Em grande parte de seus trabalhos, Sigmund Freud a utilizou para "descrever a luta do ego contra ideias ou afetos dolorosos ou insuportáveis", conforme a própria Anna Freud esclarece (p. 54). Anos depois de o pai ter escrito a respeito, a autora distingue nove formas de defesa: "a repressão, a regressão, a formação de reação, isolamento, anulação, projeção, introjeção, inversão e reversão", aos quais acrescenta "um décimo método, que pertence mais ao estudo da mente normal do que ao da neurose: a sublimação ou deslocamento dos anseios instintivos" (p. 56). A inversão das situações reais pelas crianças é feita tanto em pensamento quanto por meio de palavras ou atos. As crianças às vezes também dramatizam essa reversão das situações reais. Esse modo de negar a realidade também pode ser utilizado na vida adulta, bem como outras das defesas citadas, quando o indivíduo vivencia um sentimento de impotência para o enfrentamento de situações ameaçadoras ou penosas.

A utilização de fantasias pode ser um refúgio em situações difíceis e pode servir, ao mesmo tempo, para negar aspectos difíceis da realidade e fugir do enfrentamento desses aspectos. Mas também pode ser a única forma de aguentar situações à primeira vista intoleráveis.

A repressão (ou recalque) é o mecanismo de defesa pelo qual são excluídos da consciência os pensamentos relacionados aos impulsos ou sentimentos perturbadores e/ou socialmente censurados.

A psicanálise estuda os conflitos intrapsíquicos e a maneira como eles provocam o surgimento de mecanismos defensivos. Anna Freud constatou que a criança também tem sua ansiedade despertada pelo mundo objetivo, exterior, e que essa ansiedade suscita o aparecimento dos mecanismos defensivos. Assim, nas situações de trabalho em que adultos se defrontam com circunstâncias ansiógenas que não podem controlar sua mente, sem meios de proteção objetiva, recorrem a esses mecanismos.

O isolamento é um outro mecanismo de defesa que vem merecendo estudos em SMRT. Nele, ocorre a separação que isola a conduta do sentimento. Trata-se da defesa utilizada nos distúrbios do tipo obsessivo. Existem formas de gestão e organização do trabalho que estimulam a separação entre afetividade e atividade cognitiva, especialmente quando a densidade das atividades intelectuais é muito elevada (Wisner, 1981). A exploração dos traços obsessivos de personalidade é feita através de certos tipos de trabalho que exigem grande concentração de atenção e detalhismo, dando origem a transformações importantes da identidade e da sociabilidade. Emerge, daí, o embotamento afetivo.

Nas situações em que a dominação se intensifica e o espaço de autonomia se estreita ou anula, toma lugar na vida psíquica, frequentemente, uma vivência de dependência que propicia uma regressão psicológica ao período infantil. Por conseguinte, diante de situações ameaçadoras — como o convívio com altos riscos de vida —, podem ocorrer fenômenos como o reemergir dos mecanismos de defesa que estiveram mais presentes na infância — a negação e a repressão.

A racionalização também é um mecanismo psicológico intensamente utilizado. Evidentemente, o indivíduo exerce essa atividade intelectual de modo consciente — mas poderíamos dizer que não tem consciência de quando a exerce para ocultar de si mesmo constatações dolorosas. Assim, o trabalhador pode aderir a explicações de que, do ponto de vista tecnológico, seu modo de trabalhar é o mais "moderno e seguro", mesmo que se trate de um modo que o violente como ser humano.

A convergência entre a racionalidade que preside a gestão e a organização do trabalho e toda uma apologia — culturalmente incrementada — dessa mesma racionalidade facilita e estimula o estabelecimento da racionalização como um dos mecanismos psicológicos de defesa mais encontrados nas situações de trabalho, especialmente nas atividades técnicas e administrativas e, de modo mais extenso, em toda a sociedade atual.

Dejours (1987a) lembra várias das defesas individuais que são adotadas contra o sofrimento e ressalta como "expulsam, por uma parte, o sujeito de seu desejo e favorecem a lógica da alienação dentro da vontade de outro" (p. 21). Além das defesas de negação, o autor menciona, aí, a repressão dos desejos e a autoaceleração.

A defesa da autonomia passa pela preservação da autoconsciência e, nas situações de trabalho, portanto, pela luta contra a exaustão que impede o pensar sobre si mesmo e sobre o trabalho realizado. São defesas conscientes e deliberadas aquelas que se voltam para a preservação da capacidade de estar atento para evitar o próprio embotamento da capacidade de entender e da iniciativa. Configuram-se, seguramente, em resistências contra a opressão e o esmagamento da identidade. Em alguns comportamentos operários, assim, o significado de defesa individual consciente contra o sofrimento passa a ser o de resistência.

Entretanto, no cotidiano de trabalho, ocorrem também defesas que correspondem principalmente à necessidade de aguentar e de sobreviver a situações penosas e perigosas. Temos, nesse grupo, defesas contra o medo que assumem diferentes modalidades, podendo apresentar-se como mecanismos inconscientes (negação do perigo; repressão do medo) que, como já dissemos, podem servir à manutenção e ao fortalecimento da dominação. Pois, ao mesmo tempo que "apagam" o medo, impedem a visão objetiva dos riscos reais e, por consequência, a organização de ações coletivas capazes de levar a transformações positivas para os empregados.

Dentre as formas de defesa mais distantes de um significado de resistência à dominação, destacamos duas, tanto pela elevada ocorrência quanto por configurarem, paradoxalmente, variedades importantes de patologia social: a alienação e o uso excessivo de bebidas alcoólicas (que, obviamente, pode se apresentar com outras significações). Ambas merecem maior exame em outros capítulos.

Defesas para aliviar o mal-estar ante os riscos à integridade física

Dentre os mecanismos psicológicos de defesa contra o sofrimento mental, no enfrentamento da ansiedade e do medo gerados pelos riscos de acidente e de adoecimento, a negação e a repressão foram os mais notados nos trabalhadores industriais entrevistados. Eis um fragmento de entrevista que ilustra a percepção, retrospectiva, da negação do risco associada à repressão do medo:

> *O risco é de vida. Ali é um guindaste passando por cima da gente, caixa de escória, lingoteira por cima da gente. Agora, acontece é que quando a gente tá terminando o serviço é que a gente se acorda.* (Trabalhador da siderúrgica F. A., São Paulo)

Evidentemente, a expressão "se acorda" tem o sentido de "despertar para o perigo".

A partir de nossas observações e análises das entrevistas, acreditamos poder demarcar uma correspondência entre os graus de risco e a intensidade das defesas psicológicas. Assim, nas refinarias de petróleo, áreas de convívio com riscos potenciais de explosão, o crescimento da negação do risco e da repressão ao medo assumiram maior nitidez. Isto ficou evidenciado na abordagem inicial de um trabalhador do setor de manutenção de uma refinaria: ainda na entrada de sua casa, quando procurávamos esclarecer nossos objetivos, explicando que a pesquisa estudava as repercussões dos riscos sobre a saúde e a vida emocional. O trabalhador, tomado por intensa exaltação, recusou com veemência a entrevista: "Não, isso aí não existe! Melhor nem pensar nisso, quanto mais falar". Indagamos: "O que é que não existe?". E a resposta foi: "Isso aí que a senhora falou: riscos, perigos!". Mais tarde, num momento de maior tranquilidade, o trabalhador afirmou que "o pavor mesmo é de saber que pode ir tudo pelos ares — basta uma falha pequena! Mas todo mundo evita pensar nisso. Se for pensar o tempo todo, fica é doido!". Reconhecidamente, a explosão e o incêndio são riscos que exigem permanente controle em refinarias de petróleo, o que o entrevistado, em termos cognitivos, tinha bem presente. Ele detalhou, inclusive, explicações sobre os esforços preventivos desenvolvidos pela empresa, mencionando as frequentes reuniões técnicas e assinalando que "os chefes de lá até fazem estudo e reunião no estrangeiro, pra ver se tem maneira de garantir melhor a segurança da gente. A empresa faz de tudo". Assim, após uma reação negativa à nossa abordagem, em que a negação foi verbalizada ("isso aí não existe"), o entrevistado deixou transparecer que a negação do risco e a autorrepressão do medo são assumidas, implicitamente, como as únicas formas de convivência com a situação potencialmente ameaçadora do trabalho na refinaria. Por isso, "todo mundo evita pensar nisso", uma vez que "se for pensar o tempo todo, fica é doido". Ao dizer "isso aí a gente não fala", ele expressa uma norma, adotada dentro do comportamento grupal, que ele assumiu, individualmente, ao recusar a entrevista. A negação que passa a ser norma grupal facilita a autorrepressão do medo em cada um.

Nem sempre tão consciente como no exemplo relatado, o mecanismo de negação dos riscos laborais evidenciou-se em vários casos estudados na mesma pesquisa. A impressão deixada por muitas das entrevistas foi de que o perigo era a tal ponto ameaçador que só deixava lugar a duas saídas: apagar da mente a sua existência ou abandonar o emprego. A negação do perigo coincide com algo mais: excluir o medo da consciência.

A segunda saída para o impasse — deixar o emprego — acaba, diante da conjunção desfavorável colocada pela retração do mercado de trabalho, por ser descartada por aqueles trabalhadores que haviam elaborado mais intensamente seus mecanismos de negação e/ou autorrepressão.

Existem, também, práticas defensivas individuais, porém intimamente articuladas às crenças e práticas do universo cultural desses operários, como o uso de amuletos e outros procedimentos protetores, já mencionados quando tratamos das manifestações de desgaste.

A quebra das estratégias defensivas contra o medo

Foi possível constatar que nem a negação dos riscos nem a autorrepressão do medo constituem defesas duradouras. Pelo contrário, elas podem ser rompidas por diferentes ocorrências. A investigação revelou algumas dessas rupturas, que se efetivaram tanto no nível das defesas psicológicas individuais quanto na vinculação do trabalhador às estratégias defensivas de seu grupo.

Em primeiro lugar, verificamos a importância dos acidentes de trabalho. Notamos, em alguns entrevistados que haviam sofrido acidente, que a negação dera lugar ao medo explícito, acompanhado por sintomas perturbadores. Esses trabalhadores, após a experiência crucial do acidente, começaram a reconhecer, com toda a nitidez, o perigo. E passaram a vivenciar penosamente a impotência e desproteção ante as ameaças a sua integridade e a sua vida — perigo agora claramente percebido. Um pedreiro referiu que, após sofrer uma queda, não conseguiu mais se fixar em nenhum emprego por causa do pânico que o acometia sempre que lhe fosse exigido subir novamente em andaimes. E acrescenta: "antigamente, eu subia em qualquer altura sem problema algum". Esse trabalhador havia desenvolvido um quadro pós-traumático concomitantemente à ruptura do pacto coletivo de negação dos riscos[1] e derrubada dos mecanismos de defesa psicológica individuais.

1. Conforme abordagem sobre estratégias defensivas explicitada por Dejours, ver adiante nesta Parte.

Em segundo lugar, constatamos que a negação do perigo também se dissolveu em trabalhadores que haviam presenciado acidentes de companheiros de serviço.

Em terceiro lugar, foi também possível verificar que, após passar por uma crise mental aguda — com ou sem internação psiquiátrica —, vários trabalhadores se deram conta, repentinamente, de riscos de acidente antes não percebidos. A propósito, um exemplo bastante ilustrativo foi o caso de um moldador de indústria siderúrgica. Eis suas palavras, num dos trechos da entrevista gravada:

> *O calor era insuportável, lá onde eu trabalhava quando fiquei perturbado. E pra secar os moldes, se usa gás de coqueria, que tem um cheiro muito ruim!...* [pensativo] *Interessante é que, quando a gente tá trabalhando ali na fundição, não liga. Agora que eu não estou mais lá é que vejo. E fico até com medo de ver os outros trabalhando. Mas no tempo que eu estava lá, parece que estava acostumado, não sentia medo. Já agora, se eu chego lá na porta da fundição, de longe vejo aquela poeira, o pessoal todo coberto* [refere-se ao capacete, avental, e outros equipamentos de segurança que recobrem os que trabalham em seu antigo setor de serviço], *ali de óculos, trabalhando, os fornos todos ligados cozinhando metal naquele calorão, aquela barulheira... Então é que penso, agora: Mas olha que inferno onde eu trabalhava! Agora é que eu enxergo!... Por que é que é assim, a senhora pergunta?* [pensa] *Bom, eu penso que seja o seguinte: acho que a pessoa começa ali, vai trabalhando, vai ficando tão envolvido que nem percebe mais* [onde está, o que acontece]. *Querendo e precisando ganhar a vida ali, recebe uma insalubridadezinha que é uma mixaria, e se acomoda com aquilo! É que nem um soldado, quando sai para a guerra, ele sai com aquele medão. Chega lá, ele toma umas pinga com vodca e tal. E, depois do primeiro tiroteio, ele já envolveu e aquilo é brincadeira.* [ri forte e sarcástico.] *E ele morre brincando de guerra!*

A "guerra" que leva à destruição e à morte é, evidentemente, o próprio trabalho na siderúrgica. Nesse paralelo, feito em tom intenso e dramático, transparece a falta de opções ("querendo e precisando ganhar a vida ali") que encontra no atordoamento (da bebida) e/ou no "faz de conta da brincadeira de guerra" (equivalente à negação/encobrimento dos perigos do trabalho) as únicas escapatórias para não vivenciar um medo avassalador. Nota-se, no trecho citado, que a alienação é reconhecida, quando o entrevistado diz que "a pessoa vai trabalhando, vai ficando tão envolvida que nem percebe mais...", como a forma possível de suportar o trabalho perigoso, mas necessário para a sobrevivência. A menção de "inferno" é particularmente significativa nesse depoimento, pois se trata de um trabalhador que passou por um surto psicótico no qual o delírio havia sido exatamente estar no inferno, ameaçado por demônios e labaredas! O curioso é que o trabalhador só teve consciência da representação de seu local de trabalho como um "inferno" depois do surto psicótico e da reinserção em outro setor de trabalho, na mesma siderúrgica. Antes, essa representação certamente só se fez presente em nível inconsciente. Atualmente, quando já não se sente mais obrigado a permanecer nesse ambiente onde as pessoas "trabalham como condenados" e estão, portanto, "condenadas ao fogo eterno", é que pode reconhecer nele um verdadeiro inferno.

Conforme depoimentos relatados nos anos 1980, por psicólogas dos CRPs — Centros de Reabilitação da Previdência Social —, muitos acidentados apresentam dificuldades psicológicas ou sintomas psicossomáticos que impedem sua reintegração ao trabalho, especialmente no ambiente onde ocorreu o acidente (Gueiros Souza, 1980; Rodrigues, 1984). A quebra da defesa de negação dos riscos, sem dúvida, esclarece uma vertente importante das razões dessa dificuldade. Dejours (1987a) observou, também na França, a ocorrência de tais manifestações. Pessoas impedidas de voltar ao trabalho, por apresentarem o que ele denominou "síndrome residual pós-traumática", não obtinham o desaparecimento dos sintomas pela psicoterapia. Na análise do autor, essa cura não ocorria justamente porque tais sintomas constituíam a defesa dos trabalhadores contra a volta a uma atividade que haviam passado a perceber, apenas após o acidente, como profundamente perigosa.

Gueiros Souza (1980), em serviço de reabilitação previdenciária de Pernambuco, no Brasil, observou as mesmas dificuldades terapêuticas, correlacionando-as a um conjunto mais complexo de circunstâncias. O advento de uma situação configurada como "doença dos nervos" expressava mais do que uma defesa contra o retorno a um trabalho com riscos de acidente, uma oposição à reinserção numa vida laboral essencialmente desgastante e frustradora, que os trabalhadores não se sentiam mais capazes de enfrentar. Rodrigues (1984) analisou a dinâmica de tais reações, num centro de reabilitação de Previdência Social, em São Paulo.

Podemos acrescentar que, conforme relatos de trabalhadores adoecidos por LER/Dort ou vitimados por acidentes de trabalho típicos, o regresso pós-tratamento ao ambiente de trabalho muitas vezes é mal recebido, tanto pelos colegas quanto pela chefia. Provoca mal-estar, pode ser alvo de ironias e até de insinuações que se voltam para desacreditar sua doença ou acidente. Pois esses trabalhadores são a prova viva de que o acidente e a doença decorrentes do trabalho são reais, acontecem de verdade e qualquer um pode ser a próxima vítima. E que, portanto, a crença grupal na invulnerabilidade não passa de um mito.

Por outro lado, para portadores de LER/Dort, as manifestações depressivas ou outras formas de sofrimento mental que frequentemente acompanham o itinerário de adoecimento/tratamento/busca de reinserção no trabalho são reativadas ou agravadas nas mesmas circunstâncias. A verdadeira discriminação que atinge esses trabalhadores retornados após tratamento foi bem escrita por Maeno (2001), assim como por Lima e Oliveira (1995), entre outros que identificaram essa problemática.

Em nossa pesquisa com trabalhadores industriais, verficamos no início dos anos 1980, que tanto os acidentes de trabalho como as crises mentais podem se constituir em marcos importante na vida dos trabalhadores, ao possibilitar a percepção dos riscos, ou, mesmo, o reconhecimento mais profundo da exploração e do processo de desgaste — como nos foi dado a conhecer por alguns entrevistados. Para vários, este foi um passo significativo que os transportou das defesas enganadoras às resistências e enfrentamentos conscientes.

Defesas contra o tédio e contra o sono

A construção de fantasias ao longo de um trabalho cujo conteúdo seja desprovido de significado para quem o executa é uma defesa psicológica frequente. Quando o trabalho é monótono e não demanda uma atividade mental constante, o devaneio surge como importante forma de amenizar o mal-estar e o tédio.

Em operadores de trem metroviário, na cidade de São Paulo, a insatisfação determinada pela repetição das atividades cotidianas e dos percursos sempre iguais — a maior parte do tempo em túneis — é muitas vezes aliviada pela elaboração de fantasias em que ambientes novos e imaginários estejam sendo explorados (Seligmann; Delía; Sato, 1986). Mas as defesas assumem também a feição de condutas voltadas à busca de proteção. Essa proteção pode ser efetiva ou imaginária.

Alguns comportamentos defensivos chegam a apresentar aspecto bastante curioso: para enfrentar o tédio e evitar a sonolência, alguns operadores de trem metroviário referiram que, no isolamento da cabine, costumavam cantar alto e batucar, às vezes, no console.

No capítulo em que foi descrito o recurso a orações a santos protetores e a utilização de amuletos, encontramos outras condutas, em que o recurso a instâncias sobrenaturais é utilizado, mediado por crenças religiosas ou pelo pensamento mágico enraizado na cultura compartilhada pelo trabalhador.

Defesas conscientes destinadas a quebrar a tensão e/ou a raiva — as brincadeiras

Tensão e fadiga se realimentam reciprocamente. A necessidade de buscar maneiras de amenizar a tensão, sentida pelos trabalhadores dos mais diferentes setores e níveis de qualificação, manifesta-se através de variadas práticas individuais e coletivas. Algumas, inclusive, têm sido institucionalizadas pelas próprias empresas, como a ginástica laboral, a ioga e outras formas de relaxamento, bem como a utilização da música e do canto.

Práticas grupais, como conversas sobre assuntos alheios ao trabalho — o futebol, por exemplo —, por ocasião das pausas ou dos horários de entrada e saída, são frequentes. Na "hora do cafezinho", o relato de anedotas e as brincadeiras têm a mesma função: descontrair. A colocação de apelidos e os chistes referentes aos chefes são práticas em que a catarse de mágoas e revoltas pode ser parcialmente realizada.

Quando a repressão é marcadamente violenta, as brincadeiras também podem assumir características cruéis e suscitar mágoas entre companheiros, num fenômeno de reprodução das agressões sofridas.

Por outro lado, o valor do riso na amenização das tensões e conflitos também merece atenção, como estudado no Brasil por Galasso (2005) em

São Paulo e Soares (2005) em Minas Gerais. Mas para que o humor possa emergir, é necessário que a gestão proporcione o espaço de liberdade que o permita.

O uso excessivo de bebidas alcoólicas tanto pelo grupo de companheiros de trabalho como individualmente pode apresentar um caráter defensivo contra a ansiedade, conforme detalhado em outros capítulos.

Defesas contra o cansaço

Para tentar impedir a exacerbação do cansaço e a exaustão, são desenvolvidas condutas defensivas conscientes, individuais e coletivas. Especialmente nos trabalhadores com maior experiência em determinada atividade de trabalho, essas defesas podem alcançar certo sucesso. Outras vezes, como ficou bem expresso no estudo feito por Robert Linhart (1988), os poucos segundos de repouso numa linha de montagem, obtidos através de grande esforço, valem mais pelo significado de conquista pessoal e afirmação de autonomia do que pelo repouso propriamente dito. Quanto mais rígido o controle exercido pelo sistema instituído, mais difícil a oposição ao conjunto de condições de trabalho geradoras de fadiga. Devemos lembrar que, cada vez mais, o controle tem sido potencializado pelo medo da demissão. O que tem resultado em submissão às exigências impostas mesmo que estas ultrapassem os limites humanos — fisiológicos e psicológicos.

A autorrepressão

O bloqueio à expressão dos próprios sentimentos é uma das mais duras formas de autorrepressão e não se manifesta apenas com relação ao medo dos acidentes. Pois, exteriorizar irritação, raiva ou revolta também pode constituir risco para a manutenção do emprego ou para a progressão na carreira. Assim, tais sentimentos, embora bastante suscitados em inúmeras situações de trabalho, são geralmente reprimidos. O que os trabalhadores descrevem como nervosismo corresponde, em geral, a uma intensa irritabilidade. A irritação evolui frequentemente vinculada ao cansaço e pode ser despertada por circunstâncias referentes às próprias atividades de trabalho. Pode surgir também por situações conflitivas com outras pessoas. No caso de atendimento ao público, são frequentes as pressões ou mal-entendidos propícios ao surgimento de atritos. Essas situações são comuns para os bancários ou funcionários de repartições públicas, encarregados de receber usuários de serviços oficiais que vêm apresentar queixas e reclamações.

A autorrepressão, impedindo a manifestação por palavras ou ações, faz com que a irritação seja interiorizada. A tensão aumenta, podendo fluir psicossomaticamente e contribuir de maneira importante para a constituição de doenças psicossomáticas e distúrbios psíquicos. A sociabilidade acaba prejudicada, alterando os relacionamentos interpessoais no local de trabalho.

A autorrepressão representa, no desgaste da saúde individual, mais uma expressão do esforço para manter a imagem de perfeito autocontrole emocional. Esse processo prossegue, em geral, mesmo depois de constituídos os sintomas, devido às pressões e expectativas para a manutenção de uma capacidade elevada, de um estado de plena saúde e de uma energia inesgotável. Não se espera bom desempenho de quem revele má saúde. Assim, vitalidade e boa disposição "precisam" ser apresentadas por todos os que almejam prestígio e perspectivas de sucesso na carreira. Por mais que a pressão arterial esteja alta ou que haja uma úlcera duodenal em atividade, a revelação do mal-estar será evitada, especialmente quando a pessoa não se sinta segura no emprego. Configura-se, desse modo, o presenteísmo — problema em expansão atualmente, referente aos trabalhadores adoecidos que escondem seus sintomas, temerosos de perder o emprego e apenas vão procurar assistência quando a doença evoluiu e a gravidade de seu estado os impossibilita de permanecer no trabalho (Baua, 2009).

A idealização

A idealização funciona, nas situações de trabalho, não apenas como defesa contra a consciência da exploração, mas também como expressão dos desejos de autovalorização.

Se a empresa é concebida como dotada de grandeza, importância nacional ou mundial, valor para o desenvolvimento do país, modernidade notável ou outras qualidades socialmente consideradas, é fácil não apenas que se desenvolva nos empregados uma idealização, mas também um sentimento de identificação e orgulho. Esse orgulho é duplo: por se sentirem parte da organização e por serem socialmente reconhecidos como tais. Quanto maior e mais importante a empresa, mais facilmente se estabelece esse tipo de idealização, que, como já visto, também é utilizada a serviço da dominação.

3. SISTEMAS SOCIAIS DE DEFESA

3.1 Os Sistemas Sociais de Defesa Psicológica

A forma pela qual mecanismos psicológicos de defesa se estruturam socialmente no interior das situações de trabalho foi estudada por Jaques (1955), que publicou as observações colhidas na pesquisa realizada em trabalhadores de uma indústria inglesa, utilizando o enfoque psicanalítico. A partir desse estudo, análises de diferentes contextos de trabalho, elaboradas por outros pesquisadores, conduziram a uma importante ampliação dos conhecimentos sobre esses sistemas e o seu funcionamento. Jaques, já no início do texto em que reporta os resultados de sua investigação, chama a atenção para as constatações de autores que identificaram "uma correspondência surpreendentemente precisa" entre determinados fenômenos sociais e os processos psicóticos individuais. A perspectiva teórica do autor está ligada fundamentalmente às ideias de Melanie Klein. Menzies (1960) também utilizou o quadro teórico kleiniano para estudar, em um hospital, a atividade das enfermeiras em suas correlações à dinâmica psicológica e social.

O exemplo das atividades de enfermagem

Menzies confirmou as verificações de Jaques de que os sistemas sociais de defesa se formam, essencialmente, para possibilitar o convívio com situações potencialmente geradoras de ansiedade. Uma correlação importante pôde ser traçada por essa autora entre a rigidez das estruturas defensivas desenvolvidas pelas enfermeiras e a intensidade do sofrimento mostrado pelos pacientes por elas cuidados. Menzies observou que um caráter de negação e de distanciamento afetivo marcava essas defesas, cujo desenvolvimento sacrificava geralmente as possibilidades de sublimação e de vivência significativa dos conteúdos do trabalho. A autora analisou, ainda, as interações dessa formação coletiva com o nível individual das defesas e as identidades das enfermeiras.

Menzies examinou, em especial, como a organização parcelada do trabalho de enfermagem e a desqualificação, que esvazia os seus significados, atingem negativamente a vida psíquica das enfermeiras e propiciam o surgimento de um sistema socialmente estruturado de defesas psicológicas. Se, por um lado, isto permite às enfermeiras certo grau de desempenho rotinizado, por outro, ocasiona importantes perdas tanto para a vitalidade de seu psiquismo individual quanto para a qualidade do trabalho que desenvolvem.

O texto de Menzies apresenta um enorme acervo de contribuições para o tema da desqualificação resultante da fragmentação do trabalho. As perspectivas abertas pela compreensão desses fenômenos ressaltam de modo claro desse estudo e são múltiplas. Uma delas, por exemplo, diz respeito à importância da realização do diagnóstico do sistema social de defesas nos estudos sobre instituições — sem o que tentativas de implementar transformações organizacionais estarão geralmente fadadas ao fracasso. As outras conotações se referem especialmente à própria saúde psicossocial do grupo estudado por Menzies e apontam ainda para a necessidade de análises semelhantes em outros contextos de trabalho, com a finalidade de fundamentar transformações de natureza preventiva, simultaneamente relevantes para a qualidade da saúde mental e do trabalho.

As contribuições específicas do estudo de Izabel Menzies para a enfermagem são de tal ordem que se torna surpreendente que, cinquenta anos após a publicação de seu trabalho, suas conclusões — tão relevantes para os avanços na organização do trabalho de enfermagem e para a promoção de saúde psicossocial, incluída aí a realização profissional da categoria — não tenham sido amplamente aproveitadas.

Elkeles (1990) realizou, também em enfermeiras, um interessante estudo comparativo entre a subcarga qualitativa do trabalho nas práticas organizadas por funções (*Funktions-pflege*) e a qualificação na chamada "atenção de enfermagem integral" (*Ganzheitspflege*). Na modalidade de trabalho organizado segundo funções, Elkeles verificou que o contato interpessoal enfermeira-paciente é mínimo, pois as atividades são parceladas e realizadas de modo seriado, segundo diferentes atribuições designadas para as várias profissionais de enfermagem — uma administra medicamentos a todos os pacientes de determinada área do Hospital; outra fica encarregada dos controles de pressão arterial, pulso e temperatura; outra cuida das ações de higiene corporal, e assim por diante. O esvaziamento afetivo é intenso e tem como consequência, apontada por Menzies e Elkeles, a insatisfação, o absenteísmo e a tendência ao abandono da profissão. A qualidade do trabalho também é prejudicada pela ocorrência de erros de desempenho vinculados à perda de interesse por atividades que são esvaziadas de significado e de que não costuma resultar nenhum reconhecimento — nem dos pacientes, nem da hierarquia hospitalar. Extremamente racionalizado, esse tipo de organização do trabalho serve para o fortalecimento de uma defesa ante o contato com o sofrimento dos doentes: o distanciamento afetivo. Os aspectos coletivos e os impactos dessa situação sobre a sociabilidade e as perspectivas existenciais das enfermeiras são examinados pelos dois autores.

3.2 Como Suportar o Insuportável – Defesas na Construção da Submissão

Dejours aprofundou consideravelmente o exame dos sistemas sociais de defesas que o autor estudou sob a denominação geral de "estratégias coletivas de defesa", inicialmente entre operários e, depois, em diferentes categorias de empregados. Numa usina nuclear, Dejours (1990) observa também a forma como, dentro de uma mesma empresa, podem ocorrer inter-relações complexas e sérios confrontos entre coletivos de inserção diferenciada no interior da estrutura hierárquica empresarial.

O médico francês, em suas primeiras investigações (Dejours, 1987a), mostrou que as estratégias coletivas de defesa funcionam inteiramente desvinculadas de qualquer perspectiva política libertadora e respondem unicamente à necessidade de suportar a penosidade do trabalho. Acima de tudo, respondem ao medo e à ansiedade de conviver cotidianamente com os riscos de acidente e de vida. Favorecem, portanto, a dominação e a exploração. Pois estão voltados exclusivamente para a abstração coletiva dos riscos — isto é, para evitar que haja percepção e consciência do perigo. Dessa forma, prejudica seriamente as perspectivas de conscientização e de mobilização direcionada a prevenção.

O assunto, portanto, assume imensa relevância para a prevenção e a análise dos acidentes de trabalho.

A estratégia defensiva coletiva pode chegar a configurar, segundo Dejours, uma verdadeira ideologia defensiva.

"Ideologia defensiva" surge assim como um importante conceito. Dejours considera que, nas ocupações perigosas, essa forma de defesa coletiva é a única explicação para o fato de a execução do trabalho ser possível.

Parece-nos claro o papel que essa negação coletiva deve desempenhar na repressão individual do medo — que é certamente atenuado se a instância coletiva afirma a "inexistência" do perigo.

Essa consideração se torna bastante esclarecedora quando imaginamos o trabalho dentro de usinas nucleares, fábricas de explosivos, refinarias de petróleo e outros locais em que a natureza dos riscos, derivados das próprias atividades e dos produtos existentes, implica especial gravidade.

Quando o grupo organiza a repressão coletiva dos desejos, manifesta-se, ainda segundo Dejours (1987a), uma espécie de impostura: "a defesa, destinada em princípio à proteção dos indivíduos, é erigida em meta", assume a aparência de fim almejado, quando, em verdade, surgiu como oponente do desejo (p. 23).

As estratégias coletivas de defesa operam através de inversão e de eufemização. A inversão consiste em desafiar o perigo ao invés de se sentir ameaçado por ele. A eufemização se expressa, por exemplo, pela ridicularização dos perigos, o que pode ser ilustrado pelo emprego de diminutivos para designar máquinas perigosas. Nos "rituais de iniciação", a que são submetidos aqueles que ingressam em locais de trabalho perigosos, como a construção civil, esses aspectos tornam-se, conforme o estudo de Dejours (1986), especialmente claros.

Os mecanismos psicológicos individuais em que a percepção é negada, com a adoção de seu contrário (resposta reativa), mantêm possivelmente uma relação importante com a estratégia coletiva de defesa. Entretanto, a maneira exata como se articulam os fenômenos individuais e a formação coletiva ainda não se encontra suficientemente esclarecida, embora se considere que a dinâmica intersubjetiva possua um papel importante nesse processo.

Em entrevistas realizadas com trabalhadores metalúrgicos, desempregados devido à recessão do começo dos anos 1980, pudemos verificar que, somente após a perda do emprego, as pessoas se davam conta do grau dos perigos com que haviam convivido durante tanto tempo. Desse modo, o desemprego surge como um outro momento de ruptura das defesas estabelecidas. Essa ruptura nos pareceu dizer respeito tanto às instâncias defensivas individuais quanto à quebra da inserção no processo coletivo de negação.

Araújo (1990), em estudo realizado entre trabalhadores de refinarias de petróleo no Brasil, identificou o modo como opera o sistema coletivo de defesa num contexto em que o convívio com os riscos de tipo catastrófico (explosão; incêndio) se faz com base na intensificação das defesas individuais e coletivas de negação.

Através da ideologia defensiva, muitas vezes, é como se a própria morte fosse exorcizada. Certezas mágicas são dessa forma estabelecidas ou fortalecidas, permitindo que as atividades perigosas continuem sendo desenvolvidas. A prática defensiva se torna favorecedora da dominação.

O crescimento da ansiedade ou da depressão se configura em risco não apenas pelo mal-estar que acarreta, mas também pela ameaça que significa à permanência no emprego. Pois será necessário evitar o desencadeamento de crises emocionais agudas — sejam tempestades emocionais ou depressões e ansiedades paralisantes — que possam acarretar desprestígio profissional ou mesmo demissão. Paradoxalmente, nessa tentativa de evitar o sofrimento, muitas vezes, a perturbação mental poderá ter sua instalação facilitada pela exacerbação dessas mesmas defesas psicológicas.

O surgimento da alienação social também será facilitado pela presença persistente de algumas dessas defesas — especialmente daquelas que embotam a sensibilidade e levam ao distanciamento social, instaurando a indiferença pelo outro, com repercussões que atingem tanto a esfera afetiva quanto a da ética.

Comportamentos defensivos. A hiperatividade

Quando as exigências e a opressão são intensas, surgem comportamentos defensivos que visam aliviar a irritação ou a revolta acumuladas. A hiperatividade é um deles e pode ser uma forma de descarregar a raiva, transformando em mais trabalho os impulsos agressivos gerados pelo desrespeito, pela ofensa ou injustiça vivenciadas no trabalho.

Comportamentos obsessivos, muitas vezes representam um ajustamento à imposição de tarefas rigidamente prescritas.

Imposições organizacionais que conduzem a sofrimento — mesmo o sofrimento físico —, como no caso das dores musculares, durante evolução das LER/DORT, também suscitam defesas psicológicas que podem ser coletivamente articuladas, prejudicando assim a mobilização para transformações de ordem preventiva. E, ao mesmo tempo, retardando a busca de tratamento por parte dos que escondem de si mesmos a dor e o mal-estar que os atinge.

A exorcização da fome

Principalmente em trabalhadores que já vivenciaram a miséria e que se inserem em atividades desqualificadas, em que o temor de desemprego é uma constante, ocorre também a necessidade de exorcizar a fome. Essa interpretação surgiu a partir dos relatos sobre a realização de animadas "comilanças" junto ao forno siderúrgico, reunindo um grupo de trabalhadores. Esse alegre ritual ocorre nos dias de recebimento do salário, após a realização de uma "vaquinha". Todos contribuem para a compra da carne que será preparada sob o calor do mesmo forno onde o árduo trabalho do grupo é exercido cotidianamente. A propósito, naturalmente não pode ser esquecido todo o valor simbólico, estudado por antropólogos, contido nos rituais de comemoração em que se faz a incorporação, pelo comer compartilhado, de alimentos com significado fortalecedor e/ou protetor.

Portanto, a exorcização não se realiza grupalmente apenas em relação aos perigos de acidentes.

Uma dinâmica similar ocorre quando trabalhadores se reúnem para ingerir bebidas alcoólicas, como é detalhado no tópico em que este livro examina o alcoolismo.

Em síntese, é possível constatar que as defesas psicológicas individuais observadas parecem constituir-se a partir de distintas necessidades. No trabalho perigoso, servem para neutralizar o medo. Em outras situações, trata-se de tornar suportável um trabalho extenuante, ou tedioso, ou que maltrata o corpo, ou, ainda, atividades que, por sua natureza, geram mal-estar ou mesmo angústia (trabalho em ambiente repugnante, como, por exemplo, esgoto, entre outros). As atividades que violentam a ética e os valores individuais receberão abordagem especial, mas deve desde já ser dito que as defesas coletivas também escondem e disfarçam essa violentação.

CAPÍTULO 2

SUPORTES SOCIAIS E AFETIVOS À SAÚDE MENTAL: RESISTÊNCIAS

1. EM BUSCA DE EXPERIÊNCIAS SIGNIFICATIVAS

A partir dos estudos de caso referentes ao trabalho em turnos alternados que realizamos nos anos 1980, foi possível identificar, em pessoas sem quadro clínico de transtorno mental, algumas situações significativas para a preservação da estabilidade psíquica. Apresentamos um exemplo:

O sr. A. G. trabalhava há dezesseis anos como gancheiro em uma siderúrgica, numa tarefa extenuante em que ficava, de pé, suspendendo, em média, a cada três minutos, um peso de oitenta quilos. Sua posição na hierarquia era muito baixa, e seu trabalho, considerado "pesado e sujo". Entretanto, esse mesmo homem gozava, em casa, no núcleo da vizinhança e no Centro de Umbanda que frequentava, de grande prestígio por ser considerado dotado de poderes mediúnicos e pelo seu conhecimento sobre ervas medicinais. Era muito procurado pelos vizinhos para conselhos em problemas de saúde. Embora tanto ele como a esposa tenham referido nunca saírem para diversões, ambos revelaram que: "passeios a gente faz com o pessoal do Centro (de Umbanda), conforme as épocas dos festejos de cada santo. Quando é o tempo de Iemanjá, a gente vai com eles pras praias, no ônibus fretado. E a gente viaja também na época de ir pras cachoeiras da mata". O sr. A.G. apresentava vários problemas de saúde física em decorrência das condições de trabalho (varizes, problemas de coluna e outros). Mas não tinha maiores problemas na esfera psíquica. Tornou-se muito claro, no exame mais detalhado do caso, o quanto de satisfação pessoal era obtido através da participação umbandista: a consideração dos companheiros do Centro e da vizinhança, as oportunidades de quebrar a dura rotina com as viagens e a maior integração percebida no próprio relacionamento do casal, a partir dessa experiência compartilhada — ambos eram umbandistas e viajavam juntos para as festas. Desqualificado no trabalho, o sr. A.G. conseguiu se qualificar na vida!

Uma outra fonte de satisfação, para diversos entrevistados, pareceu oferecer significativa compensação às horas de trabalho vividas em ambientes extremamente insalubres e poluídos de maneira geral: o contato com a natureza através do trato de plantas e de animais. Mesmo nos casos com mínimos espaços de terreno, encontramos pequenos cultivos de verduras, flores e plantas em geral. As verduras atendiam também, parcialmente, a uma necessidade de melhorar a alimentação da família. Mas, no caso do sr. S., a pequena horta que ele e a esposa cultivavam num pedaço de quintal (de uma vizinha) assumia outra função importante para o próprio relacionamento do casal: as horas passadas na horta constituíam importante ocasião para o convívio e o diálogo. Isto servia para aliviar uma situação em que a esposa se ressentia muito da ausência e do cansaço do marido. Para esse casal de ex-lavradores, a pequena horta também pareceu significar o reencontro com as origens rurais, de que manifestavam muitas saudades.

As esperanças depositadas no futuro dos filhos apareceram como outro suporte importante para a manutenção do equilíbrio e da coragem para prosseguir. Um operário que tinha quatro filhos pequenos (menores de oito anos) afirmou: "A gente enfrenta tudo isso é por causa deles. E meus filhos vão estudar, não hão de ser peão, que nem eu. Se Deus quiser não hão de sofrer que nem eu tenho sofrido naquela caloria (calor) e naquele barulho". Entretanto, quando os filhos já haviam se iniciado também na vida operária, registramos expressões de amargura e decepção. Os entrevistados manifestavam desilusão e mágoa em relação aos filhos que "não quiseram estudar, eles que têm a oportunidade que a gente não teve".

Mesmo para quem já havia passado por crises mentais, a preservação de certas aspirações, bem como a descoberta de novas motivações e formas de convívio com a realidade, configuraram base importante a favor da saúde.

2. RESISTÊNCIAS COLETIVAS

2.1 Os Coletivos de Regra

Os coletivos que tecem os compromissos éticos e as resistências de caráter transformador e libertador têm sido um objeto mais recente de análises. A constituição de tais instâncias coletivas, denominadas coletivos de regra pela corrente da Psicodinâmica do Trabalho, é mediada pela dinâmica do reconhecimento e pressupõe a construção de vínculos de confiança, intercompreensão e interatividade muito especiais. Esse tipo de coletivo, como explicado quando falamos nos acidentes do trabalho — na Parte IV deste livro —, foi descrito e analisado por Damien Cru (1987).

Pode ser identificada nitidamente a forma pela qual se opõem os potenciais dos dois sistemas coletivos — o de defesa e o "de regra", quando considerados diante da correlação de forças organização/trabalhadores. Enquanto o coletivo de defesa favorece a manutenção da situação — com todos os riscos ambientais e organizacionais —, o "coletivo de regra" impulsiona transformações em que a subjetividade dos participantes ressurge, criativa, caminhando para uma interatividade em que o coletivo procura, solidariamente, enfrentar a dominação, ao mesmo tempo que mantém regras próprias para preservação de seus valores mais caros.

O "coletivo de regra" só pode se constituir quando existe um espaço para a livre comunicação que permita a construção de um sentido compartilhado. Trata-se, aqui, daquilo que Zuboff (1988) considerou como comunicação significativa e que, nas conclusões de suas pesquisas de campo, constatou ser essencial para a qualidade das atividades em sistemas computadorizados. Essa condição, entretanto, é duramente desafiada pelas formas mais sofisticadas de vigilância e controle da comunicação adotadas em muitas organizações.

Evidentemente, existe também a necessidade de uma continuidade de convívio no ambiente de trabalho, para que se estabeleçam o reconhecimento e a confiança que fundamentam o "coletivo de regra".

Muitas são ainda as indagações referentes ao funcionamento desses coletivos, muito especialmente ao do "coletivo de regra". Como ocorrem os fenômenos intersubjetivos que constroem a instância coletiva? O que acontece no nível consciente e o que se efetiva pela via inconsciente dos sujeitos? Existe a possibilidade, aqui, de se considerar um inconsciente coletivo? Estas são algumas das perguntas que desafiam os pesquisadores. E certamente apenas será possível respondê-las a partir de um esforço interdisciplinar.

Na atualidade dos anos 2000, a rapidez da rotatividade nos empregos dificulta em geral um convívio cuja duração seja suficiente para a constituição dos laços de confiança que nasce na experiência compartilhada. Assim, a formação do coletivo de regra se tornou especialmente difícil na maioria das situações de trabalho — o que ainda é agravado pelo estímulo organizacional à competição entre colegas.

Tudo indica que seria muito esclarecedora para as questões aqui enfocadas uma aproximação entre as perspectivas psicanalíticas (Jaques, Menzies e Dejours) e aquelas desenvolvidas por estudos e observações de psicologia social de enfoque cognitivo que examinaram, além dos aspectos psicológicos, também os ideológicos e as relações de poder envolvidos nos processos que produzem a obediência e a submissão.

Ao tratar do engendramento da servidão no liberalismo, Beauvois (1994) deixou muito evidente o quanto a incrementação desse mesmo liberalismo nas novas formas assumidas nas últimas décadas conduziu a uma exacerbação da servidão.

Por outro lado, as frustrações e o tédio podem ser enfrentados a partir da construção de fantasias prazenteiras.

Resistências à dominação e superação das defesas que escondem o mal

Quando a defesa consciente contra o mal integra, em seu significado, a afirmação de identidade e fidelidade a valores éticos fundamentais, ela passa a se constituir numa forma de resistência à dominação. Resistência que se constitui direcionada a transformar e superar as situações de trabalho opressivas e potencialmente adoecedoras. Diferentemente, portanto, dos mecanismos psicológicos (individuais ou coletivos) de negação e repressão. Por outro lado, também as práticas do cotidiano externo ao trabalho e voltadas para a garantia da sobrevivência da identidade assumem conotação de resistência.

A concomitância pela qual, nas crises econômicas, ocorre intensificação da exploração e aumento do risco de perda do emprego leva a uma exacerbação das defesas psicológicas. Por um lado, elas se intensificam porque é necessário abafar o aumento do mal-estar e, por outro, porque o desemprego — para a maioria — significa também desamparo. Em um contexto cultural marcado e ainda dominado pela ideologia do novo liberalismo, a gravidade se tornou espantosa e tem exigido urgência para que um entendimento mais amplo se faça a fim de evitar alastramento dos adoecimentos e acidentes — conforme será discutido no capítulo em que tratamos da psicopatologia da precarização.

Os mecanismos de negação — individuais e coletivos — e a alienação são agravados pela repressão e seus efeitos, portanto, podem ser profundamente prejudiciais tanto para a saúde quanto para uma recuperação da liberdade de existir fora da submissão que, para muitos, já se transformou em servidão. Desse modo, justamente os mais explorados passam a ter especialmente dificultada a percepção de como a organização do trabalho atinge suas mentes e vidas. Consequentemente, nas negociações, há facilidade para que a maioria desses trabalhadores seja induzida a centralizar as reivindicações nos aspectos salariais, deixando de lado as questões de saúde. Assim, definitivamente, as defesas constituem um forte obstáculo às resistências contra a intensificação da dominação que atualmente ocorre — como veremos adiante, em nome de uma excelência (falsa) e de uma competitividade que só servem aos lucros de alguns poucos.

À guisa de conclusão da condensada análise das defesas aqui apresentadas, dois aspectos precisam ser enfatizados:

1. todo o conjunto de defesas voltadas a minimizar o mal-estar tem como finalidade aguentar a situação para prosseguir no trabalho;
2. o mesmo conjunto pode, ainda, fazer parte de uma trágica renúncia à individualidade e à autonomia.

Pois em grande parte das situações, a maior necessidade que surge é a de manutenção do emprego. Essa necessidade aparece como denominador comum na origem das defesas estudadas, e, ao revelar sua premência especialmente durante crises econômicas — aí favorece uma submissão individual que pode se generalizar. Foi possível constatar isto em vários momentos, no cenário brasileiro, através de nossas pesquisas empíricas: na crise do início dos anos 1980 e na escalada do desemprego dos 90. Bem como, mais recentemente, em nossas observações em clínica do trabalho durante a crise desencadeada em 2008. É também o que poderá ser visto com maior clareza, ao examinar, mais adiante, a precarização contemporânea do trabalho. (Seligmann-Silva, Relatórios 1981-1983; Seligmann-Silva, 1997).

2.2 Os Coletivos de Resistência

Quanto menores os espaços de autonomia, quanto mais autoritária a dominação, tanto menores serão as possibilidades de que desperte a "inteligência arguta", de que nos fala Dejours, e de que o seu florescimento conduza a uma criatividade que encontre reconhecimento na estrutura hierárquica. O sufocamento da liberdade corresponde, pois, ao abafamento das expressões da inteligência dos trabalhadores, que poderiam desenvolver produtos de maior qualidade e originalidade. A desqualificação e a elevada rotatividade tornam-se, igualmente, negativos ao impedir a formação de coletivos criativos e inovadores.

A resistência e o enfrentamento das pressões organizacionais dificilmente poderão ser solitários. Mas no centro da questão mais atual da SMRT permanecem resistências dos indivíduos em luta pela preservação dos próprios pensamentos e sentimentos. Embora, como já havia sido mostrado por Doray em 1981, essa preservação esteja cada vez mais ameaçada pelas configurações da política e da economia contemporâneas que são transmitidas ao mundo do trabalho e, ao penetrar nas estruturas organizacionais das empresas e serviços públicos, pressionam as pessoas que trabalham e suas subjetividades. Transformando mentalidades e expropriando a subjetividade dos trabalhadores, como disse Doray. O que, em outras palavras, corresponde às palavras de um dos operários entrevistados de Cubatão, já citado, ao resumir a percepção que teve de seu itinerário pessoal, "eles estão tirando primeiro a mocidade, segundo a saúde, enfim a paciência, e, inclusive, até a ideia do cara eles estão tirando...". Preservando o próprio pensamento crítico, esse trabalhador nos revelava sua resistência.

Resistências que emergem informalmente a partir de solidariedade assumem papel relevante e, muitas vezes, são a origem de resistências organizadas.

Resistências efetivas seriam aquelas dirigidas a produzir transformações na organização do trabalho. Nessas situações, a sublimação e a criatividade seriam resgatadas e o trabalhador deixaria de estar diante de um trabalho alienado, passando a identificar-se com a atividade que é produto do seu pensamento e do seu desejo.

Todas as ações voltadas para o combate de condições que agridem a dignidade são também ações de resistência. Essas ações podem ser individuais ou assumir forma coletiva, como no caso dos movimentos de resistência, estudados por Linhart (1988), na França, e por Abramo (1986) e Maroni (1982), no Brasil.

Em vários países, as lutas políticas dos trabalhadores têm incorporado as lutas pela saúde, através de movimentos voltados para humanizar as condições de trabalho. A redução das jornadas, em grande número de países, é uma das mais importantes resultantes dessas lutas.

Na França, as atividades e lutas das enfermeiras por um justo reconhecimento profissional e humano, caracterizando uma resistência coletiva, foram analisadas por Kergoat (1990).

As organizações formais voltadas para a proteção da saúde dos trabalhadores têm tido desenvolvimento heterogêneo nas diferentes realidades contextuais e até num mesmo país, como no caso do Brasil. De acordo com o grau de organização dos trabalhadores dentro de diversos contextos e situações locais e com a correlação de forças existentes, variará a eficácia das resistências coletivas e conscientes, configuradas, por exemplo, através de dispositivos como as Comissões de Saúde e/ou as CIPAs (Comissões Internas de Prevenção de Acidentes). A regulação vigente das CIPAs ainda determina sérias limitações à sua eficácia.

Os setores e departamentos de Saúde criados junto a vários sindicatos representam uma das mais importantes formas de resistência organizada, especialmente nos sindicatos que têm superado a tendência assistencialista — durante muito tempo incentivada pela esfera oficial —, partindo para estudos e lutas voltados para a supressão das condições de trabalho prejudiciais à saúde. Em São Paulo, no início dos anos 1980, a formação do Departamento Intersindical de Estudos e Pesquisas de Saúde e dos Ambientes de Trabalho — DIESAT — significou um enorme avanço. Constituído através de um esforço conjunto de representantes sindicais e de profissionais da área de Saúde e Segurança do Trabalho, o DIESAT promove o debate das questões de saúde, divulga informações e produz novos conhecimentos sobre a situação brasileira, realizando pesquisas de campo junto a diferentes categorias de trabalhadores (RIBEIRO; LACAZ, 1984; DIESAT, 1989; SELIGMANN; DELÍA; SATO, 1985 e 1986). Posteriormente, as centrais sindicais passaram também a formar seus departamentos de saúde.

A partir da segunda metade da década de 1980, no Brasil, ocorreram, em alguns setores, mobilizações de trabalhadores dirigidas especificamente a reivindicações de superação de condições de trabalho agressivas à saúde (DIESAT, 1989). Um exemplo disso foram as lutas pela instauração efetiva da jornada de seis horas no trabalho, para os turnos de revezamento, prevista na Constituição de 1988. Como foi amplamente revisto por Andréa Silveira (2003), nos anos seguintes lutas sindicais e negociações capital-trabalho, trouxeram outras mudanças favorecedoras à preservação da saúde e da segurança. Mesmo sem haver ainda enfoque específico voltado à saúde mental, várias dessas ações — em geral direcionadas às condições de trabalho — indiretamente favoreciam àquela, como no caso da redução de jornadas e da previsão de pausas. Pois muito embora os mapas de risco que foram adotados previssem também identificação e atuação contra os riscos psíquicos, os treinamentos e as práticas efetivamente adotadas nas empresas não correspondiam a esses objetivos. Silveira examina várias outras limitações impostas à eficácia das ações sindicais voltadas à saúde dos trabalhadores.

A leitura do relatório da 3ª Conferência de Saúde do Trabalhador (2005), embora trazendo discussão de questões fundamentais, nos leva a constatar a ausência dos temas de saúde mental. O que deixa perceber que tanto a rede nacional de serviços voltados à Saúde do Trabalhador (RENAST), criada em 2002, quanto a resistência sindical organizada ainda estão distanciados do enfrentamento do adoecimento mental no trabalho.

Despontam, entretanto, no cenário sindical brasileiro, alguns movimentos especificamente voltados a questões que dizem respeito à saúde mental. É este o caso, por exemplo, de iniciativas sindicais voltadas à denúncia e ao enfrentamento do assédio organizacional e do assédio moral. Como a do Sindicato dos Bancários de São Paulo que, ao desencadear em abril de 2010 a Campanha Menos Metas, Mais Saúde, apontou a ação corrosiva para a saúde de metas organizacionais humanamente inatingíveis, ao mesmo tempo que focalizou o assédio e seus impactos na produção de desgaste mental.

Nos países onde o desenvolvimento social tem levado a práticas democráticas e à instauração da plena cidadania, os avanços na humanização do trabalho foram estabelecidos a partir da ação do Estado, de novas legislações, e de negociações entre empresas e empregados. Na edição de 1994, havíamos encerrado este capítulo afirmando: As esperanças de que tal desenvolvimento (da humanização no trabalho) tenha lugar nos países onde a consolidação do processo democrático ainda está em andamento merecem, para sua concretização, esforços de toda a sociedade. Colocávamos no amadurecimento democrático a esperança de novos avanços. Atualmente, a democracia, embora não universalmente, se consolidou como regime político de governo em muitos países. Entretanto, com a escalada da reestruturação em uma economia dominada pelo neoliberalismo, retrocessos preocupantes têm sido assinalados, fragilizando, inclusive, as organizações e movimentos de resistências dos trabalhadores. É o que veremos melhor adiante, ao estudar a precarização social e do trabalho precarizando a própria saúde mental.

Acreditamos que, para que os esforços em prol da expansão de um trabalho digno e saudável possam voltar a dar frutos, um passo primordial será atingir uma conscientização mais ampla com referência às implicações da SMRT, tanto como uma questão de ordem ética quanto por sua importância para o desenvolvimento social e econômico.

PARTE VIII

Metamorfoses Articuladas: Sofrimento Social, Trabalho e Desgaste Mental

Nesta parte do livro procuramos fixar a trajetória da SMRT em suas interfaces com as transformações e crises econômicas que marcaram o século XX. O título aqui poderia também ser: *Metamorfoses do Desgaste Humano na Engrenagem Neoliberal.* Pois será disso que iremos tratar — mesmo se concentramos maior atenção nos aspectos psíquicos.

O tema será desenvolvido em três capítulos. Alguns conteúdos do primeiro fizeram parte do livro *Desgaste mental no trabalho dominado*, publicado em 1994.. Os dois capítulos seguintes são novos. (Seligmann--Silva,1994).

Os modos de dominação e exploração, por um lado, e os dilaceramentos dos vínculos humanos e das subjetividades, por outro, são faces da mesma moeda, como já vimos na Parte III deste livro, na qual procuramos traçar o itinerário das transformações da dominação laboral. Agora tentaremos buscar o entendimento das metamorfoses do sofrimento social e do desgaste, contextualizando-as e relacionando-as com as mudanças mediante as quais essa dominação se estendeu a outros espaços da vida cotidiana, além de se tornar mais poderosa, sofisticada e muitas vezes perversa. Exminaremos os processos de desgaste mental relacionados com as experiências vivenciadas no trabalho e no desemprego, embora, como veremos, seja impossível dissociar esse desgaste daqueles originados em outros espaços sociais também marcados pelas transformações contemporâneas.

O desafio será o de focalizar processos que percorrem os diferentes níveis — do macrossocial até o microssocial, o intersubjetivo e a dimensão biopsicossocial de cada trabalhador/a. Sem esquecer que o processo passa por inflexões decisivas em níveis intermediários, como os governos, as corporações e as empresas. A análise da correlação das forças políticas que engendram a dominação em cada nível ou contexto estará certamente acima de nossas possibilidades. Assim como teremos que restringir o exame das determinações de ordem ideológica que presidem a todos esses processos.

Entretanto, será necessário à compreensão dessa dinâmica ao menos vislumbrar quais os interesses, ideários e ideologias que mobilizam as metamorfoses que iremos estudar.

A escalada do sofrimento social que se verificou ao longo das últimas três décadas no bojo da mundialização da economia foi alimentada pelo imbricamento existente entre o aumento das desigualdades e as transformações do trabalho. Desse modo, o desgaste humano assumiu novas formas e se disseminou como expressão do sofrimento social contemporâneo. Falamos de um desgaste humano que envolveu, entre outras dimensões, a saúde geral e, de modo especialmente marcante, a saúde mental dos trabalhadores. Assim, o desgaste se desenvolve, ao mesmo tempo, por um lado, pelo aumento da vulnerabilização decorrente das desigualdades de condições de vida, e, por outro, pela multiplicação de fatores e processos nocivos que atingem os que trabalham e os que desejam encontrar trabalho.

Na atualidade, a desregulamentação das relações sociais de trabalho e todas as outras formas de flexibilização que resultaram no que Bourdieu (1998) chamava *flexexploração* constituem um dos aspectos centrais e mais marcantes da precarização multifacetada com que nos defrontamos. Este será o tema do Capítulo 2 desta Parte VIII. Acompanhando o conjunto de transformações em curso, existe uma impressionante escalada de adoecimento psíquico nos registros internacionais. No Brasil verifica-se o mesmo, consubstanciando novas demandas ao sistema único de saúde, como será estudado aqui, no Capítulo 3.

Portanto, no primeiro capítulo, examinaremos a psicopatologia associada à recessão e ao desemprego; no segundo, passaremos ao tema que se configura na atualidade — a *precarização* social e do trabalho em sua dimensão psicossocial; no terceiro, iremos focalizar as expressões clínicas da violência cujo crescimento foi alimentado por essa mesma precarização e pela degradação ética que a acompanha.

A reflexão sobre a premência das questões que serão examinadas não poderá deixar de suscitar implicações para a política social e para o desafio à integração das ações sociais voltadas aos que vivem do próprio trabalho — ações essas que se desenvolvem nas áreas da Saúde, Educação, Previdência Social e Assistência Social.

CAPÍTULO 1

PSICOPATOLOGIA DA RECESSÃO E DO DESEMPREGO

A crise econômica surge sempre ligada a uma crise social. Ambas determinam, conjuntamente, profundas repercussões sobre a saúde geral e, de forma ora clara e impactante, ora sutil e mascarada, também sobre a Saúde Mental. Sofrimento social, sofrimento físico e sofrimento mental são geralmente indissociáveis, embora frequentemente sejam estudados de maneira compartimentada e reducionista.

Os estudos sobre os impactos subjetivos do *desemprego que surge associado à recessão* foram feitos no passado. O *desemprego de longa duração* foi a situação mais analisada nessa fase. No período mais recente, como veremos depois, o *desemprego intermitente* passou a ocupar o cenário.

Assim, deveremos aqui, inicialmente, lembrar investigações que, antes da exacerbação da chamada *reestruturação produtiva*, examinaram a relação entre modificações do mercado de trabalho e a saúde dos trabalhadores — destacando aquelas verificadas em relação à Saúde Mental.

Tais estudos foram realizados em períodos de recessão econômica — a começar no período da Grande Depressão de 1929 que penetrou nos anos 1930.

Mais recentemente, outros estudos foram realizados no período de recessão que se estendeu do final dos anos 1970 ao começo dos anos 1980.

Algumas das descobertas realizadas nos anos 1930 persistem carregadas de significado para o estudo da atual conjuntura. A dinâmica psicossocial e as repercussões subjetivas do desemprego, mesmo que diferenciadas conforme períodos históricos, contextos e conjunturas econômicas distintas, podem servir de referência para a compreensão de vários aspectos psicossociais e psicopatológicos. Entretanto, como será visto, as diferenças precisam ser levadas em conta, para que não se façam interpretações equivocadas nem se implementem intervenções incompatíveis com as novas realidades.

Por outro lado, o exame dos impactos mais gerais das crises sobre a saúde pode nos ajudar no entendimento dos impactos mentais. É o que faremos a seguir.

1. A PERSPECTIVA EPIDEMIOLÓGICA

A abordagem epidemiológica permitiu a vários pesquisadores desenvolver estudos em perspectiva longitudinal, para *acompanhar a transformação dos perfis de morbidade e mesmo de alguns aspectos da mortalidade*, ao longo de períodos marcados pela recessão e pelo desemprego que a acompanhava. O enfoque epidemiológico permitiu, assim, observar de que modo se modificaram os tipos de adoecimento e diversas causas de morte ao longo dos anos que se seguiam ao desencadeamento de uma recessão econômica. Vejamos o panorama que algumas dessas pesquisas do século XX nos oferecem.

Brenner e Mooney (1982) realizam revisão de estudos anteriores e expõem resultados da pesquisa realizada no período 1955-76, na Inglaterra, Escócia e País de Gales, em que identificaram a importância dos aumentos de tensão na determinação do crescimento da mortalidade por doenças cardiovasculares nas fases de recessão. Ao examinar as fases pós-recessão, os pesquisadores concluem que o período inicial de recuperação da economia pode ser um momento especialmente tensiógeno para os desempregados que realizam esforços de reintegrar-se ao mercado.

Estudando dados de diferentes países, Brenner e Mooney (1982) procuram identificar de que modo as mudanças econômicas, tanto nas fases de crescimento quanto nas de recessão, afetam a saúde humana e, mais especialmente, a ocorrência das afecções influenciadas pela tensão, alimentação, hábitos de vida e condições de trabalho. Embora se detenham mais particularmente sobre as doenças cardiovasculares, os autores examinam um conjunto bastante amplo de afecções. E enfatizam:

> (...) os efeitos da recessão afetarão de modo adverso tanto aqueles que trabalham quanto os que perdem seus empregos, particularmente em havendo taxas elevadas de desemprego. A razão disto é que a real ameaça de perdas de carreira, modos de vida e relações com companheiros de trabalho, se mantida por um período prolongado, pode gerar para a maioria da população uma série de tensões quase equivalentes às da perda de emprego. (p. 435)

Mais adiante, os mesmos autores citam pesquisa feita nos Estados Unidos e demonstram que, ali, várias consequências da recessão só se refletiram nas estatísticas algum tempo após a instalação da crise econômica: os aumentos de mortalidade infantil só foram registrados depois de um ou de até dois anos; o aumento da mortalidade por doenças cardiovasculares surgiu num espaço entre dois e três anos depois do crescimento dos índices de desemprego. Mas as constatações referentes aos transtornos mentais foram bem diferentes. Pois, no mesmo estudo, os índices de morbidade e de mortalidade vinculados à psicopatologia manifestaram respostas bem mais imediatas. As taxas de *suicídio e de homicídio* aumentaram já durante o primeiro ano de recessão. Na Inglaterra, especialmente o desemprego por tempo prolongado (mais de seis meses) revelou correlações com o aumento de mortalidade (Brenner; Mooney, 1982). Em investigações posteriores, Brenner desenvolve conclusões similares, ao voltar-se para a análise de dados epidemiológicos da Suécia dos períodos 1950-1980 e para a fase 1952-1983 na Escócia (Brenner, 1987a e 1987b).

Nos países em que a disseminação da pobreza precede o surgimento da crise econômica, a piora das condições gerais de vida se faz acompanhar pelo incremento de todas as patologias mais tradicionalmente vinculadas a essas precariedades, servindo de exemplo aquelas que são mediadas pela desnutrição. Essas observações merecem ser consideradas nos países da América Latina.

McQueen e Siegrist (1982) mostram que, além das influências das mudanças socioeconômicas sobre as patologias relacionadas às condições concretas de subsistência e ao ambiente, também precisam ser melhor estudadas as ações dos fatores sociais na etiologia das doenças crônicas, como no caso do câncer.

Especialmente em relação às doenças cardiovasculares, o processo social e o laboral têm sido objeto de algumas investigações mais minuciosas, tanto em abordagens experimentais como epidemiológicas. Timio (1980), por exemplo, examina o modo pelo qual algumas características, como a tarefa com ganho por produção, as atividades em linha de montagem e as jornadas prolongadas de trabalho elevam os níveis de adrenalina, de noradrenalina e de 11-hidroxicorticoesteroides urinários, além de aumentarem significativamente a frequência cardíaca e a pressão arterial. O autor assinala ainda os riscos implícitos nessas verificações. Em relação às doenças coronarianas, os aspectos laborais estudados por Timio são alguns dos que as empresas adotam ao decidir intensificar o trabalho com o objetivo de aumentar a produtividade — o que se exacerba nos períodos de crise econômica. Os mecanismos psicofisiológicos e psicossociais envolvidos nesses adoecimentos são cientificamente reconhecidos a partir do conhecimento desenvolvido na perspectiva psicossomática e, inclusive, em estudos experimentais.

No exame de *como* a crise econômica atinge vários aspectos da Saúde na América Latina, Laurell e Serrano (1982) também abordam o problema das doenças coronarianas:

> Dados de mortalidade por doença isquêmica do coração mostram um aumento continuado tanto no México quanto no Equador, acompanhando o incremento da produtividade. Haveria que considerar que as fontes do estresse não são encontradas somente nos processos laborais, mas também na tensão gerada por salário decrescente e por uma instabilidade de emprego cada vez maior. (p. 22)

As autoras mencionam um estudo, realizado no Chile por Echeverria (1982), que constatou um aumento notável no número de consultas por operário, devido a causas psicológicas, psicossomáticas, acidentes e doenças relacionadas com esforço e postura, em momento de crise econômica. Echeverria concluiu, baseado em sua análise, que as modificações constatadas no perfil epidemiológico desses problemas de saúde tiveram origem nas transformações dos processos laborais e na ameaça constante de perda de emprego.

Garfield (1980), revendo uma série de investigações referentes às influências da alienação e da tensão laborais sobre as doenças coronarianas, acentua a importância de aspectos que representam maximização de esforço e ação tensiógena (estressante); exigência de horas extras; trabalho por tarefa — sistema que, conforme o autor, acelera a atividade do trabalhador de modo constante, através da pressão monetária. E, ainda, adoção de processos e tecnologias em que o trabalhador *perde cada vez mais o controle sobre sua própria atividade*, que é, simultaneamente, mais intensificada. Esses mesmos aspectos foram os que encontramos em nossa pesquisa realizada durante a crise econômica brasileira do início dos anos 1980, como descrito na Parte IV deste livro.

Laurell e Serrano (1982) mostram como e por que os reflexos da crise só vão se revelando lentamente nas estatísticas da saúde. Em síntese, essas autoras nos possibilitam entender o seguinte:

À medida que se analisam as transformações industriais, vão surgindo os elementos que se traduzem em condições de trabalho concretas: condições de trabalho que não são externas ao trabalhador, e, sim, formas de existência social, biológica e psicológica. A dificuldade metodológica de captar isto sob forma de perfis epidemiológicos reside em dois problemas. Por um lado, não há expressões imediatas na morbimortalidade, já que são processos que demoram anos para concretizar-se como patologias específicas. O estresse e a fadiga não matam necessariamente em curto prazo, mas vão minando o organismo pouco a pouco. Quanto à crise, as classes trabalhadoras a terão em seus corpos por um longo período, independentemente do futuro próximo. Por isto podemos dizer que a história da doença de uma população é social e não natural; que vai se gestando nos processos sociais antes de chegar às suas expressões sensíveis.

2. CRISES ECONÔMICAS: DOS ANOS 1930 À ATUALIDADE

Vale examinar brevemente, de forma diacrônica, estudos exemplares realizados em diferentes países para em seguida estudar experiências brasileiras a fim de aprofundar a análise de alguns aspectos referentes às formas de emergência do desgaste mental nas crises econômicas marcadas pela recessão e pelo desemprego.

O estudo pioneiro mais famoso voltado ao assunto foi uma investigação sobre os impactos sociais e psíquicos do *desemprego de longa duração*[1] *(DLD)*. Essa primeira pesquisa sobre a face psicossocial na trajetória do desemprego prolongado ocorreu por ocasião da Grande Depressão que eclodiu em 1929. O estudo foi realizado por uma psicóloga social e dois sociólogos — respectivamente Marie Jahoda, Paul Lazarsfeld e H. Zeisel —, tendo se tornado clássico e sido publicado em 1933. A pesquisa foi desenvolvida na pequena cidade de Marienthal (Áustria), onde a fábrica, que era a fonte de trabalho para os habitantes, fora fechada durante a Grande Depressão. A pesquisa conjugou levantamento e análise de dados sociais e econômicos da pequena cidade à realização de 62 estudos biográficos baseados em entrevistas. Essa investigação minuciosa revelou o modo como se entrelaçam histórico pessoal de vida e trabalho, condições sociofamiliares e comunitárias. Os autores constataram que o *isolamento social* era uma alteração crucial, que ia se intensificando ao longo do desemprego, articuladamente a alterações do ânimo e das expectativas quanto ao futuro. Identificaram uma forte associação entre transformações da *sociabilidade, alterações subjetivas* e *empobrecimento*. A mesma pesquisa apontou, ainda, diferentes fases na trajetória psíquica e social do desemprego prolongado (Jahoda; Lasarsfeld; Zeisel, 1933/1975) e a adequada integração.

A psicóloga social Marie Jahoda deu continuidade, ao longo das décadas seguintes e de toda a sua vida, aos estudos sobre o tema. Prosseguiu, assim, analisando as alterações da sociabilidade e da saúde mental no contexto das grandes mudanças políticas, econômicas e sociais da segunda metade do século XX (Jahoda, 1982 e 1988).

A pesquisa feita em Marienthal ofereceu conhecimentos que se tornaram subsídios teóricos e metodológicos importantes para outras investigações da mesma época e para algumas mais recentes, voltadas ao es-

---

1. *Desemprego de longa duração* (DLD) representa, segundo Benoît-Guilbot (1992), "o resultado do acúmulo sucessivo, ao longo dos anos, de desempregados que não puderam se inserir ou reinserir no emprego" (p. 12).

tudo do desemprego de longa duração e seus reflexos no psiquismo, na vida familiar e na participação social e política dos trabalhadores.

A apresentação dos aspectos na realidade dos anos 1980 foi examinada no livro *Chômeurs de longue durée*, organizado por Odile Benoit-Guilbot e Duncan Gallie (1992), que reúne estudos realizados em oito países europeus. Os *danos psíquicos* vinculados ao DLD foram reconhecidos a partir de diversos desses estudos, assim como a relação entre estes e os prejuízos ocasionados à vida familiar e à sociabilidade de modo geral. O estudo realizado na Inglaterra iluminou a dinâmica pela qual o isolamento social do desempregado se intensifica ao longo do tempo e como essa intensificação agrava as dificuldades de reinserção no mercado de trabalho. Já uma investigação de âmbito nacional, realizada na Irlanda, evidenciou a situação de desvantagem dos trabalhadores não qualificados e mostrou que 60% dos operários não qualificados do sexo masculino, entre 20 e 64 anos de idade, encontravam-se desempregados ou apresentavam-se impossibilitados de trabalhar por problemas de saúde. Esse mesmo estudo irlandês, desenvolvido em abordagem epidemiológica, verificou correlação positiva entre duração do desemprego e constatação de distúrbios da saúde mental. Mas identificou também que os sintomas de alteração psíquica que haviam se manifestado no decorrer do desemprego desapareceram quando houve reinserção em novo trabalho.

Nas conclusões desse livro, fica evidente *que os distúrbios psicológicos e psicossociais decorrem de maneira importante das perdas financeiras e materiais, porém também se apresentam independentemente destas*. Houve associação entre depressões ou outros distúrbios psíquicos com a insuficiência de recursos materiais, e foi também constatada uma significativa relação entre as fases de acentuação do empobrecimento e o agravamento dos transtornos psíquicos e psicossociais. Vale assinalar que, mesmo tendo sido consideradas as diferenças entre as legislações e os sistemas de proteção social dos países europeus examinados, a *conclusão foi de que o desemprego de longa duração sempre conduz a transtornos psicológicos*, e vários desses estudos aprofundaram a análise dos processos de *degradação das relações familiares* durante o prolongamento do desemprego (Benoît-Guilbot; Gallie, 1992).

Estudos *comparativos* elucidam a evolução do desemprego e de seus impactos humanos, tornando-se, ao mesmo tempo, importante meio de identificar especificidades de cada formação social. Nessa perspectiva, o Observatório da Mudança Social na Europa Ocidental[2] possibilitou a *comparação* de situações nacionais e locais com o objetivo de identificar a variação dos impactos de natureza diversa do desemprego em diferentes estruturas e níveis da sociedade. O estudo comparativo torna-se importante meio de identificar especificidades referentes à dinâmica social e aos impactos humanos do desemprego. Tais especificidades diferenciam-se em cada contexto e por isso requerem ações políticas e medidas de apoio que correspondam a essas peculiaridades. Ao mesmo tempo, os estudos comparativos têm contribuído para o aprofundamento da *compreensão* da complexa problemática constituída pela expansão do desemprego, cujos desdobramentos por tantas esferas sociais extrapolam o mundo do trabalho. Os fenômenos derivados do desemprego de massa, estendendo-se — de modo diferenciado — através de regiões centrais e periferias das cidades, perturbam as comunidades e instituições de todo tipo, inclusive as famílias.

Ao mesmo tempo que o desemprego aciona fluxos migratórios, também os bloqueia — pois se falta trabalho em toda parte, migrar para buscá-lo pode ser inútil e a entrada em outras áreas pode mesmo ser impedida e tornar-se objeto de repressão. Dessa forma, o desemprego desafia o Estado e a sociedade, as políticas públicas e os movimentos sociais.

Os estudos brasileiros sobre psicopatologia no desemprego prolongado foram desenvolvidos posteriormente, nos anos 1990, como será visto adiante.

Didier Demazière chama a atenção para as diferenças entre os contextos, tipos de família e impactos sociais do desemprego estudados nos anos 1930 e os constatados na atualidade. Chama a atenção para a quase ausência, na época, de uma proteção social institucionalizada e para o fato de os contextos em que foram realizados os estudos europeus dos anos 1930 serem em geral de comunidades bem delimitadas (caso de Marienthal) ou de cidades muito menores do que as metrópoles onde se

2. Observatoire du Changement Social en Europe occidentale: instituição que tem a missão de reunir dados e observações para análise dos problemas sociais dos países da Europa Ocidental. Essa entidade publicou o livro que está sendo mencionado: *Chômeurs de longue durée*, título que em português corresponde a "Desempregados por tempo prolongado".

vêm realizando estudos mais recentes. O mesmo autor enfatiza a importância de que as metodologias de pesquisa considerem essas e outras diferenças e aponta também as implicações destas para a definição das atividades de assistência social e reinserção na atualidade, como veremos adiante (Demazière, 1995 e 2003).

3. DIFERENÇAS SOCIAIS QUE MODULAM AS RESSONÂNCIAS SUBJETIVAS

Em seu início, os estudos voltados ao entendimento dos processos envolvidos na psicopatologia do desemprego partiram do pressuposto de que as diferenças de classe social determinam, também, diferenças importantes no significado do desemprego entre aqueles que trabalham basicamente para garantir a subsistência e os que procuram o trabalho como meio para alcançar outros objetivos relacionados a *ocupar um lugar no mundo* — incluindo desde ascensão e prestígio social, enriquecimento, poder, até desenvolvimento e realização pessoal, ou, ainda, desempenho de um papel na sociedade. Atualmente sabemos que, em qualquer dessas situações, tanto para os mais pobres quanto para as demais camadas sociais, o afastamento forçado da vida laboral representa também uma perda relacional e subjetiva. Essa perda, para todos os que vivem do próprio trabalho, é caracterizada por sentimentos de temor e insegurança quanto ao futuro, tão mais fortes quanto menores forem as perspectivas de encontrar em curto prazo um outro emprego e quanto menores forem as garantias de apoio financeiro durante o desemprego. Entretanto, as formas de examinar, diagnosticar e enfrentar os impactos sociais e subjetivos derivados do desemprego ainda estão longe de um consenso. Como veremos a seguir.

3.1 O Enfoque Psicodinâmico: Diferenciação entre o Desemprego do Profissional Qualificado e o do Trabalhador Desqualificado

Na perspectiva voltada para compreensão da dinâmica psíquica, o significado que o trabalho assume para cada indivíduo difere profundamente, conforme o desejo investido e o aprofundamento da relação estabelecida com a ocupação que exerce. Existe uma distinção importante entre o que acontece nas profissões em que o investimento afetivo se faz a longo prazo, acompanhando a história de vida, num processo em que o trabalho vai se constituindo num suporte cada vez mais importante para a identidade, e o que acontece no trabalho não qualificado. Na primeira situação, sempre que a ruptura se fizer contra a vontade do indivíduo, representará uma ameaça à estabilidade psíquica. Tanto faz se a ruptura advém de demissão ou de uma aposentadoria forçada precocemente.

Dejours (1983a) estudou sob enfoque psicodinâmico a questão do "desemprego qualificado", na qual inclui executivos, profissionais de nível universitário e também técnicos diversos. Ele distingue quatro variáveis determinantes quanto ao lugar ocupado pelo trabalho no mundo interno de cada indivíduo e, portanto, quanto aos riscos mentais referentes à interrupção forçada da atividade:

1) a sublimação;

2) a economia psicossomática;

3) a relação entre o trabalho e o passado psíquico;

4) o papel do trabalho em face de conflitos afetivos do presente.

O autor atribui a essas quatro determinantes a forma pela qual os profissionais constroem os compromissos com o próprio trabalho e os significados que este passa a assumir para eles.

As duas primeiras variáveis se reportam a sentidos construtivos com referência à identidade e à saúde, ao passo que a situação é distinta nas outras duas, que assumem uma conotação reativa, isto é, defensiva. Vejamos o porquê dessa importante diferença.

Sublimação é a elaboração psicológica que responde construtivamente — através de atividades socialmente reconhecidas e significativas para o sujeito — às pulsões moral e socialmente interditadas. No que diz respeito à *economia psicossomática*, trata-se aqui da maneira pela qual, na relação cotidiana do indivíduo com as exigências e os conteúdos de suas tarefas, são atendidas necessidades e tendências peculiares ao seu conjunto psico-orgânico. O modo pessoal de exercer as atividades laborais corresponde, portanto, a uma verdadeira regulação da economia psicossomática, cuja singularidade é comparável à dos próprios indivíduos.

Assim, se alguns encontram o bem-estar no exercício maior de atividades que implicam movimento ou outras formas de utilização da musculatura, outros preferem um trabalho mais concentrado e predominantemente mental, ou, ainda, tarefas que exijam habilidade em movimentos finos, dirigidos a trabalhos de grande detalhamento.

Na análise sobre a relação entre a *atividade profissional e o passado psíquico*, Dejours utiliza a teoria psicanalítica para mostrar que muitas vezes o indivíduo assume um tipo de atividade profissional que representa um verdadeiro corte com relação ao seu passado. Nesse caso, o trabalho apresenta, inclusive, a função de levantar uma barreira contra o próprio inconsciente. Quando o exercício da profissão é interrompido, essa defesa rígida é derrubada e "o sujeito se defronta bruscamente com tudo aquilo que sempre quis ocultar de si mesmo" (Dejours, 1983a).

A quarta determinante é bastante conhecida. Trata-se daquela em que o trabalho serve para *escapar de uma vida familiar conflitiva e insatisfatória*. A hiperatividade dos "viciados em trabalho" havia sido bem estudada desde os anos 1970, por Machlowitz, nos Estados Unidos. O papel compensatório que o trabalho assume em tais circunstâncias havia sido analisado por essa autora a partir de estudos empíricos e originou a difusão do termo *workaholics* — que corresponde a *viciados em trabalho* — em conceito desenvolvido por Machlowitz. Quando ocorre o desemprego, o indivíduo acaba por ter dificultada a fuga do conflito doméstico, que frequentemente se intensifica, alimentado pela ansiedade despertada na família pela nova situação (Machlowitz, 1976, 1978 e 1981; Dejours, 1983a).

Dejours considera que a *sublimação* é frágil e não pode ser improvisada, pois ela é tecida ao longo da trajetória profissional, mediante um processo delicado e complexo. Entretanto, quando ocorre o desemprego em pessoas que assumem o trabalho de modo sublimatório, os perigos para o psiquismo seriam menores, dada a maior flexibilidade desse grupo para encontrar — mesmo fora do trabalho — caminhos para o investimento afetivo em outras formas de sublimação. Por outro lado, quando a economia psicossomática deixa de encontrar no trabalho sua forma de estabilização, cresce o risco de desencadeamento de doenças que envolvem mente e corpo.

Nas situações em que o trabalho assume um papel de defesa contra vivências penosas, seja para fugir do próprio passado, seja para evitar contatos com a família, a ruptura do exercício profissional representa um risco maior para a saúde mental (Dejours, 1983a).

Essa análise das vivências subjetivas no desemprego faz com que Dejours complemente de modo valioso os aqui já citados estudos dos anos 1930 sobre impactos psíquicos e psicossociais no desemprego de longa duração (DLD), embora o autor não mencione as fases da trajetória assinaladas por aquelas pesquisas pioneiras. Vale assinalar que os quatro aspectos ressaltados por Dejours se aplicam de modo mais amplo a todos os tipos de *rupturas*, isto é, a todas as situações em que a continuidade da vida laboral é interrompida — por *qualquer tipo* de desemprego (não se concentrando no DLD), considerando também os afastamentos devidos à doença ou acidente, e ainda a interrupção da vida laboral pela aposentadoria. Provavelmente outras análises sejam necessárias no presente dos anos 2000, diante da forma como se apresentam a alta rotatividade nos empregos e a rapidez das intermitências entre emprego e desemprego — numa configuração que sem dúvida se diferencia da estudada por Dejours no início dos anos 1980.

No trabalho *desqualificado*, como já vimos, não existe sublimação. Assim, o golpe do desemprego se reporta essencialmente à perda do meio de subsistência, uma perda tanto mais aguda quanto maiores o nível de pobreza e as responsabilidades perante a família. Em termos gerais, a ansiedade do pai de família que perde o emprego seria mais intensa do que o mal-estar vivenciado pelo jovem solteiro que mora na casa dos pais. Entretanto, as diferenças de cada experiência individual não permitem uma classificação que separe de forma categórica. Na comparação que acabamos de formular, pesam outros fatores, tais como a qualidade do relacionamento que o jovem mantém com seus pais, bem como os projetos de vida que alimenta. Por exemplo, se a expectativa do jovem é a de casar em breve ou morar de forma independente, a perda de emprego constitui duro impedimento para seus projetos. Foi o que observamos em nossa própria pesquisa qualitativa, na qual foram realizados estudos de caso de 42 pessoas que haviam perdido seus empregos havia mais de seis meses e tinham diferentes níveis de qualificação e experiência profissional. Essas pessoas foram entrevistadas em sete cidades brasileiras de diferentes regiões do país (Seligmann-Silva, 1997b).

Dejours, no mesmo texto de 1983, também focaliza o trabalhador desqualificado. Entre outros aspectos, aponta os mitos construídos pela cultura organizacional, que levavam os empregados a sentir-se identificados com a empresa idealizada, e mostra que tais mitos são brutalmente esmagados quando a empresa fecha. Para melhor compreensão do sofrimento psíquico que emerge nessa situação, o autor identifica ainda um sistema coletivo de defesa nos grupos de trabalho repetitivo subordinado a princípios tayloristas, sistema que seria caracterizado por manter aquilo que o autor denomina "ideologia do sofrimento". Por essa ideologia, o coletivo constata a penosidade vivenciada, mas também *valoriza* a capacidade de aguentar firmemente a permanência nesse tipo de trabalho. Ao mesmo tempo, encontra interpretações diversas para a importância do seu desempenho para a firma ou para o país. Ao perder o emprego, os trabalhadores perderiam também o *compartilhamento* desse sistema defensivo, defrontando-se então, sozinhos, com a dureza da situação concreta e com a própria angústia (Dejours, 1983a). "Aguentar" esse novo sofrimento passa a ser uma ação solitária e não mais solidária.

3.2 A Visão dos Psicólogos Sociais e dos Sociólogos do Trabalho

Os estudos sobre desemprego de longa duração foram alvo de estudos especiais por parte de psicólogos sociais e sociólogos, em estudos que detalharemos mais adiante e que em alguns pontos apenas se aproximam da visão psicodinâmica acima detalhada.

A visão de sociólogos do trabalho marcam mais fortemente o distanciamento em relação ao enfoque da subjetividade adotado pelo estudo de Dejours do início dos anos 1980 e que foi acima resumido. As perspectivas assumidas por essas novas elaborações teóricas investigaram em profundidade de que modo a *condição social* dos desempregados se relaciona com a sociabilidade e com as iniciativas de enfrentamento do desemprego.

Robert Castel desenvolve um importante conceito que nos ajuda a compreender a fragilização dos laços de inserção social. O autor, em livro publicado na França em 1991,[3] identifica como *desfiliação* o processo es-

---

3. Trata-se de capítulo que faz parte do livro editado por Jacques Donzelot: *Face a l'exclusion*. Paris: Editions Le Seuil, 1991. Foi traduzido para o português por A. Tijiwa e publicado sob o títu-

pecial que marca a inflexão das trajetórias que conduzem à exclusão social. Esclarece que existem muitas modalidades de desfiliação, havendo um denominador comum em todas elas — a *dissolução de vínculos sociais*. E, mais importante do que categorizar os tipos de desfiliação para criar políticas específicas dirigidas a grupos específicos, seria a compreensão do *processo de desfiliação*. O autor chama também a atenção para as mudanças históricas pelas quais os processos e formas de desfiliação se transformaram, ao longo de séculos sucessivos, assumindo feições especiais no mundo contemporâneo (Castel, 1993 e 1998).

O desemprego de longa duração, no qual os laços de sociabilidade passam por mudanças e rupturas, contribui em nosso tempo, de modo importante, para a exclusão social. Em diferentes países, procura-se no momento estudar as peculiaridades pelas quais se dá esse processo, sempre permeado pelo entrelaçamento de aspectos políticos, socioeconômicos, culturais e psicológicos.

A privação é um aspecto central na desfiliação. Mas, que tipo de privação decorre da perda do emprego?

Podemos entender, a partir da leitura de Castel (1993 e 1998), que, juntamente com as perdas *materiais* associadas à desinserção do mundo do trabalho, uma desinserção mais ampla e complexa precisa ser considerada — aquela que impacta sobre os diferentes âmbitos da *sociabilidade*, seja da sociabilidade que nasce nos locais de trabalho e neles se fortalece e expande por diferentes vias, seja na vida relacional que se constrói dentro da família e em diferentes espaços da vida comunitária. O *empobrecimento relacional* também se expressa em "prostração dos valores sindicais e políticos" que contribui para fragilizar as *redes de apoio*, que, além de serem laços de inserção social, representam importante mediação na constituição da cidadania

Ao recordar o histórico das políticas sociais, o mesmo autor lembra a existência de uma distinção que sempre foi imposta pela moral tradicional aos indigentes — a que separa aqueles que não têm capacidade para trabalhar daqueles considerados *aptos para o trabalho*. Os primeiros sempre tiveram algum tipo de assistência, por mais precária que fosse,

---

lo "Da indigência à exclusão – a desfiliação: precariedade do trabalho e vulnerabilidade relacional", in Lancetti, A. (Org.). *Saúde e loucura – grupos e coletivos*. São Paulo: Hucitec, 1993, p. 21-48.

enquanto os segundos sempre foram encarados com desconfiança, quando não com menosprezo, e colocados em uma posição contraditória: "injunção de trabalhar e, ao mesmo tempo, impossibilidade de trabalhar". É assim que surge a "criminalização do indigente ocioso, a quem se imputa, por possuir um gosto inveterado pela depravação e pelo prazer, a responsabilidade por sua própria condição" (Castel, 1993, p. 26).

Essa criminalização, lembrada pelo autor, sem dúvida está nas origens históricas do preconceito de que são objeto e da vergonha que vivenciam ainda hoje muitos dos que estão desempregados. Especialmente quando estão desempregados há muito tempo — meses ou anos.

As rupturas da sociabilidade contribuem para o isolamento social do desempregado. À medida que ocorre o prolongamento do desemprego, se acentua progressivamente esse isolamento. *A exclusão social* — que em verdade seria mais corretamente entendida como *isolamento social* — seria atingida, portanto, no término de um *processo cumulativo de desfiliação*, que, no caso do DLD, certamente está intimamente penetrado pelos fenômenos de *privação relacional* de que nos fala Castel (1993 e 1998).

Os estudos de Dominique Schnapper lançam nova luz sobre a questão, na medida em que o olhar sociológico ilumina as condicionantes da dinâmica psíquica. Schnapper (1981 e 1994), na França, publicou estudos sobre os desempregados de diferentes faixas etárias e classes sociais. Primeiramente essa socióloga realizou uma pesquisa empírica voltada para estudo social dos desempregados, entre novembro de 1978 e março de 1980 (Schnapper, 1981). A autora menciona, treze anos depois, na introdução a uma reedição atualizada da mesma obra:

> Analisando a prova dolorosa pela qual passam os desempregados, a dissolução de seus laços sociais e cívicos, os riscos de vê-los derivar em direção a todas as outras formas de marginalidade, eu não tinha dúvida de que meu trabalho seria sucedido por outros tantos trabalhos sociológicos que viriam confirmá-lo. Mas eu jamais poderia supor que, quinze anos mais tarde, ele guardaria toda a sua atualidade.[4] (Schnapper, 1994, p. 13)

4. Tradução livre do francês, pela autora, assim como das demais citações realizadas a partir das obras referidas em francês.

A seguir, Schnapper (1994) tece considerações sobre o aumento do número de desempregados e das populações atingidas pelo desemprego, comparando o que observou no período anterior e o que constata no início dos anos 1990. Assinala a convergência entre suas observações e a de outros pesquisadores. Encontra a expansão do desemprego dos jovens e do desemprego de longa duração (DLD), além de constatar que nos anos 1990 um espectro maior de categorias socioprofissionais de inserção "não periférica" está sendo atingido pelo desemprego. Trata-se de pessoas inseridas na classe média e com qualificações significativas. A autora observa que o problema do *isolamento social* continua crucial para quem não teve oportunidade de formação profissional, mas que *também ocorre e produz impactos importante no cotidiano dos trabalhadores qualificados*. De onde podemos inferir que essa constatação de Schnapper aponta para uma dinâmica psicossocial na qual a subjetividade dos trabalhadores *qualificados* também está submetida a pressões potencialmente desestabilizadoras (Schnapper, 1994).

Didier Demazière (1995 e 2003) discute a *política social* de enfrentamento ao desemprego e as classificações dos desempregados que têm sido adotadas, apontando de que modo elas têm viciado a prática social. O sociólogo desenvolve sua crítica após realizar minuciosa revisão dos estudos sociológicos que pesquisaram os desempregados desde a Grande Depressão. Assinala que o estudo de Marienthal e, subsequentemente, as pesquisas efetuadas na Inglaterra, na Polônia e em outros países europeus originaram interpretações e categorias de análise que contaminaram pesquisas realizadas décadas depois, em contextos políticos, econômicos e culturais bastante diversos daqueles das comunidades de desempregados de longa duração analisados nos anos 1930 (Demazière, 2003). Dessa forma, o autor questiona os critérios classificatórios nascidos em diferentes pesquisas voltadas aos desempregados e as categorias criadas por elas, criticando enfaticamente a apropriação de tais classificações pela administração pública para planejar e implementar a ação social voltada aos desempregados na atualidade (Demazière, 2003).

Em síntese, Demazière demonstra que equívocos graves têm estado presentes na implementação da política social direcionada à assistência e à reinserção de desempregados e que esses erros decorrem da utilização de referenciais e categorizações "homogeneizadores", que analisa como inadequados às situações heterogêneas e singulares que são vivenciadas pelos desempregados na realidade contemporânea. Pois essas classificações em geral distinguem categorias de desempregados *reinseríveis* de outras *irrecuperáveis* ou especialmente problemáticas — o que tem repercussão na administração pública, não apenas na definição dos critérios e diretrizes de encaminhamento adotados pelas agências encarregadas do atendimento aos desempregados, mas também nas próprias *atitudes* desenvolvidas pelos agentes — que podem assumir cunho fatalista, e, além disso, se tornar humilhantes (Demazière, 1995 e 2003)

A crítica principal feita por Demazière é de que as categorizações tornadas oficiais e operacionalizadas em políticas públicas têm ignorado a *multiplicidade das situações humanas* que não são apreensíveis pelos critérios adotados para classificar necessidades e formas de encaminhar ações que evitem a "exclusão social", que seria, em verdade, melhor entendida como um *processo de encadeamento de desfiliações sucessivas.*

É possível identificar já no texto de Demazière, publicado em 1995, grande aproximação do pensamento de Robert Castel, que é citado pelo autor. Vale recordar que Castel fez crítica ao uso abusivo do conceito de exclusão e da designação de uma categoria social de "excluídos". Os dois autores concordam que tal classificação de um grupo humano, além de equivocada, *é pejorativa e ofende a dignidade dos trabalhadores*. Todas as pessoas fazem parte da humanidade. Um imenso perigo do rótulo "excluído" é reforçar a ideia de que existem homens e mulheres que possam ser (des)considerados como humanos.

3.3 Processo de Isolamento Social

Duas ordens de fenômenos convergem para a constituição do isolamento social. Esses fenômenos aparecem intimamente entrelaçados. São eles:

Os fenômenos derivados da privação material. Que se aprofunda gradualmente a partir da perda ou redução extremada de rendimentos da unidade familiar.

Os fenômenos de ordem subjetiva e intersubjetiva que atingem simultaneamente a *identidade e a saúde*, apresentando importantes implicações tanto para a identidade pessoal como para a social.[5]

A separação entre essas duas ordens de fenômenos pode ser feita somente para fins expositivos, pois no processo real encontram-se todos intimamente conjugados. Nesse processo, destacam-se *sentimentos* como *vergonha* e *desânimo* — pelo lado da pessoa desempregada. Quando ocorre efetiva *discriminação* — o que não é raro, conforme nossa pesquisa empírica realizada nos anos 1990 —, à tristeza pelas perdas pode somar-se a *vergonha* ou, mais frequentemente, *raiva* e *sentimento de revolta* diante da injustiça. As constatações feitas por Santos em pesquisas de campo realizadas na cidade de Fortaleza (Ceará) também revelam esses aspectos, nos quais a carência material gera ou aumenta a vergonha de estar desempregado e o temor de ser considerado *vagabundo* (Seligmann-Silva, 1997b; Santos, 2000).

Entretanto, pela análise de nossas entrevistas com desempregados, o isolamento se constrói também diretamente a partir da carência material. Por exemplo, quando faltam condições financeiras mínimas para uso de transporte coletivo, utilização de roupa decente, e inclusive para o compartilhamento de experiências sociais do cotidiano social — como tomar um café com alguém ou sair com os próprios filhos para uma visita familiar (Seligmann-Silva, 1997).

Pertencimento e dignidade

Quando a carência material é mantida dentro de certos limites e, por outro lado, não é acompanhada pelo isolamento social, o processo de *exclusão* não se completa, sendo favorecidas as possibilidades de sua reversão do mesmo. Este é o valor da preservação dos pertencimentos — estar desempregado, mas continuar mantendo comunicação significativa e interação, por exemplo, com familiares, amigos e/ou antigos companheiros de trabalho. A preservação do *pertencimento* está muito

---

5. Na conceituação de identidade pessoal e identidade social adotada por Martin-Baró (1990), baseada em George Mead.

associada à possibilidade de preservação da *dignidade*. Ambas, conjuntamente, em condições de perda ou mesmo carência material, se tornam essenciais para evitar uma trajetória de desvinculamentos sucessivos.

Por outro lado, daí decorre também o valor preventivo — também em termos de saúde mental— das manifestações de *solidariedade* que sejam mobilizadas *independentemente* de pertencimentos em comum a quaisquer estrutura ou rede de natureza familiar, étnica, religiosa, profissional ou outro tipo institucionalizado. Isto é, quando as ações solidárias se estruturam em nome de um único pertencimento compartilhado: o pertencimento à humanidade (Xiberras, 1993).

Em nossas pesquisas, o apoio do grupo familiar, ou — nos casos de trabalhadores migrantes — o constituído pelos conterrâneos, assumiu sempre papel essencial como suporte protetor contra o desânimo e a desestabilização psíquica (Seligmann-Silva, 1997b).

De forma similar, existem constatações em vários países de que a formação de movimentos sociais de desempregados tem significado, além de ação política de resistência, uma fonte de revitalização e preservação da saúde mental. Esses movimentos vêm se multiplicando, desde a década de 1990, e cresceram notavelmente após 2008. Esse crescimento tem ocorrido principalmente na Europa, mas na América Latina também existem organizações de desempregados em vários países, inclusive no Brasil (Seligmann-Silva, 1997b; Menendez, 1984; Klein, 2004).

Nos estudos de campo realizados sobre o DLD, o *isolamento social* foi tornado visível como *eixo central* do processo então — e ainda hoje —- denominado pela maioria como *exclusão social*. Sem qualquer dúvida, esse isolamento é alimentado, e constituído, basicamente, pelo processo cumulativo de desfiliação tão bem analisado por Castel. Entretanto, se a desfiliação for compreendida como *perda* de uma filiação anteriormente existente, teríamos que fazer notar que as análises dos processos de DLD revelam também os *impedimentos* que se colocam, tanto para uma reinserção na esfera do trabalho quanto para a *inclusão* dos desempregados em grupos, movimentos ou organizações para eles *novas*. Nossa observação não visa a um questionamento meramente semântico, mas sim chamar a atenção para a gravidade e natureza desses impedimentos, que certamente estão profundamente associados às desfiliações de pertencimentos anteriores, mas que não deixam de representar um outro *desafio não apenas teórico, mas também de ordem política*, pois corresponde à definição política para implementar ações coordenadas voltadas para que esses impedimentos sejam superados em cada formação social. Os estudos voltados a examinar trajetórias dos desempregados e identificar quais são esses impedimentos oferecem fundamentos valiosos para tais ações (DEMAZIÈRE, 1995 e 2003). No Brasil, algumas peculiaridades desses impedimentos precisam ser consideradas — pois decorrem de nossa formação histórica e cultural, além das desigualdades que marcam a estrutura socioeconômica, educacional e de saúde — desigualdades estas que são todas estreitamente inter-relacionadas (SELIGMANN-SILVA, 1997b e 1998; SILVA; HASENBALG, 2000).[6]

Sem dúvida alguma, a dinâmica da desfiliação descrita por Castel está no centro do processo de *precarização* material e relacional que marca a trajetória do que, preferencialmente à designação de exclusão social, hoje denominamos precarização social — conforme será examinado no capítulo seguinte. Pois um ser humano jamais deixa de fazer parte do tecido social, mesmo que deslocado de suas instituições.

Dentre as ressonâncias psicopatológicas do isolamento social durante o desemprego prolongado, além das depressões, o alcoolismo é uma das mais referidas na literatura.

Na América Latina, um estudo realizado no México, por Matrajt (1994), caracterizou o potencial psicopatogênico dos fenômenos subjetivos que tem lugar quando o desempregado, ao se isolar, não reconhece a dinâmica social que o levou ao desemprego. Um dos problemas que o autor enfoca é o alcoolismo. Matrajt chama a atenção para o significado deste, considerando, em perspectiva psicanalítica, o papel da ferida narcísica na dinâmica psíquica do desempregado. Isto é, a dor psíquica da *autoestima ferida pelo desemprego* ocupa lugar central no processo psíquico. Pois, através da bebida, o indivíduo "escapa de um ambiente vivido como frustrante, no qual a frustração é vivida como humilhação" (MATRAJT, 1994, p. 153).

---

6. Silva e Hasenbalg analisaram que a diminuição da desigualdade educacional brasileira ocorrida durante os anos 1980 e 1990 decorria principalmente de melhora das condições de vida e da mobilidade geográfica que aumentou o acesso de muitas famílias à educação em cidades. O progresso do sistema educacional teria atuado apenas em 40% para a diminuição dessa forma de desigualdade (SILVA; HASENBALG, 2000).

4. IMPLICAÇÕES DAS TRANSFORMAÇÕES DO DESEMPREGO PARA A POLÍTICA SOCIAL E PARA AS AÇÕES DE SERVIÇO SOCIAL

As políticas públicas são diretamente pressionadas pelos múltiplos desdobramentos sociais do desemprego de massa (SCHNAPPER, 1982). Uma vertente desses desdobramentos passa pelo campo da saúde e ainda permanece obscurecida pela maioria dos analistas políticos e dos tomadores de decisão. A psicopatologia do desemprego em geral não faz parte dos conteúdos na capacitação dos agentes sociais que atuam nas políticas de emprego — sem esquecer que ainda fazem muita falta na maioria dos currículos das profissões de saúde.

As colocações feitas nos levam a perceber que, para formular políticas públicas destinadas ao enfrentamento do desemprego, torna-se necessário conhecer os processos de *desfiliação* e os que possibilitem *novas filiações*. O que significa compreender *o que* está em jogo para que resulte isolamento ou preservação e fortalecimento de laços de pertencimento. Assim, urge conhecer, nos macrocontextos (nacional ou mesmo continental) e nos contextos particulares interarticulados, *o que* aumenta a *vulnerabilidade* dos seres humanos e *o que* fortalece a *resistência* às rupturas. E, ainda, *como* as *subjetividades e intersubjetividades* se movimentam, ora absorvendo pressões, ora respondendo a estas, *transformando* a correlação de forças dos atores envolvidos e possibilitando *enfrentamentos e superações* do isolamento e do desamparo através de ações coletivas.

A partir dos *macrocontextos*, possivelmente, pesarão nessa dinâmica as *variações da riqueza*, bem como de sua distribuição, e da *cultura política* — em termos de amadurecimento da cidadania ativa, da democracia e da ética política.

Nos microcontextos, repercutem os históricos singulares — do indivíduo em sua família e nos demais grupos dos quais faz parte. Assumem importância os significados e sentimentos que permeiam as relações interpessoais e que são mobilizados pela vivência do desemprego. A qualidade dos vínculos que estabelecem será decisiva: pois, à medida que o desemprego se prolonga, poderão ser mais propícios a tecer solidariedades ou a precipitar conflitos que levem a novas rupturas. Lembrando aqui a força vitalizante assumida pela solidariedade — seja para a resistência política, seja para a resistência contra o adoecimento. Isto é, vitalização significativa tanto para a prevenção quanto para a recuperação da saúde.

Tanto as críticas de Castel quanto as de Demazière apresentam implicações importantes para as políticas sociais e, em especial, para as ações de Serviço Social.

Consideramos que um acréscimo deve ser feito à crítica elaborada por Demazière: além da necessidade de discernimento das características da situação de cada trabalhador desempregado, a avaliação do estado de saúde e do desgaste existente deve ser realizada, colocando foco nos processos psicossociais envolvidos — para que a ação social se torne factível.

Por conseguinte, levando em conta os estudos citados de Castel, de Demazière e de Schnapper, programas direcionados à coletividade em que é densa a população desempregada necessitam de práticas não apenas de ordem coletiva, mas também abordagens/avaliações individuais (singulares). Somente assim será possível realizar diagnósticos de situação e intervenções adequadas, por um lado, nas instâncias coletivas, por outro, junto às pessoas. E para estas últimas o trabalho em equipe multidisciplinar muitas vezes exigirá ações de cunho terapêutico que envolverão psicólogos, médicos ou outros profissionais de saúde.

A forma pela qual os jovens vêm sendo atingidos pelo desemprego tornou-se um dos maiores desafios na atualidade. Na Europa, a questão tem mobilizado os governos, e extensos programas especialmente voltados a essa problemática vêm sendo desenvolvidos. Um projeto de pesquisa que envolveu seis países europeus no final dos anos 1990 teve por objeto o desemprego de longa duração dos jovens e examinou conjuntamente o processo de isolamento social e os aspectos subjetivos. Uma das constatações desse estudo foi que, "além dos obstáculos estruturais à inserção dos jovens no mercado foram encontradas também formas de 'autoexclusão' no sentido de um retraimento vinculado à resignação" (p. 147). Sentimento de vergonha e o desenvolvimento de passividade foram associados a situações nas quais uma dependência institucional havia se cristalizado ao longo de períodos prolongados de um tipo de suporte que o estudo critica. O mesmo estudo também constatou que o trabalho informal na *econômica subterrânea* de alguns países agravava o isolamento e o distanciamento social desses jovens (Kieselbach et al., 2006).

Na política social voltada para a inserção ou reinserção social de desempregados, a questão da sociabilidade tem se revelado um dos pontos cruciais. Pois, além de sentimentos de retraimento de origem psicológica — como os sentimentos de fracasso e desânimo —, inúmeros impedimentos de ordem econômica são muito concretos e contribuem para manter o isolamento social: a falta de dinheiro para transporte; a falta de roupa ou calçado para deslocar-se, participar de cursos de qualificação ou reuniões; que, além de serem originados pela ausência de renda, também estão associados ao sentimento de vergonha pelo estado de carência. Para mulheres, constatamos que, muitas vezes, a falta de alguém que, durante sua ausência da casa, possa cuidar dos filhos pequenos ou de idosos dependentes constitui barreira a que as desempregadas *participem* em movimentos e entidades voltados para o enfrentamento e superação do isolamento em que se encontram, obviamente diminuindo as chances de reintegração social.

5. CONTEXTOS POLÍTICOS FAZENDO A DIFERENÇA NO IMPACTO SUBJETIVO DO DESEMPREGO PROLONGADO — UM ESTUDO COMPARATIVO

Desemprego estudado em dois contextos: Chile, e Espanha

Chile — Observações num contexto de ditadura militar

Lira e Weinstein (1980) ao estudarem, no Chile, ao longo de vários anos de acompanhamento psicológico, pessoas desempregadas, desenvolveram importante revisão do assunto. Usaram como referencial o clássico estudo feito por Marie Jahoda juntamente com Lasarsfeld e Zeisel (1975). As duas psicólogas chilenas reencontraram as mesmas fases descritas na Áustria e puderam identificar etapas similares nas trajetórias dos trabalhadores chilenos. Esse estudo foi feito numa época de regime ditatorial fortemente repressivo. Portanto, num contexto em que as possibilidades de confronto político e de ações solidárias organizadas foram impedidas por forte estrutura repressiva. Somente após suspenso o regime militar foi possível a divulgação do estudo que identifica a relação entre a gravidade dos sintomas e a repressão de um regime político em que o medo imperava e no qual não era possível reação coletiva para enfrentamento do desemprego (Jahoda; Lasarsfeld; Zeisel, 1975; Lira; Weinstein, 1980; Lira, 1994).

Considerando o trabalho uma instância primordial da relação entre o indivíduo e a sociedade, além de um suporte fundamental da própria identidade, de uma forma de expressão de capacidades e de uma fonte de subsistência material, as autoras constatam: "a desarticulação da prática social, decorrente do desemprego, deixa um vazio que gera desequilíbrio no espaço interno das relações privadas, superdimensionando e sobrecarregando este espaço, bem como nas relações concretas e reais de reflexão e participação social e política" (Lira; Weinstein, 1980). A alienação sobreviria como uma das consequências dessa situação e estaria refletida, basicamente, nas seguintes vivências:

1) impotência individual: "o indivíduo sente que não tem mais controle sobre sua própria vida e que não estão mais em suas mãos as decisões sobre seu próprio futuro. O desamparo, a vivência de vulnerabilidade, de estar inerme e a percepção da fragilidade das pessoas caracterizam a experiência de impotência".

2) sensação de carência de sentido da vida: a ausência de perspectivas marca os sentimentos em relação ao cotidiano.

3) ausência de normas: a pessoa não encontra mais pontos de referência a partir dos quais realizar uma programação de atividades. "Surge a sensação de que tudo falha, de que não existem pontos de apoio nem para onde dirigir-se. Predominam os sentimentos de desproteção, desconfiança e frustração".

4) distanciamento cultural: "O indivíduo percebe as diferenças entre sua própria realidade e a descrição de uma realidade bem-sucedida, projetada e sancionada pelos meios de comunicação de massa e outros aparelhos ideológicos do Estado. Passa a ser um pária sem espaço nem identidade. Não há vinculação entre seu ser individual e seu ser social"... Desaparece a sensação de fazer parte, de pertencer a um grupo.

5) autodistanciamento (tornar-se estranho a si mesmo): a pessoa toma, dolorosamente, consciência da diferença entre a imagem ideal que tinha de si mesmo e seu ser real. Sente que falhou na realização de seu potencial humano e que existe uma dissociação entre seu viver cotidiano e o que pensava que era ou poderia ser. Não se reconhece a si mesmo, sente-se

como se fosse outro, alheio, desvalorizado. É quando surgem sentimentos de inferioridade e despersonalização. O caos e o distanciamento exterior com respeito a sua própria identidade se internalizam.

6) isolamento social: "O indivíduo se sente só, abandonado e excluído". Estaria, nesse momento, limitado ao puramente subjetivo, impedido de transportar para qualquer prática externa a expressão de seu ser interior (Lira; Weinstein, 1980).

A partir das observações realizadas nas pessoas desempregadas, as autoras chilenas conseguiram identificar aspectos psicodinâmicos vinculados à alienação e à frustração decorrentes do desemprego, detectando, como consequências principais, quatro respostas psicológicas básicas, cuja dinâmica e reflexo na vida familiar e na atitude em face da sociedade e de si mesmo são analisados. Essas respostas surgiram geralmente dentro da seguinte sequência: a) Agressão; b) Regressão; c) Fixação (comportamento rígido, estereotipado); d) Apatia.

a) *Agressão*: "Freud foi um dos primeiros a assinalar que a cólera que se segue às experiências frustradoras pode ser projetada pelo indivíduo sob formas muito diversas. Pode ser dirigida ao objeto que a produziu, o que no caso do desemprego seria o sistema político-social. Porém, se este direcionamento da agressão é impossibilitado, em parte pela natureza do objeto (difuso, onipotente) ou pelas respostas que possam ser esperadas (represálias, outras agressões etc.), é produzido um deslocamento. Assim, a agressão se dirige a outro objeto ou ao próprio indivíduo". Dentro do sistema político autoritário-punitivo, em que os canais de protesto e encaminhamento de reivindicações se encontram rompidos, as autoras constataram a frequência do deslocamento da agressividade. A dor e a frustração ocasionadas pelo desemprego e pela impotência para a luta eficaz conduziram, de forma infeliz, a ataques dirigidos contra a própria família, ou, com frequência, à autoagressão. Houve, ainda, atos delinquentes dirigidos ao meio circundante. A agressão contra a família e a repercussão da frustração/agressão no relacionamento conjugal são muito bem explicitadas pelas autoras: "A agressão, deslocada para outros objetos, tende a localizar-se na família. Esta se converte na depositária mais segura e próxima da falta de perspectivas e de alternativas. O desemprego prolongado vai gerando uma série de condições que alteram o modo de vida do grupo familiar. Surge a instabilidade emocional, ocorrem acusações recíprocas entre os cônjuges, um exige do outro mais do que pode ser dado. As carências vão se tornando cumulativas, uma vez que para comer torna-se necessário vender e empenhar objetos, o que vai reduzindo o mundo das coisas que compõem um lar. O que resta vai sendo marcado pela pobreza — a roupa de pobre, a casa de pobre, a comida de pobre —, o que vai estruturando uma identidade de pobre, de pessoas desvalorizadas.

A reação frente aos conflitos com a mulher ou os filhos pode desencadear-se em respostas desproporcionalmente violentas. As mulheres vão se tornando amargas, duras, irritadiças, por este pão que falta... por esta frustração permanente. Transtornam-se as passagens pelas etapas de amadurecimento das crianças e dos adolescentes. As inter-relações do grupo familiar começam a caracterizar-se pela instabilidade, pela deterioração e pela raiva".

As autoras demonstram ainda a gravidade assumida pelos conflitos de casal.

"A autoagressão é outra resposta patológica ante a impossibilidade de dar curso à agressão. Expressa-se com autorreprovação, recriminação, tristeza, depressão, perda de interesse pela realidade e retraimento". O alcoolismo surgiu como uma das manifestações frequentes dessa introjeção agressiva, nas pessoas estudadas pelas autoras.

b) *Regressão*. As autoras assinalam: "A impossibilidade de satisfazer minimamente as necessidades da realidade conduz a condutas mais primitivas e infantis dentro do intento de resolver situações de frustração. A falta de controle emocional, as demandas exageradas e irracionais e as condutas submissas e dependentes são exemplo de regressões. O desemprego coloca em evidência as limitações da vida humana dentro de um marco de pobreza crítica que atinge a dignidade. É quando fugir da vida adulta se converte em uma saída".

c) *Fixação*. "A fixação constitui uma forma rígida e estereotipada de responder diante da frustração, apesar do evidente fracasso da conduta. Manifesta-se através da incapacidade para mudar ou para aceitar mudanças, da repetição desorganizada de condutas inúteis e da fixação em certas ideias ou temas. O desemprego altera o sentido e o significado do tempo. Não existe mais a diferença entre os dias de trabalho e os dias festivos. Não há diferença entre as horas do dia. O tempo não está mais delimitado por trabalho e descanso. O tempo inteiro aparece como um vazio forçado. Nesta situação, passa a ser difícil discriminar situações e condutas. E o comportamento se torna rígido e repetitivo como os dias. O passado se reduz a algumas recordações principais que o idealizam, o presente às mesmas desgraças e sensaborias de sempre, o futuro não existe." Esta é uma preparação para a fase seguinte.

d) *Apatia*. "A resignação ou apatia costuma ser uma resposta defensiva frente a processos de frustração prolongada. O fracasso repetido das condutas dirigidas a superar a experiência frustrante é seguido por uma inibição. O indivíduo já não tenta nada, pressupõe de antemão o fracasso e começa a aceitar com certo fatalismo o que até então era inaceitável. Estreita o horizonte de interesse e a capacidade de idealizar alternativas, produzindo-se uma redução do âmbito global das atividades."

As autoras prosseguem, demonstrando como a experiência de desemprego prolongado pode originar, ao mesmo tempo, reações patológicas e transformações na identidade social. A ruptura do projeto de vida assume papel marcante nesses processos. O alheamento, em que o indivíduo se sente separado de tudo o que era antes, pode emergir.

Seria nesse ponto que ocorreria, às vezes, uma ruptura do tipo psicótico, resultante de todo um processo — desenvolvido ao longo do desemprego prolongado — de deterioração dos principais parâmetros da identidade. O processo de destruição gradual da identidade também é estudado pelas autoras citadas, que ressaltam alguns de seus aspectos: a forma pela qual o projeto de vida individual e o ideal de si mesmo são duramente confrontados com as práticas, papéis e valorizações sociais experimentados pelo indivíduo; a resultante queda da autoestima; a quebra da identidade ocupacional, em verdade, indissociável da identidade global; e o surgimento de uma *identidade negativa*, produto da dissolução patológica dos "vínculos de integração da identidade". Essa *identidade negativa* seria representada pela situação em que as pessoas estariam definidas pela carência e pela ausência de atividade e de recursos indispensáveis para viver. Quer dizer, por uma *dupla carência*. O desemprego faz saber ao indivíduo, sem palavras, silenciosamente, o vazio e a falta de alternativas, o que significa ter perdido a base sobre a qual sustentava sua identidade e continuidade como ser humano. O "ser-assim-como-era" é suplantado pelo "ser-assim-como-sou", destruído, identificado agora com os aspectos rechaçados pela sociedade, pelo grupo familiar e por si mesmo. As autoras ressaltam, ainda, aspectos como a improdutividade, a inutilidade, a marginalidade em relação ao mundo do trabalho. Pois, uma vez que, correntemente, é o trabalho que define o homem adulto como membro da sociedade, o fato de estar prolongadamente afastado de qualquer emprego determinaria a sensação de ser um excluído, um pária. Quanto mais intenso o estado de pobreza, atingido ao longo do desemprego, tanto mais patogênica se torna a situação.

O processo psicopatológico percebido por Lira e Weinstein (1980) corresponde aos quatro momentos fundamentais caracterizados por Jahoda, Lazarsfeld e Zeisel no estudo clássico realizado em Marienthal. Identificaram, assim, quatro fases na sequência das alterações que atingiram a identidade, os processos psíquicos e a sociabilidade dos desempregados: *crise e transição*, que se configurariam como um processo psicopatológico primário, vinculado à situação desencadeante de perda do emprego; a seguir, ocorreriam as fases de *adaptação* (patológica) e de *ajustamento* (mórbido), que corresponderiam, ambas, a um processo psicopatológico secundário estreitamente relacionado às formas de reestruturação que dão lugar a um novo estado de aparente equilíbrio, porém que em verdade é patológico.

Vejamos uma síntese dessas quatro fases reencontradas no Chile durante o regime autoritário:

Na *crise*, o indivíduo sofre o impacto da perda do emprego, procura reagir, buscando alternativas, mas passa logo a sentir-se inseguro, apresentando intensa irritabilidade, insônia, oscilações de humor e angústia. Muitas vezes, interpreta como *persecutórios e ameaçadores* os eventos do cotidiano, bem como os imprevistos. Na fase de *transição*, ressaltam os sentimentos de desânimo, culpa e tristeza. Principia a fase de *isolamento*, persistem a insônia e a depressão e se evidencia a forte sensação de impotência. Na fase de *adaptação*, o isolamento se acentua e "a pessoa culpa definitivamente a si própria pela injustiça que a circunda, a consciência da sociedade começa a obscurecer-se". É quando a mendicância, o alcoolismo e a utilização de drogas, muitas vezes, passam a ser adotadas como estratégias de evasão. Outras vezes, é nessa fase que a hipocondria e as doenças psicossomáticas constituem as vias dessa adaptação patológica. É quando, no caso de muitos homens, o indivíduo passa a encontrar, no *papel de doente*, um sucedâneo precário do papel de provedor. Na quarta fase — *ajustamento* — ocorre o embotamento afetivo, culminância de um processo de acentuação do desalento, deterioração da autoimagem e estruturação de um profundo fatalismo. A palavra "aguentar" foi a mais expressiva, em relação a essa fase, nos depoimentos recolhidos pelas autoras.

Nas conclusões desse impressionante relato das psicólogas chilenas, ressalta bem uma diferença marcante entre o desemprego nos países pobres e o desemprego nos países ricos, onde também ocorre o problema: a *pobreza* passa a constituir um agravante de enorme força para a eclosão das manifestações mórbidas em geral, inclusive para a intensificação e extensão do sofrer psíquico. Nos países europeus e nos Estados Unidos, foram instauradas e institucionalizadas formas de amenizar a pobreza e de garantir pelo menos a subsistência dos desempregados, como o seguro-desemprego, que ainda não foi implantado em vários países do chamado Terceiro Mundo. Mas o peso decisivo do contexto político repressivo, do medo que sufocava muitos dos desempregados — que haviam também sofrido perseguição política — foi reconhecido, em análise posterior ao final da ditadura chilena, em uma nova análise feita por Elizabeth Lira (1994).

Espanha — desemprego num contexto de redemocratização

Outra importante contribuição ao estudo da psicopatologia de desemprego é o relato de Fabrício Potestad Menéndez (1984), a propósito de suas observações sobre desempregados da Espanha. Menéndez enfatiza, na gênese da psicopatologia, a importância da queda da autoestima e das autoacusações que se fazem aqueles que perderam o emprego: "progressivamente o desempregado personaliza o problema, não pode escapar ao espírito competitivo próprio do nosso sistema social e termina convencendo-se de que, mais do que ser vítima de uma situação política geral, sua situação é produto de um fracasso pessoal. 'Eu não soube competir', 'Eu não soube procurar trabalho', 'Sou um inútil', 'O que dirá minha família?'" (p. 47). A sensação de *inutilidade* é fonte de sentimentos de culpa e autodesvalorização, e será o caldo de cultura propício para iniciar o adoecimento. O autor assinala também a inespecificidade dos primeiros sintomas (depressões, angústia, somatizações em manifestações conversivas e "inclusive estados psicóticos"), considerando que todos esses quadros surgem no desempregado, "relacionados com as possíveis patologias das quais, em estado de latência, cada um é portador"(p. 48). E relata que, entre as decorrências mais frequentes, estão o alcoolismo e os quadros de somatização — muitas vezes com colorido hipocondríaco, ocorrendo também suicídios. As etapas verificadas por Menéndez são bastante semelhantes às descritas por Lira e Weinstein (1983), correspondendo, similarmente, ao clássico estudo realizado em Marienthal durante a Grande Depressão. A correspondência entre esses estudos reportados ao DLD é evidente, embora Menéndez não tenha detalhado todas as fases estudadas. O autor assinala, igualmente, a importância, para o processo, das ideias de fracasso, das autoacusações, do desânimo que evolui gradualmente até atingir o momento em que ocorre a desistência de procurar novo emprego e em que o isolamento social atinge seu máximo, acompanhado pelo fatalismo. Ele destaca também a influência negativa do empobrecimento — embora este não atinja os extremos constatados no Chile, por causa da existência de auxílio-desemprego na Espanha. As repercussões sobre a deterioração dos laços familiares e, particularmente, sobre o relacionamento conjugal são também constatadas por Menéndez, que observa: "ocorre um transtorno dos papéis dentro da família. Enquanto o marido está parado, é a mulher quem encontra maiores possibilidades de buscar trabalho, em serviços domésticos, faxinas etc. A sensação de ser mantido pela mulher aumenta os sentimentos de inutilidade, culpa e depressão" (p. 50). Acreditamos que em todas as culturas onde, pela tradição, o homem é o suporte econômico da família, numa conotação profundamente vinculada ao *status* de chefe e de patriarca, torna-se em geral profundamente deprimente e humilhante a inversão de papéis.

Menéndez nota ainda uma importante diferença entre os desempregados rurais e urbanos: "No meio rural, a integração, as comunicações entre os membros de um mesmo povoado são muito maiores do que as do meio urbano. As pessoas se encontram quase diariamente, no povoado, reúnem-se na praça, no café etc. Produz-se uma identificação, solidariedade e mobilização na busca de soluções coletivas. É curioso que a falta de trabalho no meio rural não chega a determinar patologias de modo específico" (p. 47). O autor atribui essa diferença principalmente aos aspectos de isolamento (intenso no trabalhador urbano) e de ações solidárias (que seriam também menos frequentes nas cidades). Ele relata que na Espanha houvera a tentativa de criação de um *sindicato dos desempregados*, que não teve permitida a legalização. No meio rural existiriam maiores contatos, também, entre trabalhadores em atividade e desempregados do que nas cidades, onde ressalta o fato de que os desempregados estão absurdamente excluídos das lutas sindicais, por não terem direito a voto e não participarem nas assembleias de trabalhadores.

Algumas verificações interessantes de Menéndez (1984) dizem respeito ao desemprego feminino. Ele assinala que o trabalho da mulher, ao permitir uma independência econômica, tornou-se um dos importantes instrumentos de libertação. O desemprego, para muitas, significaria uma regressão à dependência da família de origem ou do marido, perspectiva que determina, na observação do autor, desorientação e depressão.

Além das diferenças econômicas entre Chile e Espanha, é preciso considerar os *contextos políticos diferentes* em que foram realizados os dois estudos: o Chile da segunda metade dos anos 1970, vivendo sob regime ditatorial extremamente repressivo, sem possibilidades de lutas reivindicatórias dos assalariados nem dos desempregados, contrasta com uma Espanha em intensa escalada democrática no início dos anos 1980. Assim, a maior gravidade dos processos psicopatológicos analisados por Lira e Weinstein certamente encontra também uma outra justificativa no sombrio contexto ditatorial.

6. DESEMPREGO NA AMÉRICA LATINA E NO BRASIL

As complexas dinâmicas psicoculturais que acompanham a recessão merecem estudos especiais no contexto mais amplo da América Latina, para se alcançar uma compreensão mais clara de como outros fenômenos sociais fortemente preocupantes — como a violência e também o consumo de bebidas alcoólicas e de drogas — se inter-relacionam com o desemprego e com as recessões prolongadas, em mecanismos que passam, inexoravelmente, pelo empobrecimento, pela corrosão da identidade social e pelo dilaceramento de esperanças individuais e coletivas.

Martín-Baró (1983), analisando a importância do trabalho na construção da identidade e como núcleo ao redor do qual o indivíduo desenvolve significado para a própria vida, observa que a realidade latino-americana obriga a encarar aspectos muito dramáticos:

> Precisamente porque o trabalho joga um papel tão crucial na definição da existência pessoal, naquilo que uma pessoa pode chegar a ser mediante o que faz, resulta tão grave a falta generalizada de trabalho que se apresenta como situação habitual para uma maioria de latino-americanos. Em El Salvador, as taxas reais de desemprego da população economicamente ativa chegaram em anos recentes a níveis superiores a 50%, e esta trágica realidade chega apenas a ser esmaecida pelo emprego temporário e pelas formas marginais de subemprego. Assim, o primeiro problema que se apresenta a um setor muito grande da população salvadorenha é o de encontrar trabalho, e, apenas em segundo lugar, o de se desenvolver pessoalmente no trabalho que lhe seja acessível (...). A busca continuada de emprego é a principal ocupação do salvadorenho médio e certamente sua mais profunda preocupação. Somente a seguir, para aquele que possui trabalho assegurado, é que se coloca o problema do "sentido laboral!" (Martín-Baró, 1983, p. 186)

No Brasil dos anos 1990, os estudos sobre repercussões subjetivas e aspectos psicossociais do DLD foram objeto de pesquisas qualitativas (Santos, 2000; Seligmann-Silva, 1997b).

Atualmente, não dispomos ainda de pesquisas brasileiras sobre DLD realizadas após o desencadeamento da crise internacional que eclodiu em 2008 como crise financeira e logo se transformou em crise econômica, trazendo recessão e desemprego a numerosos países. Conforme veremos no capítulo seguinte, na atualidade, o problema que assume maior visibilidade no Brasil é o da *precarização* das relações sociais de trabalho — com fragilização do vínculo empregatício — acarretando *intermitência* cada vez maior entre emprego e desemprego. Um importante indicador dessa atual configuração do problema em nosso contexto é fornecido pelos registros que demonstram elevados índices de rotatividade cuja tendência é continuar crescendo. Conforme um informe baseado em estudo encomendado pelo Ministério do Trabalho ao Dieese: "o entra e sai de trabalhadores no mercado no período de um ano passou de 29,6% para 33,9% entre 2003 e 2008". O mesmo estudo demonstrou que o tempo médio de permanência do empregado no emprego foi, no período estudado, de 5,1 anos, enquanto na Europa, mesmo com a crise, era de 8,1 anos. O mesmo estudo mostrou que os principais setores afetados pela alta rotatividade no emprego, conforme análise de dados do RAIS, eram, até 2008, a construção civil, a agricultura, o comércio e ainda o subsetor de serviços de comércio e administração de imóveis (Informe Abimaq, 2010).

Estudos de sociólogos do trabalho que analisaram as trajetórias de trabalhadores demitidos anteriormente ao desencadeamento da crise já demonstram as dificuldades de reinserção no mercado formal para trabalhadores demitidos (Cardoso, 2000; Guimarães, 2009).

Cardoso (2000) evidenciou assim a existência de uma forte tendência à ascensão de intermitências que podem ser cada vez mais rápidas à medida que, para cada trabalhador, decorre mais tempo após a perda de um emprego formal. Na sucessão dos empregos pós-demissão de um emprego formal, o trabalhador encontra novas oportunidades de trabalho, mas dentro de uma escalada de precarização na qual a permanência em cada nova colocação tende a ser cada vez menor, de modo que raramente obtém seguro-desemprego — o que o obriga a aceitar em curto prazo qualquer outra atividade de trabalho, mesmo que não corresponda à sua capacitação, experiência e expectativa salarial. Pois, do contrário, deixaria ameaçada a subsistência da família (Cardoso, 2000). Não é difícil inferir a probabilidade de repercussões negativas para a subjetividade e as mesmas foram apontadas pelos estudos de Guimarães (2009).

7. RISCO DE SUICÍDIO NAS SITUAÇÕES DE DESEMPREGO

Nas situações de crise, Fried (1966) identifica dois componentes potencialmente perigosos para a Saúde Mental: as perdas e as ameaças vivenciadas.

Ao estudar os efeitos das mudanças sociais sobre a Saúde Mental, Fried faz uma revisão de diversas pesquisas que examinaram a ação de fases de depressão econômica sobre os índices de hospitalização psiquiátrica, de suicídios e sobre as características da psicopatologia verificada entre os que buscavam tratamento psiquiátrico. Embora aponte alguns aspectos contraditórios entre diferentes pesquisas, Fried faz algumas constatações importantes. Por exemplo: durante as crises econômicas, ocorrem consideráveis elevações dos índices de suicídio e das taxas de distúrbios mentais, bem como um aumento de problemas psicossomáticos e de outras perturbações funcionais. De modo geral, as pesquisas revistas por Fried — que correspondem à recessão dos anos 1930, abrangendo também parte da década de 1920 — mostraram que as internações por psicose não apresentaram um crescimento especial, ao contrário do que acontecia com as hospitalizações psiquiátricas correspondentes a outras rotulações diagnósticas. O autor assinala que a maior ocorrência de hospitalizações psiquiátricas pôde ser verificada como sequência bastante imediata ao aumento de desemprego e ao declínio da estabilidade econômica. Ele chama a atenção, ainda, para o fato de que a rapidez e a subitaneidade das mudanças sociais, sem uma transição suficiente para preparar as pessoas, social e psicologicamente, a novos tipos de cotidiano, são particularmente perigosas para a saúde mental.

A literatura internacional inclui diferentes estudos voltados para a análise da correlação entre desemprego e risco de suicídio. São estudos epidemiológicos que permitem identificar algumas diferenças importantes com respeito ao risco de suicídio em desempregados, de acordo principalmente com classe social, sexo, idade e duração do desemprego. Anne Philippe (1990) faz uma revisão de estudos europeus, cujos resultados comparou com os que encontrou em suas próprias pesquisas realizadas na França. A análise da mortalidade segundo a categoria social, efetuada por Desplanques (1984, apud Philippe, 1990.) e incluída entre os estudos revistos por Philippe, mostrou que a sobremortalidade dos desempregados se estabelece em redor de 50% e se apresenta frequentemente sob a forma de suicídio nas classes populares, onde mais se concentra.

Em Edimburgo, na Grã-Bretanha, um estudo longitudinal realizado durante vinte anos mostrou uma correlação positiva entre a incidência das tentativas de suicídio e a magnitude do desemprego. A pesquisa apontou, no entanto, para uma interessante constatação: nas fases de maior intensificação do desemprego, há uma diminuição do risco relativo de tentativas de suicídio, isto é, diminui a proporção de tentativas em relação ao número total de desempregados, muito embora elas cresçam, em números absolutos, paralelamente ao aumento do desemprego. Philippe interpreta o fato como decorrência da banalização do desemprego (Philippe, 1990).

Em todas as investigações voltadas para o tema, foi verificada a *correlação entre desemprego e risco de suicídio.* Philippe adverte, no entanto, para a necessidade de lembrar que essa correlação não implica necessariamente uma relação de causalidade, especialmente porque deve ser considerado que os distúrbios mentais tanto conduzem ao suicídio como podem levar à situação de desemprego. Assim, nas pesquisas que realizou, primeiro em duas cidades francesas em 1980 e, depois, numa outra área da França, no período de 1986-1988, a autora distinguiu os casos de suicídio e tentativa de suicídio de pessoas com e sem antecedentes psiquiátricos. Philippe chegou à conclusão de que a situação de desemprego configura realmente um fator de risco e verifica a maior frequência de distúrbios mentais entre desempregados. Ela assinala, por outro lado, que a instalação desses quadros psicopatológicos muitas vezes foi posterior à perda do emprego e se vincula, em especial, a processos que se desenvolvem nas situações de desemprego prolongado. A autora distinguiu também os riscos dos diferentes sexos e faixas etárias, ao mesmo tempo que confirmou estatisticamente estudos de outros autores sobre a importância da variável "estatuto profissional".

Estatuto profissional diz respeito ao grau de valorização atribuída pelo indivíduo à ocupação desempenhada. De modo geral, para as mulheres, o peso desse estatuto profissional seria menor, pois muitas possuem um "estatuto alternativo" bastante valorizado no papel de mãe de família. Mas entre as mulheres mais jovens que não têm esse papel, o risco de suicídio vinculado ao desemprego foi igual ao masculino, conforme o estudo de Philippe realizado no período de 1986-1988.

Comparando as tentativas de suicídio entre desempregados e em meio à população geral, a autora verificou, em 1980, que as taxas constatadas de fato evidenciaram o risco: foram quatro vezes maiores, para os desempregados do sexo masculino, e duas vezes, para as mulheres, do que, respectivamente, para os mesmos grupos de gênero na população geral. Na pesquisa de 1986-1988, os resultados foram similares, havendo apenas uma pequena diferença no risco relativo referido aos homens desempregados. Várias diferenças foram verificadas entre as características sociais dos desempregados que tentaram suicídio, em comparação a pessoas em atividade: nos desempregados, a faixa etária correspondia mais aos jovens e a pessoas solteiras, divorciadas ou separadas (Philippe, 1990).

As conclusões do estudo realizado por Philippe atualizam as observações de Fried, referidas a um período de cerca de cinquenta anos antes, levando-nos a pensar que, não obstante todas as transformações sociais, econômicas e políticas de meio século, o significado do desemprego continua carregando em seu bojo conotações a tal ponto desalentadoras, que o risco de desatar sentimentos e ações de desespero — dentre as quais ressalta o suicídio — permanece perigosamente elevado.

Não obstante, durante os vinte anos que se seguiram à publicação de Anne Philippe, a escalada das transformações conjuntas que atingiram a vida em sociedade e o mundo do trabalho imprimiu novas características à questão do suicídio que, na atualidade, passou a estar profundamente associado à precarização social e do trabalho. Assim, o suicídio persiste como problema desafiante nas situações de desemprego, mas também se tornou fonte de preocupação nos próprios ambientes de trabalho, onde passou a ser uma das expressões da violência e também do desalento reinantes em numerosas organizações. Retomaremos o tema ao tratar, mais adiante, da psicopatologia relacionada à precarização do trabalho na presente fase.

No Brasil, durante a recessão do início dos anos 1980, houve um estudo qualitativo, feito em serviços de pronto-socorro de SãoPaulo, onde pessoas que haviam tentado suicídio foram entrevistadas, verificando-se que ao longo dos anos de recessão aumentou o porcentual daqueles que apresentavam o desemprego como principal causa da tentativa (Angerami, 1986).

8. OS DOIS LADOS DA RECESSÃO – UM ESTUDO BRASILEIRO (ANOS 1980)

8.1 A Tensão dos que Ainda Têm Emprego

Constatações no Brasil dos anos 1980

Na pesquisa que realizamos no início dos anos 1980, na qual estudamos trabalhadores industriais de Cubatão e São Paulo,[7] foi possível en-

7. Projeto Repercussões do Trabalho sobre a Saúde Mental de Trabalhadores Industriais desenvolvido com apoio do CNPq, de cujos relatórios também extraímos aspectos examinados na Parte IV deste livro (Seligmann-Silva, 1981-1983).

focar duas vertentes da situação recessiva: primeira, aquela em que se situaram os assalariados que buscavam manter seus empregos, e segunda, a referente aos desempregados.

Para compreender e expor as origens do desgaste e sofrimento psíquico daqueles que continuavam em seus empregos, ou que obtiveram novo trabalho após terem sido dispensados, consideramos duas ordens de aspectos, profundamente inter-relacionadas:

1. *a busca de maximização de produtividade* pelas empresas e as formas adotadas. As empresas procuraram comprimir suas despesas com recursos humanos e materiais, tentando extrair o máximo de produção dos recursos disponíveis, dentro do menor tempo possível. A instrumentação psicológica — manipulando sentimentos dos empregados, por exemplo — era uma das táticas utilizadas.

2. *a deterioração das condições gerais de vida*, originada ao mesmo tempo pelo arrocho salarial e pela inflação.

As *repercussões individuais e coletivas* da conjunção dos impactos assim originados obedeciam a uma dinâmica cuja natureza era, simultaneamente, política, psicossocial e biopsicológica:

— *política*, porque dizia respeito à correlação de forças capital/trabalho, geralmente desfavorável aos empregados na situação de recessão;

— *psicossocial*, porque envolvia a relação entre fenômenos psicológicos singulares, individuais e dinâmicas que são de âmbito coletivo.

— *biopsicológica*, porque, além da indissociabilidade entre a dimensão orgânica e a psíquica, a repercussão humana decorria também da multiplicidade de fenômenos em que as estruturas orgânicas são diretamente atingidas pelas carências — em especial pelas nutricionais — e pela exposição — agravada por vários fatores na recessão — às más condições do ambiente físico/químico e biológico de trabalho (riscos tóxicos e outros).

A pesquisa permitiu identificar a forma pela qual a crise econômica — mais especialmente a recessão propriamente dita — atingia em cheio a saúde psicossocial daqueles que ainda mantinham seus empregos em meio à onda de demissões. A *manipulação do medo* — no caso, medo do desemprego — foi um aspecto nuclear identificado na análise das entrevistas, tanto no caso dos trabalhadores de diferentes empresas de Cubatão quanto no dos que trabalhavam na siderúrgica F. A., da cidade de São Paulo.

Nas situações relatadas, foram caracterizados alguns aspectos relacionados à busca da maximização de produtividade. Constavam, principalmente, de modificações nas condições materiais e organizacionais do trabalho, incluindo, também, transformações profundas no próprio processo de produção. Ocorreram, assim, na época, mais notadamente:

a) dispensas maciças, em muitas empresas, resultando em aumento da sobrecarga laboral para os trabalhadores remanescentes;

b) prolongamento da jornada de trabalho;

c) intensificação do ritmo de produção;

d) acúmulo de funções ou do volume de atividades designadas para um mesmo trabalhador;

e) desvio de função, muitas vezes sem o necessário treinamento, que resultou tanto em falhas de produção quanto em maior risco de acidente;

f) restrição ao número e duração das pausas. Em certos casos, até com supressão completa destas;

g) compressão de despesas, pelas firmas, em relação a:

— manutenção,

— limpeza,

— equipamentos e medidas destinadas à proteção física dos trabalhadores,

— ferramentas e outros implementos,

— refeições, leite e alimentação em geral.

Nessas circunstâncias, aumentaram os riscos e também o esforço dispendido pelo trabalhador. Escutamos vários relatos de trabalhadores que passaram a ser responsáveis pela limpeza e manutenção das máquinas e equipamentos que manuseavam, sem a devida preparação para tal. Muitos referiram que só quando os consertos, que eles mesmos realizavam precariamente, se mostravam de todo ineficazes ou reduziam em muito a produção, é que tinham a permissão de chamar pelos mecânicos de manutenção. Portanto, este é um aspecto intimamente ligado ao do desvio de função e ao acúmulo de atribuições.

h) adoção de tecnologias que resultaram em perda de qualificação, diminuição de controle do trabalhador sobre sua própria atividade e, muitas vezes, aumento do risco de acidentes. Essas consequências se mantiveram, mesmo passada a fase recessiva em que foi feito o estudo, conforme relatos obtidos posteriormente.

i) intensificação das formas de dominação, seja através de métodos coercitivos e autoritários ou de caminhos mais sutis e sofisticados. Esse aumento de dominação, tendo por finalidade a garantia da disciplina e da submissão ao sobretrabalho, passou a ser objeto de especial interesse por parte da direção das empresas.

Interessava-nos compreender como o trabalhador vivencia alguns desses aspectos relacionados à busca da maximização da produtividade. Verificamos interações que envolveram mais notadamente os seguintes aspectos:

1. aumento do ritmo de trabalho;
2. prolongamento de jornada;
3. percepção de maiores riscos;
4. maiores conflitos subjacentes nas relações interpessoais dos trabalhadores (com suas chefias imediatas, especialmente);
5. utilização, pelas empresas, da produção contínua, através do regime de trabalho em turnos alternados.

Essas circunstâncias costumam interagir de forma a elevar, simultaneamente, os níveis de cansaço e de tensão, a partir dos quais se desenvolvem desgaste físico e mental, através de diferentes mecanismos:

a) *tensão aumentada nas relações com chefias*: devido ao aguçamento das exigências e aos próprios métodos utilizados para pressionar o trabalhador, surgiram fortes aumentos de tensão nas relações interpessoais e, mesmo, conflitos abertos, especialmente quando a dignidade e a autoestima do trabalhador foram atingidas. Por exemplo, as restrições ao uso dos banheiros, desrespeitando necessidades fisiológicas essenciais.

b) os aumentos de ritmo naturalmente redundaram em maior esforço físico (maior velocidade de ações dentro das unidades de tempo) e maior concentração de atenção e esforço para a agilização das demais funções mentais envolvidas com a tarefa, do que resultou mais cansaço que nas situações habituais. A tensão nasceu simultaneamente desse cansaço, da preocupação em atender às exigências de maior produção e de um outro aspecto: *a percepção de que, trabalhando mais depressa, seria mais difícil evitar acidentes.* Ritmo acelerado e cansaço crescente, ao longo da jornada, tornaram mais difícil a autoproteção, ao mesmo tempo que intensificaram a tensão, que aqui se manifestou geralmente como *ansiedade de colorido persecutório*. Pois a integridade física e, às vezes, a própria vida pareciam cada vez mais ameaçadas, à medida que o controle dos riscos ia se fazendo menos viável.

c) a percepção do agravamento dos riscos, na crise econômica, ocorreu também quando os trabalhadores observaram a precariedade da manutenção dos equipamentos e do sistema de segurança do trabalho, o que, evidentemente, aumentou a ansiedade, o sobretrabalho e o cansaço.

d) o desencadeamento de episódios mentais agudos apareceu em muitos casos em situações marcadas por prolongamento da jornada de trabalho. Em trabalhadores que haviam apresentado quadros psiquiátricos agudos, identificamos duas formas distintas:

— o surgimento da crise ao término de uma jornada especialmente prolongada e exaustiva.

— a emergência de crises mentais ao final ou dentro de uma fase em que, ao longo de muitos dias ou semanas, o trabalhador sofreu prolongamento de jornadas ou dobras de turno. Em vários desses casos, as folgas também haviam sido suprimidas dentro desses períodos de pique de produção.

Não deve ser esquecido que, *no decorrer de jornadas prolongadas, aumenta também o tempo de exposição do trabalhador a todos os agentes ambientais e organizacionais de tensão e de fadiga*. É importante assinalar que muitos operários nos referiram um especial aumento de sensibilidade aos ruídos, nessa fase de sobretrabalho, a que atribuíram parte da irritabilidade que sentiam. Nos que trabalham submetidos ao calor, ou a relacionamentos conflitivos com chefias, ou a situações de risco de acidente, todas essas fontes de tensão passam a agir de modo mais prolongado e, portanto, mais desgastante.

e) as *relações com chefias imediatas*, de modo geral, tornam-se mais tensas e difíceis na vigência dos esforços para a maximização da produtividade. A deterioração dessas relações foi observada por muitos trabalhadores. Vários entrevistados mostraram pleno conhecimento de que os chefes imediatos os pressionavam por também estarem sendo mais exigidos pelos superiores. Em outros casos, o aumento de controles e pressões a que se sentiam submetidos pelos chefes foi interpretado como perseguição pessoal, gerando, então, exacerbações mais intensas de ansiedade e raiva do que na situação anterior. A raiva era reprimida, se acumulava e às vezes explodia em casa ou em outros conflitos, mais fora do trabalho do que dentro — certamente pelo temor de uma demissão por justa causa.

Em síntese, constatamos que a percepção do aumento de risco, ao lado da intensificação do cansaço — e, portanto, da dificuldade de se manter vigilante em relação aos perigos existentes —, representavam uma interação de grande importância dentro do sofrimento mental. Soma-se a esse quadro o esforço de autocontrole emocional mediado pela *autorrepressão*. Resulta o sentimento de impotência vivido pelo trabalhador, levado à submissão pelo temor às sanções, das quais a mais terrível seria a perda do emprego.

Os níveis de ansiedade atingidos e a intensidade do caráter persecutório dessa ansiedade variavam em cada caso, setor e empresa, conforme diferentes particularidades, dentre as quais assumiam relevância: o tipo de relacionamento com a chefia; as formas e o grau de controle a que o trabalhador se encontrava submetido. Assumiam influência, também, os fatos e informações sobre a política de pessoal da empresa em crise — como cortes de pessoal ocorridos ou previstos. Além da capacitação e da experiência do trabalhador (caso permanecesse na mesma função); o tempo de firma; a idade e o estado de saúde. O grau de ansiedade e o medo variavam também de acordo com a percepção de cada um do que poderia esperar da empresa no agravamento da crise, ou, caso demitido, como situava suas chances diante do mercado de trabalho. Obviamente, o nível de ansiedade dependeria, ainda, da personalidade e das vivências de cada trabalhador.

Não poderá ser esquecido, ainda, que todas essas intensificações do desgaste físico/mental atuaram sobre uma população que já anteriormente à crise vinha sendo submetida a condições deficientes de vida e de trabalho. E que, dentro do quadro geral das condições de vida, ainda mais precárias ao longo da crise, as próprias possibilidades de recuperação — nos casos de doença — foram prejudicadas, na época, também pelas graves deficiências do sistema de assistência médica da Previdência Social (circunscrito ao extinto INAMPS), do qual os trabalhadores dependiam, na primeira metade dos anos 1980, para o atendimento médico.

O temor de perder o emprego

Permeando as mais diversas fontes de tensão, o medo da dispensa passou a sobressair, ao longo da crise dos anos 1980, como uma verdadeira mola propulsora da ansiedade. Tratava-se de um medo que se avolumava tanto antes quanto após cada grande corte de pessoal. Já anteriormente, no Brasil pré-1980, esses cortes aconteciam de forma muitas vezes inesperada, surpreendendo os trabalhadores e provocando verdadeiros choques emocionais, conforme pudemos constatar em diversos depoimentos de operários.

Na época da pesquisa que realizamos, essas dispensas maciças eram geralmente precedidas por boatos, que, durante semanas ou meses, passaram a ocasionar elevados níveis de apreensão e de ansiedade pela expectativa de quais seriam os nomes incluídos nas listas para o próximo "facão". Insônia, manifestações psicossomáticas, irritabilidade e outros sintomas, como a tensão e o temor, foram relatados por muitos trabalhadores entrevistados. Vários revelaram, ainda, aspectos que merecem uma atenção especial:

a) as consequências do medo do desemprego nas relações entre colegas de trabalho. Com amargura, vários entrevistados consideraram que o pavor de perder o emprego levava ao rompimento de velhos laços de companheirismo e confiança, acentuando-se o individualismo:

> Ninguém quer perder o emprego, importa pra ele é escapar do "facão", nem que seja prejudicando o outro.

O clima de desconfiança e medo era nitidamente usado pelas chefias em favor do aumento da produtividade:

> Tem uns caras lá no meu setor, só de olho na gente. Nós sabe que se a gente der uma paradinha, ele logo conta pro chefe. Daí, tá ficando mais cansado que nunca, não dá mais nem pra respirar quase. E eu acho que o chefe

> tão aproveitando do nosso medo, ajudado por esses maus companheiros, tirando o couro da gente pra aumentar a produção... Esses aí, tão querendo garantir o lugar deles, nem que seja à custa do nosso, pra quando tiver outro "facão".

Não obstante, conforme volta a acontecer na recessão que está em curso no início dos anos 1990, ocorreu também o contrário: o fortalecimento da solidariedade ante demissões ou ameaças de demissão de companheiros de trabalho, inclusive com paralisação de atividade com o objetivo de sustar dispensas ou conseguir readmissões.

b) a utilização por algumas empresas de pressões do tipo "chantagem emocional" para obter sobretrabalho. O mais comum era os chefes solicitarem aumentos de ritmo, extensão das jornadas e realização de atividades que caracterizam acúmulo ou desvio de função, sob alegação de que "a firma tá em situação difícil, se a produção não aumentar, ela fecha. Depende de vocês ajudarem agora". Por outro lado, os sentimentos de lealdade ao grupo e à própria empresa eram também explorados através de apelos como "a empresa sempre ajudou vocês, agora vocês não vão ser ingratos, né?".

Sentimentos e fantasias, em que as empresas são idealizadas como "pai bom" ou "verdadeira mãe", eram incentivados e explorados, especialmente nas que sempre cultivaram formas suavizadoras, paternalistas e assistencialistas de dominação. Em muitos dos casos que estudamos as horas extras nem sequer eram pagas, ao que se submetiam os trabalhadores, graças às pressões de chantagem emocional ou à força exercida pelo temor ao desemprego.

c) uso da desinformação: os próprios boatos de demissão em massa podem ser provocados para facilitar a superexploração, conforme constatamos em alguns dos casos estudados. A utilização de ameaça de demissão para os que não se curvassem às novas exigências ocorreu várias vezes. Além dos boatos de cortes, outras formas de desinformação eram manipuladas em favor da superexploração.

d) em algumas vezes, as ameaças de demissão foram explícitas: caso o trabalhador não se submetesse ao sobretrabalho e aos riscos, seria mandado embora. A revolta nessas situações era intensa, porém tinha que ser sufocada e reprimida, dando origem frequentemente, pela dinamização intrapsíquica e psicofisiológica, a distúrbios psicoemocionais e psicofisiológicos diversos.

Aspectos de um estudo de caso

A seguir, transcrevemos trechos da gravação de uma entrevista realizada com Nilson, um operário da oficina mecânica da siderúrgica F. A., de São Paulo. Nele podemos perceber as tensões relacionadas à recessão então vivenciadas pelos trabalhadores que ainda mantinham seus empregos.

Trata-se de um homem de 25 anos, casado, pai de quatro crianças, das quais a mais velha tem seis anos.

> Como sinto? Nervoso, não é?! Irritado. Depois, a chefia do jeito que eles são! Tudo atrapalhado... [fala sobre ordens contraditórias, dadas por diferentes chefes "que tão sendo apertados pra dar serviço, lá pelos chefes deles, e vem apertar a gente..."] Tô doente faz tempo, mas se faltar sem justificação, eles tão dando "gancho" [suspensão] direto. Não querem saber nem o que foi.
>
> (...) Nervoso, eu não sei, mas eu acho que seja mesmo mais do serviço. A gente *passa nervoso só com a chefia*. A máquina não está boa e a gente tem que se arrumar, que se virar. Às vezes, a gente fica com raiva, tudo isso influi. E mesmo o serviço, *que tem que ser com bastante precisão*, tem que ficar sempre ali com atenção. Às vezes não tem ferramenta adequada pra fazer [o serviço] e eles não dão... Às vezes a gente precisa duma ferramenta, não tem. Daí a gente tem que se virar. A gente usa ferramenta grande, essas ferramentas a gente vai afiando e elas vão acabando. Às vezes a gente precisa duma ferramenta, não tem, daí a gente tem que desmanchar uma outra, pra fazer... Às vezes não dá certo. A gente faz e a gente mesmo acha que o serviço não saiu de acordo, não saiu bom. A gente, como profissional, vê isso. Às vezes chego em casa, pensando: "puxa! aquele serviço não saiu do jeito que eu queria, tinha que ser melhor..." Às vezes, em casa, *eu tô deitado e não consigo nem pegar no sono, pensando*: "Pô! será que eles vão falar alguma coisa daquele serviço, será que vai dar problema, será que vai servir lá a peça, ou que não vai?" Tudo isso aí influi no meu nervoso. A gente traz pra

> casa problema de firma. E vai acumulando, problema dali, problema daqui. E o *trabalho de turno*, principalmente se é de noite, vai esgotando. *Perigo lá*, tem muitos: a ponte rolante, peças caindo em cima das pessoas; risco de se cortar na máquina. Esmeril é outro perigo: afiação de ferramentas, tem perigo de perder um dedo. Operador de máquina tem que ir lá afiar sua ferramenta, eles têm ferramentaria, mas não quer que a gente use. Tem dois esmeril: um mais antigo, que não é protegido, o outro já é mais protegido, mas mesmo nesse, a pessoa corre risco, cada minuto que tá afiando ferramenta, tem risco... Já vi acontecer com colega: um que o esmeril levou a mão dele, e ficou fora uns seis ou sete meses. Tem várias pessoas com problema assim — uns defeituosos dos dedos, outros que não nasce mais unha, tudo por causa do esmeril... Outro dia caiu uma engrenagem de uns quinhentos quilos de cima da ponte rolante lá na aciaria — afundou até o chão do lugar que ela foi cair. Se tivesse pegado alguém, tinha matado. Pra ver como é que é a manutenção. Esse ano, eu piorei da gastrite. E trabalhando naquela máquina ruim, forçando as costas sempre, chegou o ponto de eu não aguentar mais a dor nas costas. *Teve também a doença do meu filho*, aí foi que o nervoso aumentou e a gastrite também. Quando foi em agosto, não teve jeito, o médico deu uma licença e fiquei tratando. Foi nesse mês [agosto de 1981] que *eles mandaram mais de mil embora*, aí da usina. Foi uma facada! E eu senti que iam me mandar também.

Ao retornar da licença, Nilson foi informado de que seria dispensado da siderúrgica. Retornou, nervosíssimo, imediatamente ao médico do convênio, que lhe conseguiu nova licença:

> Eu tava louco, desesperado. Quase fim de ano. Desemprego já tava por aí, em toda parte. Doença em casa [do filho de 6 anos]. Ela [esposa], pra ganhar neném em dezembro. Ah, fiquei meio fora de mim! Atacou acho que mais uns quarenta por cento de nervoso em cima! Irritação. [A esposa interrompe, dizendo: "...ele vivia atacando, quebrando. O que ele visse na frente, ia quebrando as coisas!... Passei tanto nervoso nessa gravidez! De ver ele desempregado, menino doente, eu gorda pra ter esse menino. Eu chorava que nem uma doida, de ver tudo isso! Aí me atacava dor de cabeça, minha cabeça parecia uma bola, sabe? *Foi passando tudo pra nós, o nervoso que ele trazia da firma*. Foi trazendo tudo pra dentro de casa! Em vez de desabafar lá, desabafava aqui em casa!"]

[Nilson continua:] É, eu estourava aqui. Porque na firma a gente não vai desabafar, tem que desabafar em casa... Se for discutir, estourar lá, chamam a Segurança [refere-se aos guardas do setor de Segurança Patrimonial], agarram a gente e ainda mandam embora sem direitos, como justa causal. (...) Eu consegui de novo a licença médica, e eles não puderam me mandar embora. Mas daí, eles [chefias] ficaram com raiva de mim. É que eu tinha um conhecido aí dentro da firma, amigo de outro chefe, e acabaram não me mandando embora quando tomei a voltar da outra licença. E *pra mim, o que tão fazendo comigo agora é assim um castigo,* porque ficaram com raiva de eu não ter sido mandado embora quando voltei da licença. Acho que me deixaram nessa máquina ruim é de raiva que eles têm de mim. Disseram: se quiser, trabalha aí. Se não quiser, vai embora. *Uma máquina velha, quebrada, e que vive quebrando.* E essa máquina tem um sistema de correias, tem três rodas assim [mostra o tamanho das rodas, grandes] e teria que ter uma proteção, porque *aquelas rodas giram livres, e se pegam o braço de uma pessoa, aquela pessoa roda e é jogada a dois metros de altura!* [Detalha outros defeitos da máquina, que aumentam sua fadiga e riscos.] A segurança [do Trabalho] de vez em quando vai lá, faz projeto: o pessoal da Cipa [Comissão Interna de Prevenção de Acidentes] vem, olha, fala comigo. Mas o chefe não se incomoda [fala com mágoa, raiva], já fizeram uns dez projetos. E fica por isso mesmo. [A seguir, conta em detalhe o caso de um amigo que perdeu dois dedos em uma máquina do tipo daquela em que trabalha, por falha mecânica do equipamento, e que, depois da licença médica de um ano, ao retornar à siderúrgica, foi despedido.] Às vezes a gente não tá bom, tá cansado, dando hora extra, com dor de cabeça, dor nas costas — mas tem que ficar sempre "aceso" ali [atento]. Não pode esquecer e pôr a mão. Perigo maior é se a peça tá lisa [a peça que estiver sendo fabricada]... Eles [chefias] acham que eu não tenho nada. Acho que pensam que eu sou vagabundo, que eu tava adoecendo porque eu gosto de tá doente... [Tom muito ressentido.] Me disseram que eu tava sendo mandado embora porque eu tava trazendo muito atestado. Tinham dito que seu continuasse trazendo atestado, iam me mandar embora. E eu continuei, porque continuei precisando, e a sra. vê, tô precisando. Eu poderia tá afastado de novo, com tudo isso que tá me dando [dores e outros sintomas que referiu]. Se continuar desse jeito que tá doendo, eu não vou conseguir trabalhar. Sei que o médico me daria o afastamento. Mas eu não tô interessado nisso, embora precisando, sentindo essa dor toda. Porque eu posso conseguir o afastamento, mas

> posso, quando voltar, não achar mais o emprego! Seria só em último caso, quando não tiver mais jeito, sem nenhum outro recurso. Por isso, enquanto estiver aguentando, eu vou tocando [o serviço]...

Fizemos os grifos para assinalar alguns dos aspectos geradores de tensão que se articulam nesse relato de Nilson, convergindo para intensificar as manifestações psicossomáticas, a angústia, a insônia, a revolta e o desespero. Essa multiplicidade de condições potencialmente geradoras de ansiedade foi, com diferentes configurações e componentes, encontrada em todos os trabalhadores entrevistados para a mesma pesquisa da qual extraímos esses trechos de depoimento (SELIGMANN-SILVA, 1981-1983).

Tivemos informação de que Nilson veio, posteriormente, a ser demitido, nos cortes de pessoal que a empresa realizou em fins de 1982.

Análise

Eis algumas das *observações* extraídas do estudo desse caso:

Fontes de fadiga e tensão emocional (ansiedade) se imbricam e muitas vezes se potencializam. Os dois aspectos, em sua gênese e desenvolvimento, são praticamente indissociáveis. No caso em exame, assinalamos: jornadas prolongadas pelas horas extras, trabalho em turnos alternados e, marcadamente, as consequências das pressões que o entrevistado sofria por parte das chefias, refletindo a resposta da empresa à crise econômica (Nilson observa que todos estão sendo pressionados, inclusive os próprios chefes). Essas pressões, juntamente com a forma como foi desconsiderada a sua sintomatologia, feriram profundamente o amor-próprio e a dignidade do entrevistado.

A mágoa e a raiva são somatizadas e, ao mesmo tempo, Nilson canaliza sua revolta para o ambiente familiar. Isso provoca um evidente sentimento de culpa, patente em outros momentos da entrevista, da qual reproduzimos apenas fragmentos. As precárias condições de trabalho atingem também o orgulho profissional, trazendo a insatisfação com o próprio desempenho, o que aumenta o sentimento de autodesvalorização. Além de refletirem uma agressão à dignidade, essas precárias condições laborais são sentidas como uma ameaça à integridade física, pelos graves riscos que configuram.

No afã de economizar, a empresa não repôs peças nem ferramentas. Essas inadequações aumentaram o esforço e o cansaço de Nilson. A posição incômoda que foi obrigado a adotar na máquina (por defeito da mesma) influiu decisivamente nas dores, vivenciadas por Nilson como uma agressão dos chefes a sua pessoa.

Por outro lado, os riscos, habitualmente bastante ponderáveis nas siderurgias, agravaram-se e multiplicaram-se no decorrer da crise, como ilustram o esmeril desprotegido, a máquina que tem as correias expostas, ameaçando os braços de Nilson, e o acidente com a ponte rolante, atribuído a uma falha de manutenção. A vida e o corpo estavam permanentemente ameaçados, exacerbando a ansiedade. Os companheiros que foram mutilados tornaram o perigo ainda mais evidente.

Outro aspecto que deve ser notado é que a natureza da tarefa de Nilson exige concentração para um desempenho adequado (o serviço "tem que ser com bastante precisão"), o que elevou também a fadiga, ainda mais na situação descrita, em que a atenção estava dividida entre a tarefa e a vigilância contra os riscos de acidente.

Os medos se associaram, aprofundando a angústia e o desespero. Além do medo de acidentes, havia o medo de sanções (como a suspensão) e o medo de não aguentar, de que os sintomas se tornassem insuportáveis, de que precisasse de nova licença —que pressentia como fatal para a perda definitiva do emprego. E isto, num momento em que sabia das dificuldades para conseguir outro trabalho.

Ressalta, ainda, tanto das palavras de Nilson quanto de sua atitude durante a entrevista, uma sensação de profunda impotência. Ele sentia-se enfraquecido pelo cansaço e pelos sintomas. As duas possibilidades que vislumbrava no futuro próximo eram sombrias: o agravamento dos sintomas e o desemprego. Essa impotência expressou-se também em nível sexual, conforme o casal revelou em outro momento da entrevista. A doença do filho (que foi submetido a uma cirurgia) e a quarta gravidez da esposa também aumentaram o desespero de Nilson. A única forma de enfrentar a situação, por ele encontrada, foi recorrer ao médico e obter nova licença para evitar a demissão.

O *desamparo institucional* com que se defrontavam aqueles que perdiam o emprego ou que se sentiam ameaçados de perdê-lo, especialmente antes do advento do seguro-desemprego, levava muitos a buscar estratégias de sobrevivência através do auxílio-doença ou da própria hospitalização psiquiátrica. Gueiros Souza (1980) verificou esse aspecto junto a clientes do serviço de habilitação da Previdência Social em Recife. Delgado (1983) o analisou a propósito de operários que ficaram sem trabalho após o fechamento de uma indústria do estado do Rio de Janeiro. No México, Laurell e Serrano (1982) também constataram o fato.

Tanto Delgado (1983) como Laurell e Serrano (1982) assinalaram a inexistência de seguro-desemprego como uma das causas do fenômeno de busca desesperada de um diagnóstico/rótulo destinado a garantir um mínimo de recursos de subsistência. Atualmente esse seguro faz parte da política social brasileira, enquanto no México ainda não ocorreu o mesmo, embora tenha sido instituído na cidade do México (Distrito Federal) desde 2007 (Grupo Formula, 2010).

8.2 O Desgaste e a Psicopatologia no Desemprego

No período 1981-1983, entre os trabalhadores que entrevistamos em Cubatão e em São Paulo, tivemos ocasião de escutar os relatos de alguns operários que haviam perdido seus empregos e que, em muitíssimos pontos, permitiram verificações similares às estudadas por Lira e Weinstein no Chile, e às de Menéndez, na Espanha. Ressaltou, entretanto, em vários desses estudos de caso, um outro aspecto: a questão da *saúde geral* — quer do próprio trabalhador, quer de sua família. A angústia do operário desempregado era maior quando seus dependentes apresentavam problemas de saúde, a que ele não tinha mais condições de atender — seja por falta de dinheiro para comprar medicamentos, seja por já ter perdido direito ao atendimento de convênio ou da Previdência Social. Em vários casos, o problema era outro: a saúde do próprio trabalhador havia sido especialmente prejudicada pelo excesso de trabalho e/ou por acidentes laborais, tendo isto acarretado faltas ao serviço ou diminuição de produtividade que redundaram em dispensa do emprego. As manifestações relatadas nesses casos foram, várias vezes, típicas da *síndrome de fadiga patológica*, além de concomitantes a outros problemas correlacionados ao aumento do ritmo e/ou das jornadas de trabalho, com a decorrente maior exposição às demais condicionantes de cansaço e de prejuízos orgânicos. Pôde ser constatado, ainda, que a exacerbação de problemas de saúde preexistentes foi, frequentemente, provocada pela intensificação das atividades e pelo aumento de tensões derivadas da própria vida laboral. Isto fica bastante evidente no *caso* a seguir resumido.

Um depoimento ilustrativo

Em uma pesquisa desenvolvida em 1985 entre trabalhadores metalúrgicos de São Paulo que haviam perdido seus empregos[8] durante a recessão do início dos anos 1980, encontramos um depoimento operário extremamente ilustrativo de vários dos aspectos mencionados em relação à gênese da tensão no bojo do desemprego e, também, às resistências desenvolvidas para a preservação da saúde mental. Transcrevemos alguns trechos dessa entrevista:

João, de 32 anos, nasceu em São Paulo, é casado e tem dois filhos pequenos. Serralheiro, estava desempregado havia quatro meses, por ocasião da entrevista. Vejamos, inicialmente, algo do que relata sobre as dispensas que vivenciou nos últimos anos:

> Simplesmente, comunicavam só na hora do corte: quando era a hora da saída do trabalho, chamavam um por um [os que iriam ser dispensados]. Havia gente que corria pro banheiro, outro ia lá pro vestiário, mas não tinha jeito... Já na V. [indústria onde também trabalhara], a gente tava mais preparada. Então, o clima era: ninguém mais tava comentando comigo, e eu sabia que tava no meio [na lista]. Acho que os companheiros não queriam me chocar, mas alguém sabia! Eu faria o mesmo. A gente se sente como o boi que vai pro matadouro. Se correr o bicho pega, se ficar o bicho come... Se já sabem que alguém vai ser despedido, é que nem marido traído, é sempre o último a saber!

O mesmo trabalhador fala de seus sentimentos e reflexões a propósito da dispensa:

> O sentimento não é de ter sido reprovado, porque não dependeu de você. O que você sente é ter trabalhado e não ter sido recompensado... A gente

8. O projeto de pesquisa havia sido elaborado por demanda do Sindicato dos Metalúrgicos de São Paulo, através do Cepesat, Centro de Estudos e Pesquisas sobre a Saúde do Trabalhador Metalúrgico de São Paulo — Pesquisa "Saúde Mental e Crise Econômica" — Relatórios preliminares. São Paulo, 1984.

> fica revoltado, é que você dá até um pedaço do seu braço, da sua mão, do seu pé, muitos perdem a vista, e quando alguma coisa aperta pra direção da empresa, a primeira coisa que eles pensam é em dispensar o funcionário.

A entrevistadora indagou:

> Como ficou a sua cabeça; com essa dispensa que o sr. sofreu?

E a resposta, firme, porém notadamente bem-humorada, foi:

> Começou a sair fumaça do nariz, dos ouvidos, de tudo quanto é buraco!

No caso, tratava-se de um trabalhador que denotava excelentes defesas psicológicas — falava aqui de sua raiva, mas sem deixar envenenar-se por ela. Como bem o expressa, "soltara a fumaça!". Em outros trechos, relatou como usava o tempo, nesses meses de desemprego: procurava outro trabalho; participava de atividades de sua comunidade (junto à igreja, à comissão de moradores e à escola dos filhos); e ainda procurava cuidar da saúde, fazendo um tratamento que, na época em que estava empregado, nunca tivera tempo de realizar. João verbaliza o quanto acha importante não ficar parado:

> Então, procuro encher todos os meus espaços, todas as minhas horas, de atividades.

Não obstante, esse mesmo trabalhador manifesta percepção de um sofrimento psíquico, que, embora não tendo a gravidade encontrada pela pesquisa em outros operários desempregados, estava presente e bem conscientizado:

> Acho que agora tô dormindo menos, sinto meio agitado, tou meio caído, meio pra baixo. E já não tou mais com aquele sonho, de que qualquer hora vai pintar um emprego!

João sente também mudanças na qualidade de vida, no lazer e no relacionamento com a esposa:

> Eu trabalhava oito horas e tinha quatro de lazer (saía com o filho, passeava), meu filho era mais um companheiro do que filho. Já agora, não gosto de sair com ele e não poder comprar um guaraná, um sorvete, se ele pedir... Tou muito mais calado, mais seco e afastado pras coisas que acontecem em volta de mim... Em casa, tem havido mais discussão. Tenho até falado menos em casa, porque sinto que estou mais tenso, e se ela [a esposa] faz qualquer coisa que eu acho que não tá certo, eu já fico bravo. Nessa situação, pra falar a verdade, nem ela nem eu tem cabeça [para o relacionamento sexual]: se era três vezes por semana, agora é uma só... Não adianta tá com a cabeça em outro lugar e fazer a coisa aqui... Um ato sexual é fácil de fazer, mas uma relação demora mais, é maior, abrange várias coisas, né...

Desse modo, João aponta, sofrida e sinceramente, o quanto todas as dimensões de sua vida, inclusive seus afetos e relações mais íntimas, foram invadidos e atacados pelo fato social do desemprego.

A rejeição social ao desempregado

Como já foi dito, a confusão entre desempregado e desocupado está na raiz do preconceito contra os desempregados (Castel, 1998). A associação entre ociosidade voluntária e desemprego sempre esteve muito presente nas concepções integrantes da nossa cultura. Podemos dizer que a associação se direciona da seguinte maneira: desemprego à ociosidade (vadiagem) à vagabundagem. Nas fases de recessão, a figura do desempregado passa a ser a representação daquilo que quem ainda está empregado mais teme, podendo levar a uma evitação de contato e mesmo a uma rejeição. No entanto, conforme temos observado em nosso meio e também de acordo com a análise de Philippe (1990), quando o desemprego se alastra, passa a haver maior tolerância com uma situação que passou a atingir pessoas próximas, conhecidas e muitas vezes queridas e respeitadas. Assim, especialmente no interior de um mesmo estrato social, a solidariedade frequentemente se fortalece.

É compreensível que, no final de 2010, quando o desemprego do mundo se estende a mais de vinte milhões de pessoas, a repercussão psicológica deixa de ser marcada pelos sentimentos de vergonha e culpa, na intensidade descrita em alguns dos estudos mencionados neste capítulo. Nessas circunstâncias, sabendo que não está sozinho, que seus companheiros também foram despedidos ou que sua firma fechou, o desempregado já não pode se autoacusar de fracassado. Por outro lado, ele encontra maior compreensão e apoio no grupo a que pertence. Todos sabem que existe uma "situação geral" considerada responsável pelo desemprego em massa que se alastra em muitos países. Possivelmente, esses aspectos explicam a diminuição do risco relativo nas épocas de forte recessão, em que ocorre uma espécie de banalização do desemprego, que deixa, então, de ser uma situação estigmatizante, embora ainda cause sofrimento psíquico e perturbação psicossocial.

Porém, na realidade brasileira, é preciso considerar o reducionismo de uma dicotomia onipresente historicamente: a dicotomia que opôs à ideia de trabalho a de e vagabundagem. Vadiagem e vagabundagem passaram a ser sinônimos na mentalidade brasileira e são concepções que, por sua vez, remetem à ideia de preguiça e irresponsabilidade. Kowarick (1987) estudou bem o assunto, analisando a perspectiva cultural que levanta estereótipos contra a figura do desempregado, a partir de origens inseridas em nossa história. Essas raízes são identificadas nos preconceitos de que foi alvo o trabalhador livre que recusou substituir escravos na lavoura das fazendas. Em verdade, esse trabalhador livre preferia "a sobrevivência autônoma, numa espécie de economia natural de subsistência, do que a sujeição a regras de obediência e disciplina, nas quais prevalece um arbítrio, que está contaminado pelo uso e abuso inerente ao cativeiro" (p. 66).

É interessante assinalar que os trabalhadores livres e itinerantes do final do século XIX podem ser comparados com os atuais contingentes de boias-frias e outros trabalhadores, cuja mobilidade horizontal, percorrendo o país em busca de ganha-pão, é bem conhecida. Os desempregados que percorrem ruas das cidades e estradas do país, à procura de trabalho, são também frequentemente encarados com suspeita e temor pelos demais. Principalmente na atualidade brasileira, em que a violência e a desconfiança têm se realimentado reciprocamente.

Mas os boias-frias já não podem ser considerados "trabalhadores livres", pois, muito pelo contrário, a necessidade de sobrevivência os tem feito aceitar um trabalho assemelhado à escravidão, conforme analisado em estudos recentes que identificam graves retrocessos da efetivação de direitos sociais e da cidadania em seu todo. Alguns desses estudos apontam uma reatualização de configurações arcaicas, o que, segundo Soares (2010), no caso brasileiro é facilitado pelo nosso passado histórico, no qual "as relações patrimonialistas de servidão e a mediação do favor caminharam de braços dados com a modernidade instaurada no final do século XIX, até os dias de hoje..." (p. 283).

A preocupação com a emergência de novas formas de servidão não existe apenas no Brasil. Entretanto, a preocupação referente aos retrocessos possui aqui fundamentos peculiares que se constituem, especialmente, pela conjunção de duas persistências: a da pobreza ainda extensa e do atraso da consolidação de uma cultura política voltada à cidadania plena. Nesse cenário, no momento em que os interesses políticos e econômicos pressionam exacerbando a competição comercial entre países, o desígnio de reduzir ao máximo *o valor* do trabalho passou a ser obsessão de muitos conglomerados e empresas. Os governos, nos países democráticos, são pressionados, simultaneamente, pelo capital e pela população trabalhadora que o elege. Quando as forças que representam os trabalhadores estão dispersas e fragilizadas, a vulnerabilidade dos empregados cresce e os riscos de retrocesso podem ser imensos. Assim, nas áreas mais distantes da fiscalização do Estado, o retorno da servidão, sob velhas formas — como a escravidão —, vem sendo diagnosticado no Brasil (Martins, 1994; Soares, 2010).

9. RESISTÊNCIAS E BUSCA DE ALTERNATIVAS

9.1 A Luta contra o Desemprego nos Anos 1980 e Início dos Anos 1990. A Crise Atual

De acordo com o grau de organização dos trabalhadores, a solidão do desempregado pode ser substituída por lutas contra os cortes, pela estabilidade e em favor de readmissões, conforme já se verifica, no caso brasileiro, desde a recessão do início dos anos 1980. Quando as próprias empresas quebram, evidentemente, as possibilidades desse tipo de enfrentamento inexistem, muito embora outras formas de mobilização possam manter unidos os desempregados.

Na realidade brasileira, a busca de alternativas de trabalho se faz de modo muito diversificado. O comércio ambulante inundou as ruas das capitais e seus atores são um verdadeiro exército de desempregados. Na área rural, além do aumento de trabalhadores volantes, verifica-se a transformação de centenas de milhares de lavradores em garimpeiros. A mudança de ocupação também ocorreu nas cidades, de forma a não permitir mais a separação estabelecida, por exemplo, no estudo de Dejours (1983a), entre desemprego de profissionais qualificados e de trabalhadores não qualificados. O que acontece atualmente, no Brasil, é que muitos daqueles que exerciam um trabalho qualificado passaram a aceitar funções de ajudante ou outros trabalhos não qualificados. Ao mesmo tempo, novos fenômenos sociais marcam a luta pela subsistência, como foi constatado no interior de São Paulo, onde a crise da citricultura, em 1991, e o fechamento de uma série de indústrias levaram metalúrgicos e outros trabalhadores industriais, qualificados ou não, a se transformarem em boias-frias (Maffei, 1990).

Dessa forma, o trabalho informal, isto é, sem registro em carteira de trabalho, se expandiu enormemente na recessão. Há vinte anos, era estimado em 12% da população economicamente ativa (PEA),[9] tendo aumentado posteriormente. A insegurança vivenciada no cotidiano, pelos que escapam do "desemprego aberto" para trabalhar nessa situação instável, precisa ser levada em conta no exame das vertentes psicossociais da Saúde Coletiva durante as fases recessivas. As estatísticas mais recentes, felizmente, apresentam uma expansão do emprego formal, embora o trabalho informal ainda se mantenha como um problema desafiante em dezembro de 2010, segundo os dados oficiais publicados pela imprensa.

Além do trabalho informal, convém assinalar que também a precariedade da situação de trabalhadores contratados ou subcontratados por empreiteiras de mão de obra se acentua ainda mais nas fases de recessão. Não pode ser esquecido que, no itinerário de vida de muitos operários, passar do trabalho "em empreiteira", muitas vezes após vários anos, para uma situação de "registrado em carteira pela própria empresa" representa uma conquista, muito valorizada, como verificamos entre os entrevis-

9. Natalli (1991), citando dados oficiais e tendo como fonte o IBGE (Instituto Brasileiro de Geografia e Estatística).

tados em Cubatão. Portanto, a perda de "emprego fichado" (expressão muito utilizada e que alude simultaneamente à ficha na firma e ao *status* em atividade fixa) representa um grande golpe para o amor-próprio e a identidade social. Assim, constatamos que, quando alguns, para escapar ao desemprego, voltam a trabalhar nas empreiteiras, sua vivência é de perda e retrocesso.

No Brasil, as manifestações contra a política recessiva assumiram crescentes dimensões a partir do final de 1991 e vieram a expressar-se publicamente em ações coletivas, nas quais os trabalhadores exerceram papel relevante. Desse modo, a questão do desemprego assumiu nos anos 1990 um caráter fortemente político, pois a opinião pública foi despertada para o quanto a expansão do desemprego ameaçava o êxito das lutas pela plenitude da cidadania que haviam se expandido após o final do regime militar.

Em muitos países, a recessão voltou a ter lugar ou a se anunciar como eminente, na sequência da explosão de nova crise em 2008. Paralelamente, outra vez avançam diferentes movimentos sociais, direcionados para enfrentar a lógica economicista e encontrar formas de assegurar o direito ao trabalho.

Em outubro de 2010, um relatório da Organização Internacional do Trabalho (OIT), denominado "Private employment agencies, temporary agency workers and their contribution to the labour market", [10] demonstrou o contraste entre o aumento explosivo de empregos temporários ocorrido durante os anos de vertiginoso crescimento econômico e o desaparecimento — também vertiginoso — desses empregos, que são os primeiros a desaparecer durante a crise econômica da atualidade. Os dados e as conclusões desse relatório apontaram para a necessidade premente de ratificar e colocar em prática real a Convenção 181 da OIT, de 1987. Essa convenção se direciona à obtenção de equilíbrio entre as necessidades empresariais de flexibilidade do trabalho e as *necessidades dos trabalhadores: de estabilidade no emprego; ambiente seguro de trabalho; condições decentes de trabalho e segurança social* (OIT, 2010).

---

10. "Agências privadas de emprego, trabalhadores de contrato temporário e sua contribuição para o mercado de trabalho" (em tradução livre).

Organizações sindicais, partidos políticos e outras forças da sociedade civil se articularam nos anos 1990 para assumir a luta contra o desemprego e pelo trabalho digno. O papel dos profissionais das áreas de Saúde, Serviço Social e Educação passou a ser essencial nesses enfrentamentos.

Ao encerrar a atualização deste livro, em janeiro de 2011, as estatísticas oficiais apontam para uma situação de baixas taxas de desemprego no Brasil, embora existam aspectos heterogêneos — com taxas mais preocupantes em algumas grandes capitais como Recife e Salvador. Mas a maior parte dos países encontra-se ainda vivendo a recessão desencadeada pela crise financeira que explodiu em 2008 — o que, segundo as análises dos economistas, não permite prognóstico seguro sobre o futuro do emprego no Brasil durante os próximos anos da segunda década dos anos 2000. Dessa forma, o Brasil, mesmo carregado de esperanças, também compartilha as inquietações e incertezas que se tornaram dominantes no cenário internacional.

E não poderemos esquecer que o desemprego intermitente, a *nova praga* que assola os mercados de trabalho contemporâneos, também está entre nós, fazendo parte da precarização social e do trabalho, como iremos examinar no capítulo seguinte.

CAPÍTULO 2

PRECARIZAÇÃO DA SAÚDE MENTAL NA PRECARIZAÇÃO SOCIAL E DO TRABALHO

"A competição pelo trabalho é acompanhada por uma competição no trabalho, que é ainda uma forma de competição pelo trabalho, que é preciso conservar, custe o que custar, contra a chantagem da demissão. Esta concorrência, às vezes tão selvagem quanto a praticada pelas empresas, está na raiz de uma verdadeira luta de todos contra todos, destruidora de todos os valores de solidariedade e de humanidade, é, muitas vezes, de uma violência sem rodeios."

PIERRE BOURDIEU (1998)

1. A PRECARIZAÇÃO COMO TEMA ESSENCIAL

1.1 O Panorama da Precarização Contemporânea

Um paradoxo se fez presente na atualidade. De um lado, uma impressionante expansão das finanças e da rapidez de suas movimentações internacionais criou a imagem de um fantástico crescimento econômico. Do outro, a expansão de uma dilacerante precarização social. Tudo indica que a primeira se nutriu da segunda até o momento da ruptura, isto é, da presente crise financeira que rapidamente se tornou econômica, a qual carrega em seu ventre uma crise social cujas proporções ainda não conhecemos e, muito provavelmente, sementes de crises políticas que virão.

Pode ser lembrado hoje que, durante a escalada da precarização, a presente crise econômica internacional já fora prevista e anunciada por muitos cientistas sociais de vários países e por alguns economistas que foram denominados, por tais previsões, apocalípticos e catastróficos.

As relações sociais de trabalho tornaram-se frágeis e instáveis por toda a parte, como bem afirmou Pierre Bourdieu (1998) em *Contrafogos*, o livro que é um brado de conclamação à resistência contra o fenômeno dilacerador que se alastrou — a precarização. Insegurança e incerteza passaram a fazer parte dessa precariedade e se expandiram através do mundo — no trabalho e fora dele. Ao mesmo tempo, a ética e o respeito à dignidade humana foram ocupando posição cada vez menor no cotidiano social. A precarização se instalou não apenas nas situações de trabalho, mas também no mundo contemporâneo. Os vínculos e relacionamentos humanos, nos mais diversos âmbitos, foram assim atingidos. Além do dilaceramento dos laços, também as mais diversas estruturas do âmbito social foram envolvidas nesse processo, inclusive a família. Atualmente, é possível desvelar o avanço assustador de outra precarização: aquela que invade a identidade e a própria subjetividade. Essa evidência certamente exige analisar implicações e desafios que dizem respeito à saúde mental. Como os impactos sobre a saúde mental se colocam tanto do ponto de vista individual quanto do coletivo da Saúde, os desafios dizem respeito tanto às políticas públicas e empresariais como à clínica e às competências dos profissionais de saúde, serviço social, de modo geral, e, de modo mais específico, dos que atuam em Saúde do Trabalhador e Saúde Mental — atividades que precisariam ainda ser devidamente integradas no Brasil.

Antes da atual crise, que vinha sendo gestada há muito tempo e que só em 2008 se tornou evidente para todos, olhares críticos já apontavam a precarização como um fenômeno que se espraiava pela sociedade e pelo mundo do trabalho. O termo vem sendo cada vez mais utilizado por cientistas sociais e profissionais de diferentes campos, além de já ter penetrado na mídia. A imprecisão com que muitas vezes é evocada a palavra precarização torna necessário um esclarecimento.

Afinal, do que se trata? Que precarização é essa? Nada melhor do que recorrer, no início desta exposição, à etimologia: precário, do latim *precarius*, significa instável, frágil, insuficiente. Portanto, a precarização social é a fragilização do tecido social — das estruturas (instituições) que regem a coesão e a proteção coletiva e dos laços que vinculam entre si os seres humanos. Está se processando no mundo contemporâneo, em inúmeras instituições e de modo muito marcante nas situações de trabalho. Neste capítulo, o foco será a forma como, no contexto de outras precarizações, vem sendo produzida a precarização da saúde mental para aqueles que vivem do próprio trabalho. Entretanto, vale iniciar o assunto com algumas considerações de ordem geral sobre o quadro no qual se inseriu esse encadeamento de precarizações.

Confluências que revelam a precarização ética

Diante do panorama complexo da precarização, os sociólogos dirigem o olhar a vários patamares, faces e confluências, incluindo:

1) o patamar internacional, a partir do qual a precarização social se diferencia nos diferentes contextos regionais, nacionais e locais;
2) a precarização do trabalho;
3) a precarização da saúde, interconectada às duas perspectivas anteriores;
4) a precarização do meio ambiente; [1]
5) a precarização ética, que permeia todas as demais.

Ressalta o grave quadro de apagamento ético em que as dinâmicas de precarização têm se desenvolvido dentro e fora do mundo do trabalho,

---

1. A precarização do meio ambiente é uma perspectiva indissociável das demais e sobre a qual não iremos discorrer aqui. No Brasil, constitui um dos focos dos estudos de Tânia Franco, que analisou em profundidade a interconexão dos processos de precarização em seus impactos na saúde geral e mental, tanto em sua tese de doutorado (Franco, 2003) quanto em vários trabalhos desenvolvidos conjuntamente com Graça Druck e outros pesquisadores sociais.

e este é um dos aspectos que vem trazer ressonâncias preocupantes para a sociabilidade e para as subjetividades.

A *precarização ética*, atualmente, parece emergir e revelar-se como um dos mais importantes focos nos estudos de precarização. Tanto os estudos dos cientistas sociais quanto os empreendidos em Saúde Mental têm demonstrado a força destrutiva que o apagamento ético vem assumindo em diferentes âmbitos da precarização social — atingindo também de modo intenso e interconectado os espaços do trabalho, ao mesmo tempo que ocasiona danos à saúde — como será visto adiante.

A concomitância entre o desmonte da proteção social em muitos países e a escalada da precariedade dos vínculos de trabalho resulta no aumento de pessoas que se encontram ao mesmo tempo desempregadas e desamparadas. Esta é uma das faces mais graves da problemática que desafia o mundo contemporâneo (Castel, 1998, 2003 e 2009).

A escalada da incidência de uma série de agravos à saúde dos trabalhadores é notada ao longo da reestruturação produtiva. Esta escalada encontra-se intimamente interconectada à precarização social e do trabalho que acompanha tal reestruturação. As forças de ordem ideológica, que pressionam a cultura, a identidade e a subjetividade, estão sempre ativas nos subterrâneos dos processos de precarização. Em todos os níveis em que esses processos se propagam — sociedade, ambiente de trabalho, relacionamentos humanos e na própria subjetividade (Alves, 2010) —, de modo expressivo, enunciam várias vezes que, sob o império do pensamento neoliberal, a ideologia resultante *captura* a subjetividade dos trabalhadores. O estudo da ideologia neoliberal, de suas origens, dos interesses que a moldaram e do poder que essa ideologia assumiu, não cabe, entretanto neste livro. O modo pelo qual o economicismo se descolou do social, e dos princípios da democracia, e se superpôs a estes e à própria essência humana já mereceu estudo profundo. Essa temática já foi bem analisada por filósofos, cientistas políticos e sociólogos (Bóron et al.,1995; Bourdieu, 1998 e 1999; Wood, 2003; Arantes, 2007; Boltanski, 2008).

A filósofa e socióloga Agnes Heller desenvolveu críticas importantes ao neoliberalismo e fixou "dois pilares da ética moderna" como requisitos para sobrevivência e continuidade do mundo moderno — *decência* (que relaciona à "bondade moral") e *liberdade* — dentro de uma sociedade na qual as próprias pessoas possam ser depositárias dessa ética. As forças que, no neoliberalismo, pressionam e tentam derrubar esses pilares, corroendo e corrompendo os indivíduos e as coletividades, também são analisadas por Heller (2009).

Portanto, vale deixar clara, mais uma vez, a convergência entre o olhar das Ciências Sociais e dos que estudam a Saúde do Trabalhador, quando se procura desvelar os processos que, ao mesmo tempo que instabilizam o contexto social e do trabalho, produzem o desgaste mental e da saúde entendida como um todo. É o que procuramos fazer neste capítulo.

1.2 Uma Perspectiva Antropológica e a Questão do Individualismo

Ainda na fixação do panorama geral do qual emerge a precarização, cujos reflexos na saúde mental deveremos examinar, outra questão precisa ainda ser abordada — a questão do individualismo.

A expansão do individualismo na modernidade e os potenciais destrutivos dessa expansão já haviam sido identificados nos anos 1980 pelo médico, sociólogo e filósofo Norbert Elias, em *A sociedade dos indivíduos* (Elias, 1993). Contrapondo-se à valorização do individualismo. O mesmo autor escreveu, em outra de suas obras:

> A *rede de interdependência* entre os seres humanos é o que os liga. Elas formam o nexo do que é aqui chamado *configuração*, ou seja, *uma estrutura de pessoas mutuamente orientadas e dependentes.* Uma vez que *as pessoas* são mais ou menos dependentes entre si, inicialmente por ação da natureza e mais tarde através da aprendizagem social, da educação, socialização e necessidades recíprocas socialmente geradas, elas existem, poderíamos nos arriscar a dizer, apenas como *pluralidade*, apenas como *configurações. Eis o motivo por que não é particularmente frutífero conceber os homens à imagem do homem individual.* (Elias, 1990, p. 249)

Essa afirmação, feita por Elias em 1968 e muito bem fundamentada no extenso e profundo estudo no qual ele examina os vínculos entre indivíduos e contextos culturais dentro de uma perspectiva sócio-histórica, torna-se especialmente instigante na atualidade, em face de um aparente descolamento dos indivíduos em relação ao tecido social, como veremos a seguir.

A interpretação de que a origem e a natureza da vulnerabilidade social que se alastrou internacionalmente tenham raízes profundas não apenas na economia, mas também em uma importante inflexão de ordem cultural que facilitou a imposição da hegemonia de um liberalismo exacerbado (neoliberalismo), é de Fitoussi e Rosanvallon (1997). Esses cientistas sociais consideraram a existência de uma *crise antropológica:* "De certa forma, no mal-estar contemporâneo, existe a superposição de dois padecimentos: o mais visível é o que procede das comoções socioeconômicas, mas há também outro, mais subterrâneo, que remete aos efeitos destrutivos do *individualismo moderno*" (p. 36). A seguir, esclarecem a *ambivalência* do individualismo, "traço central de nossas sociedades, globalmente ignorado pelas análises política" (p. 36). Os autores explicam: "Durante os anos setenta e oitenta, foi celebrada, sobretudo, a face positiva do individualismo: a oportunidade que tinha cada um de afirmar suas diferenças (singularidade) e libertar-se das coações coletivas. A centralidade da referência aos direitos humanos encarnou sua tradução política e, no progresso político, apareceu durante algum tempo como sendo mais indexado às garantias pessoais do que aos avanços em comum. Em uma perspectiva histórica, é inegável que a história da individualização é, em grande parte, uma história da emancipação" (p. 37). Os autores acrescentam como exemplos dessa emancipação: "a mulher libertada do círculo familiar e a conquista de independência por parte dos jovens" (p. 37).

Mas os autores logo apresentam o outro lado da questão: "Esta fase 'globalmente positiva' do individualismo moderno está hoje chegando ao seu fim. O que havia aparecido como um espaço de progresso e libertação, com efeito, tende a ser acompanhado por uma dupla destruição" (Fitoussi; Rosanvallon, 1997, p. 36). Explicam a seguir que, em primeiro lugar, a destruição derivou da *desfiliação* resultante da perda de vinculações sociais que ofereciam suporte à integração, conforme já caracterizado pelo sociólogo Robert Castel (1998), e, em segundo, ocorreu a *vulnerabilidade* constituída nesse despertencimento social, que para muitos se transformou em intenso isolamento e solidão. "A independência se transformou em vulnerabilidade, a relação igualitária com o outro se inverte transformando-se em temor de um futuro incerto" (Fitoussi; Rosanvallon, 1997, p. 38).

Uma síntese do pensamento desses dois autores é de que nas democracias do nosso tempo ocorreu uma libertação dos indivíduos, mas o excesso desse individualismo contribuiu para a demolição do corpo social, atomizando-o, e assim se desfizeram as antigas solidariedades. Evidentemente, outros processos também levaram à fragmentação e quebra de antigas solidariedades, mas o peso do individualismo não pode ser negado e ele deixou livre o caminho para que, na reestruturação produtiva, fosse facilitada a fratura de grupos coesos e a dissolução do companheirismo e da confiança que unia equipes de trabalho.

O individualismo também foi apreciado em suas duas faces — a emancipadora e a destrutiva — por Manuel Castells (1999), que, mesmo tendo idealizado uma sociedade de indivíduos livres, mundialmente articulada através de redes virtuais, pontuou as ameaças potenciais que a exacerbação do individualismo poderia constituir para a sociabilidade e a solidariedade. Anteriormente, ao publicar, sequencialmente, entre 1990 e 1998, os três volumes de sua famosa obra *A era da informação*, sobre as transformações interarticuladas da ciência, da economia e da sociedade, Castells já havia apontado essa ambivalência do individualismo e mostrado que mudanças culturais caminhavam entrelaçadas com as transformações econômicas e com o desenvolvimento das tecnologias de informação (TI) e outros frutos do avanço científico (Castells, 1998).

Como veremos melhor adiante, a competitividade é atualmente superestimulada nos ambientes de trabalho de modo a exacerbar cada vez mais o *individualismo*.

O fortalecimento do individualismo facilitou tanto a precarização social quanto a do trabalho, indo concorrer, de maneira importante, também para a precarização da saúde.

2. A PRECARIZAÇÃO SOCIAL

A precarização dos laços humanos e dos indivíduos na cultura contemporânea, como vimos acima, constitui parte importante da precarização social. A flexibilidade, a desregulamentação e a evanescência permeiam a sociedade e o mundo do trabalho, como veremos melhor adiante. Mas é necessário, agora, contemplar um pouco do histórico do processo de precarização.

2.1 A Precarização Social Enlaçada à Mudança Econômica

A *produção da instabilidade* social correspondeu aos retrocessos que atingiram a efetivação dos direitos sociais. A forma pela qual essa precarização social teve início em países europeus no final dos anos 1970 foi bem descrita por Rosanvallon (1995). Ela afetou simultaneamente a segurança no emprego e a proteção social nas interrupções da atividade por doença e no desemprego.

As catástrofes humanas ocasionadas pela Segunda Guerra Mundial suscitaram uma forte sensibilização para a questão social — o que conduziu a esforços, especialmente na Europa, para a supressão das injustiças sociais, resultando no surgimento de estruturas que, em vários países, construíram o chamado Estado de Bem-Estar Social. Este perdurou durante o que alguns autores denominam "os 30 anos dourados". Entretanto, os direitos sociais ampliados não atingiram todos os países e sabemos que na América Latina tiveram desenvolvimento tardio e incompleto. Por conseguinte, os avanços da proteção social, também no Brasil, ainda estavam distantes da consolidação sob forma de um Estado de Bem-Estar quando as crises econômicas dos anos 1970 atingiram o país no final da década.

Rosanvallon (1995) mostrou que a diminuição da reversibilidade das situações de desemprego — que anteriormente eram situações de curta duração, logo seguidas por um novo contrato de trabalho — foi uma das origens da ineficiência do sistema de seguros sociais que durante três décadas havia sustentado o sistema de proteção social no Estado de Bem-Estar Social (Estado Providência, na designação adotada pelo autor). E, como vimos no capítulo anterior, as turbulências e retrações da economia, a partir dos anos 1970, afetaram profundamente o mercado de trabalho e, consequentemente, o financiamento da previdência.

A trajetória em que se deu uma aceleração do desmonte da proteção social foi descrita e analisada por Castel em três livros admiráveis (Castel, 1998, 2003 e 2009).

Os retrocessos na efetivação dos direitos sociais, além de articulados a mudanças nas legislações, foram acompanhados por uma superexploração cujo grau variou entre os contextos nacionais. Nos anos 1990, com a expansão do desemprego, esses retrocessos se estenderam a um número cada vez maior de países e também, de modo bastante marcante, atingiram os trabalhadores do Brasil, onde algumas diferenças regionais puderam ser estudadas (Druck; Franco, 2007; Borges, 2007; Boschetti, 2010).

A expansão da instabilidade é bem sintetizada por Franco e Druck (2008):

> Com a generalizada flexibilização do trabalho nos países centrais, principalmente pela via da terceirização, a nítida linha de separação entre incluídos e excluídos nestas sociedades foi-se tornando mais tênue. A desestabilização do mundo do trabalho — inicialmente dos trabalhadores industriais e, posteriormente, de todos os assalariados, e de todos os que vivem do trabalho, via flexibilização do trabalho — terceirização e desregulamentação social — trouxe a *redução do emprego "fordista"* (trabalho com o corolário de direitos do trabalho e proteção social, característico da era de ouro ou *welfare state*) e a *vulnerabilidade de massa* (Castel,1998) com o processo contínuo de fragilização dos trabalhadores estáveis e uma produção sustentada de instáveis.

Franco e Druck (2008) lembram ainda que os processos de precarização são *multidimensionais*, pois impactam e alteram a vida e os relacionamentos dentro e fora do trabalho. É possível, a partir daí, refletir que existe uma permanente interação entre a precarização que se faz no interior dos ambientes de trabalho e a degradação da esfera social, ou melhor, da sociedade.

3. A PRECARIZAÇÃO DO TRABALHO

3.1 Características da Precarização do Trabalho

Flexibilidade e desregulamentação dos contratos de trabalho constituem princípios centrais e profundamente interligados no tipo de dinâmica precarizadora que prevaleceu ao longo da reestruturação produtiva. É sob a ação conjunta desses dois princípios que se desenvolvem a intensificação do trabalho e de seu controle, assim como a degradação de ordem ética e moral.

O papel do Estado na precarização social e do trabalho foi identificado em vários países do mundo, inclusive no Brasil, onde muitas empresas lucrativas foram liberadas dos encargos sociais e o encadeamento de subcontratações precarizadoras — passando da terceirização à quarteirização e incluindo o trabalho domiciliar subcontratado (industrial; teletrabalho e outras modalidades) — tem tido suporte legal (ANTUNES, 2006; FRANCO; DRUCK; SELIGMANN-SILVA, 2010).

Phillipe Davezies (1997), médico do trabalho francês, procurou identificar e precisar *o que é precarizado* nas situações de trabalho em que a saúde é atingida. E também apontou o *desgaste ético* no núcleo dos fenômenos de precarização da saúde física e mental no trabalho. Afirma: "o que é precarizado é o conjunto de instâncias e forças que presidem à mobilização dos indivíduos na defesa de sua saúde física e mental — defesa que se dá na construção de um mundo compartilhado" (p. 37-38). Contrasta o que acontece na fase atual e o que, anteriormente, ocorria nos coletivos solidários formados pelos trabalhadores. Tais coletivos eram fundamentados numa ética em que "regras do ofício" — que envolviam o respeito à dignidade de cada um e do ofício — embutiam saberes de proteção à segurança, saúde e vida de todos. Davezies adota para essa instância coletiva o conceito de *coletivo de regra,* formulado por Damien Cru em 1986 e já explicitado neste livro.

Ao longo de sua análise, Davezies mostra que a ameaça de degradação paira sobre instâncias coletivas que antes sempre haviam mantido viva, nos ambientes de trabalho, a *reciprocidade* quanto ao respeito, à confiança e ao reconhecimento de cada um. Estes eram os esteios para a construção coletiva de normas consensuais que constituíam, ao mesmo tempo, marco ético e uma referência para a atividade de trabalho fundada na *experiência do ofício.* Tais normas incluíam a segurança de todos e o trabalho bem-feito.

O mesmo autor aponta algo também bastante visível em nossa realidade — a *instabilidade* que rompeu relações inter-hierárquicas, que já haviam sido, em muitos ambientes de trabalho, permeadas por uma comunicação baseada em confiança e respeito mútuo. Atualmente, a desconfiança impera entre os vários níveis hierárquicos de grande parte das organizações. De modo mais geral, pode ser acrescentado também que o *tempo* para estabelecer experiência e relações duráveis, do tipo estudado por Cru e considerado por Davezies, tem sido certamente atropelado por outro aspecto que agora acarreta permanente instabilidade na constituição das equipes e comunidades de trabalho: a alta rotatividade (Davezies, 1997).

A precarização dos vínculos interpessoais e da comunicação significativa alcança a vida familiar, o lazer e as várias modalidades de participação social — o que acontece pela compressão dos "tempos de conviver", pela fadiga e por inúmeros mecanismos que transformam sentimentos, modos de conviver e de compartilhar.

A precarização, ao atingir todos os âmbitos da sociabilidade, isola os indivíduos e repercute de modo importante na *vida afetiva* e na subjetividade de cada um.

3.2 O Gerenciamento Desgastante

As técnicas de gerenciamento atualmente predominantes, dentro dos paradigmas voltados à acumulação flexível e maximização de lucros, ao estimularem a exacerbação da competição entre os empregados, concorrem, simultaneamente, para reforçar o *individualismo*, promover o *aumento do cansaço*. Existem múltiplos aspectos na gestão desgastante. O discurso sedutor marcado pela *ideologia da excelência* e por promessas de liberdade se disseminou a partir das grandes empresas e contrasta com a implementação de políticas de pessoal extremamente opressivas. Esse aspecto que instituiu uma *tecnologia de mascaramento* para a superexploração será exposto no capítulo seguinte. Entretanto, se faz necessário mencioná-lo neste ponto, por constituir, no interior das organizações, o motor central da *produção de danos* à saúde mental dos assalariados.

A percepção do próprio cansaço e do isolamento, juntamente com a inexistência de reconhecimento, leva cada assalariado a vivências de profunda insegurança. Dessa forma, esses modos de gestão tornam-se desgastantes e fomentam o crescimento da incerteza e do medo quanto ao futuro.

Os processos de precarização descritos pelos estudos feitos nos países desenvolvidos da Europa não correspondem, entretanto, aos de outras áreas marcadas por grande desigualdade socioeconômica, onde a cultura política evidencia ainda traços do colonialismo e cujo desenvolvimento social tem sido mais lento e também desigual no acesso à educação de qualidade. Este é o caso brasileiro, e o que podemos notar é — ao lado da precarização social e do trabalho que atinge uma parte da população geral e dos trabalhadores — a existência, para outros, de uma situação distinta: *o agravamento de uma precariedade preexistente e que já atravessou muitas gerações*. Esta é a situação vivenciada pela grande maioria dos trabalhadores não qualificados das cidades e, provavelmente — já que não conhecemos estudos suficientes para comprovar uma afirmação peremptória, embora em várias regiões existam dados que apontam para isso —, também a situação enfrentada pela maioria dos trabalhadores rurais (Silva, 1999; Silva; Martins, 2000).

A permanência de formas antigas de dominação explicitamente autoritárias, inclusive a persistência de trabalho forçado, equiparado a trabalho escravo — em certas áreas do mundo e também no Brasil —, completa um quadro diversificado. E, no caso do trabalho escravo, será impossível falar em *processo de precarização* — pois certamente trata-se de situação em que aí está evidenciada e consumada uma *precariedade total.*

4. A PRECARIZAÇÃO DA SAÚDE

As interfaces e os impactos da precarização social e do trabalho sobre a saúde são bastante diversos. Os registros oficiais, no Brasil, têm revelado durante a última década a ascensão de acidentes de trabalho e doenças osteomusculares relacionadas ao trabalho, e, a partir de 2007, também dos distúrbios psíquicos. A tendência de aumento das DORT e dos distúrbios psíquicos tem sido verificada em outros países ao longo da reestruturação produtiva (Elkeles; Seligmann-Silva, 2010; Thébaud-Mony, 2008).

Em relação ao acidentes de trabalho, Thébaud-Mony concorda com a visão de que o acidente de trabalho precisa ser entendido como problema de saúde derivado de relações sociais de dominação, "descolando-se, portanto, das duas representações dominantes que fundamentam a maior parte das pesquisas sobre acidentes do trabalho" (p. 21). A socióloga francesa esclarece quais são essas representações reducionistas: 1) a de que o acidente é um risco e sempre uma probabilidade que a lógica da segurança torna incontornável; 2) "a representação sociotécnica pela qual o acidente é colocado como erro humano individual ou falha de um sistema técnico, deixando de lado as dimensões organizacionais e o trabalho vivo enquanto prática social" (p.21-22). No mesmo livro, a questão da "subcontratação dos riscos" na França é apresentada pela autora, que, entre outras formas de adoecimento, aponta crescimento da exposição dos trabalhadores a substâncias tóxicas e/ou cancerígenas, com expansão dos casos de câncer ocupacional. Thébaud-Mony também fala da "externalização" desses riscos, transferindo tais atividades da França a outros países, inclusive ao Brasil, em casos nos quais os trabalhadores franceses se organizaram na recusa a tipos de exposição potencialmente mortíferas. Além de mostrar que, na França, os imigrantes são, em geral, trabalhadores mais negligenciados pelas empresas do que os demais quanto à exposição a riscos químicos e de outros tipos (Thébaud-Mony, 2008).

A estatística brasileira de acidentes de trabalho é reveladora. Conforme publicação do Observatório Social, "Durante o ano de 2007, foram registrados no INSS (Instituto Nacional do Seguro Social) cerca de 650 mil acidentes de trabalho no Brasil. Se comparado com 2006, o número de acidentes aumentou 27,5%". Na mesma publicação, médicos do trabalho e dirigentes sindicais entrevistados revelam que a inquietação determinada pelas demissões previstas na crise está por trás do aumento mais recente de acidentes (www.os.org.br). Portanto, mais uma vez, verifica-se o quanto as transformações organizacionais criam a instabilidade no psiquismo que, muitas vezes, pode ser mediação importante no processo causal dos acidentes típicos. Sem esquecer que o acréscimo de cansaço advindo da intensificação do trabalho na atualidade também deve ser considerado na origem do aumento de acidentes. Essa intensificação, como grande número de estudos ergonômicos demonstram, por sua vez deriva, além dos aumentos de ritmo, de todas as pressões organizacionais por aumento de produtividade. Um terceiro aspecto aparece também como relevante no caso dos acidentes: a falta de familiaridade com atividades de maior risco, tanto nos trabalhadores que foram obrigados a se tornar *polivalentes* quanto pelas transformações continuadas que atingem os próprios processos de trabalho e os equipamentos (Munce et al., 2007; Assunção; Almeida, 2003; Elkeles; Seligmann-Silva, 2010).

Os dados brasileiros sobre a expansão da prevalência de distúrbios osteomusculares relacionados ao trabalho (Dort) também são expressivos e os registros tiveram forte aumento após a instituição do NTEp (Nexo Técnico Epidemiológico) no INSS (Instituto Nacional de Seguridade Social), conforme esclarecido por Maria Maeno (2008). Embora não existam estudos epidemiológicos amplos sobre a comorbidade configurada pela concomitância de Dort e quadros depressivos, esta é largamente conhecida pelos profissionais que assistem os trabalhadores adoecidos nos serviços do Sistema Único de Saúde (SUS), existindo numerosos estudos qualitativos a respeito. O que é plenamente compreensível considerando tanto as pressões psicológicas quanto a discriminação, as limitações e as múltiplas perdas — inclusive de autoestima e de perspectivas de desenvolvimento profissional que são vivenciadas pelos trabalhadores atingidos.

Portanto, não é possível isolar os traumatismos e o adoecimento, que atingem mais visivelmente os corpos dos trabalhadores, do sofrimento e do adoecimento psíquicos. Assim, a comorbidade constatada em numerosos casos precisará ser abordada no próximo capítulo, mas, assinalamos já aqui, a frequência com que manifestações depressivas se instalam e acometem muito trabalhadores, no decurso de doenças profissionais e das relacionadas ao trabalho. Infelizmente, as estatatísticas oficiais invisibilizam a comorbidade, pois o Sistema de Administração de Benefícios por Incapacidade (informatizado) do INSS — o Sabi — apenas computa um diagnóstico para cada perícia realizada, mesmo quando ocorre comorbidade (Maeno, 2011).

5. A PRECARIZAÇÃO DA SAÚDE MENTAL

5.1 Relação entre Precarização da Saúde Mental e a Diretriz da Flexibilidade

Já vimos que a precarização da Saúde (vista como um todo, do qual a vida mental é inseparável) é gerada em entrecruzamentos dos outros processos contemporâneos de precarização, como procuraremos esclarecer.

A saúde sofre os impactos decorrentes da desregulamentação e da flexibilização do trabalho. A flexibilidade que se estabeleceu no mundo do trabalho como novo "princípio básico" também habita a sociedade contemporânea onde "o que era sólido se desmanchou no ar", inclusive os valores básicos que presidiam a vida cotidiana, o funcionamento da família e de todas as instituições. O enaltecimento da flexibilidade foi tão intenso, que muitos chegaram a confundir o novo paradigma com a ilusão fascinante de uma liberdade total que sempre fora almejada. Portanto, em nível mais profundo, a flexibilidade tornou-se um princípio que assumiu um caráter ideológico e impositivo, que não podia ser questionado nas estruturas onde "manda quem pode e quem não pode obedece", para não perder o emprego.

Flexibilidade passou a implicar mudança permanente e continuada, o que vale dizer evocar fluidez e impossibilidade de compromissos e de relações duráveis. O afrouxamento e a variabilidade ou flexibilidade das regras é que permitiram a desregulamentação dos contratos de trabalho. A injunção voltada à flexibilidade humana correspondia ao ideal da organização enxuta e flexível. Assim como a injunção da rapidez no desempenho sempre esteve associada à maximização da produtividade — o que se acentuou ainda mais no contexto contemporâneo —, desconsiderando os *tempos* necessários ao trabalho mental cognitivo e afetivo.

O trabalho humano tornou-se, cada vez mais, um trabalho dominantemente mental. Porém o cansaço mental do trabalho intelectual intensificado e a exaustão emocional foram igualmente ignorados nas reestruturações. Esse menosprezo tem ocorrido tanto na indústria quanto nos demais setores, e de modo preocupante na prestação de serviços — o que poderia ser detalhado se houvesse tempo para examinar as pressões impostas a professores e profissionais de saúde que estão muitas vezes submetidos à precarização dos contratos de trabalho, das condições de trabalho e, simultaneamente, expostos a formas de violência intimamente articuladas à precarização social.

As *relações interpessoais*, igualmente, foram submetidas à flexibilização. Em muitas organizações, deixou de ser importante preservar a integridade de equipes de trabalho, que haviam desenvolvido experiência num desempenho conjunto durante o qual também laços de confiança e mesmo amizade haviam se fortalecido.

A partir da desregulamentação contratual e do afrouxamento das relações sociais de trabalho, outras flexibilizações se tornaram possíveis — como as que recaem sobre as jornadas de trabalho com a criação do "banco de horas", as atribuições de funções e de responsabilidades, os salários "variáveis". E a mudança constante de critérios para tudo — seja a avaliação dos assalariados, ou os critérios admissionais, ou mesmo os demissionais etc. A valorização da *polivalência* surgiu nesse contexto, derrubando o orgulho profissional de operários especializados e de técnicos que haviam anteriormente desenvolvido experiência e obtido *reconhecimento* em atividades específicas. Dessa maneira, era abalado um dos mais importantes suportes da identidade e da saúde mental: *o reconhecimento — do trabalhador como pessoa e do trabalho por ele realizado.* A menção aqui do *trabalhador como pessoa* deixa implícita uma observação feita por estudos de campo realizados no Brasil — a de que os trabalhadores, em algumas ocupações — como a de *gari* —, passam a ser *invisíveis* para os olhos de muitos. Posteriormente, o filósofo francês Guillaume Le Blanc também analisou evidências a respeito dessa invisibilização de seres humanos que realizam trabalhos *desqualificados* (Costa, 2002; Le Blanc, 2009).

5.2 Ressonâncias na Vida Cotidiana e na Sociabilidade

A autorrepressão dos sentimentos e emoções que são derivados da impotência vivenciada no trabalho precarizado e dominado, além das repercussões psicossomáticas que suscita, com o passar do tempo acaba por fracassar e se projetar externamente. A autorrepressão constante origina irritabilidade intensa, que por sua vez exige novo aumento do esforço de autocontrole.

A instabilidade, as vivências de insegurança, medo e incerteza diante do futuro, incrementadas e propagadas a partir da esfera laboral, repercutem de modo importante na *vida afetiva* e alcançam todos os âmbitos da sociabilidade, tensionando os relacionamentos e empobrecendo a participação na vida familiar, assim como a participação social e política.

A partir do isolamento social, novas vivências de mal-estar e sofrimento psíquico poderão dar lugar a desdobramentos patológicos.

5.3 Compromissos na Instabilidade? A Cisão da Subjetividade e Outras Dinâmicas

A princípio, a ideia de flexibilidade parecia incompatível com a noção de comprometimento. Como alguém que vivencia a instabilidade e transitoriedade provável do seu emprego pode engajar-se e assumir um real *envolvimento* com os objetivos da empresa? Entretanto, as empresas desejavam que seus empregados assumissem compromissos com suas metas. Fixadas para curto ou médio prazo, portanto mutáveis no longo prazo, as metas eram ao mesmo tempo consideradas sagradas, e o esperado era que, no núcleo de empregados formalmente contratados, cada um se comprometesse até o *fundo da alma* com as metas de longo prazo para a produtividade e a competitividade, visto que a hegemonia era (como é ainda) disputada entre as organizações. Tal injunção, no caso dos gerentes e demais executivos, deveria ser literalmente incorporada — isto é, passar a *fazer parte de suas mentes* e reger todas as suas ações. "Injetar" a mesma injunção em todos os demais passou a ser também missão desses executivos.

A cisão interior se instala para muitos — vivência subjetiva de uma divisão entre o "amor obediente" e o medo da rejeição que incita à cautela e à defesa. Ou melhor, ocorre o mal-estar, o conflito, o desejo de ceder ao apelo sedutor e o *medo* que exige manter-se em alerta — para que ninguém lhe puxe o tapete ou para não incorrer em sanções que o coloquem na próxima lista de "enxugamento" (demissões). Para alguns, a passividade parece instalar-se mais precocemente, quando *anestesiam* a percepção do medo e passam a *idealizar* a empresa entregando-se a ela por inteiro. Reforçados por uma cultura de dependência que atravessou muitas gerações, seus mecanismos pessoais de defesa psicológica atuam para construir a passividade ou, na expressão que atualmente ganhou força dentro dos estudos voltados ao tema — a servidão voluntária.

Na produção acadêmica das escolas de administração, especialmente nos anos 1990, numerosos estudos foram desenvolvidos na busca de superar esse impasse. Estabelecia-se, pois, uma clara contradição entre a obtenção de *comprometimento* e a *insegurança* vivenciada em vínculos instáveis. Um fator agravante nessas situações de impasse era representado pelas avaliações de desempenho. Pois uma avaliação permanente, cujos critérios se tornavam muitas vezes misteriosos, aumentava a ansiedade e a insegurança desses empregados, esmagando a possibilidade de um comprometimento real e autêntico e substituindo este pelos esforços muitas vezes desesperados, desenvolvidos sob a pressão do medo.

Esse impasse se constituiu no desafio maior que motivou as organizações ao desenvolvimento de uma extensa e variada tecnologia de sedução e envolvimento conjugada a um poderoso arsenal de técnicas e equipamentos voltados ao controle dos assalariados.

Assim, para capturar a subjetividade, isto é, a alma, o desejo e a *entrega* à empresa, foram construídas armadilhas poderosas. Armadilhas constituídas por métodos e técnicas de envolvimento, enredadas em culturas *fabricadas* que continham novas ideologias — como a da *excelência*, dentro do objetivo de obtenção de um *comprometimento total*.

Quais têm sido as ressonâncias reais desses esforços empresariais nas subjetividades dos empregados? As interpretações e os termos dos diferentes pesquisadores que procuraram esclarecer essa questão são diversos, mas têm uma grande aproximação entre si: expropriação da subjetividade (Doray, 1981); despossessão de si mesmo (Schwartz, 1997); captura da subjetividade (Alves, 2010). Sob a *simultaneidade* da sedução e da coação, a adesão a uma *servidão voluntária*, na qual a subjetividade está profundamente envolvida, é apontada como consequência final, segundo ponto de vista compartilhado por pesquisadores de diferentes linhas de pensamento. Essa servidão expressaria não só a renúncia aos próprios valores e desejos, mas também a aceitação passiva da submissão servil como única alternativa de sobreviver no contexto fixado pela dominação neoliberal. Quanto à *esperança* da emancipação de tal aprisionamento e ao potencial *mobilizador* dessa esperança, pouco tem sido escrito, mas alguns têm tratado do tema, como veremos adiante.

Nessa situação de submissão e dependência, a necessidade de reconhecimento se torna aguçada, pois perder o apreço ameaça o pertencimento à empresa e isso significará dilaceramento de si mesmo, já que o *eu* se confunde com a própria empresa que passou a ser também o seu mundo. Dessa forma, os indivíduos se tornam extremamente sensíveis aos sinais de falta de reconhecimento, que podem ser interpretados — a partir de quaisquer críticas, sanções ou manifestações visíveis de depreciação — como indícios de rejeição. Ao mesmo tempo, à medida que a sobrecarga de trabalho cresce, o temor de "não dar conta" ou cometer erros se torna aterrorizante, da mesma forma a fadiga se acumula e o desempenho, inevitavelmente, diminui. Recorrer a tranquilizantes e a estimulantes (psicotrópicos, bebidas alcoólicas ou drogas mais pesadas), buscar forças nos chamados produtos e alimentos "energéticos" (de mercado por isso mesmo aquecidíssimo) se incorporam aos hábitos de muitos sob as formas assumidas pela gestão no neoliberalismo. Mas quando os sinais de rejeição pela empresa se tornam mais explícitos, a perspectiva desse abandono pode levar ao desespero, à vivência de perda irremediável de si e do próprio destino, e mesmo ao suicídio.

Os que conseguiram preservar uma consciência de classe e/ou percepção do jogo do poder poderão identificar as armadilhas armadas sob a retórica da excelência ou da "necessidade de sobrevivência da empresa". Estes estarão, provavelmente, mais protegidos do ingresso no estado de servidão e aptos a buscar formas de emancipação, a integrar-se em resistências coletivas.

5.4 Critérios de Avaliação e o Sentimento de Justiça

O paradigma da flexibilidade e da fluidez também penetrou nos critérios de avaliação dos funcionários. Assim, deixaram de merecer importância e consideração a dedicação e ao bom desempenho do passado, por mais longa que tivesse sido a trajetória do empregado avaliado. Pois, também aí, o que até presentemente passou a ser levado em conta foi o *curto prazo*. E muitas vezes o rendimento contabilizado para a meta do último mês não considera o desempenho dos meses ou anos passados, mesmo que este tenha sido excelente. Instaura-se, então, o sentimento de que *a justiça foi ferida* — o que dá margem a uma dinâmica subjetiva que pode ter desdobramentos variados. Nesses fluxos, os sentimentos poderão ser de tristeza, que pode passar de dor à raiva, para virar ressentimento e mesmo, além de perturbações do sono, pela via psicossomática, provocar aumento de pressão arterial, taquicardia, gerar sintomas como dores de cabeça, cólicas intestinais, entre outros. Evidentemente, caso se crie espaço de liberdade para o diálogo e a argumentação, a resposta poderá ser outra — mobilizar iniciativas para debate aberto e negociação na busca de superação da injustiça.

Todos os impactos mencionados são processados através de complexas mediações, penetram o cotidiano de vida e trabalho e vão refletir-se nos relacionamentos e nas subjetividades dos homens e mulheres. As *mediações* de ordem micropolítica e psicossocial assumem especial importância nos processos que irão definir resistências ou vulnerabilidades.

Deixando para o próximo capítulo o estudo das patologias que emergem nas situações aqui descritas, prosseguiremos examinando a precarização da saúde, passando a focalizá-la em uma perspectiva especial — a da relação com a corrosão que vem sendo imposta à ética.

6. A PRECARIZAÇÃO DE ORDEM ÉTICA: REPERCUSSÕES NA SUBJETIDADE E NA SAÚDE MENTAL. APAGAMENTO ÉTICO OU DESNORTEAMENTO?

6.1 Da Flexibilidade às Ambiguidades que Ferem a Ética

O princípio da flexibilidade relaciona-se também, em nível mais profundo, com a *degradação de ordem ética* que redundou em mudança de valores e imposição de desvalores.[2] Na medida em que flexibilizar como regra imperativa levou a *flexibilizar* valores e até a invertê-los — acompanhando o economicismo que antepõe o lucro à justiça e ao bem comum.

No caso da subjetividade — que deve ser enfocada para podermos falar da Saúde Mental — é necessário olhar a realidade através de uma lente especial: a das culturas que formulam os valores que dão sentido à vida e ao trabalho, em cada comunidade humana ou formação social. Foram comunidades que moldaram as identidades sociais de todos os que ingressam no mundo do trabalho. Trata-se da transmissão de valores que

2. Conceito desenvolvido por Agnes Heller, que considera que o desenvolvimento do valor — seja dos valores de uso, seja dos valores morais — pode sofrer retrocessos. *Desvalores* podem se expandir na esfera moral, mesmo quando aumenta a produção global de valores de uso (*O cotidiano e a história*, publicado originalmente em 1970).

se faz a partir da socialização primária, gestada no convívio das primeiras etapas da vida de cada um. Mediações e dinâmicas estudadas pela Psicologia Social e por algumas vertentes da Psicanálise levam à subjetivação através da interiorização dos valores dominantes na cultura. Isto é, esses valores passam a fazer parte da vida subjetiva e a mobilizar sentimentos.

Ao longo da história política e social de qualquer sociedade, os valores impostos às subjetividades pela cultura dominante podem transformar os valores originários (Elias, 1993). Isto é o que está acontecendo na contemporaneidade e pode ser pensado como manifestação de um grave apagamento ético, como sucintamente descrito em publicação recente:

> (...) aprofunda-se a alienação social do trabalho cristalizando o processo de coisificação das relações humanas e de personificação das coisas, minando os processos de construção das identidades, valorizando-se o individualismo exacerbado, consumista e desintegrador — nutrindo-se a ilusão de ser feliz pelo ter — impulsionando-se os indivíduos num voltar-se para a exterioridade, num processo de esvaziamento interior e de negação dos sentimentos e valores humanos (fundantes), perdendo-se a noção de pertencimento à espécie humana (crianças, pessoas de rua não são gente, não são seres humanos; trabalhadores são coisas, crianças trabalhadoras não são crianças), dentre outras construções erigidas no imaginário social. (Franco; Druck; Seligmann-Silva, 2010)

Criticar essa *nova ordem* imposta pelo paradigma ou diretriz da flexibilidade nada tem a ver com uma adesão à rigidez que leve ao engessamento. Certamente, mudanças são desejáveis e as transformações podem ser positivas — a variabilidade faz parte da própria vida biológica e social. O que preocupa é quando a flexibilidade rompe e fere dimensões que correspondem à essência da própria condição humana e violenta o corpo e a dignidade dos que trabalham e dos que desejam trabalhar.

6.2 Os Fluxos da Degradação e a Corrosão da Sociabilidade

A degradação dos valores percorre o *continuum* que vai da precarização social contemporânea à precarização do trabalho, e desta à precarização da saúde, com vetores especiais para a saúde mental.

A degradação flui ao longo desse *continuum* e em todas essas *passagens* do macro — global e nacional — atravessando estruturas e instâncias de poder intermediárias — dos governos e da economia — para repercutir adiante nas organizações (empresas) de todos os portes. Organizações onde estão aqueles que trabalham — seres humanos, cada um com sua história pessoal e singularidade biopsicossocial. Os fluxos da degradação não são unidirecionais, também se propagam das estruturas menores para as maiores, além de sofrerem metamorfoses e passarem por interações com forças e fenômenos de diferente natureza. E a degradação não pode ser considerada inexorável, pois vem encontrando barreiras e resistências em seu percurso — o que ainda deve despertar esperança (Schwartz, 1997; Alves, 2010; Waterman, 1998 e 2001).

Fenômenos complexos se entrelaçam, a partir das pressões organizacionais em que a velocidade atropela as comunicações significativas e os relacionamentos, ao mesmo tempo que a competição acirrada destrói os laços afetivos.

Uma face na gênese do apagamento ético é a *degradação da sociabilidade*. Ela é mediada por mecanismos complexos nos quais atuam as invectivas à competitividade, desencadeando uma busca de garantir vantagens a qualquer preço, ao mesmo tempo que o indivíduo procura conjurar o medo de se tornar perdedor. Cobiça e medo se misturam no amálgama que preside ao sacrifício dos *sentimentos éticos*. Além das pressões (exigências) de velocidade, que, como já vimos,[3] muitas vezes não dão mais espaço ao pensamento nem à consciência crítica — como têm sido bem analisadas nos estudos sobre hiperatividade (Pezé, 2008).

Qualquer que seja sua origem, a percepção de que o apagamento ético contamina a situação de trabalho resulta na perda da confiança.

A acusação injusta, assim como a ofensa que fere a dignidade, levam à perda de confiança e, ao mesmo tempo, semeiam o ressentimento. E, para muitos, o ressentimento que irá germinar poderá crescer de modo a sufocar os sentimentos éticos. Trata-se, portanto, de um processo em cadeia, numa corrente que leva a uma ampliação do esvaziamento de

---

3. Vale assinalar que hiperatividade tem diferentes origens e vem sendo alvo de diferentes interpretações e mesmo de controvérsias quanto aos processos em que se constitui (Dossier L'hyperactivité, 2004).

valores e ao dilaceramento das solidariedades. A resultante poderá ser, também, o acirramento ainda maior de uma competição onipotente e alheia a qualquer afeição. Competição que prolifera à medida que são eliminados tanto o tempo de construção quanto o de manifestação dos sentimentos de consideração ao outro. Amizade, respeito e confiança são apagados pela mistura de medo e ânsia de sobreviver e *vencer.*

O medo se torna, muitas vezes, um estado permanente que toma conta do cotidiano de trabalho. Portanto pode ser instaurado um medo coletivo. A natureza desse medo tem sido amplamente estudada. Medo do quê? Do desemprego que significará desamparo para a maioria. Mas também da perda da consideração dos seus pares, familiares e pessoas amadas. Ainda, medo da desmoralização de se tornar um *perdedor* diante dos outros (da sociedade) e um *derrotado* perante si mesmo. O que é também o temor de vivenciar o *fracasso* do projeto de vida traçado no passado. Em síntese, trata-se também do *medo de passar vergonha*, temor de ser desmoralizado. Esses medos pessoais, engendrados no trabalho precarizado. Esse medo individual é o medo de cada um em face da perspectiva de ruptura do vínculo social constituído pelo próprio trabalho. Medo gerado também no contexto mais amplo, externo ao ambiente do trabalho. Isto é, em contextos sociais variados quanto à proteção da vida, mas todos inseridos em um mundo onde os fluxos do medo se espalham sob o temor da expansão da violência social e das catástrofes ambientais (Bauman, 2006).

Evidentemente, essa dinâmica não pode ser vista como fatídica e incontornável. A complexidade e variabilidade dos seres humanos abrem muitas alternativas. As possibilidades de percepção, explicitação e conscientização dos riscos de expansão de tal processo a destrutivo existem e podem freá-lo, certamente, de modo a impedir um final catastrófico.

Para direcionar a reflexão, parece possível alertar, de modo mais sucinto, para os perigos do apagamento ético, apontando três expressões desse fenômeno que merecem atenção especial:

1) o rompimento dos laços de *confiança;*
2) radicalização da *competição* individual, com uso de quaisquer meios: ferir a dignidade do outro; recurso à calúnia e à fraude e chegar mesmo à crueldade com o objetivo de *obter vantagem;*
3) o desaparecimento da solidariedade.

A violência psicológica resultante do apagamento ético enseja expressões clínicas no plano individual e desdobramentos no plano coletivo. Os atingidos pela crueldade moral às vezes passam do sofrimento psíquico ao transtorno mental. Mas o psiquismo dos que momentaneamente se tornam *vitoriosos* — quer nas disputas entre pares, quer na imposição humilhante e/ou tratamento injusto de subordinados hierárquicos —, pelo que a experiência clínica tem revelado, também sofrem desgaste mental, e em outro momento, podem desenvolver distúrbio psíquico (Pezé, 2008).

O grupo de psicanalistas ingleses que vem analisando dirigentes de grandes empresas também desvela o assunto, mostrando as decorrências desastrosas para os empregados e para o próprio destino das empresas cujos responsáveis se tornaram não apenas insensíveis, mas, muitas vezes, cegos diante da realidade complexa de uma economia que não pode ser dissociada de seus *motores* humanos. Numa cegueira que, além de transtornar a personalidade, pode se transformar em doença orgânica ou mental (Armstrog; Lawrence; Young, 1997).

7. DEFESAS PSICOLÓGICAS E RESISTÊNCIAS EM FACE DA PRECARIZAÇÃO

Já vimos que apenas com base nas defesas psicológicas individuais e nas coletivas é possível conviver e aguentar situações que seriam extremamente difíceis de suportar cotidianamente, caso não atuassem esses mecanismos. O avanço da precarização, a alta rotatividade e as mudanças continuadas nas estruturas e equipes, segundo muitas indícios, têm inviabilizando ou feito estragos nas defesas coletivas ocultadoras de ameaças e de perigos reais. Os assalariados, então, só podem *aguentar* a permanência no trabalho por conta dos próprios mecanismos individuais de defesa — pelo menos enquanto dure a resistência do seu organismo (Lhuilier, 2007).

A idealização, por exemplo, é uma defesa individual muito presente, mesmo quando os dados da realidade já deixam evidente a falácia do discurso que promete uma trajetória ascendente e exitosa. A empresa supermoderna e seus líderes são às vezes alvo dessa idealização que frequentemente é estimulada através dos discursos, vídeos, publicações da própria empresa. O que evoca os rituais voltados a fortalecer a dominação por meio de um verdadeiro culto ao fundador de uma grande empresa brasileira, nos anos 1980 (Segnini, 1988). Já os mecanismos individuais de negação têm servido em grande parte para que o trabalhador oculte de si mesmo as manifestações de seu desgaste, e mesmo os sintomas que sinalizam início ou avanços de um processo de adoecimento.

As *resistências e solidariedades coletivas* também têm sido, de modo mais geral, impactadas de modo negativo, para o que tem contribuído, simultaneamente, o estímulo empresarial ao individualismo e o temor ao desemprego. Existem, entretanto, exemplos importantes de respostas solidárias a determinadas decisões empresariais que foram percebidas pelos trabalhadores como especialmente injustas ou ameaçadoras à saúde, tanto no Brasil como em outros países (Antunes, 1999; Alves, 2010; Thébaud-Mony, 2008; Jobin, 2006).

O que se tornou, entretanto, mais comum em muitas situações precarizadas de trabalho é que os trabalhadores contam apenas com seus próprios mecanismos psicológicos de defesa, com suas possibilidades individuais de *resistir e enfrentar* os constrangimentos e sobrecarga de atividades. No máximo, alguns contam também com apoio psicológico e afetivo de suas famílias ou grupos de pertencimento, como vimos também ao estudar os atingidos pelo desemprego, conforme explicitado no capítulo anterior. O que, em geral, é insuficiente para evitar a ascensão da ansiedade e a multiplicação dos medos.

8. AS PESQUISAS EMPÍRICAS SOBRE RELAÇÃO ENTRE PRECARIZAÇÃO E SMRT — PESQUISAS BRASILEIRAS

Nos últimos anos foram feitos vários estudos voltados a pesquisar a repercussão psíquica de situações de trabalho atingidas pela precarização. Os cientistas sociais, em vários países, se anteciparam aos pesquisadores da área da saúde, ao direcionarem seus estudos à precarização social e do trabalho, quando realizaram constatações sobre impactos na saúde mental — mesmo quando originariamente seus projetos de pesquisa não estivessem voltados para as questões de SMRT. Ao longo dos anos 1990 e 2000, psicólogos e outros profissionais de saúde desenvolveram pesquisas que já se tornaram numerosas voltadas ao tema. Paralelamente, os cientistas sociais têm trazido subsídios extremamente valiosos para esse campo, juntamente com pesquisadores de outras áreas vinculadas à saúde e ao trabalho, como os ergonomistas.

Os estudos têm se desenvolvido nos mais diversos setores da economia e também no setor público. Mencionaremos algumas dessas investigações sem ter a pretensão de uma completude ou, sequer, de uma ordenação cronológica que dê conta das pesquisas mais relevantes, tarefas impossíveis diante do grande número de estudos surgidos sobre a temática. Iniciamos, assim, pela referência a uma das primeiras publicações a respeito.

Na França, um conjunto importante de textos sobre precarização do trabalho e vários aspectos de saúde foi publicado em 1997. A precarização havia atingido uma usina nuclear, tendo havido a identificação de uma ressonância que se refletiu na ascensão da prevalência de depressões. Tal constatação foi realizada em uma análise epidemiológica referente aos trabalhadores subcontratados através de empreiteiras e que atuavam sob riscos de radiações ionizantes em uma usina hipermoderna. (Doniol-Shaw, Huez e Sandret, 1997). Um conjunto de estudos nos quais o tema da precarização do trabalho foi articulado à precarização da saúde foi publicado também na França (Appay; Thébaud-Mony, 1997).

Na Inglaterra, as pesquisas de Ursula Huws apontaram múltiplos aspectos da degradação da sociabilidade e das condições de existência dos trabalhadores — sob enfoques muito significativos para a SMRT, como os que apontam para a desqualificação em massa de trabalhadores que atuam em processos informatizados — o novo "*ciberproletariado*" identificado por essa socióloga que estuda, de modo original, a trajetória histórica do trabalho feminino (Huws, 2003).

Estudos realizados dentro da abordagem da Psicodinâmica do Trabalho sobre a precarização também têm sido divulgados na revista *Travailler*, na qual alguns *dossiers* especiais sobre subtemas específicos, trazendo resultados de estudos e pesquisas, tais como *hiperatividade* (Dossier L'Hyperactivité, 2004) e as *novas formas de servidão* (Dossier Nouvelles formes de servitude et psychopathologie, 2005).

Estudos brasileiros

Estudos sobre precarização desenvolvidos nas áreas de Ciências Sociais e Saúde do Trabalhador

No Brasil, o primeiro estudo de sociologia do trabalho que revelou impactos sobre a saúde, a partir do enfoque apoiado pelo referencial conceitual da precarização, foi realizado na cidade de Salvador. Tânia Franco, Graça Druck e outros autores do estudo identificaram, na análise realizada em 44 empresas, uma impressionante escalada de acidentes de trabalho. Detectaram, também, um conjunto de aspectos organizacionais que, à luz do conhecimento atualmente existente, configuram situações de trabalho altamente propícias à constituição e desencadeamento de transtornos psíquicos. Esse estudo examinou o período de 1988 a 1993, contextualizando os eventos que atingiram os trabalhadores, o que permite aprofundar o conhecimento sobre os reflexos predadores que o período Collor imprimiu no mundo do trabalho (Franco et al., 1994).

Na produção brasileira surgiram outras pesquisas sobre o tema e predominam largamente estudos sobre precarização realizados por cientistas sociais, muitos dos quais examinam a *degradação* das relações sociais de trabalho em vários de seus desdobramentos e correlações com deterioração das condições gerais de trabalho e da sociabilidade (Palmeira Sobrinho, 2008). Em área de teleatendimento, incluindo bancos e *callcenters* — entre outras modalidades —, alguns estudos qualitativos voltados à sociologia do trabalho registraram depoimentos em que os empregados revelaram sentir dores nos membros superiores e pescoço e vivenciarem tensões emocionais perturbadoras (Nogueira, 2006). Alguns desses estudos estendem seu olhar à precarização da saúde — focalizando principalmente a gravidade da expansão dos distúrbios osteomusculares relacionados ao trabalho (Dort) e das lesões por esforços repetitivos (LER), o que vem sendo também importante objeto de investigação no campo da Saúde do Trabalhador, por parte de médicos, psicólogos, fisioterapeutas, terapeutas ocupacionais e outros profissionais de saúde. Mas o desgaste mental e a escalada de transtornos psíquicos que atingem os trabalhadores — que já há trinta anos vêm sendo correlacionados a aspectos da organização do trabalho — apenas recentemente começaram a ser objeto de pesquisas contextualizadas direcionadas ao entendimento das determinações e mediações da precarização social e do trabalho que, em nossa realidade laboral multifacetada, vem sendo fonte de crescente mal-estar e adoecimento psíquico — consubstanciando uma precarização da saúde mental dos que vivem do próprio trabalho (Druck; Franco, 2007).

O setor bancário no Brasil tem apresentado, durante os anos de aprofundamento da reestruturação produtiva, evidências epidemiológicas da repercussão desta sobre a saúde física e mental dos trabalhadores — fartamente comprovadas pelos registros dos diagnósticos de depressões nas estatísticas de benefícios do INSS, em escalada nos últimos anos (Maeno, 2008). Também a pesquisa em sociologia do trabalho tem mostrado a profundidade da precarização e a gravidade dos danos psíquicos que incidem sobre os bancários (Jinkings, 2000). Especificidades das pressões que incidem sobre as mulheres bancárias foram estudadas por Segnini (1998).

Em nosso país, as investigações empíricas têm focado diferentes categorias profissionais e trabalhadores dos mais diversos setores. No setor petroquímico, um valioso estudo foi realizado por Anísio Araújo (Araújo; Porto, 2004).

As merendeiras das escolas públicas do Rio de Janeiro foram estudadas em situações precarizadas de trabalho, nas quais foram identificados enfrentamentos solidários desenvolvidos por essas trabalhadoras, mas, também, constatadas as sobrecargas que tiveram o poder de ocasionar adoecimentos pela via psicossomática. Nesse trabalho, emergem os aspectos da resistência coletiva e o valor do exercício de um serviço público relevante para a identidade — que é o de alimentar crianças (Silva; Brito; Athayde, 2004).

9. GERENCIALISMO, PRECARIZAÇÃO E DESGASTE MENTAL NO SETOR PÚBLICO

A doença da gestão contemporânea é o gerencialismo, e este "se tornou uma verdadeira epidemia", segundo as palavras do sociólogo Vincent de Gaulejac, que recentemente publicou — em reedição de uma obra voltada à "sociedade doente pela gestão" — um novo capítulo voltado ao que ocorre no setor público francês, em que relata como o gerencialismo está repercutindo na degradação da sociabilidade e no adoecimento dos funcionários

No livro, o autor mostra que a obsessão gerencialista avançou no setor privado ao longo da reestruturação produtiva norteada pelo neoliberalismo. E que esta obsessão tem como objetivo compatibilizar a maximização de todas as *vantagens* com o mínimo de custos — sempre no prazo mais curto possível. As vantagens almejadas são *financeiras* (lucros) e de *domínio do mercado*. O *meio* de conquistá-las é, por um lado, o aproveitamento *máximo* do *mínimo* de recursos financeiros e materiais e, pelo outro, a *exploração* de pessoas — que correntemente também são reduzidas à condição de *recursos... humanos*, na linguagem administrativa tradicional

Gaulejac expressa sua estranheza diante de tal forma de administração haver penetrado no setor público, que deveria estar preservado das disputas do mundo dos negócios. A perversão resultante é que os administradores passam a considerar mais desejáveis os resultados contábeis que os resultados sociais. Diante deste quadro, o autor afirma: "Agora é todo o aparelho do Estado que se encontra contaminado" [pelo gerencialismo] (Gaulejac, 2009, p. 9 — tradução literal).

No caso brasileiro, contemplando o histórico recente, é possível dizer que em alguns setores, a valorização dos resultados sociais tem sido substituída, além dos contábeis, também, pela de certos resultados políticos peculiares — os do prestígio político junto a grupos conservadores *donos do poder* em uma certa mídia e na liderança de um certo eleitorado — e que, em suma, são geralmente contrários a "gastos sociais", pois não reconhecem a implementação de políticas sociais como investimentos valiosos.

No setor público, a redução vem se dando — inclusive no Brasil — pelo *não preenchimento* das vagas criadas pelos funcionários que deixam cargos e funções — por aposentadoria, morte, outras causas. O que resulta em sobrecarga de trabalho para os demais funcionários e, frequentemente, em prejuízo da qualidade dos serviços prestados.

O consenso que se forma entre os que pesquisam o assunto é o de que a precarização do trabalho eclodiu em cheio nas atividades de todas as áreas da economia — além de atualmente alcançar também os *serviços públicos* e as *empresas estatais*. O que, nesse caso, modifica e prejudica profundamente a qualidade e aspectos essenciais à efetividade de uma atuação agora submetida às lógicas produtivistas. Essas lógicas, voltadas à quantificação dos resultados, se tornaram *engessantes* por meio da fixação de tempos, procedimentos e metas cujo cumprimento é submetido a formas rígidas (e às vezes ofensivas) de controle e avaliação. Nessa modernização, a desconsideração às variações e complexidades de contextos locais, situação de trabalho, inadequação de recursos e de condições de trabalho não são levadas em conta por muitos dirigentes e gestores. A repercussão desse retrocesso se faz sentir, por exemplo, na estrutura voltada à implementação das políticas sociais — incluindo a saúde, a assistência social e a educação. Tais obstáculos, embutidos em novas diretrizes organizacionais, atualmente vêm sendo implantados também no setor público, sempre em nome da *racionalidade, da modernização e da excelência.*

No Brasil, *a expansão da terceirização no setor público* ocorreu, principalmente, através da contratação de *estagiários* — que se verifica extensamente nas empresas estatais e bancos públicos —, bem como da instauração de *cooperativas*, que proliferam na área da Saúde, distorcendo o SUS, e pela externalização ou *transferência* de múltiplos serviços públicos para o setor privado (Franco; Druck; Seligmann-Silva, 2010).

10. CULTURAS DE UMA NOVA DOCILIZAÇÃO (OU SERVIDÃO)

A percepção da expansão de uma forma de "nova servidão voluntária" tem sido diagnosticada por alguns e reconhecida por muitos dos que analisam a sociedade contemporânea. A forma pela qual o consenso neoliberal se fixou e espraiou teve essa resultante. Procuremos, a seguir, compreender um pouco mais sobre como se deu esse processo.

10.1 A Subjetivação dos Desvalores e o Congelamento das Resistências

Quando se trata de subjetividade — que deve ser enfocada para podermos falar da Saúde Mental — é necessário olhar a realidade através de outra lente: a das culturas que formulam os valores que dão sentido à vida e ao trabalho, em cada comunidade humana ou formação social.

Assim, torna-se imprescindível buscar o entendimento das moldagens que atualmente são impostas à subjetividade. Sabe-se que uma via é a subjetivação pressionada pelas forças socioculturais que ditam e mobilizam valores na era neoliberal. Sabe-se também que o medo inibe as resistências. Estas, por outro lado, são obstaculizadas pela fragmentação e atomização que separaram os indivíduos entre si, deixando-os isolados e desamparados. Temos aí a ruptura dos laços interpessoais, que também significa quebra das reciprocidades, dos diálogos, dos compartilhamentos de tudo o mais que cimenta as bases para solidariedades e para qualquer aliança política. Vimos também como o individualismo foi instilado na cultura e nas mentes, preparando as separações e a atomização. Nesse processo de dissolução da sociabilidade — isto é, do próprio tecido social — temos que lembrar ainda o papel do medo que se infiltrou nesse tecido e minou os relacionamentos humanos.

O medo vem se tornando um estado permanente na vida cotidiana, em gradações que variam conforme os contextos locais e nacionais. Mas já pudemos ver, em capítulos anteriores, a forma pela qual múltiplos medos foram impregnando as subjetividades nos ambientes de trabalho. *Em suma* — a partir da infância, das vivências mais precoces e durante a adolescência e da trajetória de vida — foi ao longo do convívio na família e nas comunidades de pertencimento que foram sendo moldadas as identidades sociais de todos os que ingressam no mundo do trabalho. Mediações e dinâmicas estudadas pela Psicologia Social e por algumas vertentes da Psicanálise levam à subjetivação através da *interiorização* dos valores dominantes na cultura. Esses valores passam a fazer parte da vida subjetiva e a mobilizar sentimentos.

Ao longo da história política e social de qualquer sociedade podem mudar os valores impostos às subjetividades pela cultura dominante. E a hegemonia da ideologia neoliberal se impôs, primeiro dentro das organizações transnacionais e depois na maioria das outras, internacionalmente. Isso levou a profundas mudanças, instalando a diretriz do economicismo acima dos interesses sociais. Como afirmou Amartya Sem, a economia, que nasceu para servir à sociedade, passou a se sobrepor a esta (Sen, 1999).

O espraiamento da precarização ética que vem permeando a precarização do trabalho se mundializou, mas não de forma homogênea. As variações no interior desse processo acompanharam as diferenças existentes entre níveis de consolidação das conquistas sociais e da consciência dos direitos sociais. A intensidade da precarização variou de país para país, em alguns países de região para região. E variou também, em cada contexto nacional, de acordo com a estrutura social.

Os mais pobres, os de menor escolaridade, os trabalhadores não qualificados de modo geral, e as mulheres, quase sempre, foram os mais prejudicados pela instabilidade e os mais expostos, portanto, às repercussões da precarização em sua saúde geral e mental. Outra diferença diz respeito a ser ou não imigrante. Por exemplo, mesmo em países desenvolvidos e ricos, os trabalhadores que são imigrantes têm sofrido uma precarização mais intensa do que os demais e, comparativamente aos nacionais, apresentam maiores índices de presenteísmo. Isto é, mesmo quando adoecidos, continuam trabalhando, como foi constatado na Espanha (Agudelo-Suarez et al., 2010).

Num segundo momento de reflexão, a importância da subjetivação deve ser evocada, bem como o que se sabe quanto ao fato de os *valores* estarem profundamente conectados aos sentimentos e emoções que podem ser por eles mobilizados e transformados em ações. Em outras palavras: os valores da cultura, que foram interiorizados através da subjetivação, *mobilizam* os indivíduos que, compartilhando a mesma situação mobilizadora, impulsionam, conjuntamente, o movimento coletivo direcionados à libertação. Portanto, quando os valores são ameaçados, as *resistências* se expressam, tanto individualmente quanto no nível coletivo. E se os valores são atacados, os sentimentos e as emoções serão acionados, mas não encontrarão vias de expressão, nem nos ambientes explicitamente autoritários nem naqueles nos quais as formas de dominação sutil se impõem tão ou mais poderosamente do que o autoritarismo. Nessas circunstâncias, diante do impedimento dos fluxos libertadores, os sentimentos terão que seguir outros caminhos. As alternativas quanto a esses fluxos, para serem entendidas, necessitam ser iluminadas por alguns dos saberes que podemos encontrar na psicanálise, nos estudos da área psicossomática e da psicologia social. Pois a dinâmica psíquica que é acionada pelo sofrimento social passa por mediações representadas pelos mecanismos de defesa individuais, mas pode encontrar caminhos através da reflexão, da elaboração psíquica. Assim como, na falta dessa elaboração, o mal-estar e a dor psíquica podem *transtornar* o mundo mental ou ser canalizados pelas vias psicossomáticas, indo projetar-se ou mesmo adquirir expressão através do próprio corpo — onde o sofrimento psíquico, que não pode falar, poderá se manifestar de outros modos: virar dor, contração, espasmo, sufocação ou até paralisia e mesmo perda de visão (nos quadros conversivos). Assim, a dor e a mágoa falarão de outra forma, pela *via psicossomática*. Portanto, poderemos ter, no final do percurso, o transtorno mental ou a doença psicossomática.

O desafio colocado à clínica do trabalho

Como, então, possibilitar uma outra trajetória para os anseios bloqueados, para a ação impedida pelas estruturas autoritárias que na atualidade têm se tornado mesmo tirânicas? Como a Clínica do Trabalho poderá conduzir os trabalhadores desgastados e adoecidos a recuperar a posse de si mesmos e a possibilidade de criar laços significativos?

Acreditamos que as metamorfoses conjugadas — do sofrimento social contemporâneo, das formas de dominação, do trabalho e do desgaste humano — exigem também outras formas de ação social e de trabalho clínico.

É o que também constatamos em texto de um notável médico do trabalho que, na França, tem desenvolvido pesquisas e atividades voltadas a abrir novas perspectivas à Clínica do Trabalho.

Davezies (2008), em um seminário sobre o poder de agir em face da autoridade nas situações de trabalho, mencionou os obstáculos encontrados pelos profissionais da saúde e da ergonomia que assumem a missão de realizar intervenções nos ambientes de trabalho. Conclui que transmitir os resultados dos estudos aos detentores do poder é insuficiente para obter as mudanças necessárias, principalmente quando se trata de organizações autoritárias. E que, na atualidade, é essencial que sejam os próprios empregados a deter o conhecimento. Na abordagem clínica, o objetivo também incluiria esse conhecimento mais claro, não apenas de si mesmo, mas também da situação em que está inserido. Assim sendo, quando há situações de crise que envolvem e afetam a saúde dos empregados, Davezies propõe *uma "clínica médica do trabalho" que leve em conta que o trabalhador adoecido precisa ter o entendimento do que se passa no contexto de trabalho no qual está inserido*. Pois isto será essencial para a percepção do reflexo dessa dinâmica em si mesmo e no próprio conflito interior. Essa abordagem pode ser associada ao enfoque psicanalítico em que o indivíduo possa entender de que modo se deixou envolver pela teia de poder e *como* foi afetado. O autor explica:

> Com efeito, os pacientes apresentam em geral uma sintomatologia ansiosa e depressiva, mas com uma particularidade — um profundo desnorteamento, uma incompreensão profunda *do que* os está atingindo. (Davezies, 2008, p. 4)

Acreditamos que essas colocações de Davezies podem alcançar uma ressonância importante no Brasil. Mas, dentro das peculiaridades de nossa heterogênea realidade social, além de acolher essa mensagem, precisamos, certamente, descobrir e desenvolver estratégias e métodos que correspondam ao nosso próprio contexto de trabalho.

Pois, articulado ao desafio político, existe na atualidade brasileira um desafio imenso colocado às políticas públicas e aos profissionais de Saúde e de Serviço Social, isto é, à Clínica do Trabalho e à Reabilitação psicossocial e profissional. O desafio procede do vastíssimo contingente de trabalhadores atingidos por altos níveis de desgaste, dentro do quadro geral de precarização que tentamos delinear neste capítulo. E o desgaste mental ocupa grande espaço nesse quadro de precarização, como expressão atual do sofrimento social que se alastra internacionalmente. O desafio preventivo precisará certamente incluí-lo, juntamente com os outros desafios acima colocados.

CAPÍTULO 3

PSICOPATOLOGIA DA VIOLÊNCIA E SUAS EXPRESSÕES CLÍNICAS

1. VIOLÊNCIA COMO PROBLEMA DE SAÚDE PÚBLICA E VIOLÊNCIA NO TRABALHO CONTEMPORÂNEO

Neste capítulo deveremos focalizar sinteticamente as principais formas de adoecimento mental associadas à violência que incide no âmbito dos locais e situações de trabalho. Antes, porém, é necessário realizar algumas considerações sobre a violência social, que já foi reconhecida pela Organização Mundial de Saúde (OMS) como problema de saúde pública. Possivelmente existem relações importantes entre a violência exterior ao trabalho e a violência que cresce nos ambientes laborais. Ou melhor, a psicopatologia da violência, que vem merecendo tantos estudos epidemiológicos em Saúde Pública, precisa aprofundar o enfoque voltado à violência laboral e seu significado no quadro geral da violência que se alastra. A princípio pode ser assinalado que condições indutoras da violência atualmente podem ser encontradas nos dois espaços — trabalho e sociedade —, assim como a inversão de valores éticos e morais: o individualismo, o acirramento de competitividade e o apagamento da confiança e da sensibilidade.

1.1 A Violência Definida como Problema de Saúde Pública

Na definição feita pela OMS, violência consiste no "uso intencional da força física ou do poder, mediante ameaça ou de forma efetiva, contra alguém" (Dahlenberg; Krug, 2006). Quanto à natureza dos atos violentos, esta pode ser: 1) física; 2) sexual; 3) psicológica; 4) envolvendo privação ou negligência (p. 280). Segundo o mesmo texto, "violência, deveria ser entendida como inclusão da negligência e de todos os tipos de abuso físico, sexual e psicológico, tanto como suicídio e outros" (p. 279, tradução livre do inglês). Esta interpretação corresponde totalmente às situações de trabalho que expõem os trabalhadores a fatores de risco de natureza física, biológica e química, fatores estes que originam acidentes de trabalho, intoxicações e outros danos que atingem o organismo e que terão, necessariamente, repercussões psíquicas. Na Parte IV, já vimos os danos psíquicos — indiretos ou diretos — decorrentes de acidentes de trabalho. A exposição dos empregados a riscos químicos que levam a danos do sistema nervoso e agravos mentais, evidencia muitas vezes a negligência patronal. As substâncias neurotóxicas são causa de transtornos mentais oficialmente reconhecidos no Brasil quanto a sua relação com o trabalho (Portaria 1.339/1999 do Ministério da Saúde e Decreto 3.048/1999 do Ministério da Previdência e Assistência Social). Todas as formas de *desgaste mental literal* — em que as estruturas do sistema nervoso são afetadas — têm tido constatação bastante ampla. Devem ser acrescidas, ainda, as alterações estruturais do sistema nervoso advindas de exposição laboral a agentes físicos, como vibrações e radiações. Não trataremos aqui destas patologias orgânicas, embora deva ser assinalado que sua importância no Brasil levanta preocupações e exige maior atenção para a prevenção (Camargo et al., 2004).

Afirmamos, portanto, que em sua maioria, todos estes agravos podem ser caracterizados como resultantes de violência. Uma violência consubstanciada na *negligência* dos responsáveis pela ausência das necessárias condições de Saúde e Segurança no Trabalho, inclusive as imposições organizacionais que favorecem acidentes, intoxicações e outros danos ao sistema nervoso (vide Parte IV).

Já vimos que, para estudar o *desgaste psíquico* relacionado ao trabalho, é indispensável focalizar as relações de poder e a organização do trabalho em cada contexto analisado. Na clínica do trabalho torna-se esclarecedora uma ótica capaz de identificar as perdas, impedimentos e deformações que atingem e perturbam a vida mental e relacional, empobrecendo a vida afetiva, a perspectiva existencial e a vitalidade. Trata-se, portanto, de identificar o *desgaste psíquico* no qual também o sentido do trabalho é perdido para quem o realiza, conforme vimos na primeira parte deste livro.

A violência física em geral é indissociável da psicológica. Procuraremos caracterizar a seguir, de modo resumido, alguns dos principais aspectos que caracterizam a emergência da violência psicológica no trabalho contemporâneo.

2. A NOVA VIOLÊNCIA DA EXCELÊNCIA E SUA SUBJETIVAÇÃO

2.1 Excelência como Ideologia e como Cultura

A retórica empresarial direcionada à *excelência* assumiu tanta ênfase que passou a ter um caráter ideológico e corresponder a uma cultura que se espraiou pelas grandes e médias empresas. Assim, é possível afirmar que

> A ideologia da excelência tem veiculado uma *absolutização* na qual o significado da palavra excelência foi impregnado pela ideia de *perfeição e* também de *superioridade*. Excelência entendida como perfeição passou então a ser referência para tudo — materiais, processos, métodos e pessoas. Emergiu, assim, uma espécie de *coerção à perfeição humana*, algo que se transformou em invectiva onipotente e onipresente nas empresas. Esta invectiva se evidencia como profundamente perversa, na medida em que ignora os limites e a variabilidade dos processos fisiológicos e mentais dos seres humanos... (Franco; Druck; Seligmann-Silva, 2010, p. 237)

Monroy (2000), psiquiatra francês autor de um livro sobre a violência da excelência,[1] realizou um notável estudo crítico sobre a forma como

1. O nome do livro expressa o conteúdo do mesmo: *La violence de l'excellence*, que em português corresponde a "A violência da excelência".

essa "doutrina" produziu agravos à saúde geral e mental de trabalhadores que ele observou em grandes empresas da França. O autor identificou a maneira pela qual essa cultura dá oportunidade ao assédio e pode ser indutora deste: por um lado, criando o *consentimento* ao assédio e, por outro, estimulando a competição interna ao ponto de transformá-la em uma *guerra* na qual, para vencer, "vale tudo" — isto é, tudo pode ser atropelado, inclusive a dignidade dos subordinados ou colegas cuja capacidade e dedicação possam ser percebidas como ameaça à posição ocupada ou às ambições daquele que se torna assediador.

Doray (1981) havia identificado os primórdios dessa ideologia e dessa cultura, bem como suas repercussões humanas, ao detectar os rumos que a taylorização e a automatização já assumiam na década de 1970.

A imposição da cultura da excelência é perpetrada de modo a envolver, de modo suave, desde o treinamento, os novos *colaboradores* — eufemismo adotado para ocultar a relação de subordinação. As exigências de dedicação total são assim disfarçadas, mas, gradualmente, a empresa e suas metas passam a ocupar o lugar dos próprios desejos ao se apossarem da vida mental e do tempo do novo empregado. A absorção do colaborador pela empresa o sequestra de outros espaços — a vida familiar, o círculo de amizades, as práticas de lazer e outras formas de participação social. Ocorre o sacrifício do repouso e mesmo do horário antes dedicado ao sono. Quando a empresa se torna a *dona* e o centro de sua vida, a percepção da fadiga e o temor de não conseguir manter a própria *excelência* significam horror e podem ser a véspera de um horror maior — perda de prestígio, *ser barrado* na competição interna ou até ser despedido. É também o momento em que deixa de receber estímulos sedutores para tornar-se alvo de ironias e de pressões portadoras de ameaças inicialmente veladas, mas que, em pouco tempo, se transformam em manifestações de uma violência psicológica mais explícita: zombaria, humilhação ou ameaça — de rebaixamento funcional ou de demissão. Depressões, esgotamento profissional (*burnout*) e outros agravos psíquicos e psicossomáticos têm emergido nesses percursos. Essa trajetória se dá em vários níveis hierárquicos das organizações que adotaram a cultura da excelência, conforme análises realizadas fora e dentro do Brasil, onde Lima (1996) e Bernardo (2009) puderam evidenciá-la em pesquisas de campo efetivadas em indústrias, respectivamente nos Estados de Minas Gerais e São Paulo.

A questão da falsa liberdade foi muito bem identificada e analisada por outra socióloga francesa, Beatrice Appay (2005). A autora usou a expressão *autonomia controlada* para falar dessa aparente liberdade que encobre uma forma sofisticada de violência psicológica. Nesse enfoque, Appay mostra que existe realmente uma autonomia *concedida* aos empregados e estimulada pelas gerências. Trata-se, porém, de uma autonomia sumamente limitada, já que *autorizada* apenas dentro dos limites estritos que correspondem ao interesse e às metas da empresa. No clima de pseudoliberdade existe, entretanto, uma cota de *liberdade real para afrouxamento de princípios éticos ou morais,* que possam estar inibindo o alcance das metas. Assim, comportamentos e práticas de gestão que utilizem sedução, falsidade, intimidação, humilhação ou chantagem emocional passaram também a *valer*, de modo implícito, a serviço da produtividade, da competitividade e, em especial, do cumprimento de metas. Pois estas últimas devem ser cumpridas a *qualquer* custo, *em nome da excelência.*

Para Sennett (2006) existe uma ética que assume valor norteador das condutas e relacionamentos de cada indivíduo. Essa ética ocupa o centro da noção de caráter e se desestabiliza quando o sujeito é submetido à instabilidade e insegurança de modo continuado. Em reação à incerteza e à impossibilidade de controlar a instabilidade externa, o indivíduo pode se tornar extremamente onipotente. A *onipotência*, segundo o autor, vem se estendendo na sociedade, no contexto geral do "novo capitalismo" (Sennett, 2006). O mesmo acontece na cultura organizacional predominante, num direcionamento que cria *individualismo* e reforça o *narcisismo,* gerando indiferença e mesmo menosprezo pelos demais. O indivíduo é levado a acreditar que possui potenciais inesgotáveis, crê na própria superioridade e, na medida em que percebe os subordinados unicamente como *instrumentos*, ao mesmo tempo os colegas são vistos como concorrentes ou como estorvos, de modo que o indivíduo torna-se insensível ao sofrimento de qualquer um dos demais. O *narcisismo,* por outro lado, gera a cegueira para os limites do *eu* e para todos os riscos do próprio desgaste. Podemos verificar que essa visão de Sennett se aproxima bastante daquela que mencionamos ao falar das ideias e observações feitas pelos psicanalistas ingleses Armstrong, Lawrence e Young (1997) apresentadas na Parte I deste livro, a respeito da dinâmica psíquica e da onipotência de alguns dirigentes de grandes organizações.

2.2 Os Paradigmas da Excelência

Entre os principais *paradigmas da excelência*, além da flexibilidade permanente, estão a mudança continuada, a *polivalência*, *a agilidade enxuta* (os eufemismos *enxuto* e *enxugar* significam cortes de pessoal e diminuição de despesas), a rapidez e a inovação constante (Seligmann-Silva, 1991). A ideia muito repetida pelo receituário da excelência é o de *empresas ágeis e enxutas*.

Flexibilidade: a *exacerbação da competitividade* está na raiz do individualismo e, muitas vezes, da própria violência. A supervalorização da *flexibilidade* é certamente o aspecto que tem sido alvo do maior número de estudos críticos, como vimos no capítulo anterior. Além do papel que assume na precarização do trabalho, a flexibilidade contribui para incrementar a tensão e a fadiga dos trabalhadores, por causa dos esforços de adaptação continuada às sucessivas mudanças de todo tipo. Além de prejudicar os empregados, um acurado estudo constatou que a mudança continuada acaba prejudicando, no médio ou longo prazo, a própria empresa e as suas ambições de competitividade (Grey, 2004).

2.3 Expropriação da Subjetividade e Subjetivação dos Paradigmas Organizacionais

As práticas de treinamento adotadas veiculam a *sedução para* adesão incondicional a uma *nova escala de valores* correspondentes aos paradigmas já mencionados.

Mudança permanente e rapidez

Nessa escala, recebem prioridade: *flexibilidade, mudança permanente, rapidez* e *competitividade*. A *missão* dos gestores, nas organizações voltadas à excelência, é de cultivar, cuidadosamente, *a aparência* de portar todos esses valores, constituindo-se assim em imagem ideal — líder e modelo para todos os demais. O mesmo vigor, a mesma disposição incansável para o desempenho rápido e perfeito é o que a empresa espera de cada um dos seus *colaboradores*.

A velocidade é altamente desejável e corresponde às ideias de *energização* e eficiência. Ao mesmo tempo, a *velocidade da própria mudança* é preconizada. Assim, o paradigma da rapidez também mantém proximidade com a ideia de flexibilidade. Essa injunção à velocidade condena ao menosprezo todos os que demonstram cansaço e torna descartáveis os atingidos pelo envelhecimento. Portanto, a maximização da intensificação do trabalho exige um superatleta, rompendo também, nesse aspecto, as barreiras de sua fisiologia, ou melhor, de sua dimensão psico-orgânica. Na atualidade, em muitas organizações, *a impaciência é institucionalizada*, em detrimento do trabalho bem-feito e do tempo para escutar, pensar e tratar subordinados, colegas e clientes com atenção e respeito às dificuldades que possam apresentar. Estamos, assim, diante das pessoas aceleradas que atuam em *organizações velozes*, onde as também rápidas mudanças sequer permitem o aprendizado correto do trabalho que se modifica a cada passo, o que se torna fonte de frustração e angústia, quando não de erros e acidentes (Sennett, 2006). O paradigma da rapidez também se impõe às mudanças de estruturas e de processos produtivos, tempos, organização, fluxos de informação e formas de avaliação. A mudança deve ser permanente, portanto, precisa ser feita velozmente, qualquer que seja a natureza e complexidade da atividade.

Quanto à rapidez, o exigido pela *excelência* é o alcance da velocidade prevista para alcançar a meta de produção. Mesmo que, ao tratar-se de um trabalho que envolve ou é direcionado a pessoas, possam ocorrer imprevistos próprios da natureza humana — como, por exemplo, no caso do trabalho de professores e profissionais de saúde. Ou que seja passível de enfrentar imprevistos do meio ambiente, como quando se trata de atividade na área de transporte ou exposta a intempéries, por exemplo, na lavoura.

Em entrevista que antecedeu por pouco tempo sua morte trágica em uma corrida de automóveis, o corredor Ayrton Senna mencionou que, ao correr, quando a velocidade chegava ao máximo, sentia uma espécie de embriaguez na qual a consciência se apagava. Esse enevoamento da consciência também se verifica na intensificação do trabalho — ocorre certa *obnubilação da consciência* na qual o *pensamento desaparece*.

O aumento geral da insegurança e da incerteza advém de cada um dos paradigmas e, ao mesmo tempo, da convergência na qual se potencializam (reforçam) mutuamente. Do mesmo modo, cada um de per si e o conjunto desses paradigmas exercem repercussões negativas para a saúde mental.

Em síntese: a imposição de *culturas artificiais*, estranhas aos valores internalizados ao longo da constituição da identidade pessoal e social de cada pessoa, é instrumento poderoso direcionado ao *controle total* que visa à submissão absoluta aos atuais paradigmas organizacionais. Portanto, onde reina a ideologia da excelência e uma cultura norteada por seus paradigmas, estes se tornam determinantes de peso no direcionamento dos processos que conduzem ao adoecimento mental e ao desequilíbrio psicossomático, entre outras formas de patologias relacionadas ao trabalho contemporâneo.

A participação como injunção retórica e como falsidade

Ao mesmo tempo que a cultura da excelência incrementa o individualismo, de modo contraditório, nas empresas, o discurso da excelência apregoa a *convergência* de todos os esforços, a *participação* de todos para o alcance das metas.

Entretanto, não pode ser afirmado que a participação funcione efetivamente como um paradigma. Pois o que tem dominado é uma *falsa participação* que vem sendo instaurada sob muitas formas. Formas essas que possuem em comum o seguinte: escondem a dominação ao mesmo tempo que a fortalecem. Essa falsidade e suas decorrências já haviam sido apontadas *em sua falsidade* e por isso designadas como *participacionismo* (Tragtenberg, 1980). As ilusões do participacionismo desmobilizaram de forma importante os trabalhadores quanto ao enfrentamento das situações de trabalho extenuantes ou que de outras formas eram potencialmente adoecedoras. Mais recentemente, Heloani (2003) dissecou a manipulação psicológica embutida e ocultada em métodos e técnicas administrativos que ocuparam o cenário das organizações ao longo das últimas três décadas — como a verdadeira *doutrina* da *qualidade total*; a prática de *círculos de qualidade* para colher sugestões dos trabalhadores "para melhoras do trabalho" —, mas em geral acolhidos só no caso de contribuírem para aumento da lucratividade.

Podemos localizar duas *origens* de surgimento da falsidade: a que é usada no arsenal da manipulação psicológica instrumentada pelo *management* e a que emerge, *defensivamente*, nos assalariados, acionada pelo medo. A falsidade tem arruinado a confiança, deteriorado as relações interpessoais e contribuído para aumentar o individualismo insensível e uma competição que pode se tornar feroz.

A dominação interiorizada

Como já foi visto na Parte II, a adoção do toyotismo caracterizou o que foi chamado por sociólogos críticos de *modernização conservadora* e se estendeu visivelmente ao longo da reestruturação produtiva. O processo de produção toyotista combina totalmente com o modelo administrativo que exalta a excelência: ambos prometem uma superação do taylorismo e uma liberdade que não se concretizam. Ao mesmo tempo, ambos se potencializam reciprocamente na ocultação das relações de poder — escondendo, portanto, a submissão forçada do trabalhador ao dono do capital. Na verdade, o controle se tornou ainda mais rigoroso e continuado — apenas passou a ser invisível, embutido na cultura da excelência, na organização do trabalho e em equipamentos sofisticados que muitas vezes captam as imagens do trabalhador inclusive nos banheiros. Mas o poder maior desse controle se dá pela sua *interiorização* na mente do assalariado. Essa *internalização* da dominação — que pode ser explicada a partir dos conhecimentos existentes sobre a dinâmica psicossocial e também pela psicanálise[2] — se torna forte obstáculo à percepção da exploração sofrida e, por conseguinte, também, a qualquer iniciativa de resistência que se oponha à situação desgastante. Em outras palavras, o que sucede é que o controle intenso e permanente é como que absorvido, interiorizado na subjetividade do trabalhador que passa a ser *o controlador de si mesmo*. Um controlador que atua em tempo integral, garantindo a

2. *Introjeção* é o termo utilizado em psicanálise e designa, para Melanie Klein, o processo pelo qual a criança internaliza os valores dos pais e da sociedade, transformando-os em seus. Klein identificou a importância que essa introjeção assume na constituição do superego — isto é, da instância psíquica pela qual o indivíduo realizará sua autocensura. O conceito foi criado em 1909 por Ferenczi, que o identificou em analisandos adultos, durante o processo de transferência.

submissão à dominação instituída da qual passa a ser, agora, agente e, de fato, *colaborador*. Em suma, o assalariado passa a garantir a própria *servidão voluntária*.

As abordagens de Marx sobre a *alienação* assumem evidente aproximação da reflexão voltada a explicar o processo psicodinâmico que conduz a essa servidão que é reconhecida por diferentes estudiosos do tema. Pois a respeito da *interiorização* como aspecto simultaneamente micropolítico e psicodinâmico que envolve a subjetividade nas situações de trabalho, diversas análises e constatações levaram a novas elaborações teóricas.

O fenômeno da expropriação da subjetividade foi identificado por Doray (1981) em estudos realizados nos anos 1970, quando analisou os impactos sociais e psíquicos derivados do taylorismo.

Nessa expropriação, *o sujeito não tem mais posse efetiva de sentimentos nem de valores*. Isto é, o conjunto de imposições organizacionais vem *sufocar a vida afetiva e o pensamento crítico*. Assim, são desmobilizados os valores centrais da *ética* que antes faziam parte do sujeito.

Doray, já em 1981, previu que a evolução da tecnologia poderia ser utilizada pelo capital para intensificar a dominação e expandir a outros tipos de assalariados a mesma expropriação da subjetividade que ele havia detectado em trabalhadores de linhas de montagem. Na atualidade, pode ser percebido que em muito avançou a técnica de efetivar esse fenômeno que também podemos denominar *sequestro da subjetividade*. Ao longo das mudanças, sucedem-se variações do acoplamento de técnicas administrativas a dispositivos *hightec*, fortalecendo o controle externo e o *internalizado pelos assalariados*. *Esvaziado* dos próprios valores e desejos, o espaço subjetivo é por assim dizer *preenchido* pelos desígnios e (des) valores enaltecidos na cultura imposta pela empresa. Assim, o aprofundamento da dominação, ao que tudo indica, prossegue em marcha, cada vez mais fortalecido pela precarização social e do trabalho.

Doray, em estudos mais recentes que realizou em diferentes continentes, verificou o quanto o ataque à *dignidade* permeia os processos em que se constituem, entrelaçadamente, *submissão* e *adoecimento*. Pois os trabalhadores perdem, simultaneamente, os suportes materiais, institucionais e simbólicos que poderiam ter valioso papel na resistência à dominação e na prevenção da escalada do desgaste (Doray, 2006).

Dominique Lhuilier (2007) afirma que no trabalho que prevalece nas empresas contemporâneas, em vez da prescrição de gestos e movimentos — própria do taylorismo —, temos a *prescrição da subjetividade*. A autora se aproxima da descoberta de Doray e mostra bem o aprofundamento e o poder da nova dominação. É também Lhuilier quem assinala, com grande clareza, a aniquilação dos desejos e impulsos que possam levar a criar, inovar ou mudar algo do que está rigidamente estabelecido. No caso do Serviço Social, em serviços de saúde e em agências da Previdência Social, os *enquadramentos* rígidos, padronização de procedimentos e frases prescritas convergem para formalizar e esfriar as comunicações interpessoais, prejudicando assim a qualidade dos relacionamentos — fundamental nessas atividades (Lhuilier, 2007).

3. FORMAS DE VIOLÊNCIA PSICOLÓGICA NO TRABALHO: O ASSÉDIO

As formas de violência psicológica são diversas. Além do assédio moral, do qual falaremos a seguir, e também do assédio sexual, do qual não será possível tratar aqui, a violência psicológica poderá ser exercida através de muitas outras maneiras nos contextos de trabalho.

A violência psicológica pode ser desencadeada ocasionalmente, em momentos de ansiedade aguda, situações extenuantes que deixam todos com "os nervos à flor da pele", e sempre que surjam conflitos e descontrole emocional momentâneo. Embora grande mal-estar, ressentimento e mesmo adoecimento possam ser desencadeados nesses momentos de agressividade explosiva, esses conflitos não podem servir para caracterizar assédio moral (Hirigoyen, 1998 e 2001). A violência de algumas práticas demissionais, como foi visto no capítulo sobre desemprego, também se tornar traumáticas e desencadear sofrimento psíquico e desgaste que dá lugar a quadros clínicos de transtorno mental.

3.1 Modalidades de Assédio

O *assédio moral* só se configura quando a dignidade de alguém é atacada de modo repetitivo, sistemático e deliberado durante um período prolongado, geralmente de vários meses. Liderada, explícita ou veladamente, por quem a perpetra, a prática desmoralizante recebe adesões dos demais e se propaga de modo a isolar cada vez mais a pessoa visada. O objetivo é excluir, desqualificar profissionalmente e desestabilizar emocionalmente alguém que, por motivos os mais diversos, tenha se tornado indesejável para o/a perpetrador/a do assédio. Glina (2010) verificou uma outra motivação: o interesse de excluir alguém que descobriu uma fraude e que não compactua com esta. Nesse caso, o assédio é perpetrado com o intuito de desprestigiar, desacreditar ou provocar a demissão de quem discorda da quebra ética.

É mais comum que o assédio seja desencadeado por uma pessoa em cargo de chefia e dirigido contra um subordinado competente e dedicado que, justamente por suas qualidades, possa ser percebido pela direção como mais apto a assumir a posição de chefe. Mas o assédio também pode ser desfechado pelos subordinados contra um chefe, pelos mais variados motivos.

Existe ainda a forma horizontal de assédio — na qual os ataques são direcionados a um colega do mesmo nível hierárquico.

Além do assédio individual — voltado a uma única pessoa —, é constatado o assédio coletivo, destinado a atingir um grupo de empregados.

Sadismo individual e perversidade organizacional

Pezé (2002 e 2008) e Soboll (2008) distinguem o assédio individual do *assédio organizacional*, que se tornou o tipo de assédio preponderante na atualidade e que é resultante de estratégia organizacional para obter a *submissão* às imposições de sobrecarga de trabalho voltada à maximização da produtividade. A dificuldade em fazer a distinção entre essas duas modalidades de assédio decorre de que os gerentes são os agentes visíveis da intimidação, mesmo sendo apenas os intermediadores, os que transmitem as pressões, sendo também *responsabilizados* pelo alcance de metas e igualmente intimidados a partir dos escalões superiores. Dessa forma, é estabelecido um *assédio encadeado* em que as pessoas são colocadas em concorrência umas com as outras e cada um se percebe exposto às sanções, isolado e forçado a tentar ultrapassar os próprios limites — para "dar conta" de todas as exigências. As metas impostas pela empresa aos gerentes podem resultar em pressões suficientemente fortes, em alguns casos, para que alguns desses executivos liberem um sadismo antes contido, de modo a agravar a perversidade das exigências organizacionais, ao impô-las, reiteradamente, de forma ameaçadora ou humilhante a seus subordinados.

Não obstante, foi disseminada uma concepção equivocada: a que vê o assédio, invariavelmente, como uma perseguição cruel realizada por um chefe perverso. Essa ideia se propagou na opinião pública através da mídia e tem servido para *individualizar* sempre um problema que é de ordem política — isto é, deriva da escolha, pela direção da empresa, de uma determinada forma de política repressiva, destinada a viabilizar suas metas de lucratividade. Não obstante, o consenso que se generalizou sobre a existência, em todos os casos, de um culpado individual prejudica não só o entendimento de que, na maioria das vezes, se trata de um modo planejado de dominação, como também impede a denúncia da superexploração e a constituição de resistências coletivas para enfrentamento e superação da situação desgastante. Por causa desse consenso equivocado e de certa generalização na aplicação da palavra assédio, a própria Marie France Hirigoyen, autora do livro que havia divulgado amplamente o assunto na França desde 1991, sentiu necessidade de, em uma nova obra, tornar mais clara a conceituação e a diferenciação de outras formas de violência psicológica (Hirigoyen, 1998 e 2001).

A questão da vitimização: a dominância do *assédio organizacional*, entretanto, tende nitidamente a prevalecer. Uma interpretação menos individualizadora do assédio também pode contribuir para modificar o foco de atenção, deixando de restringi-lo à "busca e culpabilização do algoz" para perceber o contexto e a responsabilidade da organização pelo assédio sofrido.

A interpretação do assédio como *vitimização* — focada na culpabilização de um indivíduo que elegeu uma vítima para sua perversidade — é criticada por Davezies (2004), Pezé (2002 e 2008) e outros pelos motivos que apontamos acima e também porque foram observados sérios prejuízos ao tratamento dos trabalhadores psiquicamente desestabilizados pelo assédio, quando, de certa forma, o terapeuta é envolvido pelo empenho do paciente na denúncia e na exigência de uma vingança personalizada. Pois, concentrados na posição de vítima e na ideia de terem sido *definitivamente destruídos* e reduzidos à *inutilidade* por seus perseguidores, esses trabalhadores tinham dificuldade de se desligar da evocação dolorosa das humilhações sofridas e dos sentimentos mobilizados pela lembrança do algoz. Dessa forma, a vitimização criava obstáculo a que se voltassem para a percepção de seus potenciais e do empreendimento de uma reconstrução subjetiva capaz de revalorizar a autoimagem e devolver a confiança em si mesmos (Pezé, 2008). Ao mesmo tempo, para superar o sofrimento, se torna indispensável atingir uma visão objetiva do contexto e dos conflitos de poder que se travam no interior deste. Pois só assim a pessoa poderá perceber que seu drama pessoal está inserido em uma problemática que é de ordem coletiva e que deriva das relações de poder reinantes no contexto de trabalho. Descobrirá, então, que se trata de uma situação onde outros trabalhadores estão expostos à mesma violência, que não está sozinho. E que, assim, cabe uma mobilização coletiva voltada à transformação da situação que ameaça a integridade de todos. Pois perceberá também que nada mudará se os atingidos se mantiverem como vítimas separadas entre si.

Vale lembrar que, na prática clínica, o êxito terapêutico é favorecido quando o processo de recuperação se nutre da abertura da perspectiva de que a reconstrução pessoal possa tornar-se parte de uma outra *construção* — a de um contexto de trabalho onde a dignidade e a saúde de todos sejam respeitadas.

Fadiga, humilhação e assédio

Graus de *fadiga extrema* podem ser atingidos nos dois tipos de assédio — individual e organizacional —, tornando mínima a disposição para a sociabilidade e acionando desestabilização psicossomática e desgaste psíquico.

No assédio individual, o ataque à dignidade ocupa o centro do processo desde o início. As múltiplas formas de ataque à identidade encontradas na literatura e observadas no Brasil são apresentadas em excelente sistematização por Heloani e Barreto (2010).

A fadiga desempenha muitas vezes papel importante no aprofundamento do isolamento social e da desestabilização psíquica. O crescimento dessa fadiga pode culminar em exaustão emocional, caracterizando o esgotamento profissional (*burn-out*). Já em muitas situações de *assédio pessoal*, este traduz-se justamente em despojar o trabalhador de um trabalho qualificado, de ferir seu amor-próprio através de uma humilhação que consiste em deixá-lo sem função definida, destinando-o a tarefas irrelevantes. Em suma, fazendo-o sentir-se insignificante, inútil e descartável.

Perdas: a *perda de suportes sociais e afetivos* marca a fragilização dos que são adoecidos sob as pressões do assédio. Os processos que produzem tais perdas são complexos e envolvem vários aspectos que precisam ser compreendidos a partir da esfera microssocial — na qual se situam as relações interpessoais. A separação que se desenvolve entre o assediado e os demais é parte importante no processo de deterioração da saúde mental. Essa separação não raro culmina em profundo isolamento físico que quase sempre é imposto a partir da própria chefia, *deslocando* o posto de trabalho do assediado.

A vivência da humilhação e da injustiça é expressa frequentemente como *uma mistura de dor e raiva*. Raiva silenciada pelo medo de sanções ou mesmo da demissão. O esforço para conter a dor psíquica e a revolta pode tornar-se extenuante. Pois, à medida que o desgaste psíquico avança, cresce também a irritabilidade. Como o medo de demissão paira sobre essas situações, *surge o temor de explodir de forma agressiva e assim perder o emprego*. O que faz com que o retraimento se acentue.

Entre os sentimentos que levam ao isolamento, destacam-se, além da raiva impotente, também o medo de novas humilhações e a vergonha perante os demais (Freitas; Heloani; Barreto, 2008).

3.2 A Dinâmica do Isolamento Social no Assédio e a Produção do Desgaste

Isolamento

A produção do isolamento: os processos que conduzem ao *isolamento* da pessoa assediada resultam da conjunção de diferentes fenômenos. Ao mesmo tempo que o isolamento é imposto de forma explícita ou sutil, ocorre o gradual *retraimento* de quem é objeto do assédio. A deterioração da comunicação e dos vínculos de confiança é um aspecto central. A continuidade dos *despojamentos* infligidos pelos detentores de poder desempenha papel decisivo. As respostas emocionais e comportamentais às humilhações explicam o retraimento crescente. Assim como o aumento do conjunto dos medos — em especial dos medos de *não aguentar, explodir, adoecer* e, mais forte que todos, o *medo da demissão*. Existem autores que identificam uma espécie de *medo de contaminação* no distanciamento assumido pelos colegas de trabalho, como se o assediado pudesse *transmitir* algum estranho *mal*. O mais comum, nos casos em que a rejeição se generaliza em relação a alguém que demonstrou espírito crítico em relação aos ditames organizacionais, é que os demais temam que, se mantiverem proximidade do assediado, possam vir a ser confundidos com este e considerados, igualmente, como potenciais perturbadores da ordem instaurada. E, portanto, igualmente discriminados.

A *progressiva* separação que se instala entre o assediado e os demais culmina, não raro, em profundo isolamento. Isolamento que se inicia no trabalho, mas pode se transferir à vida familiar e limitar gravemente todas as esferas da participação social do/a trabalhador/a. O isolamento é resultante de uma somatória de imposições e respostas emocionais às vivências de humilhação e — principalmente, no assédio organizacional — é também produto da fadiga acumulada que gera indisponibilidade para diálogos e participação social.

A irritabilidade crescente que por vezes chega à perda de autocontrole emocional também assume papel importante na produção do mal-estar e de rupturas nos relacionamentos Esse papel não tem sido suficientemente compreendido nas práticas de prevenção e ainda é pouco focalizado pelos que estudam a dinâmica psicossocial. Mas o que temos observado na clínica do trabalho é que muitas pressões organizacionais originam uma intensa irritabilidade que prejudica as relações interpessoais. Não apenas nas situações de assédio, mas também em todas aquelas do trabalho precarizado em que a fadiga se avoluma, como acontece com trabalhadores que vivem jornadas prolongadas e os que trabalham à noite ou no regime de turnos alternados — alguns dos quais frequentemente acometidos pelo transtorno do ciclo vigília-sono (F 51.2). Também nas síndromes paranoides, no *burn-out* e no TEPT, a irritabilidade — designada pelos trabalhadores, geralmente, como *impaciência, nervosismo* ou *pavio curto* — ocupa lugar importante no quadro clínico e nos processos que deterioram a sociabilidade, indo atingir a vida afetiva extratrabalho. Essa digressão é feita porque *o assédio pode ser deflagrado a partir de manifestações dessa irritabilidade*, isto é, a irritação ou mesmo certa agressividade do empregado podem fazer com que o chefe se sinta, por sua vez, irritado ou colegas se sintam incomodados e se afastem da pessoa. Em históricos de alguns pacientes que passaram por assédio, é possível constatar esses aspectos.

Em suma, o papel da irritabilidade na geração do isolamento deveria merecer maior atenção, tanto na esfera administrativa quanto na clínica — onde poderia fundamentar ações importantes na abordagem compreensiva do paciente e na orientação familiar.

As perdas sofridas no assédio pertencem a diferentes âmbitos e incluem: 1) plano social e das relações profissionais: perda de prestígio, isto é, de *status*, uma vez que a pessoa passa a *ser ignorada e ostensivamente desvalorizada*; 2) perdas no plano afetivo, levando à destruição de confiança nos demais, retraimento e rupturas dos relacionamentos constituídos no ambiente de trabalho; 3) extensão ao plano familiar, para onde às vezes são deslocadas a irritação, a raiva, a mágoa, ao mesmo tempo que o assalariado mantém silêncio e se isola por ter vergonha de expor as humilhações sofridas ao cônjuge ou a outros parentes.

No assédio *organizacional*, pela sobrecarga de trabalho imposta, a *fadiga* também pode se tornar inconciliável com a sociabilidade. Assim, a fadiga desempenha muitas vezes papel importante no aprofundamento do isolamento social e da desestabilização psíquica. O crescimento dessa fadiga pode culminar em exaustão emocional, caracterizando o esgotamento profissional (*burn-out*).

O processo que vai da fadiga ao isolamento pode ser resumido do seguinte modo:

a) Fadiga geral → necessidade de repousar, "ficar quieto/a" + perda de disposição para relacionamento interpessoal → busca de isolamento pessoal.

b) Fadiga geral e fadiga dominantemente mental → irritabilidade → temor de perder autocontrole, *explodir* → retraimento como forma de cautela e *prevenção* contra o risco de provocar — pela crescente irritabilidade —, explodir e entrar em conflito no trabalho, em casa ou em outros ambientes.

c) Fadiga preponderantemente mental → vivência de saturação mental, *cabeça cheia*, sem espaço para mobilizar e expressar sentimentos ou ideias → isolamento.

A fadiga + dissolução da confiança + medo são ingredientes importantes no processo de isolamento que se instala.

A evitação dos contatos interpessoais afeta, mais adiante, a vida familiar. Desse modo, fragilizam-se mais ainda os suportes afetivos e sociais do assediado.

Aos poucos, o indivíduo vivencia um processo de esvaziamento afetivo em que surgem o desânimo e o bloqueio para expressar suas ideias, podendo sobrevir outras manifestações típicas dos estados depressivos: dificuldade de concentrar a atenção, lentificação do pensamento, dificuldade de desenvolver raciocínio, enfim, um conjunto de alterações psicológicas que conduz a quedas de desempenho. Erros, então, se tornam às vezes inevitáveis e desencadeiam novas críticas e humilhações. Um sentimento crescente de impotência se instala. Os *mecanismos* pelos quais se produz o conjunto de perdas que repercutem psiquicamente são diversos. Podem diferir, comparativamente, em alguns aspectos quanto às fases que precedem o aumento do desgaste. No *assédio organizacional*, o ponto de partida do processo deriva da ansiedade e da fadiga resultantes da multiplicação das atribuições (polivalência), da intensificação do trabalho acompanhada por aumento das *cobranças* sob exacerbação do controle.

No assédio individual, o ataque à dignidade desde o início ocupa o centro do processo. Graus de *fadiga extrema* podem ser atingidos nos dois tipos de assédio, tornando mínima a disposição para a sociabilidade e acionando desestabilização psicossomática e desgaste psíquico. Nas duas formas, a *evolução* do assédio diminui a comunicação significativa e afrouxa os laços afetivos, produzindo o isolamento.

Nas formas de assédio direcionadas a *desqualificar e humilhar individualmente* alguém, são *os sentimentos* que têm papel fundamental na "produção" do isolamento e da vivência de uma fragilidade que irá concorrer para que surjam distúrbios psicossomáticos e mentais. E os sentimentos mais ativos nesse processo de desgaste psíquico são a raiva, a impotência, a vergonha e, principalmente, o medo de perder o próprio controle emocional e tudo o que possa precipitar a demissão.

O prolongamento da situação do assédio, em todas as modalidades, ocasiona desgaste psíquico cujos desdobramentos poderão evoluir para quadros clínicos de transtorno mental. Distúrbios psicofisiológicos, isto é, do funcionamento do organismo, podem levar à hipertensão arterial ou a outras doenças em cujo desencadeamento os processos psicossomáticos assumem papel relevante.

Algumas das patologias relacionadas à violência laboral, entre outras origens, podem ter como ponto de partida o sofrimento e o desgaste produzidos no assédio moral.

Os quadros depressivos vêm sendo identificados com frequência a partir do prolongamento do desgaste infligido pelo assédio individual. Mas podem também ser desencadeados nas situações de assédio organizacional.

O esgotamento profissional (*burn-out)* incide amplamente em empresas onde o assédio organizacional tem sido bem caracterizado. A trajetória de alguém submetido a assédio organizacional pode, entretanto, derivar para um assédio pessoal se o desgaste afetar de forma visível o desempenho individual ou mesmo os resultados alcançados pelo grupo de trabalho. Pois, uma vez percebido como um *estorvo*, pode surgir o interesse do chefe em forçar um pedido de demissão do trabalhador *improdutivo* através de constrangimentos especificamente a ele direcionados. Mas é possível também que os colegas se sintam ainda mais sobrecarregados por terem que compensar o baixo desempenho do empregado desgastado. Este talvez se torne alvo, então, de um assédio horizontal.

Em suma, no assédio individual, os motivos mais frequentes são de provocar demissão ou ocasionar uma instabilidade emocional que, tornada visível, leve a uma perda de prestígio e mesmo à desmoralização. O intuído é, justamente, provocar exclusão de alguém "bom demais" — por inveja e/ou concorrência. Tratando-se de alguém já fragilizado pela fadiga ou outro motivo, o assédio pode configurar-se pela intenção de descartar quem ponha em risco o alcance das metas, o sucesso do chefe ou da equipe. Isto é, o objetivo é tornar insuportável a esse empregado a permanência no trabalho.

A busca de anestesia e fuga do mal-estar através do recurso às bebidas alcoólicas ou drogas ilegais é outro desdobramento, que com frequência culmina em quadros clínicos de dependência.

4. VULNERABILIDADE E VULNERABILIZAÇÃO

Contextos de pobreza

Ainda temos poucos estudos com enfoque mais direcionado aos contextos de pobreza, no estudo da psicopatogênese dos transtornos mentais relacionados ao trabalho. Embora um estudo clássico tenha evidenciado a relação entre prevalência de distúrbios mentais e classe social, relação na qual os pobres apresentam maior exposição aos fatores de risco e maior vulnerabilidade, o que se reflete nos estudos epidemiológicos (Hollingshead; Redlich, 1967).

No trabalho precarizado, em *contextos* em que predominam trabalhadores pobres e de pouca escolaridade, estas duas condições — pobreza e pouca instrução — estabelecem uma *vulnerabilidade* maior ao adoecimento, tanto do ponto de vista orgânico (pela deficiência nutricional, por exemplo) quanto pela falta de acesso ao conhecimento e/ou a instâncias que ofereçam suporte social. Assim, os contextos de pobreza favorecem simultaneamente a *intensificação da dominação* em que há uso de violência e o *aumento da vulnerabilidade ao adoecimento*. Pois a falta de alternativas, nesses casos, costuma condicionar uma *submissão* que prolonga a situação desgastante até o esgotamento (na *fadiga patológica* ou no *burn-out*), a depressão ou outros adoecimentos. O estreitamento do mercado de trabalho e o desmonte das alternativas institucionais de proteção social alimentam esse processo. No caso de trabalhadores migrantes que vivem sozinhos, também faltam geralmente os suportes afetivos, o que favorece a desestabilização psíquica, especialmente para aqueles que estão submetidos à discriminação e isolamento social nos locais de trabalho ou na situação de desemprego. Certamente ocorrem diferenças entre vulnerabilidade e vulnerabilização entre áreas urbanas e rurais, homens e mulheres, grupos etários e mesmo grupos étnicos. Deve ser considerado, também, o valor — na proteção contra a desestabilização da saúde mental — dos apoios sociais e afetivos providos pelas famílias e, no caso brasileiro, muitas vezes pelas *comunidades de conterrâneos* — que oferecem casa e auxílio alimentar aos desempregados.

Na constituição dos agravos aqui considerados, antes do desencadeamento e surgimento de quadros clínicos caracterizados, existe quase sempre uma fase de vulnerabilização. O TEPT é o único dos transtornos mencionados no qual nem sempre é possível detectar essa vulnerabilização antes do evento traumático. Evento esse que tem sido sempre considerado essencial ao diagnóstico. Embora, como veremos, nem sempre seja um evento único.

Essa fase de *vulnerabilização* é marcada por *perdas* e *impedimentos*:

- *Perda de suportes sociais e afetivos*. Marca importante na gênese de vários agravos. Observada na fase que precede eclosão do *burn-out* e de quadros depressivos. Relevante no adoecimento dos que vivenciam as pressões do assédio moral.
- A perda de *confiança* é fortemente acionada, em primeiro lugar, pela percepção da onipresença da *falsidade. Por exemplo, na falsidade advinda do participacionismo e de outras formas de manipulação psicológica* (Tragtenberg, 1980; Heloani, 2003), que ocuparam o cenário de *receitas infalíveis* para ganhos de competitividade ao longo das últimas três décadas.
- *Impedimento do repouso e da recuperação do cansaço, como já foi explicitado*. Os aumentos do medo, da fadiga acumulada e das perturbações do sono convergem para criar ansiedade e irritabilidade, amalgamadas em um mal-estar que cresce à medida que o indivíduo percebe a própria queda de desempenho. É quando muitas vezes emergem a autoacusação, autodesvalorização e vivências de fracasso que configuram caminho para as depressões e outros transtornos psíquicos e psicossomáticos.
- *Atividade impedida:* no caso, a *atividade impedida* no trabalho dominado é a que diz respeito à atividade em que o *ser* do trabalhador possa estar presente, de forma plena, sem constrangimentos. Trata-se do trabalho *saudável, vitalizador*, no qual o *ser* do trabalhador está engajado usando livremente a própria experiência, inteligência e criatividade, ao mesmo tempo que mobiliza desejos e fantasia para realizar um trabalho bem-feito. Um trabalho no qual *possa ser reconhecido e reconhecer-se* (Spinoza, 2007; Sainsaulieu, 1988; Clot, 2008). No trabalho intensivo, não há tempo para pensar nem para entrar em contato com os próprios sentimentos e fantasias. O medo de divergir e receber sanções acrescenta-se, no trabalho precarizado, a esses bloqueios já antes impostos ao pensar. Dessa forma é potencializado o impedimento a reflexões

de ordem crítica e questionamentos suscitados pela ética. A dominação violenta a vida mental e, impondo a priorização da meta empresarial, impõe ao mesmo tempo ao trabalhador que este sacrifique sua ética pessoal e profissional. *Na atividade impedida*, em suma, estão boicotados, conjuntamente, iniciativa ao agir a partir do próprio *ser*, o *pensamento, a formação de juízos críticos e a mobilização dos afetos vitais* (Clot, 2008).

- *Perdas relacionais ao longo do processo de isolamento dos demais*, no ambiente de trabalho. Ocorre em várias situações: a) no assédio moral; b) em situações de trabalho intensivo nas quais a fadiga e, mais adiante, a irritabilidade prejudicam o diálogo e o convívio social; c) por injunção organizacional que estimula a competição e o individualismo.
- O isolamento social é parte importante no processo em que se deterioram, simultaneamente, a saúde mental e a sociabilidade, prejudicando as relações interpessoais e mesmo a vida afetiva extratrabalho.
- *Silenciamento: expresso no impedimento de manifestar-se, exercer crítica, fazer sugestões*. Bloqueio que diz respeito tanto a expressar-se sobre o próprio trabalho e formas de aprimorá-lo, quanto sobre dificuldades e/ou mal-estar vivenciados para atender às exigências e metas. O que se conecta ao temor de sanções, inclusive de demissão. Relacionado a um outro medo: o de aguentar, cometer erros ou adoecer. É o que acontece quando o trabalhador, sem ter possibilidade de contestação, percebe a própria desvitalização e lentificação do desempenho. No caso de quem é assediado, soma-se o medo de novas humilhações mesclado ao ressentimento e à vergonha perante os demais.
- *Perda da possibilidade de autenticidade*. Além do silenciamento, sentir-se ou ser explicitamente coagido à falsidade e à mentira.
- *Perda do respeito*, ser desconsiderado e ferido em sua dignidade. Dignidade é um aspecto central quando se trata do significado de trabalho. Impossível ser significativo um trabalho no qual o indivíduo é desrespeitado em sua dignidade humana. A preservação da dignidade também é essencial à estabilidade psíquica (Doray, 2006).

- *Impedimento a ser reconhecido*. Entre outras determinantes, esse impedimento pode ser o de receber uma avaliação justa de seus esforços e de seu desempenho: estar submetido a critérios de avaliação que ferem o sentido do trabalho. O reconhecimento é feito mais em função da adesão às injunções organizacionais (obediência estrita e incondicional), às diretrizes do que ao trabalho realizado e ao *empenho* de realizar o *trabalho bem-feito e fiel aos princípios éticos*.
- *Impedimento de ser*: o fenômeno de *expropriação da subjetividade* havia sido identificado por Doray (1981) em trabalhadores de linha de montagem. E o agravamento da dominação faz com que esse autor assinale, nos anos 2000, a forma pela qual o desrespeito à dignidade[3] acentua a expansão daquilo que também Guillaume Le Blanc tem analisado como *despossessão de si mesmo*. Uma despossessão que os dois autores associam com a precarização social (Doray, 1981 e 2006; Le Blanc, 2007).

5. EXPRESSÕES CLÍNICAS DA VIOLÊNCIA SOCIOLABORAL

Na lista de Transtornos Mentais Relacionados ao Trabalho, de acordo com a Portaria 1.339/1999 do Ministério da Saúde, identificamos um grupo de transtornos que podemos reconhecer em sua vinculação atual à precarização e à violência laboral. Embora a precarização do trabalho possa ser considerada, em si mesma, uma violência contra a saúde dos trabalhadores.

Assim, deveremos examinar aqui cinco transtornos em que reconhecemos mais fortemente essa caracterização, quatro dos mesmos figuram entre os doze transtornos que fazem parte da lista oficial brasileira.[4] Decidimos elencar aqui os transtornos nos quais se expressam processos que também vêm recebendo maior atenção pela magnitude com que se apre-

---

3. Bernard Doray, em seu livro *La Dignité* (2006), expõe o resultado de pesquisas e observações realizadas em seu percurso através de vários continentes: a constatação da disseminação do desrespeito à dignidade em múltiplos espaços das sociedades contemporâneas, inclusive nas situações de trabalho.

4. A lista consta como Anexo neste livro.

sentam atualmente — o que os torna problemas de Saúde Pública. Outro critério de nossa escolha é pela relação desses distúrbios psíquicos com transformações organizacionais cuja nocividade vem se agravando de modo a suscitar urgência para uma conscientização mais ampla a respeito. A escolha desse conjunto de transtornos procede ainda do fato de que o seu estudo vem trazendo descobertas importantes e da necessidade de vencer o desconhecimento que em parte é responsável pelos obstáculos frequentemente colocados ao reconhecimento do nexo causal com o trabalho nos casos de trabalhadores atingidos por tais transtornos. Como veremos, existe também o interesse de apontar algumas especificidades que a gênese desses transtornos tem apresentado dentro do contexto brasileiro. Ressaltamos, entretanto, que os demais transtornos mentais apresentados pela lista brasileira configuram em geral outras formas de violência — em sua maioria referentes à negligência das empresas ao expor seus empregados a condições de trabalho potencialmente danosas ao sistema nervoso e à saúde mental.

O quinto transtorno que iremos abordar — a *paranoia situacional* — não consta na lista nem na CID-10, mas é um grave transtorno psíquico relacionado ao trabalho reconhecido pelas observações e estudos realizados na área da SMRT, como será esclarecido (Pezé, 2008).

O grupo de distúrbios psíquicos que será examinado a seguir, além de conter patologias que correspondem também a outras situações de violência explícita existentes na sociedade, inclui processos que se desenvolvem a partir do desgaste mental relacionado ao trabalho — portanto, resultam de uma violência contida no próprio trabalho e mediada, na atualidade, pela precarização e, como veremos, às vezes também pela exposição dos trabalhadores, de modo direto, à violência social externa e à precarização que atinge o meio ambiente — nos casos em que os trabalhadores, cada vez mais, em muitos países, se tornam vítimas de catástrofes ambientais. Nesses quadros clínicos, encontraremos também a expressão da *violência da excelência* — isto é, conforme foi explicitado, a violência contida sob a face oculta da *excelência falaciosa* de muitas organizações.

Procuraremos esclarecer de que forma as marcas da precarização podem ser reconhecidas, atualmente, na gênese de todos estes transtornos. Pois a precarização afeta laços contratuais, institui formas perversas de gerenciamento, estende jornadas e impõe ritmos extenuantes, além de degradar muitas vezes o próprio meio ambiente de trabalho e assim prejudicar as condições ergonômicas e de segurança.

Destacaremos nesse grupo os seguintes transtornos:

- Transtorno de estresse pós-traumático (TEPT);
- Síndrome do esgotamento profissional ou *burn-out;*
- Quadros depressivos — incluindo os episódios depressivos que constam na lista brasileira;
- Dependência de bebidas alcoólicas;
- Paranoia situacional.

5.1 Transtorno de Estresse Pós-Traumático (TEPT)

Os traumas

Na gênese de transtornos psíquicos que se desenvolvem na precarização social e do trabalho, não pode deixar de ser mencionada a importância de uma fonte de distúrbio psíquico: o trauma sofrido em situação de trabalho. Devem ser considerados aqui, especialmente, os eventos traumáticos em que a violência toma a forma de ameaça iminente à vida — como sofrer assalto no trabalho; presenciar ou sofrer um acidente grave. Tais eventos podem levar ao desencadeamento de quadros de estresse pós-traumático (TEPT), mas também de outros transtornos — depressões e mesmo quadros de psicose. Doray (2006) aponta ainda que traumas éticos ocorridos no passado, inclusive na vida laboral passada — como, por exemplo, no assédio moral —, têm sido revelados no histórico de trabalhadores atendidos com diferentes formas de transtorno pós-traumático.

Transtorno de Estresse Pós-Traumático (TEPT) foi a designação atribuída pelos autores da classificação oficial de doenças — a atual CID-10 — às neuroses pós-traumáticas ou traumáticas, como eram anteriormente designadas por psiquiatras e psicólogos voltados à compreensão da dinâmica dos afetos — sentimentos, paixões e emoções — fundamentados no estudo da dinâmica subjetiva.

O TEPT corresponde ao código 43.1 da CID-10 e integra a lista de doze distúrbios psíquicos reconhecidos como relacionados ao trabalho pela Portaria do Ministério da Saúde 1.339 de 1999. Recentemente, passou a ser o único transtorno mental especificado na lista das patologias ocupacionais numa classificação feita pela Organização Internacional do Trabalho (OIT).

Conforme explicitado na caracterização feita pela Classificação oficial (CID-10), no Transtorno de Estresse Pós-Traumático (TEPT) *"a pessoa experimentou, testemunhou ou foi confrontada com um evento ou eventos que implicaram morte ou ameaça de morte ou de lesão grave, ou ameaça da integridade física do paciente ou de outros"* (WHO, 1992). Portanto, a violência pode ter atingido diretamente a pessoa ou ela pode ter sido apenas testemunha de um evento violento em que outros tenham sido as vítimas.

Existe uma ampla literatura sobre TEPT desencadeado por situações traumáticas que se verificaram no trabalho. A causalidade laboral envolve tanto a violência social difusa na sociedade quanto formas de violência engendradas dentro do ambiente de trabalho. Doray (2006) aprofundou a elucidação dos *traumas éticos* na origem desse tipo de adoecimento e examinou casos surgidos em contextos de trabalho.

A *caracterização clínica* desse transtorno é bastante complexa. Resumiremos esclarecendo que os critérios para diagnósticos exigem a presença de um evento traumático como antecedente das manifestações clínicas — sendo esse evento condição necessária mas não suficiente para o diagnóstico, para o qual devem ser identicados também sintomas categorizados em três diferentes grupos:

1) Sintomas de rememoração involuntária, que incluem desde a recordação reiterada do evento que se impõe à mente até a revivescência, isto é, "reviver" o evento, ou, ainda, vivenciar a eminência inevitável de repetição do fato traumático. Esses fenômenos são provocados por qualquer estímulo que recorde o acontecimento. Podem ocorrer ainda, nesse primeiro grupo de sintomas, fenômenos de *flashback* e pesadelos em que ressurgem a cena ou fatos similares;

2) Fenômenos de evitação *(esquiva)*, que consistem na compulsão a evitar ambientes, pessoas e tudo o mais que possa lembrar o evento e despertar as revivescências;

3) *Hipervigilância e hiperexcitabilidade*, marcadas por estado de alerta, insônia ou sono entrecortado, em que muitas vezes a pessoa desperta várias vezes sentindo a ameaça de que um ataque à sua vida é iminente — o que pode ser acompanhado de distúrbios de percepção, que vão de ilusões a ideias de perseguição e alucinações (escutar vozes ou ter visões dos perseguidores). Neste terceiro grupo figuram ainda uma forte irritabilidade e uma diversidade de distúrbios psicofisiológicos que eclodem, geralmente, quando o trabalhador entra em contato com lembranças ou situações que exacerbam a ansiedade e o medo de repetição da violência que desencadeou o transtorno.

Os desafios ao diagnóstico do TEPT são múltiplos, mas as duas principais dificuldades são:

a) A *evitação* do trabalhador à abordagem do evento traumático. Pois evocar o evento e falar deste acarreta profundo e às vezes insuportável mal-estar. Isso faz com que muitos pacientes tragam à consulta apenas as queixas sobre os sintomas físicos (tremores, palpitações etc.), a insônia e as manifestações depressivas (desânimo, tristeza, dificuldade de concentração da atenção e a irritabilidade), que são, frequentemente, causa de conflitos no trabalho. Não é raro que os serviços de saúde atendam trabalhadores que foram demitidos "por justa causa" devido a esses conflitos, sem ter havido reconhecimento de que apresentavam um grave problema de saúde mental.

b) A segunda dificuldade principal se refere à *memória*. É ocasionada pelas dificuldades de evocar e localizar temporalmente o evento traumático e a sequência da história clínica entrelaçada à de trabalho.

Para o diagnóstico torna-se essencial uma *escuta* atenta e suficientemente prolongada para o paciente ganhar confiança, evocar e relatar. Em nossa experiência, às vezes, apenas em uma segunda consulta de um paciente, que se apresentou inicialmente com demanda de medicação para "nervosismo e insônia", se torna possível um relato capaz de encaminhar para o diagnóstico.

Categorias/ocupações em que há maior exposição aos riscos traumáticos: classicamente, trabalhadores expostos ao TEPT eram aqueles que, pela natureza de sua ocupação, tinham maior exposição a eventos violentos e catástrofes naturais. Os eventos mais citados na relação com o TEPT, portanto, são os grandes acidentes, especialmente os acidentes ferroviários;

também incêndios; enchentes; desabamentos de edifícios; entre outros. As neuroses de guerra, estudadas por Freud, também estão nessa categoria. Após a guerra do Vietnã, o problema foi reconhecido em milhares de militares americanos. E, mais recentemente, ao longo das guerras do Iraque e do Afeganistão, foram criados centros especiais para tratamento dos combatentes atingidos por esse distúrbio. No pós-11 de Setembro de 2001, especialmente em Nova York, milhares de pessoas apresentaram esse quadro clínico. Mas, na atualidade, a violência urbana veio acrescentar outros tipos de trabalhadores às categorias profissionais expostas: condutores de transportes urbanos — especialmente motoristas de ônibus e também cobradores, nas grandes cidades, estão entre eles. Assim como pessoas encarregadas de transportar valores bancários, trabalhadores do comércio, vigilantes e muitos outros (Seligmann-Silva, 2010).

Eventos múltiplos

Foi constatado, tanto nos estudos sobre TEPT originado em eventos de guerra quanto nos que analisaram ex-prisioneiros dos campos de concentração nazistas, que várias pessoas haviam passado por episódios sucessivos de ameaça à vida antes que um novo evento desencadeasse o transtorno pós-traumático. Também em nossa prática clínica, constatamos que motoristas e cobradores de ônibus urbanos haviam sofrido assaltos sucessivos no trabalho, às vezes ao longo de vários anos, até que a eclosão do quadro típico de TEPT ocorresse após um novo evento violento. Em um caso, ocorrências sucessivas, com pequeno intervalo no mesmo dia de trabalho, de um assalto e uma colisão com vítimas fatais caracterizou um duplo trauma: o motorista do ônibus apresentava revivescências e visão das duas cenas traumáticas — que eram conteúdo das rememorações, dos *flashbacks* e dos pesadelos.

O TEPT evolui, geralmente, em decurso longo e pode apresentar transformações e desdobramentos clínicos. Surgem, com frequência, associações a outras patologias (comorbidade) sendo mais frequente a associação com quadros depressivos. Agorafobia também é morbidade frequente, além de agravos psicossomáticos também importantes. Desdobramentos da psicopatologia podem resultar em quadros de psicose e de dependência de bebidas alcoólicas e mesmo drogas ilegais, e a dependência de medicamentos psicotrópicos é bastante encontrada e decorre geralmente do uso mal orientado de tranquilizantes, soníferos e antidepressivos.

Um aspecto que tem sido enfatizado é o da comorbidade entre TEPT e transtorno bipolar (Vieira; Gauer, 2003). Tem crescido o número de casos de transtorno bipolar cujo estudo retrospectivo revelou que o desencadeamento ocorreu a partir de um evento traumático seguido por TEPT.

O risco de suicídio no TEPT vem sendo enfatizado a partir de vários autores, com destaque para a experiência escandinava de Floen e Elkit (2007).

Assédio moral e TEPT

Estudos recentes evidenciam casos nos quais repetições de agressões deliberadas, ao longo de muito tempo, caracterizando assédio moral, precedem o desencadeamento do quadro clínico de TEPT (Soboll, 2008; Pezé, 2008).

5.1.1 Estresse pós-traumático secundário — a doença dos cuidadores (*compassion fadigue*)

Uma forma especial de TEPT tem sido descrita nos últimos anos nos Estados Unidos e em alguns outros países. Trata-se do *trauma secundário* dos profissionais que *prestam assistência* a pessoas vitimadas por grandes catástrofes (terremotos, furacões, enchentes) ou pelas guerras.

Profissionais que prestam assistência a sobreviventes de catástrofes naturais ou de outros eventos traumáticos apresentam manifestações agudas de intenso mal-estar e um quadro clínico idêntico ao do TEPT. Esse quadro foi caracterizado como configurando o *estresse traumático secundário*. Tem sido descrito em pessoas que realizam todo tipo de trabalho social, prestação de cuidados de saúde e atenção psicológica a essas vítimas. Os cuidadores passam a vivenciar intensamente o medo daquilo que se constituiu o evento traumático das pessoas atendidas.

Um estudo realizado nos Estados Unidos reuniu diferentes casos de advogadas que haviam desenvolvido esse quadro clínico e nas quais o surgimento do distúrbio teve relação com a prestação de assistência jurídica a mulheres vitimadas por violência doméstica.

A questão de planejar a prevenção desses traumas na preparação de equipes destinadas à atuação em catástrofes tem sido enfatizada nos Estados Unidos e no Canadá. Além de seleção e treinamentos adequados, entre as medidas preventivas estão, também, apoio e supervisão psicológica. E ainda, organização que permita sono suficiente e fixação de horários para descanso — o que na prática, nas ações de socorro em grandes catástrofes (terremotos; enchentes; grandes deslizamento de terra, entre outros), se revela em geral difícil (Boscarino, Figley e Adams, 2004; Stamm et al., 2002; Figley, Figley e Norman, 2001).

Por ocasião do atentado de 11 de Setembro de 2001 em Nova York, um grande número de casos de TEPT foi verificado e, subsequentemente, muitos dos que prestaram assistência apresentaram trauma secundário. A ampla experiência ocasionada por esse evento trágico fortaleceu também a convicção da importância da disponibilização de psicoterapia tanto para as vítimas quanto para os cuidadores (Yoder, 2006).

Na sequência do terremoto que arrasou o Haiti em 2010, grande número de pessoas que havia prestado socorro às vítimas imediatamente após a catástrofe apresentou essa manifestação. No Brasil, após as calamitosas enchentes e deslizamentos de encostas nas cidades serranas do estado do Rio de Janeiro, no início de 2011, ocorreu o mesmo com inúmeras pessoas que haviam auxiliado a resgatar vítimas vivas e a retirar mortos dos escombros.

Diante da perspectiva fixada pelos especialistas quanto à escalada de catástrofes ambientais nos próximos anos, torna-se urgente que o poder público e as empresas responsáveis prevejam que a prevenção seja estendida aos profissionais envolvidos na prestação de assistência médica, social e psicológica. O dimensionamento adequado do número de profissionais que possam ter garantidos revezamento e períodos suficientes de sono e distensão torna-se essencial nessa proteção (Figley, 2002).

A expressão inglesa *compassion fadigue* tem sido utilizada em vários dos textos e relatos sobre esses distúrbios.

Vale ainda chamar a atenção para a associação que pode haver entre *burn-out* e o TEPT secundário. Pois tem sido observado que, quando as atividades de prestação de assistência se prolongam por dias ou semanas, a exaustão física e emocional dos cuidadores pode atingir o esgotamento, caracterizando o *burn-out*, que se tornará, assim, um aspecto vulnerabilizador que irá facilitar a eclosão posterior do TEPT.

Desafios terapêuticos e a reabilitação profissional

Psicoterapia é essencial para recuperações que minimizem o risco de recidivas para todos os que são atingidos por esse transtorno pós-traumático.

A) Psicoterapias voltadas a atuar na esfera psicoafetiva, isto é, na dinâmica intrapsíquica, buscando entendimento dos sentimentos e fantasias mobilizados. Um objetivo central na terapia de enfoque psicodinâmico é o de integrar as lembranças dissociadas da esfera consciente e conseguir integrá-las na memória consciente para construir e consolidar uma *narrativa* do evento traumático e sua sequência. Ao mesmo tempo, o terapeuta buscará ajudar o paciente a identificar seus mecanismos psicológicos de defesa — como negação, deslocamento, autorrepressão. Existem também experiências positivas no uso de abordagens terapêuticas de *psicoterapia breve*, que utilizam ferramentas do referencial psicanalítico. É a experiência, por exemplo, da área de psicologia do Serviço de Saúde Ocupacional do Hospital das Clínicas de São Paulo, supervisionado pela psicanalista Carla Faymann.[5]

B) Psicoterapias comportamentais, direcionadas à esfera cognitiva, têm sido utilizadas em diferentes modalidades e inclusive em formas especialmente destinadas ao TEPT (Barlow, 2009).

Para Doray (2006), a ressimbolização é um ponto essencial no processo terapêutico, e a recuperação da dignidade está no centro das terapias ativas de ressimbolização que podem se tornar eficazes no tratamento desse distúrbio tão refratário às terapias (p. 337 e ss.). Pezé (2008) também explicita os passos e os desafios do trabalho terapêutico.

---

5. Comunicação pessoal (2009). A autora também acompanhou, em atendimento psiquiátrico, trabalhadores com diagnóstico de TEPT que tiveram evolução favorável na terapia breve de base analítica, no mesmo Serviço.

A persistência das vivências e sintomas depressivos é, com frequência, o maior desses desafios — mesmo quando ultrapassada a fase de medo e evitação intensos, das rememorações intoleráveis, dos pesadelos e das revivescências.

Invisibilidade do TEPT nos registros previdenciários do Brasil

Os dados do Instituto Nacional de Seguridade Social (INSS) sobre causas médicas dos benefícios em auxílio-doença e auxílio-acidentário *não incluem avaliação específica do código F43. 1,* que é o referente ao TEPT. Os registros de todos os tipos de diagnóstico do grupo *F43* são feitos de modo consolidado, reunindo as três subcategorias: Reação aguda ao estresse; Transtorno de estresse pós-traumático; Distúrbios da adaptação. Constata-se, assim, a invisibilidade dos casos de TEPT relacionados ao trabalho nas estatísticas brasileiras da Previdência Social. Do que se infere a existência de um imenso prejuízo para a análise dos impactos da violência sobre a saúde mental dos trabalhadores brasileiros.

5.2 Esgotamento Profissional (*Burn-out*)

A expressão inglesa *burn-out* corresponde a "queimado até o final" e foi traduzida para o português como "estar acabado", na versão brasileira da CID-10. Esta é a denominação de um quadro clínico que também foi chamado Síndrome do Esgotamento Profissional e que recebe o código *Z73-0* na Classificação oficial. Consideramos pejorativa a designação "estar acabado", por isso utilizaremos aqui as denominações "síndrome de esgotamento profissional" e — por já haver se tornado corrente na área "psi" — o termo *burn-out.*

Herbert Freudenberger publicou, nos anos 1970, um texto em que falava de um tipo peculiar de exaustão em uma equipe que atendia pacientes psiquiátricos (Freudenberger, 1974). Posteriormente, em seu livro *Burn-out*, publicado em 1980, associa a síndrome à seguinte representação: *um incêndio devastador, um "incêndio interno" (subjetivo) que reduz a cinzas a energia, as expectativas e a autoimagem de alguém que antes estava profundamente envolvido em seu trabalho.* Baseando-se em um grande número de estudos de caso, Freudenberger identificou que especialmente dois tipos de pessoas estão expostos ao "apagão interno" consubstanciado no "*burn-out*": 1) indivíduos particularmente dinâmicos e propensos a assumir papéis de liderança ou de grande responsabilidade; 2) idealistas que colocam grande empenho em alcançar metas frequentemente impossíveis de serem atingidas.

Foram já realizados numerosos estudos sobre *burn-out*, tanto em abordagens epidemiológicas — na Europa, nos Estados Unidos, no Canadá e mais recentemente na América Latina —, quanto em pesquisas qualitativas. Esses estudos têm analisado principalmente profissionais dos setores de educação e saúde. Os profissionais que desenvolvem o *burn-out* são, em sua maioria, aqueles que prestam serviços a outras pessoas, especialmente os denominados *cuidadores*, isto é, aqueles que cuidam de outras pessoas. Têm sido constatadas altas frequências da síndrome em professores/as, enfermeiras/os, médicos/as e assistentes sociais em diferentes países. Freudenberger também estudou casos de executivos.

Ao longo dos últimos vinte anos e da incrementação das grandes mudanças organizacionais que acompanham a reestruturação produtiva, esses quadros vêm se tornando extremamente frequentes. Não são apenas os *cuidadores* estudados por Freudenberger que apresentam a síndrome. Ela tem incidido em gerentes de vários níveis da administração e em outros executivos. Nessas mudanças, as pressões sofridas continuadamente para que os indivíduos atinjam metas cada vez mais avançadas adquirem caráter *extenuante*, podendo levar ao esgotamento profissional (Nardi, 2006; Jardim; Glina, 2000). Verifica-se nesses casos de reestruturação, tanto nas áreas administrativas quanto na de produção, a importância assumida pelo *sentimento de perda* de algo que o indivíduo se sente impossibilitado de reconstituir. No contexto contemporâneo, as perdas tornam-se especialmente impactantes quando remetem para a dificuldade de encontrar alternativas, seja dentro do contexto de trabalho que foi transformado de modo a não haver retorno a uma situação anterior ("minha função desapareceu", "meu antigo setor foi extinto", "desfizeram a minha equipe"), seja fora da organização, pelo estreitamento do mercado de trabalho.

Ao mesmo tempo, à medida que as formas de gerenciamento e controle incidem em serviços de saúde e nas instituições de ensino de todos os níveis, aumentam as incidências da síndrome entre profissionais de saúde e professores. O impedimento de realizar o trabalho social, na saúde e na educação, em acordo aos princípios e valores éticos vinculados à formação e à ética própria dessas profissões é um impedimento que violenta *o sentido* dessas formas de trabalho e desqualifica aquilo que é obrigado a realizar aos olhos do próprio profissional. Pois é absurdo e violento avaliar quantitativamente o trabalho de quem atende pessoas doentes e sofridas, crianças com dificuldade de aprendizagem e pessoas em situações de desamparo profundo. Ainda mais quando os profissionais estão sobrecarregados de tarefas administrativas, além da prestação de serviços profissionais. A fadiga se instala, evidentemente, quando as cargas de trabalho "pesam", mas — como bem explica Yves Clot (2008) — o que mais faz mal é a *diminuição forçada* do trabalho significativo. Na origem do *burn-out,* bem como na de muitas depressões, os *impedimentos* ao trabalho significativo constituem a questão central.

Já falamos a respeito das perdas no tópico referente aos episódios depressivos. No caso do *burn-out,* o que se torna característico é *a perda da perspectiva de concretizar algo que tinha se configurado como missão.*

O *quadro clínico* da síndrome de esgotamento profissional apresenta como manifestação *central* uma *exaustão* que eclode de modo aparentemente brusco, sob forma de uma crise. Freudenberger descreve uma fase prévia à irrupção do "incêndio aniquilador", na qual se instala uma sensação de tédio que substitui o habitual entusiasmo pelo trabalho, aparecendo também irritabilidade e mau humor. O fenômeno central da vivência de esgotamento e exaustão é acompanhado por uma *segunda* manifestação, característica dessa síndrome: uma *aguda reação emocional negativa, de rejeição*, ao que antes, no trabalho, era objeto de dedicação e cuidado. Professoras não suportam mais ver os alunos diante de si; enfermeiras referem não aguentar mais a proximidade dos doentes de quem cuidavam, médicos sentem igualmente essa súbita rejeição pelos clientes, da mesma forma que assistentes sociais sentem necessidade de se afastar das pessoas que esperam atendimento. Instala-se o desinteresse pelo trabalho, tudo o que anteriormente "movia a alma" passa a ser indiferente ou irritante, sobrevém dificuldade de concentração nas atividades e *queda do desempenho* — sendo esta a *terceira* manifestação característica. O indivíduo percebe com inquietação e desânimo essa queda, ao mesmo tempo que diminui seu envolvimento pessoal no trabalho. Uma tonalidade *depressiva* caracteriza o humor, há perda de disposição, dificuldade para levantar, alterações do sono, num conjunto de manifestações que costuma exigir um diagnóstico diferencial das depressões. Em alguns casos, a ansiedade pode ser mais evidente que a depressão — que se mantém submersa (FREUDENBERGER, 1980). A *insensibilidade*, que emerge no que foi identificado como um fenômeno de despersonalização por Maslach (1982), transforma e endurece o relacionamento dos *cuidadores* com as pessoas que recebem seus serviços (Maslach tem desenvolvido muitas pesquisas sobre *burn-out* adotando como referencial a teoria do estresse, ao passo que Freudenberger é médico psicanalista). Em nossa prática clínica, tivemos oportunidade de verificar um forte sentimento de culpa em professoras, ao perceberem os próprios impulsos agressivos e rejeição voltados aos alunos.

Freudenberger (1980) constatou que o esgotamento profissional atinge pessoas que se dedicavam intensamente a seu trabalho. Nas atividades voltadas para formação e desenvolvimento humano (educadores), bem como na prestação de cuidados de saúde e proteção social em geral, essas pessoas tinham muitas vezes uma história pessoal que evidenciava que se atribuíam uma verdadeira missão e que mantinham expectativas grandiosas quanto ao que almejavam realizar e ao reconhecimento que esperavam merecer. Devemos acrescentar que nessas profissões sempre existiu, em geral, uma consciência sobre o *sentido social e humano de suas atividades*, sentido este que é de natureza *ética*. *Saúde e educação* constituíam valores intrínsecos que davam sentido a seu trabalho, respectivamente, para profissionais de saúde e para professores. Assistentes sociais formaram sua identidade profissional fundamentados na concepção de que proteção social era um direito vinculado à ideia de justiça social e profundamente integrado à própria ideia da *justiça* como valor maior, ao qual deveria estar direcionado seu trabalho. Dentro dessa perspectiva, podemos entender o esvaziamento subjetivo vivenciado no *burn-out* que agora se dissemina no interior das redes institucionais em que atuam esses profissionais, considerando que surgiram ameaças e ataques à preservação do *sentido de seu trabalho*. Esses constrangimentos estão embutidos em reformulações organizacionais acopladas ou não à introdução de novos recursos técnicos. Cabe, entretanto, um alerta: não culpemos as novas tecnologias, o que importa são as *decisões* quanto aos *modos* como elas são inseridas no processo de trabalho.

Esse ataque ao *sentido do trabalho* se deu também pela imposição de métodos e metas que se opõem ou são estranhos à dimensão ética que era inerente a esses tipos de trabalho e explica, assim, a disseminação atual do esgotamento profissional nas categorias mencionadas. A imposição de pressões de tempo e exigências de produtividade prejudica a qualidade do contato interpessoal com os pacientes, na área de saúde e a própria realização dos procedimentos diagnósticos de uma consulta médica. A burocratização do trabalho das enfermeiras e o volume de registros computadorizados que têm que operacionalizar, impedem que desenvolvam aspectos essenciais de sua profissão, na prestação de atenção direta ao pacientes.

Divisamos, assim, a questão da agressão ao *sentido do trabalho,* no cerne da diferença entre o que foi encontrado por Freudenberger nos anos 1970 e o que se verifica na atualidade, quanto ao que desencadeia o processo subjetivo do *burn-out* em professores e cuidadores. O esvaziamento que foi descrito por Freudenberger é preponderantemente o do profissional que se dedicava ao trabalho como a uma causa, encontra incompreensão ou outras dificuldades, continua a esforçar-se, até que advenha, dolorosamente, a percepção de que está "dando murro em ponta de faca" — momento em que ocorre a exaustão e sobrevém a sensação de saturação e fracasso, abrindo dolorosa ferida no amor-próprio (ferida narcísica). A crise ocorre, na atualidade, diante do *desmoronamento* não apenas de uma visão idealizada de si mesmo e de uma *missão* (como dizia Freudenberger), mas agora, também diante da percepção de que *foi abalado o caráter ético que dava sentido às atividades de educação, saúde e assistência social.* Uma observação relevante que tem sido feita é a de que o *burn-out* ocorre principalmente quando o profissional não encontra *apoio social* para resistir contra pressões que burocratizam, tecnificam artificialmente e esvaziam o *sentido* de suas atividades. O apoio preventivamente valioso pode ser o constituído no ambiente de trabalho, mas também são significativos os espaços exteriores nos quais o trabalho e o sofrimento possam ser discutidos e repensados, desenvolvendo-se ações solidárias.

Existem diversas pesquisas sobre saúde mental dos professores no Brasil. Desejamos destacar dois estudos qualitativos, um realizado na rede escolar pública da cidade de Vitória e o outro na de João Pessoa. No primeiro, foi realizada uma acurada análise de repercussões na saúde relacionadas a uma reforma administrativa que impôs diretrizes neoliberais à organização do trabalho e aos conteúdos do ensino. Esse estudo foi realizado por Maria Elizabeth Barros (2001) e, entre outras expressões de sofrimento mental, a autora encontrou nos depoimentos desses professores a percepção de um "esgotamento físico e mental" que eles relacionavam às mudanças administrativas que haviam sido implantadas. Tal "esgotamento", ao lado de outros sintomas, havia feito com que vários professores tivessem se afastado da atividade docente em licença médica (Barros, 2001). As manifestações de desgaste mental que Mary Yale Neves identificou em professoras da cidade de João Pessoa assumiram configurações "que as aproximavam da síndrome patológica do *burn-out*" (Neves, 2000, p. 159).

É interessante salientar que tanto Barros como Neves constataram a importância que a sublimação e a criação de um espaço coletivo de discussão assumiram entre as professoras da rede pública de ambas as cidades, na resistência e superação do caráter patogênico do sofrimento mental.

Finalizando este tópico, para aplicação à questão do "*burn-out*" entre *executivos,* desejamos salientar ainda um aspecto: Freudenberger (1980) via uma outra característica psicológica articulada ao elevado nível de autoexigência de desempenho. É algo que também vale a pena comentar no seu aspecto contemporâneo. Trata-se do esforço dessas pessoas em *identificar-se a um modelo ideal* de profissional do campo a que pertencem. Sabemos que, correspondendo a esse anseio por um modelo, mitos foram construídos em muitas organizações. Estímulos evidentes ou subliminares são direcionados para acender a identificação com um modelo que não raro é uma figura mítica no histórico da própria empresa, não raro seu próprio fundador.

Na cena contemporânea, o discurso empresarial, em consonância com os meios de comunicação, veicula, colado ao ideal e à meta de excelência, a imagem de um colaborador autônomo, hiper-responsável e perfeito. O ideal de perfeição é o novo modelo e traz em si a visão de uma saúde e de uma disposição inesgotáveis. A imagem é impregnada de onipotência. O empregado — ou *colaborador,* no discurso empresarial — recebe a imposição — feita com sutileza — de uma imagem que extrapola os limites humanos e a identidade pessoal que constituiu ao longo da vida. Fabricada e projetada "de fora", a imagem ideal é interiorizada e vira autoimagem. Nela, é *abstraído* o ser humano que tem um corpo e uma fisiologia, afetos e vínculos sociais, limites e necessidades próprios. Existe apenas a imagem ideal do "produtor incansável". No ideal de perfeição fica implícita a ideia de saúde perfeita (Sfez, 1996; Seligmann-Silva, 2001). A persistência continuada em corresponder ao modelo assim interiorizado, negando o próprio desgaste, encontra após certo tempo seu limite, desembocando na crise de *burn-out*.

O grande número de estudos existentes a respeito do *burn-out* parece evidenciar a magnitude que o problema vem assumindo. Não poderíamos, portanto, esgotar aqui o tema.

O Manual de Serviços para Doenças Relacionadas ao Trabalho, do Ministério da Saúde (2001), oferece diretrizes para o diagnóstico clínico, a prevenção e o tratamento da síndrome de esgotamento profissional, assim como para os demais.

5.3 Quadros Depressivos

Assinalamentos epidemiológicos

O predomínio do conjunto de diagnósticos referentes a quadros depressivos, constatado no Brasil, corresponde ao que acontece no plano mundial, conforme os dados reconhecidos pela OMS no campo da Saúde Mental. Também em outros países, a identificação da relação entre trabalho e depressão levanta enorme perplexidade e o desafio de aprofundar investigações que possam definir *qual* a relação existente entre a "epidemia" de depressões vinculadas causalmente ao trabalho e à preocupante escalada mundial desses agravos mentais — objeto de muitos estudos contemporâneos do campo clínico e epidemiológico relacionado à Psicopatologia geral.

Spinoza já havia mencionado que tristeza é *perda de potência*. Depressão não é equivalente à tristeza, mas também está marcada pela vivência de perda *do poder ter posse de si mesmo*, impedimento a *ser integralmente*. O filósofo explicou também: "por tristeza compreendemos o que diminui ou refreia a potência de pensar" (p. 135). Esta é também uma característica da depressão — lentificação e às vezes bloqueio do fluxo do pensamento.

Mas de que modo o trabalho poderia produzir depressão?

Necessariamente devemos destacar, de início, todos os processos que suscitam *frustração*, perdas de sentido do trabalho, vivências de fracasso e autodesvalorização profissional. A falta de reconhecimento percebida pelo assalariado é uma das principais fontes de frustração.

Na reestruturação produtiva, como foi visto, a perda da perspectiva de carreira se estendeu a grande parte dos assalariados e em especial a todos os que possuem vínculos precários e vivenciam de modo permanente a insegurança e o impedimento de construir planos para o futuro. Em suma, além das perdas já consumadas — da estabilidade no emprego; da carreira ou do próprio emprego —, sobrevém para muitos a vivência da imprevisibilidade, que pode se tornar mais aguda à medida que avança a idade. A pessoa percebe ameaça à continuidade da vida profissional e à própria sobrevivência social. Ao mesmo tempo, as perdas ou ameaças frequentemente obscurecem o projeto de vida pessoal e familiar (casamento, educação dos filhos etc.).

Cabe assinalar as relações que estudos clínicos têm demonstrado existir entre *depressão* e *trabalho precarizado*. Assim, os seguintes aspectos da situação de trabalho têm sido associados à constituição de quadros depressivos: humilhação no trabalho; vínculos de trabalho precários; desemprego prolongado e desemprego intermitente. Articulados a algo que marca o plano existencial e ocupa o pano de fundo de todos esses aspectos: *o esvaziamento pelo empobrecimento do significado do trabalho* (Clot, 2008).

Ainda, a *vivência de injustiças* e ao mesmo tempo da *impotência de confrontar essa injustiça* tem sido revelada em vários estudos de caso. A dimensão ética assume importância fundamental na origem da depressão em casos nos quais o empregado percebe que está sendo pressionado a violentar princípios até então considerados sagrados em sua profissão ou profundamente conectados à sua formação e identidade. O impasse se configura quando, ao mesmo tempo, o indivíduo se sente impotente para protestar ou recusar diante da pressão do(s) que detém(êm) o poder —

sabendo que o protesto ou recusa conduzirão, de imediato ou pouco adiante, à demissão. A violação dos próprios valores é encontrada na raiz de muitos processos de adoecimento vinculado ao trabalho e, nesses casos, a depressão se constitui um dos agravos mentais mais encontrados na clínica, ao lado dos frequentes distúrbios psicossomáticos desencadeados pelo trabalho — entre os quais a hipertensão arterial e a doença coronariana têm recebido maior atenção. Lembramos aqui o que foi antes exposto sobre o *sofrimento ético* e os mecanismos de defesa suscitados por esse tipo de sofrimento a partir dos estudos de Dejours (1999).

Um aspecto interessante e pouco citado na psicopatogênese é a influência da própria *fadiga* mental no advento da depressão, na medida em que provoca limitações — não só ao trabalho bem-feito, mas, inclusive, confusão ao pensamento, impedindo pensamento crítico e pleno entendimento das quebras de ética. Essa fadiga, ao dar lugar à percepção do próprio desgaste, gera desânimo e, ao mesmo tempo, faz com que cresçam o temor à demissão e o desgaste da esperança. Esta última torna-se extremamente preocupante, na medida em que é bem sabido que está profundamente associada ao risco de suicídio — tema que vem ocupando recentemente maior espaço nos estudos de SMRT e correlatos.

Portanto, diferentes modalidades de depressão podem ter sua patogenia, desencadeamento e evolução nitidamente associados às vivências do trabalho. Observações longitudinais permitem constatar o peso da dimensão "trabalho" na patogenia de quadros depressivos.

Quadros típicos e atípicos

A depressão pode se manifestar em quadros típicos, agudos ou crônicos.

Os quadros que podem ser caracterizados como *episódios depressivos*, de acordo com os critérios especificados pela CID-10 para o diagnóstico codificado como F-32, consideram indicações numéricas apostas ao código para indicar diferentes graus de gravidade — que vão do leve aos graves com presença de sintomas psicóticos. Mas outras formas de depressão podem ser desencadeadas no trabalho. A lista brasileira de distúrbios mentais relacionados ao trabalho incluiu apenas os episódios depressivos, mas o estudo detalhado revela que o nexo causal com o trabalho também pode ser caracterizado em outras formas de depressão.

Nos quadros depressivos típicos surgem claramente as manifestações de desânimo, tristeza, autodesvalorização; os pensamentos mórbidos, as vivências de perda ou fracasso e mesmo ideias de total e irremediável ruína de si mesmo. A insônia ocorre geralmente e concorre para agravar a fadiga. A percepção da lentificação do pensamento desperta angústia, assim como todas as outras inibições e bloqueios percebidos pelo trabalhador em si mesmo. As dificuldades em manter comunicação com os demais, participar nas atividades sociais, juntamente com a percepção da impossibilidade de manter o ritmo de trabalho, constituem, em geral, uma característica bem evidente nesses casos. Um componente frequente da dinâmica psíquica é, nesse caso, a autoculpabilização pelos insucessos percebidos.

Mas os quadros depressivos associados ao trabalho muitas vezes não são típicos e se revelam com maior sutileza. A postura de desânimo diante da vida e do futuro aparece como sua principal marca. Esse desânimo pode ser expresso com amargura ou revestido por conformismo fatalista.

O mais frequente é que a depressão oculta transpareça assumindo outras formas: expressões somáticas de mal-estar ou doenças; acidentes de trabalho; alcoolismo; absenteísmo. Pode ser notado, em alguns casos, que comportamentos de aparente euforia e/ou hiperatividade representam em verdade reação contra a depressão. A depressão também está relacionada com as alterações da personalidade que se constituem na dinâmica psicossocial, fazendo o indivíduo se isolar dos seus próprios sentimentos depressivos, sob um manto de comportamento bem adaptado, caracterizando quadros clínicos que foram designados como normopatias ou alexitimias por pesquisadores de vários países que têm estudado a questão. Em uma revisão do assunto, denominamos esses quadros como *síndromes da insensibilidade* — pois a indiferença e o distanciamento afetivo são suas características mais marcantes (Seligmann-Silva, 1995 e 2004).

A interface família-trabalho, da qual já tratamos na Parte V, também é em geral afetada. Não é possível isolar a dimensão "trabalho" de uma dinâmica em que geralmente o relacionamento familiar e todos os demais níveis da vida e participação social são atingidos. Em um primeiro momento, esses outros espaços e relacionamentos são afetados a partir do próprio trabalho, por exemplo, por horários que diminuem o convívio, pelo cansaço e pela irritabilidade que também prejudica as inter-relações.

Instalada a depressão, esta pode às vezes ser interpretada pela família como demonstração de indiferença ou de menosprezo, uma vez que a pessoa deprimida geralmente se retrai, fala menos e não sente disposição para participar de passeios ou outros programas de lazer sugeridos pela família. Na dinâmica assim instaurada, o aborrecimento manifestado pelos familiares poderá agravar mais ainda os sentimentos de culpa do trabalhador e, portanto, sua depressão.

Portanto, diferentes modalidades de depressão podem ter sua patogenia, desencadeamento e evolução nitidamente associados às vivências do trabalho. Observações longitudinais permitem constatar o peso da dimensão *trabalho* na patogenia de quadros depressivos.

A depressão, como já foi dito, pode se manifestar em forma aguda ou desenvolver-se insidiosamente caracterizando cronicidade. Mas o que marca todas s formas de depressão é o conjunto em que se destacam as manifestações de desânimo, tristeza, autodesvalorização; os pensamentos mórbidos, as vivências de perda ou fracasso e mesmo ideias de total e irremediável ruína de si mesmo. A percepção da lentificação do pensamento desperta angústia, assim como todas as outras inibições e bloqueios percebidos em si mesmo. As dificuldades em manter comunicação com os demais, participar nas atividades sociais juntamente com a percepção da impossibilidade de manter o ritmo de trabalho constituem, em geral, uma característica bem evidente nesses casos. Um componente frequente da dinâmica psíquica é, nesse caso, a autoculpabilização pelos insucessos percebidos.

Mas os quadros depressivos associados ao trabalho muitas vezes não são típicos e se revelam com maior sutileza. A postura de desânimo diante da vida e do futuro aparece como sua principal marca. Esse desânimo pode ser expresso com amargura ou revestido por conformismo fatalista.

O mais frequente é que a depressão oculta transpareça assumindo outras formas: expressões somáticas de mal-estar ou doenças; acidentes de trabalho; alcoolismo; absenteísmo. Pode ser notado, em alguns casos, que comportamentos de aparente euforia e/ou hiperatividade representam em verdade reação contra a depressão. Como veremos adiante, a depressão também está relacionada com as alterações da personalidade que se constroem na dinâmica psicossocial, fazendo o indivíduo se isolar dos próprios sentimentos depressivos sob um manto de "comportamento bem adaptado".

Ansiedade nas depressões: é importante lembrar que, em muitos casos, o que se revela de imediato aos demais — e ao próprio clínico — é a ansiedade e não a depressão. Essa ansiedade pode encobrir as manifestações mais típicas da depressão e induz, não raro, a erros de diagnóstico. A ansiedade é frequentemente de caráter reativo à própria percepção das manifestações depressivas que prejudicam o desempenho. Decorre quase sempre do temor de que os demais notem essas dificuldades e que, nos ambientes competitivos e voltados às exigências da excelência, essa revelação seja causa de prejuízo funcional ou mesmo de demissão.

Mas, como já vimos, novas fontes de ansiedade também se instauram no trabalho precarizado. Várias formas de ansiedade emergem antecedendo ou associadamente ao desenvolvimento da depressão. Assinalaremos alguns exemplos para depois examinar a questão da ansiedade que se manifesta em reação à percepção das manifestações depressivas.

Situações de trabalho potencialmente ansiogênicas

Para exemplificar situações de trabalho que geram ansiedade, vale focalizar a *ansiedade gerada nas missões impossíveis.*

A exigência de cumprir metas impossíveis já foi mencionada e é certamente um dos maiores fatores ansiogênicos em muitas empresas. Nos estabelecimentos bancários, essas exigências têm ocasionado exaurimento, conflitos e adoecimentos — aumento dos casos de LER/Dort e distúrbios psíquicos (Jinkings, 2000). A gravidade da situação tem mobilizado a categoria dos bancários. Em São Paulo, por exemplo, no ano de 2010, teve ampla repercussão a campanha desencadeada pelo Sindicato dos Bancários cujo lema foi *Menos metas e mais saúde*. O assédio moral também proliferou em várias dessas organizações do ramo financeiro, levando o mesmo sindicato a criar um grupo de acolhimento aos funcionários atingidos.

De modo mais generalizado, tornou-se habitual, em muitas empresas, a *responsabilização* de um funcionário por realizações que não tem condições de cumprir, em face de diferentes fatores e imprevistos relacionados com o cumprimento de suas "obrigações". Nessas situações, uma forte ansiedade pode se desenvolver se o trabalhador estiver constrangido por um sistema autoritário que impede e sanciona questionamentos e sugestões quanto à reformulação dos modos, recursos e tempos, inclusive do tempo para realizar as atividades e alcançar as metas.

Um bom exemplo de *missão impossível* é o caso dos *cobradores de ônibus da cidade de São Paulo*: eles recebem determinação de que devem evitar acúmulo de dinheiro nas gavetas de seu posto de trabalho. Existe um cofre próximo ao assento do cobrador, no qual, de forma espaçada, o dinheiro deve ser transferido. Acontece que os cobradores que trabalham nas chamadas "linhas pesadas" (perigosas) relatam forte medo de deixar visível o dinheiro ao fazer essa operação. Assim, acabam acumulando dinheiro nas gavetas por um tempo maior que o determinado. Quando ocorre um assalto, são responsabilizados pela quantia furtada se esta ultrapassar o valor de um determinado número de passagens, e o cobrador é obrigado a ressarcir a empresa.[6] A vivência do assalariado, nesses casos, é de sofrer profunda injustiça — além de atingido pelo evento potencialmente traumatizante que é o assalto, ainda é obrigado a sacrificar o salário para ressarcir a empresa.

A continuidade e o progressivo agravamento de depressões construídas ao longo de trajetórias de vida e trabalho que são marcadas pela falta de reconhecimento indica muitas vezes existência de situações frustrantes de trabalho. A multiplicação dessas situações no cenário brasileiro é um assunto que deve exigir atenção não apenas dos profissionais de saúde, mas também, e muito especialmente, dos tomadores das decisões das esferas administrativas — aqueles que decidem e gerenciam e assim assumem o controle da organização do trabalho — isto é, dos seres humanos que realizam esse trabalho.

O agravamento das depressões, como se sabe, exige cuidados especiais da atenção terapêutica e social também em razão do aumento do risco de suicídio.

---

6. Estas informações foram obtidas pela autora em entrevistas realizadas com esses trabalhadores em um serviço de saúde ocupacional na cidade de São Paulo.

5.4 Alcoolismo Crônico Relacionado ao Trabalho

(F 10 -2)[7]

O alcoolismo, durante o século XX, constituiu, mundialmente, o problema de saúde mental que acarretou maiores custos a países e empresas. Por isso, foram bastante numerosos os estudos epidemiológicos realizados sobre o assunto, bem como as tentativas de estabelecer políticas preventivas. A maioria destes estudos oferece uma visão da *incidência* do alcoolismo — isto é, o número de novos casos em determinado período — e poucos estudos referem a *prevalência* — número de casos existentes, cuja aferição é bastante problemática na população geral. Além dos dados demográficos, alguns estudos trazem registros referentes a ramos de atividades e profissões. Apesar do grande interesse que apresentam para uma visão panorâmica da dependência alcoólica em uma cidade, região ou país, esses estudos não permitem a análise e a identificação da relação existente entre o alcoolismo e as características das situações de trabalho. Acreditamos que sem conhecer esses aspectos e suas interfaces torna-se difícil uma análise conclusiva sobre a produção do alcoolismo em diferentes realidades laborais.

No Brasil, entre os estudos epidemiológicos que procuraram estabelecer as relações entre alcoolismo e trabalho, destacamos o detalhamento da análise realizada por Vaissman (1998 e 2004).

Quanto à dinâmica psicoafetiva envolvida na etiologia e patogenia do alcoolismo, apenas os estudos qualitativos têm possibilidade de examinar a questão para analisar a correlação com as situações de trabalho. No México, Miguel Matrajt realizou estudos nessa perspectiva (Matrajt, 1994), assim como Heliete Karam no Brasil, com diferentes publicações a respeito.

O problema constituído pelo alcoolismo no México foi estudado por Matrajt (1994), que, após delinear um quadro epidemiológico no qual a magnitude da questão foi revelada, desenvolveu uma abordagem que integrou a perspectiva social com a psicanalítica. Referindo-se às vivências de frustração, o autor enfatiza que, no caso da causalidade da adição,

---

7. Código da CID -10 (Classificação Internacional de Doenças) da Organização Mundial de Saúde, atualmente em vigência. Designa alcoolismo crônico.

"não é qualquer frustração que possui uma força capaz de criar adição e sim apenas aquela frustração que se revela como afronta ao narcisismo, como ataque à autoestima" (p. 153). Em seus estudos, realizou comparações minuciosas entre trabalhadores de diferentes estratos socioeconômicos. Uma de suas conclusões foi de que são as situações de trabalho nas quais ocorre desqualificação associada à humilhação as que favorecem a gênese da adição. No estudo que fez sobre pessoas desempregadas, constatou que, quando o trabalhador considerava a situação de desemprego temporária, havia prevalência significantemente menor do alcoolismo do que entre os cronicamente desempregados. Nestes últimos, Matrajt evidenciou relação entre a dependência e as vivências de desvalorização profunda, inutilidade e perda de perspectiva de um trabalho decente. Ao longo de sua análise, Matrajt permite o entendimento do papel que a violência incrustada na estrutura social desempenhou na origem do alcoolismo que atinge os trabalhadores por ele estudados. Pois essa violência se expressou na discriminação dos empregados menos escolarizados e dos desempregados mais destituídos, bem como nas relações de poder marcadas pelo autoritarismo que engendraram a humilhação e as vivências de impotência dos trabalhadores analisados pela pesquisa (Matrajt, 1994).

Heliete Karam (2001), que realizou estudos teóricos e empíricos sobre a relação entre trabalho e alcoolismo, dentro de uma perspectiva contextualizadora e ao mesmo tempo psicodinâmica, aponta a conexão entre o alcoolismo e a violência:

> Há uma *violência estrutural* na base deste consumo (de bebida, capaz de gerar a *violência quotidiana*,[8] na medida em que os conflitos próprios às relações de poder não se solucionam, mas se cristalizam, metamorfoseando-se em queixas, adoecimentos, acidentes ou quase acidentes, criminalidade e tantas outras formas de sintomas sociais. (p. 6)

Karam relaciona o alcoolismo com o silêncio imposto nas situações de trabalho que obstaculizam a livre expressão do pensamento crítico e,

---

8. Expressões de Alexandre Dorna, cf. resumo de: Los Aportes de la Psicología Política al Debate sobre la Ausencia de Proyetos Políticos y la Crisis de las Ciencias Sociales. Texto apresentado no Congresso Mundial de Psicologia Política. México, jul./ago. 2001.

assim, impedem os debates construtivos e o exercício da cidadania pelo trabalhador — especialmente no que se refere à dimensão política desta cidadania. Pois a autora afirmou, no mesmo texto: "A questão de fundo é a da liberdade, contrapondo *sofrimento* e *cidadania*" (p. 5).

No caso de trabalhadores que migraram de outras regiões ou países e que vivem muitas vezes longe dos familiares em situação de desenraizamento cultural, a participação na "roda do bar" passa a ser uma forma de voltar a pertencer a um grupo, ter companhia, evitar a vivência penosa do isolamento e do sentir-se um estranho num mundo desconhecido. Foi o que se observou, por exemplo, pesquisando trabalhadores industriais nas cidades de São Paulo e de Cubatão (Seligmann-Silva, 1994a).

Os psiquiatras, em diferentes países, têm observado maior concentração de casos de alcoolismo em determinadas atividades de trabalho e ramos da produção. Entretanto, apenas a análise das situações de trabalho concretas permite, de modo geral, identificar e compreender os aspectos e as interações que explicam tais verificações. Mencionaremos algumas dessas situações, porém convém assinalar que todas elas se apresentam potenciais importantes quanto à produção de desgaste mental, caracterizando-se como situações propícias a tornar os trabalhadores mais vulneráveis aos transtornos psíquicos. Mesmo não sendo possível delimitar ou quantificar um potencial de desgaste específico considerando a dependência de bebidas alcoólicas, algumas das *situações de trabalho*, que apontaremos a seguir, apresentam em geral fatores e processos psicossociais que, segundo as observações, *favorecem* o surgimento dessa dependência. E mesmo que essas situações representem fontes de outros agravos mentais, a incidência da dependência alcoólica se destaca nelas. Existem diferentes estudos epidemiológicos que, voltados apenas aos ramos da economia ou às ocupações, parecem confirmar essa afirmação. O mesmo foi também constatado em pesquisas qualitativas que captaram a dinâmica social e psicológica relacionada à constituição da dependência alcoólica.

Pontuaremos a seguir algumas situações nas quais, nas pesquisas por nós realizadas no Brasil, foi possível traçar, a partir do discurso livre dos trabalhadores entrevistados em profundidade, aspectos do trabalho que puderam ser correlacionados, nos históricos desses pacientes, com a dependência alcoólica.

Atividades socialmente desprestigiadas por envolverem atos ou materiais considerados desagradáveis ou repugnantes. Exemplos: trabalho em que haja contato com cadáveres, esgotos, lixo ou dejetos em geral; apreensão e sacrifício de cães. A rejeição é experiência vivenciada frequentemente por esses trabalhadores. Em pesquisas realizadas na cidade São Paulo, André (1994) e Santos (1999) constataram a importância deste e de outros aspectos psicossociais para entendimento da elevada frequência de casos de alcoolismo no chamado "trabalho sujo". Nessas ocupações, o risco de alcoolismo costuma ser tanto maior quanto menor a expectativa de qualificação futura e de progressão em uma carreira.

Assumem alto valor preventivo as práticas de supervisão e chefia direta em que a dignidade e a valorização do trabalhador são consideradas com especial atenção. Fornecimento de equipamentos adequados, disponibilidade de chuveiros e material para a higiene pessoal, inclusive trocas suficientes de roupa, são essenciais para prevenir a autodesvalorização que pode ser a etapa inicial de uma depressão ou da dependência alcoólica. Em resumo: torna-se importante evitar que esses trabalhadores venham a se identificar com os materiais "sujos" ou "mortos" com que entram em contato ao longo de suas jornadas. Pois é dessa identificação e/ou dessas humilhações vivenciadas no trabalho que nascem a autoagressão ou a raiva canalizadas através do uso das bebidas.

2. *Atividades em que a tensão gerada é constante e elevada, especialmente quando não ocorrem apoio social e reconhecimento*. São numerosas as situações em que isto ocorre. Destacamos:

— *Trabalho perigoso*: o perigo pode estar associado a condições inseguras, ritmos excessivos ou outros aspectos organizacionais caracterizadores de risco, em fábricas, na mineração ou na construção civil. A vivência de ameaça é particularmente aguda e potencialmente geradora de ansiedade quando o perigo é de confronto violento, como, por exemplo, agressão armada ou ira popular. Tais situações podem existir em diferentes ocupações, nos setores de segurança pública e privada, estabelecimentos bancários e transportes coletivos;

— *Alta exigência cognitiva. Atividades que exigem grande densidade da atividade mental* associada a altas exigências cognitivas — situação que por si repercute em geral na área emocional pela tensão devida ao esforço de concentração e de isolar da consciência a esfera emocional. Essa tensão se exacerba quando são acrescentadas exigências significativas de ordem psicoafetiva, como seja uma elevada *responsabilidade* com vidas humanas — caso do trabalho de anestesistas, cirurgiões, outras atividades em Saúde, condução de trens e outros transportes coletivos; no controle do tráfego aéreo; no trabalho dos técnicos em segurança do trabalho e em outras ocupações industriais que envolvem altos riscos da própria vida ou de vidas alheias (vide exemplo do operador de ponte rolante, no capítulo 1 da Parte IV). Outros tipos de responsabilidade também aumentam a carga psíquica — por exemplo, manutenção de equipamentos caros ou a guarda/transporte de grandes valores (valores em moeda, minerais valiosos; joias ou outros);

— *Trabalho monótono* e todo trabalho que gera *tédio* e no qual o indivíduo não tem oportunidade de aplicar seus potenciais de criatividade também têm sido estudados em associação com o uso de bebidas alcoólicas. Estas são procuradas basicamente por seu efeito euforizante, como meio de proporcionar um prazer, compensando assim o tédio e a insatisfação;

— *Situação de isolamento*: quando o trabalhador fica afastado do convívio humano durante a jornada. O risco, nesses casos, é especialmente agravado quando o trabalho também é desinteressante ou monótono e quando não há possibilidade de comunicações através de telefone ou outro meio. Nessas situações pode ocorrer que a utilização de bebidas se faça inclusive durante o horário de serviço. É o que pode ocorrer na atividade dos *vigias*, por exemplo, e também na de maquinistas de trem que trabalham isolados nas locomotivas — conforme foi possível constatar no Brasil em pesquisas realizadas no setor ferroviário (Seligmann-Silva, 1997a);

— *Atividades que envolvem afastamento prolongado do lar*, por exemplo, em viagens, plataformas marítimas ou, ainda, em zonas de mineração (Seligmann-Silva, 2003).

As situações descritas não configuram risco apenas para o desenvolvimento de dependência alcoólica. O desgaste e o sofrimento mental que nelas se originam podem também suscitar o surgimento de depressões e de diferentes processos mórbidos associados à tensão continuada (hipertensão arterial, úlcera péptica, gastrite nervosa). E como bem descreveu Freudenberger (1987), tanto a busca das bebidas alcoólicas, como a de diferentes drogas, podem em muitos casos representar tão somente a *forma* pela qual alguém está procurando fugir do contato com a própria angústia ou da percepção da própria frustração. Trata-se, frequentemente, como diz o mesmo autor, de um "tratamento equivocado", adotado defensivamente contra a depressão. É o que pode acontecer no esgotamento profissional, mas também em outras manifestações depressivas.

Os administradores precisam conhecer esses fatos para dimensionar adequadamente os tempos — jornadas, pausas para descanso, folgas — e a expectativa quanto à produção/ volume de trabalho a ser executado.

Beber em grupo com companheiros de trabalho. Prática defensiva? Forma de substituir o pensamento e a palavra? Ou apenas meio de garantir pertencimento a uma equipe?

Existe uma constatação corriqueira no cotidiano das áreas industriais: e do comércio urbano: a prática de beber conjuntamente em certos locais e ocasiões — depois do final da jornada de trabalho, final do último dia trabalhado na semana em determinado bar das circunvizinhanças. A participação nesses encontros pode assumir um papel importante para a integração que faz cada um se sentir *fazendo parte* de determinado grupo, setor empresarial ou firma. Por outro lado, nas situações em que o trabalho é especialmente *perigoso, entediante* ou por outra forma *penoso*, beber conjuntamente torna-se um modo de tentar buscar *coragem, disposição, alegria* ou simplesmente distensão (*relaxar*), ao mesmo tempo que se torna uma tentativa de *esquecer* perigos incômodos, pressões, decepções ou mesmo humilhações vivenciadas no cotidiano do trabalho (Dejours, 1985a).

No trabalho de vigilância — no setor privado, referente a patrimônios; ou no setor público, nas corporações de vários tipos — ou nas atividades voltadas à segurança pública e repressão à violência (atividade policial, ou na segurança em prisões, por exemplo), a bebida alcoólica pode ser buscada para *anestesiar, entorpecer* a si mesmo, a fim de *não se dar conta dos perigos que enfrenta durante a jornada.* O entorpecimento pode também ser buscado com a finalidade de *não tomar consciência de algo perturbador*, algo que pode ser, inclusive, *uma* atividade que se sente obrigado/a a realizar mas que violenta seus próprios princípios morais e valores. Em suma, algo de que, normalmente, a pessoa se envergonharia em estar realizando, mas que, sendo pressionada, acede a realizar em determinada situação em que o uso de *repressão* ou mesmo de *violência* esteja institucionalizado.

A ideia de uma correlação entre consumo de bebida alcoólica e virilidade, presente em todo o Ocidente, se vincula às concepções referidas a outros atributos considerados como masculinos, alguns dos quais ligados ao trabalho. O trabalho que exige muito esforço físico, o trabalho realizado em más condições de ambiente físico — enfrentando ruído, gases, poeira, calor etc. — e o trabalho perigoso são vistos como *trabalho de homem*.

Assim, surge a associação entre "trabalhar como homem" e "beber como homem", de modo a fazer com que a recusa à bebida possa parecer sinal de "fraqueza" para o trabalho e ao mesmo tempo para o desempenho sexual da masculinidade. Certamente, a pressão que isto representa não pode ser desprezada quando se estuda o alcoolismo em determinados grupos ocupacionais (Riquelme, 1987 ; Alvim, 1972).

O uso coletivo do álcool em locais de trabalho frios ou úmidos é associado, pelos próprios trabalhadores, à crença sobre o valor dessa bebida como produto capaz de "aquecer o corpo", em parte fundamentada sobre a sua ação vasodilatadora. Tais crenças circulam nesses lugares, em geral juntamente com a ideia de que o álcool poderá proteger contra resfriados e doenças pulmonares. Como em outras situações nas quais existe uma justificativa consciente para uso da bebida alcoólica, o hábito frequente, também aqui, desemboca após algum tempo, para alguns trabalhadores, na dependência.

A noção corrente de que o álcool tem ação antisséptica também concorre para "justificar" seu uso em ambientes sabidamente contaminados, como o trabalho com lixo e dejetos em geral, em que a função real da bebida parece ser bem outra: entorpecer a percepção dos incômodos, do mau cheiro e até dos perigos, para poder *suportar* o prosseguimento das tarefas (André, 1994; Santos, 1999). Em nível mais profundo, a identificação com os materiais repugnantes, a rejeição social e a ausência de reconhecimento vivenciados pelo tipo de atividade conjugam-se para originar autodesvalorização e frustração. Na sequência, vivências depressivas e pensamentos mórbidos se instalam, e a bebida serve, para alguns, como forma de entorpecimento da dor psíquica e, conjuntamente, como forma de autoagressão, pois existe o conhecimento sobre o poder destrutivo do uso abusivo de bebida alcoólica. E, como revelam estudos clínicos fundamentados na psicanálise, a bebida pode ser utilizada como o meio de consecução lenta de um suicídio.

Vaissman (2004), no Rio de Janeiro, identificou casos em que a própria natureza da função se constituiu a prova do nexo causal: a dependência alcoólica surgiu, após anos de desempenho da função de *provador de cerveja*, em dois empregados em uma grande indústria do ramo.

A comorbidade é muito comum. Assim, a associação com quadros de esgotamento profissional (*burn-out*), depressão e TEPT é bastante encontrada na prática clínica.

A negação e o ocultamento da dependência de bebidas é um dos mais sérios desafios no trato desse problema.

Dificuldades para o diagnóstico são colocadas pelo mecanismo de negação associado a esse ocultamento, que, evidentemente, representa o mecanismo de defesa mais fortemente presente no próprio alcoolismo: abafar e negar a penosidade, a humilhação, a falta de realização em um trabalho considerado sujo ou, por outras razões, jamais reconhecido como socialmente valioso. Falta de reconhecimento e até menosprezo, que não se refere apenas ao trabalho, mas atinge em cheio quem o executa.

Não desenvolveremos aqui maiores comentários sobre um tema correlato: a expansão do uso do *crack* em diferentes situações de trabalho, inclusive na área rural, onde um trabalho jornalístico destacado foi realizado sobre a relação entre as situações vivenciadas e o uso desse produto pelos trabalhadores do corte de cana-de-açúcar (Magalhães; Silva, 2008).

Os policiais civis e militares que têm como atividade a manutenção da segurança pública e a repressão ao crime vivem situações nas quais elevados níveis de tensão têm sido estudados, geralmente sob a perspectiva teórica de estresse. Uma dupla origem dessas tensões tem sido reconhecida: a) a representada pelos riscos presentes nas situações de violência cujo enfrentamento é atribuição dos policiais; e b) a tensão derivada da própria disciplina a que os policiais estão submetidos.

Em muitos países têm sido realizadas pesquisas suscitadas pela alta incidência de distúrbios psíquicos e suicídios nas corporações policiais. Quanto ao alcoolismo, no Brasil, apenas uma pequena parcela dos estudos realizados sobre o assunto tem recebido divulgação, existindo muita reserva em relação ao assunto. A imprensa, entretanto, reporta esporadicamente o assunto. Por exemplo, na cidade de Recife, Cláudia Lucena escreveu, em um trabalho jornalístico:

> O alcoolismo entre policiais militares e civis há muito já desperta a preocupação de integrantes dessas instituições. No caso da PM, o comando reconhece a existência do problema e oferece serviços de apoio a dependentes de álcool. (...) Soldados entrevistados garantem que a rígida disciplina é o principal motivo que os levou à dependência. Na Polícia Civil, sindicalistas admitem que o problema é preocupante e reclamam da falta de um departamento de recursos humanos para tratar adequadamente os policiais doentes. (Lucena, 1998)

5.5 Paranoia Situacional

Adotamos aqui a denominação acima, utilizada por Marie Pezé (2008) para o diagnóstico de casos clínicos em que se estabelece um quadro bastante semelhante ao da paranoia associado a determinadas situações de trabalho: *paranoia situacional*.

Trata-se em verdade de quadros de tipo dominantemente neurótico em que se desenvolvem fortes sentimentos de insegurança e vivências de ameaça em situação na qual sejam identificáveis aspectos e pressões de tipo potencialmente persecutório. Distúrbios de percepção podem ocorrer, mas em geral não passam de ilusões — isto é, deformações da percepção —, sem chegar a configurar fenômenos alucinatórios (como ouvir vozes). Sempre que dispositivos rígidos de controle se articulam a práticas punitivas, crescem as probabilidades de que os empregados se sintam intranquilos e ameaçados. Nessas circunstâncias, existe a tendência a interpretar como perseguição atitudes e fatos que não o são. São expressas ideias e fantasias de conteúdo persecutório — em suma, ideias de perseguição que, às vezes, chegam a apresentar certa sistematização que lembra a existente nos delírios presentes nos quadros clínicos descritos classicamente como paranoias.

O que temos percebido a partir da experiência clínica é que, nos casos de *paranoia situacional*, existem flutuações na convicção sobre as interpretações de perseguições e a identificação das pessoas tidas como perseguidores que em outros momentos são percebidas como tais pelo trabalhador. Outra diferença é que na paranoia situacional existe uma consciência do adoecimento e, assim, melhor perspectiva de um trabalho terapêutico que permita o entendimento do que está por trás das ideias de perseguição.

O processo de superação das vivências persecutórias ocorre à medida que o trabalhador consegue contextualizar o que o atinge: isto é, perceber que não existe uma perseguição do mundo contra ele, mas, sim, uma degradação das relações humanas dentro da organização — empresa, serviço público ou outra — na qual trabalha e onde são adotadas formas de controle autoritárias, constrangedoras e invasivas. Por outro lado, existe também a possibilidade de que o desencadeamento de uma paranoia verdadeira — isto é, o quadro de psicose classicamente designado e reconhecido por essa designação — possa ter seu desencadeamento efetivado pela situação de trabalho. Nesses casos será colocada a necessidade de uma observação mais prolongada, levando em consideração as discussões ainda em curso sobre a etiologia das psicoses, que têm evoluído de uma concepção anteriormente restrita à genética para uma perspectiva epidemiológica, na qual a importância do ambiente social passou a ser também considerada.

Têm sido feitas observações demonstrativas de que ocorre igualmente uma correspondência entre grau de *sofisticação* do controle instituído e o aparecimento desses sentimentos de insegurança. Quando existe um chefe ou supervisor visível, com o qual é possível falar e mesmo discutir, a situação é menos inquietante do que quando a vigilância se oculta, atuando através de mecanismos de controle desconhecidos para o empregado. Por exemplo, quando ele não é informado sobre os critérios adotados pela empresa para avaliar seu desempenho ou decidir sua demissão. O mal-estar também aumenta quando é o "olho" de um circuito fechado de transmissão de imagens que o submete a controle permanente. Ou quando o próprio *crachá* de identificação possui dispositivo que funciona para que saibam em que local da empresa se encontra, permitindo controlar seus contatos interpessoais e permanências nos banheiros.

As observações que extraímos do conjunto de nossas pesquisas de campo e atendimento clínico nos fazem constatar que, também no Brasil, é possível evidenciar que, quanto maiores sejam as barreiras à comunicação e o isolamento do assalariado, maior a facilidade de que se desenvolvam essas manifestações que vão configurar a paranoia situacional, conforme verificado na França por Pezé (2008).

Atualmente, muitos dispositivos funcionam articuladamente em muitas empresas, exercendo de fato ações de vigilância continuada sobre os empregados, localizando, filmando, registrando os gestos, as atividades, os contatos interpessoais, os *e-mails* e às vezes mesmo as conversas telefônicas dos funcionários. Nos *call-centers*, tempos, tonalidades de voz e conteúdos das comunicações com os clientes são gravados, controlados e alvo de avaliação do funcionário ou da funcionária. A impossibilidade de qualquer privacidade funciona como pressão permanente para a vida mental e o conjunto psicossomático de cada empregado.

Evidentemente, certas modalidades de gestão, nas quais são estimuladas competições e rivalidades, do mesmo modo contribuem para o desenvolvimento de desconfiança e de um isolamento cauteloso. Assim, tornam-se propícios ao surgimento de ideias de perseguição. Por outro lado, vêm sendo observadas novas modalidades de síndromes em que a vivência de perseguição ocupa o pensamento de modo constante e centraliza os processos psíquicos. Dessa forma, os que vivenciam tais processos mentais se colocam em alerta constante. Tais manifestações têm se apresentado em muitos assalariados como desdobramentos do mal-estar psíquico decorrente de algumas formas de assédio moral particularmente intensivas e ferinas.

A paranoia situacional pode se manifestar em situações de mudança organizacional. Assim, quando são anunciadas reestruturações de grande monta, como fusões ou incorporações de empresas, substituições nos escalões hierárquicos ou inovações tecnológicas poupadoras de mão de obra, a eclosão de tais quadros pode ser prevista. O mesmo ocorre nas privatizações e quando as empresas realizam mudanças em que terceirizam parte de suas atividades.

A partir dos anos 1990, algumas empresas brasileiras iniciaram a implantação do sistema denominado *Enterprise Resource Planning* (ERP), que controla de modo automatizado todos os processos de uma organização — financeiros, administração de pessoal, produção, estocagem, comercialização, transporte etc. Trata-se de um sistema de controle extremamente poderoso e sofisticado que apresenta um duplo impacto para os empregados das empresas: a) um *temor continuado* derivado da exposição a uma vigilância permanente; b) o *medo de perder o emprego*, uma vez que tais sistemas já eram conhecidos como altamente *enxugadores* de mão de obra. A vigilância também cria inibição e mal-estar devidos à perda de liberdade para personalizar o próprio trabalho, isto é, torná-lo exequível de acordo com as próprias habilidades e experiência, o que cria *outro medo* — o de não conseguir realizar as atividades em conformidade aos procedimentos prescritos pela empresa, resultando em risco de demissão. O *clima de paranoia* que esses sistemas trouxeram às organizações fez com que a gestão desenvolvesse esforços para tranquilizar os empregados e neutralizar essa espiral de medos. A principal medida para mitigar a ansiedade persecutória e as resistências à implantação da ERP consistiu no desenvolvimento de uma metodologia de implantação gradual do sistema, ao longo de uma sequência de fases em que a direção objetiva persuasão e envolvimento dos empregados.

A paranoia situacional tem surgido cada vez mais frequentemente associada à implantação de novas formas de avaliação que intensificam insegurança, medo de retrocesso e perda de *status* funcional, julgamentos pejorativos, desmoralização ou mesmo "entrada na lista dos descartáveis" e demissão.

Nas mudanças organizacionais, os impactos negativos são tanto maiores quanto menor o grau de informação a respeito dos desígnios da empresa com relação ao destino dos empregados. Na ausência de esclarecimentos, os boatos costumam circular intensamente e aumentar o temor. O clima de desconfiança, ao instalar-se nessas circunstâncias, rompe laços de companheirismo muitas vezes antigos. A situação é diferente, quando são abertas oportunidades para (re)estabelecer confiança em organizações nas quais prevalece uma gestão participativa. Nesses casos, as informações corretas diminuem o medo e a insegurança.

6. SUICÍDIOS

Os estudos de tentativas de suicídio e suicídios relacionados ao trabalho tem sido menos publicados do que os relacionados ao desemprego (Seligmann-Silva, 1994). Entretanto, nas situações em que se desenvolvem ameaças à continuidade do emprego, esses episódios têm se apresentado.

As depressões não são os únicos transtornos psíquicos relacionados ao trabalho que podem culminar no suicídio. Como já foi dito, o suicídio precisa ser consdiderado como um risco no TEPT. Casos de esgotamento profissional (*burn-out*) e de alcoolismo crônico evoluem muitas vezes concomitantemente com profundas vivências depressivas e também podem conduzir a tentativas de suicídio.

No Japão, é corrente o reconhecimento jurídico de suicídios associados a situações de trabalho que sejam caracterizadas por sobrecarga continuada, prolongamento das jornadas concomitante a ausência de folgas e exiguidade das horas destinadas ao sono. A problemática tem sido denominada *karojisatsu*. No Brasil, suicídios foram associados a mudanças organizacionais, em fases nas quais se desenvolviam programas de demissão voluntária.

A imprensa brasileira, nos últimos dois anos, deu frequente destaque a suicídios ocorridos em duas grandes empresas francesas. A socióloga Thébaud-Mony tem escrito a respeito, contextualizando esse aumento de suicídios no panorama político e econômico. Dejours, na perspectiva teórica da PDT, também examina a questão, centrando a visão no aguçamento de aspectos perversos que se *naturalizaram* e disseminaram na gestão para penetrar no cotidiano da organização do trabalho produzindo intimidação, rivalidades e isolamento entre as pessoas (Thébaud-Mony, 2008; Dejours, 2007 e 2008; Dejours; Bègue, 2010).

No Brasil, entretanto, pouco se divulga sobre a escalada de suicídios que ocorrem no país em algumas categorias de trabalhadores, nem tampouco sobre o desespero e desalento dos que se matam em situações de desemprego, embora na crise econômica dos anos 1980 tenham sido publicados trabalhos a respeito (Angerami et al., 1986).

Existem, entretanto, categorias em que estudos mais recentes realizados no Brasil desvelaram cenários preocupantes. É o caso dos bancários, estudados na cidade de Brasília por Finazzi-Santos (2009), e o de trabalhadores rurais expostos a agrotóxicos que cometem suicídio utilizando essas substâncias (Pires; Caldas; Recena, 2005).

Os resultados desses estudos conduzem ao desafio de que novas pesquisas sejam realizadas, mas já indicam a necessidade urgente de que esforços de ordem preventiva sejam desenvolvidos para superar formas extremamente perversas de gestão caracterizando as situações e os processos de trabalho que essas investigações revelaram como responsáveis pelos eventos fatais. Lembrando que, além dos suicídios registrados, os autores que estudam a temática do suicídio relacionado ao trabalho constatam numerosas *tentativas* de autoeliminação não consumada.

7. REABILITAÇÃO E RETORNO AO TRABALHO

No caso brasileiro, as políticas públicas ainda não contemplaram a reabilitação dos trabalhadores atingidos por formas de adoecimento mental relacionadas ao trabalho. O próprio sistema geral de reabilitação da Previdência Social, que — bem antes de ter sido plenamente consolidado — foi desmontado nos anos 1990, ainda está longe de ter sido restabelecido, embora existam projetos governamentais em andamento com essa finalidade (Takahashi; Iguti, 2008 ; Takahashi; Kato; Leite, 2010).

No que diz respeito aos transtornos mentais relacionados ao trabalho, entretanto, é possível afirmar que estamos ainda no início de um percurso que precisa receber atenção diante da impressionante escalada dos agravos psíquicos que vêm atingindo os trabalhadores brasileiros das mais diversas categorias profissionais, classes sociais e níveis de formação.

A distância existente entre a área de Saúde Mental e a de Saúde do Trabalhador atravessa todos os níveis do SUS — excetuando-se algumas poucas e arrojadas experiências em âmbito local onde a parceria entre as duas áreas e o diálogo entre seus profissionais têm se estabelecido.

Aspectos de ordem cultural e interesses cuja complexidade seria impossível analisar aqui têm colocado barreiras, simultaneamente, ao reconhecimento do nexo causal entre distúrbios mentais e situações de trabalho e ao estabelecimento de atividades intersetoriais voltadas à prevenção, tratamento e reabilitação desses assalariados.

As barreiras que têm dificultado o retorno do trabalhador à empresa envolvem obstáculos de toda ordem, alguns já examinados na Parte IV, quando apontamos as dificuldades de reinserção dos trabalhadores acidentados. Em suma, existem principalmente dificuldades à reinserção que são de ordem cultural, com destaque para a rejeição a quem passou por distúrbio psíquico e, ainda, para a frequente má vontade das empresas em dar suporte à reabilitação, em geral sob alegação da impossibilidade de adequar a função e os horários de trabalho às recomendações médicas a eventuais limitações na reabilitação. As dificuldades decorrentes da forma atual de funcionamento da instituição previdenciária no Brasil, fizeram com que a reabilitação dos trabalhadores adoecidos — e de modo especial, a dos que desenvolveram transtornos psíquicos relacionados à situações de trabalho — tenha caído em um grande vazio — isto é, se deparado com a ausência de políticas públicas voltadas a atender essa imensa demanda social. Tal situação tem suscitado importantes análises criticas e propostas bem fundamentadas de instauração de uma real política pública voltada à reabilitação (Maeno, 2011).

Ao mesmo tempo que no plano institucional encontramos essa grande obstaculização, o conhecimento de que existem formas eficazes de tratamento e reabilitação, bem como as experiências exitosas desenvolvidas em outros países e que já começam a se fazer presentes em pontos isolados do Brasil, devem fortalecer as expectativas dos profissionais engajados na abertura de novos caminhos à reabilitação — que, nos casos de agravos psíquicos, além de psicossocial precisa ser muitas vezes também profissional. Da mesma forma, a sensibilização dos sindicatos, das CIPAs[9] e dos próprios trabalhadores poderá proporcionar ações, debates e negociações a partir dos quais a prevenção e a reabilitação venham a ser integradas e verdadeiramente viabilizadas, de forma participativa, no mundo do trabalho.

Assim, acreditamos que a instauração de Clínicas do Trabalho integradas por profissionais capacitados para práticas contextualizadas e capacitados a compreender as dinâmicas envolvidas no adoecimento e na reabilitação deve ser mantida como objetivo valioso e necessário.

9. Comissões Internas de Prevenção de Acidentes, integradas pelos empregados eleitos por seus colegas e por membros que são representantes do empregador.

REFLEXÕES FINAIS

EM BUSCA DE CAMINHOS

Afinal, ao que conduziu a sequência de temas interarticulados que foram desdobrados ao longo desse livro? Para tentarmos uma elaboração sintética, um balanço final do que tentamos transmitir, convém primeiramente lembrar qual foi o objetivo que tivemos ao escrever o livro e, na sequência, pontuar algumas constatações e aspectos que possam ser significativos pra este balanço.

Este livro teve por *objetivo* reunir e dar continuidade a estudos anteriores na temática, a fim de apresentar um panorama atualizado do campo da Saúde Mental Relacionada ao Trabalho e identificar alguns dos desafios contemporâneos nele colocados. O propósito era de, assim, poder fundamentar reflexões voltadas à busca de caminhos para enfrentar esses desafios e abrir novas perspectivas.

Quanto às *constatações*, desejamos chamar a atenção, de início, para a maneira pela qual se fez evidente a ideia de *metamorfose* — que percorreu o livro e se manifestou em vários temas, no percurso em que tentamos esclarecer *o que* sofreu metamorfose e *como* isso afetou a vida humana — e em especial, a daqueles que vivem do próprio trabalho em todo o mundo. Por outro lado, as *metamorfoses* corresponderam, muitas vezes, a ocultamentos que foram *deliberados*, como, por exemplo, no caso dos que vieram disfarçar a *intensificação da dominação* — em decorrência de estratégias administrativas e tecnologias de controle que foram descritas no livro.

Outras metamorfoses não foram planejadas — como as que modificaram os *quadros clínicos* assumidos pelo desgaste humano. Vimos que a hipertrofia dos poderes certamente esteve na raiz de novos processos *de desgaste humano e adoecimento.*

Quanto às metamorfoses que atingiram a saúde, foi mostrado que as novas configurações de distúrbio mental e psicossomático constituem as *metamorfoses de males antes (re)conhecidos.* A *paranoia situacional*, tão bem descrita e analisada por Pezé (2008), é um exemplo marcante, ao lado de várias das ressonâncias clínicas da intensificação e da violência no trabalho que foram examinadas no livro.

Evidentemente, não era possível — aos dirigentes das organizações — a previsão de muitas das resultantes de suas imposições. Queriam, sim, seduzir ou intimidar para maior controle e incremento de produtividade. Mas é presumível que não tivessem consciência de que a dominação absolutizada acarretaria danos humanos que acabariam por ferir as próprias organizações e sua lucratividade.

Não pode ser esquecido, ainda, que a ganância cega e onipotente que levou ao máximo a dominação (disfarçada ou explícita) nas situações de trabalho é a mesma que tem atacado o meio ambiente e produzido estragos e ameaças que se estendem à população geral.

Portanto, a desmistificação e revelação destas metamorfoses pareceu essencial na pesquisa e na ação em SMRT. As repercussões humanas de um conjunto interarticulado de metamorfoses se apresentam em quadros que desafiam o diagnóstico clínico e etiológico. Esses quadros, como pudemos mostrar, se apresentam nas empresas sem que sejam reconhecidos como problemas de saúde, mas sim, frequentemente interpretados como "lerdeza" ou "má vontade" e rotulados como *presenteísmo.* Novas expressões clínicas apresentam-se também nos serviços de saúde ao lado das expressões *antigas* do adoecimento no trabalho — como as doenças profissionais internacionalmente reconhecidas como tais. Ante o olhar dos profissionais de saúde, essas novas expressões do adoecimento relacionado ao trabalho desafiam também as ações terapêuticas e a reabilitação. Vale assinalar que muitas vezes a gravidade e a cronificação atingidas no momento em que o empregado finalmente procura o serviço de Saúde ensejam o desdobramento e a extensão das ações. Como por exemplo, quando, após analisar um caso, a assistente social definir que o trabalhador ou a trabalhadora precisa encaminhamento à Previdência Social ou a outras instituições tais como um dos órgãos da Justiça do Trabalho.

Pesquisas em SMRT. Em um segundo momento, desejamos apontar o que foi possível constatar com respeito aos *desafios a uma pesquisa comprometida com os direitos sociais e a saúde dos trabalhadores.*

Para aqueles que buscam, através da pesquisa, novos caminhos para a abordagem do sofrimento mental no trabalho e para a transformação das situações laborais adoecedoras, cabe lembrar, em primeiro lugar, a profunda relação que existe entre as condicionantes da investigação e a metodologia escolhida. Se as condicionantes estiverem ligadas a interesses ancorados na lógica econômica que já presidiu a tantas pesquisas, a forma de conduzir as indagações não irá revelar, efetivamente, o sofrimento conectado aos dispositivos organizacionais que têm por objetivo maximizar os lucros dentro de prazos os mais curtos possíveis. Se, por outro lado, a pesquisa estiver vinculada a uma lógica social, este aspecto poderá ser adentrado. Também, de acordo com Gardell (1982), isto significa que as pesquisas devem ser formuladas e aplicadas por segmentos que representem as necessidades dos trabalhadores e não somente por aqueles interessados primariamente no aumento da produtividade e na eficácia das organizações. Por conseguinte, quando a abordagem coletiva faz parte da pesquisa de campo, isto favorecerá, no final da investigação, o encaminhamento de soluções. As pesquisas, para serem confiáveis e efetivas, necessitam da participação ativa dos assalariados, que só revelarão seu mundo subjetivo quando de fato confiarem nos pesquisadores e tiverem a certeza de que o destino a ser dado aos resultados do estudo visará à defesa de sua saúde e do respeito por sua condição humana. Coerentemente, os empregados devem ter acesso aos resultados das pesquisas, discuti-los e participar dos estudos e decisões voltados para a implantação das mudanças de ordem preventiva, instaurando maior horizontalidade nas negociações, conforme experiências micropolíticas exitosas já analisadas no Brasil (Sato, 2006 ; Sato, Bernardo e Oliveira, 2008).

O desafio metodológico, portanto, está associado a um **desafio político**. A questão política, ou, mais claramente, a questão do poder, penetrou há muito tempo nas reflexões teóricas e nas práticas da Psiquiatria. Análises críticas, hoje bastante conhecidas, revelaram com nitidez as influências de poderes econômicos e políticos no direcionamento dos enfoques teóricos e das práticas da psiquiatria tradicional. Cancrini e Togliatti (1979), assim como Jervis (1979), esclarecem como a teoria subjacente à psiquiatria tradicional, ao reduzir o sofrimento mental a um problema orgânico e individual, se alia aos interesses que procuram negar a influência de condições laborais sobre a saúde mental. A ampliação deste desafio político consubstanciado na necessidade de desmistificar vem sendo analisada por diferentes pensadores da atualidade que se voltam para repensá-lo em um plano internacional. Pois trata-se de *desmistificar* para romper os mecanismos paralisantes que engendram servidão e adoecimento — o que Waterman analisa e identifica como um caminho que já obteve êxitos importantes em movimentos sociais mundializados, como o feminista, ressaltado pelo autor (Waterman, 2001).

Brasil: SMRT diante das políticas públicas e de outros desafios

No Brasil destacamos que um forte desafio é colocado às políticas públicas, mas também aos dirigentes e executivos das empresas, bem como aos trabalhadores e suas organizações. São muitos também os desafios colocados aos administradores em geral e aos profissionais da área de Saúde. Entretanto, como veremos, o desafio abrange muitas outras áreas e profissionais externos ao campo da saúde. E, mesmo na Saúde, embora à primeira vista possa parecer que a temática deva interessar especialmente aos profissionais que atuam no SUS ou em programas e atividades vinculadas à Saúde do Trabalhador, o interesse já vem se estendendo aos que estão envolvidos nos programas de Saúde Mental e Saúde da Família. Além disso, a temática pressiona o setor privado da Saúde — envolvendo controvérsias e complexidades que não tivemos o objetivo de examinar aqui.

No que diz respeito ao âmbito das políticas públicas, um desafio é o de fazer frente aos riscos que se apresentam para o próprio setor público a partir do *gerencialismo*. Pois este tem causado danos à saúde mental dos funcionários e ao mesmo tempo prejudicado a eficácia das próprias políticas. É o que foi claramente identificado e comprovado na precarização das condições de trabalho estudada em áreas de Saúde e Serviço Social (Santos, 2010), tanto no setor público, quanto nos atendimentos realizados nas entidades privadas — inclusive nas que terceirizam seus serviços para o setor governamental (Raichelis, 2010).

Neste mesmo enfoque das políticas públicas, inserimos conjuntamente a urgência que se coloca à área de Educação e à *formação* de profissionais de vários tipos. As questões de SMRT estudadas permitem que neste âmbito sejam feitos vários assinalamentos, dos quais destacamos alguns que nos parecem essenciais: na área da *Educação* se revela o crescimento de problemas de desgaste da saúde geral e mental de docentes e alunos. Vimos, a respeito, por exemplo, a extensão do *esgotamento* (*burnout*) dos docentes.

A cultura política e a possibilidade de uma efetiva ultrapassagem do pensamento conservador, das práticas opressivas e autoritárias, ficam ameaçadas no Brasil, quando contemplamos os constrangimentos empobrecedores da ética e da qualidade, impostos na atualidade, tanto à formação dos próprios educadores quanto ao trabalho dos docentes em todos os níveis do ensino no Brasil. — inclusive no universitário. O que implica constrangimentos que constituem fonte de adoecimento para docentes, funcionários e alunos.

O avanço da precarização sobre a qualidade da formação profissional foi clara e incisivamente denunciado por Chiauí (1999 e 2003), que mostrou a gravidade da situação da universidade brasileira — que vem sendo eticamente empobrecida e transformada em *universidade operacional*. Especialistas e pesquisadores da área de Serviço Social endossam essa visão crítica (Guerra, 2010)

A própria temática da Saúde Mental Relacionada ao Trabalho ainda é pouco presente nas Universidades brasileiras. Nos cursos de Psicologia e de Medicina, e mesmo nos que formam especialistas em Saúde do Trabalho e Psiquiatria, apenas recentemente e em poucas Escolas, a Psicopatologia do Trabalho vem sendo ensinada. Será imprescindível que os conhecimentos de SMRT possam ser transmitidos e objeto de debate e reflexão nos cursos destinados a formar profissionais de Saúde e de outros setores sociais.

Da mesma forma, os cursos que preparam planejadores e gestores do trabalho precisam incorporar os saberes referentes à SMRT de forma a promover conhecimentos que permitam aos gestores ter consciência de suas responsabilidades em face das questões de saúde geral e mental dos empregados.

Em suma, acreditamos que a capacitação em SMRT pode oferecer conteúdos imprescindíveis para a formação de administradores — do setor público ou de empresas —, de modo a torná-los aptos a identificar e lidar de forma adequada e ética com as questões envolvidas na temática. Da mesma forma, técnicos de segurança no trabalho e outras profissões relacionadas à saúde nos locais de trabalho precisam ter acesso aos conteúdos da SMRT — como é também o caso das enfermeiras do trabalho — embora o desejável fosse que na graduação de Enfermagem a disciplina fosse contemplada.

Ainda nas políticas públicas, a urgência é que se instaurem, de forma interarticulada, também nas políticas destinadas à Saúde, à Previdência Social e ao Trabalho, *diretrizes* propícias a desenvolver a prevenção, mas também a *recuperação* dos milhares de trabalhadores atingidos pelas formas de desgaste mental e pelos transtornos mentais que foram aqui relatados. Urge que seja reconstituído o sistema de reabilitação aos trabalhadores adoecidos e que surjam estruturas apropriadas para desenvolver uma Clínica do Trabalho efetivamente contextualizada e voltada para a revitalização.

A *desigualdade socioeconômica* traz uma outra ênfase ao desafio colocado às políticas públicas. Isto é, pela *persistência* de profundas diferenças de desenvolvimento social existentes no país, o desafio se faz mais complexo. E não apenas por nos remeter à questão da maior *vulnerabilidade* daqueles que enfrentam más condições gerais de vida, incluindo muitas vezes carência nutricional.

Formas primitivas e autoritárias de dominação presidem à produção em distintas áreas, que são, ao mesmo tempo, marcadas pela pobreza que, apesar dos avanços na superação da desigualdade, ainda persiste para importante parte da população.

A insuficiência da **fiscalização do trabalho** é especialmente ressentida e associada à lentidão da instauração de situações de trabalho que respeitem a dignidade humana e sejam realmente voltadas à proteção da saúde e da segurança dos trabalhadores.

É preciso analisar, desvendar e transformar as condições laborais e as formas de dominação, que se apoiam, como foi visto, em mecanismos de *superexploração* fundados, muitas vezes, em formas marcadas por perversidade disfarçada ou violência explícita. Este, sem dúvida, é um problema político e ao mesmo tempo ético.

Os desafios da SMRT são abrangentes e se colocam a todos. Mesmo se alguns são fortemente direcionados às empresas e à responsabilidade indiscutível de seus dirigentes nas questões de saúde e segurança do trabalho, os desafios dizem respeito aos trabalhadores, a suas organizações e a toda a sociedade.

Destacamos, antes de finalizar, a necessidade de que surja uma conscientização ampla quanto à gravidade do *impacto social e mental* da explosão das *tecnologias de gestão* — direcionadas à expropriação da subjetividade e, muitas vezes, de novas formas de servidão. Um impacto que também diz respeito à imposição de poderes e, portanto, é também de ordem política. Estas são as tecnologias realmente ameaçadoras à dignidade, à saúde e à própria vida dos indivíduos e das populações. Pois as outras tecnologias, as que dizem respeito a novos equipamentos e à revolução nas comunicações, mesmo tendo sido colocadas por alguns (equivocadamente), como responsáveis pelos males da reestruturação produtiva, na verdade serão benéficas ou maléficas aos seres humanos, na dependência do modo como forem inseridas no mundo do trabalho e na vida em geral.

Lembramos, entretanto, que os riscos psicossociais também se tornam imensos, quando a estrutura social — demográfica, educacional e ocupacional de um país — não é levada em conta nas decisões referentes à introdução maciça destas outras novas tecnologias na produção de bens e serviços.

Entre múltiplos outros desafios, um desafio específico diz respeito ao *presenteísmo* e pode ser direcionados às próprias empresas: será fundamental que os dirigentes das empresas brasileiras descubram a verdadeira natureza do *presenteísmo* — que tem, de modo equivocado, sido interpretado meramente como um *estorvo* oposto às metas de produtividade, *propositalmente* por empregados que, na realidade, ocultam seus sintomas de mal-estar pelo temor ao desemprego. Seria desejável que, como já acontece em outros contextos, os empresários promovessem a *detecção* e oportunidade de tratamento precoces, juntamente com identificação e correção dos aspectos laborais adoecedores.

Um *outro* foco assume relevância para a ação social. É o dirigido aos legisladores e aos juristas comprometidos com os interesses da população trabalhadora. Legisladores que formulam novas leis — *juristas* que interpretam as leis existentes. O conhecimento da SMRT vem sendo buscado pelos dois grupos. Parece existir já a percepção da necessidade de uma legislação que considere os riscos mentais e psicossociais — entre as ameaças atualmente colocadas à saúde dos trabalhadores, a fim de que se formulem diretrizes para a organização e a fiscalização do trabalho e possam ser assim evitados os agravos que foram examinadas neste livro. A efetivação dos compromissos brasileiros com a Convenção 161 da Organização Internacional do Trabalho (OIT) configura outro aspecto relevante — entre outros pontos, no que diz respeito a garantir a autonomia profissional e independência dos médicos do trabalho — que respeitada a Convenção, não podem ser demitidos por emitirem CATs ao reconhecerem adoecimentos originados no trabalho — como infelizmente acontece em nossa realidade (Oliveira, 2010).

A *situação brasileira* se encontra num grave impasse, no momento em que sua realidade social se confronta com uma correlação internacional de forças políticas e econômicas que determina a urgência nas decisões sobre a formulação de uma política tecnológica capaz de garantir competitividade à produção, acoplada a políticas sociais adequadas — política salarial, educacional e uma política de saúde e de Previdência Social que levem em conta as questões de saúde psicossocial no trabalho. Tais decisões deverão considerar tanto os riscos sociais de desemprego quanto os psicossociais derivados da desqualificação, ao lado de todos os riscos de saúde ligados ao 'desgaste sofisticado' — atualmente alvo de muitas investigações científicas nos países de economia central. Por outro lado, há que estar atento para outro risco. As pressões exercidas pelos poderes que presidem à divisão internacional do trabalho podem ainda fazer com que venha a caber ao país a fatia mais amarga — a do trabalho desqualificado. Este será, muitas vezes, o trabalho sujo e perigoso, recusado pelos trabalhadores organizados e bem informados dos países ricos, bem como pelas sociedades onde domina a consciência da importância de estender a todos as oportunidades de uma educação e formação profissional de padrão elevado.

Não podemos esquecer, ainda, que a divisão internacional do trabalho traz desafios especiais aos países agora denominados *emergentes*. Pois essa divisão, historicamente, esteve sempre vinculada, também, a uma diferenciação internacional de riscos específicos para a saúde psicossocial, para a esperança de vida e, presentemente, para a própria sobrevivência cultural de muitos povos. Uma divisão na qual os países menos poderosos sempre estiveram em desvantagem.

Por outro lado, no ponto a que a humanidade chegou, tanto nos outros países como no nosso, os avanços da economia não podem mais caminhar apartados dos princípios da Ecologia Humana e do respeito à Natureza/Meio Ambiente. Este consenso inclui, entre outros pontos, a superação da exposição dos trabalhadores a substâncias neurotóxicas e a tantas outras que representam danos à sua saúde e ameaça à sua vida.

É a propósito da última observação formulada que se fixa outra das urgências que estamos procurando examinar. Trata-se da urgência especificamente vinculada ao compromisso social dos pesquisadores envolvidos no campo da Saúde Psicossocial e no da Saúde Mental Relacionada ao Trabalho: a necessidade de favorecer a integração da informação científica aos processos de comunicação social, em diferentes esferas da sociedade brasileira. Utilizada pelos assalariados, essa informação e esses conhecimentos poderão, de modo importante, oferecer fundamentos às ações de resistência e às negociações dirigidas à verdadeira humanização do trabalho (e não à "humanização" de fachada, disseminada em certas campanhas enganosas). Acreditamos que os negociadores patronais, diante dos resultados dos estudos já realizados, possam repensar criticamente algumas posições antigas e assumir o desafio das transformações da organização e das relações humanas no trabalho, exigidas agora, unificadamente, pela verdadeira modernidade e pela ética.

Tentamos mostrar neste livro o quanto a ética e o respeito à dignidade são inseparáveis da saúde coletiva, assim como de uma saúde individual sustentável. Disto podemos concluir quanto à necessidade de um engajamento na restauração de um trabalho digno — pois respeito à dignidade e à ética estão na essência da vitalidade humana

Portanto, esperamos que a leitura tenha estimulado algumas *reflexões de ordem ética e política*, para os que ingressam no campo e ainda não tiveram a atenção despertada para os significados políticos da precarização da saúde no trabalho precarizado no contexto contemporâneo.

A *desumanização* do trabalho contemporâneo e a expansão do desamparo exigem um enfrentamento. Como foi visto, esse enfrentamento exige uma primeira etapa cujo passo inicial consiste em ampliar uma *desmistificação* — a da ideologia que implantou a crença em uma globalização todo-poderosa que teria enredado todos os que vivem do próprio trabalho ***na*** *inexorabilidade* de um aprisionamento sem saída. Essa desmistificação conduzirá à *superação do medo*, em que o mundo do trabalho foi submergido. Constitui passo indispensável para que as energias bloqueadas sejam libertadas para superar a submissão. A esperança é de que essas forças possam concentrar-se e direcionar-se ao enfrentamento da precarização social do trabalho e do meio ambiente — o ***desafio de ordem ética e política*** que se impõe nesta segunda década do século XXI. Desafio amplo que inclui, como vimos, múltiplos desafios específicos e diferenciados, de acordo com cada realidade nacional e local. Entre outros, no caso brasileiro, aqui apenas foi possível assinalar o significado de uma *clínica contextualizada do trabalho* — articulada intersetorialmente como parte de um todo maior de políticas públicas nas quais tenham presença a voz da população e uma escuta ampla e responsável dessa voz.

Acreditamos que esta é uma luta a ser desenvolvida internacionalmente e em muitas frentes que, idealmente, possam estar interarticuladas — da mesma forma que têm sido os fenômenos de dominação e precarização que trouxeram a humanidade a uma *situação limite* que tem sido reconhecida por tantos pensadores do nosso tempo (contemporâneos). Esperamos, também, que dentro do vasto campo de pesquisa e ação da Saúde Mental Relacionada ao Trabalho seja possível desenvolver novas descobertas e iniciativas capazes de ir ao encontro deste desafio. Assim, após *vencer o medo*, será também possível reencontrar o sentido da (re) construção solidária da saúde e do trabalho, assim como o de um mundo no qual a dignidade humana seja restaurada e a vida seja revalorizada. Vida na qual cada um possa assumir *o direito de ser dono de si mesmo.*

BIBLIOGRAFIA

ABRAMO, L. W. *O resgate da dignidade*. Dissertação (Mestrado) — Universidade de São Paulo, São Paulo, 1986.

AGUDELO-SUAREZ, A. A. et al. Sickness presenteeism in Spanish-born and immigrant workers in Spain. *BMC Public Health*, 2010. Disponível em: <www.biomedcentral.com/1471-2458/10/791>. Acesso em: 5 dez. 2010.

ALESSI, N. P. *Marginalidade social e doença mental*. 1985. Tese (Doutorado) — Faculdade de Filosofia, Letras e Ciências Humanas da USP, São Paulo, 1985.

ALLEN, L. B.; MCHUGH, R. K.; BARLOW, D. H. Transtornos emocionais — um protocolo unificado. In: BARLOW, D. H. et al. *Manual clínico dos transtornos psicológicos*: tratamento passo a passo. 4. ed. Porto Alegre: Artmed, 2009. p. 222-54.

ALMEIDA FILHO, N. et al. *Prevalência de desordens mentais em uma área industrial da região metropolitana de Salvador*. SBPC — Reunião Anual, Belém, 1985. (Mimeo)

ALVARO-ESTRAMIANA, J. L. *Desempleo y bienestar psicológico*. Madrid: Siglo XXI de España Ed., 1992.

ALVES, G. *O novo (e precário) mundo do trabalho*. São Paulo: Boitempo, 2010.

ALVIM, C. F. Aspectos antropológicos do alcoolismo. *Revista Brasileira de Psiquiatria*, v. 6, n. 2, p. 51-61, 1972.

ANDLAUER, P.; CARPENTIER, J.; CAZAMIAN, P. *Ergonomie du travail de nuit et des horaires alternants*. Paris: Ed. Cujas, 1977.

ANDRADE, A. F. *Cana e crack*: sintoma ou problema? Um estudo sobre os trabalhadores no corte de cana e consumo do crack. Dissertação (Mestrado) — Pontifícia Universidade Católica, São Paulo, 2003.

ANDRÉ, M. L. *Heróis da lama:* sobrecarga emocional e estratégias defensivas no trabalho de limpeza pública. Dissertação (Mestrado) — Faculdade de Saúde Pública, São Paulo, 1994.

ANGERAMI, V. A. Como uma sociedade suicida aniquila suas vítimas: a saúde mental no Brasil. In: ANGERAMI, V. A. (Org.). *Crise, trabalho e saúde mental no Brasil.* São Paulo: Traço Editora, 1986. p. 133-50.

ANSARD, P. História e memória do ressentimento. In: BRESCIANI, S.; NAXARA, M. (Orgs.). *Memória e (res)sentimento*: indagações sobre uma questão sensível. Campinas: Editora da Unicamp, 2001. p. 15-36.

ANTONAZ, D. *Na escola dos grandes projetos*: A formação do trabalhador industrial na Amazônia. Dissertação (Mestrado) — Universidade Federal do Rio de Janeiro/Museu Nacional/Programa de Pós-Graduação em Antropologia Social, Rio de Janeiro, 1995.

______. *A dor e o sentido da vida*: um estudo de caso — a nova doença das telefonistas do Rio de Janeiro (1980-1990). Tese (Doutorado) — Universidade Federal do Rio de Janeiro/Museu Nacional/Programa de Pós-Graduação em Antropologia Social, Rio de Janeiro, 2001.

ANTUNES, R. *Os sentidos do trabalho.* São Paulo: Boitempo, 1999.

______. *Adeus ao trabalho?* Ensaio sobre as metamorfoses e a centralidade do mundo do trabalho. São Paulo: Cortez, 1995.

______. O século XX e a era da degradação do trabalho. In: SILVA, J. P. (Org.). *Por uma sociologia do século XXI.* São Paulo: Annablume, 2007.

______. (Org.). *Riqueza e miséria no Brasil.* São Paulo: Boitempo, 2006.

______; BRAGA, R. *Infoproletários*: degradação real do trabalho virtual. São Paulo: Boitempo, 2009.

ANZIEU, D. *Le Moi-Peau.* Paris: Dunod, 1985.

APPAY, B.; THÉBAUD-MONY, A. *Précarisation sociale, travail et santé.* Paris: IRESCO (Institut de Recherches des Societés Contemporaines), 1997.

______. La santé au travail: instument et enjeu de la precarisation sociale. In: ______. *Précarisation sociale, travail et santé.* Paris: IRESCO (Institut de Recherches des Societés Contemporaines), 1997. p. 555-76.

______. *La dictature du succés.* Paris: L'Harmmatan, 2005.

ARANTES, P. E. *Extinção.* São Paulo: Boitempo, 2007.

ARAÚJO, A. J. S. *Paradoxos da precarização*: terceirização e segurança do trabalho em uma refinaria de petróleo. Tese (Doutorado) — Fiocruz, Rio de Janeiro, 2001.

ARAÚJO, A. J. S.; PORTO, M. F. S. Trabalho e vida na periferia do capitalismo: terceirizados na indústria de refino de petróleo. In: ARAÚJO, A.; ALBERTO, M. F.; NEVES, M. Y.; ATHAYDE, M. (Orgs.). *Cenários do trabalho*. Rio de Janeiro: DP&A Editora, 2004. p. 179- 212.

ARAÚJO, M. D. *Trabalhadores do petróleo*: convivência diária com o risco. Dissertação (Mestrado) — PUC/São Paulo, São Paulo. 1990.

ARENDT, H. *Eichmann em Jerusalém*: um relato sobre a banalidade do mal. Trad. J. R. Siqueira. São Paulo: Companhia de Letras, 1990.

ARMSTRONG, D.; LAWRENCE, W. G.; YOUNG, R. M. *Group relations:* an introduction. London: Process Press, 1997. Disponível em: <www.psychoanalysis-andtherapy.com/human_nature/group/ch>. Acesso em: 7 out. 2009.

ASSUNÇÃO, A. A.; LIMA, F. P. A. Aproximações da ergonomia ao estudo das exigências afetivas das tarefas. In: GLINA, D. M. R.; ROCHA, L. E. (Orgs.). *Saúde mental no trabalho*: da teoria à prática. São Paulo: Roca, 2010. p. 210-28.

______; ALMEIDA, I. M. Doenças osteomusculares relacionadas com o trabalho: membro superior e pescoço. In: MENDES, R. (Org.). *Patologia do trabalho*. Ed. atual. e ampl. Rio de Janeiro: Atheneu, 2003. p. 1502-539.

ATHAYDE, M. et al. Perspectiva da ergologia e o campo da saúde mental do trabalho. In: GLINA, D. M. R.; ROCHA, L. E. (Orgs.). *Saúde mental no trabalho*: da teoria à prática. São Paulo: Roca, 2010. p. 229-47.

AUBERT, N.; GAULEJAC, V. *Le coût de l'excellence*. Paris: Seuil, 1991.

______. A neurose profissional. *Rev. Adm. Empr.*, São Paulo, v. 33, n. 1, p. 94-106, 1993.

AZEVEDO, A. Z. de A. *Algumas contribuições da psicanálise ao campo do conhecimento da saúde mental no trabalho.* Tese (Doutorado) — Faculdade e Ciências Médicas da Unicamp, Campinas, 2003.

BACHELARD, G. *A formação do espírito científico*: contribuição para uma psicanálise do conhecimento. Trad. Estela dos Santos Abreu. Rio de Janeiro: Ed. Contraponto, 1996.

BARLOW D. H. et al. *Manual clínico dos transtornos psicológicos*: tratamento passo a passo. 4. ed. Porto Alegre: Artmed, 2009.

BARROS, M. E. B. Escola — as transformações do mundo do trabalho e o trabalho docente. In: BORGES, L. H.; MOULIN, M. G. B.; ARAÚJO, M. D. (Orgs.). *Organização do trabalho e saúde*. Vitória: Edufes, 2001. p. 275-93.

BAUA (Bundesanstalt für Arbeitschutz und Arbeitmedizin). Präsentismus:Arbeit mit Erkrankung. *Aktuelle Pressemitteilungen*, 2009. Disponível em: <www.baua.de/nn_5858/de/Presse/Pressemitteilungen/2009/07>. Acesso em: 12 jan. 2010.

BAUMAN, Z. *Medo líquido*. Rio de Janeiro: Zahar, 2006.

BEAUVOIS, J. L. *Traité de la servitude libérale*: analyse de la soumission. Paris: Dunod, 1994.

BEGOIN, J. *La néurose des téléphonistes et des mécanographes*. Tese, Paris, 1957. Apud DEJOURS, C. *A loucura do trabalho*. São Paulo: Oboré, 1987.

BELLUSCI, S.; FISCHER, F. M. Envelhecimento funcional e condições de trabalho em servidores forenses. *Rev. Saúde Pública*, v. 33 n. 6, p. 602-6, dez. 1999.

BELTRÃO, J. F. Mulheres da castanha: um estudo sobre o trabalho e o corpo. In BRUSCHINI, M. C.; ROSEMBERG, F. (Orgs.). *Trabalhadoras do Brasil*. São Paulo: Brasiliense, 1982. p. 67-109.

BENCHEKROUN, H.; BOURGEOIS, F.; HUBAULT, F. Comment aider l'encadrement de proximité à faire des arbitrages face à des situations a risques. *Formation et pratique de la prescription*, 2002. p. 377-86. (Encontrado na internet sem editor nem organizador do livro.)

BENOIT-GUILBÔT, O. Introduction. In: BENOIT-GUILBÔT, O.; GALLIE, D. (Orgs.). *Chômeurs de longue durée*. Poitiers: Actes Sud / Observatoire du Changement Social en Europe Occidentale, 1992. p. 1-30.

______; GALLIE, D. (Orgs.). *Chômeurs de longue durée*. Poitiers: Actes Sud / Observatoire du Changement Social en Europe Occidentale, 1992.

BERGER, P. L.; LUCKMANN, T. A. *Construção social da realidade*. Petrópolis: Vozes, 1987.

BERNARDO, M. H. *Trabalho duro, discurso flexível*: uma análise das contradições do toyotismo a partir da vivência de trabalhadores. São Paulo: Expressão Popular, 2009.

BESSE, S. K. *Modernizando a desigualdade*: reestruturação da ideologia de gênero no Brasil — 1914-1940. Trad. L.L. Oliveira. São Paulo: Edusp, 1996.

BIALOKOWSKY, A.; HERMO, J. Nuevas articulaciones laborales y Sociología del Trabajo. *Revista del Trabajo*. Ministerio de Trabajo y Seguridad Social de la Argentina, 1996. Apud BIALOKOWSKY, A.; HERMO, J. P.; LUSNICH, C. Trabajo, dilución y mutación del trabajo en la dominación social local. *Revista Herramienta*, Buenos Aires, n. 23, set. 2003. Disponível em: <www.herramienta.com.ar>. Acesso em: 4 out. 2007.

______; LUSNICH, C. Trabajo, dilución y mutación del trabajo en la dominación social local. *Revista Herramienta*, Buenos Aires, n. 23, set. 2003. Disponível em: <www.herramienta.com.ar>. Acesso em: 4 out. 2007.

BINDER, M. C. P.; ALMEIDA, I. M. de. Acidentes de trabalho: acaso ou descaso? In: MENDES, R. (Org.). *Patologia do trabalho*. Rio de Janeiro: Atheneu, 2003. p. 769-808. v. 1.

BOHLEBER, W. Die entwicklung der Traumatheorie in der Psychoanalyse. *Psyche*, ano 54, n. 9/10, p. 797-839, set./out. 2000.

BOLTANSKI, L. *Rendre la realité inacceptable*: à propos de "La Production de l'Idéologie dominante". Paris: Demópolis, 2008.

BORGES, A. Mercado de trabalho: mais uma década de precarização. In: DRUCK, G.; FRANCO, T. (Orgs.). *A perda da razão social do trabalho*. São Paulo: Boitempo, 2007. p. 81-94.

BORÓN, A. et al. *Pós-neoliberalismo*: as políticas sociais e o Estado democrático. Rio de Janeiro: Paz e Terra, 1995.

BOSCARINO, J. A.; FIGLEY, C. R.; ADAMS, R. E. Compassion Fadigue Following the September 11Terrorist Attacks: A study of Secondary Trauma among New York Social Workers, 2004. Disponível em: <www.nchi.nlm.gov/pnc/articles/PMC2713725/>. Acesso em: 28 dez. 2010.

BOSCHETTI, I. Os custos da crise para a política social. In: BOSCHETTI, I.; BEHRING, E. R.; SANTOS, S. M. M.; MIOTO, R. C. T. (Orgs.). *Capitalismo em crise*: política social e direitos. São Paulo: Cortez, 2010. p. 64-85.

BOSI, E. *Memória e sociedade*: lembrança de velhos. São Paulo: T. A. Queiroz, 1979.

BOURDIEU, P. Les modes de domination. In: *Le sens pratique*. Paris: Ed. Minuit, 1980. p. 209-29.

______. A essência do neoliberalismo. *Le Monde Diplomatique*, março 1998a.

______. *Contrafogos*. Rio de Janeiro: Jorge Zahar, 1998b.

______. *La domination masculine*. Saint-Amand-Montrond: Éditions du Seuil, 1998c.

______. *A miséria do mundo*. Petrópolis: Vozes, 1999.

BOURGEOIS, F.; HUBAULT, F.; BENCHEKROUN, H. Comment aider l'encadrement de proximité à faire des arbitrages face à des situations a risques. *Formation et pratique de la prescription*, 2002, p. 377-86. Disponível em: <www.ergonomie-self.org/documents/37eme.../benchekroun.pdf>.

BRANDÃO LOPES, J. R. *Sociedade industrial no Brasil*. São Paulo: Edusp, 1964.

BRASIL. EM. Norma Regulamentadora NR-4 — SESMT. Disponível em: <www.administradores.com.br/informe-se/artigos/norma-regulamentadora-nr-4-sesmt/13613/>. Acesso em: 3 out. 2010.

BRAVERMAN, H. *Trabalho e capital monopolista*. Rio de Janeiro: Zahar, 1974.

BRAVO, M. I. *Envelhecimento e trabalho no tempo do capital*: implicações para a proteção social no Brasil. São Paulo: Cortez, 2008.

BRENNER, M. H. Relation of economic changes to swedish health and social well--being, 1950-1980. *Soc. Sci. Med.*, n. 25, p. 183-95, 1987.

______. Economic instability, unemployment rates, behavioral risks and mortality rates in Scotland, 1952-1983. *Int. J. Health Serv.*, n. 17, p. 475-87, 1987.

______; MOONEY, A. Economic change and sex-especific cardiovascular mortality in Britain 1955-76. *Soc. Sci. Med.*, n. 16, p. 431-42, 1982.

BRITO, H.; TEIGER, C.; MESSING, K. O trabalho e a saúde das mulheres: sinais de uma realidade em transformação. In: BORGES, L. H.; MOULIN, M. G. B.; ARAÚJO, M. D. (Orgs.). *Organização do trabalho e saúde*: múltiplas relações. Vitória: Edufes, 2001. p. 255-74.

BRITO, J. *Saúde, trabalho, modos sexuados de viver*. Rio de Janeiro: Editora Fiocruz, 1999.

BRUCHS, U.; WAHL, W. B. Eine wergessene Mehrheit-Auslandische Abeitsgestaltung und Qualifizierung. *Zeitschrift fur Arbeits und gestaltung und organizationspsychologie*, v. 32, n. 6, p. 139-47, 1988.

BRUSCHINI, M. C. A.; ROSEMBERG, F. *Trabalhadoras do Brasil*. São Paulo: Brasiliense, 1982.

BUGARD, L.; CROCQ, L. "Existe-t-il des névroses du travail?", dans Societé Française de Psychologie. *Equilibre ou Fatigue par le travail*. Paris: Entreprise Moderne d'Édition. 1980. p. 161-72.

BUROWAY, M. Piece rate, Hungarian style. In: PAHL, R. E. (Ed.). *On Work:* historical comparative and theoretical approaches. Oxford: B. Blackwell, 1989. p. 210-228.

______. *The extended Case Method.* Berkeley: University of California Press, 2009.

CALDERON, J. L'implication quotidienne dans um Centre d'appels: les nouvelles "initiatives educatives". *Travailler*, n. 13, p. 75-94, 2005.

CALDERONI, E. *O sofrimento e a luta do trabalhador contaminado:* os caminhos da consciência política e ambiental após a contaminação por substâncis tóxicas no ambientes de Trabalho. Tese (Doutorado) — Pontifícia Universidade Católica de São Paulo, São Paulo, 2008.

CAMARGO, D. A.; CAETANO, D.; GUIMARÃES, L. A. Psiquiatria Ocupacional II — Síndromes orgânicas relacionadas ao trabalho. *J. Bras. Psiq*. v. 54, n. 1, p. 21-33, 2004.

CANCRINI, L.; TOGLIATTI, M. *Psiquiatria y relaciones sociales*. Cidade do México: Ed. Nueva Imagem, 1979.

CANDIDO PEREIRA, V. *O coração da fábrica*. Rio de Janeiro: Campus, 1979.

CANGUILHEM, G. *O normal e o patológico*. Rio de Janeiro: Forense Universitária, 1990.

CANGUILHEM, G. Milieux et normes de l'homme au travail. *Cahiers Internationaux de Sociologie*, Paris, v. 3, Cahier double, Deuxième Année, p. 120-36, 1947.

CANZIAN, F. Brasileiro nos EUA perde casa e trabalho. *Folha de S.Paulo*, São Paulo, 2 nov. 2008.

CARDOSO, A. M. *Trabalhar, verbo transitivo*: destinos profissionais dos deserdados da indústria automobilística. Rio de Janeiro: Ed. FGV, 2000.

______. *A década neoliberal*. São Paulo: Boitempo, 2003.

CARONE, I.; BENTO, M. A. S. (Orgs.). *Psicologia social do racismo*. Petrópolis: Vozes, 2002.

CARPENTIER, J.; CAZAMIAN, P. *Le travail de nuit*. Genebra: Bureau International du Travail, 1987.

CARVALHO, J. S. de A. *Relações recíprocas entre epilepsia hipocampal e fases do ciclo sono-vigília no rato*. Dissertação (Mestrado) — Escola Paulista de Medicina, São Paulo, 1985.

CARVALHO, L. A. et al. *Concepção dos operários de uma indústria metalúrgica de Porto Alegre a respeito do processo de trabalho e do padrão de desgaste como causadores de doenças e de acidentes do trabalho*. Relatório XIII. Curso de Saúde Pública, Porto Alegre, 1988.

CASSEL, E. J. *The nature of suffering and the goals of Medicine*. New York: Oxford University Press, 1994.

CASSEL, J. Psychossocial processes and stress. *Int. J. Health Serv*. v. 4, n. 3, p. 471-82, 1974.

CASTEL, Robert. *A gestão dos riscos*. Rio de Janeiro: Francisco Alves, 1987.

______. Da indigência à exclusão. A desfiliação — precariedade do trabalho e vulnerabilidade relacional. In: LANCETTI, A. (Org.). *Saúde e loucura*: grupos e coletivos. São Paulo: Hucitec, 1993. p. 21-48. (Extraído de DONZELOT, J. (Ed.). *Face a l'exclusion*. Paris: Le Seuil, 1991 (traduzido para português por Ângela Tijiwa).

______. As transformações da questão social. In: BÓGUS, L.; YAZBEK, M. C.; WANDERLEY, L. E. (Orgs.). *Desigualdade e a questão social*. 3. ed. São Paulo: Educ, 2008. p. 226-56.

______. *As metamorfoses da questão social*. Petrópolis: Vozes, 1998. (Publicado originalmente em 1995, em Paris, pela editora Fayard.)

______. *L'insecurité sociale*: Qu'est-ce q'être protege? Paris: Seuil, 2003.

______. *La montée des incertitudes*: travail, protections, statut de l'individu. Paris: Seuil, 2009.

CASTELLS, M. *A sociedade em rede*. São Paulo: Paz e Terra, 1999.

CASTELLS, M. *O poder da identidade*. Trad. Klauss B. Gerhardt. 2. ed. São Paulo: Paz e Terra, 2000. (Era da Informação: economia, sociedade e cultura, v. 2.)

CASTRO, Nadya A.; GUIMARÃES, A. S. Competitividade e gestão do trabalho: a petroquímica brasileira nos anos 90. In: LEITE, M. P.; SILVA, R. A. (Orgs.). *Modernização tecnológica, relações de trabalho e práticas de resistência*. São Paulo: Iglu Editora, 1991.

CEDI. Peões e garimpeiros: terra e trabalho no Araguaia. *Cadernos de CEDI*, Rio de Janeiro, v. 11, n. 58, 1983.

CHADE, J. Debate sobre imigração volta com crise. *O Estado de S. Paulo*, São Paulo, 9 maio 2010.

CHANLAT, J. F. Théories du stress et psychopathologie du travail. *Prévenir*, n. 20, p. 117-26, 1990.

CHAUI, M. *A universidade operacional*. Disponível em: <http://reuniufpr.forumativo.com/t46-a-universidade-operacional-marilena-chaui>. Acesso em: 5 set. 2010.

______. A universidade pública sob nova perspectiva. Conferência realizada na sessão de abertura da 26ª Reunião Anual da ANPEd, em Poços de Caldas, MG, em 5 de outubro de 2003. Apud GUERRA, Y. A formação profissional frente aos desafios da intervenção e das atuais configurações; do ensino público, privado e a distância. *Serviço Social & Sociedade*, São Paulo, n. 104, p. 715-36, out./dez. 2010.

CHRISTIAN, P. *Antropologische Medizin: Theoretische Pathologie und Klinik psychosomatischer Krankheitsbilder*. Berlin: Springer-Verlag, 1989.

CICALA, R. S. Substance abuse among physicians: What you need to know. *Hospital Physician*, v. 39, n. 7, p. 39-46, 2003.

CLOT, Y. *Le Travail sans l'homme? Pour une psychologie des milieux de travail et de vie.*, Paris: La Decouverte, 1995.

______. *A função psicológica do trabalho*. Trad. Adail Sobral. Petrópolis: Vozes, 2006a.

______. Entrevista: Yves Clot. *Cadernos de Psicologia Social do Trabalho*, v. 9 n. 2, p. 99-107, 2006b.

______. *Travail et pouvoir d'agir*. Paris: PUF, 2008.

______. *Le travail à coeur*. Paris: La Decouverte, 2010a.

______. *Trabalho e poder de agir*. Belo Horizonte: Fabrefactum, 2010b.

______; LHUILIER, D. *Agir en clinique du travail*. Toulouse: Érès, 2010.

CNAS/SNAS. *Política Nacional de Assistência Social. Versão Oficial*. São Paulo: Cortez, 2004.

COLLINS, R. T. *Occupational psychiatry*. Boston: Little Brown and Co., 1969.

3ª CONFERÊNCIA NACIONAL DE SAÚDE DO TRABALHADOR. Relatório. São Paulo, 2005.

COSTA, F. B. *Garis:* um estudo de psicologia sobre invisibilidade pública. Dissertação (Mestrado) — Instituto de Psicologia, Universidade de São Paulo, São Paulo, 2002.

COSTA, M. D. H. de. O trabalho nos Serviços de Saúde e a inserção dos(as) assistentes sociais. In: MOTA, A. E. et al. *Serviço social e saúde*: formação e trabalho profissional. São Paulo: Cortez, 2009. p. 304-51.

COSTA, M. R. *As vítimas do capital*: os acidentados de trabalho. Rio de Janeiro: Editora Achiamé, 1981.

COTTEREAU, A. Plaisir et souffrance, justice et injustice sur les lieux de travail, dans une perspective socio-historique. In: DEJOURS, C. (Org.). *Plaisir et souffrance dans le travail*. Paris: Ed. AOCIP, 1988. v. II, p. 37-73.

COTTINGTON, E. M. et al. Occupational stress, suppressed anger and hypertension. *Psychosom. Medicine*, n. 48, p. 249-60, 1986.

COULLIRAUX, H. M. Processos de trabalho da indústria do vestuário. In: FLEURY, A. F.; VARGAS, N. (Orgs.). *Organização do trabalho*. São Paulo: Atlas, 1983. p. 146-71.

CRU, D. *Collectiff et Travail de Métier; sur la notion de collectif de travail*. Paris: AOCIP, 1986. (Reproduzido em DEJOURS, C. (Org.). *Plaisir et souffrance dans le travail*. Paris: CNRS, 1987. v. I, p. 43 -9.

______. Les régles du métier. In: DEJOURS, C. (Org.). *Plaisir et souffrance dans le travail*. Paris: CNRS, 1987. v. I, p. 28-54.

CRUZ, M. J. de La; ROCHE, P. *Trains de vies*. Marselha: Ed. Matrice, 1990.

DAHLEBERG, L. I.; KRUG, E. G. Violência — um problema global de saúde pública. *Ciência e Saúde Coletiva*, v. 11, n. 2, p. 277-93, 2006.

DALLARI, D. de A. *Direitos humanos e cidadania*. São Paulo: Moderna, 1998.

DANIELLOU, F.; GARRIGOU, A. L'Ergonomie, l'activité et la parole des travailleurs. In: BOUTET, J. *Paroles au travail*. Paris: L'Harmmattan, 1995. p. 73-92.

DAVEZIES, P. Processus de précarisation, organisation du travail, santé mentale. In: APPAY, B.; THÉBAUD-MONY, A. *Précarisation sociale, travail et santé*. Paris: IRESCO (Institut de Recherches des Societés Contemporaines), 1997.

______. Les Impasses du harcèlement moral. *Travailler*, n. 11, p. 83-90, 2004.

______. Entre psychique et social, quelle place pour l'activité? In: FURTOS, J.; LAVAL, C. (Orgs.). *La santé mentale em actes*. Paris: Érès, 2005. p. 117-26.

DAVEZIES, P. *Sur le rapport d'autorité en clinique du travail* (Contribuição ao Seminário Pouvoir d'agir et autorité dans le travail, Universidade Paris 1, Sorbonne, 2-3 e 4 de junho de 2008) Disponível em: <www.*philippe.davezies.free.fr/welcome/auteur.php?id*>. Acesso em: 23 maio 2009.

DEJOURS, C. *A loucura do trabalho*. São Paulo: Oboré, 1987a. (Tradução por Ana Izabel Paraguay e Lúcia Leal Ferreira de *Usure Mentale*. Essai de Psychopathologie du travail. Paris: Ed. Le Centurion, 1980.)

______. Réactions psychopathologiques aux ruptures involuntaires d'activité professionnelle (Retraite, licenciement, maladie, reclassement). *Psychologie Médical*, Paris, v. 15, n. 11, p. 1875-80, 1983a.

______. L'organisation du travail entre aliénation et identité. *Approches*, v. 39, p. 19-31, 1983b.

______; DOPPLER, F.; LOGEAY, P. *Psychanalyse et travail*. Intervenção no Colóquio "Champ Social et Inconscient". Paris: Centre National de la Recherche Scientifique, 1983c. Mimeo.

______; BURLOT, A. Contribution de la psychopathologie du travail à l'étude de l'alcoolisme. In: DEJOURS, C.; VEIL, C.; WISNER, A. (Orgs.). *Psychopathologie du travail*. Paris: Entreprise Moderne d'Édition, 1985a. p. 105-111.

______. Organisation du travail-clivage-aliénation. In: DEJOURS, C.; VEIL, C.; WISNER, A. (Orgs.). *Psychopathologie du travail*. Paris: Entreprise Moderne d'Edition, p. 123-30, 1985b.

______. Souffrance et plaisir au travail: L'approche par la psychopathologie du travail. In: DEJOURS, C. (Org.). *Plaisir et souffrance dans le travail*. Paris: Ed. AOCIP, 1987b. v. I, p. 15-24.

______; ADBOUCHELI, E. Itineraire théorique en psychopathologie du travail. *Prévenir*, Marselha, n. 20, p. 127-49, 1990.

______. *Travail:* usure mentale. Paris: Ed. Bayard, 1993.

______; SIGAUT, F. Folie, réel et technologie. *Techniques & Culture*, n. 15, 1990, p. 167-179. Apud DEJOURS, C. *Travail:* usure mentale. Paris: Ed. Bayard, 1993.

______. A carga psíquica do trabalho. In: BETIOL, M. I. S. (Org.). *Psicodinâmica do trabalho*. São Paulo: Atlas, 1994.

______. *Le facteur humain*. Paris: PUF, 1995. (Traduzido no Brasil por Maria Irene Betiol e Maria José Tonelli como *O fator humano*. Rio de Janeiro: Editora da Fundação Getúlio Vargas, 1997.)

______. *Souffrance en France*: La banalisation de l'injustice sociale. Paris: Seuil, 1998. (Traduzido no Brasil por Luiz Alberto Monjardim, como *A banalização da injustiça social*. Rio de Janeiro: Editora da Fundação Getúlio Vargas, 1999.)

DEJOURS, C. *Conferências brasileiras*. São Paulo: Fundação Getúlio Vargas/Fundap, 1999a.

______. Homens, mulheres e suas relações de trabalho. In: ______. *Conferências brasileiras*. São Paulo: Fundação Getúlio Vargas/Fundap, 1999b.

______. Análise psicodinâmica das situações de trabalho e sociologia da linguagem. (1995). In: LANCMAN, S.; SZNELWAR, L. (Orgs.). *Da psicopatologia à psicodinâmica do trabalho*. Rio de Janeiro: Ed. Fiocruz/Paralelo 15, 2005.

______. Nouvelles formes de servitude et suicide. *Travailler*, n. 13, p. 53-73, 2005. (Traduzido no Brasil por M. F. M. Fernandes de Paula e publicado como "Novas formas de servidão e suicídio". In: MENDES, A. M. (Org.). *Trabalho e Saúde*: o sujeito entre emancipação e servidão. Curitiba: Editora Juruá, 2008.)

______. *Conjurer la violence*: travail, violence et santé. Paris: Payot e Rivages, 2007.

______. *Travail, usure mentale* (edition augmntée). Paris: Bayard, 2008.

______; BÈGUE, F. *Suicide et travail:* que faire? Briser la loi du silence. Paris: PUF, 2009. (Tradução brasileira sob o título *Saúde e trabalho:* o que fazer? Brasília: Paralelo 15, 2010.)

DELGADO, P. G. G. *Mal-estar na indústria.* Dissertação (Mestrado) — Instituto de Psiquiatria da Universidade Federal do Rio de Janeiro, Rio de Janeiro, 1983.

DEMAZIÈRE, D. *La sociologie du chômage.* Paris: La Decouverte, 1995.

______. Ser desempregado para os sociólogos. *Profissão e Sociedade,* n. 13, p. 109-82, out. 2008. (Extraído do livro de Didier Demazière *Le chômage, comment peut-on être chômeur?* 2003, capítulo 6 "Être chômeur pour les sociologues", p. 215 -74, traduzido para o português por B. W. Aued e I. R. Valle.) Disponível em: <www.periodicos.ufsc.br/index.php/politica/article/view/9314/8598>. Acesso em: 6 set. 2010.

DESSORS, D.; JAYET, D. Methodologie et action en psychopathologie du travail. A propos de la souffrance de equipes de reinsertion medico-sociales. *Prévenir*, n. 20, p. 31-43, 1990.

______; LAVILLE, A. La signification du discours ouvrier. In: DEJOURS, C.; VEIL, C.; WISNER, A. (Orgs.). *Psychopathologie du travail.* Paris: Entreprise Moderne d'Édition, 1985. p. 58-63.

D'HUILIER, D. *Cliniques du travail.* Ramonville: Érès, 2007.

DIESAT. *Insalubridade*: morte lenta no trabalho. São Paulo: Oboré, 1989.

DINA, A. *A fábrica automática e a organização do trabalho*. Petrópolis: Vozes, 1987.

DONIOL-SHAW, G.; HUEZ, D.; SANDRET, N. Conditions de travail et santé des sous-traitants dans la maintenance des Centrales Nucleaires. In: APPAY, B.;

THÉBAUD-MONY, A. *Précarisation sociale, travail et santé*. Paris: IRESCO (Institut de Recherches des Societés Contemporaines), 1997.

DOPPLER, F.; DEJOURS, C. Avant-Propos. In: DEJOURS, C.; VEIL, C.; WISNER, A. (Orgs.). *Psychopathologie du travail*. Paris: Entreprise Moderne d'Édition, 1985. p. 11-7.

DORAY, B. Morbité professionelle et capitalisme monopoliste d'État — sociologie medicale. *Les Cahiers du C.E.R.*, Paris, 1972.

______. Participation, intensification du travail et usure des hommes. *Economie Politique*, n. 218, set. 1972. Apud DORAY, B. *La dignité*. Paris: La Dispute, 2006. p. 74.

______. *Le taylorisme, une folie rationelle?* Paris: Ed. Bordas, 1981.

______. *L'inhumanitaire*. Paris: La Dispute, 2000.

______. *La dignité*. Paris: La Dispute, 2006.

DÖRNER, K. *Tödliches Mitleid*. Gütersloh: Verlag Jakob van Haddis, 1993.

DOSSIER. "Nouvelles formes de servitude et psychopathologie". Revue Internationale de Psychopathologie et Dynamique du Travail, *Travailler*, n. 13, 2005.

DOSSIER. "L'hyperactivité", *Travailler*, n. 11, 2004.

DRUCK, G.; FRANCO, T. (Orgs.). *A perda da razão social do trabalho*. São Paulo: Boitempo, 2007.

DUARTE, L. F. D. *Da vida nervosa nas classes trabalhadoras urbanas*. Rio de Janeiro: Jorge Zahar/CNPq, 1986.

DUPAS, G. Pobreza, desigualdade e trabalho no capitalismo global. In: *Nueva Sociedad*, n. 215, mar./jun. 2005. Disponível em: <www.nuso.org/upload/artículos/3522_2.pdf. Acesso em: 7 set. 2010.

DURAND, J. P. *La chaîne invisible*. Paris: Seuil, 2004.

______. Travail et servitude involontaire. *Revue Critique d'Ecologie Politique*. Disponível em: <http://ecorev.org/spip.php?article641>. Acesso em: 30 maio 2010.

DURAND, M. *Doença ocupacional*: psicanálise e relações de trabalho. São Paulo: Escuta, 2000.

______. *O medo e os vínculos sociais no Brasil*. Tese (Doutorado) — Pontifícia Universidade Católica de São Paulo, São Paulo, 2005.

______. *O medo no trabalho e na vida social* — um estudo psicanalítico da subjetividade brasileira. São Paulo: Annablume, 2010.

DYER, K. *Definition of Compassion Fatigue*, 2006. Disponível em: <http://dying.about.com/od/glossary/g/compass_fatigue.htm>. Acesso em: 10 out. 2009.

ELIAS, N. *A sociedade dos indivíduos*. Lisboa: Publicações Dom Quixote, 1993.

ELKELES, T. *Arbeitsorganisation In der krankenpflege — zur kritik der funktionspflege*. Frankfurt am Main: Mabuse Verlag, 1990.

______; LENHARDT, U.; ROSENBROCK, R.; SELIGMANN-SILVA, E. Origem de duas epidemias. In: GLINA, D. M. R.; ROCHA. L. E. (Orgs.). *Saúde mental no trabalho*: desafios e soluções. São Paulo: Editores VK, 2000. p. 205-33.

______; SELIGMANN-SILVA, E. Trajetórias recentes dos distúrbios osteomusculares em dois contextos nacionais — Brasil e Alemanha. In: GLINA, D. M. R.; ROCHA, L. E. (Orgs.). *Saúde mental no trabalho*: da teoria à prática. São Paulo: Roca, 2010. p. 302-34.

ENRIQUEZ, E. *Da horda ao Estado*. 2. ed. Rio de Janeiro: Jorge Zahar, 1991.

FAITA, D. Análise das práticas linguageiras e situações de trabalho: uma renovação metodológica imposta pelo objeto. In: SOUZA-e-SILVA, M. C.; FAITA, D. (Orgs.). *Linguagem e trabalho*. São Paulo: Cortez, 2002.

FANNON, F. *Os condenados da terra*. Rio de Janeiro: Civilização Brasileira, 1979.

FARIA, M. *Saúde mental e trabalho industrial*. Relatório de Pesquisa, 1987. (Mimeo).

______. Informação pessoal da pesquisadora à autora, 2010.

FÁVERO, E. T.; MELÃO, M. J. T.; JORGE, M. R. T. *O Serviço Social e a Psicologia no Judiciário*. 3. ed. São Paulo: Cortez, 2008.

FERNANDES, F. Luta de raças e classes. *Teoria e Debates*. São Paulo, n. 2, mar. 1988.

FIGLEY, C. R.; FIGLEY, K. R.; NORMAN, J. Tuesday Morning September 11, The Green Cross Projects' Role as a Case Study in Community-Based Traumatology Services. In: GOLD, S. N.; FAUST, J. (Eds.). *Trauma Practice in the Wake of September 11*. New York: Haworth Maltreatment & Trauma Press, 2002. p. 13-36.

FINAZZI-SANTOS, M. A. *Patologia da solidão:* o suicídio de bancários no contexto da nova organização do trabalho. Dissertação (Mestrado) — Programa de pós-graduação em Administração, Universidade de Brasília, Brasília, 2009.

FISCHER, F. M. *Trabalho em turnos:* alguns aspectos econômicos, médicos e sociais. Dissertação (Mestrado) — Faculdade de Saúde Pública da Universidade de São Paulo, São Paulo, 1980.

FISCHER, F. M. et al. Unveling factors that contribute to functional aging among health care shiftworkers. *Experimental aging Research*. São Paulo, v. 28, n. 1, p. 73-86, 2002.

FITOUSSI, J. P.; ROSNVALLON, P. *La nueva era de las desigualdades*. Buenos Aires: Manantial, 1997.

FLEURY, A.; VARGAS, N. Aspectos conceituais. In: FLEURY, A.; VARGAS, N. (Orgs.). *Organização do trabalho*. São Paulo: Atlas, 1983.

FLOEN, S. K.; ELKIT, A. Psychiatric diagnoses, trauma and suicidiality, *Ann.Gen. Psychiatry*, 6:12. Publicado on line em: 20 abril 2007. Disponível em <www.pubmedcentral.nih.gov/articlerender.fcgi?artid=1858696>. Acesso em: 3 jun 2008.

FLOTTE, A. Dossier Dominique Dessors, Clinique du Travail et Transmission. Dominique Dessors. *La méthodologie d'intervention et le rapport entre terrain et laboratoire*, Travailler, n. 21, p. 23-46, 2009.

FOLHA DE S.PAULO. Austrália reduz cota para trabalhadores imigrantes. 17 mar. 2009.

FOUCAULT, M. *Vigiar e punir*. Petrópolis: Vozes, 1977.

______. *Microfísica do poder*. Rio de Janeiro: Graal, 1979.

FRANCO, M. S. de C. *Homens livres na ordem escravocrata*. São. Paulo: Ed. Unesp, 1997.

FRANCO, T. *Trabalho alienado*: habitus & danos à saúde humana e ambiental. Tese (Doutorado) — FFCH, Universidade Federal da Bahia, Salvador, 2003.

______. DRUCK, M. das G.; BORGES, Â.; FRANCO, Â. Mudanças de gestão, precarização do trabalho e riscos industriais. *Caderno CRH*, Salvador, n. 21, p. 68-89, jul./dez. 1994.

______; DRUCK, M. das G. *O trabalho contemporâneo no Brasil*: terceirização e precarização. Mesa-redonda "Precarização do Trabalho e Saúde Mental". São Paulo, Seminário Fundacentro, 2008. Disponível em: <www.fundacentro.gov.br/>. Acesso em: 4 jun. 2009.

______. DRUCK, M. das G.; SELIGMANN-SILVA, E. As novas relações de trabalho, o desgaste mental do trabalhador e os transtornos mentais no trabalho precarizado. Dossiê temático "O mundo contemporâneo do trabalho e a saúde mental do trabalhador". *Revista Brasileira de Saúde Ocupacional*, v. 35, n. 122, p. 229-48, jun./dez. 2010.

FRANKENHAEUSER, M. Coping with stress at work. *Int. J. Health Serv.*, v. 11, n. 4, p. 491-51, 1981.

______; GARDELL, B. Underload and overload in working life: outline of a multidisciplinary. Aproach. *J. Human Stress*, v. 2, n. 3, p. 35-46, set. 1976.

FREDERICO, C. *A vanguarda operária*. São Paulo: Símbolo, 1979.

FREITAS, M. E.; HELOANI, R.; BARRETO, M. *Assédio moral no trabalho*. São Paulo: Cengage Learning, 2008.

FREUD, A. *O ego e os mecanismos de defesa*. Rio de Janeiro: BUP, 1968.

FREUD, S. *O mal-estar na cultura*. Trad. de Renato Zwick. Porto Alegre: L&PM, 2009.

FREUDENBERGER, H. J. *L'épuisement professionnel*: «la brûlure interne». Otawa: Gaëtan Morin Ed., 1987. (Publicado originalmente em 1980.)

______. The staff burn-out syndrome in alternative institutions. *Psychoterapy*: Theory, Research & Practise, v. 12, n. 1, p. 73-82, set. 1975.

______. Staff burnout. *J. Soc. Issues*, n. 30, p. 159-65, 1974.

FRIED, M. Effects of social change on mental health. In: BERGEN, B.; THOMAS, C. *Issue and problems in social psychiatry*. Illinois: C. Thomas, 1966. p. 358-79.

FRIEDMANN, G. *O trabalho em migalhas*. São Paulo: Perspectiva, 1972.

GALASSO, L. M. R. *Humor e estresse no trabalho:* fatores psicossociais benéficos no trabalho dos operadores de telemarketing. Tese (Doutorado) —Faculdade de Saúde Pública, Universidade de São Paulo, São Paulo, 2005.

GARCIA, J. C. Paradigma para la enseñanza de las ciencias sociales en las Escuelas de Medicina. *Educación Médica y Salud*, v. 5, n. 2, p. 130-50, abr.-jun. 1971.

GARDELL, B. Scandinavian research on stress and working life. *International Journal Health Services*, v. 12, n. 1, p. 31-41, 1982.

GARFIELD, J. O trabalho alienado, stress e doença coronariana. In: NUNES, E. (Org.). *Textos 3. Medicina Social*. São Paulo: Global, 1983. p. 158-75. (Originalmente publicado por Garfield em *International Journal Health Services*, v. 10, n. 10, p. 31-41, 1980.)

GAULEJAC, V. de. *La societé malade de la gestión*. Nouvelle Edition. Paris: Senil, 2009.

GLINA, D. M. R. Assédio moral no trabalho. In: GLINA, D. M. R.; ROCHA, L. E. (Orgs.). *Saúde mental no trabalho*: da teoria à prática. São Paulo: Roca, 2010. p. 426-36.

______; ROCHA, L. E. Prevenção do estresse no trabalho. In: GLINA, D. M. R.; ROCHA, L. E. (Orgs.). *Saúde mental no trabalho*: da teoria à prática. São Paulo: Roca, 2010. p. 113-36.

______. (Orgs.). *Saúde mental no trabalho*: desafios e soluções. São Paulo: Editores VK, 2000.

GLOBO AMAZÔNIA, 2010. Disponível em: <www.globoamazonia.com/Amazonia/0,,MUL1590182-16052,00.html>. Acesso em: 20 maio 2010.

GOLDBERG, M. Cet obscur objet de l'épidemiologie. *Sciences Sociales et Santé*, n. 1, p. 55-110, dez. 1982.

GORZ, A. *Crítica da organização do trabalho*. São Paulo: Martins Fontes, 1980.

GREY, C. O fetiche da mudança. *Revista de Administração de Empresas (RAE)*, v. 44, n. 1, p. 9-25, 2004. (Publicado originalmente em *Tamara: Journal of Critical Postmodern Organization Science*. v. 2 iss2, p. 1-19, 2002.)

GROSSI, Y. S. *Mina de ouro velho*: a extração do homem. Rio de Janeiro: Paz e Terra, 1981.

GRUPO FÓRMULA. Informe 2010. Disponível em: <www.radioformula.com.mx/notas.asp?Idn=123894>. Acesso em: 27 set. 2010.

GUARIDO, E. L. *Percepção de controle sobre o trabalho em um grupo de ferroviários*. Tese (Doutorado) — Universidade de Campinas, Campinas, 1981.

GUEIROS SOUZA, M. C. *Doença dos nervos como estratégia de sobrevivência*. Recife, 1980. 46p. Mimeo.

GUÉRIN, J. Charge de travail et système de rotation: deux enquetes sur la fadigue mentale. In: ANDLAUER, P.; CARPENTIER, J.; CAZAMIAN, P. *Ergonomie du travail de nuit et des horaires alternants*. Paris: Ed. Cujas, 1977.

GUERIN, F.; LAVILLE, A.; DANIELLOU, D. et al. *Comprendre le travail pour le transformer*: la pratique de l'ergonomie. Montrouge: ANACT, 1991. (Edição brasileira: *Compreender o trabalho para transformá-lo*: a prática da ergonomia. Trad. Giliane M. J. Ingratta e Marcos Maffei. São Paulo: Edgard Blücher, 1997).

GUERRA, Y. A formação profissional frente aos desafios da intervenção e das atuais configurações; do ensino público, privado e a distância. *Serviço Social & Sociedade*. São Paulo, n. 104, p. 715-36, out./dez. 2010.

GUIMARÃES, C. et al. Mortalidade de adultos de 15 a 74 anos em São Paulo, Botucatu e São Manoel, 1974-1975. *Revista Saúde Pública* 13 (Supl. 2), São Paulo, 1979.

GUIMARÃES, N. A. *Caminhos cruzados*. São Paulo: Editora 34, 2004.

______. *Desemprego, uma construção social*: São Paulo, Paris e Tóquio. São Paulo: Argumento, 2009.

______. Por uma sociologia do desemprego: contextos societários, construções normativas e experiências subjetivas. *Revista Brasileira de Ciências Sociais*, v. 17, n. 50, out. 2005. p. 103-22.

______; HIRATA, H. (Orgs.). *Desemprego*: trajetórias, identidades, mobilizações. São Paulo: Editora Senac, 2006.

GUTIERRES, A. Exílio prolongado. *Folha de S.Paulo*, 9 dez. 2008.

HAENNINEN, H. et al. Psychological performance of subjects with low exposure to lead. *Journal Med.*, n. 20, p. 683-89, 1978.

______. Subjective symptoms in low-level exposure to lead. *Neurotoxicology*, n. 1, p. 133-347, 1979.

HARTMANN, H. *Psicologia do ego e os problemas da adaptação*. Rio de Janeiro: BUP. 1968.

HARVEY, D. *Condição pós-moderna*. São Paulo: Loyola, 1989.

HELLER, A. *O cotidiano e a História*. Rio de Janeiro: Paz e Terra, 1989.

______. *Los dos pilares de la ética moderna*. Zaragoza: Libros del Innombrable, 2009. Disponível em: <www.faqs.org/periodicals/201001/2200812621.html>. Acesso em: 2 out. 2010.

HELOANI, R. *Gestão e organização no capitalismo globalizado*. São Paulo: Atlas, 2003.

______; BARRETO, M. Aspectos do trabalho relacionados à saúde mental: assédio moral e violência psicológica. In: GLINA, D. M. R.; ROCHA, L. E. (Orgs.). *Saúde mental no trabalho*: da teoria à prática. São Paulo: Roca, 2010. p. 31-48.

HIRATA, H. División internationale, división sexuelle du travail et de la santé. In: THÉBAUD-MONY, A. (Org.). *Santé, pouvoirs, risques industriels-réflexion franco-brésilienne*. São Paulo: Seminário Franco-Brasileiro, jul. 1986.

______. *Subjetividade e produtividade*: indivíduo e coletivo no processo de trabalho. Anais do Seminário Internacional Políticas de Gestão. São Paulo, 1989, p. 425-36.

______. *Nova divisão sexual do trabalho*. São Paulo: Boitempo, 2002.

HIRIGOYEN, M. F. *Assédio moral*. Rio de Janeiro: Bertrand Brasil, 2001. (Edição original: *Le Harcèlement Moral*. Paris: La Decouverte/Syros, 1998.)

______. *Mal-estar no trabalho*. Rio de Janeiro: Bertrand Brasil, 2002. (Edição original: 2001.)

HOBSBAWM, E. J. *Os trabalhadores:* estudos sobre a história do operariado. Rio de Janeiro: Paz e Terra, 1981.

HOCHSCHILD, A. R. *The managed heart*. Berkeley: University of California Press, 1983.

______. Travail emotionnel, règles des sentiments et structures sociales. *Travailler*, n. 9, p. 19-49, 2002a.

______. *Global woman*: nannies, maids and sex workers in the new economy. Co-ed. Ehrenreich, S. New York: Metropolitan Press, 2002b.

______. *The commercialization of intimate life*: notes from home and work. San Francisco and Los Angeles: University of California Press, 2003.

______. Emotional labour in health care: who takes care of the caretaker? In: DUBÉ, L.; FERLAND, G.; MOSKOWITZ, O. (Orgs.). *Enriching the art of care with the science of care*: emotional and interpersonal dimensions of Health Services. Montreal: McGill Queen's University Press, 2004. p. 67-72.

HOLLINGSHEAD, A. B.; REDLICH, F. C. *Social class and mental illness*. New York: John Wiley & Sons Inc., 1967.

HOLST, J. *Trotz Krankheit zur Arbeit*: "Präsentismus" ist oft Ursache spätere l Langzeit. Arbeitsunfähigkeit. Disponível em: <www.forugesundheitspolitik.de/artikel/artikel.pl?artikel=1608>. Acesso em: 12 set. 2009.

HONNETH, A. *Luta por reconhecimento*. São Paulo: Editora 34, 2003.

HUMPHREY, J. Adaptando o 'modelo japonês' ao Brasil. In: HIRATA, H. (Org.). *Sobre o modelo japonês*: automatização, novas formas de organização e de relações de trabalho. São Paulo: Edusp, 1993.

HUWS, U. *The making of a cybertariat*: virtual work in a real world. London-New York: The Merlin Press-Monthly Review Press, 2003.

______. A construção de um cibertariado? Trabalho virtual num mundo real. In: ANTUNES, R.; BRAGA, R. (Orgs.). *Infoproletários*: degradação real do trabalho virtual. São Paulo: Boitempo, 2009, p. 37-58.

IAMAMOTO, M. V. A dimensão ético-política e teórico-metodológica no Serviço Social contemporâneo. In: MOTA, A. E. et al. *Serviço social e saúde*: formação e trabalho profissional. São Paulo: Cortez, 2009. p. 161-96.

ILMARINEN, J. Aging and work: the role of ergonomics for mantaining workbility during aging. In: BITTNER, A. C.; CHAMPNEY, P. C. *Advances in industrial ergonomics and safety*. London: Taylor & Francis, 1995.

INFORME. Clipping Abimaq. Disponível em: <www.abimaq.org.br/clipping/clipping.asp?dt=20100910&ed=1&edic=NORMAL&edi=NORMAL&dataFE>. Acesso em: 3 nov. 2010.

IVO, A. B. L. *Viver por um fio*: pobreza e política social. São Paulo: Annablume, 2008.

JABUR, J. *O estudo da ocupação de soldador*. Relatório de pesquisa não publicado. Faculdade de Medicina de Botucatu, São Paulo, 1988.

JAHODA, M. *Employment and unemployment*: a social-psychological analysis. Cambridge: Cambridge University Press, 1982.

______. Economic recession and mental health: some conceptual issues. *Journal of Social Issues*, v. 44, n. 4, p. 13-24, 1988.

______; LAZARSFELD, P.; ZEISEL, H. *Die Arbeitslosen von Marienthal*: ein soziographischer Versuch. Berlin: Surkamp, 1975.

JAKUBOWICZ, A. Hiérarchie au travail et structure familiale. In: DEJOURS, C.; VEIL, C.; WISNER, A. (Orgs.). *Psychopathologie du Travail*. Paris: Entreprises Modernes d'Edition, 1985. p. 201-205.

JAQUES, E. Social systems as a defence against persecutory and depressive anxiety. In: KLEIN, M.; HEIMANN, P.; MONEY-KYRLE, R. (Eds.). *New directions in psychoanalysis*. London: Tavistock Publications, 1995. p. 478-98.

JARDIM, S. R. O diagnóstico de burnout na saúde mental dos trabalhadores. In: ARAÚJO, A.; ALBERTO, M. F.; NEVES, M. Y.; ATHAYDE, M. (Orgs.). *Cenários do trabalho*. Rio de Janeiro: DP&A Editora, 2006. p. 73-87.

______. Ética e saúde mental do trabalhador: a legitimidade do diagnóstico do transtorno de estresse pós-traumático relacionado ao trabalho. In: MORAES, T. de (Org.). *Ética e psiquiatria forense*. Rio de Janeiro: Ed. Ipub-Cuca, 2001. p. 57-84.

______; GLINA, D. M. B. O diagnóstico dos transtornos mentais relacionados ao trabalho. In: GLINA, D. M. R.; ROCHA. L. E. (Orgs.). *Saúde mental no trabalho*: desafios e soluções. São Paulo: Editores VK, 2000. p. 17-52.

JERVIS, G. *Manual crítico de psiquiatria*. Barcelona: Ed. Anagrama, 1979.

______. *Inchiesta*, v. 3, n. 10, p. 5-18, abr./jun. 1973.

JINKINGS, N. M. T. *Trabalho e resistência na "Fonte Misteriosa"*: os bancários em face da reestruturação capitalista. Tese (Doutorado) — Instituto de Filosofia e Ciências Humanas da Universidade Estadual de Campinas, Campinas, 2000.

JOBIN, P. *Maladies industrielles et renouveau syndical au Japon*. Paris: Editions de l'École des Hautes Études en Sciences Sociales, 2006. Apud THÉBAUD-MONY, Annie. *Travailler peut nuire gravement à votre santé*. Paris: La Decouverte, 2008.

KAES, R. La structuration de la psyché dans le malaise du monde moderne. In: FURTOS, J.; LAVAL, C. (Orgs.). *La santé mentale em actes*. Paris: Érès, 2005. p. 239-53.

KAES, R.; FAIMBERG, H.; ENRIQUEZ, M.; BARANES, J. J. *Transmissão psíquica entre gerações*. São Paulo: Casa do Psicólogo, 2001.

KALIMO, R. Assessment of occupational stress. In: KAOVONEN, M.; MIKHEEV, M. I. (Eds.). *Epidemiology of occupational health*. Copenhagen: WHO Regional Publications, 1987. p. 231-50.

KARAM, H. *Clínica do trabalho*: o sujeito entre alcoolização e cidadania. VIII Colóquio Internacional de Sociologia Clínica e Psicossociologia. Transformações Sociais, Subjetividade e Política. Belo Horizonte, jul. 2001. Mimeo.

KARASEK, R.; THEORELL, T. *Healthy work*. New York: Basic Books Inc., 1990.

______. *Demand/Control Model*: a social, emotional, and physiological approach to stress risk and active behavior development. ILO, 2007. Disponível em: <www.ilo.org/enciclopedia>. Acesso em: 3 ago. 2007.

KARTCHEVSKY-BULPORT, A. et al. *O sexo do trabalho*. São Paulo: Paz e Terra, 1987.

KERGOAT, D. *Qualification et rapports sociaux de sexe*: le cas des ouvrières et celui des infirmières. XII Congresso Mundial de Sociologia. Madrid, julho, 1990. Mimeo.

KIESSELBACH, T. et al. *Youth unemployment and social exclusion*: objective dimensions, subjective experiences, and institutional responses in six european countries (YUSEDER), Final Report. University of Bremen, 2006. Disponível em: <www.ipg.unibremen.de/research/yuseder/YUSEDER_Final_Report.pdf>. Acesso em: 17 ago. 2009.

KLEIN, A. New challenges, new chances. International Viewpoint. *IV Online Magazine*, may/june, 2004. Disponível em: <www.internationalviewpoint.org/spip.php?article67el>. Acesso em: 30 set. 2010.

KLEIN, M. *O sentimento de solidão.* Rio de Janeiro: Imago, 1971.

KON, A.; BANKO, C.; MELCHER, D. D.; CACCIAMALI, M. C. (Coord.). *Costos sociales de las reformas neoliberales en América Latina*. Caracas: USP/PUC/Universidade Central de Venezuela, 2000.

KONIAREK, J.; DUDEK, B. Social support as a buffer in the stress-burnout relationship? *International Journal of Stress Management*, v. 3, n. 2, p. 99-106, apr. 1996.

KOWARICK, L. *Trabalho e vadiagem*: a origem do trabalho livre no Brasil. São Paulo: Brasiliense, 1987.

KRETSCHMER. Apud Le Guillant et al. 1956. In: LIMA, M. E. A. (Org.). *Escritos de Louis Le Guillant*. Petrópolis: Vozes, 2006.

LA BOÉTIE, E. *Discurso sobre a servidão voluntária*. Lisboa: Antígona, 1997.

LAHY, J. M. La psicologia mecanográfica y la construcción racional de máquinas de escribir, 1930. In: LEPLAT, J.; CUNY, X. *Psicologia del trabajo*. Madrid: Pablo del Rio Ed., 1977.

LAINO, A. *Controle fabril:* poder e autoridade do capital. Petrópolis: Vozes, 1983.

______. *Memória de metalúrgicos*. Tese (Doutorado) — Programa de Pós-Graduação de História da Unicamp, Campinas, 1991.

LASARUS, R. S. *Psychological stress and the coping process*. New York: McGraw-Hill,1966.

LAURELL, A. C. Processo de trabalho e saúde. *Saúde em Debate*, n. 11, p. 8-22, 1981.

______. A saúde-doença como processo social. In: NUNES, E. D. (Org.). *Textos 3. Medicina Social*. São Paulo: Global, 1983. p. 134-58.

______; SERRANO, M. Crisis y salud en América Latina. *Revista Centro Americana de la Salud*, n. 21, p. 21-37, jan./abr. 1982.

______; MÁRQUEZ, M. *El desgaste obrero en México.* México: Ediciones Era, 1983.

______; NORIEGA, M. *Processo de produção e saúde*. São Paulo: Hucitec, 1989.

LAVILLE, A. *L'Ergonomie*. 2. ed. Paris: Presses Universitaires de France, 1976.

LAWRENCE, W. G. Totalitarian States of mind in institutions. In: ARMSTRONG, D.; LAWRENCE, W. G.; YOUNG, R. M. *Group Relations*: An Introduction. London: Process Press, 1997. Disponível em: <www.psychoanalysis-andtherapy.com/human_nature/group/ch>. Acesso em: 7 out. 2009.

LE BLANC, G. *Vies ordinaries, vies précaires*. Paris: Seuil, 2007.

______. *L'Invisibilité sociale*. Paris: PUF, 2009.

LE GUILLANT, L. (1963). Incidências psicopatológicas da condição de "empregada doméstica". In: LIMA, M. E. A. (Org.). *Escritos de Louis Le Guillan*. Petrópolis: Vozes, 2006. p. 242-86.

______. (1984). Quelle psychiatrie pour notre temps? Toulouse: Érès (Travaux et Écrits de Louis Le Guillant). Apud CLOT, Y. Prefácio à edição brasileira de LIMA, M. E. A. (Org.). *Escritos de Louis Le Guillant*. Petrópolis: Vozes, 2006.

______. L. Jeunes difficiles ou temps difficiles? In: *Le Drame Humain du Travail*: Essais de psychopatologie du travail. Paris: Éres, 2006. p. 197-261. (Originalmente publicado em 1961 por Éditions du Scarabée.)

______. et al. (1956). A neurose das telefonistas. In: LIMA, M. E. A. (Org.). *Escritos de Louis Le Guillant*. Petrópolis: Vozes, 2006. p. 175-88.

LECLERC, A.; THÉBAUD, A. Absentéisme et santé: un debat entre disciplines. *Sciences Sociales et Santé*, n. 2, p. 5, mar. 1983.

LEITE, M. P. O *futuro do trabalho*: novas tecnologias e subjetividade operária. São Paulo: Scritta, 1994.

______. *Trabalho e sociedade em transformação*: mudanças produtivas e atores sociais. São Paulo: Fundação Perseu Abramo, 2003.

LEITE, R. de S. C. *A operária metalúrgica*. São Paulo: Cortez, 1989.

LEITE LOPES, J. S. *O vapor do diabo*: o trabalho dos operários do açúcar. Rio de Janeiro: Paz e Terra, 1988.

LENHARDT, U.; ROSENBROCK, R. *Wegen geschlossen Auswirkungen betrieblicher Reorganisation auf den Gesundheitsschutz*. Berlin: Edition Sigma, 2006.

LEPLAT, J.; CUNY, X. *Psicologia del trabajo*. Madrid: Pablo del Rio Ed., 1977.

LEVI, L. Psychosomatic disease as a consequent of occupational stress. In: KALIMO, R.; EL-BATAWI, M. A.; COOPER, C. L. *Psychosocial factors at work*. Genebra: WHO, 1987. p. 78-91.

LEYS, R. *Trauma*: a genealogy. Chicago: University of Chicago Press, 2000.

LHUILIER, D. *Cliniques du travail*. Paris: Érès, 2007.

LIMA, A. B.; OLIVEIRA, F. Abordagem psicossocial da LER: ideologia da culpabilização e grupos de qualidade de vida. In: CODO, W.; ALMEIDA, M. C. G. *LER*: lesões por esforços repetitivos. Petrópolis: Vozes, 1995. p. 136-59.

LIMA, M. E. A. *Os equívocos da excelência*: as novas formas de sedução na empresa. Petrópolis: Vozes, 1996.

______. (Org.). *Escritos de Louis Le Guillant*. Petrópolis: Vozes, 2006.

______. Contribuições da Clínica da Atividade para o campo da segurança no trabalho. *Revista Brasileira de Saúde Ocupacional*, v. 32, n. 115, p. 99-107, 2007.

LINDSTROM, K.; HARKONEN, M. D.; HERNBERG, S. Disturbances in psychological functions in workers occupationally exposed to styrene. *Scand. Jour. Work Environ. & Health*, v. 3, p. 129-39, 1976.

LINHART, D. *La modernización de las empresas*. Buenos Aires: Asociación Trabajo y Sociedad/PIETTE/CONICET, 1997.

______. *Pourquoi travaillons nous?* Paris: Érès, 2008.

______. *A desmedida do capital*. São Paulo: Boitempo, 2007.

LINHART, R. *Greve na fábrica*. Rio de Janeiro: Paz e Terra, 1988.

LIRA, E. *Efectos psicosociales del desempleo en el contexto de las políticas de ajuste de la dictadura militar chilena*. Texto apresentado no Congresso Mundial de Psiquiatria Social. Hamburgo: Instituto Latino Americano de Salud Mental, 1994.

______; WEINSTEIN, E. *Desempleo y dano psicológico*. II Encontro Latino-Americano e VI Internacional da Rede de Alternativas à Psiquiatria, Belo Horizonte, 1983. 22p. (Datado como 1980 no texto Mimeo.)

LOJKINE, J. *A revolução informacional*. Trad. José Paulo Netto. São Paulo: Cortez, 1995.

LOURENÇO, E. A. de S. *Na trilha da saúde do trabalhador*: a experiência de Franca/SP. Franca: Unesp, 2009.

LUCENA, C. Rígida disciplina leva policial ao alcoolismo. *Jornal do Comércio*. Recife, 20 set. 1998.

LUDEMIR, A. B. Inserção produtiva, gênero e saúde mental. *Cad. Saúde Pública*. Rio de Janeiro, v. 16, n. 3, p. 647-59, 2000.

______; MELO- FILHO, D. A. Condições de vida e estrutura ocupacional associadas a transtornos mentais comuns. *Rev. Saúde Pública*, v. 36, n. 2, p. 213-21, 2002.

______. Associação dos transtornos mentais comuns com a informalidade das relações de trabalho. *J. Bras. Psiquiatr.*, v. 54, n. 3, p. 198-204, jul./set. 2005.

MACHLOWITZ, M. *Determining the effects of workaholism*. Tese. Yale University, 1978.

______. *Workaholics*: Living with them, working with them. New York: Mentor/ Addison-Wesley Pub., 1981.

______. *The Workaholic*. Master's thesis, Yale University, 1976. Apud MACHLOWITZ, M. *Workaholics*: Living with them, working with them. New York: Mentor/Addison-Wesley Pub., 1981.

MAENO, Maria. *Reinserção de trabalhadores com lesões por esforços repetitivos no mercado de trabalho*. Dissertação (Mestrado) — Faculdade de Saúde Pública, USP, São Paulo, 2001.

______. *Novas diretrizes e práticas institucionais e interinstitucionais voltadas à saúde mental no trabalho*. Conferência. III Congresso Internacional de Saúde Mental no Trabalho. Goiânia, 2008. (Em publicação).

______. A construção social da prática médica na saúde do trabalhador. In: ALVES, G.; VIZZACCARO-AMARAL, A. L.; MOTA, D. P. (Orgs.). *A precarização do trabalho e a saúde do trabalhador no século XXI*. São Paulo: LTr, 2011. No prelo.

MAFFEI, M. Crise empurra metalúrgicos para lavouras. *Folha de S.Paulo*, São Paulo, 24 nov. 1990.

MAGALHÃES, C. C. de B. *Síndromes reativas em uma indústria siderúrgica*. 1989. Dissertação (Mestrado) — Departamento de Medicina Preventiva, Faculdade de Medicina da USP, São Paulo, 1989.

MAGALHÃES, M.; SILVA, J. Os anti-heróis: o submundo da cana. *Folha de S.Paulo*, São Paulo, 24 ago. 2008. Caderno Mais!

MARCUSE, H. A obsolescência da psicanálise. In: ______. *Cultura e sociedade*. Rio de Janeiro: Paz e Terra, 1998. v. 2. p. 91-111. (Conferência original de Marcuse: 1963.)

MARONI, A. *A estratégia da recusa*. São Paulo: Brasiliense, 1982.

MARSTEDT, G. *Rationaliesirung und Gesundheit Auswirkungen*. Wissenchasftszentrum Berlin für Sozialförschung (WZB). Berlin, 1994. p. 94-204.

MARTIN-BARÓ, I. *Acción e ideologia*. El Salvador: UCA Ed., 1990.

______. El latino indolente: carácter ideológico del fatalismo latinoamericano. In: MONTERO, M. *Psicologia política latinoamericana*. Caracas: Panapo, 1987. p. 135-62.

MARTINS, J. de S. *O cativeiro da terra*. São Paulo: Livraria Ed. Ciências Humanas, 1981.

______. *O poder do atraso*. Ensaios de sociologia de história lenta. São Paulo: Hucitec, 1994.

MARTINS, S. *Clínica do trabalho*. São Paulo: Casa do Psicólogo, 2009.

MARTINS RODRIGUES, A. *Operário, operária*. São Paulo: Ed. Símbolo, 1978.

MARTY, P. La dépression essentielle. *Rev. Française de Psychanalyse*, Paris, v. 32, n. 3, p. 595-98, 1968.

______. *Les mouvements individuels de vie et de mort*. Paris: Payot, 1976.

______. *L'ordre psychosomatique*: les mouvements individuels de vie et de mort. Paris: Payot, 1980. v. 2.

MARX, K. O processo de produção do capital. In: ______. *O capital*. Rio de Janeiro: Civilização Brasileira, [19--]. Livro I, v. 1. (Traduzido da 4. ed. alemã de 1890.)

MASCHEWSKY, W. The relation between stress and myocardial infarction: a general analysis. *Soc. Sci. Med.*, n. 16, p. 455-62, 1982a.

______. *The State of stress and strain research*. Berlim: Institute of Comparative Research — II VPG Papers, 1982b.

______. *Nervenschadigung am arbeitsplatz*. Berlim: Ed. Sigma, 1988.

MASLACH, C. *The cost of caring*. New York: Prentice Hall, 1982.

MATRAJT, M. *Estudios en salud mental ocupacional*. México: Taller Abierto, 1994.

______. Socioepidemiologia y subjetividad en salud mental y trabajo. *Subjectividad y cultura*, México, n. 15, p. 7-26, out. 2000.

______. Relaciones de trabajo/subjectividad. *Subjectividad y Cultura*, n. 26, p. 34-47, 2005.

MAURICE, M. *Le Travail par equipes*. Genebra: Bureau International du Travail, 1976.

MAYO, E. *Problemas humanos de una civilización industrial*. Genebra: Ed. Galatea-Nueva Vision, 1959.

MC DOUGALL, J. *Em defesa de uma certa anormalidade*. Porto Alegre: Artes Médicas, 1987.

______. *Teatros do corpo*: o psicossoma em psicanálise. São Paulo: Martins Fontes, 1991.

MC LEAN, A. A. Occupational mental health: review of an emerging art. In: COLLINS, R. T. (Ed.). *Occupational psychiatry*. Boston: Little Brown & Co., 1969. p. 15-36.

MC QUEEN, D. V.; SIEGRIST, J. Social factors in the etiology of chronic disease: an overview. *Soc. Sci. Med.*, n. 6, p. 353-67, 1982.

MEDEIROS, G. As organizações e a desconstrução da subjetividade. In: FURTADO, Tânia (Org.). *A falência psicológica nas organizações*. Rio de Janeiro: Editoração Ed., 1995.

MELCHIOR, J. P. L'intensification du travail: une atteinte a l'éthique profissionnelle des travailleurs sociaux. In: LINHARDT, D. *Pourquoi Travaillons Nous?* Paris: Érès, 2008. p. 159-82.

MENDEL, G. Actepouvoir et alienation. Perspectives socio-psychanalyliques. In: DEJOURS, C.; VEIL, C.; WISNER, A. (Orgs.). *Psychopathologie du travail*. Paris: Entreprises Modernes d'Edition, 1985. p. 140-56.

MENDES, A. M. Prazer, reconhecimento e transformações do sofrimento no trabalho. In: ______. (Org.). *Trabalho e saúde*: o sujeito entre emancipação e servidão. 3. reimp. Curitiba: Juruá, 2011. p. 13-25.

______; MORRONE, C. Trajetórias brasileiras sobre prazer e sofrimento no trabalho. In: MENDES, A. M.; MERLO, A. R. C.; MORRONE, C.; FACAS, E. P. (Orgs.). *Psicodinâmica e clínica do trabalho*. Curitiba: Juruá, 2010. p. 29-52.

MENENDEZ, F. P. *Trabajo, miedo al despido y paro-tres graves amenazas del obrero*. Espanha: Coordinadoria Nacional de Trabajadores en paro de Euskadi Sur, 1984. p. 40-54.

MENEZES, L. S. de. Uma experiência analítica na Vigilância em Saúde do Trabalhador: a psicanálise em extensão. *Boletim Formação em Psicanálise*. São Paulo: Instituto Sedes Sapientiae, v. 6, n. 1, p. 31-51, jan./dez. 2008.

______. *Um olhar psicanalítico sobre a precarização do trabalho*: desamparo, pulsão de domínio e servidão. 2010. Tese (Doutorado) — Instituto de Psicologia da Universidade de São Paulo, São Paulo, 2010.

MENZIES, I. *O funcionamento das organizações como sistemas sociais de defesa contra a ansiedade*. Trad. de Arakcy Martins Rodrigues. London: Tavistock Institute of Human Relations, 1960. Mimeo, 56p.

MERLO, A. R. C.; MENDES, A. M. Perspectivas do uso da psicodinâmica do trabalho no Brasil: teoria, pesquisa e ação. *Cadernos de Psicologia Social do Trabalho*, v. 12, n. 2, p. 141-156, 2009.

MIKKELSEN, S. e cols. Mixed solvent exposure and organic brain damage. *Acta Neurol. Scand Suppl.*, n. 78, p. 1-143, 1988.

MINAYO, M. C. de S. *Os homens de ferro*. Rio de Janeiro: Dois Pontos Ed., 1986.

______. *O desafio do conhecimento*: pesquisa qualitativa em saúde. São Paulo: Hucitec, Rio de Janeiro: Abrasco, 1992.

MOLINIER, P. Éditorial. *Travailler*, n. 21, p. 5-7, 2009.

______; FLOTTES, A. Primauté de l'argente, dèvalorisation du travail: um sentiment d'incompetence anxiogène. *Travailler*, n. 2, p. 113-30, 1999.

MONROY, M. *La violence de l'excellence*. Paris: Hommes et Perspectivas/Martin Media, 2000.

MONTERO, M. Através del espejo: una aproximación teórica al estudio de la conciencia social en America Latina. In: MONTERO, M. (Org.). *Psicologia política latinoamericana*. Caracas: Panapo, 1987. p. 63-97.

______. *Psicologia de la liberación*: propuesta para una teoria psicosocial. Hamburgo, IV Simposio "Cultura y Situación Psicosocial en America Latina", 1990. Mimeo.

______. Una mirada dentro de la caja negra. La construcción psicológica de la ideología. In: ______. *Construcción y crítica de la psicología social*. Barcelona: Anthropos, 1994. p. 127-48.

MOREIRA, C. A. A. *O paternalismo nas organizações brasileiras*: reflexões à luz da análise cultural de empresas do polo têxtil de Americana. Tese (Doutorado) — Escola de Administração de Empresas/Fundação Getúlio Vargas, São Paulo, 2005.

MORGAN, G. *Imagens da organização*. São Paulo: Atlas, 1996.

MOTA, A. E. (Org.). *A nova fábrica de consensos*. São Paulo: Cortez, 2010.

______; MARANHÃO, C. H.; SITCOVSKY, M. O Sistema Único de Assistência e a formação profissional. *Serviço Social & Sociedade*, São Paulo, n. 87, p. 163-77, 2006.

______. et al. *Serviço social e saúde*: formação e trabalho profissional. São Paulo: Cortez, 2009.

MOULIN, M. G. B.; MINAYO-GOMEZ, C. Pedras sobre vidas: vítimas e viúvas na indústria de mármore em Itaoca (ES). *Ciênc. Saúde Coletiva*, Rio de Janeiro, v. 13, n. 4, ago. 2008. Disponível em: <http://www.scielosp.org/scielo.php?script=sci_arttext&pid=S1413-81232008000400034&lng=en&nrm=iso>. Acesso em: 1 dez. 2010.

MOURA, E. A. F.; CASTRO, E.; MAIA, M. L.; SILVA, M. C. *A utilização do trabalho feminino nas indústrias de Belém e Manaus*. Belém: Núcleo de Altos Estudos Amazônicos — Universidade Federal do Pará, 1986. 59p.

MOURA, M. Violência sem limites. *Pesquisa Fapesp*, São Paulo, n. 130, p. 12-19, dez. 2006.

MUNCE, S. E. P.; STANSFELD, S. A.; BLACKMORE, E. R.; STEWART, D. E. The role of depression and chronic pain conditions in absenteeism: results from a national epidemiological survey. *JOEM*, v. 49, n. 11, p. 1206-11, nov. 2007.

MUNIZ, H. P. *Concepções dos operários da construção civil sobre acidentes do trabalho*. Dissertação (Mestrado) — Centro de Educação da Universidade Federal da Paraíba, João Pessoa, 1993.

MUNSTERBERG, H. Psychologie et efficience industrielle: fondements de la psychotechnique, 1913. In: LEPLAT, J.; CUNY, X. *Psicologia del trabajo*. Madrid: Pablo Del Rio Ed., 1977. p. 31.

MURTA, A. Lei do Arizona aperta cerco a imigrantes. *Folha de S.Paulo*, São Paulo, 24 abr. 2010.

______. Crise alimenta xenofobia no mercado de trabalho dos EUA. *Folha de S.Paulo*, São Paulo, 5 fev. 2009.

NARDI, H. C. *Ética, trabalho e subjetividade*: trajetórias de vida no contexto das transformações do capitalismo contemporâneo. Porto Alegre: Editora da UFRGS, 2006.

NATALLI, J. B. Recessão leva mais de 107 mil à economia informal. *Folha de S.Paulo*, São Paulo, 26 nov. 1991.

NETTO, J. P. *Ditadura e Serviço Social*: uma análise do Serviço Social pós-64. 15. ed. São Paulo: Cortez, 2010.

NEVES, M. Y. *Trabalho docente e saúde mental.* Tese (Doutorado) — Instituto de Psiquiatria da Universidade Federal do Rio de Janeiro, Rio de Janeiro, 1999.

NEVES, M. Y. R. "O que faz um mal, faz um bem" — trabalho e saúde mental das professoras em discussão. In: GLINA, D. M. R.; ROCHA. L. E. (Orgs.). *Saúde mental no trabalho*: desafios e soluções. São Paulo: Editores VK, 2000. p. 131-65.

NOGUEIRA, C. M. A feminização do trabalho no mundo do telemarketing. In: ANTUNES, R. (Org.). *Riqueza e miséria do trabalho no Brasil.* São Paulo: Boitempo, 2006. p. 269-95.

OIT. (Organização Internacional do Trabalho). *Automation, Work Organization and Occupational Stress*. Genebra, 1984.

______. *Lista das Doenças Ocupacionais* (Revisão 2010), 2010. Disponível em: <www.ilo.org>. Acesso em: 15 maio 2010.

______. *ILO report says temporary workers among the worst hit by the economic crisis, urges balance between flexible labour markets and workers' protection.* Disponível em: <www.ilo.org/global/About_the_ILO/Media_and_public_information/Press_releases/lang--en/WCMS_115808/index.htm>. Acesso em: 22 nov. 2010.

OLIVEIRA, E. M. de. Gênero, saúde e trabalho: um olhar transversal. In: OLIVEIRA, E. M. de; SCAVONNE, L. (Orgs.). *Trabalho, saúde e gênero na era da globalização*. Goiânia: AB Editora, 1997.

OLIVEIRA, S. G. de. *Proteção jurídica à saúde do trabalhador.* 5. ed. São Paulo: LTr, 2010.

OMS (Organização Mundial de Saúde). *Global Strategy on Occupational Work for All.* 2007. Disponível em: <www.who.int/occupational_health/em/oehstrategy.pdf>. Acesso em: 17 nov. 2009.

ORTSMAN, O. *Comment réussir les changements technologiques?* Contribuição apresentada ao GTC — Grupo de Tecnologia e Competitividade. São Paulo, 1991. 23p. Mimeo.

PAGÈS, M. A caminho de uma psicossociologia da mudança social. Tradução de capítulo publicado na revista *Pour*, n. 41, 1975. In: ______. *O trabalho amoroso*. Lisboa: Veja, 1977.

______. *O trabalho amoroso*. Lisboa: Veja, 1977.

______; BONETTI, M.; GAULEJAC, V.; DESCENDRE, D. *O poder das organizações*. São Paulo: Atlas, 1987.

PAIVA, N. Japão demite ao menos 50 mil brasileiros. *Folha de S.Paulo*, 22/2/2009.

PALMEIRA SOBRINHO, Z. *Terceirização e reestruturação produtiva*. São Paulo: LTr, 2008.

PAPARELLI, R. *Desgaste mental do professor da rede pública de ensino*: trabalho sem sentido sob a política de regularização de fluxo escolar. Tese (Doutorado) — Universidade de São Paulo, Instituto de Psicologia, São Paulo, 2009.

PEIRÓ, J. M e cols. Estrés de rol y bienestar psicológico en el trabajo. In: ALVARO, J. L.; TORREGROSSA, J. R.; LUQUE, G. (Orgs.). *Influencias sociales y psicológicas en la salu mental*. Madrid: Siglo Veinteuno de España Ed., 1992.

PÉPIN, M. *L'organisation du travail posté*. Paris: Ed. de l'Anact, 1987.

PEZÉ, M. *Ils ne mouraient pas tous, mais tous étaient frappes*. Paris: Pearson, 2008.

______. *Le deuxième corps*. Paris: La Dispute, 2002.

______ e cols. La notion de harcelement Dans le travail: réparation ou reconnaissance de la souffrance au travail? *Travailler* (Dossier les emotions au travail), n. 9, p. 189-205, 2002.

PHARO, P. Questions a la psychopathologie du travail. In: DEJOURS, C. (Org.). *Plaisir et souffrance dans le travail*. Paris: Ed. AOCIP, 1988. v. II.

PHILIPPE, A. Risque suicidaire et statut professionnel. *Revue Trimestrielle du SNPMT*, n. 143, p. 48-52, 1990.

PIGNON, D.; QUERZOLA, J. Ditadura e democracia na produção. In: GORZ, A. (Org.). *Crítica da divisão do trabalho*. São Paulo: Martins Fontes, 1980.

PIKIVI, L.; HÄNNINEN, H.; MARTELIN, T.; MANTERE, P. Psychological performance and long-term exposure to mercury vapors. *Scand. J. Work Environ. Health*, v. 10, n. 1, p. 35-41, fev. 1984.

PINSKY, J. *A escravidão no Brasil*. São Paulo: Contexto, 1993.

PIRES, D. X.; CALDAS, E. D.; RECENA, M. C. P. Uso de agrotóxicos e suicídios no estado do Mato Grosso do Sul, Brasil. *Cadernos de Saúde Pública*, v. 21, n. 2, mar./abr. 2005. Disponível em: <www.scielosp.rg/scielo.php.pid=SO102-311X20050002000>. Acesso em: 10 abr. 2010.

PITTA, A. M. F. *Dor e morte como ofício*. São Paulo: Hucitec, 1990.

POIREL, C. *Los ritmos circadianos en psicopatologia*. Madrid: Ed. Alhambra, 1982.

PORTAL DIREITOS DA CRIANÇA. Disponível em: <www.direitosdacrianca.org.br/em-pauta/brasil-desacelera-ritmo-de-reducao-do-trabalho-infantil>. Acesso em: 20 nov. 2010.

QUIJANO, S. D. Analisis psicosocial del modelo japonés de relaciones laborales. *Rev. de Psiquiatria y Psicologia Humanista*, n. 6, p. 3-22, mar. 1984.

RAFFERTY, Y; FRIEND, R.; LANDSBERGIS, P. A. The association between job skill discretion, decision authority and burnout. *Work & Stress*, v. 15, n. 1, p. 73-85, jan. 2001.

RAICHELIS, R. Intervenção profissional do assistente social e as condições de trabalho no SUAS. *Serviço Social & Sociedade*, São Paulo, n. 104, p. 750-72, out./dez. 2010.

RAINHO, L. F. *Os peões do Grande ABC*. Petrópolis: Vozes, 1980.

RATTNER, H. *Tecnologia e sociedade*. São Paulo: Brasiliense, 1980.

______. *Informática e sociedade*. São Paulo: Brasiliense, 1985.

______. *Impactos sociais da automação*. São Paulo: Nobel, 1988.

REBECCHI, E. *O sujeito frente à inovação tecnológica*. Petrópolis: Vozes/Ibase, 1990.

RENAULT, E. *Souffrances sociales*: philosophie, psychologie et politique. Paris: La Decouverte, 2008.

RESIK, P.; MONSON, C. M.; RIZVI, S. L. Transtorno de estresse pós-traumático. In: BARLOW D. H. et al. *Manual clínico dos transtornos psicológicos*: tratamento passo a passo. 4. ed. Porto Alegre: Artmed, 2009. p. 75-170.

RIBEIRO, H. P.; LACAZ, F. A. de C. *De que adoecem e morrem os trabalhadores*. São Paulo: Diesat/Imesp, 1984.

RINALDI, D. *A subjetividade hoje*: os paradoxos da servidão voluntária. Congresso de Psicanálise da Associação Psicanalítica de Porto Alegre (Appoa) — Brasil: Descoberta e Invenção, de 26 a 29 de outubro de 2000. Porto Alegre. Disponível em: <www.intersecсaopsicanalitica.com.br/art035.htm>. Acesso em: 3 abr. 2010.

RIQUELME, H. El proceso psicocultural de alcoholización en Chile. In: ______. *Ensayos psicoculturales*. Buenos Aires: Busqueda, 1987. p. 41-80.

RIZEK, C. S. *Experiências fabris*: qualificação, participação e exclusão na indústria química paulista. Relatório final de pesquisa, 1993. Disponível em: <www.cedes-gw.unicamp.br/pesquisa/artigos/Cibele_final.htm>. Acesso em: 25 maio 2010.

______; LEITE, M. P. Reestruturação produtiva e qualificação. *Educação & Sociedade*, Campinas: Cedes, v. 18, n. 58, p. 178-99, jul. 1997.

ROCHA, L. E. *Tenossinovite como doença do trabalho no Brasil*: a atuação dos trabalhadores. Dissertação (Mestrado) — Universidade de São Paulo, São Paulo, 1989.

______. *Estresse ocupacional em profissionais de processamento de dados*: condições de trabalho e repercussões na vida e saúde dos analistas de sistema. Tese (Doutorado) — Faculdade de Medicina, Universidade de São Paulo, São Paulo, 1996.

RODRIGUES, M. S. *O acidente de trabalho*: um enfoque psicológico. Dissertação (Mestrado) — Instituto de Psicologia da Universidade de São Paulo, São Paulo, 1984.

ROSANVALLON, P. *La nueva cuestión social*: repensar el Estado Providencia. Buenos Aires: Manantial, 1995.

ROUDINESCO, E. *Por que a psicanálise?* Rio de Janeiro: Jorge Zahar Ed., 2000.

RUTTENFRANZ, J. et al. Biomedical and psychosocial aspects of shift work. *Scand. Jour. Work Environ. and Health*, n. 3, p. 165-82, 1977.

SAFFIOTI, H. I. B. *A mulher na sociedade de classes*: mito e realidade. São Paulo: Quatro Artes, 1969.

SAINSAULIEU, R. *L'identité au travail*. 3. ed. [s./l.]: Presses FNSP, 1988.

SALERNO, M. S. Produção, trabalho e participação: CCQ e KANBAN numa nova imigração japonesa. In: FLEURY, M. T. L.; FISCHER, R. M. *Processo e relações de trabalho no Brasil*. São Paulo: Atlas, 1985.

______. *Flexibilidade, organização e trabalho operatório*: elementos para análise da produção na indústria. Tese (Doutorado) — Departamento de Engenharia de Produção, Escola Politécnica, Universidade de São Paulo, São Paulo, 1991.

______. Da rotinização à flexibilização: ensaio sobre o pensamento crítico brasileiro de organização do trabalho. *Gest. Prod.* [on-line]. 2004, v. 11, n. 1, p. 21-32. ISSN 0104-530X. doi: 10.1590/S0104-530X2004000100003.

SALES, S. M. Organizational role as a risk factor. Coronary disease. *Adm. Sci. Quart.*, n. 14, p. 325-36, 1969.

SANTANA, V. S. *Estudo epidemiológico das doenças mentais em um bairro de Salvador*. Tese (Doutorado) — Universidade Federal da Bahia, Salvador, 1978.

______; LOOMIS, D.; NEWEAN, B.; HAELOW, E. Informal jobs, another occupational hazard for women's mental health? *Int. J. Epidemiol.*, v. 26, p. 1236-42, 1997.

SANTOS, A. P. dos. *A usinagem do capital e o desmonte do trabalho*. São Paulo: Fapesp/Expressão Popular, 2010.

SANTOS, J. B. F. dos. *As condições de trabalho e as repercussões na vida e na saúde dos catadores de lixo do Aterro Sanitário do Jangurussu*. Fortaleza: Sine, 1991.

SANTOS, J. B. F. *O avesso da maldição do Gênesis*: a saga de quem não tem trabalho. São Paulo: Annablume, 2000.

______. (Org.). *2008 — Diagnósticos e reflexões*: recursos humanos em saúde. Fortaleza: Cetriede/UECE, 2008.

SANTOS, S. M. de M. O CFESS na defesa das condições de trabalho e do projeto ético-profissional. *Serviço Social & Sociedade*, São Paulo, n. 104, p. 695-714, out./dez. 2010.

SANTOS, T. L. F. *Coletores e lixo*: a ambiguidade do trabalho na rua. Dissertação (Mestrado em Psicologia Social) — Pontifícia Universidade Católica de São Paulo, 1994. (Publicação Fundacentro, São Paulo, 1999.)

SATO, L. Entrevista com Yves Clot. *Cadernos de Psicologia Social do Trabalho*, v. 9 n. 2, p. 99-107, 2006.

______. *Feira-Livre*: organização, trabalho e sociabilidade. Tese (Livre-Docência) — Instituto de Psicologia, Universidade de São Paulo, São Paulo, 2006.

______; BERNARDO, M. H.; OLIVEIRA, F. de. Psicologia social do trabalho e cotidiano: a vivência de trabalhadores em diferentes contextos micropolíticos. *Psicologia para América Latina*, maio 2008, versão eletrônica. Disponível em: <http://pepsic.bvs-psi.org.br/scielo.plp?script=sci_artirx1&pid=S187>. Acesso em: 3 maio 2010.

______. *Abordagem do trabalho penoso*: estudo de caso de motoristas de ônibus urbano. Dissertação (Mestrado em Psicologia Social) — Pontifícia Universidade Católica, São Paulo, 1991.

______. Replanejamento do trabalho como processo de construção e de negociação de significados. In: BORGES, L. H.; MOULIN, M. G. B.; ARAÚJO, M. D. (Orgs.). *Organização do trabalho e saúde.* Vitória: Edufes, 2001. p. 71-86.

______. Subjetividade, saúde mental e trabalho. In: RUIZ, R. (Org.). *Um mundo sem LER é possível.* Montevidéu: Rel-Unita, 2003.

SCAVONE, L. Saúde e gênero: impactos na família das doenças profissionais causadas pelo amianto. In: OLIVEIRA, E. M.; SCAVONE, L. (Orgs.). *Trabalho, saúde e gênero na era da globalização.* Goiânia: AB Editora, 1997. p. 39-50.

SCHNAPPER, D. *L'épreuve du chômage.* Paris: Gallimard, 1994 (primeira edição 1981).

______. Chômage et politique: une relation mal connue. *Revue Française de Science Politique*, v. 32, n. 4-5, 1982. In: DEMAZIÈRE, D. *La sociologie du chômage.* Paris: La Decouverte, 1995.

SCHWARTZ, Y, *Reconnaissances du travail:* pour une approche ergologique. Paris: Ferisses Universitaires de France, 1997.

SEGNINI, L. *A liturgia do poder*: trabalho e disciplina. São Paulo: Educ, 1988.

______. *Mulheres no trabalho bancário*. São Paulo: Edusp/Fapesp, 1998.

SEIBEL, H. D.; LÜHRING, H. *Arbeit und psychische Gesundheit*. Colonia: Verlag für Psychologie, 1984.

SELIGMANN-SILVA, E. *Fatores socioculturais na doença*. Tese (Doutorado) — Departamento de Medicina Preventiva, Faculdade de Medicina da Universidade de São Paulo, 1973.

______. *Condições de trabalho e de vida em suas repercussões sobre a saúde mental de trabalhadores industriais*. Relatórios de Pesquisa/CNPq, 1981-83.

______. *Metodologia de pesquisas em saúde mental do trabalho*. Relatório de Pesquisa/CNPq, 1984-85.

______; DELÍA, A. A.; SATO, L. *Trabalho e saúde mental dos bancários*. Relatório de Pesquisa. São Paulo: Diesat, 1985. 190p. (Mimeo, 120p.)

______. *A saúde na área operativa do metrô de São Paulo*. São Paulo: Diesat/Sindicato dos Metroviários, 1986. (Mimeo, 319p.)

______. Crise econômica, trabalho e saúde mental. In: ANGERANI, V. (Org.). *Crise, trabalho e saúde mental no Brasil*. São Paulo: Ed. Traço, 1986, p. 54-132.

______. Saúde mental e trabalho. In: TUNDIS, S.; COSTA, N. (Orgs.). *Cidadania e loucura*: políticas de saúde mental no Brasil. Petrópolis: Vozes/Abrasco, 1987. p. 217-88.

______. *Saúde psicossocial no trabalho com tecnologias avançadas*. Relatórios ao CNPq, 1986/87.

______. Repercussões das condições de trabalho sobre a vida familiar. *Jornal Brasileiro de Psiquiatria* (supl. 2): 23-S-27-S, 1990.

______. *Pesquisas brasileiras em saúde mental e trabalho*. Anais do 1º Seminário Nacional de Saúde e Trabalho (Senat). São Paulo: Escola de Enfermagem de Ribeirão Preto/USP, 1991.

______. Viciados em trabalho. *Jornal Brasileiro de Psiquiatria*, v. 41, n. 6, p. 306-7, jul. 1992.

______. *Desgaste mental no trabalho dominado*. São Paulo: Cortez, Rio de Janeiro: Editora UFRJ, 1994a.

______. Uma história de "crise de nervos": Saúde Mental e Trabalho. In: BUSCHINELLI, J. R.; ROCHA, L. E.; RIGOTTO, R. M. (Orgs.). *Isto é trabalho de gente?* Vida, doença e trabalho no Brasil. Petrópolis: Vozes, 1994b. p. 609-35.

______. Saúde mental e automação: a propósito de um estudo de caso no setor ferroviário. *Cadernos de Saúde Pública*, v. 13, supl. 2, p. 95-110, 1997a.

SELIGMANN-SILVA, E. A interface desemprego prolongado e saúde psicossocial. In: SILVA FILHO, J. F.; JARDIM, S. (Orgs.). *A danação do trabalho*. Rio de Janeiro: Te-Corá Ed., 1997b. p. 19-63.

______. Desemprego e psicopatologia da recessão. In: BORGES, L. H.; MOULIN, M. G. B.; ARAÚJO, M. D. (Orgs.). *Organização do trabalho e saúde*. Vitória, Edufes, 2001. p. 219-74.

______. Psicopatologia e saúde mental no trabalho. In: MENDES, R. (Org.). *Patologia do trabalho*. Rio de Janeiro: Atheneu, 2003. v. 2. p. 1141-82.

______. Os riscos da insensibilidade. In: ARAÚJO, A.; ALBERTO, M. F.; NEVES, M. Y.; ATHAYDE, M. (Orgs.). *Cenários do Trabalho*. Rio de Janeiro: DP&A Editora, 2004. p. 51-72. Publicado originalmente em FURTADO, T. (Org.). *A falência psicológica das organizações*. Rio de Janeiro: Editoração Ltda., 1995. p. 63-87.

______. Psicopatologia no trabalho: aspectos contemporâneos. CONGRESSO INTERNACIONAL SOBRE SAÚDE MENTAL NO TRABALHO, 2. Goiânia. *Anais*... Goiânia: CIR, 2006. p. 64-98.

______. Transtorno de estresse pós-traumático: um caso de TEPT em motorista de ônibus urbano. In: GLINA, D. M. R.; ROCHA, L. E. (Orgs.). *Saúde mental no trabalho*: da teoria à prática. São Paulo: Roca, 2010. p. 371-90.

SELIGMANN-SILVA, M. *Para uma crítica da compaixão*. São Paulo: Móbile, 2009.

SEN, A. *Sobre ética e economia*. São Paulo: Companhia de Letras, 1999.

SENNETT, R. *A corrosão do caráter*. Rio de Janeiro: Record, 1999. (Publicação original em 1998.)

______. *Respeito*. Rio de Janeiro: Record, 2004.

______. *A cultura do novo capitalismo*. Rio de Janeiro: Record, 2006.

SFEZ, L. *A saúde perfeita*: crítica de uma nova utopia. São Paulo: Unimarco/Loyola, 1996.

SIEGRIST, J. *Medizinische Soziologie*. 4. ed. München: Urban & Schwarzenberg, 1988.

______. e cols. Low status control, high effort at work and ischemic heart disease. *Soc. Sci. Med.*, v. 31, n. 10, p. 1127-34, 1979.

SILVA, F. S.; BRITO, J.; ATHAYDE, M. Trabalho de merendeiras: relações entre atividades de trabalho nas escolas e produção de saúde/doença. In: ARAÚJO, A.; ALBERTO, M. F.; NEVES, M. Y.; ATHAYDE, M. (Orgs.). *Cenários do trabalho*. Rio de Janeiro: DP&A Editora, 2004. p. 89-109.

SILVA FILHO, J. F. da. *Homem moderno*: sua gênese, sociabilidade e trabalho. 2º CONGRESSO BRASILEIRO DE SAÚDE COLETIVA. São Paulo, 1989. Mimeo.

SILVA FILHO, J. F. da; TAVARES, M. Apresentação: A psicopatologia hoje. In: SILVA FILHO, J. F. *Psicopatologia hoje.* Centro de Ciências da Saúde/Universidade Federal do Rio de Janeiro, 2006. p. 17-21.

SILVA, J. A. R. de O. *A saúde do trabalhador como um direito humano*: conteúdo essencial da dignidade humana. São Paulo: LTr, 2008.

SILVA, M. A. de M. *Errantes do fim do século.* São Paulo: Unesp, 1999.

______; MARTINS, M. C. A modernidade da economia Junker à moda contemporânea do rural paulista: a degradação do trabalho e da natureza. In: NAVARRO, V.; PADILHA, V. (Orgs.). *Retratos do trabalho no Brasil.* Uberlândia: EDUFU, 2000. p.279-327.

SILVA, N. do V.; HASENBALG, C. *Tendências da desigualdade educacional no Brasil.* Dados [online]. 2000, v. 43, n. 3, p. 423-45. ISSN 0011-5258. doi: 10.1590/S0011-52582000000300001. Acesso em: 12 out. 2010.

SILVA, O. S. Trabalho indígena no Brasil hoje. In: FRANCO, G. S. (Org.). *Presente e futuro das relações de trabalho.* Rio de Janeiro: LTr, 2000.

SILVEIRA, A. M. A participação dos trabalhadores na redução e eliminação da nocividade do trabalho. In: MENDES, R. *Patologia do trabalho.* 2. ed. Rio de Janeiro: Atheneu, 2003. p. 1817-33.

SMITH, P. J.; LANGOLF, G. D.; GOLDBERG, J. Effects of occupational exposure to elemental mercury on short-term memory. *British Journal of Industrial Medicine,* n. 40, p. 413-19, 1983.

SOARES, M. As políticas de geração de emprego e renda no Brasil: o arcaico reatualizado. In: BOSCHETTI, I.; BEHRING, E. R.; SANTOS, S. M. M.; MIOTO, R. C. T. (Orgs.). *Capitalismo em crise*: política social e direitos. São Paulo: Cortez, 2010. p. 271-92.

SOARES, R. G. *Da dor ao riso*: a relação de serviço entre saber fazer e saber atender. Dissertação (Mestrado) — Escola de Engenharia de Produção, Universidade Federal de Minas Gerais, Belo Horizonte, 2005.

SOBOLL, L. A. Assédio moral no Brasil: a ampliação conceitual e suas repercussões. In: ______. (Org.). *Violência psicológica e assédio moral no trabalho*: pesquisas Brasileiras. São Paulo: Casa do Psicólogo, 2008. p. 23-55.

SOUZA-LOBO, E. *A classe operária tem dois sexos.* São Paulo: Brasiliense, 1991.

SPINOZA, B. *Ética.* Trad. Tomaz Tadeu. Belo Horizonte: Autêntica, 2007.

STAMM, B. H. et al. The Helper's Power to heal and to be hurt- by trying. In: DELLASANTA, P. C. Disponível em: <http://mysite.cdellasanta.com/pdf/vicarious_traumatization.pdf>. Acesso em: 30 nov. 2010.

TAKAHASHI, M. A. B. C.; IGUTI, A. M. A. Mudanças nas práticas de reabilitação profissional da Previdência Social no Brasil: modernização ou enfraquecimento da proteção social? *Cadernos de Saúde Pública*. Rio de Janeiro, v. 4, n. 13, p. 2661-70, 2008.

TAKAHASHI, M. A. B. C.; KATO, M.; LEITE, R. A. O. Incapacidade, reabilitação profissional e saúde do trabalhador: velhas questões, novas abordagens. *Revista Brasileira de Saúde Ocupacional*, v. 35, n. 121, p. 7-9, jan./jun. 2010.

TAYLOR, F. W. *Princípios de administração científica*. São Paulo: Atlas, 1978.

TELLES, V. da S. A "nova questão social" brasileira. In: ______. *Pobreza e cidadania*. São Paulo: Editora 34, 2001. p. 139-66.

THEBAUD, A.; LERT, F. Absentéisme et santé: une revue critique de la litérature. *Sciences Sociales et Santé*, n. 2, p. 7-24, mar. 1983.

______; DRUCK, G. Terceirização: a erosão dos direitos dos trabalhadores na França e no Brasil. In: DRUCK, G.; FRANCO, T. *A perda da razão social do trabalho*: terceirização e precarização. São Paulo: Boitempo, 2007. p. 23-58.

______. *Travailler peut nuire gravement à votre santé*. Paris: La Découverte, 2008.

THIOLLENT, M. Problemas de metodologia. In: FLEURY, A. F.; VARGAS, N. (Org.). *Organização do trabalho*. São Paulo: Atlas, 1983. p. 54-83.

TIMIO, M. *Classes sociales y enfermedad*. Cidade do México: Ed. Nueva Imagem, 1980. p. 82-92.

TIMES ON-LINE. *Foxconn deaths*. 28/5/2010. Disponível em http://business.imesonline.co.uk/tol/business/industry_sections/techno

TRAGTENBERG, M. *Administração, poder e ideologia*. São Paulo: Ed. Moraes, 1980.

______. *A delinquência acadêmica*. São Paulo: Rumos Editora, 1979.

TRINKOFF, A. M.; STORR, C. L. Substance use among nurses: differences between specialties. *American Journal of Public Health*, n. 88, p. 581-585, 1998.

ULRICH, A. *Gesundheitliche Implikationen der neuen Arbeitsmarktpolitic und Ansatzpunkt zur Prävention*. Dortmund/Berlin: Wirtschaftsverlag NW, 2004.

UNIVERSIDADE DE TOULOUSE, Plano de Pesquisa, 2007. Disponível em: <http://www.univ-tlse2.fr/PYFM2_930/0/fiche___formation>. Acesso em: 2 set. 2008.

VAISSMAN, M. *Alcoolismo no trabalho*. Rio de Janeiro: Fiocruz, 2004.

______. *Alcoolismo como problema de saúde no trabalho*. Tese (Doutorado) — Instituto de Psiquiatria. Universidade Federal do Rio de Janeiro, Rio de Janeiro, 1998.

VEIL, C. Oú en est la psychopathologie du travail? In: DEJOURS, C.; VEIL, C.; WISNER, A. (Orgs.). *Psychopathologie du travail*. Paris: Entreprise Moderne d'Edition, 1985. p. 11-18.

VENCO, S. *As engrenagens do telemarketing*. São Paulo: Arte Escrita/Fapesp, 2009.

VIALLI, A. Dekasseguis protestam no Japão contra onda de demissões. *O Estado de S. Paulo*, São Paulo, 4 jan. 2008.

VIEIRA, R. M.; GAUER, J. C. Transtorno de estresse pós-traumático e transtorno de humor bipolar. *Revista Brasileira de Psiquiatria* n. 25, Suplemento 1, p. 55-61, 2003.

VIEIRA, S. B.; SELIGMANN-SILVA, E.; ATHAYDE, M. Dimensões ocultadas no hospital: o trabalho sentimental e as violências presentes na relação de serviço. In: ARAÚJO, A.; ALBERTO, M. F.; NEVES, M. Y. (Orgs.). *Cenários do trabalho*. Rio de Janeiro: DP&A Editora, 2004. p. 131-50.

VOGE, C. Problemes medicaux et médico-legaux posées par les agressions à main armée dans les établissements bancaires. In: DEJOURS, C.; VEIL, C.; WISNER, A. (Orgs.). *Psychopathologie du travail*. Paris: Entreprise Moderne d'Edition, 1985. p. 87-94.

VOLMERG, B.; SENGHAS-KNOBLOCH, E.; LEITHÄUSER, T. *Betriebliche lebenswelt*. Westdeutscher Verlag, 1986.

WAISMANN, W. A. *Cultura de limites e a desconstrução médica das relações entre saúde e trabalho*. Tese (Doutorado) — Escola de Saúde Pública, Rio de Janeiro, 2000.

______. Endocrinopatologia associada ao trabalho. In: MENDES, R. (Org.). *Patologia do trabalho*. Rio de Janeiro: Atheneu, 2003. p. 1093-139.

WATERMAN, P. *Globalization, social movements and the new internationalism*. London: Continuum, 2001.

______. El mundo feliz de Manuel Castells. *Nueva Sociedad*, n. 157, p. 167-79, sep./oct. 1998.

WEIL, S. A condição operária e outros estudos sobre a opressão. In: BOSI, E. (Org.). *A condição operária*. Rio de Janeiro: Paz e Terra, 1979.

WHO — World Health Organization. *The IC-10 Classification of Mental and Behavioural Disorders*. Genebra, 1992.

WILLIAMSON, A. M.; TEO, R. K.; SANDERSON, J. Occupational mercury exposure and its consequences for behaviour. *Int. Arch. Occup. Health*, n. 50, p. 273-86, 1982.

WISNER, A. Les criteres d'evaluation de la charge mentale dans les systemes homme-machine. In: CNAM Laboratoire de Physiologie du Travail et Ergonomie. *Rapport n. 20*, Paris, 1970.

______. La densité du travail. In: WISNER, A. *Textes Generaux*: IV, 1981-1985. Paris, 1986, p. 43-55.

______. Organization du travail. Charge mentale et souffrance psychique. In: WISNER, A. *Textes Generaux*: III (1976-1981). Collection de Physiologie du Travail et d'Ergonomie du CNAM (68). Paris, 1981.

WISNER, A. *Por dentro do trabalho*. São Paulo: FTD/Oboré, 1987.

WOOD, E. M. *Empire of capital*. New York/London: Verso, 2003.

WYON, D.; ANDERSEN, B.; LUNQUIST, G. The effects of moderate heat stress on mental performance. *Scand. Environ. and Health*, n. 5, p. 352-61, 1979.

XIBERRAS, M. *Les théories de l'exclusion:* pour une construction de l'imaginaire de la déviance. Paris: Medidiens Klincksieck, 1993.

XINRAN, T. *As boas mulheres da China*. São Paulo: Companhia de Letras, 2008. (Originalmente publicado em 1989 na Grã-Bretanha.)

YODER, C. *The little book of trauma healing*. [s.l.]: Good Books, 2006.

YOUNG, J.; RYGH, J. L.; WEINBERGER, A. D.; BECK, A. B. Terapia cognitiva para depressão. In: BARLOW, D. B. et al. *Manual de transtornos psicológicos*: tratamento passo a passo. 4. ed. Porto Alegre: Artmed, 2009. p. 255-308.

ZALTZMAN, N. *De la guérison psychanalytique*. Paris: PUF, 1998. Apud: CLOT, Y. *Travail et pouvoir d'Agir*. Paris: PUF, 2008.

ZUBOFF, S. *In the Age of the smart machine*. New York: Basic Books Inc. Publishers, 1988.

______; MAXMIM, J. *The Support Economy*: why corporations are failing individuals and the next episode of capitalism. New York: Penguim Books, 2004.

Sítios da internet (principais acessados)

www.fundacentro.gov.br/rbso/

www.oitbrasil.org.br/

www.ilo.org/

www.wzb.de/

www.arbeit-und-gesundheit.de/webcom/

www.baua.de/

www.cairn.info/disc-psychologie.htm/

www.scielo.org/php/index.php?lang=en/

www.observatoriosocial.org.br/portal/

www.scielo.br/pdf/ccedes/v26n70/a06v2670.pdf

www.administradores.com.br/informe-se/artigos/norma-regulamentadora-nr-4-ses-mt/13613/

www.ilo.org/global/About_the_ILO/Media_and_public_information/Press_releases/lang--en/WCMS_115808/index.htm/

www.youtube.com/watch?v=01DGyuMtAVQ&feature=related/

www.cedes-gw.unicamp.br/pesquisa/artigos/

www.univ-tlse2.fr/PYFM2_930/0/fiche___formation/

www philippe.davezies.free.fr/welcome/auteur.php?id./

www.faqs.org/periodicals/201001/2200812621.html/

www.forum-gesundheitspolitik.de/

ANEXOS

UM PREFÁCIO DE MAURÍCIO TRAGTENBERG[1]

Este livro tem como público-alvo os profissionais pertencentes a diversas áreas relacionadas ao trabalho humano. A autora salienta a importância do compromisso social do pesquisador vinculado a princípios éticos. Sem dúvida, esse compromisso é obrigatório quando se trata de Saúde e o próprio livro demonstra que foi assumido por quem o escreve. Fica demonstrada, neste trabalho, a dependência existente entre as condicionantes da pesquisa e a metodologia escolhida. Se as condicionantes estiverem vinculadas a interesses que privilegiem a lógica econômica, a maneira de conduzir a pesquisa não revelará o sofrimento decorrente da estrutura organizacional que obedece a essa mesma lógica. Apoiando-se em Gardell (1982), Edith S. Silva explicita que as pesquisas devem ser formuladas e aplicadas por segmentos comprometidos com os *interesses dos trabalhadores* e não somente por aqueles que visam ao aumento da produtividade — na linguagem empresarial — que, traduzido para a linguagem do trabalhador, poderá denominar-se *superexploração*.

Por outro lado, o pesquisador tem que gozar de *credibilidade* junto a seu público — os trabalhadores —, que precisa ter claramente diante de si as finalidades da pesquisa: melhorar a sua saúde e o respeito a sua condição humana.

O metodológico está associado ao político e ao tema do poder que penetrou fundo nas reflexões dos psiquiatras. Seguindo Togliatti e Jervis, Edith S. Silva aponta para o fato de os modelos da psiquiatria tradicional, que reduzem o sofrimento mental a um problema orgânico e individual, aliarem-se aos mesmos interesses negadores da influência das condições de trabalho sobre a Saúde Mental.

A capacitação para lidar de forma adequada com as questões da Saúde Mental do Trabalho (SMT) deverá ser propiciada aos especialistas em Recursos Humanos, universitários, administradores e outros profissionais que atuem na área de saúde ou em outros serviços, bem como aos que planejem e gerenciem o trabalho nos vários

---

1. Este Prefácio foi escrito pelo historiador e sociólogo Maurício Tragtenberg para o livro da autora intitulado Desgaste mental no trabalho dominado, publicado em 1994. Como realiza síntese e apreciação dos estudos que são precursores da presente obra, consideramos a importância de inseri-lo nos Anexos deste novo livro.

setores. Cabe à Universidade formar, em curto prazo, os recursos humanos que permitam manejar as questões vinculadas à Saúde Mental do Trabalho e promover o ensino da Psicologia do Trabalho.

Isso porque, tanto na área arcaica quanto na moderna do Brasil, atuam formas de organização do trabalho diversificadas que transformam o problema da conquista da identidade pelo trabalhador num problema ético, científico e político.

Finalmente, segundo Edith S. Silva urge integrar informações das várias áreas do conhecimento ao projeto da SMT, onde a divisão internacional do trabalho implica a diferenciação internacional dos riscos para a saúde do trabalhador.

Na primeira parte do livro, são traçadas as linhas que recortam e definem o campo de estudos da Saúde Mental do Trabalho (SMT). A autora destaca o histórico da constituição da área, apontando as disciplinas e as correntes de pensamento que convergem para a mesma.

Edith S. Silva mostra como a mediação do trabalho tem sido estudada no processo saúde/doença, configurando campo intelectual específico de reflexão e pesquisa.

O trabalho tanto pode fortalecer a saúde mental quanto favorecer a constituição de distúrbios que se expressam coletivamente em termos psicossociais e/ou individuais e em manifestações psicossomáticas e psiquiátricas.

A Escola de Relações Humanas de Elton Mayo, embora acentuasse aspectos psicológicos, o fazia em função do aumento de produtividade.

Enquanto o taylorismo atuava na forma de uma *disciplinação planejada*, a Escola de Relações Humanas de Mayo, pela forma suave de atuar via psicologização do conflito industrial, dissimulava as coerções embutidas em sua prática. A dominação direta era substituída pela dominação sutil. Taylor publicou, em 1911, seu livro sobre administração "científica", excluindo os fatores psicológicos e fisiológicos humanos referentes à vida social e desconsiderando o acúmulo de fadiga e a própria fadiga nervosa. Somente considerou a fadiga muscular. As ideias de Taylor foram absorvidas por Ford e aplicadas às linhas de produção, com o objetivo de intensificar o ritmo do trabalho. Devido à reação dos trabalhadores contra a introdução desse método, seguiu-se a adoção das técnicas de Mayo que enfatizavam as necessidades afetivas e de reconhecimento pelo serviço desempenhado.

Utilizando técnicas psicológicas, a equipe de Mayo conseguiu uma "motivação" maior no trabalho, amor à empresa e, em suma, aumentar a produção.

Edith analisa o aprofundamento das contradições entre as necessidades econômicas e éticas dentro do mundo do trabalho. Sua abordagem identifica a forma pela qual diferentes vertentes das Ciências Sociais se inserem no campo interdisciplinar da SMT, que passa a integrar pesquisadores das ciências exatas, biológicas e sociais.

Os pesquisadores da SMT preocupam-se em selecionar os fenômenos a serem estudados e que tornem possível a identificação de aspectos que potencialmente terão repercussões para os executantes do trabalho. Ao mesmo tempo, procuram a necessária articulação interdisciplinar. Isto fica nítido quando a autora aponta o modo pelo qual o desenvolvimento histórico da Psicologia do Trabalho se entrelaça com o surgimento da Ergonomia e da própria SMT.

A área identificada como "nova psicopatologia do trabalho" ocupa uma posição central no campo da SMT. "Nova" pelas bases conceituais e pela abordagem metodológica inteiramente distintas do referencial da psiquiatria clássica, adotado por estudos anteriores. Segundo Edith, é com Dejours que se assentam as bases desta disciplina, que "se dedica à análise dinâmica dos processos psíquicos mobilizados pelo confronto do sujeito com a realidade do trabalho" (*apud* Dejours).

A "nova psicopatologia do trabalho" pretende analisar os conflitos que emergem do encontro entre um *sujeito* portador de uma história preexistente e uma *situação* de trabalho criada *independentemente* do sujeito. O caráter social do trabalho gera fenômenos *coletivos* que interagem com a subjetividade. Na análise dos fenômenos subjetivos, a Psicopatologia do Trabalho utiliza conceitos derivados da psicanálise, estudando as formas de exploração do sofrimento mental, concebido em sua dupla potencialidade: poderá conduzir à doença ou à criatividade. Torna-se importante também o estudo dos mecanismos coletivos de defesa e sua transformação em ideologia, assim como o "coletivo de regra", ou seja, a formação coletiva de compromisso ético.

Estas pesquisas contribuem para o melhor conhecimento da *alienação*, inscrita no percurso da subjetividade do trabalhador, a partir do sofrimento e da integração no coletivo defensivo.

A Psicopatologia do Trabalho tem se voltado para analisar a constituição do *sofrimento mental*, partindo da percepção dos próprios trabalhadores, e sua articulação com a "Antropologia Organizacional", que estuda a dimensão psicocultural no interior das empresas, é assinalada por Edith S. Silva.

As contribuições da *Ergonomia* à SMT são consideradas.

A Ergonomia procura conhecer o trabalho concreto e a sua adequação ao homem, no que se refere a saúde e desempenho. A Psicopatologia do Trabalho, por sua vez, procura saber o significado do trabalho para quem o executa.

A área de estudos psicossomáticos ocupa importante lugar na análise dos processos saúde/doença tais como se desenvolvem nas trajetórias da vida dos assalariados. Edith desenvolve considerações esclarecedoras ao identificar importantes convergências entre os estudos de Pierre Marty e de C. Dejours e os desenvolvidos na área da Psicologia Social a respeito dos processos de construção/desconstrução da identidade.

A partir desse quadro integrado de referências, somos conduzidos à compreensão da maneira pela qual se efetiva a dinâmica de certos processos de desgaste, em que, rompido o equilíbrio da "economia psicossomática" própria, à singularidade de cada indivíduo, devido a situações de trabalho que a violente, ocorrem fenômenos de desorganização psicossomáticos. Edith esclarece que a reorganização, embora possível na sequência do processo, é de caráter regressivo e precário. Nesta precariedade, ressaltam, de modo preocupante, o esvaziamento da subjetividade e a fragilidade que o conjunto psicossomático passará a portar. Nas transformações do trabalho próprias da automação industrial, o trabalhador, privado do contato com a atividade concreta, passando a executar o "trabalho invisível" em que não toca no que faz, vivencia a impressão da perda de controle sobre seu trabalho, sentindo-se uma peça na engrenagem. A identidade é brutalmente atingida nestas situações em que o trabalhador perde o significado de seu trabalho, o interesse e o prazer no que faz. O indivíduo se reduz, assim, a um operador que não mais investe afetos em seus desempenhos. O trabalho e a vida passam, assim, a fluir em ritmo mecânico.

Edith examina, a seguir, a convergência de diferentes estudos de Psicologia Social para o campo da SMT. E ressalta a importância dos estudos escandinavos e de outros centros europeus, ao mesmo tempo em que aponta para os subsídios que psicólogos sociais latino-americanos — inclusive os brasileiros — têm trazido a estes estudos.

A autora salienta ainda a importância do estudo da identidade social para a compreensão dos fenômenos referentes aos distúrbios da vida mental vinculados à experiência do trabalho dominado, bem como da resistência dos trabalhadores a essa dominação. Destaca, especialmente, no interior das organizações, o conflito entre a cultura organizacional programada pelo patronato e a cultura operária dos coletivos de trabalho.

Edith demonstra a importância do conhecimento da instância ideológica que torna o trabalhador imune, em certo sentido, à percepção dos riscos mentais do seu trabalho, onde a ideologia oculta a dominação e abafa os processos de resistência. As novas formulações da Psicologia Política, segundo a A., contribuirão muito para desmistificar as relações de exploração e dominação nas organizações.

A pesquisa realizada pela autora mostra que o fatalismo dos dominados sofre a manipulação ideológica dos dominantes, de modo muito especial no Terceiro Mundo. Aponta também como a cultura do fatalismo é associada ao esvaziamento da identidade nos processos que minam a resistência dos trabalhadores.

A pesquisadora atribui importante papel aos estudos críticos de Organização do Trabalho (OT) para o campo da SMT. Sendo que a OT, em sua inserção capitalista, tem como objetivo a produção, enquanto a SMT preocupa-se com a saúde.

O fato de inexistirem limites entre estado de saúde e doença, o fato de as situações de desgaste mental ocasionarem perdas organizacionais, e, ainda, o fato de o ruído, o calor e outros elementos ambientais atacarem o psiquismo do trabalhador articulam teorias e práticas da Saúde Ocupacional e da Medicina do Trabalho, remetendo-as à SMT. Assim, os estudos sobre absenteísmo, desenvolvidos nestas disciplinas, poderão servir à SMT, quando estiverem integrados a pesquisas e óticas que abordem o conjunto das condições do trabalho nas organizações complexas.

A importância da Toxicologia e da Neurologia Clínica na definição das diversas substâncias químicas que afetam o sistema nervoso, com repercussões tanto neurológicas como psiquiátricas, é ressaltada. Como exemplo, temos o caso do mercúrio, onde ocorrem grandes perdas de memória e são afetados o autocontrole emocional e a destreza manual, configurando danos orgânicos e psíquicos irreversíveis.

Edith acentua a relevância da estrutura da legislação trabalhista e previdenciária no controle do contexto institucional onde ocorrem os agravos à saúde. E esclarece que quanto menos protegido estiver o trabalhador intoxicado, maior será a ansiedade que irá sentir pelo comprometimento do seu futuro profissional em razão da intoxicação química. Tais questões dizem respeito, portanto, também ao campo do Direito.

Os desafios que a SMT representa para a Epidemiologia e a importância assumida por determinados estudos epidemiológicos referidos aos agravos à saúde psicossocial correlacionados a diferentes condições de trabalho são assinalados. Há um especial destaque para os avanços que estudos epidemiológicos têm proporcionado ao esclarecimento das vinculações entre doenças cardiovasculares e situações de trabalho.

Em sequência, ainda na Parte I, são identificados diferentes "territórios" relacionados às determinações e dinâmicas estudadas pela SMT.

O estudo da temática suscita, no nível mais amplo, uma análise da divisão internacional do trabalho e da sua influência nas economias do Terceiro Mundo, especialmente na América Latina. Além disso, é preciso considerar os vários contextos nacionais, onde atuam determinações estruturais e conjunturais que definirão várias políticas econômico-sociais.

Caberia estudar a forma como moradia, transporte, alimentação influem no desgaste e elevam o cansaço, nas peculiaridades locais que dizem respeito ao cotidiano de diferentes camadas sociais.

No nível micro, temos as empresas com suas estruturas organizacionais, política de recursos humanos e qualificação de mão de obra, influindo no aumento do desgaste do trabalhador.

Edith S. Silva mostra como o território da individualidade e da subjetividade tende a referir-se aos outros territórios e estuda suas interações. Os temas do prazer e do sofrimento estarão vinculados à organização do trabalho, que estabelece pontes entre o individual e o coletivo.

Passando a enfocar os referenciais teóricos das principais correntes de pensamento que integram a SMT, Edith S. Silva apresenta, primeiro, o referencial nascido com o conceito de estresse, oriundo da fisiologia de caráter positivista. A seguir, examina o quadro teórico adotado pela nova Psicopatologia do Trabalho e que analisa o sofrimento mental vinculado às situações de trabalho, apoiando-se no referencial psicanalítico. Em terceiro lugar, analisa o modelo fundado nos estudos de processos de trabalho e condições de desgaste inicialmente vinculado ao método dialético e integrando, posteriormente, as contribuições da psicanálise e da psicologia social.

Após dedicar-se à apreciação comparativa destas três vertentes teóricas, a autora abre a perspectiva de uma formulação em que o conceito de desgaste emerge como opção integradora, oferecendo uma possibilidade de avanço teórico para a SMT.

Edith S. Silva desenvolve, a seguir, a elaboração teórica em que trabalha esta conceituação, analisando o quanto a noção de identidade em processo e de economia psicossomática se tornam úteis ao entendimento da correlação entre desgaste mental e situações de trabalho. Sua proposta consiste na formação de um novo quadro teórico no âmbito da Saúde Mental do Trabalho, em que o desgaste apareça como categoria central. Trata-se, entretanto, de um desgaste que foge ao fatalismo e ao reducionismo — pois é concebido numa perspectiva dinâmica que leva em conta a dimensão subjetiva e os enfrentamentos.

Nesta reflexão teórica, apoiando-se em autores como Dejours, Doray, Enriquez e Sainsaulieu, Edith S. Silva aponta para uma perspectiva em que se tornam mais claras as relações existentes entre os processos de desgaste e de sofrimento do trabalhador.

A autora mostra que os fenômenos de embotamento afetivo, correlacionados à alienação, têm sido objeto de diferentes estudos de autores que utilizam expressões diversas para designar a supressão da vida emocional.

O estreitamento da vida afetiva e das relações interpessoais é apontado nas pesquisas sobre condições de trabalho nos sistemas automatizados, realizados por Zuboff e por Rebecchi. O tema é de imensa relevância em face do presente momento histórico.

Atualmente, a área de SMT busca sistematizar os resultados conseguidos pelas pesquisas das diferentes áreas que lhe dizem respeito, ao mesmo tempo que procura desenvolver linhas de pesquisa que ampliem esse conhecimento.

Na segunda parte do livro, referente ao tema "As transformações do Trabalho", são estudados três tipos de mudança: 1) A tecnologia dos processos de produção; 2) A organização do Trabalho e 3) As relações sociais de produção. A professora Edith resume como, através do tempo, transformou-se a relação entre estes três conjuntos, assinalando as implicações para os processos psicossociais e para a saúde dos assalariados.

Os estudos clássicos de Braverman acentuam como, historicamente, a separação entre planejamento e execução do trabalho foi sendo aprofundada.

Edith S. Silva mostra como nas empresas modernas o controle da mão de obra é "invisível", ao mesmo tempo que o desgaste e o sofrimento mental são também "invisibilizados", na medida em que são desconsiderados ou reduzidos — por biologicismos ou por psicologizações — a "disfunções individuais", desconectadas das determinações sociais do trabalho.

A monetarização dos riscos e dos agravos à saúde são uma constante no modo de produção capitalista, onde os perigos são abstraídos da consciência do trabalhador pela instauração de uma lógica monetária perversa, na qual o assalariado é visto como "entidade contábil". Em lugar de exigir a transformação das condições de trabalho, o operário é levado a aceitar pagamento em dinheiro pelos males decorrentes da insalubridade, periculosidade e penosidade. Esse processo é fortalecido pelos baixos salários recebidos, que tornam as "gratificações" por horas extras altamente desejáveis a curto prazo, já que se fazem indispensáveis à subsistência.

A terceira parte do livro é dedicada ao estudo do trabalho dominado, segundo várias perspectivas. São destacadas, inicialmente, as contribuições pioneiras ao estudo da temática da identidade social em situações de trabalho que implicam riscos mentais, bem como a abordagem da resistência dos trabalhadores em seus ângulos individuais e coletivos.

A partir de uma perspectiva sócio-histórica, Edith S. Silva situa a contribuição de Simone Weil que, na sua análise da condição operária, como que intuiu a existência do que anos mais tarde foi identificado por fisiologistas como "fadiga patológica". Citações de trechos extremamente expressivos referidos a essa fadiga são apresentadas, bem como outros em que surgem os múltiplos medos suscitados pela condição operária — o medo dos acidentes de trabalho, o medo de não poder acompanhar a velocidade da linha e o medo das broncas, uma suprema humilhação, pois as respostas são proibidas.

Num outro sentido, Edith S. Silva utiliza a vivência de Linhart, na Citroen francesa, tal como é expressa no livro *A greve na fábrica*, onde aparecem claras as relações entre o esforço exacerbado no trabalho e as implicações físicas e mentais. Destacando e comentando passagens, a autora mostra a atualidade dessa obra na maneira como esclarece a forma pela qual os trabalhadores de linha de montagem têm sua vontade amputada, sendo levados ao entorpecimento e à alienação.

Ainda a partir de Linhart, verifica-se que a situação de trabalho também constrói solidariedade, da qual emergem a resistência individual e coletiva à anulação perpetrada no âmbito da empresa. Linhart sinaliza a correlação entre a luta pela dignidade do trabalho e a esperança de libertação e fortalecimento da saúde psicossocial.

Edith S. Silva aponta o trabalho de George Friedman (*O trabalho em migalhas*) como um estudo crítico pioneiro da linha de montagem, onde aparecem as repercussões psicossociais da fragmentação do trabalho e o surgimento da alienação.

A seguir, a autora passa a focalizar estudos brasileiros nos quais a temática da dominação e resistência operária revelam importantes contribuições para o estudo da saúde e de sua dimensão psicossocial.

A dominação que instrumenta a cultura dos trabalhadores de procedência rural encontra expressão na pesquisa de Juarez Rubens Brandão Lopes com trabalhadores industriais.

Edith S. Silva utiliza a pesquisa de Leite Lopes, exposta no livro O *vapor do diabo*, para mostrar a configuração de um fatalismo pessimista, a partir de um tipo de dominação que atinge a identidade e a dignidade do trabalhador.

No livro *Operário, operária*, de Arackcy Martins Rodrigues, outra contribuição à SMT é identificada.

A pesquisa de Grossi sobre mineiros de Morro Velho ajuda a revelar a utilização do machismo para superexplorar o trabalhador.

As pesquisas de Cândido Pereira, na indústria têxtil (*No coração da fábrica*), as de José Rainho (*Os peões do Grande ABC*), de Celso Frederico (*Vanguarda operária*) e as de Jane Beltrão, Cecília Minayo, Laís Abramo, entre outras, revelam as "pressões da produção", os turnos de revezamento, o ruído e outras condições do ambiente físico, em sua influência deletéria sobre o trabalhador. As técnicas patronais de punição da mão de obra surgem em vários dos textos analisados.

Mas a dominação que atinge a subjetividade também foi estudada em ambientes não fabris, o que Edith S. Silva aponta no estudo de Segnini.

Estudos brasileiros que enfatizaram o ataque à dignidade mereceram da autora um subitem de análise especial.

No item seguinte, a autora trata do trabalho chamado desqualificado.

Um aspecto especial, ressaltado neste tópico, merecerá desenvolvimento ulterior ao longo da obra: se não há dúvida de que o poder existe e é exercido no disciplinamento do trabalho e na afirmação de hierarquias salariais, é muito importante, por outro lado, o estudo das *relações interpessoais*, que explicaria o *modo* pelo qual o poder é exercido a partir da *interação* humana no processo de trabalho, além de esclarecer muito a respeito das resistências.

Edith S. Silva estabelece como a desqualificação do trabalhador, a falta de reconhecimento, o bloqueio ao desenvolvimento da identidade e a erosão da autoestima convergem para produzir o desgaste dos assalariados.

Assim, somos levados a imaginar a vergonha gerada por certas situações em que há um sentimento constrangedor frequente. Como no caso do coveiro do Serviço Funerário que temerá declarar sua profissão à namorada, sentindo-se obrigado a mentir para não perdê-la.

A falta de reconhecimento social, a desvalorização do trabalho e de si mesmo são fios condutores para o alcoolismo. O trabalho burocrático em repartições públicas, onde o funcionário não encontra retorno mais imediato, é também uma das situações de risco.

Ainda na terceira parte, em outro item são examinadas as conexões entre discriminação, desqualificação, sofrimento e resistência.

O trabalho feminino é destacado como um dos mais discriminados, desvalorizados e sujeitos à superexploração, com base em diferentes pesquisas de autoras brasileiras. No setor metalúrgico, o trabalho feminino está sujeito a salários mais baixos, à maior dificuldade de promoção, ao controle mais duro e repressivo e, ainda, ao molestamento sexual. Há também maior controle do uso dos banheiros e a proibição de fumar em locais onde o homem tem essa liberdade. A forma como a exploração se reflete sobre o *corpo feminino* exaurindo-o, deformando-o e conduzindo ao envelhecimento prematuro, repercute profundamente sobre a identidade e a dimensão psíquica, conforme revelado pelas pesquisas examinadas.

A fadiga acumulada da mulher trabalhadora é considerada um "nervosismo feminino" natural, desvinculado das condições de trabalho e de vida em geral, de forma a isentar as chefias da culpa pelo aumento do ritmo de trabalho.

Há estudos a respeito da relação entre desqualificação e distúrbio mental que denunciam o fato de o rótulo de "louco" gerar no sujeito comportamentos que reforçam a "rotulação", dificultando o reingresso no mercado de trabalho.

Preconceitos sexuais e raciais promovem a desqualificação, que implica menores salários. Assim, portadores de deficiência física e migrantes são superexplorados pelo sistema em nome da "ajuda social". Veja-se, como exemplo, as "Frentes de Trabalho", que, na realidade, realizam a superexploração de flagelados.

Depressão e alcoolismo se constituem, muitas vezes, em "respostas" a este quadro. A auto-organização pode ser uma resposta coletiva e mais eficaz, como demonstra a reação de minorias étnicas e sexuais que registraram, inclusive, algumas vitórias.

Notável sob todos os aspectos é o item seguinte, que se refere às *práticas paternalistas de dominação*. Edith, fundamentada em Pierre Bourdieu, mostra os princípios que regem a forma paternalista de dominação e atuam tanto no âmbito das relações *informais* de trabalho como nas sofisticadas *organizações complexas*.

O paternalismo cria dívidas de gratidão e, às vezes, dívidas concretas de caráter financeiro conforme bem esclareceu Pierre Bourdieu, que é citado pela autora.

O predomínio da lógica econômica nesse processo é ocultado tanto pelos sistemas pré-capitalistas como capitalistas. Relações de dominação, fundadas no endividamento, também ocorrem no meio rural e urbano do Brasil.

Situações de reforma de casa, doença grave e casamento, junto com a dívida, criam um *dever de gratidão*. A necessidade de pagar a dívida leva o trabalhador a concordar com horários absurdos, salários mais baixos e ter o pagamento parcelado como um favor.

É o caso dos agenciados por "gatos" que contraem dívidas de viagem, alimentação e instrumentos de trabalho, sujeitando-se a um trabalho semiescravo controlado por jagunços armados. É o caso também de garimpos, no sul do Pará. Há um código de honra, que exige o pagamento das dívidas pelo trabalhador condenado a permanecer confinado na fazenda.

O conteúdo da quarta parte do livro diz respeito às pesquisas que a autora realizou, no período 1981-1983, junto a trabalhadores industriais de Cubatão e da cidade de São Paulo.

A pesquisa abrange quarenta trabalhadores que pertenciam a diferentes áreas industriais de base — siderúrgica, petroquímica, química e de fertilizantes —, quase todos migrantes e muitos sem qualificação profissional. Os de Cubatão haviam sido afastados do trabalho por "nervosismo". Todos foram entrevistados em suas casas, com a utilização de um gravador. O objetivo era estudar as repercussões do trabalho e das condições de vida para a Saúde Mental.

Quase todos os trabalhadores entrevistados tinham *origem rural* e muitos iniciaram a vida e o trabalho *na roça*. Outros eram originários de pequenas cidades do interior de Minas ou do Nordeste.

Em muitos casos, a migração se dera com ruptura das relações familiares, contrariando "os mais velhos". Os migrantes acima de trinta anos geralmente tinham maior dificuldade em lidar com o mundo industrial, com tendência à depressão e ao isolamento social.

Uns migram jovens com o sonho de progredirem, outros, com mais idade, pela impossibilidade de continuar trabalhando na lavoura.

Há, *assim*, o caso de um trabalhador siderúrgico, que, aos nove anos, plantava, colhia, quebrava e punha o milho nos carroções.

Situações penosas de trabalho estiveram associadas a situações de afastamento precoce da figura paterna. Nestes casos, houve relatos de exploração por parte de parentes a quem os entrevistados foram entregues para ser criados e aprender a trabalhar. Para muitos, *trabalho* significava *violência*. Posteriormente, revelavam situações de alta rotatividade nos empregos, vinculada à baixa qualificação e à exploração como subcontratados.

Muitos trabalhadores haviam, durante vários anos, trabalhado no regime de horas extras e "dobras" de turno, perfazendo jornadas de trabalho de *dezesseis horas*, que provocavam a irrupção de crises.

A pesquisadora afirma que o regime de trabalho em turnos alternados tem sido responsabilizado por mudanças no biorritmo natural do sistema nervoso, da área endócrina (glandular) e do aparelho digestivo. Este era o regime de 29 dos 40 entrevistados.

O ritmo de trabalho *acelerado* por *pressões da chefia* era considerado pelos entrevistados como causa do *cansaço* e *nervosismo.*

Os operadores de máquina queixavam-se da inexistência de pausas, do pouco tempo para o uso do banheiro e consideravam as folgas insuficientes para repor a força de trabalho consumida. Somente para os que trabalhavam nas áreas de manutenção, um descanso maior era possível.

Entre os entrevistados do setor siderúrgico, havia muitas queixas relativas às condições de trabalho, principalmente em relação a ruído, calor, poeira, trepidação, gases, radiações, problemas com ventilação e luminosidade. Geralmente, os soldadores eram os que mais se queixavam das radiações, gases, falta de iluminação e luminescência.

A autora apresenta e analisa numerosos depoimentos sobre estas condições e suas repercussões.

Edith S. Silva apresenta situações de *fadiga mental* que se ligam à maior necessidade de concentração da *atenção* por longos períodos. Trabalhadores siderúrgicos e químicos revelaram aumento da tensão em função das tarefas e da relação com as chefias imediatas. Quando há pressões de chefia autoritária, pode aumentar a fadiga mental e haver perturbações de sono e distúrbios psicológicos.

A administração por conflitos leva à competição entre os próprios trabalhadores, gerando mais tensão. A competição das equipes para atingirem o "acidente zero" levou ao ocultamento de muitos acidentes com o objetivo de garantir a "performance" fixada como meta.

Fadiga e tensão também são produzidas por condições de vida precárias, como moradia inadequada, grande distância em relação ao local de trabalho e transportes coletivos insuficientes. O baixo nível salarial impede qualquer lazer e distúrbios de saúde em pessoas da família também contribuem para levar ao "esgotamento nervoso".

Geralmente, não qualificados, de origem rural, os entrevistados cultivavam a ideologia da cultura da "fatalidade": nada podia melhorar suas condições de trabalho. Como os operários têm seus movimentos supercontrolados pelas "seguranças" fabris, a poluição ambiental tem sido combatida pelas mulheres das famílias operárias, no bairro paulistano em que a autora entrevistou trabalhadores de uma siderúrgica.

A professora Edith enumera e analisa algumas práticas de controle exercidas sobre o trabalhador:

A repressão explícita, através da utilização de polícia interna e de chefias imediatas, às vezes significativamente cognominadas "feitores", ao lado desta, a dominação sutil, que se dá através da manipulação de sentimentos de afeto, gratidão e dependência e instrumentando valores do mundo rural, como honestidade, obediência e lealdade, utilizados para costurar a "camisa da empresa" que o empregado deverá vestir. A existência de *medos manipulados* é mostrada: o medo de perder prestígio, chances na carreira ou o próprio emprego. O medo de "perder pontos", ser culpado por se acidentar, cria a síndrome da "culpabilidade industrial", que é agravada, ainda, pelo uso de paternalismo, através do Serviço Social, do serviço médico e da facilidade para a obtenção de empréstimos para a compra de casa própria. O conceito de "lealdade à organização" é manipulado para conseguir o aumento da produção e para romper a solidariedade entre colegas, ao mesmo tempo que é acionada a *desinformação*, como meio de omitir informações sobre os riscos à saúde inerentes a certas tarefas ou de apaziguar, como no caso da falsa informação de que o leite neutraliza qualquer tipo de intoxicação.

Não querer cumprir tarefas perigosas pode significar "ser demitido sem direitos". Esconder doenças é uma maneira de se manter no emprego. Algumas firmas exigem obrigatoriedade de horas extras alegando que têm o direito de mandar o trabalhador embora, caso não o faça.

O fatalismo funciona como uma ideologia de aceitação do acidente e da morte, na qual estes são definidos por "forças superiores".

A noção de que "ninguém morre antes da sua hora" torna o uso de equipamentos dispensável. Este fatalismo da mão de obra é também o de muitas chefias.

A pesquisadora observa que as manifestações do desgaste são marcadas por cansaço, alta irritabilidade, desânimo e sono perturbado, caracterizando a fadiga patológica e podendo levar a crises mentais agudas. Liga-se a este processo o *medo* subjacente à ansiedade: o medo de sofrer acidente e do esgotamento. O esforço de controlar o medo é extremamente desgastante. O trabalhador procura, às vezes, defender-se pela "magia", usando amuletos, carregando orações protetoras em pequenos pedaços de papel junto ao peito ou mandando "fechar o corpo" através de serviços especializados de benzedeiras e pais de santo.

A pesquisa relatada mostra que apesar de muitos trabalhadores que sofreram internações psiquiátricas terem passado, anteriormente, por longos *períodos de fadiga*, não há limites nítidos entre o cansaço crônico e a desordem mental.

A dobra de turno, a intensificação do ritmo de produção, a extensão da jornada de trabalho e conflitos com a chefia podem ser os desencadeantes do *distúrbio mental.* A autora mostra também como acidentes de trabalho podem mediar a situação de fadiga patológica e o surgimento de quadros psicopatológicos.

Entre os distúrbios mais frequentes estão o consumo excessivo de bebidas alcoólicas, as depressões e diversas doenças psicossomáticas.

A perda de *status* profissional, levando à desqualificação, favorece o processo de instauração de dependência alcoólica. Um trabalhador altamente tenso, autoacusatório e desvalorizado procura, às vezes, no "álcool" a coragem para enfrentar a situação: "Bebia para relaxar e aguentar a chefia" (E. S. Silva, p. 149). Edith critica as rotulações diagnósticas ocultadoras das determinações laborais de certos quadros clínicos. Como no caso da utilização do conceito "distonia neurovegetativa", frequente nos diagnósticos previdenciários, onde aparecem tremores, sudorese e taquicardias.

Estudando as *expectativas* dos entrevistados, a autora constata e examina as esperanças que muitos trabalhadores cultivam de retorno à lavoura, montar negócio por conta própria, ter filhos em boas escolas e outros.

Na parte 5 do livro, relacionada à "Interface família-trabalho", é demonstrada a existência de uma via de mão dupla: as relações familiares influindo no desempenho do trabalhador e, inversamente, as relações e condições de trabalho repercutindo na estrutura familiar. É assim revelado ao leitor como as hierarquias do modelo familiar operam no mundo do trabalho e alimentam a *dependência.*

Por outro lado, existem atividades em que a identificação com certo modelo maternal pode levar ao sobretrabalho. As enfermeiras ou assistentes sociais, por exemplo, assumem frequentemente o papel que advém da "cultura maternal": da mãe que aceita sacrifícios pelo bem dos filhos. Essa sobrecarga de trabalho pode pôr em perigo a estabilidade emocional, dando origem à síndrome do esgotamento profissional (*burnout*).

No trabalho das usinas no século XIX, as unidades familiares se articulavam em torno da *responsabilidade*, da *culpa* e da *fidelidade* em relação ao trabalho. A autora indica que estes fenômenos persistem em certos contextos da atualidade brasileira. Em favor de sua afirmação, cita a pesquisa de Segnini para quem "o Banco procura selecionar pessoas que tiveram vivência familiar, mãe da disciplina" (Apud E. S. Silva, p. 268).

A autora verificou, através de entrevistas com operários metalúrgicos demitidos durante a recessão dos anos 80, que, na percepção deles, o vínculo rompido era muito mais que o empregatício:

> Não tinham avisado nada, ninguém tinha me falado de coisa nenhuma antes. Então, quando mandaram me chamar para me apresentar no escritório da firma, eu fui inocente de tudo. E senti como uma traição, uma verdadeira facada no coração. (E. S. Silva, p. 269)

A interface trabalho-família aparece caracterizada neste depoimento de um trabalhador metalúrgico:

> O primeiro dono era que nem pai para mim, fazia de tudo. Trabalhava com a gente, conversava sempre, ali era que nem uma família da gente. Devido ao meu problema de vista sei que ultimamente produzia menos que antes. Mas achava que eles estavam me considerando por eu ser antigo, por tudo que eu sempre fiz pela firma. Quando me mandaram embora, eu tive aquele choque. (E. S. Silva, p. 270)

Isto demonstra o investimento afetivo que o trabalhador deposita na empresa, vista como figura parental. O choque com a demissão transforma o "pai" em "padrasto".

Outra fonte de confusão emocional são os conflitos com a chefia. À vivência da opressão e do autoritarismo atual vinculam-se, na mente do trabalhador, imagens da infância de cunho parental, das quais nem sempre existe consciência. É assim que as leis do mundo da fábrica são fortalecidas pelas leis que a experiência familiar imprimiu no mundo interior de cada um. Obedecer a ordens e evitar conflito são exemplos destes "regulamentos do íntimo".

Isso explicaria o sucesso de empresas modernas que conseguem aumento de produção em troca de prêmios, que significam elogio, reconhecimento e consequentemente recuperação do afeto paterno ou materno, tidos como perdidos.

A reação, no entanto, pode ser ambivalente. Às vezes, o operário "divide" os sentimentos: a firma é boa, ruim é o chefe. Edith S. Silva apresenta dois casos em que operários, que haviam sofrido abandono parental precoce, consideravam a empresa como imagem de mãe boa e generosa.

Com o crescimento das grandes organizações, os conflitos não são vividos em relação a pessoas, mas sim em relação à empresa. Por outro lado, na interface família/empresa, observou-se que a excessiva adesão à empresa pode ser a compensação por uma relação familiar esvaziada.

Os casos apresentados permitiram observar como extensas jornadas e o trabalho em turnos alternados, provocando irritabilidade e desânimo, deterioram o convívio familiar.

A autora menciona também verificações feitas em outros estudos além do que realizou com trabalhadores industriais. Prolongados afastamentos do lar experimentados por trabalhadores de transportes rodoviários, ferroviários e aéreos afetam o relacionamento com a família. Como exemplo, é citado o caso de aeronautas do sexo feminino que trabalham em linhas internacionais e têm contatos intermitentes com os filhos, às vezes, ainda pequenos.

Esta parte do livro trata ainda de situações específicas que ocorrem no Brasil em certos setores e ocupações. A forte repercussão familiar é demonstrada em estudos feitos com bancários, metroviários e também com trabalhadores industriais intoxicados por mercúrio.

Na parte 6, a autora perscruta as imagens e representações utilizadas pelos entrevistados para expressar as vivências do trabalho e do sofrimento. A análise está inserida num amplo quadro de referências, onde se incluem outros estudos sobre a temática das representações, em sua maioria de pesquisadores brasileiros. Edith endossa a ideia da existência de uma "teoria operária da sensibilidade nervosa", expressa por Duarte, ao mesmo tempo que reencontra as representações referentes à luta e ao enfrentamento cotidiano, identificadas por Cândido Pereira.

A autora mostra, ainda, a frequência com que o trabalho é ligado à imagem do escravo. Outras imagens e representações vinculavam-se à ideia central de perda de liberdade — sendo comum a presença do tema da empresa como prisão.

O esmagamento da dignidade surgiu várias vezes em expressões nas quais os trabalhadores mencionaram sentirem-se "tratados como animal". A imagem mais evocada foi a do burro de carga.

A partir dos depoimentos registrados, puderam ser assinaladas expressões que evidenciam as vivências do esmagamento da dignidade e do esgotamento psicofísico. Os aspectos constitutivos do desgaste, em seus significados relativos ao sofrimento mental, são examinados pela autora, com base nas representações identificadas. No estudo destas representações estão incluídos relatos sobre a sensação de "virar máquina" que emergiu entre operadores de trem metroviário e digitadores.

A parte 7 do livro aborda as defesas psicológicas dos trabalhadores em face de situações penosas e de resistências ante a dominação. Tais defesas e resistências são analisadas a partir da literatura especializada e das observações de campo realizadas pela autora. Tanto formas individuais quanto expressões coletivas destas defesas e resistências são detalhadas, em exposição onde a autora, mais uma vez, assinala peculiaridades psicoculturais do contexto brasileiro.

Entre os vários mecanismos psicológicos de defesa, examinados em sua emergência nas situações de trabalho, destaca-se a clivagem que se caracteriza por isolar a conduta do sentimento, o que ocorre, por exemplo, quando o nível de atividade intelectual exigido é elevado.

Edith S. Silva mostra como, graças às defesas individuais e coletivas, os trabalhadores conseguem conviver com o perigo e suportar experiências penosas, conduzidos pela necessidade de manter o emprego para garantir a subsistência. Por outro lado, é demonstrado como essas defesas, ao manterem afastadas da consciência as evidências dos perigos, favorecem a manutenção do *status quo* e bloqueiam os movimentos destinados a instaurar um trabalho mais saudável e seguro.

A autora caracteriza como resistências todos os confrontos colocados pelos assalariados à dominação e, também, a oposição a situações ou a representantes do poder que afetem a dignidade do trabalhador. É examinado o *continuum* de resistências visualizado a partir dos espaços microssociais dos locais de trabalho até a configuração de entidades tais como o DIESAT e outras organizações sindicais, que os trabalhadores vêm estruturando para atuar nas lutas pelo direito à Saúde. É especialmente assinalado o valor das ações que, ao longo da história humana, se voltaram para a conquista de diminuição das jornadas de trabalho. Nos dias atuais, com o advento das novas tecnologias e com a sofisticação atingida pelas formas de exploração, o alvo principal das resistências passa a ser transformar a organização do trabalho. No Brasil, Comissões de Saúde e CIPAs podem representar essa resistência, assim como os sindicatos que superaram a fase do "assistencialismo", passando a lutar pela melhoria das condições de trabalho e pela defesa da saúde.

Significativa é a parte 8 do texto, que trata da "Psicopatologia da Recessão".

A crise econômica, transfigurada em social, significa aumento do sofrimento físico e mental. A tensão dominante afeta hábitos de vida e condições de trabalho. Os efeitos da recessão afetam os empregados e os desempregados. A ameaça prolongada da perda de emprego pode gerar tensões idênticas a sua perda real.

A mortalidade infantil, as doenças cardiovasculares e as taxas de suicídio e homicídio tendem a aumentar articuladamente à recessão. A crise econômica significa aumento da desnutrição, tanto em países desenvolvidos como nos subdesenvolvidos.

Nas conjunturas recessivas, as empresas maximizam os esforços para economizar custos e aumentar a produtividade.

A elevação significativa da frequência cardíaca e da pressão arterial está vinculada a situações de trabalho por produção e a jornadas prolongadas.

Intensificação do trabalho e perda de controle da mão de obra sobre o mesmo, além de exigências de horas extras, aumentam o número das vítimas de doenças coronarianas, inclusive do enfarte cardíaco.

Edith S. Silva examina estudos que demonstram como as crises econômicas significam aumento das taxas de distúrbios mentais e elevação dos índices de suicídio.

São levantados aspectos específicos da psicopatologia daqueles que ainda mantêm seus empregos, nas situações concretas investigadas junto a trabalhadores da indústria de base. A autora verifica o sofrimento dos que não foram demitidos na crise, mas que sofreram a manipulação pelo medo, através da ameaça de demissão. As dispensas maciças de trabalhadores aumentaram a sobrecarga dos que restavam, intensificando o ritmo de produção e o acúmulo de funções para um mesmo trabalhador.

O modo pelo qual o aumento de risco de acidentes se apresenta na recessão é examinado pela autora, que verifica o agravamento simultâneo do cansaço e da tensão, coadjuvado pela compressão de despesas com a manutenção dos equipamentos e com a segurança do trabalho.

O medo de perder o emprego elevava o individualismo, quebrando laços antigos de amizade e companheirismo, como bem ilustram as falas dos entrevistados.

Dificuldades de relacionamento com as chefias, cada vez mais exigentes ao longo do aprofundamento da recessão, aumentavam a ansiedade e os sentimentos de insegurança. Por outro lado, também a chantagem emocional tem vez na situação recessiva, através de amplos apelos aos sentimentos de lealdade e gratidão para com a empresa.

O cultivo da incerteza da desinformação e de ameaças explícitas de demissão completa o sofrimento de quem ainda não se tornou desempregado.

Passando ao estudo da Psicopatologia do Desemprego, a autora Edith S. Silva considera o estudo em que Dejours distingue a dinâmica psicossocial do "desemprego qualificado" — que inclui executivos, profissionais de nível universitário e outros profissionais que gozam de prestígio social — da situação do trabalhador desqualificado que perde seu emprego. Significados distintos emergem, ficando bem evidente que o trabalho desqualificado não se vincula à sublimação. Sua perda é a perda da subsistência, tão mais grave, quanto maior for a pobreza. A autora, a seguir, realiza um estudo comparativo das repercussões psicossociais do desemprego em três contextos políticos: Chile, Espanha e Brasil. O primeiro configura uma situação de ditadura militar e é examinado a partir de uma pesquisa de Lira e Weinstein. A psicopatologia do desemprego surge com intensa gravidade, na medida em que a ditadura inviabiliza o confronto político e as ações solidárias. É detalhada a dinâmica de fenômenos que fraturam a identidade e o projeto de vida, com reflexos profundos na vida psíquica e na sociabilidade. Edith S. Silva conclui que o ambiente ditatorial chileno tornava o quadro do desemprego mais sombrio do que no contexto de redemocratização vivido na Espanha, pesquisado por Fabrício Potestad Menéndez.

Dentre os aspectos que marcam o desemprego no Brasil, assinalamos os que dizem respeito a uma estigmatização muito própria da formação histórica e cultural do país: os preconceitos que confundem o "vadio" e o "desempregado". A extensão e as diversidades de produção existentes originam a figura do desempregado migrante: metalúrgicos qualificados e outros profissionais tornam-se, na recessão, "boias-frias". Uma alternativa para os desempregados tem sido o comércio ambulante nas cidades, enquanto, na área rural, lavradores se tornam garimpeiros. Ao mesmo tempo, um percentual crescente da população ativa do Brasil se dedica ao setor "informal" da economia. Na troca do emprego "fichado" (com registro em carteira) por um sem registro, o trabalhador é lesado em seus diretos e sofre uma desqualificação.

Outra característica marca a ansiedade dos desempregados na conjuntura brasileira: os trabalhadores desempregados, entrevistados em 1981-1983, manifestavam preocupação com a assistência à saúde de seus familiares, muitas vezes anteriormente atendidos pelos Convênios médicos mantidos pelas empresas em que haviam trabalhado. O advento da constituição de 1988 muda este aspecto ao universalizar o direito à assistência médica, muito embora as práticas reais do setor de saúde ainda estejam distantes do que foi fixado constitucionalmente.

No Brasil, onde a redemocratização se dá homeopaticamente, há um abismo entre a legislação e a sua aplicabilidade. Existem diferenças entre ser desempregado no capitalismo desenvolvido e no subdesenvolvido. No primeiro, há um seguro-desemprego que garante, geralmente, a manutenção de um padrão de vida decente. No segundo, há o nada ou, como no caso brasileiro, um seguro-desemprego recente, muito sofrível e muito "sofrido" na hora de ser recebido.

Muitas são as reflexões desta ordem que o livro escrito por Edith Seligmann-Silva desperta, ao mesmo tempo que lança um desafio para que as descobertas da Saúde Mental do Trabalho possam ser aplicadas a favor da superação de situações que ferem a ética do trabalho.

Este livro é para ser lido por todos os que têm preocupações sociais autênticas, os que respeitam e defendem a dignidade de quem trabalha.

NOTAS METODOLÓGICAS

Formas de abordagem qualitativa

Consideramos, em pesquisas direcionadas a investigar aspectos de psicopatologia do trabalho e do desemprego, o interesse em integrar abordagens quantitativas e qualitativas. Existindo ampla literatura a respeito das duas abordagens, nos restringimos a falar aqui de alguns aspectos de nossa experiência de pesquisa em SMRT.

Para pesquisas nas quais o estudo de SMRT do trabalho possa estar integrado a uma perspectiva sócio-histórica mais abrangente, parece altamente promissor considerar a contribuição de Michel Burawoy (2009) referente à adoção *do método estendido de estudo de caso*.[1]

Procedimentos adotados na abordagem qualitativa

Para atender ao possível interesse dos leitores sobre os procedimentos de pesquisa adotados, estamos incluindo algumas observações a respeito. São notas unicamente descritivas, uma vez que o estudo da metodologia qualitativa e de suas aplicações ao campo da SMRT envolve grande diversidade de técnicas.[2]

O estudo de caso individual e da dinâmica intrapsíquica

A partir de estudos de caso de trabalhadores, realizados mediante gravação e quase sempre nos domicílios dos entrevistados, foi coletada a maior parte do material

---

1. Burawoy, M. The *Extended Case Method*. Berkeley: University of California Press, 2009.

2. A propósito, ver Jervis (1973); Dejours (1987a); Volmerg; Senghas-Knobloch; Leithäuser (1986); Zuboff (1988), e Pagès; Bonetti; Gaulejac; Descendre (1987). A análise realizada por Thiollent (1983) oferece valiosa contribuição. A leitura de Minayo (1992) poderá proporcionar uma visão ampla sobre a metodologia qualitativa e sua aplicação aos estudos em saúde. Os textos de Jahoda citados a partir do capítulo em que tratamos do desemprego de longa duração (Capítulo 1 da Parte VIII) oferecem subsídio valioso aos que desejarem investigar o tema. No capítulo que escrevemos para o livro *Patologias do Trabalho* é apresentado detalhamento sobre os tópicos de anamnese utilizados (Seligmann-Silva, 1995 e 2003).

das pesquisas de campo, cujos resultados são apresentados e comentados em vários capítulos deste livro. O roteiro das entrevistas foi construído com base no modelo de anamnese biográfica ao qual foram incorporados itens voltados ao estudo mais detalhado da sociabilidade, do itinerário laboral e detalhamento da situação de trabalho no emprego atual ou — no caso dos desempregados — do mais recente.

Constavam no roteiro:

A história de vida; a história de trabalho; a história de saúde; o processo referente às expectativas, realizações e frustrações ao longo da experiência pessoal; e, ainda, a situação de trabalho e de vida atuais incluídas a interação familiar e social. As relações interpessoais e inter-hierárquicas eram contempladas pela investigação. O lazer mereceu uma atenção especial. Todas estas partes, abrangidas pelos estudos de caso, entrelaçam-se de diferentes formas para delinear as características mais marcantes de cada indivíduo, de suas experiências, enfrentamentos e, às vezes, de seu adoecimento.

A entrevista: era realizada de modo a facilitar ao entrevistado o curso livre de seus pensamentos a suas associações. O entrevistado era também estimulado a expressar os sentimentos vivenciados em relação às situações que descrevia. A maneira como, num mesmo trecho de entrevista, esses aspectos se apresentam imbricados, configurando sua profunda inter-relação, pôde ser notada ao longo de todas as gravações realizadas.

Vejamos um exemplo, através das palavras de um armador, homem ainda jovem e pai de duas crianças, originariamente lavrador, no interior de Minas Gerais. Estávamos abordando o entrevistado sobre a questão do lazer em sua vida atual, quando surgiu o seguinte discurso:

> Tanto eu como ela [esposa] gostamos muito de planta. A sra. vê essas que tem aí do lado da casa. Passarinho, eu nunca mesmo gostei de pegar eles. Quando eu era menino soltava os passarinhos que os meus colegas prendiam. Eles ficavam tão agitados, presos daquele jeito! No serviço, sabe como é, a gente tem que sair só é naquele horário certo, não pode sair antes. Lá [na firma] tem controle pra tudo. Certos chefes são muito carrascos: depois que eu tive estas crises [epilépticas], não aguentava mais essas coisas [controle] e quando era demais, via que meu sistema nervoso não aguentava e pedia a conta.

A associação entre os passarinhos engaiolados, que libertava na infância, e o seu próprio aprisionamento pelas disciplinas da empresa se fez, assim, nítida. E, para abrir a própria gaiola, o único meio era pedir a conta, sair do emprego. Por outro lado, o entrevistado enfatizou bem que somente após sofrer ataques epilépticos, o que surge como um claro movimento de defesa contra a angústia tantas vezes desencadeante dessas crises, é que passou a recusar as situações de "engaiolamento". A angústia assemelha-se à dos passarinhos, que "ficavam tão agitados, presos daquele jeito!". A agitação do pássaro engaiolado parece equivaler à própria crise convulsiva. Ambas seriam desencadeadas, talvez, por uma mesma razão — a perda da liberdade. Seriam movimentos convulsivos de quem é prisioneiro e expressa seu desejo de libertação.

Vemos, assim, que a corrente de associações desencadeada pela questão do lazer, passando pela referência a pássaros, conduziu a vivências de perda de liberdade ligadas ao emprego, trazendo a revelação do significado de seu adoecer, através de convulsões, em face do aprisionamento sofrido. Ao mesmo tempo, o entrevistado mostra que a doença marcou também o fim de sua sujeição: agora, quando a opressão se faz insuportável, ele pede a conta!

Portanto, três dos itens investigados — lazer, trabalho e desgaste mental — aparecem fundidos nesse pequeno trecho de entrevista. Além de nos proporcionarem um entendimento valioso sobre o próprio significado da sintomatologia no caso específico desse trabalhador.

Ao adotarmos, nas entrevistas, basicamente uma atitude de escuta, formulando questões de ordem geral referentes aos amplos tópicos já mencionados do roteiro, tornou-se possível identificar importantes conexões entre aspectos e vivências distintos, ao mesmo tempo que ocorreu a oportunidade de perceber quais as imagens suscitadas nos entrevistados por esses diferentes temas: trabalho, sofrimento, expectativas, desgaste percebido, cotidiano familiar, laboral e ligado à participação social.

A utilização do gravador foi autorizada em todas as entrevistas. Acreditamos que tenha contribuído para isto a abordagem preliminar, em que expusemos os objetivos de nossa pesquisa, esclarecendo também sobre o total sigilo em que seria mantida a identidade dos entrevistados.

Entrevistas coletivas

No estudo desenvolvido com metroviários, uma das técnicas adotadas foi a realização de entrevistas coletivas com uma média de sete operadores de trem, estando presentes sempre três pesquisadoras, que se revezavam nas formulações e no encaminhamento de algumas questões centrais (167).

As entrevistas grupais eram acompanhadas de gravação e, concomitantemente, de anotações sumárias, feitas pelas três pesquisadoras. As anotações — em registros abreviados, para não perturbar a dinâmica dos intercâmbios pessoais e a observação da reunião — eram desenvolvidas e discutidas pelo grupo de pesquisa, após as entrevistas.

Iniciava-se por uma indagação de natureza ampla: como os entrevistados vivenciavam suas condições de trabalho e que efeitos percebiam em sua saúde, vida familiar e vida social em geral. Após cada elemento do grupo entrevistado se pronunciar, assuntos mais específicos eram abordados e discutidos por todos. Por ser extremamente amplo o elenco de temas envolvidos na questão básica, as entrevistadoras atuaram de duas formas: a) colocaram algumas questões cuja elucidação se tornava especialmente importante a partir das análises que a equipe estava realizando através das entrevistas individuais e da observação direta em serviço; b) deram um espaço de tempo suficiente para que se estabelecesse livre troca de experiência e comentários sobre os assuntos de maior interesse em cada grupo.

A dinâmica das entrevistas grupais, que trouxeram grande número de dados e permitiram observações valiosas, promoveu, ainda: a) a identificação pelos entrevistados de aspectos até então vivenciados individualmente e que, por ocasião da entrevista, puderam ser reconhecidos como parte de uma experiência coletiva. Incluem-se, aí, tanto fatos relacionados diretamente ao trabalho quanto sintomas e reflexos do trabalho sobre a vida familiar e social em geral; b) a revelação da profundidade com que se inter-relacionam diferentes aspectos do trabalho e do sofrimento mental resultante, a ponto de, muitas vezes, ao ser abordado um tópico que levasse a essa questão, imediatamente ocorrerem inúmeras associações. Por exemplo, quando se falava de extensão de jornada, logo vinham à tona observações referentes a folgas, turnos, férias, escassez de tempo disponível para lazer e convívio familiar. Ou ainda, ao se tratar das dificuldades para dormir, logo se passava a falar dos conflitos que surgiam na família, quando o funcionário trabalhava à noite e precisava dormir durante o dia. Várias outras associações emergiram espontaneamente nessas entrevistas grupais, permitindo perceber conexões entre os problemas examinados.

Avaliações posteriores, realizadas junto a alguns operadores que haviam participado das entrevistas grupais, revelaram que as reuniões também tinham exercido um efeito acionador de reflexões e propiciado, desse modo, uma experiência de conscientização. Por outro lado, essas avaliações confirmaram o alívio sentido pelos operadores, ao identificarem o caráter coletivo de dificuldades que, antes, imaginavam ser individuais.

A validação das verificações realizadas nas entrevistas coletivas se faz em dois momentos:

1º) Ao final das entrevistas com cada grupo, quando as pesquisadoras apresentam uma síntese das observações realizadas. Uma nova discussão permite enriquecer e mesmo corrigir aspectos da análise feita.

2º) Terminadas as entrevistas com todos os grupos, são convocadas uma ou mais reuniões amplas — caso a categoria seja muito numerosa — dos profissionais entrevistados e não entrevistados. Distribui-se, alguns dias antes dessa reunião, uma súmula dos resultados do estudo, para que seja lida e analisada por todos. No dia da reunião, uma nova discussão permite confrontar as verificações com as experiências dos presentes, incluindo acréscimos ou correções. Na pesquisa realizada com os metroviários, a súmula distribuída incluiu também dados estatísticos referentes às causas de afastamento em licença médica ou auxílio-doença, que haviam sido fornecidos pelo serviço médico da empresa.

LISTA DOS TRANSTORNOS MENTAIS E DO COMPORTAMENTO RELACIONADOS DE ACORDO COM A PORTARIA/MS Nº 1.339/1999

- Demência em outras doenças específicas classificadas em outros locais (F02.8)
- *Delirium,* não sobreposto à demência, como descrita (F05.0)
- Transtorno cognitivo leve (F06.7)
- Transtorno orgânico de personalidade (F07.0)
- Transtorno mental orgânico ou sintomático não especificado (F09.-)
- Alcoolismo crônico (relacionado ao trabalho) (F10.2)
- Episódios depressivos (F32.-)
- Estado de estresse pós-traumático (F43.1)
- Neurastenia (inclui síndrome de fadiga) (F48.0)
- Outros transtornos neuróticos especificados (inclui neurose profissional) (F48.8)
- Transtorno do ciclo vigília-sono devido a fatores não orgânicos (F51.2)
- Sensação de estar acabado (síndrome de *burn-out*©, síndrome do esgotamento (Z 73.0)

GRÁFICA PAYM
Tel. (011) 4392-3344
paym@terra.com.br